庆祝改革开放40周年
“百城百县百企”调研丛书

改革开放与中国县域发展

（上　卷）

本书编写组

社会科学文献出版社
SOCIAL SCIENCES ACADEMIC PRESS (CHINA)

出版说明

习近平总书记指出，改革开放是决定当代中国命运的关键一招，也是决定实现“两个一百年”奋斗目标、实现中华民族伟大复兴的关键一招。隆重庆祝改革开放40周年，是今年党和国家政治生活中的一件大事。经党中央批准，中共中央宣传部组织开展了庆祝改革开放40周年“百城百县百企”调研活动。

为用好调研成果，讲好改革开放故事、凝聚改革开放共识、坚定改革开放再出发的信心和决心，我们精选164篇优秀调研报告，组织编纂了庆祝改革开放40周年“百城百县百企”调研丛书，包括《改革开放与中国城市发展》《改革开放与中国县域发展》《改革开放与中国企业发展》3种共9卷。丛书以点带面梳理总结改革开放40年的光辉历程、伟大成就和宝贵经验，突出展示党的十八大以来以习近平同志为核心的党中央带领全国各族人民推动改革开放和社会主义现代化建设取得的历史性成就、党和国家事业发生的历史性变革，是一部中国特色社会主义和中国梦宣传教育的鲜活教材。

本书编写组

2018年11月

改革开放与中国县域发展

目录

CONTENTS

上卷

中　卷

下 卷

改革开放
与中国县域发展
GAIGEKAIFANG

北京海淀

BEIJING HAIDIAN

以科技创新为核心的高质量发展

中国社会科学院工业经济研究所

一、海淀区创新发展的定位和地位

海淀区位于北京中心城区西北部，面积430.77平方公里，在北京市经济发展中处于龙头地位。作为海淀区创新发展最具活力的组成部分，中关村科技园区海淀园（以下简称“海淀园”）不仅是中关村国家自主创新示范区的核心区和首都建设全国科技创新中心的核心区，还是国家级科技与文化融合示范基地、国家级科技金融创新中心、国家“双创”示范基地、国家知识产权示范城区、专利质押融资示范区、中关村人才特区，在推动全国创新发展和高质量发展中起着重要的引擎作用。

（一）战略定位

1. 电子一条街时期：1978～1987年

1978年3月，邓小平在全国科学大会讲话中重申了“科学技术是生产力”这一马克思主义论点，明确指出“现代化的关键是科学技术现代化”，“知识分子是工人阶级的一部分”，从而澄清了长期束缚科学技术发展的重大理论是非问题。在此背景下，中关村地区的广大科技人员感到了“春天”的来临，燃起了科技报国的激情。他们冲破传统思想观念和体制束缚，利用自身专业知识和实干才能，开始了创新创业活动。由此，第一个由科技人员自主创办的民营科技机构，第一家主营计算机产品交易、技术咨询和服务的电子市场等先后诞生。由于各类科技企业集中分布在白颐路、成府路和海淀路一带，中关村被人们称为“电子一条街”。这一时期是海淀园的萌芽期，主要为国家探索科学技术体制改革提供经验支撑。1987 年，由中共中央办公厅牵头的 7 部门联合调查组对中关村电子一条街进行调查，并提出“把中关村地区作为我国科学工业园区（或新技术开发区）的试点”的建议。

2. 北京新技术产业开发试验区时期：1988～1998 年

1988 年 5 月，经国务院批准，北京市政府发布《北京市新技术产业开发试验区暂行条例》，规定：“以中关村地区为中心，在北京市海淀区划出 100 平方公里左右的区域，建立外向型、开放型的新技术产业开发试验区。”由此，成立了中国第一个国家级高新技术产业开发区，而海淀园也进入了由政府引导的规范发展阶段。这一时期的战略定位主要是“发展高科技、实现产业化”的“试验区”，即以体制机制创新为手段，建立健全各创新主体的功能，实现高新技术产业发展的战略目标。

3. 中关村科技园区时期：1999～2008 年

1999 年 6 月，国务院做出《关于建设中关村科技园区有关问题的批复》，原则同意关于加快建设中关村科技园区的意见和关于中关村科技园区的发展规划。同年 8 月，“北京市新技术产业开发试验区”正式更名为中关村科技园区海淀园。由此，海淀园进入了由政府和市场共同引导的快速发展阶段。这一时期的战略定位主要体现在北京市政府和科技部向国务院报送的《关于实施科教兴国战略加快建设中关村科技园的请示》中，即“推动科教兴国战略、实现两个根本性转变的综合改革试验区，具有国际竞争力的国家科技创新示范基地，立足首都、面向全国的科技成果孵化和辐射基地，高素质创新人才培养基地”。

4. 中关村国家自主创新示范区时期：2009～2015 年

2009 年 3 月，国务院做出《关于同意支持中关村科技园区建设国家自主创新示范区的批复》，原则同意采取开展股权激励试点、深化科技金融改革创新试点、国家科技重大专项项目（课题）经费中按规定核定间接费用、支持新兴产业组织参与国家重大科技项目、实施支持创新创业的税收政策、组织编制发展规划等措施支持中关村科技园建设国家自主创新示范区。同年4月，北京市政府做出《关于加快建设中关村国家自主创新示范区核心区（海淀园）若干事项的请示》，同意从产学研用创新体系建设、创新要素集聚、科技金融改革创新、行政审批制度改革等方面支持核心区建设。由此，海淀园进入了"建设成为具有全球影响力的科技创新中心和高技术产业基地的攻坚阶段"。这一时期的战略定位主要体现在《中关村国家自主创新示范区发展规划纲要（2011—2020年）》中，即"深化改革先行区、开放创新引领区、高端要素聚合区、创新创业集聚地、战略产业策源地"。

5. 全国科技创新中心时期：2016年至今

2016年9月，国务院印发《北京加强全国科技创新中心建设总体方案》，提出以中关村国家自主创新示范区为主要载体，"加强北京全国科技创新中心建设，使北京成为全球科技创新引领者、高端经济增长极、创新人才首选地、文化创新先行区和生态建设示范城"的发展目标。而同年8月中关村国家自主创新示范区印发的《中关村国家自主创新示范区发展建设规划（2016—2020年）》，则明确指出，在打造原始创新策源地和自主创新主阵地的过程中，"支持海淀园加快建设中关村示范区核心区和全国科技创新中心核心区，打造成为全球原创思想和创新成果重要发源地、新兴产业和创新模式策源地、创新改革和政策先行试验区，引领示范和辐射带动多园创新驱动发展"。由此，海淀园进入了"落实首都中心城区功能定位、举全区之力建设全国科技创新中心核心区的重要阶段"。这一时期的战略定位主要体现在《北京城市总体规划（2016—2035年）》中，即"具有全球影响力的全国科技创新中心核心区、服务保障中央政务功能的重要地区、历史文化传承典范区、生态宜居和谐文明示范区、高水平新型城镇化发展路径的实践区"。

（二）资源地位

1. 科研资源优越，高端人才集聚

科研资源是海淀区创新发展的绝对优势。目前，海淀区拥有以北大、清华为代表的高等院校83所，聚集了以中国科学院为代表的科研院所138家，国家级工程研究中心23家、教育部工程研究中心58家、北京市工程技术研究中心54家，国家级重点实验室50家、教育部重点实验室72家、北京市重点实验室129家、中关村开放实验室69家，国家级学（协、研究）会组织88家，普通高等学校人文社会科学重点研究基地43家。其中，科研院所、教育部工程研究中心、教育部重点实验室、北京市重点实验室、中关村开放实验室和国家级学（协、研究）会组织的数量在北京市总数中的比重分别为47.9%、93.5%、83.7%、50.2%、47.9%和50.3%。

高端人才是海淀区创新发展的核心源泉。目前，海淀区拥有两院院士582名，在北京市总数中的比重为60%，在全国总数中的比重为37%。同时，海淀区在中央“千人计划”、北京市“海聚工程”和中关村“高聚工程”中拥有的累计入选人数分别为1040人、319人和248人，在北京市入选总人数中的比重分别为70%、36%和68%。截至2016年底，由海淀区启动实施的“海英计划”已累计入选617人，其中，创业人才、创新领军人才和青年英才分别为217人、313人和87人；而仅海淀园就拥有博士后工作站55家、博士后创新实践基地工作站8家，累计进站博士后325人。

2. 金融资本丰厚，服务体系完善

金融资本是海淀区创新发展的关键力量。目前，海淀区内各类金融机构及分支机构超过3000家，其中，银行机构836家、保险类机构263家、股权投资机构1278家，能够为区内企业创新发展提供持续稳定的资金支持。海淀区内还有风险投资机构2000多家、互联网金融机构250多家，它们拥有丰厚的金融资本和投资经验，能够为区内特色初创科技型企业的创新发展提供立体式、全覆盖的金融资源。同时，为积极发挥政府在资源配置中的引导作用，海淀园累计设立了各类创业投资及科技成果转化母基金、并购重组

和产业发展基金。目前，已落实引导基金规模392.21亿元，合计对外投资268.38亿元，累计投资企业1189家。其中，培育上市及新三板挂牌企业超过60家，投资独角兽企业超过10家。

服务体系是海淀区创新发展的有效支撑。目前，海淀区已建立了“集中办公区—孵化器—加速器—产业园区”的全链条创新发展服务体系，并通过定期举办创启未来国际青年科技创业大赛、中国天使投资人大会、中关村创新创业季等品牌化活动，不断完善创业培训、创业社区、创客孵化、天使投资等环节的创新发展服务体系建设。统计数据显示，海淀区内的总孵化面积超过260万平方米，集中办公区有150家，创新型孵化器有67家，国家级和市级众创空间分别有93家和105家，大学科技园有21家。其中，创新型孵化器、国家级众创空间、市级众创空间的数量在北京市总数中的比重分别为70%、55%、49%。在首批全国“双创”示范基地评估中，海淀区名列第一位。

3. 新兴产业密集，地理空间拓展

新兴产业是海淀区创新发展的重点领域。近年来，海淀区聚焦培育“6+1”战略性新兴产业细分领域，大力推动移动互联网与下一代互联网产业，空间与地理信息产业，集成电路设计产业，云计算产业，生物医药产业，新能源新材料、节能环保产业，文化和科技融合产业的集群式创新发展。目前，海淀区集聚了北京市90%的空间与地理信息产业企业、85%的云计算产业企业、80%的集成电路设计产业企业，集聚了中关村60.43%的节能环保产业企业、51.85%的新能源新材料产业企业、45.5%的生物医药产业企业。以2015年数据为例，海淀区集成电路设计产业，云计算产业，文化和科技融合产业，新能源新材料、节能环保产业企业的收入在北京市中的比重分别为80%、60%、40%、20%。

地理空间是海淀区创新发展的功能载体。近年来，海淀区为落实首都中心城区功能定位和建设全国科技创新中心核心区战略部署，以南部中关村科学城和北部生态科技新区建设为契机，在海淀园原有174.06平方公里的基础上，充分利用挖潜低效利用的土地资源、智能化改造传统商务楼宇、打造

“三态融合”的特色功能区、实施网络化和集群化产业布局等手段，进一步推动产、城、园的深度融合，拓展和延伸了海淀区创新发展的空间范围。目前，海淀区已基本形成了以中关村大街“主纵轴”、北清路“主横轴”、西山永定河与大运河文化带为骨架，以中关村科学城南区和北区为主体区域，两轴一带相辅相成、南北两区贯通联动的“两轴一带两区”城市空间发展新格局。南部中关村科学城以中关村大街、知春路和学院路为轴线辐射周边区域形成，面积为75平方公里；北部生态科技新区位于海淀北部地区，涵盖西北旺、温泉、苏家坨、上庄四镇，面积为226平方公里。

4. 机制改革明晰，政策体系健全

机制改革是海淀区创新发展的有力抓手。近年来，海淀区以“问题导向”“目标导向”“效果导向”为原则，深化“一窗、一网、一次”政府服务理念，以精简环节、精简时间、精简费用和增加透明度为重点，持续推进政务诚信、商务诚信、社会诚信和司法公信建设，紧密聚焦开办企业、施工许可、缴纳税费、获得电力、跨境贸易、市政接入、财产登记等环节，通过完善“前台综合受理、后台分类审批、统一窗口出件”的政务服务新模式，逐步做到“一网受理、只跑一次、一次办成”，为海淀区的创新发展提供审批最少、流程最优、效率最高、服务最好的营商环境。目前，海淀区已实现有限公司设立登记从名称到核发电子营业执照全业务流程的网上办理、市区政务服务一张网和网上服务大厅数据同源、“双随机一公开”在具有行政检查职能的政府部门和符合要求的各类行政检查事项100%全覆盖，并且率先开展登记注册服务的第三方平台试点工作、开发“全流程自主立案”的微信立案服务平台、推出“多规合一”协同平台落地等措施。

政策体系是海淀区创新发展的重要保障。近年来，海淀区作为制度创新多重叠加区，政策体系不断完善，不仅有以“1+6”“新四条”“1+4”为代表的中关村国家自主创新示范区的先行先试政策，还有以“京校十条”“京科九条”“9+N”为代表的北京市的突破性创新政策，更有以“1+4+1”“创新发展16条”为代表的核心区的加快核心区自主创新和战略性新兴产业发展政策，能够为海淀区创新发展保好驾、护好航。目前，海淀区内的中关村国家自主创新示范区的先行先试政策主要体现在股权激励试点、科研项目经费管理改革试点、有限合伙制创业投资企业法人合伙人企业所得税试点、优化创新创业服务、促进科技金融深度融合、推动一区多园协同发展等方面；北京市的突破性创新政策主要体现在鼓励高等学校在校学生创业、支持高等学校建设协同创新中心、强化科研人员激励机制、加强对科研机构新技术新产品的应用和推广、优化科技金融服务环境、广泛开展国际交流与合作等方面；核心区的加快核心区自主创新和战略性新兴产业发展政策主要体现在优化创新环境、激发创业活力、提升核心竞争力、促进重点产业、技术创新项目市场化评价等方面。

二、海淀区创新发展的成就和效应

海淀区创新发展的成就是多方面的，突出反映在以高新技术企业为核心的海淀园的原始创新和自主创新上。从微观层面看，高新技术企业更加注重创新，数量多、营收增、分布广、效益升、投入大、产出高、活力足、前景广是创新能力最为显著的特征。正是因为有着坚实的创新发展基础，海淀区新动能逐渐集聚、新经济多点开花、新业态层出不穷、新布局优化完善、新辐射作用显著，高质量发展和综合经济实力不断增强。2017 年，海淀区地区生产总值达 5915.3 亿元，同比增长 7.3 个百分点，在北京市地区生产总值中的比重为 21.1%，总量和增速均位于北京市十六区之首。

（一）科技创新成就

1. 高新技术企业数量多、营收增

高新技术企业数量多、营收增是海淀区科技创新的第一个成就。主要表现在：一是高新技术企业整体数量多。2017 年，海淀园高新技术企业总数超过 1.2 万家，在中关村国家自主创新示范区总数中的比重超过 49%。其中，

国家级高新技术企业8992家，同比增长18.5个百分点，[①]在北京市、全国总数中的比重分别超过49.7%、10.0%。二是不同类型的高新技术企业数量多。截至2017年底，海淀园拥有2621家瞪羚企业、825家展翼企业，在中关村国家自主创新示范区企业总数中的比重分别为51.86%、50.93%。三是高新技术企业营收增幅大。2017年，海淀园企业总收入超过2万亿元，同比增长超过10个百分点，在中关村国家自主创新示范区总收入中的比重为40%；规模以上工业企业实现工业总产值2057.8亿元，同比增长16.2个百分点，高于北京市11.7个百分点。其中，符合新经济特征企业总收入在海淀园企业总收入中的比重为76%，高于全国43个百分点、高于上海23个百分点。

2. 高新技术企业分布广、效益升

高新技术企业分布广、效益升是海淀区科技创新的第二个成就。主要表现在：一是高新技术企业的产业分布广。截至2018年5月，海淀园高新技术企业主要集中在电子与信息领域，在所有企业总数中的比重为76.57%，其余企业则广泛分布在海洋工程技术、航空航天技术、核应用技术、环境保护技术、生物工程和新医药、先进制造技术、信贷农业技术、新材料及应用技术、新能源与高效节能技术及其他领域，分别有4家、78家、21家、378家、505家、634家、113家、336家、442家及349家。二是高新技术企业的规模分布广。截至2018年5月，海淀园展翼企业中收入规模在100万～1000万元、1000万～2000万元的企业分别有759家、66家，在中关村国家自主创新示范区同类企业总数中的比重分别为50.87%、51.56%；瞪羚企业中收入规模在1000万～5000万元、5000万～1亿元、1亿～5亿元的企业分别有1383家、525家、713家，在中关村国家自主创新示范区同类企业总数中的比重分别为54.28%、50.77%、48.44%。三是不同产业领域企业的效益提升明显。2015年，海淀园电子与信息领域企业、生物医药领域企业、新能源和节能环保领域企业、先进制造领域企业、文化创意领域企业总收入分别

① 关于同比增长数据，由于地方政府提供的原始数据如此，故此次报告保留了这种表述方式，特此说明。以下类似情况，不再一一注释。

为 11068.72 亿元、216.64 亿元、1386.05 亿元、514.29 亿元、5699 亿元。其中，除先进制造领域企业总收入下降 6.82 个百分点外，其他领域企业总收入分别同比增长 24.95 个百分点、12.73 个百分点、12.01 个百分点、25.86 个百分点。

3. 高新技术企业投入大、产出高

高新技术企业投入大、产出高是海淀区科技创新的第三个成就。主要表现在：一是高新技术企业科技活动经费支出大。2016 年，海淀园企业科技活动经费支出达 1045.2 亿元，同比增长 29.06 个百分点；研发强度为 10%，分别高于北京、上海、广州、深圳 4.3 个百分点、6.3 个百分点、7.7 个百分点、5.7 个百分点，也超过欧盟 15 国 7.9 个百分点。二是高新技术企业科技活动人员数量多。2016 年，海淀园科技活动从业人员总数为 36.3 万人，同比增长 11.07 个百分点；在所有从业人员总数中的比重为 33.26%，高出中关村国家自主创新示范区 6.8 个百分点。三是高新技术企业专利产出数量高。2017 年，海淀区发明专利授权数量达 2.08 万件，同比增长 25.3 个百分点，在北京市发明专利授权总量中的比重为 45.2%；每万人发明专利拥有量为 272 件，是北京市的 3 倍、全国的 28 倍。四是高新技术企业获得奖项数量多。2017 年，在海淀区企业发明专利中，有 2 项获第十九届中国专利奖金奖；23 家驻区单位获北京发明专利奖，在获奖总数中的比重为 60%；在海淀驻区单位主持完成的项目中，51 个项目获国家自然科学奖、国家技术发明奖和国家科技进步奖，89 个项目获北京市科技奖，在北京市通用项目获奖总数中的比重分别为 65%、46%。五是高新技术企业技术合同成交额高。2017 年，海淀区技术市场成交总额达 1620 亿元，同比增长 6.4 个百分点，在中关村国家自主创新示范区、北京市技术市场成交总额中的比重分别为 40%、37%。

4. 高新技术企业活力足、前景广

高新技术企业活力足、前景广是海淀区科技创新的第四个成就。主要表现在：一是行业领域内的领军企业多。如移动互联网与下一代互联网领域内的领军企业百度、联想，空间与地理信息领域内的领军企业合众思壮、北斗星通，集成电路设计领域内的领军企业兆易创新、展讯通信，文化和科技融

合领域内的领军企业今日头条、新浪等高新技术企业都坐落于园区内。二是园区范围内的创业活动多。2017 年，海淀区新设科技型企业日均注册数量超过 70 家，全年新设立 2.1 万家科技型企业，在北京市同类企业中的比重为 27.3%，年底总数已达 14.46 万户。三是股权领域内的融资案例多。2017 年第三季度，海淀区平均每天就有 2 起融资案例，全季度 181 起案例共获得股权投资金额 325.23 亿元，在同期北京市、全国股权投资总额中的比重分别为 70%、16.3%。四是高估值的独角兽企业数量多。在科技部火炬中心和北京市长城企业战略研究所联合发布的《2017 中国独角兽企业榜单》中，海淀区共有 34 家独角兽企业，在北京市、全国独角兽企业总数中的比重分别为 48.57%、20.73%，合计估值为 2006.7 亿美元，在北京市、全国独角兽企业总估值中的比重为 72.59%、31.93%。

（二）创新发展效应

1. 新动能逐渐集聚

科技创新推动海淀区新动能逐渐集聚。主要表现在：一是第三产业为主的经济结构更加优化。2017 年，海淀区持续加大“一产融合、二产做强、三产更优”力度，经济“轻量化”特征更加明显，第一、二、三产业产值比重分别为 0.03%、10.68%、89.3%，与纽约等国际化大都市和硅谷等世界著名高科技产业园区较为接近。二是减量集约发展的效果不断提升。2016 年，海淀区劳动生产率和地均产出分别达 30.4 万元 / 人、12.5 亿元 / 平方公里，比 2012 年分别增长了 23.1 个百分点、43.4 个百分点。三是制造业朝着高技术方向纵深发展。2017 年，海淀区工业增加值达 453 亿元，同比增长 10.3 个百分点，其中，高技术制造业增加值在工业增加值中的比重达 66%。四是高技术服务业的促进作用显著增强。2017 年，海淀区高技术服务业总收入为 8436.2 亿元，同比增长 14.7 个百分点。其中，信息服务业总收入 5978.9 亿元，在海淀区中的比重为 70.9%，同比增长 15.1 个百分点，贡献率为 72.4%。五是金融业保持持续稳定增长态势。近年来，以第三方支付、互联网众筹、互联网金融门户等为代表的互联网金融产品和服务类型不断丰富，大大促进了海淀区新兴金融业的快速增长。2012 年至 2017 年，海淀区金融业增加值从 342.2 亿元增长到 547.3 亿元，年均增速达 10%，占全区 GDP 的比重始终维持在 10% 左右。六是高精尖产业的引领作用更加突出。2017 年，海淀区规模以上高精尖企业数量超过 2000 家，在北京市中的比重超过 40%。其中，以信息、科研、教育、金融为代表的高精尖产业增加值在海淀区地区增加值中的比重为 65%，对地区经济增长的贡献率达 76%。对比而言，传统房地产产业产值比重在 5% 以下，早已不是海淀区的支柱产业。七是文化与科技融合的产业基础更加牢固。近年来，以爱奇艺、今日头条、知乎等为代表的文化创意企业，利用现代科技不断开展组织创新、商业模式创新，全面推动文化与科技的深度融合。2016 年海淀区文化与科技融合产业的总收入为 6389.2 亿元，同比增长 12.11 个百分点，在全市同类产业总收入中的比重超过了 40%。

2. 新经济多点开花

科技创新助力海淀区新经济多点开花。主要表现在：一是平台经济成效显著。以创新驿站为例，其主要功能是开展高校院所、企业研发中心的技术成果推广与转化服务。截至 2018 年 6 月，创新驿站已为 435 个项目提供了对接服务，聘任创新导师 445 人，推荐注册会员 3370 家，累计促成创新服务交易 4.13 亿元。二是外包经济不断发力。以服务外包为例，海淀区已形成了以中关村软件园和上地信息产业基地为中心的总部基地、高端研发、接发包交易等集聚区，服务外包产业链始终占据全国龙头地位。三是分享经济稳中求进。在房屋住宿领域，如木鸟短租目前拥有超过 30 万套房源，包括民宿、客栈、家庭旅馆、短租房、日租房、短租公寓、别墅、主题酒店等各种特色类型，平台覆盖全国 396 座城市，已成为国内领先的短租房、日租房、民宿在线预订平台；在生活服务领域，如丁丁停车通过移动终端实现了车位锁手机遥控升降、闲时车位即时搜索、出租和租用，帮助私人车主和停车场出租车位，将闲置车位共享，进而缓解城市停车困难等。四是创客经济朝气蓬勃。以科技部公布的《2017年度国家备案众创空间名单》为例，海淀区有18家众创空间入选，在北京市入选数量中的比重为41.86%，其中，Plug and Play China利用自身优势，从美国、德国、俄罗斯等国家带入超过100个科技项目来中国考察，并已经吸引了19项国际高端科技创新成果落地海淀。五是融合经济潜力巨大。海淀区内驻有部队总部机关、军队科研单位和军工集团，军转民、民参军的条件得天独厚，目前正在着力建设的北理工军民融合创新园、中关村军民融合产业园、玉泉慧谷信息安全产业园三大园区将会成为海淀区未来融合经济的重要载体。

3. 新业态层出不穷

科技创新引领海淀区新业态层出不穷。主要表现在：一是设立科技银行，探索解决科创企业融资难问题。2017年6月6日，北京中关村银行取得金融许可证并获批开业，本着服务创客、创投、创新型企业的宗旨，通过开展以认股权为主的投贷联动业务、聚焦初创和成长性科创企业、布局线上场景智慧金融等手段，在短时间内为初速度、氪空间、慧算账等一批具有前沿科技实力的创新创业企业提供了融资服务。二是完善服务体系，引领创新创业潮流。近年来，海淀区通过精准支持重大前沿项目与创新平台建设、优化创业服务促进人才发展、实施“创新合伙人”与“创业合伙人”计划等手段，逐渐形成创新与创业相结合、线上与线下相结合、孵化与投资相结合的服务体系，在全国范围内率先涌现出天使孵化模式、股权众筹模式、创客孵化模式、创业社区模式、创业媒体模式、大企业加速模式等十大孵化模式。三是创新知识产权保护模式，实现知识产权的增量提质。近年来，海淀区积极推动成立全国首家知识产权众筹平台和知识产权法院，推出知识产权质押融资产品和知识产权服务与创新创业主题书店。以北京知识产权运营管理有限公司与建设银行中关村分行携手推出的智融宝为例，由于具有不捆绑企业其他资产和信用、500万元以内项目批贷快、融资成本有补贴、风险补偿机制健全、投贷联动方式可靠等特点，受到了轻资产的科技型中小微企业的广泛欢迎。截至2018年6月，共通过智融宝项目81个，拟贷款金额约3.3亿元，其中，合作银行已批准智融宝贷款项目 49 个，批贷金额 1.8 亿元。四是深化“互联网 +”，推动商业模式创新。以小米为例，其在创立之初就以创新的移动互联网手机销售模式为基础迅速崛起，仅用 2 年多时间就进入中国手机销量厂商前三位，之后利用物联网市场发展契机，通过孵化、投资、并购等手段，在智能硬件、手机周边、网络商城、线下零售、文化娱乐、游戏、金融等领域持续发力，构建起以“硬件 + 互联网 + 新零售”为基础的产业链生态模式。五是发力人工智能产业链，赶超世界领先企业。数据统计显示，截至 2017 年 6 月，全球人工智能领域初创企业 2617 家，其中美国 1078 家，位列第一；中国紧随其后，有 592 家，如寒武纪、地平线、中星微电子、深鉴科技、商汤科技、旷视科技、国双、第四范式、出门问问、驭势科技等一大批优秀企业都位于海淀区，正在人工智能产业链的底层硬件、通用技术及平台、应用领域等核心环节上不断发力和赶超世界领先企业。

4. 新布局优化完善

科技创新促进海淀区新布局优化完善。主要表现在：一是加速改造存量空间资源。2017 年，为打造中关村大街创新主轴，沿线累计完成 13.8 万平方米违章建筑拆除，腾退低端业态 36.2 万平方米，完成前沿技术创新中心等 20 万平方米改造空间的创新要素导入。二是逐步优化增量空间布局。近年来，为提升北清路的战略腹地轴线功能，以中关村一号、集成电路设计园、中关村软件园等龙头项目带动高端创新要素集聚，以智能制造创新中心建设推进西三旗、清河区域转型升级。三是积极响应“一带一路”倡议。如推动国机集团、中建材集团、中冶海外、中钢设备、中原对外、中国铁路总公司、中车集团投资“一带一路”沿线国家基础建设，并不断加大对外工程承包合同中服务贸易比重，实现技术、产品、设备和服务走出去。四是大力推动与津冀地区的产业合作对接。如发挥“京津冀文化创意产业（海淀 – 西青）示范基地”作用，以辐射集聚效应推动两地文化资源整合、文化人才培养、文化产业创新发展、国际文化产业合作。五是全面参与雄安新区建设。如组织海淀区企业赴雄安新区考察对接，建设雄安中关村科技园项目，选派挂职干部到雄安挂职，推动海淀区优质小学、幼儿园到雄安新区支持当地小学、幼儿园发展。

5. 新辐射作用显著

科技创新使海淀区新辐射作用显著。主要表现在：一是科技园区的全球辐射。海淀园的全球辐射有“园中园”和“园外园”两种典型模式。前者以海淀园为主体，内部形成分工明细、功能有别、主体聚焦的生物医药园、软件园、文化创意园、环保园等，后者以清华科技园和中关村软件园为主体，积极探索以园区为产品，以科技园、科技城、众创空间、创新中心、创新汇等为形式的输出模式。目前，清华科技园已将北京主园区开发建设、运营管理的经验成功复制到上海、南京、昆山、西安、咸阳、广州、重庆、沈阳、扬州、福州等全国 20 多个城市，并在韩国、俄罗斯、以色列等国家设立了分支机构；中关村软件园已成功运营保定、徐州、南宁、天津滨海、新泰、廊坊、大同、长春、银川等项目，并与美国、以色列、芬兰、印度、澳大利亚等国家的企业建立了深度合作。二是企业发展的全球辐射。海淀区以聚焦总部经济为主要方向，大力培育上市公司，鼓励企业实施“自主创新 + 国际并购”，不断深化园区内企业发展的全球辐射效应。以中关村软件园为例，截至 2017 年底，集聚了联想、百度、新浪、搜狐、优酷等 600 多家国内外知名企业总部和全球研发中心，总部经济占 80% 以上。而以紫光集团为例，近年来，紫光集团不仅通过收购美国纳斯达克上市公司展讯通信和锐迪科微电子，稳居全球基带芯片市场份额第三位，成为世界第三大手机芯片企业，还通过收购新华三集团 51% 的股权，成为中国排名第一、世界排名第二的网络产品与服务领军企业。截至 2017 年第三季度，海淀区上市、挂牌企业总计 1011 家。其中，境内 A 股、境外上市公司分别为 124 家、69 家，在北京市同类上市公司总数中的比重分别为 41%、45%。三是核心技术的全球辐射。如中国科学院理化技术研究所研发出首台万瓦级氢氦低温制冷系统，打破国外技术垄断，并顺利产业化；柏惠维康生产的神经外科导航定位机器人，不仅能代替过去开颅方式，用 2 毫米左右的创口实现精准的微创手术，还能依托互联网，开展全球远程医疗；百度在人工智能技术领域发挥优势，开发并开放“阿波罗”自动驾驶技术平台，目前已有数百家全球合作伙伴加入该计划。四是高端人才的全球辐射。海淀区内如百度等企业纷纷在硅谷设立研究中心，一方面吸引美国高端人才在本地工作，另一方面招募在美国的中国高端技术人才回国工作，典型的高端技术人才包括张亚勤、吴恩达、陆奇等。与此同时，海淀区内领军企业的高端人才不断离职创业，将人才辐射范围不断扩大，典型案例如王劲、韩旭、陈世熹离职参与创办计算机视觉与自动驾驶领域的景驰科技，余凯、黄畅、余铁男离职参与创办人工智能视觉芯片领域的地平线机器人，戴文渊、陈雨强、胡时伟离职参与创办人工智能迁移学习领域的第四范式等。

三、海淀区创新发展的轨迹和演进

海淀区创新发展的轨迹和演进以党的十八大为界分为两个阶段，即从“跟跑阶段”走向“并跑阶段”，从“并跑阶段”走向“领跑阶段”。前者偏重于在创新驱动发展过程中增强科技成果的转化力度，可以从思想创新、体制创新、管理创新、科技创新四个方面展开分析；后者偏重于高质量经济发展过程中前沿科技的培育和产生，可以从创新生态体系优化、新型城市形态演变、军民融合创新发展、文化科技创新融合四个方面展开分析。

（一）从“跟跑阶段”走向“并跑阶段”

1. 思想创新

思想创新是海淀区创新发展的起点，也是贯穿从“跟跑阶段”走向“并跑阶段”的重要支撑力量。思想创新不仅是自下而上的，也是自上而下的。改革开放初期，面对计划经济时期形成的传统思想观念、科研和经济体制的约束，很多人提出了“铁饭碗还是泥饭碗”“找市长还是找市场”的疑问。面对这些疑问，中关村科技人员利用自身的科技知识和才能，在国家没有改革企业的所有制制度之前，创造出“两不四自”原则，即“不要国家财政拨款，不要国家人员编制”，按照“自筹资金、自由组合、自主经营、自负盈亏”的方式创办企业，并面向社会需求提供有偿的技术服务，加速推进技术的社会化扩散。这一时期，出现了许多知名的企业，如四通、信通、京海、科海、联想、三环等，它们以市场为导向，创造了包括“技工贸一体化”“两头在内中间在外”“产学研结合”在内的新的经营模式，带动了一大批科技类企业的发展壮大。然而，科技人员“从商”行为在当时是备受争议的，“搞乱了科技人员的思想”“扰乱科研秩序”等反对之声不断。这一情况被新华社北京分社副社长周鸿书了解并采访报道后，进一步反映给中央。1983 年 1 月 7 日，国务院副总理方毅就有关陈春先的报道做出批示：“陈春先同志的做法完全对头的，应予鼓励。”翌日，时任中央书记处书记胡启立做出批示：“陈春先同志带头开创新局面，可能走出一条新路子，一方面较快地把科技转化为直接生产力，另一方面多了一条渠道使科技人员为四化做贡献。一些确有贡献的科技人员，可以先富起来，打破铁饭碗、大锅饭，当然还要研究必要的管理办法及制定政策。此事科协要大力支持。如何定，请耀邦酌定。”同一天，总书记胡耀邦同志批示：“可请科技领导小组研究出方针政策来。”

1988 年 3 月 12 日，《人民日报》一版头条发表了中共中央联合调查组的调查报告《中关村电子一条街调查报告》，报告指出：“通过‘四自’的原则，把沉淀了的生产要素：没有运转的资金，没有发挥作用的科技人员和闲置的设备、地皮利用起来，重新组合，形成了新的生产力，产生了新的效益。总之，‘四自’的原则把死钱变成了活钱，把闲人变成了忙人，把处于静态的设备运转了起来，把人、财、物都调动到激发的状态，使它们活化了。”

2. 体制创新

体制创新与海淀区创新发展相伴相随，是保障从“跟跑阶段”走向“并跑阶段”的重要推动力量。在电子一条街时期，体制创新主要表现为政府对民营科技企业实施的特殊扶持政策。如国家科委通过特事特办的方式着力解决民营企业科技人员出国难题；北京市政府出台文件肯定科技企业是科技体制改革中的新生事物，并明确赋予其享受人、财、物和经营管理的自主权；海淀区政府为避免与现行政策的冲突，灵活采用“碰头会”的形式，一事一议，从税收、融资、产品加价率、办公用房、人事档案、注册手续等方面入手，解决科技企业遇到的困难。在北京市新技术产业开发试验区时期，体制创新主要表现为突破行政区划限制并创造“一区多园”政策区的发展模式、打破按企业所有制性质分别制定管理规定和优惠政策的局限、探索科技企业的产权激励制度改革等。如北京市发布政策条例，从加速折旧、自行定价、出国次数、外贸经营权、所得税减免、基本建设、进出口管理、人才招聘等方面给区内科技企业发展提供支持；北京市相关部门从核定新技术企业、使用“技工贸总收入”统计指标、创建“一套表统计制度”、制定新技术企业会计制度等方面加强了制度体系建设；试验区管委会印发文件，从建立员工利润分享制度、实施股份分配等方面做出具体规定，承认企业骨干人员的智力投入、人力资本对企业发展的作用。在中关村科技园区时期，体制创新主要表现为进一步深化市场经济体制改革。如科技部、财政部、国家税务总局、国家知识产权局、信息产业部、中国人民银行等部门围绕开展科研机构转制、建设知识产权制度、启动政府采购园区自主创新产品试点工作等，进一步加大了新的优惠政策力度，出台了包括《中关村科技园区条例》《关于中关村国家知识产权制度示范园区工作实施方案》《关于支持做强北京市中关村科技园区若干政策措施的会议纪要》等在内的一大批创新性政策文件。在中关村国家自主创新示范区早期，海淀区体制创新更加聚焦，即围绕“1+6”政策体系的制定与实施，“重点在股权激励、深化科技金融改革创新、国家科技重大专项项目经费使用、新兴产业组织参与国家重大科技项目、政府采购和聚焦创新要素等方面先行先试”。

3. 管理创新

管理创新是海淀区创新发展的关键，也是确保从“跟跑阶段”走向“并跑阶段”的重要引导力量。在电子一条街时期，管理创新主要表现为“顶层设计”缺失背景下政府部门支持建立的少量协会组织。它们以推动产业发展和技术创新为目标、以企业自愿成立为基础，按照市场化、专业化、民营化方式运作，具有完善的内部治理结构。如北京软件行业协会和北京民营科技实业家协会，前者的职能是“为软件企业和产业提供市场调研、信息交流、咨询评估、行业自律、知识产权保护、资质认定、政策研究、维护权益、培训等服务”，后者的职能是“以‘桥梁、纽带、服务、自律’为宗旨，加强企业与政府部门的联系沟通，反映民营企业诉求，为政府决策提供参考，组织会员实现互惠互利、资源共享，为会员排忧解难等”。在北京市新技术产业开发试验区时期，管理创新主要表现为探索市场经济体制下的政府管理模式，如在国务院批准建立新技术产业开发试验区后，北京市政府发布了政策条例和实施办法，不仅明确了国务院批准的对试验区内新技术企业的财政、税收、人事等各项优惠政策，还明确了北京市科委和海淀区政府在试验区管理上的职责；北京市政府批复海淀区政府提交的《关于北京市新技术产业开发试验区机构设置问题的请示》，同意设立试验区办公室，该试验区办公室为副区级，主要职能是“对试验区的发展进行全面规划并组织实施，对新技术企业进行协调、服务、管理和引导”。在中关村科技园区时期，管理创新主要表现为进一步深化管理体制改革。如由北京市新技术产业开发试验区向中关村科技园区过渡期间，成立由北京市市长任组长，科技部、教育部副部长和中科院副院长任副组长，北京市政府部门、驻区高校等组成的建设中关村科技园区领导小组；中关村科技园区正式成立后，北京市政府印发《中关村科技园区管理体制改革方案》，明确指出：“实现中关村科技园区建设和管理的中心下移，各园要设立专门的管理机构，在所在地的区政府或其上级单位的领导下，对本园实行集中、高效的管理，同时接受中关村管委会的工作指导”，“将中关村管委会所承担的海淀园的工作移交给海淀区”。在中关村国家自主创新示范区早期，管理创新主要表现为建立统筹协调的工作机制和“双重领导、以区（县）为主”的领导体制。如成立由科技部部长任组长、21 个部委共同组成的中关村部际协调小组，负责协调各部门在职责范围内支持中关村科技园区内设国家自主创新示范区、落实相关政策措施、研究解决发展中的重大问题；进一步理清中关村管委会与各分园管委会的工作关系，通过实行定期会议制度，强化市级统筹、重大决策、决策的督办落实功能。

4. 科技创新

科技创新是海淀区创新发展的基础，也是实现从“跟跑阶段”走向“并跑阶段”的重要贡献力量。在电子一条街时期，科技创新主要表现为高等院校和科研机构在电子信息领域的创新创业。其间，典型成果如中国科学院计算技术研究所研制的中国第一台大型向量计算机，中国科学院计算机所新技术发展公司研制的联想汉卡，四通公司研发的 MS-2400 中文打字机，汉王科技公司研发的“汉王联机手写识别方法与系统”，北京大学新技术公司推出的激光汉字编辑排版系统等。到 1987 年，中关村地区有各类科技企业 148 家，实现技工贸总收入超过 9 亿元。在北京市新技术产业开发试验区时期，科技创新主要表现为归国创业人员加入科技人员的创新创业中，而企业逐渐成为科技创新主体，并在一些关键领域取得重要成果。其间，典型成果如联想集团研制的“联想 EISA486/50 微机”及测试系统，中国科学院计算技术研究所研制的“智能型英汉机器翻译系统 IMT/EC-863”“曙光 1000”大规模并行计算机系统，清华同方威视技术股份有限公司研制的加速器辐射源移动式集装箱检查系统，清华大学临界运行成功的“5 兆瓦低温核供热试验堆”，金山软件股份公司推出的中文办公软件 WPS97，北大维信生物科技有限公司研制的“血脂康胶囊”等。到 1999 年，海淀区共有 4837 家企业，研发经费支出 14.11 亿元，实现总收入 661.73 亿元，利润总额 28.88 亿元。在中关村科技园区时期，科技创新主要表现为科技人员的创新活力凸显，企业成为创新主体，高水平的创新成果逐渐涌现。其间，典型成果如中星微电子公司开发设计的“星光”数字多媒体芯片，曙光公司研制的“曙光”5000A 超级计算机，北京科兴生物制品有限公司研制的中国第一支甲型肝炎灭活疫苗、第一支 SARS 灭活疫苗和第一支人用禽流感疫苗，同方微电子公司等单位研制的中国最小尺寸的无线射频电子标签芯片等。到 2009 年，海淀区共有 11456 家企业，研发经费支出 314.58 亿元，实现总收入 5852.06 亿元，利润总额 509.66 亿元。在中关村国家自主创新示范区早期，科技创新主要表现为创新基础设施不断优化，企业、高等院校和科研机构成为两大创新源，各领域的重大创新成果不断涌现。其间，典型成果如清华大学等单位完成的“立体视频重建与现实技术及装置”“大型装备缺陷辐射监测技术”，曙光信息产业（北京）有限公司等单位研制的星云超级计算机，小米推出国内首款双核 1.5G 手机，中国电力科学研究院研究的“特高压交流输电技术”，北京科兴生物制品有限公司研制的甲型 H1N1 流感病毒裂解疫苗，北京凯悦宁科技有限公司研制的多靶向抗肺癌新药“恩妥宾”，北京仁创科技集团有限公司发明的“石油开采透油阻水选择性支撑剂”，中国空间技术研究院研制的北斗导航系统等。到 2012 年，海淀区共有 9016 家高新技术企业，研发经费支出 504.4 亿元，实现总收入 10665.75 亿元，利润总额 822.36 亿元。

（二）从“并跑阶段”走向“领跑阶段”

1. 创新生态体系优化

良好的创新生态体系能通过集聚创新要素资源、完善创新服务体系等方式培育新技术的产生。党的十八大以来，海淀区通过构建创新生态体系，千方百计为创新发展提供支撑，主要表现在：一是进一步完善科技金融服务体系。以“海淀创新基金系”为例，通过政府出资撬动社会资本投入的方式，目前海淀区已有 40 余只基金，覆盖从天使投资到创业投资再到并购重组的全链条，总规模超过 580 亿元，能为科技创新提供全面的金融服务。二是进一步完善创新创业服务体系。以服务企业为例，目前中关村不仅拥有 100 余家围绕产业发展和提供企业服务的协会组织，还拥有 100 余家产业技术联盟组织。这些组织，一方面承担大量政府委托事务，另一方面在行业与政策研究、专利协同与保护、公共服务平台搭建等方面为科技创新提供专业服务。三是进一步完善知识产权服务体系。以搭建服务平台为例，海淀区以互联网为基础，按照“政府搭台、政策引导、市场择优选择”的原则，搭建了国内首个技术转移与知识产权服务平台。该平台自 2014 年上线至今，累计发布需求信息、供给信息分别超过 8 万条、10 万条，挂牌项目超过 7000 项，实现成交额近 2 亿元。四是进一步完善全球联动创新体系。以北京协同创新研究院为例，其近年来在美国硅谷、中国香港设立分院，联合斯坦福大学、密歇根大学、香港大学、香港科技大学等世界著名高校和科研机构，在柔性电子、先进材料、先进制造、水处理技术、能源材料与系统领域建成了 5 个国际协同创新实验室，共同攻关核心技术。目前，北京协同创新研究院已设立 43 家公司，实现了 108 个项目成果的境内转移转化。五是进一步完善营商环境服务体系。以“码上办”平台建设为例，海淀区打破原有线下办理业务模式，通过整合、改造服务内容和流程，将所有具备网上办理条件的服务事项网络化、智能化，“让数据多跑路、让群众和企业少跑腿”，真正实现了“最大程度方便群众和企业办事”。目前，“码上办”综合服务平台通过在线服务功能已处理 150 万笔业务。

2. 新型城市形态演变

合理的城市空间布局能通过整合要素空间分布、加速产城融合进程等方式助力新技术的产生。党的十八大以来，海淀区通过构建新型城市形态，想方设法为创新发展提供支撑，主要表现在：一是推进土地整治规划实施机制，盘活低效用地。如友谊宾馆南区综合楼、大钟寺方恒国际商业中心、融汇国际大厦等产业空间已进入装修收尾阶段；农科院项目已取得北京市规划和国土资源管理委员会意见函，目前完成搬迁 73 户；魏公村老旧小区改造已完成全部腾退工作。二是启动编制城市设计特色方案，彰显国际风貌。如围绕“科技风、创新路、国际范”的战略定位，通过推进前沿技术创新中心、金融科技创新港等主体楼宇塑造，加快中关村京港澳青年创业中心、加州北京创新中心等一批创新平台的落地，有序合理开展中关村大街建设，并在此基础上，结合户外广告、夜景照明等方面的专项规划，启动编制白石新桥、魏公村、四通桥三个重要节点的城市设计方案，打造中关村大街国际化特色风貌。三是建立合理的奖励和惩罚办法，推进城市更新。如在严格执行北京市《新增产业禁限目录》的基础上，海淀区发布《海淀区一般性制造业调整退出奖励资金办法》，引导“高污染、高能耗、高水耗、聚人多、占地多”的企业、不符合首都功能定位的一般性制造业企业及高端产业中不具备优势的制造环节的企业调整退出。2017年前三季度，海淀区2775家“散乱污”企业已全部完成清理整治工作。四是响应创新主体宜居宜业需求，完善城市功能。如围绕创业人才的保障短板，推进中关村创客小镇建设，通过加大公共交通供给、实施道路规划设计、引导共享单车有序发展等方式，推动职住平衡；通过增加便利店、书店等生活配套和文化基础设施，协调中关大街沿线、东升大厦等24小时书店选址建设工作等方式，使城市空间对创新活动更友好、更兼容。

3. 军民融合创新发展

军民融合的深度发展能通过提升军工经济活力、注入产业发展活力等方式加速新技术的产生。党的十八大以来，海淀区通过探索军民融合之路，稳扎稳打为创新发展提供支撑，主要表现在：一是建立与驻京军事单位常态化的对接与合作机制。与中央融委、军委科技委、军委战略规划办、军事科学院、国防知识产权局、各军兵种装备部门，国家发改委、工信部等部委及军工集团等单位建立对接机制，构建和完善政策咨询、信息精准对接、国防知识产权服务、投融资服务等公共服务体系，探索军地资源共享、标准化体系衔接、创业孵化融合等公共服务平台落地，促进相关领域基础性、前沿性和颠覆性技术研发和创新能力生成。二是搭建协同创新平台，促进军民融合重大项目落地转化。依托海淀区军地科技创新资源优势，搭建各类线上线下军地协同创新平台，充分发挥线上线下互动的资源共享模式，服务驻区军民融合企业；组织海淀区科技军民融合核心技术展、军民融合大讲堂、项目路演对接会等系列军民融合对接活动，拓宽海淀区民口企业参与军民融合的市场路径，促进军民两用科技成果转化，吸纳高科技人才和重大项目落地海淀。三是培育军民融合领域前沿产业，促进高精尖产业提升。加强政策支持，在信息安全、空天、海洋等重点产业领域，培育领军企业，挖掘重大项目，有效促进军民供需对接、资源共享共用、科技成果转化、军地协同创新；优化空间布局，构建以中关村军民融合产业园为核心，南部网络空间安全集聚区，北部光电、高端海洋装备集聚区和东部人工智能集聚区，众多园区平台分工协同、覆盖全区的“一核三带多平台”军民融合发展格局；推进海淀区军民融合基金、信息安全基金工作，围绕重点领域举办军地科技人员、企业家专项培训，推动资本与人才等创新要素融合。四是加强顶层设计，推进科技领域军民融合政策和机制建设。研究出台海淀区新的军民融合三年行动计划（2019—2021 年），重点在科技协同创新、产业发展、空间载体、平台建设和试点改革等领域，加快推进协同创新体系建设；积极参与军民融合机制体制创新顶层设计，与军委装备发展部采购中心、预研中心等军民融合关键机构紧密对接，探索搭建需求技术优选平台，与军委科技委探讨建立民参军企业重大项目联合论证机制，形成推动军民融合深度发展的强大合力。

4. 文化科技创新融合

文化科技的创新融合能通过引领公众价值取向、提升经济的软实力等方式引导新技术的产生。党的十八大以来，海淀区通过推动文化科技融合，凝心聚力为创新发展提供支撑，主要表现在：一是以包容性文化为支撑，为科技创新注入“冒险精神”。如面对共享经济发展过程中出现的一系列问题，海淀区并未予以“一刀切”式取缔，而是立足包容性文化，始终采取“包容审慎监管方式”，通过与企业沟通、与居民沟通、与主管部门沟通等手段，积极引导、支持共享经济的合理、有序发展，从而使美团、ofo、摩拜、春雨医生等众多企业得以发展壮大，也诞生了以王兴、戴威、胡玮炜、张锐等为代表的一批新时代的创业家。二是以“四色”文化为重点，培育科技公民。如为向社会大众普及科技知识，让广大群众了解新技术、新产品，中关村国家自主创新示范区展示交易中心着力构建了以金、红、蓝、绿为代表的“四色”文化，即金色文化代表科技创新的新技术、新产品，红色文化代表党支部所做的基层党建工作，蓝色文化代表以生态文明建设为方向的未来整体规划设计，绿色文化代表达到绿色三星标准的自身建筑。三是以政策措施为指导，推进特色文化创意产业园区建设。如海淀区先后制定了《关于率先形成文化大发展大繁荣新格局的实施意见》《推动文化和科技融合发展行动计划（2013—2015年）》《海淀区“十三五”时期文化发展规划》《海淀区“十三五”时期文化创意产业行动计划》等，并以此为基础，大力推进贝家花园、互联网文化创意产业园、西山文化创意大道、北太平庄影视产业带、魏公村舞蹈产业街区等特色园区建设。四是以科技为基础，为文化创意产业发展注入“新动力”。如以人工智能、大数据等科技为基础，通过与文化产业的深度融合，出现了以今日头条、爱奇艺、英雄互娱、36氪、知乎等为代表的新媒体企业和文化娱乐企业，它们的最新估值分别高达200亿美元、46亿美元、15亿美元、10亿美元、10亿美元，是海淀区内知名的独角兽企业。五是依托科技手段，打造公共文化服务数字平台。如海淀区不仅打造了“文化@海淀”数字平台，通过横向整合区内健身、旅游、教育、科普等资源，纵向打通与文化和旅游部国家文化云资源共享渠道，实现了“大文化”资源共享；还建成了“一库双网双微”，即海淀公共文化资源库、海淀公共文化服务网PC版、海淀公共文化服务网触屏版、海淀公共文化移动应用和海淀公共文化微信公众号，通过发布文化资讯、原创图片、在线课堂、在线图书、有声服务等方式，形成了特色数字服务体系。

四、海淀区创新发展的特点和经验

作为中关村的发源地，海淀区在40年中实现了多次跨越式创新发展。特别是党的十八大以来，海淀区创新发展进入了新的历史阶段，具备了在新时代再次实现高质量跨越式发展的基础与力量。

（一）创新发展特点

1. 从引领中国创新到埋根世界创新

党的十八大以来，中关村在全球创新体系中找准定位，牢固树立创新引领的战略和理念，在以科技创新为核心的创新发展中取得了一系列新的重大突破。一是打造引领中国创新实力。海淀区突破了一批关键核心技术，聚集了一批自主创新领军企业，率先形成了具有独特内涵和价值体系的高精尖经济结构，科技创新对经济社会发展和城市治理的支撑引领作用显著增强，为全国实施创新驱动发展战略发挥了很好的示范引领作用。海淀区以科技为核心的创新发展奠定了中国在全球化创新中的地位，加快了向具有全球影响力的全国科技创新中心的转变。二是打造引领世界创新潜力。近年来，海淀区创新驱动发展迈上了一个新台阶，高端创新要素加快聚集聚变，原始创新能力显著增强，产业核心竞争力大幅提升，创新国际化取得突破性进展，成为全球技术创新总部聚集地和原始创新的策源地，全球创新创业人才聚集的首选地，全球原创思想、品牌和创新模式的重要输出地。作为全国科技创新中心核心区和“三城一区”的领头羊，海淀区在未来的一个时期，将大尺度重构创新生态体系，促进产学研等多元创新主体高水平融合互动，加速释放创新潜能，放眼全球，全面提升创新层次和能级。

2. 从生产方式创新到生活方式创新

一是生产方式创新。科技改变了海淀区互联网企业的生产方式与工作方式，科技员工不再受“早九晚五”传统生产工作时间限制，技术开发随时随地都在进行，科技员工在家办公已经成为新的时尚。不受时间、空间约束，不仅充分发挥了人力资源的主动性、积极性，还有助于缓解早晚上下班公共交通等服务的压力。驻区互联网开发企业大堂的服务机器人等开始投入使用，大大提高了科技使用的实效；无人驾驶汽车已经进入封闭的实景场地进行路跑试车。“科技政府”服务功能不断创新。随着科技水平提高及应用加速，海淀区政府服务功能的科技化越来越助力于创新发展，如办公区的人脸识别系统，进门刷脸大大提高了通过效率；“码上办”等惠企实事，大大提高了政府服务企业、服务科技创新的效率。二是生活方式创新。近年来，科技带来的生产方式的改变也延伸到生活方式的创新，网络零售、视频直播、互联网医疗等市场规模不断壮大。京东快递公司已经使用机器人配送，智能化的健身房也出现在人们的生活中。海淀区限额以上网络零售额平均保持在两位数增长，基本保持在社消额增速以上；服务消费大于商品消费，在全市的比重保持在30%以上，对全市服务消费增长的贡献率超一半；2016年，海淀区商品网购约占30%，远远超过同期全国11%的比例。优化城市功能，加快“科技城市”建设。坚持以人为本、民生优先、建治协调、智能精细、文明和谐的城市治理思路，进一步从城市管理向城市治理转变，以缓解交通拥堵等民生问题为突破口，加强城市基础设施建设，以信息化手段提高城市精细化管理水平。

3.从布局国内创新到布局全球创新

一是国内产业协同布局。增强全国科技创新中心核心区的辐射带动能力，发挥知识产权优势在科技创新中的纽带作用，强化产业基金和产业资本的控制作用，组织相关协同创新、产业孵化、技术转移交易和知识产权运营等平台与其他分园开展对接，努力建设平台型、链条型、并购型产业组织，打造“研发—中试—产业化”创新链，加速推进与中关村各产业园区的协同创新。充分发挥海淀区的科技创新资源优势，利用周边地区产业转化能力和腹地优势，有序引导、有效规范海淀区的资本、技术、管理、人才、标准、品牌输出，与北京其他区以及津冀合作共建一批产业对接协作平台、产业创新合作平台、“政府－企业”合作平台、产业联盟，引导产业资源和创新服务资源向合作平台集聚，全面融入京津冀协同发展新格局，拓展海淀区产业发展空间。二是布局全球创新发展，完善国际化服务体系。建立国际创新创业孵化平台，鼓励企业在海外设立孵化器。积极引进全球高端知识产权和专利机构、技术转移机构、标准化认证机构、产业协会、产业联盟、民间智库等机构，构建支撑企业国际化发展的科技服务体系。深化国际化改革试点。推动开展企业境外投资自主权试点，深化境外投资和并购外汇管理创新试点，简化企业海外技术并购审批手续，促进企业并购投资国际化。融入国际化创新网络。面向全球整合创新资源和创新链条，建设全球高端创新资源配置枢纽。积极引进全球高端科技资源，吸引国际先进跨国公司研发中心、国际知名研究机构落地，加快引进国外先进技术和高端项目落地转化。支持中关村高科技产品和服务参与国际贸易竞争，鼓励领军企业带领产业链上下游企业“抱团出海”。

（二）创新发展经验

1. 大创新融合

一是科技与经济的融合。深化区域创新资源战略性合作，支持驻区高校院所和创新型企业开展关键核心技术联合攻关。持续争取布局一批国家科技重大专项和工程，建设一批重点领域的技术研发和转化平台，汇聚一批世界级科学研究机构，引领一批基础科学、战略前沿高技术，形成一批具有全球影响力的原创成果、国际标准、技术创新中心和创新型领军企业集群。持续优化产业内部结构，按照“一产融合、二产做强、三产更优”的工作思路，进一步巩固高精尖经济结构，加快构建海淀特色的现代化经济体系。建立产业选择机制，提升产业组织能力，做优做强新一代信息技术、智能制造、生物医药、新材料、能源环保等优势产业。全力支持和服务行业领军企业和独角兽企业做大做强。聚焦价值链高端，持续推进金融服务、商务服务、科技和信息服务等生产性服务业高端化发展。加快中关村军民融合“一体三园”建设，率先构建军民融合创新体系。加强与未来科学城、怀柔科学城、北京经济技术开发区以及雄安新区的合作联动，率先探索企业利益分享机制和产业协作转移机制，在京津冀大格局中构建完整的创新链、产业链、价值链，实现差异化跨区域协同发展。二是金融与科技的融合。海淀区科技金融特色鲜明，在全国独树一帜。近年来，随着国家科技金融创新中心建设的深入推进，海淀区金融集聚和辐射功能不断增强，中电建财务、中关村银行、农银资产、融联易云等代表性强、专业化程度高的金融机构相继落户海淀区，中国人民银行等业务主管部门在海淀区设立了分支机构。海淀区在构建涵盖创新链、产业链、价值链和企业全生命周期的科技金融服务体系的过程中，进行了一系列的探索和创新，力求充分发挥金融服务人才创新创业、服务企业做大做强、服务实体经济的积极作用。由传统金融、新兴金融以及各类金融要素组成的金融体系已经初步建成，全国科技金融高地的态势基本确立。三是文化与科技的融合。文化与科技融合发展形成的新发展动力，是海淀跨越式高质量发展的核心动力。坚持追求财富与承担社会责任、实现国家富强与民族复兴高度统一的价值取向，传承弘扬中关村企业家精神，涵养新时代中关村企业家、创业者的家国情怀和责任担当，凝聚区域发展更深沉、更持久的动力。加强基层公共文化服务标准化、均等化、社会化和数字化建设，建成均衡发展、供给丰富、服务高效、保障有力的现代公共文化服务体系。深入挖掘历史文化内涵，坚持保护与更新相衔接，坚持文物保护、生态涵养和文化创意统筹推进，以创造性开发利用促进历史文化保护与传承，做好“三山五园”地区整体保护和环境综合整治，建设全国文化中心示范工程，推动历史文化保护和科技创新融合发展。四是教育与科技的融合。海淀区的教育资源在北京市首屈一指。海淀区树立大教育理念，推动集团化办学模式改革，加快教育国际化发展，增加优质教育供给，擦亮海淀教育“金名片”：深化学前教育，增加普惠性幼儿园，强化办园者主体责任，落实政府部门监管责任；推动全民终身学习，建设学习型城区；为科技人员子女提供良好的基础教育，为有创造力的孩子对接中科院院士。

2. 大管理体制

一是组织结构改革。2012 年，依据海淀区机构设置“三定”方案，海淀园管委会与海淀区科学技术委员会合署办公，为海淀区政府统一领导协调海淀园建设管理工作和区科学技术工作的工作部门。中共北京市海淀区委海淀园工作委员会（简称“区委海淀园工委”）与海淀园管委会（区科委）合署办公。2014 年 3 月，海淀区政府、中关村管委会批复海淀园管委会加挂中关村国家自主创新示范区核心区（海淀园）管理委员会牌子。海淀园管委会采用“两个合署、七块牌子”的“大部门”机构管理模式，“七块牌子”为中关村国家自主创新示范区核心区管理委员会、中关村科技园区海淀园管理委员会、海淀区科学技术委员会、海淀区政府信息化工作办公室、海淀区经济和信息化办公室、海淀区知识产权局和海淀区投资促进局。海淀园工委内设机构5个，海淀园管委会（区科委）内设处室8个，所属事业单位7个，归口管理事业单位2个。二是服务功能改革。海淀区这样的大管理体制设计，对于加强政府服务意识，提高职能部门办事效率，落实“放管服”改革效果十分明显。各个职能部门只有服务于创新创业的职能，没有行政决策功能，客观上促进了创新发展，杜绝了效率低下以及寻租腐败的可能。海淀区坚持提升服务经济主体能力，深化“放管服”改革试点，持续推进商事登记制度改革，推广“互联网+政务服务”，30%以上的服务事项提供网上申报服务；实施并完成了国地税联合办税政务大厅建设；全面推进政务诚信、商务诚信、社会诚信和司法公信建设，建立以信用为核心的市场监管保障机制；打造一流的“亲商、暖商、稳商”的营商环境；发挥区属国有企业在建设新型城市形态中的主力军作用，整合壮大园区建设、科技金融、现代商业、文化旅游、住房保障、公共服务等板块，积极发展混合所有制经济；持续深化重点领域改革，激发区域发展新活力。三是政府作用改革。海淀区在大力推动原始创新和自主创新的过程中，不断理顺市场和政府的关系，始终坚持让市场在资源配置中起决定性作用，更好地发挥政府作用。历届区委、区政府领导不忘初心、持之以恒，坚持以科技创新为核心的高质量发展思路，以一张蓝图绘到底、始终敢为天下先的魄力和勇气，积极发挥政府引导和组织的作用。海淀区政府营造了容忍失败的文化氛围，即在构建鼓励创新机制的过程中，不仅奖励、宣传成功，也理解、容忍失败，甚至在场地、资金、政策支持等方面有所倾斜，积极鼓励创新创业者“试错”。海淀区政府构建了亲清新型政商关系。如很多企业在发展过程中遇到了难以解决的痛点和难点问题，都会第一时间在政府搭建的各类公共平台上进行咨询，政府也会根据企业的需要改革现有的服务项目和内容，甚至在能力影响范围内组织各种社会力量来帮助企业渡过难关。连作为中关村最早的一批创业者的柳传志老先生也经常会念叨，在联想遇到重大事情时，都要到海淀区委、区政府的“家里”去念叨念叨、报告报告。这些从过去的查漏补缺和被动调整，到如今的全局谋划和积极引导，正是海淀区开展政府作用改革的生动体现。

3. 大生态建设

一是创新创业生态建设。近年来，海淀区大力构建以“政产学研用金介”为主体的协同创新体系，通过加速高端要素集聚、深化产学研互动机制、促进科技与金融高度融合等方式，持续完善创新创业生态建设，成效显著。如在高端人才集聚方面，海淀区以加快建设中关村人才特区为抓手，充分发挥政策先行先试优势，着力破解制约人才创新的重大制度瓶颈，并深入实施区级人才政策“海英计划”，营造国际一流的人才工作生活环境，大大提高了对高端人才的吸引力。在金融资源集聚方面，海淀区加快推进国家科技金融创新中心建设，初步形成了覆盖科技创新全链条的“海淀创新基金系”。另外，海淀区着力打造创新创业服务体系，加大引进培育优质“双创”中介服务机构，不断完善专业技术服务、市场服务、投融资服务、知识产权服务于一体的创新创业全过程孵化体系，并成功举办“创响中国”北京站、盛景全球创新大奖、“创启未来”全球青年创新创业大赛等一批具有海淀特色和印记的创新创业活动，创新创业氛围持续增强。二是产业链生态建设。鉴于创新发展的物理空间限制，通过提升企业研发能力和市场开拓能力，实现设计、研发、销售在内，中试制造、集成环节在外的“两头在内、中间在外”的企业发展模式，推动服务型制造业在海淀区发展。推动工业研发设计、检验检测认证、云制造平台、科技服务等新兴业态发展，培育支撑战略性新兴产业发展的生产性服务业在海淀区发展。做好新技术新产品应用推广，充分发挥市场在资源配置中的决定性作用，以海淀区现有科研基础、面向未来的先进技术研究院和科技创新公共平台为基础，继续做好新技术新产品的应用推广工作。发挥政府的引导作用，通过首购、订购、首台（套）重大技术装备试验和示范项目等方式加快新技术新产品的推广应用。建立供需对接机制，特别是加强与央企和部队等驻区单位的对接，优先在航空航天、新一代信息技术、高端装备制造、新材料、新能源与节能环保、应急救援装备等领域，促进军民两用技术产业化推广。主动融入国家“一带一路”建设，支持各类中介平台组织科技企业在“一带一路”沿线重点国家创新创业。发挥海外创新母基金、中关村并购基金以及国际孵化机构的作用，引进优秀的海外团队入驻，营造国际化创新环境。三是北部产城生态建设。统筹北部生产、生活、生态建设，推动产业生态、人文生态、环境生态“三态融合”，打造新兴产业技术创新中心区，“高精尖”产业集群发展区、城乡统筹发展示范区和生态宜居示范区。顺应大数据、云计算等大信息产业发展趋势，加快推进中关村软件城建设，巩固和提升核心区软件和信息服务业的领先优势，形成以核心芯片、高端元器件，基础软件为代表的领军型产业集群。发挥北部龙头企业入驻优势，强化产业链上下游关联衔接，构建依托龙头企业的产业创新生态，加快形成以地理位置服务、人工智能为代表的旗舰型产业集群。充分发挥北京协同创新研究院创新链、产业链、人才链、资金链一体化优势，加快建设仿真与设计、智能机器人、信息安全等领域的协同创新中心和特色研究中心，形成产学研深度融合的整合型产业集群。借鉴欧盟绿色基础设施建设经验，加强区域交通、教育、医疗、商业、文化娱乐设施配套及生态园区建设，适度超前规划北部地区对外交通联络线，为高端科技人才提供国际化、智能化、生态化的高品质公共服务，增强北部地区的辐射带动作用。

五、海淀区创新发展的挑战与对策

（一）重大挑战

1. 环境不确定性

一是世界经济增长乏力。从主要经济体增长预期看，世界经济在今后一段时间仍将处于疲弱增长状态，外部需求难有明显改善，叠加发达国家再工业化战略的实施和国内劳动力成本上升，高端制造业向发达国家回流的趋势不断增强，美国贸易保护主义抬头，出口成本增加，创新发展的国际环境不容乐观。二是国内经济下行压力。防范系统性金融风险是当前首要任务。目前在潜在增长下降、有效需求不足、去产能任务持续推进的大背景下，国内需求增长乏力、产能调整深化，将进一步加大海淀区工业增长下行压力。三是自贸区的快速发展。自贸区主要任务是要探索中国对外开放的新路径和新模式，推动加快转变政府职能和行政体制改革，促进转变经济增长方式和优化经济结构，实现以开放促发展、促改革、促创新。中国不是经济强国的一个主要原因，就是金融和科技的融合问题。在自贸区的大背景下，金融创新与科技创新相互依托、相互促进，形成自贸区的双引擎和双驱动，这对海淀区科技创新发展是一个巨大的竞争压力。四是自主创新能级差距。海淀区的科技创新层次和能级还不高，国际化水平相对较低，仍然处于价值链的中低端；多元创新主体高水平融合互动的区域创新体系还不完善，富集的资源优势还未能很好地转化为创新发展优势；全球顶尖的创新领军人才占比偏低，引领性原创成果和国际标准较少，关键共性技术、前沿引领技术、颠覆性技术创新还不够强；许多方面和领域与硅谷等世界水平甚至国内的深圳、上海等发达城市相比还有不小的差距。

2. 物理空间约束

受建筑物限高和地下文物保护的限制，海淀区现有的产业物理空间无法得到有效的、与产业创新发展相协调的配套发展，产业链上的一些环节甚至整个企业都有从海淀区外迁到北京市内其他区及周边省市的情况。主要表现在：一是空间不足，成本高企。这成为制约海淀区科技创新企业、新业态等新经济发展的重大瓶颈。2015 年海淀区城镇单位在岗职工平均工资达 129810 元，高出北京市平均水平 16737 元；海淀区已建成的 590 多座写字楼整体空置率仅为 3.92%，基本是满租状态，而且平均租金达 189 元 /(月・平方米)，显著高于全市、全国平均水平。为了进一步解决发展的空间问题，海淀区采用赎买腾退的方式来扩展创新空间，但政府付出的成本非常高。即使是这样的物理空间整理与规划，仍然难以满足海淀区产业创新发展的实际需要，造成了很多在海淀区孵化的高新技术企业，长大后就迁至其他物理空间富余的地方去继续发展。二是虚拟集聚，集约利用。载体建设是促进创新要素集聚、加快新经济发展的重要抓手。近年来海淀区着力打造创新型经济集聚区，在为新经济发展提供重要物理空间的同时，必须拓展产业虚拟集聚空间。利用互联网技术拓展产业虚拟集聚空间，推动空间资源的集约集群化开发利用。结合中关村大街改造和“一城三街”建设，围绕科技金融、知识产权、技术转移、标准检测等领域，顺应互联网线上线下融合趋势，打造一批产业定位清晰、机构关联集聚、服务专业的主题楼宇集群。对现有商务楼宇进行智能化、信息化改造升级，支持专业性商务楼宇引进与国际接轨的空间安全、节能、空气质量、物业管理标准等，推进鼎好大厦、致真大厦等重点楼宇建设，打造一批智能化程度高、设施先进、配套完善、管理成熟的高端商务楼宇。搭建驻区楼宇动态监测平台，加强对楼宇企业、产业入驻的动态监测，提高楼宇使用率。

3. 利益共享机制

随着疏解非首都功能和北京减量发展的实施，海淀区很多符合禁限目录标准的制造业企业工商注册数量逐年减少，其生产环节不断地在往外迁移，加上海淀区科技创新发展的物理空间限制，很多企业或者某些产业链环节需要扩大或者疏解，与北京市内其他区的引资要求也有了某种程度的相互匹配。因此，亟须建立：一是北京市内的利益分享机制。本市各区之间需要在全市层面进行产业链统筹布局，否则很容易发生“挖墙脚”现象甚至引发恶性竞争。在落实各区产业定位时，要针对各地具体产业发展的实际情况，从产业链层面进行市级统筹；与之相配套的是要协调好各区之间的协同发展，必须要建立市级层面的跨区利益分享机制。同时，要从政府采购和市场监管等方面制定对前沿产业和新经济的市级支持政策。二是跨省市之间的利益分享机制。一些企业或者某些产业链环节也有以各种方式外迁到天津和河北的。在这种情况下，迁出地和迁入地之间有无利益分享制度安排，直接关系到相关企业的区域流向与未来发展。而现实是，这个层次的利益分享机制并没有能够很好地建立与运转，这无疑阻碍了产业创新和企业发展，也让海淀区政府及其园区企业有苦难诉。这涉及北京市内部以及北京与周边省市之间针对制度成本、用地成本、上下游创新创业生态体系的利益协调与补偿。鉴于区级层面行政权限与资源配置，海淀区能做的比较有限，要做成完整的创新创业生态链，必须有市级内部统筹和与周边省市之间的统筹。

4. 创新主体统筹

海淀区集聚了清华大学、北京大学等几十所国家重点高等院校，中国科学院等几十家科研院所，驻区央企和军队资源丰富。近年来，尽管海淀区不断创新央地、军地融合发展模式，也取得了显著成效，但各类创新主体成果转化、发展空间、政策创新等方面的需求和服务配套不充分问题较为突出。受区级层面协调能力不足限制，海淀区对驻区中央在京资源的统筹利用和深入挖掘依然有待加强，部分地方层面的改革探索难以覆盖驻区中央单位，地方统筹驻区创新资源依然存在体制机制障碍。如“京校十条”无法适用在京中央高校，激励措施不能惠及区域创新主体与创新主力，创新政策效果大打折扣。如何进一步挖掘和拓展多元化发展空间，充分提升政策空间、人才空间、文化空间、生态空间等的内涵与质量，形成新的竞争优势，是亟待解决的问题。

5. 政策更新换代

一是监管政策有待跟进。近年来不断涌现出大数据、人工智能、无人驾驶等新业态，以及众创、众筹、众包、众扶等新模式，但现有政策还无法对这些新业态、新模式进行监管。由于互联网经济和分享经济趋势发展明显，个人和小微团队的参与解决了大量社会就业问题，但由于行业标准相对滞后，相关经营行为在工商注册、质量管理、知识产权、报统缴税、民事责任、保险保障等环节，难以使用现有部门规章、标准进行认定、监管，使得大的政策环境难以与新型经济形态匹配。二是现行政策瓶颈。随着深化供给侧结构性改革、推进京津冀协同发展等新时期发展要求，传统工业面临更为严格的调存量、控增量等压力。自禁限目录实施以来，海淀区制造业企业工商注册数量逐年减少，海淀区通过联席会议机制，积极争取北京市级部门支持，出台了放宽制造业工商登记的 3 条说明措施。在企业自身发展壮大、疏解非首都功能、大气治理力度增大导致停产限产等多重因素作用下，工业企业生产环节向周边省市及其他地区转移的预期有所增加。

（二）对策建议

1. 使命进一步大担当

自改革开放以来，海淀区便肩负国家科技体制改革“试验田”和科技创新产业先行者的责任使命。从 1978～1987 年的电子一条街时期，到 1988～1998 年的北京新技术产业开发试验区时期，到 1999～2008 年的中关村科技园区时期，到 2009～2015 年的中关村国家自主创新示范区时期，再到 2016 年至今的全国科技创新中心时期，每一个阶段，国家战略和使命都发生着经验性的变化，也不断赋予海淀区更多的期望和要求。正是在这个意义上讲，海淀区的创新发展、中关村的区域创新模式对于改革开放有着重大支撑意义，已然与小岗村、深圳有着同等重要的价值。当前，在全球化背景下继续推动改革开放再出发，推动国家层面不断创新发展，可以进一步赋予海淀区新的历史担当和使命。一是赋予更多的承载。近年来，海淀区牢牢把握自身在首都“四个中心”城市战略定位中的职责任务，坚持首善标准，加强“四个中心”功能建设，取得了显著成效。但是，与高举主动建设全国科技创新中心核心区旗帜的重要使命相比，还存在一定的差距。比如，北京“四个中心”的功能定位包含了十分丰富的内容，在“全国政治中心、文化中心、国际交往中心、科技创新中心”的每一个子中心上，海淀区都能发挥自身力量，更好地服务保障首都发展。为了使海淀区担当好首都建设全国科技创新中心的排头兵和主力军，建议未来在国家层面将更多的建设中心放在海淀区，以促进海淀区不断调整、丰富和提升自身创新体系，增强海淀区经济发展的创新力和竞争力。二是赋予更多的协同。在过去的创新发展过程中，海淀区作为开创者，是第一个“吃螃蟹的人”，也不存在竞争者。但随着海淀区思想创新、体制创新、管理创新、科技创新在全国范围内的辐射，一大批类似的高新区如雨后春笋般涌出。今天来看，全国多数地区都在大刀阔斧地开展科技创新，使海淀区面临着很多竞争对手。然而，在平台经济、外包经济、分享经济、创客经济、融合经济等全球领先的新经济形态方面，海淀区依然走在前列。可问题是，这些新经济形态在产业链角度上已不太可能仅局限于海淀区内，必然要根据国家战略的需要、市场价格的引导和资源禀赋的情况，在全国甚至全球分散布局。在此背景下，跨区域协同的重要性不言而喻。为了使海淀区更好地发挥原始创新策源地和自主创新主阵地的作用，建议未来在新经济创新发展上增加海淀区的样板力量，赋予海淀区新经济领军企业更多的协同基础，扩大新时代海淀区的辐射作用。三是赋予更多的政策。过去围绕科技体制转化和产业化目标，海淀区集中了国家层面和北京市层面的众多先行先试政策，对推动创新发展起到了积极作用。然而，随着这些政策在全国范围内的广泛铺展，以及海淀区新时代历史使命的变化，现实对政策创新的要求越来越迫切。如科技成果转化和产业化的渠道建设问题、知识产权的确认和划分问题、创新领域中的国有资本处置问题、中小企业的融资难问题、互联网金融的风险控制问题等，都需要通过更大的勇气、更系统的安排予以解决。为了使海淀区进一步发挥先行先试的先锋作用，建议未来在开放经济、金融税收、行政区划、城市管理等方面赋予海淀区更多的政策，让海淀区加快在科学城制度建设、新经济形态建设、营商服务改革建设等方面的探索和尝试。

2. 思想进一步大解放

改革开放 40 年来，最根本的经验就是解放思想。未来的竞争是人才的竞争，创新发展最根本的要素还是人才。在新旧动能转换、深入实施供给侧改革的关键时期，全国各地一场前所未有的人才争夺战正在悄然进行。在北京加快疏解非首都功能、不断强化人口调控等背景下，海淀区人才发展环境与政策面临严峻挑战，应处理好“减人口”与“聚人才”的关系，尽快制定适合区域发展的人才政策体系，实现“不拘一格降人才”。一是引进政策。要聚焦人才定位，加快构建完善层次分明的人才引进政策体系。积极争取国家重量级科技项目落户海淀，充分调动区域内创新主体积极性，研究建设世界级研究机构或发起世界级大科研项目的可能性，为全球顶尖人才集聚搭建事业平台。加快制定实施海淀区“全球顶尖人才引进计划”，逐步探索构建集移民手续、生活安居、个税返还等于一体的全球顶尖人才特色政策体系。

借鉴国外先进经验做法，进一步完善留学生政策，多措并举吸引国外青年储备人才。二是外籍试点。要聚焦政策突破，逐步探索外籍人才国民待遇改革试点。从全球范围看，作为全国科技创新资源最富集的区域，海淀区外籍人才引进政策、创新创业环境与全球科技创新活跃的地区相比尚有较大差距，在体制机制、政策体系等方面存在开放滞后、含金量不足等问题，海淀区需要深入推进外籍人才移民体制机制改革，缩小政策环境差距，加快推进与全球接轨。三是侨胞人才。要聚焦海外华人群体，让已经加入外国国籍的原中国公民重新获得在中国生活、工作等国民待遇或准国民待遇。结合海淀区现阶段紧缺急需型人才需求，强化对特定外籍人才激励保障政策，如在个税抵扣、医疗保健、子女教育、父母养老等方面提供优惠政策和优质资源，使其能安心在海淀区长远创新创业，积极争取在全国率先探索赋予外籍人才国民待遇或准国民待遇改革试点，逐步清除外籍人才在国内流动、投资、工作、生活、子女教育等各方面的障碍。四是综合环境。营造多元、开放、包容的社会氛围，提升青年人才对城市的认同感和归属感。能够留住人才、守住人才更重要，而留住人才更根本的在于一个城市或区域的综合发展环境。营造符合海外人才、青年人才和大学生群体工作生活消费需求特点的城市环境和社会氛围，增强他们对北京市的认同感和归属感，增强海淀区对他们的吸引力。

3. 布局进一步大优化

一是超前布局。超前布局战略先导产业，抢占新兴产业制高点。着眼未来新一轮科技革命和产业变革新趋势，结合核心区发展新态势，明确未来重点培育的战略性先导产业的主攻方向。围绕国家科技重大专项、国家重点研发计划和北京市科技计划项目的实施，率先在超级计算机、核心通用芯片、精准医学、智能汽车、新材料、增材制造和激光制造等领域，重点部署一批科技前沿和战略必争的先导技术项目，突破一批关键共性技术，取得一批重大原始创新成果，发挥科技引领产业发展的先导作用，提升高技术研究能力和产业国际竞争力。引导行业领军企业在人工智能、石墨烯、干细胞等领域加大研发投入，支持企业抢占未来产业竞争制高点。二是做优做强。做优做强优势主导产业，形成稳固的区域经济支撑点。坚持有所为、有所不为，强化核心优势、聚焦价值链高端环节，重点打造智能制造大数据、创新服务、大健康、绿色生态和文化科技融合等一批具有国际竞争力的主导产业，形成区域经济发展主要支撑力量。三是深化融合。深化“互联网+”融合发展，挖掘区域经济潜在增长点。加快推进“互联网+”行动计划，聚焦“互联网+先进制造”“互联网+电子商务”“互联网+城市运行管理”等重点领域推动融合发展，形成一批新的投资和经济增长点统筹生活性服务业转型升级、城市功能优化和人口调控，加快推动移动互联网、大数据、云计算、物联网等新技术与生活性服务业融合发展，率先培育技术含量高、效率高、聚人少的城市生活服务业升级版。四是创新模式。探索创新产业组织模式，多渠道培育新兴产业生长点。结合疏解非首都功能、构建“高精尖”经济结构，探索构建创新资源平台化整合共享创新服务专业化全链条供给、创新成果市场化孵育转化的产业组织新模式，营造核心区战略性新兴产业发展新生态。五是高效匹配。推动产业与空间高效匹配，实施网络化集群化产业布局。加快构建以中关村大街创新创业轴为主动脉，以推进中关村科学城国际化、建设全国科技创新中心核心载体为抓手，以加快建设北部战略腹地为支撑，以“三山五园”及西山历史文化带建设为海淀创新发展提供文化和环境新动力，形成全域融合、分工合理、网络互联、集群布局的新格局。

4. 发展进一步大统筹

一是放宽准入。放宽新兴产业和应用领域的市场准入。在互联网金融、互联网医疗、互联网交通、互联网教育等跨界融合的共享经济和新兴产业领域，仍然存在一定的“玻璃门”“旋转门”，制约了人才、技术、资本等进入新兴领域的进程。如高科技企业金融牌照问题，海淀区云集了众多高科技企业，业务发展到一定阶段后需要以金融工具作为后续市场拓展的支撑；同时，第三方支付、保险、金融租赁等业务的开展，将有助于科技企业积累和应用大数据业务，加速高精尖产业结构的构建。目前，海淀区内小米、百度、大北农等一批龙头企业都在向监管部门申请各类金融牌照，但受金融牌照按区域发放和当前相对粗放的“一刀切”式金融风险防范方式等影响，企业投资行为或受阻或扭曲另寻其他出路，形成新的经营成本。尚需在宏观审慎和微观适度、风控与创新之间找到新的平衡。二是适度监管。可选择中关村核心区开展先行先试，探索行业监管经验，使风险可控。持续提升政府服务水平，运用大数据、云平台、云服务等新技术，持续提升政府服务和监管水平，建立“互联网 +”智慧监管平台，与工商、税务、法院等部门形成信息共享和长效联动工作机制。运用大数据、云平台、云服务等新技术，建立“互联网 +”智慧监管平台，及时发现并协调新经济发展带来的相关问题。依托“互联网 +”智慧监管平台，建立经营异常企业名录、严重违法企业名单等，形成与税务、法院等部门联动的信用惩戒机制。三是权责下移。积极争取新经济领域的法规权责下移试点，联合市级政府积极向全国人大或其常委会申请授权，支持海淀区研究出台有利于新经济重点领域发展的地方性管理制度，探索先行先试。把打造有利于制造业发展的服务“软环境”摆到更加重要的位置，把海淀区打造成为制造业企业的战略性新兴产业策源地、投资最佳目的地和企业总部聚集地。四是精准服务。加强对重点企业的服务指导，按照“一企一策、一事一议”的原则，分行业加强精准调控和运行调度，在人才引进、户口、住房、子女入园入学等方面持续加大对企业的帮扶力度。对于有外迁意向的企业密切关注，深入了解企业需求和外迁环节，防止收入过度流失。进一步发挥好海淀区禁限目录联席会议机制，加强对禁限目录的政策解读和宣传引导，通过各类行业协会向企业积极宣传海淀区促进核心区发展的各项支持政策，积极引进总部企业，帮助高新技术企业注册落地；进一步完善大气治理、投资审批工作机制，提升服务制造业企业的精准性，维护和支持企业依法依规正常生产经营，进一步打造优质的营商环境。

改革开放与中国县域发展
GAIGEKAIFANG

北京通州

BEIJING TONGZHOU

高水平建设城市副中心

中国社会科学院法学研究所

导言

建设北京城市副中心，疏解北京非首都功能、推动京津冀协同发展，是以习近平同志为核心的党中央谋划、部署、推动的重大国家战略。坚持高起点、高标准、高水平地规划、建设、管理北京城市副中心，不仅是调整北京空间格局、治理大城市病、拓展发展新空间的需要，也是推动京津冀协同发展、探索人口经济密集地区优化开发模式的需要。面对北京城市副中心建设的历史重任，全面推进改革创新是根本路径，即坚持与时俱进、因地制宜，通过深化改革破解发展难题，通过创新驱动集聚要素资源，全力营造利于发展的良好环境。由此，在改革开放 40 周年之际，在北京城市副中心建设的重大历史机遇期，通州已成为新时期全面深化改革的实践地和示范区。

为及时总结北京城市副中心建设的成效和经验，研究思考高水平建设北京城市副中心、优化提升首都功能、推动京津冀协同发展的长效机制，中国社会科学院法学研究所课题组于 2018 年 6 月、7 月多次赴通州，与通州区委办公室、区委研究室、区政府办公室、区委宣传部、区委政法委等 30 多个党政部门进行座谈，实地考察行政办公区、运河商务区、文化旅游区建设情况，深入雪亮工程指挥中心、马驹桥镇综治中心、区公共法律服务中心、十姐妹工作室、梨园镇、台湖镇、潞城镇、永顺镇、张家湾镇、宋庄镇、新华街道、中仓街道、玉桥街道、北苑街道、岳庄村、颐瑞东里社区、如意社区、西营社区进行调研和访谈，经过细致梳理和深入分析形成本调研报告。

一、通州城市功能定位的历史沿革

北京城市副中心选在通州具有历史必然性。通州古称路县，始建于西汉初期（公元前 195 年）。金天德三年（1151）设州，因“漕运通济”得名通州。通州作为京杭大运河的北端，历史上曾是四方来贡、漕运物资水路必经之地，为拱卫、建设、繁荣、安定北京做出了重要贡献。从功能疏解上看，历史上通州就承担着首都北京的一部分行政职能，承担着分流京城人员、物资的重要作用。中央政府的重要部门在通州都有分支机构，比如清代的都察院、户部、工部、漕运总署等都在通州派驻分支机构。从地理位置上看，通州区位于北京市东部，长安街轴线与东部发展带的节点之上，西邻朝阳区、大兴区，北与顺义区接壤，东隔潮白河与河北省三河市、大厂回族自治县、香河县相连，南与天津市武清区、河北省廊坊市交界，处于京津冀和环渤海经济圈的核心枢纽位置。改革开放以来，通州城市功能定位先后经历了“卫星城—新城—重点新城—现代化国际新城—城市副中心—行政副中心—北京城市副中心”的发展过程（见表 1）。

表 1　改革开放以来通州城市发展的七个定位

序号	时间	城市定位	依据
1	1982 年	卫星城	1982 年《北京城市总体规划》；1993 年《北京城市总体规划（1991 年— 2010 年）》
2	2005 年	新城	《北京城市总体规划(2004 年— 2020 年)》

续表

序号	时间	城市定位	依据
3	2006年	重点新城	《北京市国民经济和社会发展第十一个五年规划纲要》
4	2009年	现代化国际新城	中共北京市第十届委员会第七次全体会议
5	2012年	城市副中心	中共北京市第十一次党代会；2015年《京津冀协同发展规划纲要》
6	2015年	行政副中心	中共北京市第十一届委员会第七次全体会议
7	2016年	北京城市副中心	中共北京市第十一届委员会第十次全体会议

按照发展模式和与中心城关系的不同，通州城市功能定位的发展变化大致可以分为三个阶段。

第一个阶段是卫星城、新城、重点新城阶段，是立足通州自身和周边区域的区县战略层面的发展阶段。1982年《北京城市总体规划》提出，要重点建设燕化、通县、黄村、昌平4个卫星城；1993年国务院批复的《北京城市总体规划（1991年—2010年）》提出，要建设14个卫星城，通州镇是其中重点建设的3个卫星城之一。2005年，《北京城市总体规划（2004年—2020年）》将通州等11个卫星城定位为新城，并指出“新城是在原有卫星城基础上，承担疏解中心城人口和功能、聚集新的产业，带动区域发展的规模化城市地区，具有相对独立性”。可见，从“新城”建设开始，通州就确立了疏解中心城人口和功能的定位。2006年，《北京市国民经济和社会发展第十一个五年规划纲要》把11个新城中的通州、顺义、亦庄确立为北京重点建设的三个新城，赋予“重点新城”的城市定位，重点发展东部发展带，引导中心城区人口和功能疏解。虽然“新城”、“重点新城”具有疏解中心城人口和功能的定位，但是从根本上讲，其更强调通州自身的“相对独立性”，因此仍然没有脱离北京远郊区县的战略层面。

第二个阶段是现代化国际新城、城市副中心、行政副中心阶段，是立足通州与中心城密切关系的北京战略层面的发展阶段。2009 年底，北京市委十届七次全会提出以更高的标准贯彻落实《北京城市总体规划》，提出“集中力量、聚焦通州，借助国际国内资源，尽快形成与首都发展需求相适应的现代化国际新城”的战略部署。2012 年 6 月，北京市第十一次党代会上，市委报告明确提出要“加快城市发展，进一步落实聚焦通州战略，分类推进重点新城建设，打造功能完备的城市副中心，尽快发挥新城对区域经济社会发展的带动作用”。2015 年，北京市委十一届七次全会明确提出，要聚焦通州，深化方案论证，加快市行政副中心的规划建设。这个阶段，通州的发展要与首都发展需求相适应，更强调通州与北京的紧密关系。

第三个阶段是当前的北京城市副中心阶段，是立足优化提升首都功能、推动京津冀协同发展的国家战略层面的发展阶段。2016 年 5 月，北京市委十一届十次全会提出，要“高水平规划建设城市副中心。用大历史观看待这件大事，树立雄心壮志，以最先进的理念和国际一流的水准，打造无愧于时代、无愧于历史的现代化新城，使之成为新时期首都建设的精品力作”。会议还通过了《关于全面深化改革提升城市规划建设管理水平的意见》，提出要“集中力量，建设北京城市副中心”。同年 5 月 27 日中央政治局召开会议，研究部署规划建设北京城市副中心和进一步推动京津冀协同发展有关工作，对城市副中心的功能定位予以明确。

由上可见，改革开放以来，通州城市发展历经的这七个定位变化、三个阶段演进，从内涵上看是内在联系的，从定位的战略高度看是逐步递进的，体现了首都北京发展思路“从聚集资源求增长到疏解功能谋发展”的调整和优化，体现了通州在北京、京津冀乃至国家层面战略布局中的地位和重要性的不断提升。

二、城市副中心建设的目标和要求

通州区现有面积906平方公里，北京城市副中心规划面积155平方公里。

全区下辖10个镇、1个民族乡、4个街道办事处。2017年末全区常住人口150.8万，其中户籍人口占六成。通州区多河富水，地势一马平川，作为国家级生态示范区，境内分布有北运河、潮白河、凉水河等13条河流，总长245公里，是北京多河富水特色最突出的区。依托温榆河、运河城市段建成的大运河森林公园，面积达到一万亩；举世闻名的京杭大运河在通州境内流域长度达42公里，水绿交融的景象随处可见。近年来，通州先后获得“国家卫生区”、“国家级生态示范区”、“全国文明城区”等荣誉称号。

规划建设北京城市副中心，是以习近平同志为核心的党中央谋划推动的一项重要决策。2014年2月26日和2017年2月24日习近平总书记两次考察北京并发表重要讲话。2016年3月24日和5月27日，在中央政治局常委会和中央政治局会议上，习近平总书记两次听取城市副中心规划建设情况汇报，并对北京城市副中心建设提出明确要求。根据习近平总书记关于城市副中心建设的系列讲话精神，按照中共中央政治局会议对规划建设北京城市副中心和进一步推动京津冀协同发展有关工作的部署，以及《京津冀协同发展规划纲要》《北京城市总体规划（2016年—2035年）》《关于全面深化改革提升城市规划建设管理水平的意见》《关于提高北京城市副中心管理水平的意见》《北京市通州区总体规划（2016—2035）》《北京城市副中心控制性详细规划（街区层面）》（草案）等的规定，确立了高起点、高标准、高水平的北京城市副中心规划建设目标和要求。

一是城市副中心建设的战略目标，就是打造国际一流和谐宜居之都示范区、新型城镇化示范区和京津冀区域协同发展示范区。打造国际一流和谐宜居之都示范区，表明北京城市副中心是北京和谐宜居之都战略目标的先行区、样板区，不仅要落实北京的战略目标，而且要走在前列，发挥好示范带头作用。打造新型城镇化示范区，一方面是基于通州作为《国家新型城镇化综合试点方案》确立的第一批试点地区，已经进行的改革探索和经验积累；另一方面表明了建设城市副中心的圈层和范围，包括155平方公里城市副中心与906平方公里通州全域的关系，通州与整个北京的关系。

同时，将新型城镇化示范区提升到与国际一流和谐宜居之都示范区并列的高度，还表明城市副中心的新型城镇化建设不是一般意义上的城乡一体化，而是要以理念创新、机制创新、开发模式创新的方法探索新路，实现更高水平的城镇化。京津冀区域协同发展示范区，表明了建设城市副中心的辐射效益，要求在京津冀协同发展的战略目标和大框架中谋划城市副中心的建设，站得更高、看得更远、想得更深，立足大尺度、大纵深、大时间，统筹“疏”“承”“优”三者的关系，打造首都北京新两翼中的一翼，打造中国经济第三增长极。

二是城市副中心建设的标准，就是要坚持世界眼光、国际标准、中国特色、高点定位，以创造历史、追求艺术的精神，以最先进的理念、最高的标准、最好的质量推进城市副中心规划建设。建设城市副中心要有 21 世纪的眼光，规划、建设、管理都要坚持高起点、高标准、高水平，这是习近平总书记视察城市副中心建设情况时提出并反复强调的，表明北京城市副中心建设是一项历史性工程，是千年大计、国家大事。

三是城市副中心建设的具体要求，就是要构建蓝绿交织、清新明亮、水城共融、多组团集约紧凑发展的生态城市布局，建成绿色城市、森林城市、海绵城市、智慧城市。关于建设一个什么样的城市副中心，中央和北京市委、市政府提出要构建功能清晰、分工合理、主副结合的格局；要突出水城共融、蓝绿交织、文化传承的城市特色，构建“一带、一轴、多组团”的城市空间结构；要坚持先规划后建设的原则，把握好城市定位，把每一寸土地都规划得清清楚楚后再开工建设；要加强主要功能区块、主要景观、主要建筑物的设计，体现城市精神，展现城市特色，提升城市魅力；要坚持以人民为中心的发展思想，牢固树立并贯彻落实创新、协调、绿色、开放、共享的发展理念；要坚持统筹规划生产、生活、生态空间布局，使工作、居住、休闲、交通、教育、医疗等有机衔接、便利快捷；要充分体现中华元素、文化基因，也要借鉴其他文化特色。

三、城市副中心建设基本情况和成效

北京城市副中心建设已进入全面推进阶段，领导和工作机制、行政体制、规划、功能区建设、道路和基础设施建设、生态环境、公共服务、产业结构、文化建设、城市管理、社会治理、城乡统筹等各个重点领域和关键环节的改革与建设有序推进，城区 155 平方公里、全境 906 平方公里及临津冀周边协同发展思路逐步明确，政务服务、综合配套、生态屏障、产业聚集、区域合作等大范围功能布局初步展开。

（一）建立健全领导机构和工作机制，加强市区联动

全面贯彻落实 2016 年 5 月 27 日中央政治局会议精神，以习近平总书记视察北京重要讲话精神为根本遵循，牢牢把握首都城市战略定位，深入落实《关于全面深化改革提升城市规划建设管理水平的意见》，高起点规划、高质量建设、高水平管理北京城市副中心，是一项历史性工程，时间紧、任务重、跨度大、标准高，组织机构保障是成功的关键。

1. 建立领导机构，明确市、区政府职责

市级层面领导机构。北京市委、市政府成立了北京城市副中心建设领导小组，由市长担任组长，13 位市领导担任副组长。领导小组负责组织编制相关规划；开展相关政策研究，拟订相关投资政策措施；组织实施体制机制改革试点相关工作；承担重要事项的督查落实工作；编制年度投资计划和重大项目计划；协调推进副中心建设重大项目的前期筹备和综合调度工作；决策副中心建设工作中涉及通州区的重要事项和重大问题。领导小组甫一成立，就研究制定了《北京城市副中心近期工作要点》，统筹 2016～2020 年工作安排，提出了 33 条工作任务，明确责任部门及单位，建立工作落实责任体系，全力推进城市副中心规划建设。

城市副中心建设领导小组建立了“1+8+40”的工作机制。1 个领导小组办公室设在市发展改革委，8 个专项机构包括 7 个指挥部和 1 个专家咨询委

员会，40 家领导小组成员单位，由市委宣传部、市委办公厅、市人大常委会办公厅、市政府办公厅、市政协办公厅、市编办、市发展改革委、市教委、市规划国土委等相关单位组成。市级层面还成立了北京城市副中心行政办公区工程建设办公室，负责重大项目的前期筹备和综合调度工作，负责监管工程建设进度、安全、质量和文明施工等工作。

通州区机构设置。2016 年 10 月，为全面协调、对接北京城市副中心工作，通州区委、区政府成立北京城市副中心通州区协调对接指挥部，区委书记为总指挥，区长为副总指挥。协调对接指挥部系区委、区政府议事协调机构，负责通州区与市级相关机构的联络协调工作，专题研究、决策副中心建设工作中涉及通州区的重要事项和重大问题，协调推进副中心建设涉及通州区的相关工作。

2. 组建工作专班，加强市区联动

市区联动是提高城市副中心管理水平的重要抓手。

第一，北京城市副中心建设领导小组各专项指挥部办公室要发挥对本领域工作的牵头作用，建立工作台账和工作专报，督促市、区相关单位推动工作落实。

第二，市直 23 个相关部门各组成由本部门 1 名局级领导带队、人数不少于 5 人的工作小组，共抽调百余名骨干组成工作专班进驻北京城市副中心，实现与通州区工作对接，指导、支持通州区政府相关部门制定与北京城市副中心定位相适应的各领域管理标准和规范，协同梳理存在的突出矛盾和问题，协作推动重点任务、重大项目的有效落实，合作开展业务培训和人才培养。目前，通州区政府和相关部门，充分利用“市区联动”有利契机，全力推进政策集成创新，在城市建设、市容环卫、绿化养护、市政公用、教育医疗等重点领域持续发力，共制定各类标准、政策 80 余项，推动解决重点难点问题及工程类事项 200 余项。

3. 加强属地对接，强化属地责任

通州区政府切实落实属地主体责任，一是积极履行通州区协调对接指挥

部和区服务保障市级机关搬迁工作领导小组职责任务，健全完善工作机制，成立通州区重点工程管理平台、环保督查办公室、环保警务执法组，以问题为导向，强力推进工作落实；二是进一步加强组织领导和统筹协调，全力做好与市各部门工作小组对接和服务保障工作，调度、督办、推进基础设施建设等重点项目建设；三是组织区属各相关部门和单位梳理目标任务和工作重点，全面查找推进工作、自身建设中的困难和问题，列出清单、提出需求，并与相关工作小组做好协调对接，形成工作合力，共同推动工作水平提升。

（二）以规划为统领，提升北京城市副中心建设水平

北京城市副中心是在城市建成区规划建设具有新定位、承接新功能的城市新区。为落实好高水平建设城市副中心的各项要求，切实发挥规划的龙头作用，优化功能和空间布局，服务产业发展，引导社会资本聚集，带动中心城区功能和人口疏解，北京市委、市政府决定由市规土委和通州区政府共同牵头，高规格、集中开展北京城市副中心相关规划工作，并在规划编制的思想认识、编制时序、组织实施各环节解放思想，创新规划领导和工作机制，探索工作新模式，强化科学高效的规划管控体系，推动“多规合一”，树立城市规划建设新典范。

1. 健全规划编制的领导和工作机制

以区委书记、区长为组长，区委副书记、副区长为副组长，相关委办局主要领导为成员，成立通州区总体规划编制工作领导小组，落实市委、市政府工作部署，领导和推进总规编制及专项规划编制、专题研究等工作。工作领导小组下设办公室，由主管规划的副区长担任主任，各相关单位主管领导为成员，统筹组织协调各项规划编制、研究和成果汇报工作。同时，抽调 9 名区级优秀青年干部、8 名相关部门同志和 2 名北京建筑大学教授，由通州规土分局牵头成立通州区规划编制工作团队。

完善市区联动统筹推进机制，提高规划编制的协调性。城市副中心建设领导小组规划建设指挥部办公室与市规土委通州分局合署办公，但各有职责

分工。规划建设指挥部办公室作为城市副中心规划建设的统进统出部门，实现各层级规划统筹融合。规土分局负责做好与区政府的工作衔接，推进通州区和城市副中心的规划编制工作，负责通州区各项建设用地、建设工程项目的规划审批。

2. 创新工作制度，高效、高质、科学编制规划

优化流程，高效推动规划编制工作。一般的规划编制都是先进行各项专题研究为规划提供支撑，然后编制总体规划，待总体规划确定后再编制一系列专项规划，最后才是更为详细具体的城市设计工作。北京城市副中心规划编制时间紧，为了保障规划编制工作进度，在工作流程上进行了改革优化，将过去顺次进行的工作流程变为同步进行，即将 15 项专题研究、通州区总体规划、17 个专项规划和区域层面规划、街区层面规划、地块层面规划、23 个规划设计导则、老城区改造方案设计、城市副中心 155 平方公里重点地块城市设计等工作同时启动，相互接力，整体推进。

加强技术规范引导，按照“副中心质量”要求建立规划标准和指标体系。以高起点编制城市规划体系、高水平开展城市设计、高标准实施空间管控为目标，梳理和提炼规划管控图则、规划设计导则、规划技术准则，形成一套城市副中心规划标准。按照建设绿色城市、森林城市、海绵城市、智慧城市、人文城市、宜居城市的要求，构建体现“副中心质量”的 76 项规划指标体系，作为城市体检评估的技术依据，保障城市副中心高质量发展。

加强数据支撑和专家参与，增强规划编制的科学性。一是统计摸底，结合通州区最新的人、地、房、车、业等基础数据，通过大数据模拟分析人口、经济、用地之间的关系，统筹考虑规划对策。二是在规划编制过程中，汇集了 40 余家国内外高水平技术团队，近百名规划、景观、交通、生态等领域的知名专家，召开了近百场的技术协调会，以增强规划编制的技术支撑。三是建立专家和公众咨询制度，建立城市发展重大问题和重大项目规划咨询机制，积极引导各领域专家和公众在规划编制和决策中发挥作用。四是建立责任规划师制度，邀请一线专家和技术骨干作为负责城市副中心重点地

区以及各组团、各特色小城镇规划设计的责任规划师，全过程、全方位提供实时咨询、指导和监督。

数字化管理，建立科学高效的规划管控体系。利用现代科技手段，构建副中心规建管三维智慧信息平台，建立规划成果入库制度，构建城市副中心全覆盖、地上地下一体、三维可视、高效便捷的信息展示系统，对副中心规划中确定的各项规划指标进行实时监测，强化对规划全过程的信息化监管。建立“三则一平台”的规划管控体系，通过规划管控图则、规划设计导则、规划技术准则，实现对街区层面控规刚性内容的全域管控，对特色内容的精细引导，对规划全生命周期的智慧管理。在实时监测和全过程信息化监管的基础上，统筹安排规划实施时序，建立健全规划实施的体检评估机制。建立城市副中心、组团、家园三级体检评估制度，定期开展第三方评估，实现一年一体检、五年一评估，并结合体检评估结果，开展规划动态维护工作。将规划实施纳入对区政府的绩效考核和领导干部的责任审计。

3.“多规合一”，搭建统筹综合的规划体系

在市区联动、部门合作、统筹融合的领导和工作机制下，北京城市副中心坚持多规合一、区域协同、城乡一体、规建管联动的规划导向，已经搭建起了统筹综合的规划体系。

一是多层级。同步开展区域规划层面、总体规划层面、街区层面、地块层面、镇域层面的多层级规划工作，统筹155平方公里城市副中心城市设计及详细规划、906平方公里通州区总体规划及专项规划、2160平方公里通州区与廊坊北三县地区整合规划。同步开展专项规划、城市设计、详细规划、项目选址规划设计等工作，做好各专项规划与总规、各专项规划之间的相互对接，切实做到“多规合一”“多图合一”，提升规划的有机性和整体性。

二是巨系统。一方面，在城市副中心总体规划层面，由单一的城乡规划向统筹经济社会发展规划、土地利用规划、产业规划、生态环境总体规划等相关规划转变，实现“多规合一”，确保“一张蓝图干到底”。另一方面，将街区作为控制性详细规划编制的基本单元，实现水城共融、蓝绿交织、文化

传承、绿色交通、韧性市政、民生共享、景观风貌、土地利用等多规划，在街区层面要求衔接、内容统一、管理协调，构建城市规划建设管理的“统一坐标系”。

三是全覆盖。在“1+12+N”的控制性详细规划编制成果中，12个组团控制性详细规划深化方案基本实现了155平方公里范围内详细规划和城市设计全域覆盖，确保每一寸土地都规划得清清楚楚。而且，按照先规划后建设的原则，未编制控制性详细规划的区域，不得进行建设。

4. 推动政策创新，规划建设更加注重减量提质

划定城市生态红线和城市开发边界，创新减量规划实施机制，确定城市可持续发展长久框架，重点针对规划实施统筹、投资与收益综合平衡、深度一级开发、公共设施复合利用、公共空间一体化管控等系统耦合问题，形成北京城市副中心规划实施政策机制改革创新任务清单，加强政策引领，建立健全国有土地统筹节约利用机制、存量土地盘活利用机制、专项系统耦合与衔接机制、用地功能兼容与建筑复合利用机制、三大设施保障机制、规划调整补偿机制、土地增值收益管理政策机制、规划建设财税政策机制。

（三）深化行政体制改革，进一步转变政府职能

以北京城市副中心建设为契机，优化整合机构和层级，完善政府决策机制，积极稳妥推进政府机构改革和放管服改革，转变政府职能，提高行政效能，加大服务型政府建设，积极引导社会资本参与基础设施和公共服务领域的建设，构建与北京城市副中心相适应的行政管理体制。

1. 健全完善重大事项依法科学民主决策机制

城市副中心建设需要大量出台政策、建立制度、引入项目，密集的行政决策不可避免。以2017年为例，通州区政府法制办共审查157件区政府重大行政决策和文件，审核24件重大合同、协议，备案58件区属各部门规范性文件。为提高行政决策质量，有力保障高水平建设北京城市副中心，通州区政府进一步健全完善了行政决策的规则和程序，包括：加强重大决策事项

前期的调查研究；健全重大行政决策公众参与、专家论证、风险评估、合法性审查和集体决策等行政决策机制；邀请区人大代表、政协委员和群众代表列席区政府常务会议，讨论涉及群众利益的重大事项，增强公共政策制定透明度和公众参与度。

2. 深化“放管服”改革，创新“一会三函”投资审批制度

随着北京市推进建设项目规划手续办理权限下放，除涉及全市性、系统性、跨区域的项目及其他重大工程外，项目规划手续都由区级办理。为提高审批效率，保障建设项目顺利落地，2016 年通州在北京市率先实施公共服务类建设项目投资审批改革试点，全面推行“一会三函”投资审批制度，深化和完善并联审批、联合办理制度，将原本需要办理的 20 多个审批事项，调整为只需由市政府召开会议集中审议（“一会”），由相关部门出具建设项目前期工作函、建设项目设计方案审查意见、施工登记意见书（“三函”）4 个环节即可开工建设。为进一步简化办理流程和环节，北京市出台《关于进一步优化投资项目审批流程的办法（试行）》，在全市率先推行“三证合一”市场主体准入登记制度，审批时限由 15 天缩短到 4 天。“一会三函”投资审批制度极大提高了审批效率，目前已加快了 141 个项目的落地开工。

3. 推进政务服务体系建设，提升政务服务的效率和水平

加快建设区、镇（街）、村（社区）三级贯通、协同联动、一网办理、运行高效的政务服务体系，建设政务协同办公系统，并在 3 个乡镇设立了行政服务中心分中心，进一步方便服务对象。

积极拓展“一网、一门、一次”服务模式，提供“一站式”便捷高效政务服务。2017 年通州区在全市率先试点，依托市区统一审批平台，搭建全区行政审批“一张网”办理平台，开展审批事项网上受理、网上办理、网上反馈。截至目前，平台共集中公示了 42 家区级行政审批职能部门的 1274 个办理事项，21 家单位的 263 个事项已实现线上审批，10 家单位的 94 个行政审批事项率先实现全流程一网审批。整合工商、税务等审批部门，在区政务服务大厅设立企业开办专区，为新办企业提供从名称预核到购买发票的“一

站式服务”，实现“五天全办好”，即企业开办时限由24个工作日缩短至5个工作日。截至2018年6月中旬，企业开办专区已为4000多人次提供服务。此外，固定资产投资项目、“高精尖缺”人才服务均实现了“一站式”办理。

4. 创新多元治理方式，积极引入市场化机制

设立北京城市副中心投资建设平台，加大政府和社会资本合作（PPP）力度，建立PPP项目库，设立区投资代建服务中心。鼓励通过政府与社会资本合作（PPP）方式，推进基础设施、市政公用、公共服务、水环境治理等领域的市场化运营；创新服务外包模式，在环卫保洁、绿化养护、公共交通、河道管护等领域推行政府购买服务，开展第三方治理；规范城市管理市场准入、退出机制，构建政府、企业等协同推进城市管理工作格局。

（四）主副结合，以功能定位统领城市建设

北京城市副中心承担着示范带动非首都功能疏解和推进京津冀区域协同发展的历史责任。在主副结合的格局下，城市副中心的建设和发展，紧密围绕全面服务保障市级机关搬迁入驻、充分发挥在京津冀区域合作中的示范作用和城市自身功能发展三个层面，统筹推进基础设施、公共服务、区域协同、产业结构、生态环境、科技创新、文化发展等各方面的建设，打造功能完备的城市副中心，吸引、承接中心城人口和产业，破解首都“大城市病”，优化提升首都功能。

1. 全面服务保障北京市级机关搬迁入驻

（1）全力推动行政办公区建设

一是顺利进行潞城棚户区改造。公开拆迁安置政策，统一安置补偿标准，实施“早签约、早选房、早得实惠”奖励政策，2016年行政办公区完成15平方公里、3947宗宅基地、9300户的拆迁任务，安置人口1.8万人，实现了“零滞留、零上访、零强拆”的目标。二是紧抓行政办公区工程建设。行政办公区规划用地范围约6平方公里，其中行政办公启动区用地1平方公里。目前，在北京城市副中心行政办公区工程建设办公室的统筹

协调下，各项工作有序推进，市委、市人大、市政府、市政协办公楼结构工程于 2017 年 4 月获得中国钢结构金奖、2017 年 8 月获得北京市结构长城杯金杯证书。三是加强道路环境秩序保障。全面开展进入行政办公区道路环境秩序整治，对行政办公区周边的 12 条次干道路、6 个节点开展环境秩序重点整治。

（2）优化提升公共服务水平

实施内升外引战略，一方面高标准编制北京城市副中心教育、医疗卫生服务、养老服务等专项规划，另一方面加快推进中心城区优质公共服务资源向北京城市副中心疏解转移。目前，在全市的统筹下，市级医疗、教育、文化、体育等优质资源正在向通州有序转移。教育方面，引入北京二中、首师大附中、北京五中、景山学校，提升改建梨园中学、大杜社中学、运河中学南校区、运河小学、杨庄小学，大力扩充优质教育资源。医疗卫生方面，加快推进安贞医院、首都儿科研究所、市妇产医院、人民医院落户通州。

2. 充分发挥京津冀区域合作示范作用

主动把通州发展放在京津冀协同发展大战略中，着力打造京津冀协同发展的桥头堡。一是将通州和廊坊北三县地区协同发展作为京津冀区域协同发展的典范，坚持统一规划、统一政策、统一管控，加快实现“规划一张图、任务一张表、示范一体化”，推动交通基础设施、公共服务乃至产业延伸布局，促进协同发展，同时强化交界地区规划建设管理，遏制贴边发展和无序蔓延。二是与河北廊坊、天津武清签署框架合作协议，深化“通武廊”合作机制，产业疏解全面启动、教育共建形成机制、运河通航共同推进、干部交流有序展开，道路交通、生态环境等各个方面实现深入合作，加快构建区域协同要素体系。三是与雄安新区开展多轮工作对接，大力推进与雄安新区的深度协同，尽快发挥“新两翼”引领作用。

3. 发展经济和产业，疏解承接中心城产业转移

（1）实现经济又好又快发展

在高水平建设城市副中心的同时，加快构建与副中心功能定位相适应的

现代化经济体系，GDP 稳步增长，产业结构不断优化，经济提质增效明显，全区经济实现“稳中有进、进中提质”的总体发展态势（见图 1）。

图 1　通州区年生产总值(2011～2017 年)

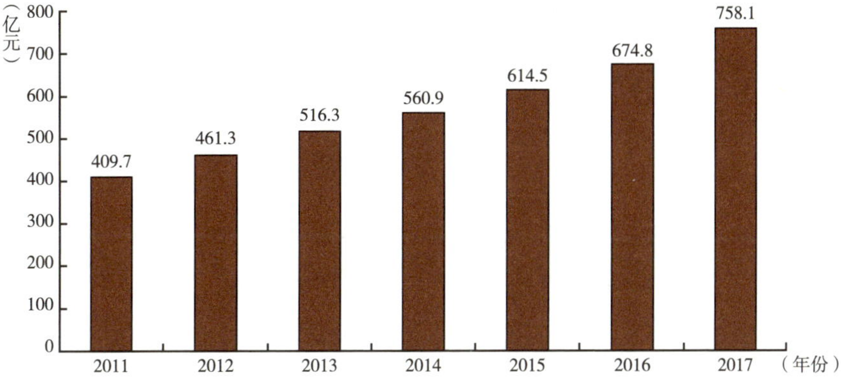

（2）产业结构优化

大力培育“高精尖”产业体系，三次产业结构不断优化。一是制定并细化落实通州区加快构建“高精尖”经济结构的“1+X+2”系列政策，建设“高精尖”产业招商平台，与金融机构合作建立符合副中心发展定位的系列产业引导基金，以优质便捷的政务服务推动重点项目落地。加快推进市属国有企业总部迁入城市副中心。二是落实市级层面加快科技创新发展新一代信息技术等 10 个“高精尖”产业指导意见，大力发展高新技术产业，推动技术、成果、人才聚集，全区实施区级科技创新项目 72 项，新增申报国家高新技术企业 295 家，北京市专利示范、试点单位达到 226 家。三是实施以商务服务、文化旅游带动三产，以高科技、创新型企业带动二产，以园区农业、数字农业带动一产的产业优化调整措施，产业转型升级加快，产业内在发展质量不断提高，现代农业、高端制造业、现代服务业在三次产业中的比例稳步提升，三次产业结构更趋合理（见表 2）。

表 2　通州区三次产业结构（2014～2017 年）

（单位：%）

三次产业	2017 年	2016 年	2015 年	2014 年
第三产业	50.2	51.8	50.1	45.6
第二产业	47.7	45.7	46.7	50.4
第一产业	2.1	2.5	3.2	4.0

大规模调整退出落后产能。以高于北京市标准制定实施《通州区新增产业的禁止和限制目录》，细化《通州区淘汰落后产能工作方案》，充分运用行政、经济、法律和行业标准化等多种手段，加速低端业态淘汰退出。2014 年取缔关停无证照经营主体 4090 户，淘汰落后产能企业 128 家；2015 年完成 48 家市级上账工业企业的调整退出，清退 500 余家低端企业，关停 8 处低端市场，关停无证照餐饮单位 1280 家，清理再生资源回收站点 170 余户；2016 年累计清退各类低端企业 2000 余家，完成 234 家市级上账工业企业的调整退出，关停低端市场 18 处，清理再生资源回收站点 1009 家。

4. 加强生态环境建设，整体提升副中心城市功能

（1）大气治理方面

以高于全市标准制定实施通州区 2013～2017 年清洁空气行动计划，成立了“散乱污”企业整治、散煤整治、扬尘治理、机动车管控四个专项指挥部，突出压煤、控车、降尘、治污四大关键领域，构建了五大板块信息化监控系统，推进能源结构调整，全方位开展大气污染治理。2016 年 PM2.5 年均浓度降至 72 微克 / 立方米，2017 年 PM2.5 年均浓度下降到 67 微克 / 立方米，主要污染物指标实现逐年下降。未来还将依据规划构建城市风廊系统，严控风廊内开发建设强度及城镇建设用地占比，逐步改善城市微气候循环。

（2）水环境建设方面

多河富水是通州的城市名片，构建副中心“三网、四带、多水面、多湿

地”的水生态格局是环境治理的重点。一是科学编制和实施水务规划、治理计划和治理方案。编制通州区再生水利用、北运河综合治理等 9 个专项规划。圆满完成 2013～2015 年治污行动计划，制定北运河水系治理五年计划，启动 2017～2019 年污水治理三年行动方案和北运河通州段水系治理方案。二是健全完善水污染防治体制机制。完善区域水生态环境联动治理机制，实施河流水质在线监测系统建设，有效提升水环境综合治理能力，加大水系治理力度。区、镇、村三级河长制管理体系全面建成，全区河道沟渠实现监管全覆盖，并在全市率先实施水环境乡镇跨界断面补偿办法。严格落实水资源管理制度，漷县镇农业高效节水示范镇建设全面完成，节水型区创建工作稳步推进。三是“两带、六片区”水环境综合治理工程全面启动，2015～2017 年全区共安排 61 项水务建设项目，已开工 21 项。目前，全区污水处理能力达到 44.7 万立方米 / 天，污水处理率由 2015 年的 67.2% 提高到 2017 年的 85%。

（3）园林绿化方面

高标准完成北京城市副中心绿地系统专项规划编制，明确城市副中心“一带、一心、多廊、多园”的园林绿化生态格局。减河公园、六环路西辅路等 38 项园林绿化续建工程基本完工，新增和提升绿化面积 6.5 万亩。三批“留白增绿”专项任务建设，计划整合 1359 块，总面积 16591.2 亩，其中 2018 年的留白增绿专项任务是 6193.7 亩。65 个园林绿化建设实施工程项目有序推进，高标准完成 19.3 万亩的平原造林工程，面积和标准都居全市前列。

5. 加强科技创新，打造首都科技创新中心功能新增长极

科技创新是首都四大功能之一。在北京城市发展实现从聚集资源求增长到疏解功能谋发展的深刻转型中，科技创新中心功能也应向“多中心”布局转变。为此，北京城市副中心制定出台《关于实施创新驱动发展战略加快建设北京城市副中心的意见》和《通州区支持科技创新暂行办法》，以国家知识产权试点城区建设为抓手，进一步突出科技推动产业结构优化的核心作

用，深化科技体制改革，完善科技创新机制体制和政策环境，构建科技支撑产业转型升级、企业技术更新、高新技术成果转化的全方位产业服务体系，提高企业创新意愿和活力，着力打造首都科技创新中心功能新增长极。

6. 加强文化建设，提升首都文化中心功能

通州文化底蕴深厚，大运河文化是首都文化的重要组成部分。运河水系与永定河水系相贯通，与长城相连接，把首都三大文化带即西山－永定河文化带、长城文化带和大运河文化带紧紧联系起来。大运河在首都文化的形成中有着非常独特的作用。2014 年京杭大运河申遗成功，更开启了深度保护挖掘运河文化新篇章。习近平总书记考察北京城市副中心时指出："要古为今用，深入挖掘以大运河为核心的历史文化资源。保护大运河是运河沿线所有地区的共同责任，北京要积极发挥示范作用。"

通州区将大运河文化带建设作为推进全国文化中心建设的重要内容，以高度的历史使命感、责任感推进大运河文化带建设，制定《通州区大运河文化带保护建设五年行动计划（2018 年— 2022 年）》和《通州区大运河文化带建设 2018 年工作计划》，成立专项领导小组，召开专门会议，全面部署大运河文化带保护建设重点工作。对照《大运河文化带保护传承利用重点项目清单》，将各项任务细化梳理，分解到各职能部门，确定完成时限，推动各项任务稳步推进。力求把大运河文化带建设成果融入副中心建设的全过程，让运河文化元素在城市副中心建设中得到充分体现，成为北京城市副中心重要的文化名片。

提升宋庄地区文化品牌的区域文化影响力、产业发展活力和空间承载力，承接北京市政府东迁带来的文化创意产业群，打造新的国际文化交流中心。大力发展新型文化产业，加快推进台湖演艺小镇建设。形成以环球主题公园为代表的文化旅游产业。全面巩固创建全国文明城市成果。推动歌舞剧院、图书馆、博物馆等一批公共文化设施的立项和开工建设。

（五）建管并举，创新城市综合管理体制

1. 建立精细智能的城市管理体制

组建城市管理委员会，成立区城市管理综合监管领导小组，由区委常委、常务副区长任组长，主管区长任副组长，76个部门、单位主要领导任成员，在区委、区政府及市城市管理综合行政执法协调领导小组领导下开展城市管理监管工作。确立“大城管”理念，创新完善城市管理体制机制，充分利用网格化管理平台，建成数据共享、互联互通、业务协同的大数据系统和智能高效的综合管理服务平台，实现“三级平台、四级服务管理”的多层立体城市管理模式和运行模式，大力提升城市精细化管理效能和水平。努力构建“城管部门主导、责任主体自律、社会组织协助、市民群众参与”的城市多元治理模式，推进服务外包工作，加强城市管理前端管理。全面推进城市管理网、社会服务管理网、社会治安网、城管综合执法网等“多网”融合，着力构建“一个组织体系、一套运行机制、一张统一网格、一个信息平台、一支综合力量”的网格化治理格局。

2. 推进城市管理综合执法改革

由区城管综合监管办牵头制定《通州区城市管理综合执法“四公开、一监督”工作实施意见》及《实施方案》，促进各街乡镇、各部门有效履行城市管理工作职责。由城市管理执法部门牵头，搭建城市管理联合执法平台，构建综合执法与专业执法相协调，部门执法与联合执法相结合，市、区、街道（乡镇）职责分工明晰的执法工作格局。建立城市管理综合执法与公安消防、市场监管、安全生产、环境保护等的联合执法机制。健全完善规划、住房城乡建设、水务、交通等领域专业执法与综合执法衔接配合的体制机制。

调整优化城市管理综合执法范围，重点在与群众生产生活密切相关、执法频率高、多头执法扰民问题突出、专业技术要求适宜、与城市管理密切相关且需要集中行使行政处罚权的领域推行综合执法。推进城市管理综合执法体系向农村地区延伸，充实基层执法力量，减少行政执法层级，稳定基层执

法队伍。

3. 完善公共安全体制机制建设

（1）完善立体化社会治安防控体系

依托“雪亮工程”建设社会治安防控网络，以行政办公区为核心，设置1km半径警戒圈、3km半径控制圈、5km半径限制圈，切实打造形成具有副中心特色的“一域、三圈、百线、千点”立体防控模式。制定《关于进一步加强基层综治工作中心规范化建设的实施意见》，明确工作标准和要求，加强基层综治中心规范化建设。坚持典型引路，广泛推广街乡镇层面的马驹桥镇综治中心依托无线4G视频专网建设有效整合资源，于家务回族乡西垡村综治中心“五机制”的经验做法，以点带面，做好基层维稳和应急管理工作，维护社会和谐稳定。

（2）深入推进安全生产体制机制改革

建立安全生产预防控制体系、隐患排查治理体系，健全安全生产责任体系，确保安全生产形势平稳。启动运河东大街消防站和漷县消防站建设。完成区食品药品安全监控中心建设，降低食品药品安全的输入性风险。

（3）加强监测，防范化解重大风险

探索运用大数据提高风险企业排查效率，加强对区域内金融及类金融企业经营状况的监测预警。开展2018年度企业债券现场检查工作，检查新城基业公司企业债券资金使用、本息兑付等情况。开展小额贷款公司网络小贷业务风险排查工作，重点排查“现金贷”“校园贷”等业务。开展涉众型经济案件和打击非法集资专项整治工作，加大防范非法集资及金融安全知识宣传力度，不断提高社会公众风险防范意识。

4. 完善城市基层治理体系

推进行政区划调整和街道社区管理体制改革，编制完成《通州区行政区划调整总体规划》和《通州区推进街道、社区管理体制改革实施方案》，创新街乡管理体制机制。全面落实街巷长制，全区4300余名街巷长上任履新。建立社区公共事务准入制度，推进社区减负增效，发挥社区居委会的主体作用，强化社区自治功能。推动建立以社区为平台、社会组织为载体、社会工作人才队伍为支撑的“三位一体”社会治理新机制。推广“参与型”社区协商模式，逐步将公共服务、公益事业等事项纳入民主议事范畴。建立网格化社会服务管理平台，推动互联网技术与社区治理深度融合。建设“一刻钟社区服务圈”，打造示范社区，打造楼门文化通州品牌，探索形成中仓街道“四有四服务”、北苑街道党建“双向积分”、新华街道“双协商”、潞城镇“文明银行”等基层治理新模式。

（六）加强法治建设，在法治轨道上推进城市副中心建设

1. 以法治引领和保障改革，做到重大改革于法有据

改革与法治是车之两轮，并驾齐驱，方可致远。在北京中心城区、雄安新区、北京副中心合理分工，错位发展，共同落实首都城市战略定位的发展进程中，高水平建设城市副中心，发挥疏解北京非首都功能、带动东部地区发展、促进京津冀区域协同发展的功能，促进城市自身的多中心、扁平化、均衡化发展，需要破解体制机制障碍，推出一批改革措施。按照重大改革于法有据的法治要求，一方面，通过市区协同机制，积极推进北京市重点领域法规规章的立改废释，形成覆盖城市规划建设管理全过程的法律法规制度；另一方面，通州区人大和政府根据改革需要，出台了大量保障改革有序进行的规范性文件。

2. 加快推进法治政府建设

制定《通州区法治政府建设规划（2015—2020 年）》，加快推进法治政府建设。完善重大行政决策机制，规范行政执法工作，加大行政执法力度，增强政府工作透明度，畅通社会监督渠道，健全行政问责机制，不断提升依法行政水平。

3. 创新矛盾纠纷化解的法治化机制

通州司法系统主动作为，积极创新工作机制。通州法院聚焦纠纷化解资源整合，构建共建共治共享的社会纠纷治理新体系，聚焦案件繁简分流，构

建“调裁审”三位一体审判新格局，聚焦信息化融合，构建“在线智能化”调裁新平台，全力打造“多元调解 + 速裁”工作通州经验。2017 年，通州法院通过“多元调解 + 速裁”，导出案件 36256 件，调解成功 15940 件，调解成功率为 35%，位居全市法院第一；速裁结案 11787 件，速裁法官人均结案 2745.2 件，是全市法官人均结案数的近 11 倍。对比近年来通州区法院案件和信访案件增长情况可见，通州司法系统已经有效将城市副中心建设矛盾多发期的绝大部分纠纷纳入了法治化解决渠道，全力为副中心建设提供法治保障（见表 3）。

表 3　通州区司法与信访案件量

（单位：件）

	2014 年	2015 年	2016 年	2017 年
法院案件量	28209	40010	63559	65647
信访案件量	993	1979	1978	3370

建立信息互联、资源共享、集中受理、一站式解决问题的区级综合性公共法律服务实体平台，自平台运行以来，法律援助业务量同比增长 75.1%，公证业务量同比增长 7.6%，法律咨询业务量同比增长 79.8%，公共法律服务中心的“海绵吸附效应”初步显现。

（七）坚持党建引领，为城市副中心建设提供坚强政治保障

规划建设城市副中心是通州当前最大的政治，区党委按照“以一流的党建引领副中心建设”的理念，制定《通州区党建引领城市副中心建设行动方案》，推动党建工作与中心工作“大融合”，实施思想凝聚、固本强基、领航聚力、阵地牢固、正风提效、机制助推 6 项行动，细化 22 个工作项目、77 项具体任务，形成各级各部门围绕中心抓党建的职责清单。

坚持党建引领融入改革创新，制定《关于在街道社区管理体制改革中推进区域化党建、提升党组织引领发展水平工作实施方案》等 8 个文件，在街

乡管理体制机制创新中，为推进“街乡吹哨、部门报到”明确时间、绘制路线图，发挥牵头和推动作用。建立街乡党建工作协同委员会，打造党委统一领导、各方共同参与的工作体系，培育了“三化治理”“双向积分”“双协商”“四有四服务”等一批社区治理品牌，探索形成城市基层治理的副中心经验。深入开展“建设副中心，向前站一步”主题教育实践活动，全区上下建设城市副中心的共同愿景和工作热情进一步提升。

四、打造新时代改革开放示范区的几点经验

建设北京城市副中心，是通州发展史上的新篇章。近年来，紧紧围绕北京城市副中心建设，通州在规划编制、服务市级机关搬迁、生态环境建设、产业结构调整、文明城市创建、推动协同发展等方面取得了重大的阶段性成果，初步形成了一些可推广的经验。

一是“多规合一”，加强顶层设计，做到精准施策。北京城市副中心建设是一项重大的历史工程，必须先做好谋篇布局。围绕党中央国务院、北京市委市政府对城市副中心规划建设的目标定位和标准要求，创新市区联动的规划编制工作机制，同步推进总体规划、专项规划、控制性详细规划、规划设计导则以及区域规划、镇域规划，实现总规和街区两个层面的“多规合一”，率先实现多规划底图叠合、数据融合、政策整合，搭建起多层次、巨系统、全方位的统筹综合规划体系，切实把每一寸土地都规划得清清楚楚。全面、系统、精准、融合的“多规合一”体系，是城市副中心建设中精准施策、靶向用力的基础和保障。围绕规划的实施，通州区研究形成《关于加强北京城市副中心政策集成创新的意见》，共涉及五大类 21 项支持政策，出台了大量落实城市副中心建设任务的规范性文件。正是以规划为统领，大量的政策实施才能做到着力精准，统一协同，保障改革推进的有效性和整体性。

二是积极试点，以点带面引领全面改革。主动争取各类改革试点，抓住关键环节和重点领域先行先试，力争获得更多政策支持，是通州成功推进城

市副中心建设的重要法宝。在城市副中心建设的过程中，“率先”“示范”“试点”都成为高频词：在国家层面，通州是国家知识产权试点城区、全国新型城镇化改革试点地区、农村改革试验区和集体经营性建设用地改革试点区、“雪亮工程”第一批全国示范点、第一批首都公共文化服务示范区；在市级层面，通州是北京市服务业扩大开放综合试点示范区、北京市安全生产体制机制综合改革试点区、漷县镇市级农业高效节水示范镇，在全市率先实施公共服务类建设项目投资审批制度改革试点，率先实现项目规划手续由区级办理，率先推行“三证合一”市场主体准入登记制度，率先向社会公布行政权力事项目录和便民服务事项目录，率先建立城市综合管理体制推进城市管理综合执法，率先成为全市安全生产监管体制机制综合改革试点示范区，率先建成地下管线及城市部件数字化管理信息系统，率先实施水环境乡镇跨界断面补偿办法，率先开展家庭农场创建工作，等等；在区级层面，通州积极建设城市地下综合管廊试点，人口综合调控改革试点，台湖镇、漷县镇环卫一体化体系试点，宋庄镇、台湖镇农村集体建设用地流转试点，率先建成“全光纤城市”，率先推广5G网络，等等。这一系列的试点、示范，成为城市副中心建设和通州经济社会发展的动力之源。积跬步至千里，汇细流成江海，打造新时代改革开放示范区的目标，也将在这些扎实、密集的试点改革中水到渠成。

三是建设智慧城市，建立“大城管”模式。充分利用现代信息技术，整合优化城市管理资源，建成数据共享、互联互通、业务协同的大数据系统和智能高效的综合管理服务平台，建设安全、高效、便民的智慧城市，实施网格化管理，形成大综合、精细化的城市管理体制机制，实现“三级平台、四级服务管理”的多层立体城市管理模式和运行模式，全面提升城市管理效能和水平。智能化的城市综合管理系统，既可以通过搭建城市管理联合执法平台，构建综合执法与专业执法相协调，部门执法与联合执法相结合，市、区、街道(乡镇）职责分工明晰的执法工作格局，整合执法资源，统一调度，相互策应，解决城市副中心建设过程中执法案件激增与执法力量不足的紧张矛盾，又可以打造全方位政务服务网络，促进政府职能转变，建设服务型政府，惠及民生。智慧城市建设和“大城管”模式，是通州在大规模建设时期，构建改革、发展、稳定良性关系，实现城市跨越式发展的重要依托。

四是多元治理，形成城市副中心建设的合力。众人拾柴火焰高，北京城市副中心建设也需要创新多元治理方式，积极引导市场、社会、专家、公众的广泛参与，汇聚资本、智力、人力等发展要素，形成合力。深化放管服改革，鼓励通过政府与社会资本合作（PPP）方式进行基础设施、环境治理、市政公用和公共服务等领域的建设，鼓励通过政府购买服务的方式，在环卫、绿化、交通、河道等领域开展第三方治理。建立规划编制、重大决策等领域的专家咨询机制，借助外脑提升规划、决策的科学性。积极培育社会组织，建立区级社会组织孵化基地，备案社会组织达到682家。广泛发挥社会组织的作用，构建“城管部门主导、责任主体自律、社会组织协助、市民群众参与”的城市多元治理模式，探索建立由社会组织、企事业单位、社区组织及社会公众广泛参与的多元化社会治理格局。

五、改革再发力，更高水平推进城市副中心建设

思想是行动的先导。解放思想是改革开放40年来的最大经验，也是新时代推动改革继续深化的逻辑起点。北京城市副中心的建设过程本身就是改革创新的过程，只有持续不断地解放思想，在认识上、观念上、方法上求新求变，才能不断破解难题，将城市副中心建设推向更高的水平。结合课题组赴通州调研了解的情况，为深化改革创新，推动城市副中心建设和发展，需要认真思考以下几个问题。

一是进一步明确城市副中心与中心城的关系，厘清首都、北京市、城市副中心、通州各级政府职权职责。规划建设北京城市副中心，是以疏解北京非首都功能、推动京津冀协同发展为功能定位。根据调研了解到的城市副中心建设实际情况，如前所述，在文化建设和科技创新方面，城市副中心实际

上也疏解、承接了首都科技创新中心、文化中心的部分功能，成为首都科技创新功能、文化功能的新增长极，优化了这两项首都功能实现的空间布局和发展模式。由此，需要认真研究四个问题：第一，在功能定位上，城市副中心除疏解北京非首都功能外，是否也有建设和优化北京首都功能的定位；第二，北京既是作为直辖市的北京，又是作为首都的北京，那么以疏解、优化首都功能为定位的北京城市副中心里的“北京”是哪个层面的北京，或者是两个层面的北京都有？简言之，副中心是北京市的副中心还是北京首都的副中心；第三，不同层面的“北京”对应的城市副中心性质、地位、职能分别是什么，在首都、北京市和北京城市副中心的多重关系中，城市副中心管理机构的设置和运行机制成为一个亟须研究和明确的问题；第四，在实际的城市副中心建设管理过程中，基于上述尚待界定清晰的主副关系，首都、北京市、城市副中心、通州各级政府职权职责界定有待厘清，北京市政府部门与通州区政府部门之间的职能交叉也需要进一步协调，以明确通州在承担建设北京城市副中心任务过程中的事权清单，实现权随事转，避免因为“小牛拉大车”而限制了城市副中心的更大发展。

二是从疏解、承接、提升首都功能的角度，推进北京城市副中心立法。立法是贯彻党中央和市委关于首都定位重大战略决策的需要，是为城市总体规划有效落实提供法律保障的需要，是为高水平规划建设城市副中心赋予法律地位的需要，是为深化改革创新提供法律支持的需要，也是为优化行政管理体制提供法律支撑的需要。目前，“城市副中心建设管理办法”立法已经列入北京市人大 2018 年立法工作计划中的“调研论证”项目，并将推进该项目的立法调研工作写入了市人大 2018 年工作报告。由此，也产生了两个方面的问题需要思考和研究：第一，按照城市副中心与首都功能的关系，“城市副中心建设管理办法”应列入北京市立法，还是应列入中央首都立法；第二，在立法的模式上，在城市副中心已经快速推进，而立法已然滞后的情况下，需要先行研究授权立法、制定创新试点示范政策等多元、多层次立法模式。

三是进一步加强部门合作，推进政务数据资源互联互通和共享。数据资源建设是实现精细智能的城市管理的基础和前提。在对通州的调研中，课题组充分感受了城市副中心建设中的大数据平台建设成就和城市的智能化管理水平，规划编制与管控、政务服务、综合治理、城市管理、基层治理等方方面面，都高度依赖数据平台建设。正因为如此，进一步提升城市副中心建设水平，需要加快完善人口、法人、空间地理、宏观经济等基础信息库，推进信用、城管、环保等政务数据整合，建设统一的大数据汇聚融合平台，并研究以立法或制定规范性文件的形式，明确数据资源共享、开放的范围和方式。

四是找准短板和差距，精准施策，整体提升城市副中心建设水平。城市副中心建设已经取得的巨大成就毋庸置疑，然而，按照木桶理论，未来城市副中心建设发展水平，往往取决于最短的那块木板。通州调研发现，面对中央和北京市对城市副中心建设的目标定位和标准要求，通州在城市建设、城市管理、生态环境、产业构建、城乡统筹、社会治理以及国际化发展等多个方面都还存在明显短板和薄弱环节；面对日益突出的人口、资源、环境压力，通州在推动非首都功能与人口疏解、加强生态文明建设、提升区域承载能力等方面，还需要进一步解放思想，努力破解体制机制瓶颈，创新工作思路，丰富工作方法。

五是完善规划实施体制，保障规划的刚性。规划是城市副中心建设的龙头和抓手，通州调研期间，课题组两赴通州规土分局和规划展厅，深入了解“多规合一”的编制和管控机制，发现水系、绿化、公共设施、交通、市政等系统性专项规划内容与总体规划、街乡控规、地块控规、独立选址、城市设计、建筑单体项目等点面状内容之间，存在相互交叉，缺少互通，信息共享不畅；在组织规划实施方面，缺少对规划实施的统筹管理与持续性指导，规划理念与要点较难落实。针对这些问题，一方面需要对规划实施体制机制进行深入研究，以保障规划全面、准确、有序实施，另一方面需要提前对一些专项问题、重点问题开展预警和预防研究，防止规划设置的指标被击破。比如，产业结构和人口控制中的“反潮”问题，根据调研了解的数据，2017

年通州区腾退了1300余家低产能企业，但是商事登记制度改革带来的便捷，导致这一年通州区新增加了3600余家餐饮企业，增幅是2016年的10倍，产业结构的反潮，也有可能进一步导致人口规模和人口流向的反潮，这些问题都需要破解，需要做前瞻性的专题研究。

综上，北京城市副中心建设过程中的改革创新，无论在广度上还是深度上都是前所未有的，而且尚在进行时，更待进一步地深化和突破。因此，城市副中心的建设和发展，需要营造敢于改革的环境，既要探索完善改革推进机制，确保中央改革部署落地，又要建立健全改革容错纠错机制，形成允许改革有失误但不允许不改革的鲜明导向，最大限度激发和保护改革主体积极性和主动性。

改革开放与中国县域发展

GAIGEKAIFANG

北京经济技术开发区

BEIJING JINGJI JISHU KAIFAQU

科学规划谋创新　一张蓝图绘到底

中国社会科学院数量经济与技术经济研究所

党的十八大以来，以习近平同志为核心的党中央对科技创新高度重视，强调“创新是引领发展的第一动力，是建设现代化经济体系的战略支撑”，并着手实施创新驱动发展战略，加快建设创新型国家。2014 年 2 月 26 日、2017 年 2 月 24 日，习近平总书记先后两次视察北京，将“全国科技创新中心”作为北京市新时期的四大城市功能定位之一，要求在首都打造“具有全球影响力的科技创新中心”，并明确将“三城一区”作为科技创新中心的主阵地。“全国科技创新中心”的功能定位意味着北京在我国创新驱动发展和建设创新型国家进程中应发挥引领性作用，而北京经济技术开发区作为“三城一区”中的“一区”则应成为首都科技创新中心功能的重要支撑。

北京经济技术开发区（以下简称“开发区”、“亦庄开发区”或“亦庄”）位于首都北京东南亦庄地区，通常被称为“亦庄”，是北京市唯一的国家级经济技术开发区。自 1992 年成立以来，开发区历届班子坚持以高科技产业作为招商引资主要方向，坚守制造业和实体经济，超前规划、精心布局，走出了一条跨越式的创新发展之路。1994 年至 2017 年，开发区地区生产总值由 1 亿元增加到 1365.2 亿元，在北京市占比由 0.087% 提升至 4.88%；规模以上工业总产值由 1.6 亿元增加到 3328 亿元，在北京市占比由 0.01% 提升至 17.86%。短短 26 年时间，开发区已经由当初在北京市经济版图中微不足道的工业小区成长为北京“高精尖”产业发展的集聚地，成为北京市科技创新中心建设的主阵地。

经济技术开发区的设立是我国改革开放的产物，是突破传统行政区划管理体制束缚，以优惠政策和灵活机制推动区域产业集聚、加快区域经济发展的重要制度创新。义庄开发区作为起步较晚的国家级经济技术开发区，能够依托实体经济实现超常规发展，成为支撑首都增长、引领科技创新的排头兵，既得益于历届开发区班子在体制机制方面的主动改革和探索，更是中国特色社会主义“集中力量办大事”等制度优势的具体体现，相关的模式与经验值得总结和提炼。为此，中国社会科学院数量经济与技术经济研究所，借助改革开放 40 周年全国“百城百县百企”大调研的契机，专门成立课题组，围绕北京经济技术开发区创新发展和首都科技创新中心主阵地建设开展调研。课题组于 5 月 29 日启动调研，先后实地走访了中芯国际、北方华创、北京奔驰、GE 航卫、京东集团、京东方、北汽新能源等 12 家企业和亦庄生物医药产业园、亦庄中小企业服务中心、亦庄科技商会等多家创新中介服务机构，对开发区工委管委会主要负责人、开发区早期建设者进行了 4 次访谈，同管委会相关职能部门、12 家企业负责人、6 家企业技术创新中心负责人、3 家创新中介服务机构负责人进行了座谈，对工商、税务、海关等驻开发区垂直管理部门（以下简称“垂直部门”）进行了书面访谈，面向开发区规模以上重点企业和创新型中小企业发放调查问卷 400 余份，覆盖开发区 8 大产业集群。

一、亦庄建设的背景、历程与现状

（一）筹建基本背景

早在 1984 年，我国便在 14 个沿海城市率先建立起第一批国家级经济技术开发区。相比其他沿海省市，北京经济技术开发区的起步较晚。1987

年 12 月，北京第一条高速公路——京津塘高速公路动工修建。1988 年，从报纸上得知高速公路修建消息的时任全国人大常委会委员、著名台商黄顺兴先生建议，应该在毗邻高速公路的亦庄地区建立工业区以充分发挥交通便利优势，但直到 1990 年开发区的筹建工作才真正被提上议事日程。当时，北京市第二产业集中的东郊、西郊、南郊，已经没有太多发展空间，而且既有的第二产业在技术、管理等方面处于相对落后状况，亟须快速引进适合首都特点的高新技术产业，促进北京市第二产业结构调整，带动周边地区经济发展。

1991 年 6 月，北京市政府组织相关人员远赴福州、深圳等地就外向型经济发展的经验和问题进行考察。同年 8 月 15 日，市委市政府决定借鉴外省模式经验，在北京郊区新建一个工业小区。为避免当时全国各地开发区过热带来的负面影响，筹备初期的名称是“工业小区”，而未采用“经济技术开发区”。在开发区选址上有海淀、通州、怀柔、大兴四区县的多个备选方案，而最终落户亦庄除了交通因素外，更多的是出于地理方位和水文地质条件的考量。在上述背景下，亦庄开发区于 1992 年经北京市政府批准正式成立，初始名称为“工业小区”。1994 年 8 月，经国务院批准，亦庄成为北京市唯一的国家级经济技术开发区。

（二）发展历程演进

根据工委周立云书记、投促局等职能部门负责人以及参与开发区创建的老同志的介绍，开发区成立以后的发展建设大致可以划分为初创期、扩张期、整合期和转型期四个阶段。伴随国家战略演进和首都战略功能调整，每个阶段的招商模式、发展定位等都进行了相应的调整。

1. 初创期重点吸引有实力的外资企业

从 1991 年开始筹建到 1998 年前后可以算是亦庄建设的初创期，这段时间开发区的功能定位以吸引外资为主，招商引资重点也放在有实力的外资企业上。在亦庄筹建开发区的初衷主要有两方面：一是承接市区缺乏发展空间的国有（工业）企业；二是向沿海省市学习，充分利用对外开放政策，为北京市吸引更多外资。筹备及建设初期，亦庄在北京市总体布局中的地位并不突出，起步时面积仅有3.83平方公里，且缺乏建设启动资金，初期土地开发所需资金几乎全部来自银行贷款。为尽快回收土地开发资金，降低运营成本，开发区初期采取了滚动开发、逐个项目招商的模式。与此同时，开发区筹建之初就设定了“五少两高”，即“能耗少、水耗少、物耗少、占地少、污染少、附加值高、技术密集程度高”的项目选择标准。于是，招商的重点自然就锁定在资金、技术、产品质量等方面具有优势的企业。当时，北京市的国有工业企业大多经营效益不佳，技术也相对落后，最终招商引资的重点聚焦于有实力的外资企业，而筹建之初“承载市区国有企业转移、吸引更多外资”的设想也演变为以“吸引有实力的外资企业”为主。事实上，在1998年以前，开发区引进的企业中有90%是外资企业，诸如资生堂、GE、松下、SMC等全球知名企业都是建设初期引进的。

2. 扩张期围绕骨干企业布局产业链

1998年前后，亦庄发展进入快速扩张期，进驻企业快速增加，地区增加值（GDP）以每年50%以上的速度增长（个别年份甚至出现三位数增速）。随着意向入驻企业的快速增加，招商的选择余地大大增加，开发区工委、管委会开始加强对主导产业和重大项目的支持力度，工作重心从引进单个企业向培育产业基地转变，在招商模式上也由单个项目逐一招商转变为围绕骨干企业布局产业链。其中，最具代表性的就是诺基亚星网工业园项目。以诺基亚为核心，引进30多家配套企业，形成电子信息产业上下游集聚配套，星网工业园也因此成为全国第一个以产业链模式布局的园区。诺基亚及上下游企业进入亦庄后，贡献产值超过1200亿元，开发区发展也实现质的飞跃。以北京奔驰为核心的高端汽车产业集群也是从这个时期开始布局的。另外，随着我国民营经济规模和实力的日益壮大，开发区在招商过程中也开始关注民营企业，进驻开发区的民营企业数量出现较快增长。相应地，1998年以后，开发区招商引资的目标也由“以吸引有实力的外资为主”

逐步转向“吸纳高新技术产业，吸纳跨国公司投资，吸纳大型骨干工业企业”。

3. 整合期高标准择商远离房地产炒作

2008 年之前，我国的房地产业已经开始出现过热迹象。开发区早年开发储备了较大规模的工业用地，土地出让价格相比北京市其他地区处于较低水平。相对便宜的地价虽然有利于招商引资，但也给房地产炒作留下了潜在空间。2008 年前后，受全球金融危机等国内外重大事件影响，开发区建设发展进入整合期。在全国进入房地产热的大背景下，开发区工委、管委会没有为追求数量和速度跟风发展房地产业，而是坚持现代制造业和科技创新，以更高标准择商，远离房地产炒作。

事实上，为避免像全国其他一些开发区那样陷入对房地产开发和土地财政的依赖，开发区工委、管委会于 2008 年前后开始在招商环节设立更高的门槛，对入驻企业的单位面积投资强度、产出强度、税收强度等加以限定，并将发展定位锁定为“北京现代制造业重镇”，打造“北京南部高技术制造业和战略性新兴产业聚集区”。另外，2008 年以后，入驻企业中第三产业领域的企业数量明显增加。

4. 转型期腾笼换鸟打造“高精尖”阵地

2014 年前后，随着我国经济整体进入新常态，开发区的建设发展也进入新的转型阶段。在 2014 年之前，北京市已经开展了多年的结构调整，陆续退出很多不符合首都功能的传统制造业，第二产业在全市 GDP 中所占比重持续下降。到 2015 年，全市第二产业占比已不足 20%（2015、2016、2017 三年分别为 19.6%、19.2%、19.0%），制造业空心化的趋势已有所显现。2014 年 2 月 26 日，习近平总书记视察北京，明确了北京“全国科技创新中心”的功能定位。而此时，开发区经过多年的积累和布局，已经打造了多个产业集群，形成了以制造业为主的产业格局。2017 年 2 月 24 日，习近平总书记第二次视察北京提出“三城一区”建设后，开发区更加坚定地定位于首都制造业基地，在产业项目上则更加聚焦于“高精尖”产业。事实上，总书记第二次视察北京后，无论是中央还是市委市政府都意识到，制造业对首都发展仍然不可或缺，如果没有相当体量的制造业，三大科技城的功能会逐渐萎缩，首都“科技创新中心”定位也将无法实现。

发展制造业需要足够的承载空间，开发区通过早年超前布局虽然积累了相对廉价的成熟工业用地，但与入驻企业需求相比仍显不足。为了更加聚焦“高精尖”产业，客观上需要将一部分不符合首都功能定位和开发区产业方向的企业有序退出，腾出空间。得益于开发区早年招商过程中对土地回收方面的前瞻性安排，企业退出时的土地溢价收益需要按照购地时政府优惠占比分给开发区政府。这样就有效地降低了回收土地、腾笼换鸟的转换成本，也从源头上遏制了开发区脱实入虚。

（三）发展现状与成就

从 1992 年正式成立到 2018 年的 26 年时间里，亦庄开发区实现了超常规的持续快速发展，在规模体量和发展质量两方面都取得了令人瞩目的成就。

1. 规模体量

1992 年成立时，开发区的初始核心区面积仅为 3.83 平方公里，1994 年国务院批准为国家级经济技术开发区，拓展后的面积也仅有 15.8 平方公里。随着招商引资工作的持续推进，入驻企业不断增加，开发区又进行了两次空间拓展（第一次扩区原因是开发区地区产出远高于国内其他开发区，第二次授权是要发挥开发区的辐射带动作用）。2004 年，通过调整规划，增加 244 公顷工业用地，地域面积扩大到 46.8 平方公里。2010 年根据北京市政府授权，托管大兴区 12.8 平方公里土地，至此开发区整体发展空间拓展为 59.6 平方公里。根据 2018 年北京市“三城一区”规划，未来开发区将统筹通州、大兴两区共 193 平方公里的发展空间。开发区覆盖范围的扩大，为更多企业入驻提供了空间。截至 2017 年底，亦庄共有注册企业近 2 万家，其中具有独立法人资格企业大约 1 万家，规模以上企业约 800 家。

表 1　1994～2017 年北京市与亦庄名义 GDP 及实际增速对比

（单位：亿元，%）

年份	北京市		亦庄	
	GDP	增速	GDP	增速
1994	1145.3		1.0	
1995	1507.7	12.0	1.1	-6.4
1996	1805.0	9.8	1.9	60.1
1997	2096.8	10.2	4.2	106.0
1998	2406.2	9.6	8.7	99.3
1999	2713.5	11.0	13.8	56.1
2000	3212.8	12.0	26.4	81.0
2001	3769.9	11.8	71.6	158.4
2002	4396.0	11.8	124.6	66.8
2003	5104.1	11.1	130.7	0.4
2004	6164.9	14.3	156.1	13.0
2005	7141.4	12.3	249.0	54.6
2006	8312.6	12.8	385.2	49.9
2007	10071.9	14.4	482.6	18.3
2008	11392.0	9.0	554.8	10.8
2009	12419.0	10.0	592.5	7.8
2010	14441.6	10.4	698.6	11.9
2011	16627.9	8.1	782.5	5.2
2012	18350.1	8.0	827.7	3.5
2013	20330.1	7.7	913.5	7.3
2014	21944.1	7.4	997.4	8.6
2015	23685.7	6.9	1081.4	7.4
2016	25669.1	6.8	1172.6	6.9
2017	28000.4	6.7	1365.2	13.9

资料来源：北京市统计年鉴及统计公报、开发区统计年鉴及统计公报。

企业的不断进驻支撑了亦庄经济规模的快速增长。1994 年至 2017 年，开发区地区生产总值名义值由 1 亿元增长为 1365.2 亿元，扣除价格因素后也增长了 516.5 倍，年均实际增长率为 31.2%，远远高出同期北京市年均 10.2% 的增速。持续的高速增长，使得开发区地区生产总值在北京市的占比由 1994 年的 0.087% 上升到 2017 年的 4.88%，以全市 0.35% 的土地贡献了近 1/20 的地区生产总值，2.8% 的工业用地实现了 18% 的产值，成为首都实体经济发展的重要支撑。开发区对北京市实体经济的支撑在工业方面表现得更为突出。2017 年，开发区工业总产值 3328 亿元，占全市工业总产值的 17.86%。在北京市疏解非首都功能、制造业不断外迁的大背景下，开发区对全北京市工业增加值的增长贡献率超过 110%。

另外，相比广州、上海等 14 个沿海城市的第一批国家级经济技术开发区，亦庄起步晚了近 10 年，是全国第 33 个国家级经济技术开发区。然而，借助首都优势和超常规发展，亦庄基本实现了后来居上，在成立 10 年后已跻身全国经济技术开发区前 10，位列第 9。在商务部公布的 2017 年国家级经济技术开发区综合发展水平考核评价结果中，亦庄的综合排名仅次于“苏州工业园区”、“天津经济技术开发区”和“广州经济技术开发区”，在全国 219 家经济技术开发区中位列第四。其中，科技创新排名更是跻身三甲，仅次于“苏州工业园区”和“广州经济技术开发区”。

2. 发展质量

开发区成立 26 年来，在实现快速增长的同时，经济发展的质量也值得称道，主要表现在四个方面。

一是专注实体经济，远离房地产炒作。从最初的“南郊工业小区”到如今的“首都科技创新中心主阵地”，开发区始终专注于发展实体经济。在全国各地纷纷投身房地产热潮的背景下，亦庄基本没有搞过大规模房地产开发。2017 年，开发区工业实现增加值 869.4 亿元，同比增长 16.2%，占开发区经济总量的 63.7%。而房地产增加值仅为 8.8 亿元，占开发区经济总量的 0.64%，远低于北京市全市 6.3% 的占比。从表 2 可以看出，2012～2017 年，亦庄开发区房地产占比基本都维持在 0.7% 左右，5 年平均占比为 0.698%，不仅远低于全北京市 6.39% 的占比，也低于天津经济技术开发区 1.137% 的平均占比。

表 2　近 5 年来亦庄及北上广房地产业在地区生产总值中占比情况

（单位：%）

年度	亦庄	北京	上海	广州	天津开发区
2012	0.70	6.96	5.68	7.55	–0.05
2013	0.73	6.59	6.54	8.48	0.37

续表

年度	亦庄	北京	上海	广州	天津开发区
2014	0.69	6.06	6.36	8.20	1.08
2015	0.70	6.07	6.63	8.45	1.06
2016	0.73	6.52	7.54	8.29	2.75
2017	0.64	6.31	—	—	—
平均	0.70	6.39	6.62	8.22	1.14

数据来源：亦庄统计年鉴、北京市统计年鉴、上海市统计年鉴、广州市统计年鉴、天津经济技术开发区统计公报等。

二是聚焦“高精尖”产业，培育产业集群。开发区产业发展起点高，成立之初便按照“五少两高”的标准重点引进高新技术企业，2000 年以后更是围绕核心企业布局产业链。随着北京市“三城一区”建设的推进，亦庄作为北京市高精尖产业主阵地的定位愈发明晰。目前，亦庄已经形成“集成电路”“新型显示”“高端汽车制造”“新能源汽车”“生物医药”“互联网”“机器人与高端装备制造”等高端产业集群，产业链上下游协同的区域产业创新生态已初步形成。预计到 2020 年将有 6 个产业集群达到千亿元产值规模，产业集聚带来的溢出效应将不断显现。

三是坚持生态环境保护，实现绿色发展。亦庄开发区历届管委会班子都秉持了较为超前的发展理念。据全程参与开发区筹建的管委会原常务副主任马麟同志介绍，开发区在筹建阶段便提出“原有污染要消除，新兴产业不增污，生态环境要改善”的口号。一方面在污染治理和环境改善方面进行大量投入；另一方面在招商引资环节严格把控，拒绝高污染高能耗企业。截至 2017 年底，亦庄污水收集与处理能力率先实现双 100%，实现了生活垃圾全部无害化处理；万元 GDP 耗能为 0.1361 吨标准煤，是全北京市平均能耗的 40%，达到国际领先水平；万元 GDP 水耗 4 立方米，是全市平均水平的 1/4；人均绿地面积 104.9 平方米，远高于北京市人均 16.2 平方米的水平。

四是发展惠及周边群众，维护社会稳定。早在建设初期，开发区初创班子就意识到周边群众特别是征地拆迁农民能否分享发展成果，直接关系到社会能否稳定，影响招商引资环境。从 1993 年开始，开发区管委会便着手从产业、住房、就业、教育、医疗等多方面入手，全方位改善开发区所在亦庄乡群众的生产生活条件。随着开发区覆盖范围的陆续拓展，惠及范围也逐步扩大到大兴区、通州区。2007 年，为两区拆迁农村劳动力提供 6181 个就业岗位，培训 8805 人次；2008 年提供的就业岗位达到近 1.4 万个。2010 年大兴区、开发区行政资源整合后，安排拆迁农村劳动力就业的力度进一步加大，仅 2011 年提供的岗位就超过 3 万个，融合后 3 年累计解决的就业人数达 3 万多人，此后每年解决的就业人数也都在 4000 人以上。

二、亦庄汇聚科技创新主体的主要优势

企业的汇聚是开发区发展的源泉。根据开发区早期班子成员、管委会原副主任马利生同志介绍，亦庄地区在筹建开发区之前是国营红星公社和南郊农场，远离北京市区，没有任何工业基础。1992 年开发区成立当年，全年仅有 13 家企业入驻，到 2015 年，开发区新批准企业数量已达 3197 家，其中高新技术企业 739 家。成立至今短短 26 年时间，亦庄已拥有注册企业 2 万余家，不仅汇聚了奔驰、GE、京东方、中芯国际、京东等重量级高科技企业，成为国内外知名科技企业争相入驻的首选之地，更吸引了一大批研发型中小企业自发集聚。根据我们的实地访谈和问卷调查，亦庄能够吸引汇聚众多高科技、创新型企业，主要源于以下几方面优势。

（一）丰富齐全的创新要素

在我们实地走访的 12 家企业中，两家由中组部“千人计划”专家领衔

创办的生物医药企业——北京加科思新药研发有限公司（以下简称“加科思”）和北京义翘神州生物技术有限公司（以下简称“神州细胞”），都将首都丰富齐全的创新要素和创新资源作为企业选择落户亦庄最为重要的因素之一。

“千人计划”专家、加科思董事长王印祥博士认为：对于高科技领域的创新团队来说，为保证能最快速度接触到尖端技术、招聘到关键岗位所需的高端人才，信息交流畅通的环境至关重要。为此，海外高端人才回国创业一般会首选北京或上海。而同上海相比，北京与海外的学术研发交流更加紧密。另外，北京作为首都还是金融资源汇集之地，资金筹措渠道多，这对于创业公司来说非常重要。“千人计划”专家、神州细胞首席执行官谢良志博士同样强调北京人才集聚优势对高科技企业的有力支撑。另外，对于生物医药行业来说，北京众多的三甲医院能够从临床试验、研发合作、销售推广等诸多方面为企业带来便利，这也是国内大多数城市无法比拟的。

开发区的主政者对于北京丰富创新要素对亦庄发展所起到的重要支撑作用有着非常清醒的认识。大兴区委书记、开发区工委书记周立云同志强调，亦庄在创新发展方面的成绩很大程度要归功于首都优势，特别是创新资源方面的优势。首先，首都功能定位在客观上要求亦庄在发展初期高起点、高标准招商引资；其次，首都作为国际交往中心的区位优势成为跨国公司落户亦庄的重要原因；最后，丰富的科技、教育、人才资源为开发区高科技企业发展、集聚提供了有力支撑。另外，从我们发放的400多份调查问卷返回的结果来看，在386份有效问卷中，有202家企业选择了首都优势，占比达52.3%。

（二）配套完善的基础设施

配套完善的基础设施是开发区吸引高科技企业，特别是“高精尖”制造业企业的重要原因。对于制造业企业来说，道路、交通、水电、通信、消防、排污等基础设施是企业正常生产运营的前提条件。通常，越是“高精尖”产业对基础设施配套的要求越高，而亦庄在基础设施方面恰恰有着较为明显的优势。在调查问卷中，关于“亦庄相比其他地区的突出特点”，384 家有效样本企业中，有 267 家选择“基础设施完善”，占比达 69.5%。亦庄在基础设施上的优势主要体现在以下几方面。

一是亦庄开发区交通运输便利。开发区紧邻京沪、京台、京开、六环路等多条高速公路及未来的首都第二国际机场，距离天津新港仅 140 公里，开发区内道路宽阔，交通运输非常便利。在有关企业落户亦庄原因的调查中，我们回收到的 386 份有效样本中，有 150 家企业选择了“交通便利”作为落户亦庄的主要原因。二是工业用地高标准配置基础设施。开发区在土地开发上一贯坚持高标准，建设初期在土地开发尚停留在“三通一平”标准时，亦庄就实现了“七通一平”，此后又陆续升级为“九通一平”“十通一平”（水、电、气、网络、电话、道路、电视、雨水、排污、消防十通，加上“场地平整”）。有的区县虽然在规划上有相应用途的地块，但往往连基本的“七通一平”都未完成，而亦庄完善的基础设施配套则能大大缩短入驻企业建设周期，进而降低企业运营成本。三是满足企业生产特殊要求，提供更高标准的定制化配套基础设施。例如，中芯国际等企业，特殊的生产工艺要求实现 4 年每天 24 小时连续不间断作业，为此，开发区管委会专门协调相关部门，建设双路供气、供电、供热，以保障企业持续不间断地稳定生产。

（三）相对充裕的发展空间

集成电路、高端装备、高端汽车等“高精尖”产业大多数属于长流程制造业，企业发展需要大量土地空间，相对充裕的发展空间是企业生产运营的基本保障，而这恰恰是亦庄相比北京市其他地区所具有的重要优势。从地理位置来看，亦庄地处平原、远离山区，与天津相连，位于京津冀中间，对于发展制造业来说具有充足的空间。与此同时，开发区历届工委、管委会班子都特别注重亦庄的长期可持续发展，为“高精尖”产业发展预留空间。在国内很多开发区陷入房地产开发热时，亦庄甚至反其道而行，将原本的住宅用地调整为工业用地，支持好项目的发展，如北工大软件园正是由住宅用地调整为工业用地后建起来的。正是得益于历届班子在发展方向和定位上的坚守，开发区围绕服务制造业，滚动开发和整理，储备了较大规模的成熟工业用地，可以随时支持企业进驻。

北京奔驰作为奔驰全球最大生产制造基地，仅一期厂房建设占地面积就达 2.1 平方公里。2004 年，北京奔驰选择落户亦庄，其中一个很重要的原因就是当时全北京只有亦庄能够立即为其提供如此大面积连片的成熟工业用地。在我们实地走访的其他企业中，京东集团和北京中航智科技有限公司两家原本注册在海淀的企业，之所以选择从海淀迁到亦庄，最初的动因也是海淀区已无法为企业提供足够的发展空间。

（四）协同发展的产业集群

开发区历届班子都有着较强的专业知识和产业背景，很早就致力于产业集群的布局，在招商引资过程中特别注意产业集聚和上下游企业的配套衔接。经过多年的积累，已经形成集成电路、生物医药、高端汽车制造、新能源汽车、新型显示、高端装备制造等多个产业集群。产业集聚效应日益显现，并成为近年来高科技企业选择落户亦庄的重要原因之一。

在生物医药领域，新药研制需要毒理试验、临床试验等各种研发外包服务，而全国仅有的 20 多家毒理试验公司中有 4 家集聚在亦庄，由产业集聚配套带来的便利能大大降低中小型科技企业的运营成本。产业集聚相应带来人才集聚，亦庄地区集聚的几万生物医药从业人员所形成的巨型人才库为中小型科技公司的发展提供了有力支撑。类似地，在汽车制造方面，北京奔驰进驻开发区后，各种产业链配套企业不断向开发区聚集，也已经形成较为完善的产业链体系。另外，产业集群也会因为上下游关联而实现协同发展。以北方华创为例，西临中芯国际，东临京东方，这种上下游企业毗邻选址的方式，大幅降低了企业间信息交流和沟通的成本，更有利于实现协同创新。从问卷调查的情况来看，386 家有效企业样本中有 276 家选择了“完善的产业配套”作为入驻亦庄的原因，占比达 71.5%，也是所有选项中比例最高的一项。

（五）宜居宜业的生活环境

对于高科技企业来说，大量从事研发的高学历、高素质员工，特别是从欧美回国创业的海归团队，很看重工作生活的物理环境。亦庄地区的城市道路、生态环境、居住条件等与美欧的科学园、工业园非常相像，产城融合的模式使得在亦庄既能享有首都的各种便利和优势，又基本不受中心城区大城市病困扰，是宜居宜业的上佳选择。在我们的专题访谈中，加科思董事长王印祥博士和神州细胞首席执行官谢良志博士均表达了类似的观点。而从问卷调查的情况来看，386 家有效企业样本中也有 172 家选择“优美的环境”作为入驻亦庄的原因，占比为 44.6%。

亦庄地区良好的物理环境得益于早期科学细致的规划和超前的发展理念。据开发区管委会原常务副主任马麟同志介绍，在筹建之初管委会率先开展的工作不是招商引资，而是对亦庄地区的生态环境进行修复。在启动运营资金几乎全部靠银行信贷的条件下，开发区管委会仍斥资 1.2 亿元彻底修复治理区域污染顽疾大羊坊沟，通过地下管道将排污沟渠从地上转到地下，并在上方建设绿地等。此后，历届班子持续强化亦庄辖区内生态环境建设，对城市森林、绿地面积、污水处理、垃圾处理等公共服务持续加大投入，先后在开发区北侧改造自然生态景观公园形成生态屏障，将原有的垃圾填埋场建成南海子公园，并在开发区内建设博大公园。与此同时，开发区历届班子还特别注重职住平衡和产城融合，低密度发展。通过兴建公租房、引进市区优质中小学校和三甲医院建分校分院等方式，提升亦庄地区配套公共服务水平。

三、支撑“高精尖”产业的创新生态体系

亦庄吸引汇聚高科技企业的上述优势更多的是企业基于技术创新和持续发展的直觉判断和自发选择，其背后是开发区历届班子在推动亦庄创新发展实践中逐步构建的区域创新生态体系。亦庄创新生态体系的构建源于开发区

创办初期“以高新技术产业为主”“五少两高”等朴素的创新发展理念。随着亦庄首都现代制造业基地、“高精尖”产业主阵地、首都科技创新中心主平台等定位的逐步明确，开发区工委、管委会班子从汇聚企业创新主体、汇集关键创新要素、完善科技公共服务、健全科技中介组织、营造创新社会氛围等方面入手，逐步构建起较为完善的区域创新生态体系，为首都“高精尖”产业发展和原始创新成果转化营造了良好的外部环境。

（一）依托产业集群，汇聚创新主体

亦庄在集成电路、生物医药、新型显示、高端汽车制造等不同领域形成的多个产业集群，既是开发区吸引高科技创新型企业入驻的重要亮点，又是汇聚企业创新主体的重要载体。

目前，开发区依托产业集群汇聚企业创新主体的方式大致可以分为两类。一是针对规模以上、实力较强的高科技企业，根据开发区内部完善产业链条的需要，进行定向招商择商。这种模式最大的优势在于，能够直接发挥产业链上下游企业之间的协同效应，提高创新效率。例如，从事芯片代工的中芯国际和生产集成电路制造装备的北方华创正好处于集成电路产业链的上下游且比邻而居，在承担国家重大科技专项过程中，两家企业充分发挥物理上集聚的便利，高效地完成了刻蚀机等极大规模集成制造装备的验证，成为协同创新的成功典范。二是针对综合实力相对较弱的创新型中小企业，通过专业园区和楼宇招商等模式，将同属某个产业集群的众多中、小、小微创业企业集中起来，提供相应的研发公共服务，从源头进行培育和孵化。例如，北京亦庄生物医药园便是由亦庄投资控股有限公司投资建设，以企业化方式运作，面向国内外生物医药研发企业提供研发及商业配套服务的孵化器。这种模式能够通过产业领域内不同企业的空间集聚，增加研发人员信息交流的机会，进而实现研发创新活动的溢出效应。

从问卷调查的结果来看，创新型企业汇聚的效果非常明显。在企业研发投入占销售收入比重上，354 家有效样本企业中，占 15% 以上的企业有

122家，10%～15%的企业有54家，5%～10%的企业有79家，3%～5%的企业有28家，共计283家；而在研发人员占比上，364家有效样本企业中，40%以上的企业有101家，30%～40%的企业有60家，20%～30%的企业有64家，10%～20%的企业有46家，5%～10%的企业有38家，共计309家。这意味着，从研发资金和人力投入上看，问卷调查涉及样本企业中，80%以上都具有明显的创新型研发企业特征。

（二）创新激励机制，吸引领军人才

人才特别是领军人才是科技创新最为重要的要素。开发区发展聚焦于"高精尖"产业，领军人才在创新活动中发挥的作用更为关键、更具决定性。为更好地吸引并留住高端产业领军人才，开发区在激励机制方面做出了一系列安排和尝试，从领军人才个人和其服务企业两个层面给予物质精神激励及相关政策倾斜。

一是鼓励区内企业积极引进领军人才，其中，引进1名中组部"千人计划"专家，一次性给予企业100万元引才奖励；引进1名北京市"海聚工程"专家，一次性给予企业50万元引才奖励。这些专项奖励对于创新型企业稳定人才队伍起到了非常关键的作用。二是开发区设立"博大贡献奖"和"新创工程·亦麒麟人才"称号，表彰奖励为开发区经济发展和科技进步做出突出贡献的人才。三是开发区财政每年拨出2亿元专项资金，用于成立各类产业投资基金，为高端产业领军人才项目成果转化提供资金支持。四是从住房保障、职称评定、子女教育、健康服务等细节入手，通过建设人才公寓、试点职称评审"直通车"、引进优质教育资源、提供免费体检等机制创新，切实解决高端人才的后顾之忧。

截至2017年底，亦庄共聚集了9000余名高层次、高技能人才，3300名留学归国人才，其中，中组部"千人计划"专家63人，北京市"海聚工程"专家117人，"新创工程·亦麒麟人才"530人。这些高端人才为亦庄生物医药、电子信息、装备制造、汽车制造四大主导产业集群的形成提供了有力支撑。

（三）配置金融资源，助推企业发展

资金短缺是企业特别是研发型高科技企业所普遍面临的问题。为缓解区内高科技企业资金紧张的困境，2009年，由开发区财政出资、开发区国资办100%控股，专门成立北京亦庄国际投资发展有限公司（以下简称“亦国投”），为区内企业创新发展提供金融支持。

作为全方位金融服务平台，亦国投结合企业和项目的具体情况，综合运用长短期债权（贷款）、融资租赁、股权投资等多种方式为开发区内企业提供融资。发起设立基金进行股权投资是亦国投最为常用的方式。京东方是亦国投成立之初的第一笔投资，当时京东方的年度亏损额达20亿元，为了发展园区内芯片产业，开发区通过亦国投这个平台，以股权投资方式对其注入资金，助其渡过难关。2014年京东方扭亏为盈后，亦国投随即退出。截至2016年12月31日，亦国投共参与发起基金55只，总规模超2200亿元，累计投资项目110余个，累计投资金额达243亿元。

对于个别具有战略意义的重点高科技企业，开发区往往能突破相关限制，为企业提供融资服务。以中芯国际为例，2012年刚刚实现盈亏平衡时现金流仍比较紧张，新建厂房和生产线缺少资金。开发区考虑到中芯国际的重要战略意义，克服企业台资背景方面的限制，特事特办，通过亦国投代为建设厂房。厂房基本建成时，恰逢国家集成电路产业投资引导基金（以下简称“大基金”）成立，并主动对中芯国际的新建项目进行注资，亦国投得以顺势退出并迅速回收资金，而中芯国际则赢得了2年宝贵时间，赶上了芯片需求大爆发的时间节点。

在运用好亦国投平台基础上，开发区还致力于健全天使、风投、创投、私募、并购、代偿担保等投融资方式，推动完善开发区内的投融资体系。此外，对于个别在国家安全方面有着战略意义的重点企业，开发区还会综合运用不同手段，缓解企业资金压力。以中航智为例，大型无人机的机型研发试制需要耗费大量资金，企业面临的最大难题就是资金短缺。为缓解企业资金紧张的局面，开发区管委会一方面积极协调区内金融资源，为企业提供1.5

亿元的贷款；另一方面尝试定制化开发租赁，即按照企业研发和生产的具体要求建好厂房后以租赁方式提供给企业使用，从而减少企业在厂房建设等固定资产上的资金投入。

（四）健全科技中介，完善创新服务

在汇聚创新主体和创新要素的同时，开发区还特别注重培育发展创新中介组织，并依托创新中介机构，强化企业创新主体之间、企业与政府之间的沟通和互动，优化科技公共服务，不断完善开发区内的创新生态。

目前，开发区内影响力较大的综合性科技中介组织主要有三家。一是亦庄企业协会，是由开发区管委会主导设立的具有公共管理职能的社团组织，亦庄企业协会既是政府与企业之间沟通交流的纽带，可汇集企业的意见建议向政府部门集中反映，也可将政府部门的相关政策向企业传达，同时也是开发区内企业交流沟通的平台。二是亦庄中小企业服务中心，于 2010 年在工信部统一推动下成立。亦庄中小企业服务中心作为全国试点单位，率先采用企业托管模式运行，为推动京津冀三地对接，2014 年亦庄中小企业服务中心升级为京津冀科技创新公共服务平台，以线上的网络信息系统和线下的“京津冀创新创业服务大厦”为依托，面向京津冀开发区，为促进产业协同、企业转型提供人力资源、财务、法务、知识产权、投融资等一体化服务。三是亦庄科技商会，2016 年由开发区管委会指导，17 家区内企业发起成立，现有 570 多家会员企业，均为科技型企业或科技服务企业。亦庄科技商会采用会费缴纳制，实行纯市场化运作，并在政府购买公共服务模式下为园区内企业提供相关科技服务。此外，还致力于整合内部各会员的资源，为推动开发区内企业科技创新和开发区的转型升级提供支撑服务，包括成立产业投资基金为会员企业提供融资服务。

除了上述三家面向开发区所有企业的综合性科技服务中介机构外，由开发区科技局主导在新一代信息技术、生物制药、智能装备等优势领域成立的 21 家企业技术创新中心也承担了部分提供科技公共服务的职能。依托企业技

术创新中心，可以在特定领域逐步成立产业联盟、共性技术研究院、共享专利池和技术交易平台，发起设立产业基金，进而构建“产业联盟 + 研究院 + 专利池 + 技术交易平台 + 基金 + 特色产业园”六位一体的产业科技创新服务生态。无论是亦庄企业协会、亦庄中小企业服务中心、亦庄科技商会这三家综合性科技服务中介，还是特定产业领域的企业技术创新中心，关注和服务的对象都侧重于中小企业，甚至是更早期的投资项目。而管委会投促局、科技局等职能部门则更侧重于已经成长起来的重点企业。各个机构之间相互配合，形成了较为完善、覆盖不同类型企业的区域创新服务体系。

（五）强化政府服务，营造创新氛围

相比首都其他区县及外省市政府，开发区管委会服务企业特别是服务重点高科技企业的意识非常强烈。早在成立之初，首届管委会班子便提出“企业的发展，开发区的繁荣”的口号，形成了开发区以企业为中心的发展理念，并一直传承。对于重点企业，开发区实施项目经理制，协调管委会和各个部门（招商局、投促局、房产局等），从引入到落地为企业提供各种服务。重点企业正式进驻开发区后，又通过各种联席会议和定期回访制度对其进行跟踪，及时了解企业生产经营中遇到的各种困难，并利用开发区政府部门的资源和信息优势帮助企业解决问题。另外，管委会还主动协调海关、工商、税务等驻开发区垂直部门，推动垂直部门与管委会职能部门集中办公，为企业办理相关事务提供便利。

开发区政府部门强烈的服务意识得到了企业的广泛认可。我们实地走访的 12 家企业，几乎每一家企业负责人都对开发区政府部门的服务意识称赞有加。在关于企业落户亦庄原因的调查中，386 家有效样本企业中有 209 家将“政府强烈的服务意识”作为落户亦庄的重要原因，占比为 54.1%；而在关于开发区特点特色的调查中，384 家有效样本企业中有 232 家选择了“政企关系融洽”，占比达 60.4%。

政府部门的服务意识造就了开发区“以企业为中心”的良好营商环境。

在此基础上，开发区管委会还积极组织各种创新论坛、创业大赛。2015年承办第一届世界机器人大会，并于2016年争取到世界机器人大会永久落户亦庄；定期举办E-TOWN BIO产业创新与发展论坛；从2015年起每年举办北京亦庄创新创业大赛，并成功举办“北大创业训练营”“清华校友会创业亦庄行”等活动。各类创新论坛、创业大赛的成功举办，在亦庄及周边地区营造出崇尚创新、追求创新的良好社会氛围。

四、支撑亦庄发展成就的主要经验

在短短26年时间里，亦庄实现了由北京南郊荒僻农场到首都“高精尖”产业主阵地和科技创新中心主平台的华丽转型。巨大的发展成就背后是开发区历届班子在定位选择、发展理念、执政方式等方面坚持不懈的探索和创新。在此过程中，形成了不少有益经验，主要有以下几个方面。

（一）勇于开拓，以改革推动发展

开发区本身就是改革的产物。成立26年来，开发区历届班子勇于开拓，坚持以体制机制改革解决发展中出现的各种新问题，推动开发区在创新发展的道路上不断前行。如果说首都优势是支撑开发区发展成就的先决条件，那么体制机制改革则是首都优势得以发挥的关键所在。开发区历届班子在体制机制改革上的探索大致可以分为三大类。

第一，在建设发展过程中，结合时代背景和开发区实际，不断探索行政管理体制改革。开发区的设立本质上是以功能区和派出机构方式设置的经济单元，本身就是对传统行政区划体制的重大突破；而成立之初为吸引外资而实施的等同省级行政审批权限、开发区内企业所得税优惠等政策也是改革原有行政管理体制的重要探索。1992年开发区成立之初，为提高土地开发效率、简化项目审批手续，建立了北京经济技术开发区管委会与北京经济技术投资开发总公司（以下简称“总公司”）两块牌子、一套人马的组织架构。

1995年开发区工委成立后又扩展为三块牌子、一套人马，按照“小管委会、大公司”的模式和“政企有分有合、行政职能相对集中”的原则开展工作。1998年，根据十五大“转变政府职能、实现政企分开”的相关精神，开发区的领导体制按照政企分开原则进行了重大调整，明确了工委、管委会、总公司三套班子各自职能，做到在工委领导下，各司其职、各负其责。2010年，按照北京市委市政府决策部署推进的大兴区与开发区两区行政资源整合，则是基于开发区发展现实需要实施的又一项重大行政体制改革，为开发区拓展发展空间、优化营商环境奠定了良好的制度基础。

第二，为了优化亦庄地区的投资营商环境，不断创新体制机制，给企业入驻和生产经营提供诸多便利。一方面将招商和立项审批两类职能统一合并到投资促进局，减少了项目前期招商与后期审批的摩擦。另一方面积极与驻开发区的工商、海关、商检等垂直管理部门建立紧密联系，对于企业经营过程中遭遇的较为复杂的难题，由工委、管委会出面统一进行协调。

第三，为应对发展空间不足的矛盾，在历次扩区的基础上，围绕招商和土地出让环节进行了大量的机制探索。一是试点楼宇招商，针对创业型企业进行源头培育，成熟后再推荐进入工业园区，既保证了入园企业质量，也提高了开发区土地利用效率。二是在土地出让环节与企业约定，在企业退出时按照土地出让时点的优惠比例对土地溢价收益进行分成，为后续“腾笼换鸟”、土地循环利用提供了制度保障。三是不断提高入园企业门槛，2017年设定的标准是，制造业年产值3亿元/万平方米、年税收2千万元/万平方米，商业项目年产值5亿元/万平方米、年税收4千万元/万平方米。

（二）坚守定位，一张蓝图绘到底

在过去的近20年时间里，房地产业深刻地影响了中国经济社会发展，在助推中国经济多年快速增长的同时也造成了中国经济“脱实入虚”的困境，并带来居民财富差距的迅速扩大。在房地产大潮下，全国很多开发区都难以抵制土地财政的诱惑；而亦庄却能始终坚守实体经济、坚持创新引领，围绕高新技术产业特别是先进制造业做大做强。这是亦庄能从无足轻重的南郊“工业小区”发展成首都现代制造业重镇和实体经济主力军的重要原因。

我们在梳理开发区1992～2017年的工作总结时发现，从1992年的“北京经济技术新基地，以高新技术产业为主”到1996年的“北京市科技进步的依托点、高新技术的发展源”，从2000年的“实施产业基地建设工程，以五大高新技术产业为主体”到2005年的“走新型工业化道路，加快发展高新技术产业和先进制造业”，从2009年的“首都产业化基地，北京现代制造业重镇”到2015年的“发挥首都实体经济主力军作用，建设首都科技创新中心主阵地”再到2017年的“科技成果转化承载区、技术创新示范区、深化改革先行区、高精尖产业主阵地、宜居宜业绿色新城”，亦庄在自身发展建设定位上的表述虽有变化，但“高新技术”“先进制造业”“科技创新”这些关键词始终未变。开发区历届班子对制造业和实体经济的坚守、对高新技术和科技创新的执着，真正做到了“一张蓝图绘到底”，用行动和成绩诠释了“钉钉子精神”。

（三）着眼长远，高标准规划建设

亦庄能够实现26年持续超常规发展关键的一条经验就是，历届班子都能着眼长远，高起点规划产业布局、高标准推进城市建设，在关注当下增长的同时不忘增强开发区的发展后劲。

在筹建之初资金极度紧张的条件下，开发区首届班子仍然坚持生态环境治理先行，投入大量资金修复当地生态，并在此基础上，高标准建设区内基础设施。当年道路建设规划的30米绿化带，为后期道路的数次拓宽预留出充足的空间，也使时下的亦庄成为首都几乎唯一没有大城市病的区域。地下给排水、排污等综合管网，比2015年以后国家提出的地下管廊建设提早了20多年，亦庄得以26年来几乎从未出现过内涝。而历届班子在生态、绿化方面持续投入所形成的优美环境也成为亦庄吸引高科技企业的重要亮点。

在产业布局上，历届班子同样具有长远眼光。虽然也注重当下的绩效和增长，但为了增强开发区长期发展后劲，可以牺牲当下的增长和利税。1992年成立时确定的“五少两高”标准，将很多当时赢利能力较强的高能耗高污染企业拒之门外，但也奠定了开发区专注发展高新技术产业的基本格局。在生物医药领域，从事生物创新药研发的神州细胞也是在2002年入驻亦庄的。由于医药研发需要长期沉淀、长线投资等，神州细胞入驻开发区16年来一直处于投入状态，并未贡献任何利税，这种情况对于大多数地方政府来说都是难以容忍的，但亦庄几届班子却能给予企业持续的支持。当然，开发区的长远眼光终有回报。截至2018年6月，神州细胞已有多个创新药进入临床试验的最后阶段，预期2019年公司将进入爆发式成长阶段，神州细胞的成功也将改变中国企业在生物新药创制上被动落后的现状。

另外，开发区历届班子注重发展成果共享、有效维护社会稳定的一系列举措，则为开发区长期可持续发展创造了良好的社会环境。在开发区建设初期，征地拆迁后不久失地农民的就业问题逐步暴露，并影响到开发区周边的社会稳定。当时的开发区班子自我加压，在按照相关政策安排补偿、解决部分被征地农民就业的同时，主动扶持亦庄乡的产业优化升级。在产业扶持的同时，开发区还全力帮助亦庄乡解决当地农民居住、子女培养及就业等问题。随着面积的不断拓展，开发区相关的扶持措施和倾斜政策又逐步覆盖大兴区其他乡镇和通州区部分乡镇。通过各种举措，开发区周边居民充分享受到开发区建设带来的溢出效应，进而齐心协力促进亦庄及周边地区的繁荣稳定。

（四）立法保障，坚持行政法制化

亦庄发展定位得以坚持、政府服务意识得以传承、区域营商环境不断改善，很重要的原因在于历届班子有着强烈的法制观念，并在实际工作中做到依法执政。开发区成立的1992年，恰逢邓小平同志发表南方谈话，确立中国特色社会主义市场经济体制。首届管委会班子认识到市场经济本质上是法制经济，开发区作为改革开放的试验田理应在法制建设上先行一步，有必要在国家法律法规框架下结合实际情况建立健全开发区自己的法规体系。当时的管委会班子还意识到，对于投资者来说完备的法规体系是最重要的软环境，用法律法规规范各种经济活动，做到重大事项均有法可依、有法必依，比各种优惠政策更具吸引力。基于上述认识，首届管委会于1994年着手起草《北京经济技术开发区条例》（以下简称《开发区条例》），并于1995年4月在北京市十届人大常委会第十六次会议上通过，成为开发区行政管理的法律依据和保障。此后，北京市人民政府又于1998年4月制定了《〈开发区条例〉实施办法》（以下简称《实施办法》）。

据开发区管委会原副主任马利生同志介绍，历届班子不断加强法制观念培训，要求工作人员严格按法制、按规矩办事，特别是在引进项目的过程中，要求严格执法、公开透明。另外，开发区管委会专门设立法制办，其主要职责就是对重大事项的合法性进行把关，以保证各项具体的改革措施始终在法制的轨道上。当然，由于开发区管委会是一个大的法人主体，管委会下属各部门没有权力出台相应的管理规定，这种行政架构在客观上也避免了出现在其他地方政府较为常见的“部门权力化、权力法制化、法制利益化”现象，进而保障开发区行政管理、改革发展始终在法制轨道上运行。

（五）主动作为，承担战略性重任

开发区历届班子在招商引资推进开发区建设过程中，没有将眼光局限于短期的效益、产值、利税，而是能够顾全大局、主动作为，在贯彻国家战略意图中承担重要责任。

在2002年前后，开发区出于实现国家战略目标的考虑，引入尚无任何赢利能力且面临巨大经营风险的“中芯国际”“北方华创”等集成电路上下游企业。企业正式进入后，开发区工委、管委会又从完善配套基础设施、提供资金支持等方面入手，全力扶持企业发展。时至今日，当年布局的这些企业已经成为支撑我国集成电路产业安全的重要基石，也为今后我国集成电路等关键核心技术领域实现自主可控奠定了较好的产业基础。

2012年，开发区引入中航智科技有限公司，并对其进行全方位扶持，很大程度上也是出于国家战略层面的考虑。中航智主要从事大型无人直升机研制，研发风险大、资金消耗快，但对于军事、消防等关系国计民生的重大问题有着非常重要的价值。2017年1月，中央军民融合委员会成立后，军民融合发展正式上升为国家战略。而中航智也成功入选第一批军民融合典范企业，并且成为第一家具有军品系统总体集成资质的民营企业。

除开发区内企业布局外，“亦庄·永清园”的建设也算是开发区工委、管委会契合京津冀协同发展战略主动作为的一个典型案例。2014年京津冀协同发展战略正式提出后，开发区管委会主动出击，于2015年在河北省廊坊市永清县建立“北京亦庄·永清高新技术产业开发区”(以下简称“亦庄·永清园”)，将亦庄招商政策、运行模式全部移植到永清，由开发区组织团队进驻“亦庄·永清园”，对当地园区同志进行传帮带。“亦庄·永清园”的建设是开发区落实京津冀协同发展战略部署，积极参与区域合作的重要尝试，在带动了永清县产业升级和经济发展的同时，也拓展了亦庄既有企业生产发展空间，并初步探索出“亦庄技术研发＋产品创新、京津冀产业化应用＋工业化量产”产业链协同发展模式。

五、亦庄持续发展面临的困难挑战

尽管在发展“高精尖”产业、打造科技创新中心主阵地方面取得了骄人的成就，但无论是企业的研发创新还是城市的建设发展，亦庄仍面临诸多困难和挑战。不少问题和挑战，仅靠开发区层面的体制机制改革很难彻底解决，需要从更高层面进行统筹协调。

（一）拓展发展空间面临客观约束

做大做强以“高精尖”制造业为主的产业结构需要更大的物理空间。

开发区从成立至今尽管经历了数次扩区，但现有的59.6平方公里中剩余空间已经不多。2010年大兴区和开发区实行行政融合后，在一定程度上拓展了开发区的发展空间，但从企业意愿来看，现阶段仍旧倾向于留在开发区既有的59.6平方公里之内，核心原因还在于营商环境上客观存在的差距。根据正在制定的北京市“三城一区”规划，开发区未来将统筹通州、大兴共193平方公里的面积，开发区的发展空间会有较大拓展，但真正的有效发展空间可能并没有表面上看起来那么充足。一方面，规划中的193平方公里并非白纸一张的空地，包括大兴区青云店、长子营和采育三个乡镇既有的工业园区，通州区的光机电一体化基地、台湖总部基地和金桥科技产业基地；另一方面，统筹的193平方公里地域涉及大兴、通州两个行政区域，拓展空间的有效利用可能还需要在行政资源整合方面进行更大力度的体制机制改革。

当然，为缓解发展空间不足的矛盾，开发区班子也在积极采取应对策略。例如，对开发区内现有的土地资源实施“腾笼换鸟”、循环利用，以确保土地资源实现最优配置。比较成功的案例是诺基亚星网工业园的循环利用，在诺基亚衰落后，开发区通过一定补偿收回土地使用权后，又成功地引入北汽新能源。

（二）产城融合亟须强化社会管理

早在1994年，北京市便提出了以开发区为核心建设“亦庄新城”的构想。20多年来，开发区在推动科技创新和产业发展的同时也致力于城市建设，并在产城融合方面取得了较为显著的成效，宜居宜业也成为亦庄吸引高科技企业的重要优势。然而，相比开发区产业快速发展带来的大量流入人口，开发区及亦庄新城整体在城市建设方面仍与经济发展速度不相适应，突出表现在基础教育、医疗卫生以及住房保障等公共服务难以满足企业员工快速增长的需要。近年来，开发区工委、管委会也在不断加强社会管理职能、增加公共服务投入，尝试通过引进名校办分校、引进三甲医院办分院等方式缓解上述矛盾，但引进速度远赶不上产业发展和人员流入的速度。而且学校、医院的建设通常需要两年，即使加快引进速度，上述结构性错配在短期内仍很难消除。另外，我们就开发区企业职工在亦庄居住比例也进行了问卷调查，从有效样本企业反馈的情况来看，比例在70%以上的单位有42家，在50%~70%的单位有67家，而比例在10%以下的企业有97家。这意味着，职工在亦庄居住比例超过一半的企业虽有1/4以上，但也有近1/4的企业职工在亦庄居住比例不足一成。上述结果表明，推动开发区产城融合，在职住平衡方面仍有很多工作要做。

从长期来看，以开发区产业发展带动亦庄新城建设，在更大地域范围内实现产城融合，可能还会受到现行行政管理架构的限制。根据北京市城市规划，作为首都三大新城之一的亦庄新城面积达200平方公里，远大于开发区现有的管辖范围。然而，亦庄新城只是一个城市规划的概念，而非特定的行政区划概念，涉及大兴、通州两个不同的行政管辖区域，没有单独对应的行政管理单位。开发区本质上只是承担产业发展职能的功能区，开发区管委会的主要职责在于推动经济发展，虽然也承担城市建设职能，但基础教育、医疗卫生等公共服务和社会管理职能很多还需要依托所属的行政区来完成。这意味着开发区作为功能区，要想通过产业发展带动整个新城建设，实现产城融合，必须创新体制机制，研究新的行政管理模式。应尽早明确亦庄新城管理主体，并实现完整授权。

（三）功能疏解与人才流失的矛盾

对于高新技术企业来说，完备的人才梯队是核心竞争力。在人才梯队中，除了金字塔顶端的领军人才外，中层技术研发和业务骨干也是企业的中流砥柱。应该说，北京市和开发区在吸引高端领军人才方面有着较为完备的落户、住房、子女教育、研发资助等配套政策。然而，在北京疏解非首都功能、严格控制人口总量的大背景下，这些政策很难覆盖到企业中层骨干。在我们调研过程中，走访过的所有企业都对中层骨干人才的流失流露出深深的担忧。从问卷调查的结果来看，关于企业面临的困境，352 家有效样本企业中选择“人才流失问题”的有 159 家，远高于其他选项。

开发区企业定位高端，起步较早，很多都是行业内领军企业，他们一手培养起来的熟练工人、管理人员往往是外地同类企业高薪争抢的对象。加上要面对落户难、房价高、子女就学难等现实问题，很多企业员工在坚守一段时间后往往会选择去外地就业，有时甚至出现团队成建制被挖走的情形，严重影响了企业正常的生产经营等。企业为留住中层骨干提高薪资待遇几乎是唯一的手段，但这也只是权宜之计，只要落户等问题没有解决，始终面临骨干人员被挖走的风险。

另外，不少企业反映，即便是日益缩减的落户名额，也没有真正做到向研发骨干人才倾斜，现行落户政策本质上不利于那些潜心从事科技创新的研发型企业。一方面，进京指标的分配通常以企业为考核对象，考核的核心指标是产值、利润、纳税额及薪资水平等，对于那些进行大量研发投入，但又尚未进入盈利点的创新型企业来说，在指标申请上明显处于劣势。另一方面，现行落户政策向应届毕业生倾斜，而对于企业而言多年培养的科研骨干能够发挥的作用远比刚出校门的学生要大很多。因此，要切实缓解北京非首都功能疏解与企业人才流失之间的矛盾，有必要率先着手优化现行的落户政策，按照首都功能定位和产业发展重点，建立覆盖面更广、信息更为精准的人才档案库，让那些真正从事科技研发的创新型企业能够留住自己的中坚骨干。

（四）税制及监管不利于企业创新

高科技企业和研发型创业公司是亦庄“高精尖”主阵地和科技创新中心主平台建设的基石，是亦庄实现创新发展的源泉。然而，我们走访的企业普遍反映，现行税制体系及监管规则，在执行环节对具体实际情况欠考虑，客观上不利于创新活动的开展。

第一，以增值税为主体的税制体系及征收模式，大大增加了创新企业的成本。在现行增值税体系下，创新型企业的研发支出包括很高比例的进项税，在商业转化成功之前，这些都无法通过销售环节进行抵扣，无形中增加了企业成本。等到企业产品成功上市后，前面多年承担的进项税又难以被抵扣，仅有的研发费用支出加计扣除的优惠，必须以企业实现赢利为前提。从问卷调查结果来看，在352家有效样本企业中，有89家反映税负过高。

第二，行业监管难以适应新技术、新模式发展的要求。亦庄开发区内不少企业的商业模式和产品属性都是对原有模式的颠覆。然而，现行行业监管的具体措施，大多是基于传统的技术和产品制定的，很难覆盖颠覆性的技术和产品。如果按照既有的行业监管规则，很多创新的产品和事物都处于违法违规的灰色边缘。以京东为例，企业为提高消费者用户体验，在无人配送车领域积极尝试，但是相关的政策并没有界定无人配送车是属于机动车还是非机动车，所以无人配送车上路运营就成了难以解决的现实问题。因此，支持和推动创新发展，在行业监管方面也需要与时俱进。

第三，相关政策在严格标准的同时，并未从操作层面制定相应的实施细则，额外增加企业成本。例如，对于工业废料或医用废料等必须交由有资质的专业环保处理机构进行循环利用的规定，在执行过程中演变成全北京只有一家政府授权的废液处理企业，形成绝对垄断，既增加了企业运营成本，又带来长距离运输的污染泄漏风险。

另外，部分企业还反映，对于一些具有战略意义的行业和技术，需要在国家层面进行统筹布局。开发区内有不少企业属于对国民经济发展具有战略意义的行业和领域，对于我国信息、国防等领域的安全至关重要，如中芯国际、中航智等。这类战略性行业，仅靠一两家企业有限的资金、人才资源，很难取得快速突破，有时企业的自我生存都步履维艰。因此，有必要从国家层面进行合理规划，统筹配置人才、资金等创新资源。

六、中国道路视角下的亦庄模式经验再思考

在26年发展建设中，亦庄能够在超高速增长同时实现高质量发展，既

是市区两级党委政府充分发挥首都优势、积极探索体制机制改革的集中体现和经济技术开发区模式的成功表现，更是开发区历届班子坚守定位、长远布局、依法行政、共享发展等执政理念的成果展示。这些理念的背后有其精神层面的支撑，核心就是共产党人“为中国人民谋幸福、为中华民族谋复兴”的初心。亦庄模式的成功可以看作以共产党人初心为支撑的“有为政府”与“有效市场”协调配合的成功。这种新型的政府市场关系与西方主流经济理论主张的“政府市场合理边界”有着明显区别，是中国道路、中国模式的重要优势和特征所在。新时代下，建设现代化经济体系、实现高质量发展、推进京津冀协同发展战略，有必要借鉴推广亦庄模式经验，以共产党人的初心和使命为精神支柱，切实发挥出中国道路的制度优势。

（一）亦庄成就与经开区模式的成功

亦庄取得的发展成就首先是经济技术开发区这种模式的成功。无论是亦庄还是全国其他经开区，设立的初衷都是通过体制机制方面的改革探索，吸引内外资，带动当地经济发展。根据首届管委会常务副主任马麟同志介绍，亦庄筹备之初几乎没有任何物质基础，没有办公楼也没有固定资产，仅有市政府拨付的 200 万元开办费，亦庄地区也没有任何工业基础。在这种近乎为零的起点上，亦庄能够实现超常规发展，凭借的只有赋予开发区相对灵活的体制机制和改革探索的自由度。

从运行模式来看，经济技术开发区同传统行政区最大的区别在于行政架构扁平化、行政审批权限大，并具有先行先试的改革探索优先权。这使得经济技术开发区的职能部门有更多机会直接同企业打交道，也有更大权限为企业创造更好的条件、提供更好的服务，从而优化营商环境，吸引更多企业，推动经济发展。从全国范围来看，虽然也有不少经济技术开发区发展不尽如人意，没有实现预期目标，但亦庄及很多其他经开区的优异表现说明，只要勇于改革探索，发挥好经开区先行先试、行政效率高等体制机制优势，完全能够在推动区域发展中创造奇迹。新时代下，要实现经济高质量发展，必然面临诸多困难和挑战，应继续发挥经济技术开发区改革探路先锋的积极作用，以灵活的决策机制处理应对发展中遇到的各种新问题，引领各地经济社会迈入新的发展阶段。

（二）亦庄模式与共产党人的初心和使命

中国道路最大的特点就是能够发挥“集中力量办大事”的制度优势，其本质是“政府干预”与“市场调节”的有机结合。然而，政府干预的效果取决于具体执行者的价值取向和目标设定。改革开放 40 年来，经济总量的持续高速增长在客观上营造出焦虑浮躁的社会氛围，在不少地方，GDP 增速、政绩工程成为执政者的唯一诉求。此类短视行为虽然能在一段时间延续经济总量的高速增长，但也衍生出房地产泡沫、贫富差距扩大、生态环境恶化等经济社会问题。

相比之下，北京经济技术开发区 26 年的发展建设，有效地兼顾了增长速度与发展质量、平衡好做大规模与成果共享，造就了“以实体经济为中心、以科技创新为驱动”的“亦庄模式”。可以说，亦庄模式既是市区两级党委政府充分发挥首都优势、积极探索体制机制改革的成果体现，也是开发区历届班子坚守定位、长远布局、依法行政、共享成果等执政理念和目标指向下“有为政府”的生动写照。上述理念和目标，体现了开发区干部“功成不必在我，功成必定有我”的政绩观，诠释了“一张蓝图绘到底”的“钉钉子精神”，更折射出共产党人“为中国人民谋幸福、为中华民族谋复兴”的初心和使命。

共产党人的初心和使命落实到开发区建设发展上可以具体表现为“服务企业、繁荣开发区、造福周边群众”。在对企业负责人、早期建设者的访谈和相关历史资料的梳理过程中，一些不经意的回忆和表述都能让人体会到开发区历届班子在初心和使命上的传承。SMC 中国总经理赵彤教授在谈及开发区政企关系时，对两件事记忆犹新：一是 SMC 中国作为首批企业进驻开发区时，首届管委会提出“与企业共同创业”，帮助企业建好厂房，让企业负责人深深感到，企业职工和管委会干部都是北京南郊的创业者；二是

2003 年“非典”期间，为保障 SMC 中国不停工，开发区机关干部职工进驻企业，每天帮助企业进行消毒作业。对于周边群众的利益，开发区历届班子同样时刻高度重视。据管委会原常务副主任马麟同志回顾，首届开发区班子在初期农田征用时就在考虑亦庄乡 1.1 万农民的出路问题，认为简单的政策补偿不能解决群众的长期就业问题，决定自我加压带动周边农民致富。从 1992～2017 年的开发区工作报告（工作总结）可以看出，针对周边农民的征地补偿、生活安置、教育医疗、劳动力培训、就业岗位提供等始终都是开发区工委、管委会的重要工作事项。可以说，开发区历届班子传承的初心和使命是成就亦庄模式的精神支柱和动力源泉。

（三）新时代下亦庄经验与中国道路

改革开放的前三十几年，我国经济高速增长伴生的各种社会问题、环境问题，与经济起飞阶段追求经济规模和增长速度的单一目标导向有着直接关联。中国特色社会主义进入新时代后，经济发展由高速增长进入高质量发展阶段，要求经济发展方式由要素与投资规模驱动转向以新发展理念为支撑的更高质量、更有效率、更加公平、更可持续发展的模式，这对政府的主动干预行为提出了新的要求。

从亦庄经验来看，唯有不忘初心的“有为政府”才能着眼长远可持续发展、着眼群众利益和社会公平推动区域发展，唯有牢记使命的“有为政府”才能自觉依法行政，找准政府市场边界，发挥市场调节配置作用。可以说，亦庄经验的核心就是中国共产党人初心和使命支撑的“有为政府”与“有效市场”的有机协调，而这也应成为中国道路有别于西方“有限政府弥补市场失灵”模式的最大特点和优势所在。西方的“有限政府”是政府作为守夜人，被动地对市场出现的失灵情况进行干预和纠正，而中国的“有为政府”则应该是执政者站在人民和民族的立场上主动作为。

新时代下，各级地方政府能否真正成为以共产党人的初心和使命为支撑的“有为政府”，对能否实现全国范围内的全面高质量发展至关重要。为此，需要从党建、干部教育培训、激励机制、问责机制等多方入手，构建完善的相关制度。一是加强党建，从思想上坚定党员干部的理想信念，传承好“为人民、为民族”的共产党人初心和使命，从组织上提高干部队伍的执行力和战斗力。二是强化领导干部教育培训，围绕各地经济社会发展实际开展系统的、有针对性的培训教育，提高领导干部的业务水平，打造学习型政府，使各级政府公务员具备“有为”的能力素质。三是建立完善干部考核机制，坚决摈弃唯GDP的单一考核模式，从制度上引导执政者开展理性的政府干预。四是健全完善决策问责机制，全面推行重大决策终生问责制，从制度上约束各种实用主义和短视行为。

（四）亦庄模式经验与雄安新区建设

在疏解北京非首都功能、推动京津冀协同发展中，雄安新区的建设无疑是重中之重。作为“千年大计、国家大事”的雄安新区的战略地位固然高于亦庄，但二者都是“有为政府”主导下的改革探索，仍有不少相似之处。首先，无论是雄安还是亦庄都有靠近首都的地缘优势，可以充分利用北京丰富的科教资源和人力资源。其次，雄安同建设初期的亦庄类似，也是要在几乎白纸一张的相对落后地区建设一座新城。再次，在发展定位上，二者都是以科技创新为主要方向。最后，雄安带动周边地区发展的目标，与亦庄建设过程中的成果共享目标是一致的。基于此，亦庄“以实体经济为中心、以科技创新为驱动”的发展模式，以及坚守定位、长远规划、依法行政、成果共享等有益经验，对雄安新区建设能够起到很好的借鉴作用。

当然，亦庄当前发展面临的产城融合、人才流失、发展空间等问题，在雄安新区建设规划和制度设计中也有必要提前予以关注并做出相应的安排。此外，在大力推进京津冀协同发展战略背景下，亦庄和雄安新区的诸多相似之处，加上相近的地理位置，客观上可能会形成二者之间一定程度的竞争关系，有必要从顶层设计上统筹布局，实现错位发展、协同互补。从目前情况来看，亦庄的核心定位是首都科技创新中心主平台、高精尖产业主阵地，在产业分工上以制造业支撑首都发展为主，同时发挥对周边地区的辐射带动作用，促进京津冀协同发展。对于雄安新区来说，功能定位应侧重于辐射带动京津冀周边发展，但在培育创新发展新引擎方面如何协调与亦庄以及北京市“三城一区”中其他三城的关系，还需要精心谋划。

改革开放与中国县域发展

GAIGEKAIFANG

北京延庆

BEIJING YANQING

生态领先模式的形成与发展

中国社会科学院中国社会科学评价研究院

一、延庆基本情况与改革开放成就

延庆区位于北京西北部，为北京市下辖区之一。延庆气候独特，冬冷夏凉，素有北京“夏都”之称，是首都北京的生态涵养发展区。城区距北京市区 74 公里，东连怀柔，南接昌平，西临怀来，北靠赤城。全区处于延怀盆地东部、燕山沉降带西端，地势东高西低，平均海拔 500 米，境域总面积 1993.75 平方公里，其中山区面积占 72.8%，水域面积占 1%。妫水河为区内最大河流，自东向西贯穿全区境内汇入官厅水库，故延庆古称妫川。全区辖 11 镇 4 乡、376 个行政村、46 个社区，常住人口 31.6 万人，2015 年延庆撤县设区，成为现在的北京市延庆区。

传统上，延庆作为北京的远郊区县，在交通和信息等方面相对落后。同时，气候风大天寒，环境山高路远，历史上与北京及近郊在经济和文化上有较大的差异，而且在思想意识和经济形态上也长期处于相对封闭的状态。这些都严重制约了延庆的发展，使得延庆长期以来发展滞后。

40 年前，在改革开放的春风中延庆人民迎来了社会主义建设的新契机。在历届党委、政府的领导下，在全区人民持之以恒的不懈努力下，延庆由一个地处偏远、发展落后的地区逐渐成为生活富裕、环境优美、和谐文明的宜居城区。在经济增长方面，延庆的地区生产总值从 1980 年的 2.8 亿元提高到 2017 年的 137.6 亿元，增长近 50 倍；财政收入从 1978 年的 913.9 万元提高到 2017 年的 16.2 亿元，增长 176 倍；农民人均收入从 1979 年的 125 元提高到 2017 年的 21248 元，增长近 170 倍。在产业结构方面，改革开放之初延庆以农业为主，工业和服务业占比较低，经济效率低下，经过 40 年的产业结构优化，到 2017 年，延庆的农业产值占比已经降至 5%，以旅游业为代表的第三产业表现出强劲的发展势头，延庆的产业结构逐步进入效率高、污染小的高质量发展阶段。在生态文明建设方面，改革开放的 40 年中，延庆更是取得了辉煌的成绩，20 世纪 80 年代，延庆的森林覆盖率不足 30%，风沙肆虐、黄土漫天，每年都有大量沙土经由延庆进入北京市区，严重影响首都的生态环境。经过近 40 年的生态环境建设，到 2017 年，延庆的林木绿化率已经达到 71%，森林覆盖率达到 58%，空气质量得到明显改善，2017 年的平均 PM 2.5 浓度为 49 微克 / 立方米，与怀柔并列北京第一。与此同时，延庆的城镇环境也得到很大改善，城区绿化覆盖率达 64.39%，人均公园绿地面积 39.09 平方米，均居北京市各区首位。

改革开放以来，延庆逐渐走上了以生态文明建设为主要内容的发展道路，根据不同发展阶段，相继提出了“冷凉”战略、“三动”战略、生态文明战略等，党的十八大以来延庆进一步推动生态文明建设，逐渐向高质量发展阶段迈进。图 1 展示了延庆 40 年来经历的主要发展阶段。生态文明建设取得的瞩目成就，为延庆带来了宝贵的发展机遇。2017 年，延庆入围第一批国家生态文明建设示范市区名单，为北京市唯一入选区。依托良好的生态环境，延庆成为 2019 年中国北京世界园艺博览会（以下简称“世园会”）会址所在地；同时，也成为北京 2022 年冬季奥林匹克运动会和冬季残疾人奥林匹克运动会（以下简称“冬奥会”）的三大赛区之一，将举办高山滑雪、雪车、雪橇项目比赛。这两大世界级会事将促使延庆的经济社会发展和生态文明建设达到一个前所未有的新高度，实现经济水平和生态环境的双向优化、协调发展。回顾 40 年的发展历程，延庆人民始终以中国特色社会主义

图 1　延庆改革开放历程回顾

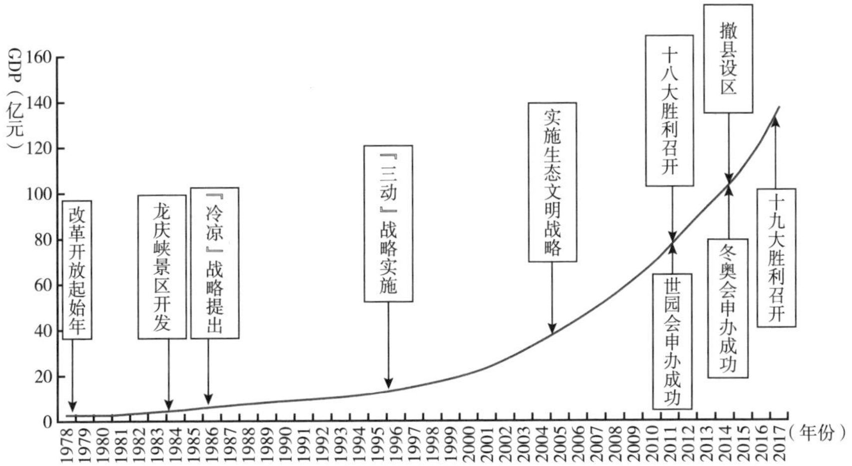

理论为基本指导，不断开拓进取、艰苦奋斗，走出了一条以生态文明建设为核心内容，并在此基础上实现物质文明和精神文明协调发展的科学道路。延庆逐渐成为环境优美、人文宜居的现代化城区，为首都北京赢得了一张生态文明的“金名片”。

40 年风雨兼程，40 年砥砺奋进。延庆人民在改革开放的浪潮中，始终没有放松对生态环境的保护，忠实履行了首都生态屏障的艰巨责任。面对短期经济利益的诱惑，经得住；面对落后发展条件的制约，耐得住。40 年来，延庆人民坚忍不拔、默默奉献，终于守得这一汪绿水，留下这一片青山。如今，在党中央大力推进生态文明建设的进程中，延庆再一次迎来了巨大的发展契机，在世园会、冬奥会的筹办过程中，延庆逐渐实现基础设施的完善、产业结构的优化、人文环境的提升，显示出巨大的发展潜力。延庆人民对生态环境的保护一以贯之，终于得到了回报，在生态文明建设成果的基础之上，实现了物质文明和精神文明的高度协调发展，以 40 年改革开放的历程印证了“绿水青山就是金山银山”的科学论断。

二、延庆 40 年发展历程回顾

改革开放以来，延庆历届党委、政府认真贯彻执行党的决定，解放思想，求实创新，积极推进经济社会发展，充分利用当地现实条件，带领广大群众不畏艰难、积极进取，终于走出了一条以生态文明建设为先导的可持续发展道路，将延庆的生态环境保护与经济社会发展统一起来，为实现“五位一体”的总体布局创造了良好的生态环境基础。回顾 40 年奋斗历程，延庆历届党委、政府在中国特色社会主义理论指导下，经过反复探索实践，经历无数坎坷挫折，才终于走上了以生态文明建设实现高质量发展的科学道路。

在这一过程，延庆大致经历了五个重要的发展阶段：(1）改革开放初期到 1985 年的初步发展阶段，在这一阶段中，以发展工农业为主要目标；(2）1986 年提出“冷凉”战略到 1995 年，这期间，延庆利用环境气候的“冷凉”特点大力发展旅游业，并积极提高影响力，扩大了延庆的知名度；(3)1996 年提出“三动”战略到 2004 年，这一阶段延庆加快进行市场化改革，并全面推进经济社会发展；(4）2005 年提出生态文明战略到 2011 年，在这一阶段，延庆按照北京市对延庆在首都发展大格局的功能定位，建设好首都生态涵养发展区，进一步完善生态环境建设；(5）2012 年以来，党的十八大报告将“生态文明”纳入“五位一体”的总布局，十九大报告又进一步强调生态文明建设的重要意义，延庆始终坚持的生态文明理念已经逐渐成为全党全国的发展共识，这也为延庆生态文明建设获取更广泛支持创造了条件，从而使延庆进入了崭新的发展阶段。图 2 概括了延庆改革开放的主要阶段，从图中易见，生态文明建设已经成为延庆发展的主线。

图 2 延庆改革开放发展阶段总结：生态文明建设一以贯之，成为主线

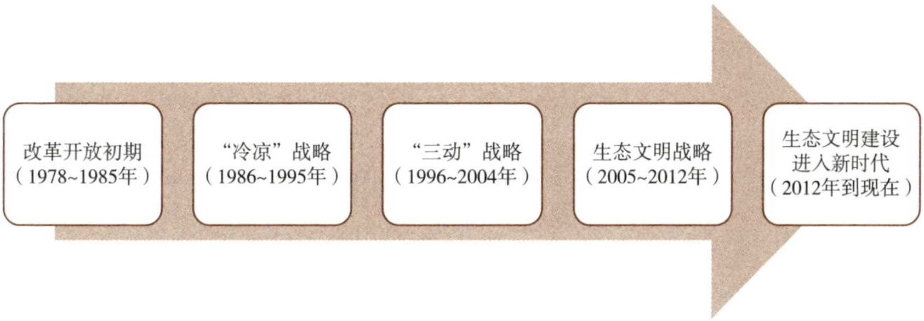

（一）改革开放初期（1978～1985 年）：以发展工农业为主要目标

十一届三中全会后，经济建设成为工作重点。本着“服务首都，富裕农民，建设社会主义新农村”的方针，延庆的改革从农村开始不断深入。当时全县农业贯彻“以粮为纲，全面发展，因地制宜，适当集中”的方针，扬长避短，发挥优势，不断调整种植结构，在家庭联产承包的基础上实行区域化种植，推行专业化、商品化和现代化。这期间，白河南北干渠逐渐分段建成，引白河水入川，大量土地得到灌溉，促进了农业发展。1985 年，全县农业总产值达到 3.3 亿元，比改革之初增加了 2.5 倍；人均生产粮食增长 63%；耕地生产能力提高 67%；粮食总产量达到 1.6 亿公斤，比 1978 年前增长了 80%。同时，农业生产结构开始由单一型向综合型多层次转变，农副产品的商品率有了较大提高，全县农民人均收入达到 547 元，比 1978 年前增长了 3.6 倍。

在农业改革不断深入、农村经济不断发展的同时，工业方面认真贯彻 1979 年 4 月中央工作会议确立的“调整、改革、整顿、提高”的方针，在国营企业中进行扩大企业自主权和各种经济责任制的尝试，实行了厂长经理负责制等不同形式的经营承包制，打破国有工业企业吃“大锅饭”的现象，企业焕发了生机和活力。新兴的乡镇企业发展迅速，三资企业也开始落户妫川。商业方面恢复了家庭副业、集体副业和集市贸易，初步形成了遍布城乡、多种形式并存的商业格局，单一的计划经济开始向多元的市场经济转变。1985 年，全县社会商品零售总额达到 1.4 亿元，其中，国有经济 7078

万元，集体经济4857万元，个体私营经济500余万元。另外，1984年，延庆开发了松山、龙庆峡等旅游景点，旅游资源得到初步挖掘，旅游业作为一种新兴产业开始得到发展。

（二）“冷凉”战略（1986～1995年）：利用气候环境，发展优势产业

随着改革开放的不断深入，延庆人民逐渐对当地的发展条件有了更深的认识，同时，在思想上也更加解放，这进一步将改革开放推向前进。在发展实践中，延庆认识到当地气候环境的“冷凉”特征是一种发展优势：延庆处于北京的地理条件优越之地，平均海拔500米，年平均气温比北京市区低3～4℃，季节比北京城区和近郊晚半个月，这样的气候特征十分有利于冰雪旅游项目和反季节蔬菜果品等产业的发展。因此，可以利用生态环境优势形成产业优势，从而将生态价值转化为经济价值。依据这一思路，1986年延庆提出了“冷凉”战略，充分利用当地冬冷夏凉的气候特点，发挥环境优势，实现当地经济产业结构的优化升级。实施“冷凉”战略的突破口是旅游业和农业，开发冬季旅游资源，举办龙庆峡冰灯艺术节，这些发展举措打破了延庆的封闭状态，扩大了对外影响；调整农业结构，种植反季节蔬菜和水果，推动了农业经济的发展。旅游业和农业的发展促进了延庆的经济增长，并带动了全县各项社会事业的发展进步。

“冷凉”战略的制定和实施一定程度上促进了延庆相关行业的全面发展。在这一背景下，延庆县委、县政府认真分析了地区特点和自身经济发展基础，决定利用环境优势重点发展农、工、商、旅四大产业。

在农业方面，提出要在“服务首都，富裕农民，面向市场，发挥各自优势”的原则下，从首都需要和延庆资源特点出发，农、林、牧相结合，大力发展种植业、养殖业。到1994年，延庆的蔬菜种植面积达到6.5万亩，年产蔬菜3.4亿公斤，被北京市政府命名为北京的北菜园。同年，为加快优质果品基地建设，实施了四项工程：一是东部山区栽种10万亩大扁杏；二是南北山建果树带；三是栽植各种果树，绿化美化旅游景区；四是在四条主要公

路沿线扩大优质果品种植面积。当年果树总面积达到15万亩，果品总产量达到1800万公斤。张山营镇发展成著名的果品专业镇，大庄科乡发展成著名的果品专业乡，辛庄堡村、里炮村发展成著名的果品专业村。

在工业方面，相继出台了一系列以承包经营责任制为核心的工业改革政策。根据工业发展的基础和市场需求，延庆重点发展食品酿造、制药、纺织、机械制造、消防器材、建筑材料和建筑等优势行业。到1995年，全县乡镇企业达到742个，职工总数1.74万人，年总产值7.34亿元。另外，还重点建设了北京八达岭经济开发区和延庆经济技术开发区，到1995年，两个开发区入区企业达到134家，成为延庆工业发展的重要基地，其中延庆经济技术开发区内的北京第四制药厂分厂（2000年改为北京双鹤高科天然药物有限公司）为郊区县最大的制药厂，该厂生产的北京蜂王浆畅销国内外，两次获得国际蜂产品博览会优质金奖。

在商贸方面，延庆县确定了“依托首都，面向西北，建设京津和西北商贸通道和物流集散地”的策略。通过举办各种形式的商品交易会、农副产品和旅游产品展销会，促进商品流通和各业的发展。积极把商业与农业、工业与旅游业相结合，建立跨行业、跨地区的经济联合体，建立多元化、多档次、多门类的商业网点。实行国有、集体和个体一起上的全方位开放政策，使商业得到较快发展。社会商品零售额从1978年的6176万元增长到1995年的10.8亿元，集贸市场从零起步到成交额达到5.2亿元。

在旅游业方面，延庆地域广阔，地貌类型多样，形成了丰富多彩的自然景观；历史悠久，地处南北要冲，遗留了大量的历史文物和不同类型的人文景观；气候冬冷夏凉，四季分明，适宜开展冬季冰雪项目和消夏避暑活动。丰富的旅游资源、独特的气候特征，为延庆发展旅游事业创造了优越的条件。“冷凉”战略实施期间，延庆相继开发了古崖居、滴水壶、长城博物馆、八达岭熊乐园、石佛寺（水关长城）、秦始皇艺术宫、詹天佑纪念馆、八达岭全周影院及县城的莲花湖（现为夏都公园）等旅游景点，确立了旅游业的优势产业地位。

（三）实施“三动”战略（1996~2004 年）：全面推动经济社会发展

进入 20 世纪 90 年代以后，随着改革开放的不断深入和社会主义市场经济体制的逐步确立，进一步调整思路、加快经济发展的步伐成为必然。延庆经过认真分析认识到，随着人民生活水平的不断提高，旅游将成为重要的朝阳产业；随着农村和城市改革的推进，中国的城市化进程在加快；随着经济发展中科技比重的增加，科学教育对推动生产力发展的作用日益重要。基于这种认识，延庆于 1996 年提出了“旅游牵动，城镇带动，科教推动”的“三动”战略，并将其写入延庆县国民经济和社会发展“九五”规划。

在产业发展发面，延庆以旅游和城镇建设为突破口，以科技和教育为推动力，集中力量发展适应区域特点、有相当基础和巨大发展潜力的农、工、商、旅、建五大产业，这一时期，努力建成优质的农副产品基地和优美的旅游度假基地，服务首都，富民强县，成为延庆县经济建设追求的主要目标。到2004年，种植业、养殖业占农业总产值的60%，果品面积发展到24万亩，蔬菜面积达 13.5 万亩，粮食和经济作物的比值达到了 6∶4，以畜、果、蔬三大主导产业为主的农业生产格局基本形成。同年，全县工业完成产值 37.2 亿元，实现利润 9413 万元，完成社会商品零售额 32.13 亿元。通过将旅游和文化、体育有机结合，有效促进了旅游业的发展，2004 年，接待游客 930 万人次，旅游收入突破 10 亿元，旅游成为延庆的重要产业，同时也牵动了全县各业的发展。

在城镇建设方面，延庆加快了建设步伐，以城镇建设带动全县经济社会全面发展。先后新建庆园街、环湖路、滨河南路、延农路、南菜园西沟路，完成了东外大街、延永公路改造工程，县城面积不断扩大。先后兴建了川北小区、川北西区、新兴东区、新兴西区、石河营小区、东外小区、南菜园东区、振兴小区、南菜园二区、康安小区、莲花湖小区、温泉东里小区等住宅小区，居民的住房条件不断得到改善。1998 年，在县城中心建成妫川广场，该广场占地 10 万平方米，为沉降式全开放格局，为京郊最大的城市中心广场，随后相继修建了香水苑公园、夏都公园、妫水公园、三里河湿地生态公园、江水泉公园、百泉公园、迎宾公园。妫水公园仅水面就达5000余亩，超过了颐和园的昆明湖（3750亩）。与此同时，城市道路、公共交通、绿化美化、通信、供水、卫生等相关设施建设也取得显著成就。

（四）实施生态文明战略（2005～2012年）：坚定可持续发展路线

进入21世纪，随着经济增长方式的转变，可持续发展战略越来越受到整个社会的重视，生态环境对于经济社会可持续发展具有重要意义成为普遍共识。在生态环境建设方面，延庆重点实施了风沙源治理、水源涵养林、绿色通道、退耕还林等工程，到2012年，共完成造林绿化2.3万亩，栽种树木194万株，延庆林木覆盖率由20世纪80年代初的37.8%增长到78.9%，有效改善了延庆的自然环境。2005年，北京市政府将延庆等五个区县确定为首都生态涵养发展区，明确了延庆的功能定位，这进一步坚定了延庆生态立县的决心。县委、县政府全面分析了国内外形势和延庆的地域特点及基础条件，提出了当地的生态文明战略并将其写进延庆县国民经济和社会发展“十一五”规划。

良好的生态文明建设就是要实现人与自然和谐发展。延庆县认真贯彻落实科学发展观，在全社会大力普及和强化生态文明理念，加强生态文化建设。通过生态林业工程、城乡绿化美化工程、林业产业工程和全民义务植树活动，全县森林面积由新中国成立初期的不足18万亩发展到2007年的206万亩，森林覆盖率由1978年的7%发展到2017年的58%，林木绿化率由1978年的20%发展到2017年的71%，一个多树种、多功能、多层次的森林生态体系逐步形成。在控制农村面源污染方面，为保护官厅水库水源，延庆将妫河流域852平方公里区域纳入环境治理和保护的范围，投资6亿元，实施了46项工程项目。在人口稠密的平原地区划出520平方公里的控制区，实施农作物秸秆综合利用、畜禽粪便资源化利用等7项控制农村面源污染示范工程，取得明显成果并通过阶段性验收。另外，延庆还建设四大生态景观走廊，即妫河生态休闲走廊、官厅水库生态库滨带、北山生态休闲观光带和龙庆峡下游森林公园。到2008年上半年，已建成30公里妫河生态休闲走廊，2.5万亩的官厅水库库滨带，44公里的北山休闲观光带和龙庆峡下游1.3万亩的森林公园。加大湿地保护力度，建成了野鸭湖国家湿地公园和三里河湿地生态公园，全县湿地保护面积达15万亩，占全县总面积的5%。野鸭湖的鸟类多达264种10万多只，包括国家一级保护动物白鹳等。三里河湿地生态公园最大限度地保留了原有的林地、植被，是北京市第一个湿地生态公园。

延庆逐渐有意识地探索如何把生态优势转变为发展优势，并认识到发展生态经济的重要意义。根据资源特点，延庆规划了“一轴一川一环一山”的产业发展格局。一轴就是以县城为中心，以康庄、沈家营、永宁为节点，依托八达岭工业开发区、延庆经济开发区和永宁农副产品加工基地，重点发展生态友好型工业；一川就是发挥川区乡镇各自优势，突出区域特色，向着“一镇一业，一村一品”努力，发展适度规模化的都市型生态农业；一环就是以县城为中心，依托北山带、南山带、东部浅山区和官厅水库东侧生态保护带这一环状区域的自然风光和名胜古迹，发展生态型旅游休闲产业；一山是在东部山区注重生态涵养和保护，合理开发利用自然资源，积极发展绿色种植、特色养殖和山水民俗游等特色产业。在这个总的规划指导下，经济和社会各业走上了可持续发展之路。

在良好的生态环境基础上，旅游业实现了繁荣兴旺。延庆有着丰富的旅游资源，旅游产业一直占据重要地位。在建设生态文明的总体规划下，延庆的旅游优势得到进一步释放。康西草原完成引资改制工作，松山、玉渡山等景区理顺了管理体制。新建了夏都会议中心、北京首家汽车露营基地、长城脚下的公社等旅游接待服务设施。策划包装了20条旅游精品线路和2条红色旅游线路。精心策划组织了冰雪旅游节、消夏避暑节、杏花节、延庆金秋旅游暨张山营葡萄文化节和两个黄金周等旅游活动。延庆的旅游四季常青，季季精美，春可赏花踏青，夏宜消夏避暑，秋来采摘赏红叶，冬能滑雪观冰灯。旅游纪念品得到进一步的开发，研发出妫川豆塑纪念品，以奥运为题材的芦苇画、麦秸画等40余个品种的旅游纪念品。重点扶持乡村旅游，推出特色民俗村和民俗示范户，乡村旅游快速增长。

2007年，延庆抓住奥运的契机，加强旅游基础设施和服务设施建设，全面启动了八达岭长城、龙庆峡、康西草原三大景区的升级改造工程。完成了八达岭景区过境道路、商业街、长城博物馆改陈、八达岭交通枢纽、道路景区标示建设，过境车辆穿八达岭长城门洞而过已成为历史。龙庆峡景区新建休闲娱乐区、湿地公园区、商业服务区和停车区，功能更加完善，景区范围进一步扩大。康西草原通过封闭管理、涵养草场、引水绕原等工程，水清草盛，风光更美。在生态文明战略的指引下，延庆旅游的影响力和吸引力进一步提升。八达岭长城代表中国领取了世界新七大奇迹证书，被评为国家第一批5A级景区和全国文明景区先进单位。

（五）进入新时代（2012年以后）：提出“用生态赢得主动、用生态赢得优势、用生态赢得未来”，生动践行“绿水青山就是金山银山”理念

习近平总书记推动和领导着我国生态文明制度建设的顶层设计。党的十八大把生态文明建设纳入“五位一体”总体布局和“四个全面”战略布局，把生态文明建设摆到前所未有的高度。党的十九大指出，统筹山水林田湖草系统治理，实行最严格的生态环境保护制度，形成绿色发展方式和生活方式，坚定走生产发展、生活富裕、生态良好的文明发展道路，建设美丽中国。我国生态文明建设和绿色发展迎来新的战略机遇。

北京市委、市政府一以贯之坚定贯彻落实习近平生态文明思想，坚持把这一思想作为新时代加强首都生态文明建设、做好生态环境保护工作的行动指南，加快建设天蓝水清土净地绿的美丽北京。新版北京城市总体规划明确了延庆“首都西北部重要生态保育及区域生态治理协作区、生态文明示范区、国际文化体育旅游休闲名区、京西北科技创新特色发展区”的功能定位。延庆迎来了生态文明建设的历史机遇，延庆区委、区政府牢牢把握习近平生态文明思想，坚决贯彻落实党中央和市委、市政府关于生态文明建设的决策部

署，推动延庆进入生态文明建设的新时代。党的十八大首次把“美丽中国”作为生态文明建设的宏伟目标。习近平总书记指出：走向生态文明新时代，建设美丽中国，是实现中华民族伟大复兴的中国梦的重要内容。延庆主动对标对表，持续深化生态文明发展战略，提出建设美丽延庆的长远目标。2013年，延庆迎来了筹办世界葡萄大会和世界园艺博览会，创建世界地质公园和全国旅游综合改革示范县，开发区纳入中关村国家自主创新示范区等绿色发展大事机遇，针对优良的生态环境与薄弱的经济基础并存、发展的外在压力增大和本地内生动力不足并存、整合多样性资源发展要求与自身统筹协调能力不足并存、广大群众公共服务需求日益增长与提供服务能力不足并存“四个并存”的阶段特征，深刻认识涵养与发展的辩证关系，充分解决全区干部群众视野不宽、精气神不足等问题，延庆先后召开县委十三届四次全会、五次全会，提出把美丽延庆建设成世界的延庆，需要具备世界眼光、树立世界标准、集聚世界资源，进一步凝聚了全县人民的智慧和力量，提振了奋发有为的“精气神”，建设美丽延庆，这也是市委在生态文明建设新时期赋予延庆的新任务。2014年，习近平总书记第一次视察北京，提出京津冀协同发展战略。习近平总书记指出，实现京津冀协同发展，是探索生态文明建设的有效路径，延庆的生态文明建设迎来了更广阔的空间，在前期提出绿色北京示范区和美丽延庆建设目标的基础上，确定了与河北省张家口市共同打造“生态文明先行示范区”实现聚焦发展、共赢发展、优化发展、持续发展、联动发展的目标，先后召开县委十三届六次全会、八次全会，立足首都生态涵养发展区的功能定位，坚守生态底线，明确三次产业要做菜心，不做白菜帮子，使经济发展更好地服务于延庆的战略定位，找准延庆在新时期北京城市战略定位中的具体方位，把延庆建设成北京生态文明成果的展示窗口、首都市民休闲放松的心灵家园、京津冀协同发展的共赢典范。

2015年，北京进入了国际一流的和谐宜居之都建设关键阶段，延庆迎来了冬奥会申办成功的历史性机遇、“撤县设区”的历史性时刻，生态文明建设进入新阶段，延庆对照国际一流的和谐宜居之都要求、对照城市发展的新要求、对照国际赛会要求，先后召开了区第一次党代会、区委一届三次全会、区第二次党代会，提出要在更高品质上推动生态环境持续优化，奋勇争先建设国际一流的生态文明示范区，为建设国际一流的和谐宜居之都做出延庆新的更大贡献。特别是习近平总书记在中央城市工作会议上指出，城市发展要把握好生产空间、生活空间、生态空间的内在联系，实现生产空间集约高效、生活空间宜居适度、生态空间山清水秀。延庆在区委一届三次全会上首次提出，基于延庆绿色生态本底，从生态、生活、生产三个方面将延庆新城建设成“绿色健康之城”“休闲宜居之城”“山水心灵之城”。2017 年 7 月，北京市委书记蔡奇来延庆调研，要求延庆要全力推进冬奥会、世园会筹办工作，把生态文明建设放在更加突出的位置，实现首都生态文明看延庆，把延庆打造成首都生态文明建设最亮丽的一张金名片。为贯彻落实蔡奇书记来延调研指示精神，聚焦冬奥会、世园会筹办，延庆先后召开区委二届四次全会、五次全会，要求抓紧抓实抓好生态环境建设，努力为赛会打下美丽底色，指出延庆正处生态涵养提质跃升期，要求以更大力度、更实举措增强生态涵养功能、提升生态服务品质。2018 年是深入贯彻党的十九大精神之年。习近平总书记强调，筹办 2022 年北京冬奥会，是国家的一件大事，要办一届绿色、节约、廉洁的冬奥会。延庆精准聚焦服务保障冬奥会、世园会筹办举办，召开区委二届六次全会，针对冬奥会、世园会准备期、延展期重合叠加的特点，提出要牢牢抓住战略主动，坚持生态立区，看齐国际标准，努力打造首都生态文明建设金名片，以生态涵养功能持续提升促进产城人融合发展，推动延庆发展由过去的生态和产城人的各自割裂式发展的“生态 1.0”模式向生态与产城人深度融合发展的“生态 2.0”模式转变，实现以城引人、以人兴产、以产促城。

延庆在习近平生态文明思想的指引下，在北京市委、市政府的大力支持下，重点实施了平原造林、京津风沙源治理等重点造林工程，建立了生态林长效管护机制，成为国家主体功能区建设试点示范县，2012～2017 年累计高质量实施了 100 万亩造林工程，林木绿化率和森林覆盖率分别达到

70.95% 和 58.41%，编制完成了《延庆生态文明建设规划（2013—2020 年）》，研究制定了国际一流的生态文明示范区建设指标体系，获评首批国家生态文明建设示范区，2012～2017 年累计完成治理生态清洁小流域 200 余平方公里，获评“国家水土保持生态文明县”，持续把生态优势转化为发展胜势，被确定为全国第一批“生态文明先行示范区”建设地区，成为 2019 年世界园艺博览会举办地、2022 北京冬奥会三个赛区之一，成为首个全国旅游综合改革示范县，被授予“中国延庆世界地质公园”称号，北京长城国家公园体制试点区正式获批，成功举办了 2014 年世界葡萄大会、2015 年世界马铃薯大会和世界汽车房车露营大会。

随着延庆生态环境完善和城市发展水平的提升，旅游业得到了快速发展。表 1 给出了延庆 A 级景区近些年的经营状况，可以看出，2013～2017 年这五年时间内，景区收入增长了近 50%，增长幅度十分明显。

表 1　延庆 A 级景区近 5 年经营状况统计

项目	2013 年	2014 年	2015 年	2016 年	2017 年
A 级及以上和重点旅游景区数（个）	21	20	21	20	21
收入合计（万元）	73083	82874	88109	93062	106984
门票收入（万元）	49288	57537	62868	65001	74368
商品销售收入（万元）	1141	1186	778	505	584
其他收入（万元）	22654	24152	24463	27557	32033
接待人数（万人次）	1281	1416	1519	1603	1572

同时，延庆利用良好的生态环境和丰富的自然景观资源，大力发展休闲旅游业，其中农业观光采摘、民俗旅游得到迅速发展。图 3 显示了 2013～2017 年观光休闲农业的发展情况，总体上，特色旅游业正呈现出快速增长趋势。

图 3　观光休闲农业发展情况

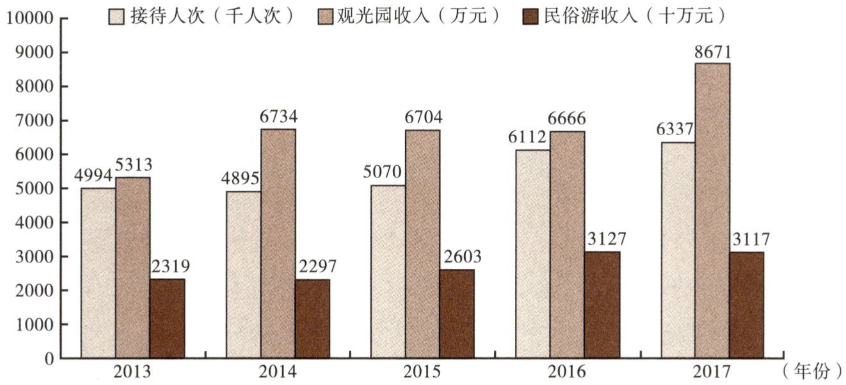

三、延庆生态领先模式（LEADERSHIP）

回顾改革开放 40 年的历程，在延庆历届党委、政府的坚强领导下，在改革开放持续深入推进的大背景下，延庆人民充分利用区域内各种资源，走出了一条人与自然和谐共生的可持续发展道路。延庆的生态文明建设可总结为十条经验，每条经验所对应英文关键词的第一字母，构成了英文 LEADERSHIP 一词，取“领先，先导”的含义，这事实上也高度概括了延庆改革开放的宝贵经验，即“延庆生态领先（LEADERSHIP）模式”，图 4 展示了这一模式的基本内涵。

图 4　延庆生态领先(LEADERSHIP)模式

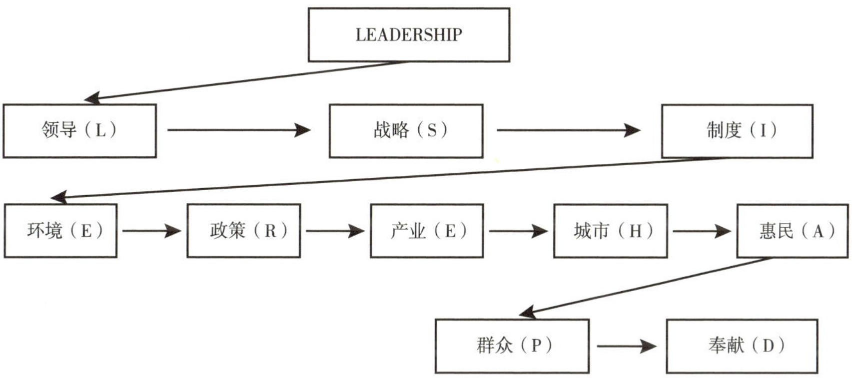

（一）始终坚持党的全面领导（Leader）

坚持党的领导始终是延庆生态文明建设的重要前提和有力保障，延庆坚持生态文明建设的方向始终不变关键在于始终把党的建设贯穿于生态文明建设的各方面和全过程。市委、市政府明确延庆生态涵养区的功能定位，大力支持延庆涵养生态，在平原造林等方面给予了延庆充足的人力、财力等保障，可以说，延庆取得今天的生态文明成就离不开市委、市政府一如既往的支持和厚爱。历届党委始终注重对标对表党中央和市委、市政府关于生态文明建设的决策部署，把好生态文明建设方向，从“冷凉”战略到“三动”战略再到新时代的生态文明发展战略，特别是从2005年提出生态文明发展战略以来，累计召开5次党代会、30余次全会，细化市委、市政府决策部署落实举措，不断加强党委对生态文明建设的领导，全面推动生态文明发展战略不断深化。在1986年提出“冷凉”战略之前，县委首先组织了“让延庆人民重新认识自己，让延庆人民重新认识外界，让外界重新认识延庆”大讨论，结合延庆当地人文自然环境探讨发展思路，这为后来发挥延庆生态优势、实施“冷凉”战略创造了良好的思想和理论基础。

进入新时代以来，延庆区委、区政府牢牢把握习近平生态文明思想，把习近平生态文明思想作为学习的重要内容，持续原原本本学，联系实际学，组织开展研讨、思想大讨论，召开党代会、全会，对标新思想、新论断，持续深化完善新时代延庆生态文明发展战略，凝心聚力开创延庆生态文明建设的生动局面。2012年以来，延庆县委决定在全县范围内开展“以奋发有为的‘精气神’建设美丽延庆”思想大讨论活动，引导广大党员干部围绕如何展现奋发有为的精神状态，如何推动延庆生态文明建设各方面工作，积极建言献策，形成广集民智献良策、凝心聚力促发展的生动局面。2018年，区委决定在全区基层党组织和党员中深入开展“冬奥世园先锋行动”主题实践活动，不断激励广大党员干部新时代新担当新作为，为加快建设国际一流的生态文明示范区汇聚起强大正能量。延庆在生态文明建设的体制机制上，成立了由四套班子主要领导任组长、其他区领导任副组长的生态文明建设领导小组，四套班子主要领导带头深入一线调研指导生态文明建设，推动解决重点难点问题，区人大每年专题听取区政府关于环保工作报告，区政协每年围绕生态环境建设开展调研视察和专题协商，逐步完善了“党委领导、政府负责、部门协同、人大政协监督”的生态文明建设工作格局。

（二）坚守生态文明发展战略定力（Strategy）

思想是行动的先导。从80年代的“冷凉”战略到90年代的“三动”战略再到新时代的生态文明发展战略，从绿色北京示范区阶段性目标到国际一流的生态文明示范区，再到美丽延庆长远目标，延庆坚守一张生态蓝图，一绘几十年，不断拓展了生态文明发展战略的外延，丰富了内涵，既一脉相承，又与时俱进，不断深化了对延庆发展规律的认识，在外延上增加了“持续促进生态惠民、建立健全生态文明制度”两方面内容；在内涵上，努力实现“在保护生态环境方面实现由绿景向美景转变，在发展生态经济方面实现由追求数量规模向追求质量效益转变，在建设生态城市方面实现由承载服务常住人口向承载服务常住人口和常态旅游人口转变，在弘扬生态文化方面实现生态文明理念由广泛倡导向全民践行转变”四个转变和“进一步提升生态惠民质量，进一步提升生态文明制度的体系化水平”两个提升。延庆始终不断强化生态保护与绿色发展并重的意识，抵御了一个又一个牺牲生态环境换取经济发展的诱惑，始终保持战略定力，强化绿色担当，守住了生态底线，在保护好生态环境的基础上加快绿色发展，让老百姓更多地享受到了绿色发展带来的实惠。

（三）先行先试生态文明制度体系（Institution）

习近平总书记在党的十九大报告中指出，加快生态文明体制改革，建设美丽中国。这为延庆做好生态文明体制改革指明了方向。坚持用改革创新的思维和方法，推动生态文明建设，在延庆生态领先模式中体现的非常充分。自2005年确立实施“生态文明发展战略”之初，延庆就拿出敢为人先的担当和勇气，先行先试、稳慎探路，成立北京市第一家环保法庭，编制实施《延庆生态文明建设规划（2013—2022年）》，试点领导干部自然资源资产离任审计，探索区域生态价值测算评估，率先编制地区自然资源资产负债表，将生态文明建设的目标指标纳入全县领导干部绩效管理考核体系，健全环境保护责任追究制度和环境损害赔偿制度，出台《支持检察机关依法开展公益诉讼工作推动法治延庆建设的实施意见》，创新开展生态环境资产（绿色GDP）核算，等等，一项项改革试点稳步推进、一项项大胆创新应运而生。特别是2015年延庆区提出建设国际一流的生态文明示范区，开创性编制了国际一流的生态文明示范区建设指标体系，确定了生态环境、生态经济、生态城市、绿色生活、生态惠民和生态制度6个领域70项建设指标，同时，不断完善配套工作机制和顶层设计，建设国际一流生态文明示范区的“四梁八柱”已经初见雏形。可以说，延庆把敢于先行先试、勇于改革创新，作为生态文明建设中的一把开山利斧、探路明灯，不仅破除了制约生态文明建设的瓶颈和藩篱，也获得了能长跑的“动力”、能领跑的“速度”，为延庆生态文明建设不断添薪加柴、领航引路。

（四）持之以恒加强生态环境保护（Environment）

习近平总书记在不同场合多次强调，人与自然是生命共同体，人类必须尊重自然、顺应自然、保护自然。可以说，延庆对于生态环境的重视和保护，是一以贯之、坚定不移的，也是延庆多年以来全局工作的重要主线，成为延庆生态领先模式的着眼点和发力点。延庆生态环境保护的起步阶段，就是从“增绿”开始，从平原造林大会战、退耕还林，到京津风沙源治理、百万亩平原造林，延庆林木绿化率和森林覆盖率逐年提高，2017年已经分别达到70.95%和58.41%；主动对表绿色发展大事对生态环境的更高要求，延庆提出推动“绿景向美景转变”，新增1800亩彩色树种造林，大力实施清空净水三年行动计划，努力为赛会打下优良生态底色；进入新时代，延庆将更加注重山水林田湖草的生态“系统治理”，开展土壤环境调查与监测，积极创建国家森林城市，建设“智慧环保”系统，延庆生态保护的广度和深度正在不断增大。从“增绿”到“绿景向美景转变”，再到生态“系统治理”，始终不变的是对生态环境保护的执着坚持，也正是因为这份对于生态环境保护的执着坚持，延庆才能将生态环境保护推向一个又一个新的高度。

（五）实施严格的环保产业限制政策（Restriction）

在处理生态保护与经济发展的关系上，延庆的态度是鲜明的，立场是坚定的，早在 20 世纪 90 年代就确立了生态保护优先的原则，坚持一切与生态保护发生冲突的行为都必须为保护和建设生态环境让路，陆续关闭了造纸、化肥、电镀等 20 多家工业污染大户，以及 30 余处煤炭交易市场和 100 余家砂石场、砖厂、非煤矿山，淘汰了多家“三高”企业，抵御了一个个牺牲生态环境换取经济发展的诱惑。党的十八大以来，延庆作为生态涵养区，严格执行新增产业的禁止和限制目录，调整退出一般制造业企业 30 家，关停“散乱污”达百余家；拒绝许多不符合功能定位的项目落户；严格落实河长制，46 条河流实现河长全覆盖；划定 86474.76 公顷禁养区，占全区面积的 43.37%，禁养区内 12 家规模化养殖场全部关停。没有一刻的放松，没有一时的冲动，切实做到了像保护眼睛一样保护生态环境，像对待生命一样对待生态环境。正是因为多年来矢志不渝地坚持生态优先，坚定不移地走绿色发展之路，“一步不让”地坚决实施环保产业限制政策，遏制住了无序发展的冲动，没有绕行“经济发展之后再保护环境”的“弯路”，而是坚定地走上了“用生态赢得未来”的快车道，才有了延庆今天的生态优势，才迎来了冬奥会、世园会两件绿色发展大事，为实现更高质量的发展、更可持续的发展，换来了空间，赢得了机遇。

（六）转型发展生态友好型产业（Eco-friendly）

绿水青山就是金山银山，这其实就是延庆一直以来生态文明建设的坚定信仰和不懈追求。不断寻找生态环境与产业发展的结合点，为延庆生态文明建设提供有力产业支撑，是延庆生态文明建设一路走来最大的特点和坚持。从20世纪80年代初中期开始，延庆一直围绕生态环境这一优势制定并实施发展战略，从“冷凉”战略的单纯依靠生态禀赋，发展生态旅游、农业种植等产业，到大力发展生态旅游、新能源环保、都市型现代农业三次产业，再到瞄准健康乐活、精致农艺、科技创意三大产业方向。主导产业方向的不断调整，是延庆绿色发展思路一步步深化的过程，也是产业发展与生态保护融合更加紧密的过程。当前，延庆借势冬奥会、世园会，依托中关村延庆园，全力打造地区发展“第三引擎”，绿色高精尖产业体系已经初见雏形。2017年，中关村延庆园规模以上企业实现产值61.12亿元，同比增长18%，高新技术企业累计达到62家，高新技术企业收入占园区总收入比重达12%。实践证明，延庆因地制宜充分发掘并利用当地气候环境这一优势，加快了“绿水青山”向“金山银山”的转化，真正实现了经济社会的快速发展，走上了一条正确的发展路线。

（七）精心打造生态宜居城市（Habitability）

实现生态和产城人融合发展，是延庆目前努力推动“生态发展2.0”模式的努力方向，提升城市生态环境品质、打造生态宜居城市就是第一步。延庆将人对宜居生态环境的诉求和城市建设紧密结合起来，全方位打造生态宜居城市，通过世园大道绿化、妫水河水生态治理等环境提升工程，不断提升城市生态景观；积极推进垃圾分类示范片区创建，建立健全垃圾分类管理体系；结合“疏解整治促提升”专项行动，大力开展季节性环境整治、公路沿线“百日”环境综合整治等，有针对性地整治了各类环境问题；积极开展全国文明城市、国家卫生区、国家森林城市、水生态文明城市先行示范区创建，形成提升城市综合品质合力。通过多措并举，基础设施不断完善，公共服务质量提升，居住环境品质改善，延庆城市绿化覆盖率达到64.39%，人均绿地面积达到48.1平方米，人均公园绿地面积达到42.33平方米，全区人居环境得到整体优化。城市生态环境品质的不断提升，成为延庆更好发挥生态优势、增强地区吸引力的重要抓手，成为促进生态与产城人融合发展的主要突破口。

（八）以人为本促进生态惠民（Advocation）

以人民为中心，始终是延庆生态文明建设的出发点和落脚点。延庆把“持续促进生态惠民”“进一步提升生态惠民质量”作为持续深化生态文明发展战略的根本，围绕生态惠民，将办民生实事与促进生态旅游、发展林下经济、建设美丽乡村、推进公益性生态就业等紧密结合、深度融合，在不断完善基础设施、公共服务等民生保障的同时，探索通过生态就业进一步提升生态惠民质量。据不完全统计，延庆区已有 3 万农村劳动力实现了生态就业，占农村劳动力总量的 27.5%。冬奥会、世园会两大绿色发展大事落地延庆之后，延庆坚持“办大事、促发展、惠民生”有机统一，借助绿色大事积极促进就业增收，开展十万人五年大培训，强化本地居民的技能培训，实现本地农民技能转化、转型发展，等等。目前延庆在赛会服务、工程建设等岗位上已经实现 6600 余本地劳动力的转型就业，随着赛会筹办举办工作的持续推进，还会让更多本地劳动力借助冬奥会、世园会契机，实现更高质量就业。可以说，只有百姓参与生态文明建设、受益于生态文明建设，才能形成生态与群众之间的“互惠互利”，生态文明建设才会“生机盎然”，让百姓不仅收获了宜居的生活环境，也收获了生态文明建设的扎实回报，为百姓更加主动地投身生态文明建设搭建了桥梁。

（九）切实走好生态群众路线（People）

团结和依靠广大群众，走好生态群众路线，是延庆进行生态文明建设的重要经验。延庆发动群众建设生态文明走过了一个从宣传动员到深入践行，再到示范引领的过程。改革开放之初，延庆的发展基础薄弱，环境保护事业需要大量人力投入，延庆通过“全县人民总动员，团结治水同心干”等口号，广泛动员群众力量，才完成了荒山植树、白河工程等大量生态建设项目。随着生态环境的改善，为进一步提升人居环境，延庆提倡践行生态文明，发动群众参与生态环境保护、环境污染治理、城市风貌整治等群众实践活动，深入开展各类生态创建活动，广大群众参与生态文明建设的意愿和行动逐步由被动转为主动。社会生态氛围的点滴积累，群众参与热情的逐渐升温，有力促进了“环保奶奶”、生态马拉松、冬奥世园先锋行动等典型人物和群众示范性活动的不断涌现，示范引领逐渐成为群众参与生态文明建设的“主战场”，延庆生态领先模式的动力源获得了一级又一级的不断跃升。延庆让广大群众成为生态文明建设最直接的参与者、最深入的践行者和最有力引领者，走好了团结群众、依靠群众的生态群众路线，为生态文明建设赢得了最广泛支持和最坚强保证。

（十）发扬一往无私的奉献精神（Devotment）

延庆改革开放 40 年就是点滴积累、逐步确立生态领先模式的 40 年，是延庆历届党委、政府坚持坚守、主动担当的 40 年，也是延庆人民默默奋斗、无私奉献的 40 年。延庆能够从森林覆盖率不足 7%，到林木绿化率达到 71%，森林覆盖率达到 58%，各项生态指标在全市保持前列；从一个地处偏远的发展落后地区，到成为世园会的举办地、冬奥会三大赛区之一，历届党委、政府和全区人民群众一往无私的奉献精神发挥了重要作用。从成就“燕山天池”的白河堡精神，到生态蓝图一绘三十年的接续努力；从激战难荒滩的人民造林“大会战”，到首都生态涵养区乃至京津冀西北部生态涵养区的使命担当，延庆生态领先模式的重要组成部分就是延庆党委、政府和人民立足大局、服务大局、投身生态、奉献生态的辛勤汗水和忘我付出。这种舍我其谁的担当奉献，成就了延庆今天的“守得云开见月明”，这种立足大局的担当奉献，就是延庆生态领先模式不可替代的灵魂。

四、关于延庆生态领先模式的进一步思考与建议

通过对延庆40年来改革开放历程的回顾，可以发现，当地的生态文明建设路径呈现出一种生态领先模式，在历届党委、政府的领导下，广大人民群众首先从环境的保护和改善着手，在生态建设取得成果的同时，积极发展特色优势产业，实现经济社会水平的显著提高。在这个模式中，生态文明建设始终处于先导地位，在环境质量得到显著提高的同时，以生态环境优势作为一种核心要素，通过产业结构的不断优化，最终将环境的生态价值释放出来，并为进一步提高生态文明建设水平创造必要条件。生态领先发展模式是延庆改革开放的重要经验总结，凝结了几代人的智慧和劳动，在改革开放已经不断深化、社会主义建设取得光辉成就的今天，应该如何认识延庆生态领先模式，这一模式是如何形成，它对我们改革开放事业的继续推进有哪些重要启示？这些都是我们需要进一步思考的问题。

（一）延庆生态领先模式是改革开放伟大成就的一个缩影

传统上，延庆地理位置偏僻，生态环境恶劣，改革开放以前，延庆的发展基础薄弱，经济增长缓慢。改革开放以后，历届党委、政府不断解放思想、深化改革，逐渐完善体制机制，为生产力的发展扫清了障碍。在这个大背景下，延庆逐渐摸索出了一条生态文明的建设道路，形成了延庆生态领先发展模式。因此，延庆生态文明建设的成功，本质上属于改革开放的成功，正是有了改革开放这个大前提，才有了延庆后来生态建设的可喜成绩，延庆的发展成就是全国改革开放伟大成就的一个切面、一个缩影，通过对这一个缩影和局部的深入分析，能够使我们更加清晰地认识到改革开放的伟大意义。

第一，改革开放提倡解放思想，实事求是，这为延庆生态领先模式的形成提供了重要思想基础。面对艰苦的发展环境和相对落后的经济状况，延庆人民首先需要在思想上对实际情况有充分的认识，然后才能够凝聚力量奋发

图强；而且在发展道路的选择上，必须充分发扬民主，展开讨论，将各地方的信息进行充分交流，才可能做出正确的判断和选择。延庆人民在改革之初，经历了大力发展工农业的过程后，逐渐开始认识到延庆特有的发展条件，又经过几十年的实践和探索，才最终走向了生态文明建设的科学发展大道，这一过程中必然涉及大量的研判和讨论，只有解放思想，实事求是，才能够真正做到开拓进取，勇于创新，并最终制定、落实正确的发展战略。事实上，1985 年延庆组织了“让延庆人民重新认识自己，让延庆人民重新认识外界，让外界重新认识延庆”的大讨论（简称“三个重新认识”）。经过这次研究讨论，延庆人民对当地的发展条件有了更加科学、全面、清晰的认识。“三个重新认识”的大讨论正是在改革开放中解放思想、实事求是这一大背景下才得以展开的。

第二，改革开放深入推进体制机制改革，为延庆生态领先模式的形成提供了制度保障。生态文明建设是一个系统性工程，一方面，需要持续长期地对当地环境进行保护和改善；另一方面，还需要利用生态环境优势发展有竞争力的产业以支撑经济社会发展。体制机制的完善对于这项系统性工程的意义十分重大，如果没有一个高效率、强有力的政府，环保事业很难持续，而如果没有一个完善的市场体制和良好的营商环境，经济效率难以提高，利用生态环境形成优势产业的思路也不可能实现，这样整个生态文明建设就不会成功。这表明，改革开放在优化体制机制方面的成就为延庆生态文明建设提供了必要条件，从这个角度说，改革开放为延庆实现生态领先模式提供了重要的制度保障，构成了生态文明建设顺利进行的前提和基础。

第三，改革开放在全国范围内促进经济的发展和繁荣，从而为延庆生态文明建设提供了良好的外部条件。延庆的发展离不开与外界的交流，事实上，长期以来阻碍延庆快速发展的一个重要因素就是交通不便。如果能够让外界更多地认识延庆、了解延庆，并展开广泛而深入的经济交流，那么对于延庆的快速发展必然产生重大的促进作用。改革开放促进了全国的经济增长，带来普遍的富裕和繁荣，这样，延庆的生态优势就能够借助全国的巨大市场而得到充分的发挥，这将有利于特色产业竞争力的提高，从而实现经济快速增长。另外，改革开放提升了国家的综合实力，跨区域的基础设施逐渐完善，这提高了延庆与外界交通、通信的便利性，加强了延庆与周边的经济社会交流，进一步推动了生态文明的建设。最后，国力的全面提升和人民生活水平的提高，增强了政府和普通民众对生态环境的保护意识，为生态补偿机制的科学制定和有效实施提供了基础，这将更进一步推动延庆生态领先模式的完善与发展。

（二）习近平新时代中国特色社会主义思想，对于实现高质量发展具有重要意义

延庆生态领先发展模式是在改革开放的大背景下逐步形成的，在这种模式下，延庆实现了经济社会发展与生态环境优美、城市和谐宜居的高度协调统一，延庆的改革开放实践为探索一条高质量的发展之路提供了宝贵借鉴。习近平新时代中国特色社会主义思想将对改革开放事业产生深远的积极影响，则必然指引类似延庆这样特点鲜明的城市和地区的快速发展，从而推动全国经济社会水平达到新的高度。

第一，坚持党的领导，加强从严治党。在新时代下，必须坚持党对一切工作的领导，必须增强政治意识、大局意识、核心意识、看齐意识，自觉维护党中央权威和集中统一领导，自觉在思想上政治上行动上同党中央保持高度一致，提高党把方向、谋大局、定政策、促改革的能力和定力，确保党始终总揽全局、协调各方。延庆生态领先模式中的关键一条便是党的领导，如果没有坚强的领导团队，生态文明建设是不可能做到持之以恒、取得成效的。同时，为了提高党的领导能力，必须实施从严治党，用高标准、严要求规范党的建设，为党统领全局、落实发展规划打好组织基础。

第二，继续全面深化改革。必须坚持和完善中国特色社会主义制度，不断推进国家治理体系和治理能力现代化，坚决破除一切不合时宜的思想观念和体制机制弊端，突破利益固化的藩篱，吸收人类文明有益成果，构建系统

完备、科学规范、运行有效的制度体系，充分发挥我国社会主义制度优越性。延庆的发展历程说明，只有将改革不断推向深入，破除阻碍生产力发展的体制机制，才能凸显出生态环境的优势，才能将生态优势转换为产业优势，从而切实发展经济，提高人民生活水平。

第三，坚持人与自然和谐共生。建设生态文明是中华民族永续发展的千年大计。必须树立和践行"绿水青山就是金山银山"的理念，坚持节约资源和保护环境的基本国策，像对待生命一样对待生态环境，统筹山水林田湖草系统治理，实行最严格的生态环境保护制度，形成绿色发展方式和生活方式，坚定走生产发展、生活富裕、生态良好的文明发展道路，建设美丽中国，为人民创造良好生产生活环境，为全球生态安全做出贡献。延庆生态领先模式体现了人与自然和谐共生的基本理念，而这一点在习近平新时代中国特色社会主义思想中得到了重点强调，发展实践和理论分析表明，只有严格遵循人与自然的和谐共生，才能将生态文明建设事业不断推向前进。

（三）建议：宣传延庆生态模式，推动延庆创新发展

在新时代下，生态文明建设对于实现社会主义的全面发展十分重要，因此，要大力宣传延庆生态领先模式，弘扬延庆在生态文明战略中折射出的精神气质，这有助于为全国生态文明建设提供参考借鉴。同时，延庆发展潜力强劲，仍然有巨大的生态价值未得到充分释放，根据党的十九大报告的精神，实施创新驱动发展战略，对改善生态环境、建设美丽中国具有积极意义，因此，必须继续深入推进改革开放，通过创新实现延庆更高水平的发展。

1. 大力宣传延庆生态领先模式，弘扬延庆精神——耐得住寂寞，扛得住责难，抵得住诱惑

经过 40 年改革开放的实践，延庆在生态文明建设方面取得了辉煌成就，形成了特点鲜明的生态领先发展模式，既促进了经济增长，又做到了环境优美、城市宜居，达到了生态文明与物质文明、精神文明的高度协调统一，实现了高质量的可持续发展。延庆的生态领先模式所秉承的发展理念和所提供

的经验借鉴，对于实现社会主义全面发展，统筹推进“五位一体”总体布局，具有非常重大的参考意义。因此，十分有必要将延庆生态领先模式在全国范围内进行大力宣传，推动生态文明建设取得新成就。

另外，延庆生态领先模式形成的过程中，折射出延庆人难能可贵的精神气质——耐得住寂寞，扛得住责难，抵得住诱惑。可以说，这种独特的精神气质是延庆生态领先模式的魂魄，这对于进一步树立环保意识、推动生态文明发展具有重要教育意义。在改革开放之初，为了改善当地环境，延庆人已经开始大规模植树造林，几十年的坚持不懈，默默奋斗，终于得到了一座座青山，极大地改善了环境，正是这份坚守和忍耐成就了延庆良好的生态环境。在改革开放进程中，市场化程度不断提高，各类企业都希望争取到发展空间，但是延庆对于有可能破坏环境的企业实施了强有力的规制政策，这一定程度上引来了责难，而延庆没有因为任何非议而放松环保力度，最终这份担当赢得了所有人的尊重，并获得了广泛的理解和认同。随着全国经济建设进入高速发展阶段，几个大型项目就能带来巨额经济利益，在这种情况下，延庆依然不为所动，严格遵守环境优先的发展理念，最终取得了生态文明建设的显著成就。可以说，正是依靠这份“耐得住寂寞，扛得住责难，抵得住诱惑”的精神力量，延庆生态领先模式才能最终实现。因此，大力弘扬延庆精神对于当前推进生态文明建设具有特别重要的意义。

2. 实现创新驱动，将延庆发展推向新高度

当前延庆的生态文明建设已经取得了良好的成果，但是，从总体上看，经济发展水平在北京各区中仍然处于相对落后的状态，这表明延庆的经济发展潜力较大，需要继续推进改革开放，将当地生态优势更充分地发挥出来，推动经济社会向更高质量发展。党的十九大报告指出，“创新是引领发展的第一动力，是建设现代化经济体系的战略支撑”，为了提升延庆经济水平，实现高质量增长，必须依靠创新——在体制机制、商业模式、人才队伍等多方面促进创新的产生，通过创新驱动发展，进一步丰富延庆生态领先模式的理论和实践内涵，将延庆发展水平推向新高度。

图 5 给出了 2013 年和 2017 年延庆与北京生态涵养区[①]重要经济数据之间的比较情况，可以看出，延庆在经济总量数据方面普遍落后，尤其是财政预算大幅度落后于生态涵养区整体水平，一方面，这是由于在产业结构方面延庆的工业产值较低导致；另一方面，这也反映了延庆生态领先发展模式的基本特点，一定程度上限制了制造业和建筑业的发展。另外，到 2017 年，延庆全社会固定投资得到了大幅度提高，这表明随着世园会和冬奥会筹办工作的不断深入，延庆在基础设施建设方面得到了强有力的支持，为进一步提高发展水平创造了宝贵的机遇。同时，从图 5 中还可以发现，延庆近几年来减缓了农林牧渔业的发展，这反映了退耕还林、限制渔业、治理水质等产生了作用，也表明只有服务业才是延庆加快经济社会发展的关键产业，并且，需要利用重大战略机遇期实现服务业向高端领域迈进，才能提高效率，实现高质量发展。从以上几个方面看，在新时代背景下，延庆需要进一步推进改革开放，通过体制机制改革形成更强的财政能力，为经济社会发展打下基础，同时，需要加强服务业的创新水平，利用优势产业将生态环境价值转化为现实的经济价值。最后，要进一步扩大开放，引进各类有利于延庆发展的资源，尤其是创新资源，在更大程度、更高水平上实现延庆的创新驱动发展，将生态文明建设与高质量的经济社会发展协调起来。

（1）体制机制创新：深入研究延庆的生态补偿机制，推动相关体制改革。经过 40 年的生态环境建设，延庆不仅实现了当地的绿水青山，更重要的，成为北京的生态涵养区和水源保护地。多年来持续为北京市区提供优质淡水，延庆的森林覆盖率已经达到 57%，城区绿化覆盖率达 64%，不仅在很大程度上降低了风沙对北京城区的侵扰，同时也成为北京重要的“城市绿肺”。因此，延庆的生态文明建设成果不断地向周边产生显著的正外部性，在客观上保障并促进了周边尤其是北京地区的经济社会发展。根据生态

① 根据《北京城市总体规划（2016—2030 年）》，北京市生态涵养区包括门头沟区、平谷区、怀柔区、密云区、延庆区，以及昌平区和房山区的山区。

图 5　延庆与涵养区均值比较(%)

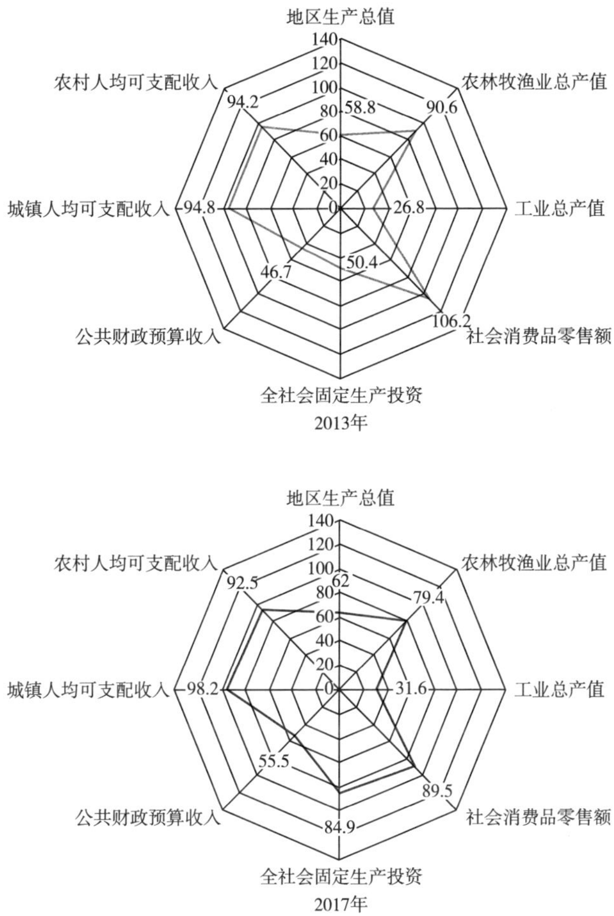

补偿机制设定的基本原理，经过测算，延庆每年应获得至少 100 亿元的生态补偿，然而，目前还未形成稳定的生态补偿机制，事实上，生态补偿机制的缺失，在全国范围内也是一个普遍现象。因此，有必要深入研究生态补偿机制，并大力推进相关体制机制改革，确保生态文明建设公平高效地不断推进。

（2）商业模式创新：充分利用市场机制，增强延庆优势产业竞争力。调研中发现，延庆虽然确立了旅游业、生态农业等优势产业的主导地位，但是商业模式创新依然比较缺乏，同时缺少高知名度的品牌效应，从而无法提高产品的附加值，很大程度上限制了延庆优势产业竞争力的进一步提升。建议从以下几个方面入手，增加商业模式创新，提升品牌影响力，进而大幅度提高延庆优势产业的产品附加值，提高经济效益。

一是要打造延庆生态旅游的全球品牌赛事。例如，可参考环法全球赛事，形成在延庆举办的、具有当地特色的骑游比赛。事实上，由于延庆地势特征和环境、空气优势，骑游已经在当地成为十分普及的运动方式，因此，完全具备举办国际知名赛事的环境条件和群众基础。再比如，加强延庆美食品牌影响力，形成既具有当地特色文化，又令人入口难忘的美食记忆，从而提升餐饮业的知名度和附加值，同时也为旅游产业增加新的亮点。

二是要创建延庆旅游产业发展资金，培育和扶持产业主体做大做强。旅游产业已经成为延庆重要的优势产业，2017 年，延庆仅重要景区旅游收入就接近 11 亿元。但是，调研时，参加座谈的当地干部普遍认为，旅游业还有更大的发展空间。同时，考虑到 2019 年的世园会和 2022 年的冬奥会，对延庆知名度提升和基础设施建设的促进作用，延庆的旅游业的竞争力将进一步增强。为了应对这一趋势，促进旅游业抓住机遇、快速发展，建议创建旅游发展基金，通过体制机制的改革和完善，消除旅游产业在发展过程中可能遇到的资金瓶颈，从而促使产业不断创新、实现优化，提升竞争能力。

三是要探索建设“延庆花卉交易市场”，推进中远期交易与现货交易对接。延庆由于其气候特点鲜明，十分适合高附加值的观赏园艺产业发展，花卉市场已经初具规模，考虑到世园会对园艺产业的促进作用，可以预见延庆的花卉产业将有巨大的发展潜力。同时，花卉产品由于保质期较短、产出具有一定的周期性，根据国际成熟经验，十分适合通过金融和管理创新，实现花卉产品的中远期交易与现货交易对接，从而以金融手段获取更强的产业竞争力。

总之，延庆优势产业竞争力的进一步增强，需要大力推进体制机制改革，充分发挥市场机制，鼓励商业模式创新，提升产品附加值，实现高质量发展。同时，还应统筹规划世园会和冬奥会的场馆设施，通过创新寻求更加高效的后期运营模式，优化赛后场馆的经济和社会效益。

(3) 引进创新资源：进一步扩大开放，吸引创新人才。总体上看，延庆当地人口受教育程度较低，初中及以下文化水平占比超过 50%，大学本科文化水平仅有 20%，根据 2015 年 1% 人口抽样数据，延庆的文盲率在北京市五个生态涵养区中最高。另外，2016 年中关村延庆园的研究生人数为 315 人，仅为中关村怀柔园的五分之一；留学归国人员为 20 人，不到怀柔园的十分之一。可见，延庆的人口结构中具有较高文化水平的人员比例相对较低，就业人口的文化素质普遍不高，这构成了延庆实现创新驱动发展的首要障碍。

图 6（a）显示了 2016 年北京 16 城区的人均 GDP 排序，延庆在全部城区中排倒数第三，在五个生态涵养区中排倒数第一。另外，在图 6（b）中，延庆的人均专利授权量在 16 个城区中排倒数第一。这既表明延庆目前的经济社会发展水平还比较落后，同时也一定程度上说明了这种落后的重要原因在于智力资本缺乏，创新能力不足。事实上，如果把 2016 年北京 16 个区的人均 GDP 和人均专利授权量通过散点图（见图 7）表示出来，则十分明显地看出，人均 GDP 与人均专利授权量呈现较为显著的正相关关系，这说明

图 6　2016 年北京 16 城区人均 GDP 及专利授权情况

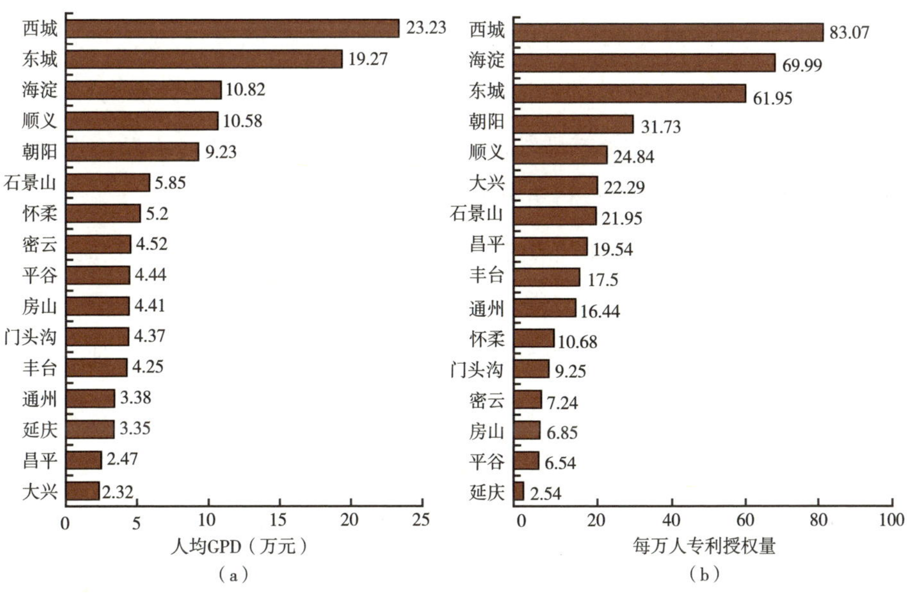

图 7　人均专利授权量与人均 GDP 之间的关系

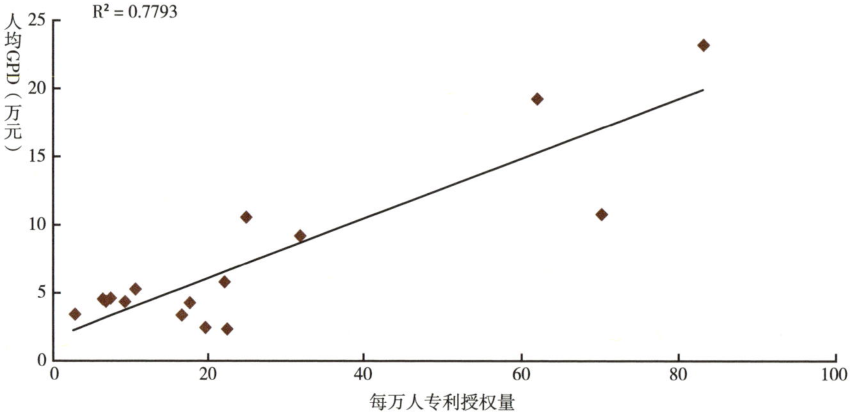

创新能力对一个地区经济发展具有十分关键的作用。值得注意的是，通过图 6 还可以发现，北京的生态涵养区在专利授权量方面和人均收入方面同时处于较低水平，这也在一定程度上反映出，目前生态文明建设普遍还未达到较高的发展水平，创新能力还未通过生态优势得到充分释放。

党的十九大报告指出，“人才是实现民族振兴、赢得国际竞争主动的战略资源”，“实行更加积极、更加开放、更加有效的人才政策”，因此，当延庆作为世园会、冬奥会承办地的重要发展机遇期来临时，应更加注重人才的引进和利用，“让各类人才的创造活力竞相迸发、聪明才智充分涌流”，从而提升创新能力，增强经济发展动能，为延庆生态领先模式注入新的发展要素，使生态文明建设继续取得更大成绩。

建议延庆利用世园会和冬奥会这两个世界顶级盛会所带来的发展契机，制定严格标准，在全球范围内进行统一招投标，进行招商引智，不仅将商业投资引入延庆，更注重将先进经营理念、管理智慧留在延庆，增强延庆本土的创新能力，为实现生态优势基础上的高附加值产业升级，提供必要的智力因素。同时，还可以进一步完善人才引进机制，用更加开放的姿态迎接国内外高端技术、管理人才，并进一步与世界知名研究机构展开深入合作交流，实现创新资源的高效流动，为延庆创新驱动发展的实施提供创新人才保障。

改革开放
与中国县域发展
GAIGEKAIFANG

天津和平

TIANJIN HEPING

百年底蕴与高质量发展

中国社会科学院财经战略研究院

一、基本情况与成就

（一）“百年金融”历史底蕴及发展现状

天津市和平区具有悠久的金融历史和厚重的文化底蕴，区内解放北路在近代史上一度是中国北方的金融中心，金融机构林立，曾被誉为“中国北方华尔街”。解放北路邻近海河，北起解放桥，南至曲阜道，作为近代天津乃至中国北方金融业聚集地的历史可以追溯到 19 世纪初。

19 世纪初，由于埠际商业的发展，天津开始出现办理汇兑业务的钱庄、票号，之后在海运河运交通、商贸业与金融业的相互促进下，天津逐渐发展成中国北方的经贸重镇。第二次鸦片战争之后，天津被迫开放为通商口岸，西方列强纷纷开始在天津设立租界。1860 年，英法两国先后在天津租界内修路建房、开展商业活动，并从法租界万国桥开始向南拓建一条主要交通干线，贯穿两租界，成为当时英、法租界的中心地带。1880 年，英国汇丰银行率先在此筹设机构，成为天津的第一家外国银行，并于 1882 年开业。随后，各国银行、保险公司、洋行、轮船公司等纷纷来津设立机构，开展业务。到 1900 年前后，已先后有十余家外资银行在此设立分支机构，天津作为北方金融中心的地位自此初具雏形。

到20世纪30年代，天津的对外贸易量占到当时全中国的四分之一。在制造业、商贸、交通物流业繁荣发展的大背景下，天津的金融业也得到了进一步巩固和发展。史料载，20世纪30年代，天津已设有7家银行总行、33家银行分行、269家银号、17家外资银行、50余家保险公司和228家外商保险机构，并拥有中国历史上第一家证券交易所。当时在天津的华商银行资本总额占全国的12.7%，外国银行资本总额占全国外商银行总额的16%，银行的营业额占到全国的18%。其中，绝大部分银行都集中在如今解放北路及周边地区。解放北路1.8公里长的街道上，最辉煌时曾聚集了600余家金融机构，可谓银行林立，盛极一时。

尽管这些金融机构中的大部分已经因历史原因不再继续经营，但风格各异的老建筑却历经百年沧桑，仍然屹立于道路两侧。这些建筑物记录着天津金融业的百年辉煌，承载着天津厚重的历史底蕴，是历史留给和平区及天津市的宝贵财富，也是和平区及天津市未来金融业发展的独特资源。

改革开放以来，和平区依托“百年金融”底蕴，被赋予“金融和平”功能定位，始终在天津市发挥着金融中心的作用。特别是在党的十八大以后，和平区将高质金融聚集区建设与贯彻落实京津冀协同发展国家战略相结合，成为推进天津市“一基地三区”建设的重要抓手。一是打造解放北路金融创新示范区，助力天津市金融创新运营示范区建设；二是打造小白楼航运金融聚集区，助力天津市北方国际航运核心区建设。党的十九大之后，经济社会发展进入新时代，和平区高质金融聚集区建设也进入了新阶段，在落实“金融服务实体经济、防范金融风险、深化金融改革”三项重点任务的同时，全面推进“金融和平”建设。

目前，和平区已经基本形成了以银行、保险、证券发展为主导，以基金、会计、审计、评估、中介、法律、信息、咨询等为辅助的较为完备的金融系统，现代金融产业发展格局愈加完善。截至2018年5月底，全区共有各类金融机构660余家，其中金融总部及分支机构达到近400家，分行以上银行金融机构占全市的51%，内资分行占近40%，外资分行占80%以上。金融产业增加值占全区 GDP 的 40% 以上，留区税收占全区财政税收收入的 20% 左右。天津市市级金融监管部门“一行三局”即人民银行天津分行（含外管局）、天津银保监局、天津证监局、天津市金融工作局均坐落于和平区。

表 1　和平区主要金融机构

<table>
<tr><td rowspan="5">银行</td><td>政策性银行天津市分行</td><td>中国进出口银行、中国邮政储蓄银行</td></tr>
<tr><td>全国性股份制商业银行天津市分行</td><td>中信银行、光大银行、兴业银行、民生银行</td></tr>
<tr><td>城市商业银行</td><td>北京银行、威海银行、宁夏银行、锦州银行、大连银行（已购楼）</td></tr>
<tr><td>外资银行总部</td><td>企业银行、中德银行</td></tr>
<tr><td>外资银行天津市分行</td><td>韩亚银行、德意志银行、花旗银行、摩根大通、法国兴业银行、法国巴黎银行、新韩银行、东方汇理银行、渣打银行、华侨银行、星展银行、恒生银行、汇丰银行、三井住友银行、三菱银行、印度银行、合作金库、台工业办事处、瑞穗银行</td></tr>
<tr><td rowspan="2">保险公司</td><td>保险公司总部</td><td>恒安保险、光大永明保险、爱和谊财险</td></tr>
<tr><td>保险公司分公司</td><td>中国出口信用保险、爱和谊日生同和财产保险、紫金财产保险、光大永明人寿保险、恒安标准人寿保险、中国人民人寿保险、中宏人寿、中荷人寿、紫金财险、永城财险、泰康养老、泰康人寿、陆家嘴国泰人寿保险、国华人寿、民生人寿、中美联泰大都会人寿保险、汇丰人寿</td></tr>
<tr><td colspan="2">期货公司</td><td>财达、金谷、一德、和融</td></tr>
<tr><td colspan="2">财务公司</td><td>渤海化工集团财务公司、物产集团财务公司、渤海钢铁财务公司</td></tr>
<tr><td colspan="2">资产管理公司</td><td>长城、信达、东方、华融、华安财保、津融集团</td></tr>
<tr><td colspan="2">小额贷款公司</td><td>泰丰、乾宝龙、锦城尚荣、天远、合润泰、弘泰天源、融顺、麦购、融丰、天纺、晋唐、盛誉、滨海浙商、中财、中金、国投融顺</td></tr>
</table>

续表

担保公司	富登、天恒、华赢、中小外贸企业、渤海融资、中小企业信用、和平中小企业、津房融资、中融、浩信信用、中企达、中源盛祥
会计师事务所	普华永道、德勤、安永、毕马威

资料来源：天津市和平区金融办。

（二）“百年商贸”基本情况及发展成就

和平区一直是天津市的中心商业区，其商业文化拥有超过百年的丰厚历史渊源。区内有著名的“滨江道—和平路”商圈，其中滨江道建于1886年，最初以法国公使葛罗命名为“葛公使路”，后更名为“福煦将军路”，1946年国民政府将其命名为滨江道。和平路于1902年由法租界当局修筑，定名为“杜总领事路”，后被称为“梨栈大街”、“旭街”和“罗斯福路”。20世纪20年代，天津劝业场、浙江兴业银行天津分行大楼、惠中饭店、交通旅馆等众多整齐美观的西式建筑建成，从此逐渐形成天津市最繁华的商业街。1953年，市政府取热爱和平之意，将其更名为和平路。

历史上，和平区的商业高度发达，曾经以经营理念超前和消费层次高端闻名于世。作为中国近代较早开埠通商的地区之一，大量外国居民随着跨国航运、贸易与金融业的发展来此居住，延伸出对高档商业的庞大消费需求。始建于1926年的中原百货、1928年的劝业场等，就是这一时期商业繁荣的代表。其中，中原百货位于现在的滨江道金街，历经近百年的沧桑，已发展为天津消费者心目中的一块金色老字号招牌。劝业场坐落在天津核心商圈和平路与滨江道的中心交汇处，其牌匾由清代大书法家华世奎书写，主体建筑颇具法式折中主义特色。历史上的劝业场集零售商业、高档餐饮、戏剧娱乐等业种于一体，体现出早期一站式“购物中心”的经营特点，理念十分超前。正因为如此，劝业场也被称为天津的“城中之城，市中之市”，享有“不到劝业场，枉来天津卫”的盛誉。

天津和平区还拥有诸多知名的老字号企业。始创于公元1858年的狗不理包子被公认为“天津三绝”之首，相传其创始人高贵友乳名“狗子”，顾客戏称他“狗子卖包子，不理人”，久而久之，便把他所经营的包子称作“狗不理包子”。1956年，天津市将狗不理包子收归国有，并将店铺迁至今山东路，此后又在南市食品街设立了分店。

位于河北路松寿里的“果仁张”传统食品已有170多年的历史。解放后，第三代传人张惠山曾为国家高级宴会制作各种炸食，受到国家领导和国内外宾客的好评。第四代传人张翼峰和夫人陈敬继承和发展了“果仁张”的传统技艺，80年代首创出挂霜系列多味花生仁，填补了同行业空白。

创建于1930年的天津“冠生园”，坐落在原滨江道122号，1956年迁址到和平路225号。冠生园前店后坊、自制加工，1983年重建后的建筑面积达1600平方米，经营16大类1500余种商品，突出了名、特、优、新、全五大特点，备受百姓喜爱。

据整理汇总，当地共有32家老字号企业（见表2），广泛分布于零售、餐饮、文化娱乐、生活服务、日用品制造等多个行业，它们为和平区发展现代商业提供了宝贵的历史财富。

表2　天津和平区的老字号企业

	企业名称	始建时间	所属行业
1	天津食品进出口股份有限公司	1953年	外贸
2	中原百货集团股份有限公司	1926年	零售
3	天津劝业场（集团）股份有限公司	1928年	零售
4	果仁张（天津）食品有限公司	1830年	食品
5	天津市盛锡福帽业公司	1911年	服装鞋帽
6	天津市登瀛楼餐饮有限公司	1913年	餐饮
7	天津起士林大饭店	1901年	餐饮
8	天津市飞鸽集团有限公司	1936年	交通工具制造

续表

	企业名称	始建时间	所属行业
9	天津市康乐饮料有限公司	（50多年前）	饮料
10	天津市石头门坎素包餐饮食品有限公司	（100多年前）	餐饮
11	天津市茶业公司	1949年	饮料
12	天津市正兴德茶叶有限公司	1738年	饮料
13	天津市祥德斋糕点厂	1846年	食品
14	天津利顺德大饭店	1863年	餐饮
15	天津烤鸭店餐饮有限公司	1862年	餐饮
16	天津市白记餐饮有限责任公司	1980年	餐饮
17	天津纺织集团进出口股份有限公司（白玫瑰）		外贸
18	天津市陈林洗染公司	1933年	生活服务
19	天津裕华经济贸易总公司	1953年	商贸
20	天津老美华鞋店有限责任公司	1911年	服装鞋帽
21	狗不理集团股份有限公司	1858年	餐饮
22	天津市天宝楼食品有限公司	1921年	食品
23	天津市月盛斋酱制品有限公司	1775年	食品
24	天津市亨得利钟表眼镜有限公司	1918年	零售
25	百货大楼集团有限公司	1926年	零售
26	天津市冠生园食品有限公司	1930年	食品
27	天津市和平区南京美发美容有限公司	1943年	生活服务
28	天津市长芦盐业总公司		制盐
29	天津市中国大戏院	1934年	文化休闲
30	天津市兴达和平食品有限公司	1953年	食品
31	天津大明眼镜总店	1922年	眼镜制造
32	天津桂顺斋糕点有限公司	1924年	食品

资料来源：天津市和平区商务委。

总的来看，和平区商业文化底蕴深厚，为其发展奠定了良好的基础条件。曾经被作为租界割让给外国列强，而现代商业经营理念也随着这段屈辱历史迅速地融入当地的经济发展之中，一度造就了“十里洋场”一般的繁华街区。新中国成立以后，天津和平区迎来新的发展机遇，曾经作为辐射华北、东北乃至整个北方地区的商品集散中心，扮演了重要的经济角色。

改革开放以来，和平区的传统商业文化得到了进一步的保护和传承，特别是在调整商业供给结构、推动企业转型升级和促进商旅文协同发展等一系列措施的作用下，传统的商业街、老字号与现代化的技术、模式交织融合，呈现出新的城市风貌。经过改造完善，“民园广场”“海关胡同”等标志性、品牌化的商业组团和精品示范陆续形成，“轻休闲”商贸旅游区和“慢生活”文化体验区日趋成熟。随着城市核心商圈规模逐渐扩大，商业经营质量也得到了提升，多业态、多业种融合发展的趋势开始显现。

近年来，和平区以百年商业文化为依托，不断推动模式创新与业态更新，形成了“传统与时尚并蓄、历史与现代交融”的发展局面。目前，和平区已成功打造了以滨江道—和平路、五大道、小白楼等商圈为代表的城市商业集聚区。其中，“狗不理”等老字号企业，中原百货、天津百货大楼等传统商场，以及和平非物质文化遗产展览馆等，都展现了当地商业文化的历史底蕴；恒隆广场、天河城、和平大悦城、海信广场、友谊精品广场等国内外知名品牌云集的大型高端商业商务设施，则彰显了城市现代化发展所带来的繁荣与繁华。截至 2017 年底，全区商业总面积达到近 260 万平方米，万平方米以上大型商业设施 34 座，3 家商场年销售额超 10 亿元。区内主流业态集聚，其中包括零售类商业网点 1200 余家，餐饮店 1100 余家，婚纱摄影、婚庆公司 400 余家，美容美发店近 800 家。表 3 所示的是和平区主要的大型零售商业网点。

表3 天津和平区主要的大型零售商业网点

名称	位置	建筑面积（㎡）	商业面积（㎡）
天津天河城购物中心	和平路步行街东端	约20万	
天津恒隆广场	和平路与滨江道交汇处	约25.1万	约15.3万
天津世纪都会商厦	南京路沿线营口道地铁站上盖	约7.6万	
和平大悦城	南京路，地铁1、3号线交汇处	约18万	近7万
天津海信广场	信达广场裙楼	约5.8万	
乐宾百货	南京路128号		约10万
友谊新天地广场	滨江道208号	8.9万	
天津劝业场	和平路与滨江道中心交汇处	5.6万	3.4万
天津滨江商厦	滨江道198号	5.7万	2.4万
天津滨江商厦	滨江道193号	5万	
天津滨江购物中心	建设路105号	5万	3万
友谊精品广场	曲阜道38号	4.5万（商业部分）	
天津伊势丹	南京路与营口道交汇处	6.5万	3.2万
天津国际商场	南京路211号	5.7万	
天津水牛城名品折扣商场	荣业大街2号	1.7万	
天津百货大楼	新华路3号	7.8万	
天津欧乐时尚广场	滨江道300号	约4.6万	
天津米莱欧百货吉利店	南京路209号	6.1万	
天津麦购休闲广场	滨江道211号	7.1万	
天津中原麦购广场	南马路11号	6万	

资料来源：天津市和平区商务委。

和平区重视商业发展对居民消费的带动作用。当地每年都举办“钜惠狂欢·畅享和平”购物节，活跃消费气氛；举办春、秋两届“和平区外贸进出口商品展销节”，支持商贸企业接轨国际市场、提升经营品质。区内电子商务快速发展，WIFI 网络服务覆盖率显著提升，移动支付方式深化普及，促进了线上线下的融合，提升了居民消费的体验性和便利性。同时，社区商业的发展得到了大力支持。“十三五”以来，和平区累计提升改造 35 家早点店和 15 家便民菜店，建成多个农菜直销网点。在多项搞活流通、促进消费的政策作用下，2017 年全区实现社会消费品零售额 488 亿元。

（三）“百年航运”历史底蕴及发展成就

天津因河而兴，航运产业历史悠久，海河沿岸分布聚集着众多的航运及相关服务企业，航运业务繁忙。自 1860 年 10 月天津被批为通商口岸，1861 年 1 月正式对外开埠后，3 月设天津海关，其间，英、法、美三国在紫竹林一带沿河圈占租界地，北自今锦州道、南至开封道、西起大沽北路、东至河沿，长约 2.5 公里，占地 951 亩，这是天津最早的租界。而后，英、法两国开始在紫竹林租界一带沿河筑港，各国洋行与航运公司相继在紫竹林周边建造栈房、仓库，此为外国在天津最早修筑的码头，俗称“紫竹林租界码头”。1867 年，《天津新海关章程》规定：“将天津港停泊区划为上、下两域，一域为大沽口；一域为天津紫竹林。”此后，随着紫竹林码头的兴建和外国航运业的入侵，天津港的规模和职能发生了巨大变化，传统中国的帆船运输为主逐步被大型轮船运输取代，河运为主逐步被海运取代，单一的内贸粮货类为主逐渐被多样的外贸杂货（洋货）取代，封建主权性内贸港沦为殖民性开放港，紫竹林港区日益繁荣并逐渐取代了直沽港区，成为当时海运的终点码头和港区中心。据统计，1861 年天津开埠之初，在紫竹林码头靠岸的外轮共 111 艘、26561 吨，到了 1871 年上升为 316 艘、124517 吨，10 年间进出的轮船增长了 185%，吨位数增长了 369%。紫竹林港区和对外贸易航运的发展，拉动了城市重心向租界地区转移，最终形成了以沿河港区、解放北路

"东方华尔街"、劝业场地区"梨栈"为代表的内外贸集聚区。

改革开放以来，和平区航运市场快速发展，各类航运企业密集在此开展业务，涉及船务、物流、航运、货代等众多门类，这些企业分布于辖区内的54座楼宇，企业总数多达395家。2017年，天津港口货物吞吐量5.03亿吨，位列全国第六，集装箱吞吐量1506.9万标准箱，邮轮母港旅客吞吐量94.2万人次，机场旅客吞吐量2100万人次，货邮吞吐量26.8万吨，公路货运周转量398.02亿吨公里，沿海货运周转量1297.47亿吨公里，邮政业务总量106.13亿元，快递业务量5.02亿件，圆满实现百年航运快速发展的一系列既定指标。

近年来，航运服务业得到迅速发展，航运企业集群程度逐步提高，航运类企业呈现出大区域连片分布态势。同时，与航运相关的高端服务也在快速发展，一批金融、法律、会计、咨询等服务机构在小白楼区域聚集，其中不乏普华永道、德勤等世界知名服务机构。目前，和平区共注册涉及船务、物流、航运、货代等各类航运服务企业300余家，在该区经营的航运类服务企业300余家，共计600余家，其中注册资本金500万元以上的企业144家，世界航运公司排名前50的企业12家（达飞轮船、美国总统轮船、太平船务、商船三井等），世界500强企业有3家（马士基、敦豪全球货运、UPS国际快递）。

小白楼地区集聚了大量航运服务企业，初步形成产业集聚，据测算，小白楼地区单位面积集聚的航运服务企业数量为23家/平方公里，是全市平均水平的18倍，年营业收入过亿元的航运服务企业数量占全市的14%，呈现空间密度高、大型企业分布集中的特点。小白楼国际航运服务集聚区建设初见成效，已签约入驻东方海外货柜、华和海事检定、海洋网联船务、中外集装箱公司等各类企业54家，入驻率达75%，入驻面积4万平方米，多家知名航运服务类企业正在洽谈。

（四）五大道百年高档社区基本情况

和平区的"五大道"，是由马场道、西康路、贵州路、成都道、南京路相接合围而成的长方形区域及其周边区域。20世纪60年代，由于城市管理的便利约定俗成将该地区统称为“五大道”。五大道区域内纵横 23 条道路，总面积 1.28 平方公里。东西向并列着分别名为成都、重庆、常德、大理、睦南及马场的六条街道，其中成都道全长 2206 米，重庆道全长 1432 米，常德道全长 1219 米，大理道全长 1745 米，睦南道全长 1968 米，马场道全长 3216 米。五大道是中国近现代百年历史风云变幻的见证，也是宝贵的历史文化遗存。

五大道的范围及历史可追溯至晚清，英租界的扩张将五大道所在区域扩展至英租界之内，并将其作为英租界推广界的一部分。进入 20 世纪后，京畿门户、经贸都市、九国租界等重要的因素，使天津在中国的位置变得极为特殊与重要。特别是辛亥革命后，因为社会与朝政更迭变幻，天津租界成了理想的政治避风港。华洋杂处、东西交融的租界文化也为人们提供了舒适的生活环境。众多前清皇亲国戚、遗老遗少从北京来到天津租界寓居；一些北洋政府要人包括总统、总理、总长、督军、省长、市长等百余人下野后在此寓居，力图东山再起。且天津作为当时北方最大的商业都会，得地理、交通与海关之利，许多富贾巨商、买办、各界名流也曾在此留下足迹。在特殊的历史条件下，五大道成为近代海内外风云人物荟萃之地、首都之外的第二政治中心与“国中之国”，它在中国百年近现代历史中扮演了极其重要的角色。

物换星移，经历了 20 世纪初的历史辉煌，五大道留下了包括一座王府和两任北洋政府总统（曹锟、徐世昌）、七任总理、百余位总长、督军和省市长等民国要员以及美国前总统胡佛、五星上将马歇尔、英国奥运冠军李爱悦等国内外知名人士的数百座名人故居。目前五大道已成为以历史名人故居为典型代表的、集中展示“天津小洋楼”建筑特色、天津占地面积最大、历史风貌建筑最多的历史文化保护街区。

其中位于五大道中心区域的民园体育场始建于 1920 年，曾是中国最早和远东地区首屈一指的综合性体育场。1929 年英租界当局重修民园体育场，苏格兰人埃里克・利迪尔（中文名李爱悦）参与设计与施工，万国田径运动会在此成功举办。马场道 121 号“达文士楼”，原为英侨学者达文士居住，是五大道上最早的建筑，为典型的西班牙花园别墅。坐落在马场道上的北疆博物院是中国早期博物馆之一，建于 1922 年，建筑为平面“工”字形，具有罗马建筑风格。位于新华南路的徐世昌旧居是一座典型的西式三层别墅，具欧式新自然风格。1918 年徐世昌就任北洋政府总统，4 年后被派系逼宫下野，遂返天津当起“租界寓公”。位于重庆道 55 号的庆王府始建于 1922 年，原为清末太监大总管小德张亲自设计、督建的私宅，为砖木结构二层内天井围合式建筑。后被清室第四代庆亲王载振购得并举家迁居于此。整体建筑适应当时的西化生活，更结合了中国传统文化意象，是西风东渐的典型建筑。睦南道 20 号为军阀孙殿英旧宅，建于 1930 年，为三层带地下室的西洋古典公馆。睦南道 24 号是北洋军阀政府总理颜惠庆旧居，为欧洲古典风格建筑。睦南道 28 号是天津八大家“李善人”的后代李叔福旧居，为罗马柱廊意式公馆。睦南道 50 号为张学良二弟张学铭旧居，为英国庭院别墅风格建筑，该楼由张学铭于 1930 年购买并用于其在津期间居住。大理道 3 号、5 号是江西督军蔡成勋旧居，1924 年底直系失败后，蔡成勋回天津寓居。蔡成勋旧居为中西合璧建筑风格的公馆，其中 3 号外观为法国罗曼式建筑，内装修使用中式木雕，5 号为中式四合院家庙。

据调查统计，五大道区域内，现存各式建筑 2000 多所，其中体现欧洲不同历史时期建筑风格的花园式和公寓式楼房 900 余所，被市政府列为不同等级历史风貌建筑的小洋楼 423 所（占全区 663 所风貌建筑的 64%，占全市 877 所风貌建筑的 48%）。其中最具典型的 300 余幢风貌建筑中，英式建筑 89 所、意式建筑 41 所、法式建筑 6 所、德式建筑 4 所、西班牙式建筑 3 所，还有众多的文艺复兴式建筑、古典主义建筑、折中主义建筑、巴洛克式建筑、庭院式建筑以及中西合璧式建筑等。各种建筑风格汇集一处，被称为“万国建筑博览会”。39 处名人旧居被列为国家级文物保护单位，另有天津市文物保护单位 8 处、和平区重点文物保护单位 2 处。主要景点包括数百座名人旧居、先农商旅区、民园广场、民园西里、博物馆（五大道博物馆、北疆博物院、庆王府展览馆、先农大院展览馆、沉香艺术博物馆、近代天津博物馆、天津市体育博物馆等）、犹太教堂等。

2003年五大道被评为“津门新十景”，2004年被国家建设部授予“中国人居环境范例奖”，2005年五大道被天津市政府列为“近代中国看天津”十二大旅游板块之一，2010年被国家文物局命名为“中国历史文化名街”，2013年五大道近代建筑群整体被命名为国家级文物保护单位。

2014年以来，五大道又相继获国家AAAA级旅游景区、全国文明单位、中国体育旅游十佳精品景区、2015年度中国互联网+旅游年度先行者、天津最受游客喜爱的十大景区排名榜榜首、首届中国20世纪建筑遗产、国家旅游局安全保障最佳景区、最具人气城市旅游目的地、中国旅游志愿服务示范基地等荣誉。通过持续的开发与保护，目前，五大道已形成以民园广场为中心，向东以庆王府、山益里精品酒店、润兴里商务办公区，向北以先农大院一和二期、61中、曙光影院，向西以民园西里创意街区、马克西姆西餐厅，向南以疙瘩楼等为环绕的建筑面积近20万平方米的核心景区，规划有生活会所综合区、文化体验综合区及会议商旅综合区三大功能板块。

调查显示，2017年五大道区域内共有企事业单位693家。其中商务类企业共计229家，机关、事业单位111家，餐饮类企业173家，学校、培训机构40家，旅游企业36家，医疗机构17家，文化娱乐休闲类企业20家，茶禅文化7家，花艺2家，房屋中介2家，零售商户34家，美容美发养生商户17家，书刊明信片商户2家，服务类商户及其他商户3家。2018年第二季度五大道区域所有商户的营业收入总和约为12900.94万元，与2017年二季度（约10832.91万元）相比，增长2068.03万元，增幅达19.09%。以2018年第二季度为研究对象旅游调查结果显示，景区客流总量约155.34万人次，与2017同期相比增加13.86万人次，增幅为9.8%。

二、典型经验与特色做法

（一）百年金融发展经验和特色

和平区发展金融业具有一些得天独厚的优势。一是中心城区优势。金融业是信息密集度较高的产业，行业内外信息交流密集，从业人员业务往来频繁，因而金融业的聚集度往往较高，而且从国际国内经验来看，金融机构一般聚集于城市的中心区域。和平区是天津市中心城区核心区，是天津繁荣繁华标志区和旗舰区，产业构成中99%为现代服务业，符合金融业发展的这一客观要求。二是营商环境优势。金融业属于现代服务业，金融业发展对所在区域的商业配套要求较高，如高端写字楼、商贸服务、酒店餐饮、教育医疗等。和平区具有天津市内最优的营商环境、最现代化的城区建设、最活跃的经济主体，是最适合发展金融产业的区域。区内现有产业中99%为现代服务业，商业配套条件较好，有利于发展金融业。三是历史底蕴优势。如前文所述，和平区具有百年金融业发展的厚重底蕴，国内外很多知名金融机构历史上都曾在和平区设点经营，与和平区有着亲切的历史感情交织。这些历史底蕴和感情交织都是和平区现如今发展金融业独特而宝贵的资源。近年来，天津市在产业规划上曾有过建设金融城的考虑，主要依托也在和平区。在中心城区优势、营商环境优势、历史底蕴优势三大禀赋基础上，天津市委、市政府把“金融和平”作为和平区的一大战略定位。

近年来，和平区在发展金融业方面取得了较为瞩目的成绩。这些成绩背后的一些特色做法和典型经验值得借鉴学习。

1. 结合天津市“金融创新运营示范区”建设，打造各具特色的金融聚集区

一是打造天津“金融城”高质金融聚集区。发挥金融机构集聚优势和金融历史悠久的优势，打造天津市传统与创新金融集聚发展的高质金融机构聚集区。推进大沽北路、建设路传统金融机构集聚发展，依托中国人寿天津金融中心、民生银行天津分行、兴业银行天津分行、中信银行天津分行等机构和载体，聚集股份制银行、城市商业银行、财险公司、寿险公司、证券公司等传统金融机构。二是打造解放北路金融创新示范区。以解放北路为纵轴，以大沽北路和海河沿岸为两翼，整合区域内楼宇载体资源，在巩固传统金融业态分布基础上，吸引资产管理公司、互联网金融、消费金融、商业保理、

融资租赁、信用服务等创新金融业态，依托大数据、区块链技术的互联网支付、第三方征信等金融创新企业集聚。将该地区打造成金融创新政策发布、信息共享、大数据利用的综合平台，成为辐射和服务于京津冀金融创新产业发展的窗口。三是打造小白楼航运金融聚集区。和平区以小白楼国际航运服务业集聚区建设为契机，拓展以万通中心为节点的航运金融企业发展空间，整合信达广场、泰安道五大院等空间载体，积极引进融资租赁、航运保险、商业保理、律师会计师事务所等航运金融和服务企业。加强与中国出口信用保险公司的合作，探索设立服务于外贸进出口企业的退税资金周转基金，为国内中小型出口企业提供订舱代理、船代、报关、信用保险、供应链融资、外汇结算、代办退税等标准化专业服务的外贸综合服务平台。打造国内外知名的航运综合服务与金融专业服务相融合的航运金融产业生态圈。四是推进全域旅游区金融主题游建设。和平区对解放北路“北方华尔街”金融历史文化资源进行了深入系统的挖掘，依托老金融机构旧址，打造可看、可感、可参与的金融文化旅游，布展北洋金融主题，讲好近代中国北方金融发展故事。整合天津金融博物馆、邮政博物馆、海关博物馆、西洋美术馆、利顺德博物馆、紫竹林教堂等博物馆资源，探索北洋时代体验游主题。目前，以金融机构旧址和金融博物馆为核心的金融主题游已经成为游客到天津参观游览时不可或缺的参访项目之一。

2. 提高有利于金融产业发展的高品质营商环境

一是完善政策体系，提高金融产业软环境建设水平。落实市区两级金融产业发展政策，尤其是 2017 年以来，贯彻落实“天津八条”和“和平 20 条”，兑现企业奖励政策，科学合理地发挥教育、医疗资源优势，增加政策的吸附力。二是支持金融智库机构发展，形成金融产业发展的学术文化氛围。密切与高端金融智库、专业院校、金融研究中心合作，支持在和平区开展各类金融主题学术研讨和交流活动，探索金融领域监管和发展的前沿课题。引进并支持中国金融四十人论坛北方新金融研究院发展，支持鼓励天津金融博物馆开展各类主题的展览展示。三是提升改造金融机构集聚区周边环境和业态，打造高端的金融街区。结合和平区金融机构分布特点，按照国内领先的金融街模式，提升改造金融机构相对集中的区域周边环境和配套商业，突出街区的金融主题，提高商业档次。推进解放北路及周边的环境提升整治和商业业态调整，以金谷大厦和京津国际中心周边为重点。提升建设路、安徽路周边环境档次，以民生银行、兴业银行为核心，依托五大院商业资源打造金融主题街区。

当前，在国家推动金融业新一轮对外开放和京津冀协同发展战略的大背景下，和平区金融业发展正面临前所未有的历史机遇。一是金融业新一轮对外开放的历史机遇。习近平主席在博鳌亚洲论坛 2018 年年会开幕式上提出"大幅放宽外资在金融业市场准入"，拉开了金融业新一轮对外开放的大幕。天津位于沿海地区，是我国北方对外开放较早、内外经济主体交流最为活跃的城市之一，在金融业新一轮对外开放的机遇期相比其他城市更有优势。二是京津冀协同发展的历史机遇。京津冀协同发展是十八大之后中央做出的重大战略部署。根据京津冀协同发展的总体规划，北京的定位是全国的"政治中心、文化中心、国际交往中心、科技创新中心"，河北的定位是"全国现代商贸物流重要基地、产业转型升级试验区、新型城镇化与城乡统筹示范区、京津冀生态环境支撑区"，这就为和平区和天津市现代金融业发展提供了更广阔的空间。

（二）百年商贸发展经验和特色

1. 重点打造核心街区，提高商业集客能力

当地政府充分利用和平区保留至今的核心商业资源，在原有基础上加以整修和完善，提升了街区整体的辐射力和吸引力。市政府在 2000 年对滨江道、和平路进行了大规模整修，整修后两条道路因连成一个"金十字"而取名"金街"，并被划为商业步行街。金街总长 2520 米，是天津较为突出的单极商圈和"商业地标"，在节假日等客流高峰期日均客流量可达 80 万人次，年均营业额逾 100 亿元。由该商圈向外辐射，海信广场、恒隆广场、天河城

等一批高端现代化商业设施相继建成。又如，在五大道历史文化体验区，当地围绕文化旅游主题，建设商业精品旗舰店，打造以中高端进口商品销售体验和五大道地域特色文化产业为引领的商旅文精品购物休闲体验区。再如，为配合南京路经济带打造“高端商务商业第一街”，当地在该商圈重点发展与高端商务相适应的休闲、文化、体验类行业的品牌商业，建成和平大悦城、世纪都汇商厦、伊势丹百货等集购物、餐饮、休闲、娱乐于一身的现代精品商业综合体。

2. 秉持以文兴商理念，深挖历史文化价值

当地秉持“以文兴商”的理念，坚持将文化作为商业发展的灵魂，注重历史文化资源在增强商贸服务业内涵和影响方面的作用。近年来，当地深入挖掘整理区域内的历史文化素材，加大对“天津劝业场”等名榜巨匾、“惠中饭店”“四面钟”“浙江兴业银行”等古韵名筑以及“八大天”等文娱设施的保护、利用和宣传力度，并引入戏剧曲艺、古玩字画、咖啡茶饮等与之配套的功能业态，打造高品位的文化消费空间。同时，充分发挥政策等引导带动作用，从“科学＋艺术”“传承＋创新”两个角度着手，推动老美华、亨得利、冠生园、天津烤鸭店等老字号品牌的塑造与提升，在包装设计、技艺传承等方面融入特色，提升其文化附加值。在发展五大道小洋楼历史文化体验区、解放北路高质金融聚集区、西开教堂休闲观光商业区、鞍山道扶桑市井商业旅游区、小白楼高端商业商务区、中心公园法式风情商业区等特色街区的过程中，当地同样注重对历史文化底蕴的挖掘，根据街区特点确定业态结构、引导品牌发展，实现了餐饮、休闲、娱乐、文化创意、艺术展演等多业种的结构优化与品质提升。

3. 充分运用先进技术，推动商业转型升级

顺应新技术革命的潮流，发挥先进技术在推动传统商业转型升级中的作用，是和平区培育商业新亮点和新优势的重要途径。当地在全面落实各级支持政策的过程中，将智能化建设、商业技术创新应用等重大项目列入绿色通道服务范围，为企业发展营造良好环境。和平区提出了在全市率先实现免费

WIFI 全覆盖，建设“智慧城区”的目标，并以此为基础打造全区商业导购系统，力求实现消费资讯定时定点精准发送。在线上与线下零售融合发展的趋势下，当地积极推动传统商贸企业“触网”，鼓励其与基于移动终端、网络、自助服务终端等现代技术设施的零售平台充分结合，实现区内商业综合体与电子商务的互动。在传统零售企业纷纷利用技术手段增强客户体验，实现店面升级的背景下，当地还出台了支持实体零售企业进行店铺数字化改造的措施，帮助其实现店面的场景化、立体化、智能化展示。

4. 不断优化服务供给，提升顾客消费体验

随着居民生活水平的不断提升，个性化、品质化、体验型的消费需求快速增长，对零售业的发展提出了新的要求。为了应对这一变化，和平区充分发挥地处中心城区，高端商业、品牌商企集聚的优势，推动商业企业实现“集聚化、品牌化、专业化”发展。2017 年开业的西西弗书店海信广场店与广州购书中心天河城店实现了百货零售与文创产业的合作共赢。2018 年春节前夕，天津首家室内动物主题乐园“ZOONLY”在天河城购物中心正式开业，成为体验型消费的新兴增长点。在这一过程中，政府围绕改善消费环境、倡导品质服务方面开展工作，取得了一定成效。当地把打造“最好的服务在和平”作为商业企业软实力建设的主攻方向。自 2009 年以来，和平区坚持每年在全区商业服务业开展“讲诚信、树形象、全面提高服务水平”优质服务创新活动，推进以“服务质量标准化、服务礼仪规范化、服务技能专业化、服务管理精细化”为主要内容的服务体系建设；同时，鼓励行业协会和商业龙头企业，共同制订产品质量、服务质量标准，提高行业和区域的品牌知名度。在开展集中促销方面，政府也发挥了为企业搭建活动平台的积极作用，特别是在春节、五一、国庆等节点，引导零售、餐饮、婚纱摄影等行业企业联合开展购物节、啤酒节、美食文化节等主题营销活动，现已连续四年举办“钜惠狂欢 · 畅享和平”购物节活动，产生了繁荣活跃消费市场的效果。

5. 促进社区商业发展，便利居民日常消费

社区商业与居民日常消费密切结合，促进社区商业的便利化、精细化发展，是更好满足群众对美好生活需要的重要组成部分。近年来，和平区以申报天津市的早餐示范店、标准化菜市场等财政补助项目为契机，加大了对连锁便利店与早餐店的支持力度；同时，选址新建菜市场，一方面增加服务网络密度，另一方面牵线搭桥引导农村合作社或农户进社区建立直营店，使居民能够方便地购买到质优价廉的生鲜蔬菜。“十三五”期间，和平区积极推进“微店”、智能便利店和家政服务网络的发展，并引导有条件的连锁便利店、物业服务企业向缴纳各类费用、快递收发等综合生活服务终端店或社区增值服务提供商转型，力求打造社区商业高度发达的便民生活服务圈。

6. 充分调动多方资源，以开放视野办商业

自国家提出“京津冀协同发展”以来，和平区抢抓历史机遇，采取多种措施引入商业经营资源。“十三五”期间，当地充分利用自身的比较优势，积极开展面向北京的招商引资和产业对接工作。在依托五大道小洋楼资源开发历史文化街区的过程中，当地就把充分发挥临近北京的优势，聘请知名团队、盘活闲置资源作为一项重要工作。不仅如此，在国家提出建设更高水平开放经济的要求的背景下，和平区充分利用自贸试验区政策红利，引入进口商品直营、跨境电商体验店等新型业态，打造更加便捷、智能的购物体验。2018 年 1 月，天津劝业场在建店九十周年之际，通过与电子商务公司、商业品牌管理公司签订三方战略合作协议，打造强强联合的“跨境—新零售”模式。“十三五”期间，当地还出台了扩大引进国际国内品牌，培育商业链的整合型企业，积极举办商贸、文化、体育、创意、展演等各类国际国内交流活动，以及推动传统贸易企业向提供“一条龙”增值服务提供商转型等一系列措施，推动国内国外市场深度融合。

（三）小白楼国际航运服务集聚区发展特色

2017 年以来，和平区按照天津构建北方国际航运核心区的要求，以小

白楼区位优势、航运服务业基础和金融资源优势为依托，积极抢抓机遇、促进产业升级，着力吸引高端航运与金融服务企业进驻，努力补齐航运产业链短板，推动经济高质量发展。具有以下发展经验和特色做法。

1. 注重政策创新

制定了《和平区建设小白楼国际航运服务业集聚区实施方案》，成立了工作领导小组，及时颁布航运金融、航运服务企业相应招商优惠政策办法，对入驻航运相关企业给予房租、税收等政策支持。积极出台了《和平区吸引京冀及国内外其他地区企业来区发展扶持办法》《和平区关于对招商服务机构等引进企业奖励实施办法》等招商扶持政策，成立了市场化、专业化招商公司，进一步加大航运企业引进力度。

2. 重视招商引资

小白楼航运服务集聚区拥有众多航运知名品牌企业和融资租赁、保理、财险企业。包括马士基、UPS、敦豪3家世界500强企业，中外运、中远、地中海航运、达飞轮船、太平船务、阳明海运等20家国际国内知名航运品牌企业和融资租赁、保理企业。拓宽招商渠道，与中国贸促会、北京西城区政府建立沟通协调机制，不定期联合举办招商推介活动。

3. 重视搭建基础设施

以万通中心为载体，挂牌成立天津国际航运金融中心，瞄准航运金融、航运高端服务、航运企业地区总部“三个聚集”，重点引进高端航运服务、航运总部企业、以航运为业务重点的财险企业。

4. 打造行业龙头地位

引入天津口岸航运指数，为企业提供航运信息和航运指数状况，推动将天津口岸综合信息和大数据分析功能引入小白楼国际航运服务区，实现对航运、通关、物流的快速精准与智能化管理功能。

5. 重视部门协调联动

与市级多个部门加强对接合作，就建设小白楼国际航运服务集聚区形成了合力。主动联系市口岸办、天津国际贸易与航运服务中心等多个部门，在中心城区率先设立了国际贸易口岸业务窗口，为市内六区企业对外贸易通关提供便利化服务，天津口岸综合信息管理中心与天津国际贸易单一窗口大数据实验室，已经落户万通中心。与天津空港出入境检验检疫局达成战略合作，深化需求对接，提升航运服务功能和投资贸易便利化水平。与市商务委对接，支持船代、货代、报关、报检等外贸中介服务企业在小白楼地区集聚发展。

6. 吸取多方经验

在天津港东疆保税港区、滨海新区于家堡金融片区、天津空港航空物流区、上海北外滩航运服务集聚区、厦门自由贸易试验区进行调研，深入了解国际航运综合服务和依托自贸区推进航运服务创新发展情况。

7. 发展“互联网 +”新业态

与中外运、中国出口信用保险等央企及自贸通等外贸综合服务平台形成了合作，探索建立“航运 + 互联网 + 金融”综合服务平台。

（四）百年高档社区发展经验和特色

1. 秉承“保护和传承”的精神，做好历史文化街区的保护开发

2014 年启动了五大道等 6 个历史街区的整体规划与综合提升改造工作。2015～2018 年为一期工程，基本完成了五大道等三个片区的改造任务。投入大量精力和资金，按照“修旧如旧”的原则，加快五大道地区综合提升改造。共计投入 23.3 亿元，实施提升改造项目 124 项，主要用于小洋楼修缮、民园广场翻建、景区道路整修、街景立体绿化和灯光提升等工程。为尽量做到城市建设与保护建筑有机结合，天津市制定了城市发展建设四大原则：一是限制发展住宅，二是适度发展商业，三是大力发展商务、商贸，四是保护性开发风貌建筑。在新建项目中，对新建建筑从规划、图审、监管等环节严格把关，以保护历史风貌建筑的整体风貌。

2. 在政府主导基础上，重视市场机制在保护开发中的运用

目前五大道风貌建筑保护改造工作主要由天津市风貌整理公司负责，该

公司是由天津市政府为“保护和利用风貌建筑资源，推动社会经济发展”出资组建的国有独资公司。该公司利用政府划拨资源与注入的启动资金，借助市场杠杆，对天津市历史风貌建筑资源进行文化整合、整理修缮、建设运营和品牌打造。目前对包括末代皇帝溥仪旧居、庆王府历史文化酒店区、民园西里文化创意区、先农商旅区等在内的历史风貌建筑实施了整理修缮，并对外开放运营，使历史街区的社会综合价值得到了有效提升。

3. 深度挖掘五大道历史文化价值，聚力打造五大道特色文化品牌

借助“天津记忆”团队等外脑不断挖掘五大道历史文化价值，精心策划组织了一系列具有五大道特色的文化旅游宣传活动：聘请专家、学者成立五大道景区专家咨询委员会，与《今晚报》联合举办“五大道的故事”征文、“五大道老照片”和“天津青少年绘画五大道”征集活动，推出了“五大道的故事”系列丛书；整合五大道景区现有的10家博物馆，组成博物馆联盟；策划推出了五大道“五个一”重点宣传项目，包括夏季每周举办“民园广场音乐会”，拍摄一部记录五大道高质量影像的大型摄影画册，制作一套正式出版发行的包括中、英、韩、日、法五种语言的五大道电视风光片，出版一张中英文的3D版五大道景区导游图，推出一本全面介绍五大道吃、住、行、游、购、娱的观光图册及一部《五大道印象》微电影；连续举办了四届五大道赏花节；连续五年在五一小长假期间举办五大道国际文化艺术节；2016年五大道国际摄影双年展在端午节期间成功举办，中国摄影家协会主席王瑶等7位著名摄影家和法国摄影家联合会派出的3名法国摄影家为五大道留下的300幅摄影作品在民园广场展出；2017年夏季在民园广场举办的“品质生活”文化艺术季25项系列活动成为景区新的旅游亮点等。

4. 推动综合提升改造工程，实现业态优化和品位提升

一是引导优化景区业态。制定了《和平区五大道文化旅游区商业精品示范店导则》，评选出40家精品示范店，政府给予每家精品示范商户5万～10万元的资金扶持。通过示范引领作用，推动、调整、优化景区商户业态。二是加强景区智慧化和智能化升级。运用“互联网+”大力发展智慧旅游，五大道

游客中心推出App软件实现了200余处名人旧居自助导览；景区所有文物建筑、风貌建筑标志牌和导游牌上都加装了二维码；实现了民园广场、庆王府、先农大院、民园西里文化创意街区以及百余处餐馆、酒店的WIFI覆盖；与《中国旅游报》《天津日报》《今晚报》等平面媒体和新华网、新浪网、北方网等新媒体合作，定期进行重点新闻推送；建立了五大道景区官网、微信，及时为游客推送各种资讯；推动景区商户联盟建设，吸引了180余家商企加入商户微信群，推出了商户微信支付功能。三是加大景区导游标识系统建设，已初步建成自各高速口、天津机场、火车站沿市区主干道一直到五大道游客中心的旅游和交通指引标识系统。在外环线以外共安装了12块国家标准的旅游景区交通指引牌，在市区各主干道上安装了90块景区交通指引牌，其中52块单体牌在第十三届全运会召开前全部更新为国家标准景区交通指引牌。在景区周边主要道路上安装了20块小型交通指引牌。在景区重要景点和主要道路上安装了56块包含中、英、韩、日四种文字的导游牌和20块游客中心及停车场指引牌。四是加大景区综合整治力度。在景区各主要景点和交通路口安装了300余处监控探头并与市旅游局监控中心联网。研制开发了五大道游客承载量统计预警监控系统。与天津日报统计中心和南开大学旅游学系连续三年开展景区旅游经济和游客满意度调查，最新调查结果显示景区游客综合满意度达到81.73%。

5. 大力发展洋楼经济及高雅文旅产业

抓住京津冀协同发展契机，做好首都非核心功能疏解的承接，深化与中央部委和首都中心城区的合作交流，积极做好优质项目和企业对接，瞄准“一个总部，四个中心（采购中心、销售中心、结算中心和财务中心）”，加强对小洋楼招商宣传推介，吸引一批税收超千万元的企业进驻，让小洋楼资源发挥出黄金价值。制定了专门针对小洋楼招商的相关政策，实行减少或免除房租等各种优惠政策，筑巢引凤、腾笼换鸟，成功引进物产集团财务公司、渤钢集团财务公司、九江物产、深圳大芬油画胡同项目、欧洲至活旅游等一批优质项目落地五大道。依托天津自贸区政策，在民园广场设立了市中心唯一一家保税商品展示交易中心。

6. 成功创建国家4A级旅游景区，大力推进国家5A级旅游景区创建

五大道文化旅游区具有极高的历史文化及艺术价值。自五大道文化旅游区2015年初成功创建国家4A级旅游景区以来，管委会正积极筹备开展国家5A级景区的相关工作。通过逐项对照改进，正努力缩小旅游区与国家5A级旅游景区的差距。

三、"百年产业"发展瓶颈或问题

（一）制约金融高质量发展的短板

1. 营商环境仍有待提升

和平区在写字楼物业品质、高端商旅服务、互联网信息服务等金融业发展依赖度较高的配套营商环境上，相比于北京、上海、深圳等一线城市仍有较大差距。营商环境的不足在一定程度上弱化了和平区对金融总部机构，特别是外资金融机构的吸引力。

2. 高端金融专业人才仍较为缺乏，人力资源存在短板

相比于临近的北京，天津对外来优秀年轻人的吸引力有限，甚至长期以来还存在优秀人才向北京外流的情况。现代金融业是智力密集型行业，高端专业人才的缺乏在很大程度上已经成为天津金融业发展的最大短板。

3. 政策协调存在改进空间

天津市内不同区域之间政策位势差异较大，特别是滨海新区呈现明显的政策洼地，区域之间优势分散、难以形成合力，导致金融机构分块分散发展，难以发挥集聚效应。

（二）商贸业高质量发展面临挑战

1. 地区商贸中心多元并存发展

改革开放促进了各地区商贸流通业的发展，天津作为北方商业中心的辐

射力逐渐减弱，仅仅凭借提供多样化的商品本身已经难以吸引外地客流，并且这一态势还将持续。在这样的背景下，已有的商业设施和服务能力有可能出现过剩，需要通过多种方式创造新的购买需求来应对这一趋势。

2. 居民消费需求正在不断升级

随着城乡居民收入和生活水平的不断提升，消费需求也在发生深刻变化。目前，消费结构的重心已经转向实现个人发展的文化、体育、社交等方面的需求；并且，对品质化、多元化以及体验型消费内容的追求正逐渐成为趋势。特别是互联网技术的快速渗透，创造了一系列适应消费需求变化的新生业态，改变了商业企业的竞争优势来源，甚至给以实体零售为主的传统经营形式带来了挑战。

3. 核心街区大型商业网点略显过剩

在城市核心街区集中布局商业网点，可以产生集聚客流、扩大商圈辐射力的效果；但若经营层次、商品结构和业态形式较为接近的大量零售企业在同一区域开设，则会产生激烈的商业竞争。目前，和平区以“滨江道—和平路”步行街及其临近的“南京路”商圈为代表，已经形成了集聚效应十分突出的商业核心区。多家万平方米以上规模的商业企业在此布局，造成了一定的网点过剩问题，影响了整体经营绩效。如何避免过度竞争，是和平区商业实现优化发展的过程中将要面临的重要问题。

4. 零售创新效果有待逐渐显现

近年来，商贸流通领域的持续创新与发展对助力居民消费升级产生了积极作用，和平区在这方面也有突出的表现。但目前各种新模式的发展前景尚不明朗，“新零售”探索性的经营尝试也难以迅速、全面、持续地产生消费拉动效应。总体上看，通过改进商品供给结构、优化服务提供形式，形成更具实质性和广泛性的积极效应，将会是一项立体化的系统工程，需要从深层次着眼，注重提升行业发展质量与促进居民消费的结合。

5. 老字号企业发展需要新动力

老字号企业要实现高质量发展，就必须在传承优秀历史文化的同时适应现代市场竞争，围绕居民消费升级动态过程中的诉求变化调整经营重点，积极打造新的核心竞争力。和平区拥有大量的老字号企业，在新企业、新业态、新模式不断出现的背景下，解决后备人才缺乏、品牌后劲不足、顾客群体老化等问题，是保持竞争能力、挖掘发展潜力的必然要求，这也是和平区“以文兴商”，借助老字号历史传统带动城市商业特色产品与服务集聚的前提条件。

6. 国有商业企业改革相对滞后

目前，天津市仍保有为数不少的国有控股的商业企业。由于商业领域市场变化快、竞争性强，国有控股企业的管理机制与经营模式往往存在一定的不适应性。总体来看，传统国有商业企业在民营化改制，多元化、连锁化扩张等方面的步伐慢于全国其他城市，这也是近年来这些本地企业缺乏后续增长动力，且面临较大市场风险的主要原因。

（三）航运服务业高质量发展面临的问题

从整体发展看，和平区航运服务业的集聚规模、发展水平与上海等城市相比有较大差距，缺乏有带动能力的龙头企业。从产业链结构看，要素仍集中于中下游，中高端航运服务要素与相关产业尚未形成紧密联动；海商律所、航运互联网平台、航运相关组织和功能性机构相对较少，行业影响力不足；航运相关各类专业化人才不足。从区域辐射看，天津区域辐射功能显著，但京津冀及北方地区的航运金融、航运保险、海事海商服务等高端服务需求主要仍由北京承担。这些问题主要表现为以下几个方面。

（1）天津市的自贸区优惠政策没有扩展到和平区，目前存在一部分企业的注册地在滨海新区并享受其自贸区优惠政策，而实际上这些企业的经营地在和平区以及附近其他区域，导致这些区域的财税收益流失严重，这种资源错配的局面不利于天津整体的协调统一发展。

（2）民营企业占比较低，传统航运服务企业占比过大，主要以运输、货运代理、仓储物流类企业为主，而航运交易、航运金融、航运咨询、海事法律等高端航运服务企业相对缺乏。

（3）航运产业链要素融合度不高，尤其是航运企业、金融企业、法律企业和其他航运相关企业发展融合度不够。由于缺乏信息共享平台，阻碍了航运产业链相关服务向中高端发展。大部分航运企业都是轻资产属性，在融资的过程中，不能获取企业实时运营数据，金融机构无法及时向航运企业发放贷款。

（4）在航运金融方面，和平区具有金融资源优势，但航运服务产业缺少航运金融创新政策，银行、证券、基金、信托公司等金融机构对航运金融产品的研发力度也不够；金融机构对信用良好的有前景的物流、航运、造船等企业的信贷支持缺乏政策引导；"航运＋金融""航运＋服务"的产业体系没有足够的经纪、公估、法律、会计等航运金融中介服务配套。当前开展航运保险业务的保险公司较少，航运保险业务种类和合作模式灵活度欠缺。

（5）产业集聚度不够。航运服务企业分散在以小白楼地区为主的各个商务楼宇中，目前除万通大厦以外，没有更多的纯航运服务企业集聚的商业楼宇。而上海虹口区北外滩商业楼宇航运特色鲜明，集聚效应明显，如上海虹口区的金岸大厦，一楼为商业金融机构，其他楼层全部是航运服务企业，虹口区政府的投促办（航运服务办）也在该大厦办公。

（6）行业抗风险能力不强。目前航运业处在低谷，以货代为代表的传统航运服务企业普遍经营困难，业务风险增大。天津货代企业从基数上来讲还不够壮大，企业抗风险能力较弱。

（四）高档社区优化利用的瓶颈

1. 产权性质复杂，影响了整体的保护与开发

五大道文物建筑比较多，产权性质有公产、私产、军产、教会产等多种性质，各种遗留问题比较多，不利于统一保护。许多名人故居、历史风貌建筑不能对外开放，阻碍了游客近距离体验小洋楼生活。历史文化街区的保护开发没有立法，也一定程度上限制了五大道街区的保护与开发。由于历史原

因，部分公产建筑的所有权与使用权严重脱节，所有权人（政府）不能有效行使所有者权利，高昂的维护成本反而成为所有权人的沉重负担。一些公产建筑多户混居，成为事实上的“大杂院”，负外部性及较高谈判成本的存在，使得这些建筑无法得到有效的保护和利用。

2. 历史文化街区的定位有待于进一步提升

五大道历史文化街区形成于特定的历史时代。随着时代的变迁，当年五大道历史名人生活的社会经济环境已经不复存在，也无法准确还原。这需要立足五大道现状，参考中外成功经验，对历史文化街区进行重新定位。优秀的重新定位能够在一定程度上再现历史风貌，并实现经济社会综合收益最大化。当前五大道主要定位于文化旅游区及洋楼经济聚集区，尚不足以充分发掘其珍贵的内在价值及支撑其长期可持续性发展，有待于进一步的提炼、明确与拔高。

3. 历史文化保护与商业开发之间存在如何平衡的难题

在运维层面，要保护利用好历史文化街区，除了政府政策资金支持外，很大程度上必须要借助于市场机制与商业开发。但商业开发过度或业态选择不当，容易造成氛围品质劣化及历史文化风貌的破坏。这就存在一个业态、开发模式选择及综合管理的问题。

4. 历史建筑街区综合改造提升的资金压力巨大而直接经济收益相对较小

按照“修旧如旧”的原则对历史建筑街区进行综合提升改造，不仅需要相应的专业人才储备，更需要巨大的财力支持。目前市区财政有限的财力，不足以支撑对历史建筑街区合理有效的提升改造。而按目前的市场运作方式，巨额的投入也难以实现回本盈利，造成部分企业宁愿投资仿制建造历史街区，也不愿投资开发运营历史街区。

5. 区域内部发展存在一定程度的不均衡

如商业集中于民园体育场及周边，这一不足“五大道”整体三十分之一的中心区承载了 95% 的客流量，其他大部分区域在很多时候仅起到了“交通景观”的作用。

6. 部分社区居住生活条件较差

受设施老旧、多户混居、人口老龄化等的交叉影响，部分社区的建筑内部脏乱拥挤，居住生活条件有待提升。

四、“百年产业”高质量发展的对策建议

基于和平区四大“百年产业”发展现状、面临的机遇和挑战，现提出以下发展对策建议。

（一）进一步完善人才支撑体系

继续引进和培养人才，优化融智模式。建立人才保障体系，实施人才激励机制，需要财政和专项资金支持高层次人才创新创业。加强人才培养培训机制建设，推进企业、高校、科研院所共建校企人才培养模式，定期组织集聚区管理人员到国外、国内其他省市高等院校进行培训，充实研究咨询力量。充分利用好天津毗邻首都北京的地缘优势以及和平区中心城区的教育医疗资源优势，吸引外来优质人才落户和平区，为高质金融发展打好人力资源基础。在落户、住房、子女上学、医疗、养老、社会保障等方面为高端人才提供一体化服务。

（二）进一步优化营商环境

改善商业企业营商环境，有助于促进先进技术、先进经营管理理念的应用与创新成果的推广，支撑“百年产业”实现更高质量发展。政府需要转变职能和观念，进行体制机制上的创新，优化服务配套，在提高服务意识服务能力、依法保驾护航方面打造适宜的营商环境。例如，在金融业发展方面，政府应主动靠前，做深做细外资金融机构落地配套服务，提供与监管机构对接、政策咨询、材料报审、职场选择、装修落户等一系列招商服务，并针对

不同牌照、不同企业制定个性化服务方案。推进开放项目尽快落地和业务开展。在商贸领域的供应链建设方面，政府与行业协会应当致力于引导企业建设更为和谐的零供关系，在上下游紧密合作的基础上共同优化供应链管理，提高整体经济效益。在零售环节本身，还应继续采取打击假冒伪劣、保护知识产权等措施，营造更为公平的竞争环境；同时，应加快简化行政手续、优化管理流程等方面的改革，降低企业进入门槛和经营成本。

（三）打好“百年产业”文化牌，增强区域吸引力

深度挖掘“百年产业”历史底蕴的现代意义，向外界充分展示和平区不仅有产业，更有文化。搭建好历史传承与现代产业之间的“软桥梁”，增强区域吸引外来投资的能力。同时，进一步加大走出去招商引资的步伐，吸引大型金融机构、航运服务业企业，以及其他相关经营主体进入和平区，注重优选。

（四）把握金融业高质量发展的抓手

1. 在天津市层面统筹全域金融业布局，提高政策协调性，在中心城区落实“金融城”规划

一是在全市范围内加强政策统筹协调，将滨海新区针对金融机构的优惠政策推广覆盖到和平区等中心城区。充分利用中心城区的区位优势和营商环境优势，提高金融业态聚集度，促进高质金融在相互促进中发展。二是继续扎实推进天津市“金融城”落地建设工作，重点以和平区、河东区为基础打造天津市“金融城”，促进协同发展，避免恶性竞争。三是紧密结合天津经济社会和产业结构的特点，优化金融结构，引进和培育新的金融业态，重点加强金融与航运业、金融与高端制造业、金融与现代服务业的融合发展，提高金融服务实体经济的效率。

2. 面向国内外加大招商引资力度，吸引更多金融企业入驻和平区

一是积极承接北京非首都功能。主动走出去，面向北京大金融行业召开

政策推介会，加大天津市及和平区经济社会发展、营商环境建设、“百年金融”底蕴、金融产业政策的宣传力度，吸引更多细分领域金融机构和实体企业入驻和平区，为“金融和平”建设注入新的活力。二是积极推动金融业对外开放，加大外资金融机构引进力度，放宽市场准入，打造外资金融机构集聚区。可依托南京路沿线原有外资金融机构集聚优势，率先落实金融业新一轮对外开放政策，吸引鼓励更多外资金融机构集聚。向上海、广州等东南沿海城市学习借鉴金融业对外开放的经验，将和平区打造为中国北方金融业对外开放的高地。

3. 充分发掘运用和平区“百年金融”历史底蕴，多管齐下打造金融软实力

一是以解放北路历史建筑群和金融博物馆为突破口，设计规划以金融业、金融史、金融安全、投资理财为主题的系列游览项目，将金融文化旅游打造为和平区的一张新“名片”。二是调动发挥中国金融四十人论坛和北方新金融研究院等专业智库的作用，以智库平台为载体，建立与国内外经济金融领域顶级专家、学者、企业家的沟通交流渠道。通过论坛、政策解读、研讨交流等形式组织更多国外金融机构来和平区交流考察，展示和平区的金融底蕴和活力，提高金融知名度和影响力。

（五）统筹促进商贸流通业高质量发展

在地区性商贸中心转移、居民消费理念转变的背景下，和平区要在传承百年商业文化的同时谋求更加辉煌的发展成就，就必须解决业态协同不足、同业竞争加剧、新旧模式冲突等问题，从适应消费升级趋势、满足城市多元功能的角度入手，围绕提升行业整体水平的要求加以统筹考虑。

1. 商旅文协同发展吸引客流人气

和平区的商业设施总量规模较大，人均商业面积达到约 8.1 平方米。要充分发挥这部分商业设施的服务供给能力，就应当在满足本地顾客需求的同时，注重发展与文化、旅游相关联的特色商业，通过城市对外地顾客的整体

影响力来增加客源。对此，需要根据现有各大商圈的特点，引导商业企业调整商品结构，增加特购品、纪念品以及与旅游景点相关的文创产品销售比重；同时，应针对游客出行规划的特点和需要，在制定推荐旅游路线等整合营销传播方案时纳入商业购物元素，将核心商业街区与意式风情街、鼓楼等旅游景点串联，从而产生导流和促销的效果。

2. 多管齐下提升老字号企业活力

老字号企业作为和平区百年商业的历史传承，是一笔宝贵的财富，对于弘扬优秀商业文化、拓展区域综合影响力具有重要意义。针对当前老字号企业在产品创新、经营机制、品牌发展等方面的不足，政府可以考虑采取以下措施。在人才培养方面，与当地高校和职业学校积极合作，培养专业技艺的传承人，鼓励毕业生到老字号企业就业。在扩大老字号影响力方面，可以对制作专题纪录片或微电影，出版刊物或画册，在旅游景点宣传材料中整合老字号消费指南，以及建设老字号特色商圈或商业街等举措加以支持。在优化管理机制方面，应引导老字号企业建立现代企业制度，探索建立职业经理人制度，并支持符合条件的企业上市或挂牌中小企业股份转让系统。此外，还应注重增强老字号企业的知识产权意识，鼓励其注册商标、申请专利，并维护老字号企业的优良商誉。

3. 调整商业网点布局与经营结构

针对目前和平区有多家大型商业企业集中在小范围商圈，网点布局过剩、市场竞争激化的情况，需要通过经营定位、品类结构与服务内容的差异化，由直接的客流竞争关系转向相互引流的竞合并存关系，实现基于大型商圈内部协同的良性发展。在差异化转型过程中，应拓宽思路，积极引入存在普遍消费需求的多样化服务业态，包括幼儿早教，厨艺、园艺培训，美容美发、口腔医疗等。对于以本地居民为主要服务对象的大型商业综合体而言，更应当在明确目标市场的基础上，围绕年龄阶段、家庭结构、收入层次、消费习惯等做出更为清晰的定位，降低目标客户群体重合度及入驻品牌重复率。现有零售网点的转型调整应当与发展旅游商业同步推进，并结合所在街区的建筑风格、老字号企业、文化创意元素等特色资源，满足购物、娱乐、体验、观光、餐饮等多方面的消费需求。同时，建议天津市对全市整体商业网点布局加以统筹，考虑和平区已有的商业体量，充分利用现有网点资源，避免类似业态的重复建设加剧行业过剩。

4. 推动商业服务品质与层次提升

在居民消费需求不断升级的背景下，和平区应继续采取措施，推动商业服务实现品质与层次的提升。从全区商业的整体发展上看，要注重前期网点规划的指导作用，特别是在商业街的建设过程中，应当以较高的起点对其功能定位、业态布局和配套设施加以考虑，并与所在商圈的总体发展方向相衔接。要注意大型商业网点在商业企业经营方面，应在促进传统零售与餐饮业态转型升级的同时，积极引入布局体验式、互动式的新兴业态，满足本地居民体验品质生活、开展社会交往、追求时尚潮流、提升文化品位等多方面的消费需求。在与商圈周边设施衔接方面，需要注意大型商业网点与城市轨道交通和路网干线之间的接驳，并对行车路线、停车场地等加以统筹规划。在技术运用方面，可在推进全区无线网络覆盖的基础上，建设统一的“智慧城区”信息服务平台，打破“数据孤岛”，为本地居民与外地游客提供各类自助服务、交通引导、停车收费等功能，提升消费活动的便利性。此外，还应注重发挥现代商业的要素集聚作用，主动对接休闲、文创、体育、健康、教育等产业，实现跨界式融合发展。

5. 不断优化商业企业所有制结构

针对国有控股的商业企业改革相对滞后的问题，应当以“建立更加符合我国基本经济制度和社会主义市场经济发展要求的国有资产管理体制、现代企业制度、市场化经营机制”为总体要求，积极发挥资本市场的作用，调动多方资源、盘活优质资产。可考虑采取“一企一策”的办法，加快传统国有商业企业改制步伐，使之重新焕发活力。与此同时，要积极引入国内外先进的商业企业和管理团队，更新行业经营理念、丰富市场竞争层次，一方面满足当地居民与外来游客多样化需求，另一方面通过“鲶鱼效应”促进商业服务供给水平的提升。

（六）汇集航运业高质量发展新动能

结合京津冀协同发展战略和天津市“十三五”规划提出的要求，实现航运总部基地、航运要素配置中心、航运信息中心和航运智力中心的建设目标。依托小白楼区位优势和产业基础，建立航运与金融产业基地，推动金融、法律、咨询、研发等航运产业链高端要素汇聚，打造特色突出、门类齐全、业务高端的国际航运信息交流、高端航运服务功能集聚区。结合现有航运服务业分布状况，对小白楼航运服务集聚区进行科学布局，形成“三带两园”的空间布局。“三带”即航运总部带、航运金融带和航运文化带，“两园”即航运信息园和航运科技教育园。

1. 建议天津市政府把自贸区政策辐射到和平区，通过完善政策体制，推进管理模式创新，积极实施服务业扩大开放和外商投资管理体制改革

从小白楼建设航运服务集聚区的要求来看，要提高资金、人才、技术等要素的聚集程度，提升要素市场中介机构的专业化服务水平，提议天津市政府取消对航运服务业的相关财税政策限制，制定更多有利于培育市场的政策措施，整体规划航运要素市场信息服务平台的建设。

2. 加大招商引资力度，推动高端品牌和优质企业集聚

（1）集聚更多的航运服务企业和机构。吸引各类航运企业在集聚区内设立办公运营机构，促进更多高端航运生产要素、科技资源向区内集中。（2）引进龙头和总部型企业。以航运总部型企业为重点，加快吸引一批世界知名的集装箱班轮公司、外资独资船务公司、邮轮公司、海事法律服务机构入驻。

3. 构建航运产业网络

（1）拓展航运服务产业链。鼓励航运企业向产业链高端环节延伸，发展有利于扩大市场需求的专业服务、增值服务等新业态。（2）优化航运服务业

内部结构，确定小白楼航运服务集聚区的主导产业和关联产业。主导产业涉及与航运业相关的金融期货、商品交易及证券、保险、银行、产权期货、衍生品等金融业务，以及航运金融产业所需要的法律、公估、会计等专业领域的服务业。关联产业以航运金融服务业为重点，以信息、法律、科技、文化服务业为带动，以商务、人居环境优良为配套，形成现代中高端航运服务业集聚、商务商贸休闲服务业联动发展的现代航运服务集聚区。

4. 做大做强传统航运服务业

（1）对部分楼宇进行提升改造，吸引更多传统航运企业及总部落户，充分利用小白楼地区区位优势突出、商务配套完善、基础设施便利、载体资源丰富等特点，对已有商务楼宇进行提升改造，吸引具有产业引领作用的综合性航运企业集聚，努力促成一批航运企业总部、航运产业龙头企业总部或区域功能性总部落地。（2）支持传统货代企业转型升级。除了短期内通过出台相应扶持政策以解决传统货代企业融资难、经营困难等现实问题外，还要在长期内规范货代行业秩序，培育货代企业的核心竞争力，支持大中型货代企业做大做强，中小微货代企业做专做精；鼓励企业充分依托电子商务技术，实现由传统货代向供应链物流服务商转型。

5. 积极引进航运服务产业链的高端企业和金融机构，构建“航运＋金融＋进出口贸易”产业体系

（1）加大与市发改委、交通运输委、口岸办、商务委、海关、金融局等部门的协调对接，争取获得多方面的支持，进一步推进“航运＋金融”的产业体系建设。加快小白楼地区“三游”（邮轮、游艇、游船）企业、品牌航运及相关金融、海事服务类企业招商力度。充分发挥金融资源服务航运产业的作用，结合“金融和平”产业定位和金融机构集聚的优势，大力推进航运金融产业发展。（2）通过召开专业研讨会或航运论坛的方式，吸引航运交易、航运金融、航运咨询、海事法律等航运中高端要素企业的重要资源，逐步建成完善的航运服务产业链。借鉴国内外航运服务业发展经验，开展体系完备的现代航运服务产业链招商。加快引进航运融资、咨询、仲裁、保险、海损

理赔、公证公估、航运组织、海运经纪等附加值高的航运服务上游产业，不断提升区域航运服务能力。

6. 搭建线上航运信息平台，推进“互联网 + 航运服务”综合平台建设

建立航运、海关、金融、法律及政府部门的信息资源共享线上平台，促进航运服务产业链的发展。（1）发展航运科技。依靠科技创新驱动航运服务业发展，积极培育航运服务新型业态和功能，发展跨境电子商务，开展高技术含量、高附加值的航运业务试点，形成以技术、品牌、质量、服务为核心的航运服务竞争新优势。（2）建设智慧航运。以“互联网 +”为基础，探索和建立航运电子商务新模式，鼓励相关企业大力发展航运电子商务及其配套服务，推动互联网与航运服务业融合，提升航运服务的数字化、网络化、智能化水平。

（七）提高高档社区分类保护和优化利用效率

1. 借鉴中外文明发展经验，对五大道历史文化街区进行高规格定位

要充分发挥五大道的经济社会影响力，五大道百年高档社区就不能仅作为历史文化标本而存在，还需要保持其鲜活性。它不能单纯作为文化旅游区开发，而应充分发挥其高端资源配置功能。可以借鉴百年华尔街等成功模式，除文化旅游区之外，将其定位为高端商务展示区、城市核心区、文化创意中心及面向社会名流的高端居住社区。

2. 进一步做好高品质分类利用规划，促进高品质开发利用与保护

坚持保护性开发为主导，明确区域功能定位。在目前将区域划为生活会所综合区、文化体验综合区及会议商旅综合区三大功能板块的基础上，结合历史街区的定位和和平区的产业主导方向，聘请国内外高水平团队对历史街区进行高品质的分类利用规划，促进整体风貌保护及商业价值的有效开发利用。

3. 理顺产权归属与保护利用的关系，争取相关政策支持与补助

争取上级政府与相关部门的支持，整合各类公有产权历史建筑到统一的管理平台之中。借鉴棚改及其他成功的老旧社区改造的政策经验，通过空间置换、货币补偿等办法，对多户混杂居住的历史建筑进行腾迁及统一规划利用。在历史建筑社区的综合提升改造中，争取各级政府棚改及其他相关政策的支持与补助。突破制度壁垒，推动地方性保护法规的出台。使不同产权归属类型的历史建筑与物业能够遵从统一规划管理，做到统一规划标准与经营风格、严格保护及共同合理利用。根据定位和开发利用需要，对部分公产洋楼进行附带条件拍卖。

4. 深度挖掘五大道历史文化旅游资源，讲好“五大道故事”，将五大道打造成天津乃至全国的文化名片

组织更多的专家学者、名人后裔以及原住民深入系统地开展文化交流和座谈活动，进一步提升五大道影响力和知名度；“五大道”本身就是一个充满了历史故事的景区，每一座小洋楼背后都隐含着一段精彩的人生故事，策划拍摄以“五大道”为背景的纪录片、宣传片及一系列贴近市场的故事片、电视剧，借助文化传媒，进一步提升“五大道”的文化魅力，使其成为天津乃至全国的文化名片。

5. 找准差距，上下合力，加快创建国家 5A 级旅游景区

在成功创建国家 4A 级旅游景区的基础上，市区两级应进一步合力创建国家 5A 级旅游景区。逐项对比差距，找准主要短板，补齐一般短板。在成立综合协调机构的基础上，各级齐抓共建，继续大力提升历史文化街区的综合品质。持续抓好以市容环境、交通秩序和安全生产为重点的综合管理；提高综合管理服务的精准化、精细化水平，增加公共洗手间、垃圾桶、医疗救助点等卫生医疗服务设施；加强服务人员培训，提高旅游从业人员职业素养，增强志愿者服务能力；完善旅游行政服务基础设施，充分利用移动终端新媒体技术。

6. 在高端产业规划的基础上大力发展洋楼经济，活化珍贵的历史文化遗产，再造历史街区鲜活面貌

创建五大道小洋楼综合经济服务集聚区，使五大道成为重要企业的商务名片。在高端产业规划的基础上，加大小洋楼招商引资力度，吸引更多符合定位的世界500强和中国500强企业进驻五大道。加快腾楼换企，促进中低端楼宇业态优化和提质增效。通过对五大道经济功能的全面升级，达到活化珍贵的历史文化遗产和再造历史街区鲜活面貌的目标。

7. 建设好特色主题街区，增进人文体验休闲氛围

按照文化格调主题、基础设施主题、商业服务主题、绿植主题等进行差异化布局，建设承担不同功能、满足不同需求的特色街区；持续交错推出多种形式的文化主题活动，通过影视文化主题、历史场景化餐饮及街巷服务主题、高规格当代艺术主题等活动，全面勾画“五大道”历史人文图景，增加与游客交互环节；加深历史人文记忆，注重发挥节日和赛事产生的规模化成长效应，谋划举办全国性戏剧节、电影节和文体赛事；在公共环境设计过程中，结合街区机理，合理利用广场和绿地搭建大众聚集的公共交流空间，合理设置一些私密的交往空间。

改革开放

与中国县域发展

GAIGEKAIFANG

天津武清

TIANJIN WUQING

京津冀协同发展的桥头堡

中国社会科学院欧洲研究所

改革开放40年来，在党的基本路线指引下，武清的经济、社会、生态等发展取得了显著成就，人民生活等发生了巨大变化，综合实力明显提高，人民的获得感不断增强。武清作为我国的基层治理单位之一，既是改革开放和中国特色社会主义建设的基础单位，在实现40年来伟大历史成就的过程中扮演了重要的能动角色，同时也是探索今后继续推进和深化改革开放，不断改进和完善中国特色社会主义体制机制的重要窗口之一。因此，考察和分析改革开放以来武清区的发展成就，并总结武清取得这些成就的主要经验与原因，对于武清区在习近平新时代中国特色社会主义思想指导下，继续奋力拼搏、再上台阶，具有十分直接的现实意义。

一、武清区概况

武清区坐落于天津市西北部，北邻北京通州，西接河北廊坊。武清全境位于海河水系中下游，京杭大运河穿区而过，水系较为发达，曾因此久富渔盐之利。该区属于典型的大陆性气候，夏季炎热多雨，冬季寒冷干燥，年平均气温为11.6摄氏度，年平均降水量为606毫米。武清区面积1574平方公里，在天津16个区中排名第3。截至2017年底，武清共辖29个镇街，644

个村民委员会和69个社区居民委员会，常住人口120万人。

武清古为幽燕之地，南临齐鲁，北倚燕塞，“当水陆之冲衢，洵畿辅之咽喉”，长期以来都是南北各民族经济文化交融之所。武清是华北地区历史最为悠久的县之一，历史上曾被称为“泉州”，别称“雍奴”。秦始皇统一六国后，废分封，置郡县，将武清地域置于渔阳郡下。汉承秦制，在武清设置盐官。汉武帝时期（公元前106年），武清置县。唐天宝元年（公元742年），泉州改名武清，取“武功廓清”之意。京杭大运河开通后，穿武清而过，武清得以尽享交通之利，成为苏杭北上物资的集散中心。这不仅为武清带来了经济上的数百年繁荣，也进一步促进了武清地区饮食、民俗、宗教、建筑等诸方面同运河沿线地区的文化交流，塑造了武清开放、包容的文化特征。

近代以来，特别是抗日战争和解放战争时期，武清人民积极投入到民族的救亡图存斗争之中，涌现出了很多光辉事迹和先进人物，他们为中国人民的解放事业做出了不可磨灭的贡献。新中国成立后，武清人民响应党和国家号召，投身到恢复和发展生产的热潮中。党和国家领导人对武清的发展也倾注了很大的精力，毛泽东、邓小平、江泽民、胡锦涛、习近平等党和国家领导人与周恩来、刘少奇、陈毅、杨尚昆等老一辈革命家曾多次亲临武清考察和指导工作。

改革开放以来，武清区党委和区政府实事求是、解放思想，带领全县人民奋勇争先、实干苦干，努力发展经济、改善民生，各项事业发展取得了显著成就。1990年，武清的乡镇企业总产值在全国县（市）中排名第17位，经济发展水平较高。1991年，国务院批准武清县设立国家级开发区，成为全国第一个建在县上的国家级开发区。2000年，武清撤县设区，标志着武清的发展进入了一个新阶段。党的十八大以后，习近平总书记十分关心武清区的发展。2013年5月，习近平总书记到天津调研指导工作，考察的第一站就是武清区。在天津考察期间，习近平总书记在座谈会上提出，北京、天津要谱写新时期社会主义现代化建设的“双城记”，并在此基础上最终形成了京津冀协同发展的大战略。

纵观武清的历史变迁，绕不开的就是其独特的地理位置。可以说，是京杭大运河造就了古代的武清，而今天，处于京津冀之间的优越地理位置又为武清的发展创造了新的有利条件。但是，需要看到的是，地理区位优势并不会自然转变成现实的发展机遇与成果，如何利用好这一地利优势，是摆在武清区党委、政府和人民群众面前的一道重大考题。当前，在京津冀协同发展理念的指引下，武清区新的发展蓝图正在绘就。以协同发展为切入点，本调研报告考察和分析改革开放以来武清区的发展成就，并总结武清取得这些成就的主要经验与原因。

二、改革开放以来武清区的发展成就

改革开放以来，武清区党委和区政府遵循党中央的基本路线并按照天津市委有关部署，以经济建设为中心、坚持四项基本原则、坚持改革开放，各项事业协同发展，全区经济发展实现了快速稳定增长，三大产业结构不断优化，区财政收入和人民群众收入不断增加，人民生活水平显著提高。与此同时，武清区在生态文明建设，以及教育、医疗、养老、文化、体育等方面都取得了显著的成就。

（一）经济发展水平节节攀升

改革开放以来，特别是进入新世纪以来，武清经济保持了较快的发展速度。2017 年，武清完成地区生产总值 1160.91 亿元，是 2001 年的 10 倍多，一般公共预算收入达 128 亿元。与此同时，三大产业结构不断优化，第一产业占三大产业比重从 1980 年的 86. 3% 下降到 2017 年的 3.4%，第二和第三产业所占比重则稳步提升，分别从 1980 年的 9.0% 和 4.6% 提高到了 2017 年的 53.0% 和 43.6%（见图 1）。

都市型农业发展水平不断提高。武清地区土壤疏松肥沃，较为适宜农业生产，而以种植业为主的农业也曾长期在武清的经济中占据主导地位。但由于

图 1　武清区三大产业结构的演变

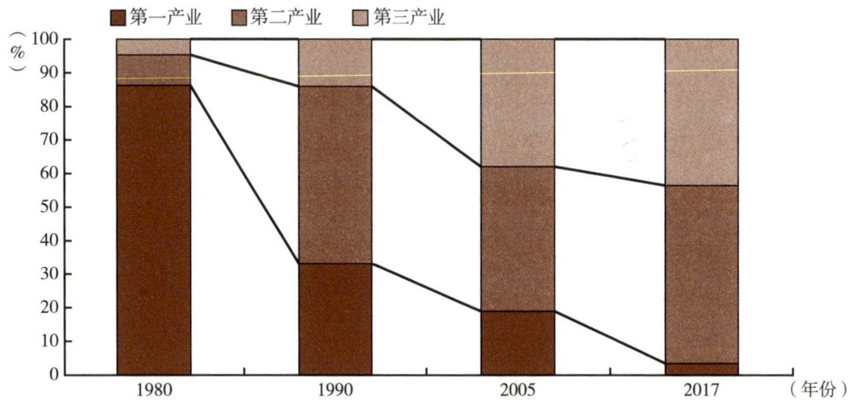

农田水利等基础设施建设不足，难以抵御旱涝等自然灾害，农业产出波动较大。改革开放以来，武清逐步推行家庭联产承包责任制，农民生产积极性得到释放，农村经济等各项事业全面发展。1985 年，武清粮食和棉花产量分别占到了天津市总产量的四分之一和二分之一，成为天津重要的农作物生产和供应基地。1986 年，全县农田水利建设进入新的高潮，当年被评为全国水利建设先进县，粮食产量自那以后也连年递增。1990 年，武清县粮食亩产达到 604 公斤，是 1978 年的 5 倍，总产量 5.62 亿公斤，是 1978 年的 3 倍，农业总产值达 5.7 亿元。农、林、牧、渔等第一产业在业人口占全区在业人口总数的 64.2%，人均纯收入从改革开放初期的 100 多元，增加到 1990 年的 1000 多元。

进入 21 世纪以来，武清区深入发掘自身区位优势，紧盯北京和天津两大市场，积极发展都市型现代农业，将自身打造成京津地区重要的农副产品供应基地。近年来，武清区逐步压减粮食种植面积，代之以养殖业和高附加值设施农业，农业生产实现了从传统到现代、从粗放到集约的转型。目前，武清已经先后建成了天津市农业科学院科技创新基地和 10 余个现代农业示范园区，设施农业面积达 18 万亩，形成了以奶牛养殖和无公害蔬菜为主的两大农业支柱产业，规模以上农业企业达到 83 家。2013 年，武清区被评选为国家级现代农业示范区。2017 年，武清区又被纳入首批国家农业可持续发展试验示范区暨农业绿色发展试点先行区。2017 年，武清区农业合作组织发展到近 2000 家，家庭农场达 158 家，全区 92% 的农户纳入产业化经营体系，农业总产值达 85.59 亿元，农民人均可支配收入达到 22112 元，比 2016 年增长 8.6%。

现代化工业生产水平不断升级。在农业实现转型的同时，武清区的工业发展也取得了显著的成就，其中工业园建设的成就最为突出。改革开放以前，武清的工业基础较为薄弱，全县仅有工业企业 121 家，产值 1.9 亿元。改革开放以后，乡镇企业在武清雨后春笋般迅速兴起，成为推动经济增长的主要力量之一。到 1990 年，武清县的工业企业已达到了 1727 家，完成产值 36.1 亿元，从业人口占在业人口的 21.9%，主要从事食品、地毯、服装、鞋帽等劳动密集型产业。其中外贸型企业达 300 余家，产品行销世界 70 多个国家和地区。1991 年，武清开发区的设立为武清的工业发展创造了新的机遇，从此，园区经济在武清逐渐发展起来，极大地夯实了武清的工业基础。

进入 21 世纪以来，武清区党委和区政府以武清经济技术开发区为依托，建成了京滨工业园、汽车产业园和京津科技谷等三个天津国家自主创新示范区分园，以及京津电子商务产业园这样一个特色园区，从而形成了“一区四园”的园区经济格局。武清通过引进一批规模大、效益好、科技含量高、辐射能力强的工业企业，带动了一系列周边产业的发展。2017 年，武清全区规模以上工业企业达 500 家，完成规模以上工业产值 1007.15 亿元，其中电子信息、生物医药、新材料、智能制造和汽车零部件等五大主导产业占工业总产值的比重达 60%。同时，武清区积极引进先进科技项目，加强同科研院所和高校在科技研发上的合作，不断增强工业企业的科技创新能力。2017 年，武清区已与全国 80 余家高校建立起合作关系，引进科技转化项目 113 个，国家级高新技术企业增加到 364 家，新申请专利突破 1.1 万件。武清的工业产业实现了从劳动密集型到资本和技术密集型、从资源消耗驱动到科技创新驱动的重大飞跃。

高端服务业带动能力不断增强。改革开放初期，服务业在武清经济发展中处于较为边缘的位置，其对整体经济发展的贡献不高，作用不明显。经过改革开放的探索与实践，武清区出台政策积极鼓励和扶持服务业发展，使服务业从业人口持续增长，产值不断增加。1983 年，武清县仅有不到 3 万人从事服务性行业工作，占在业人口比重不足 8.0%。到 1990 年，这两个数字已分别增加到 5 万多人和 11.7%，生产总值超过 2.3 亿元。服务业的快速发展，不仅丰富和便利了人民群众的日常生活，也增加了人民群众的收入，带动了整体经济的快速发展。

为进一步推动服务业更好更快发展，武清区利用自身区位优势，瞄准京津冀消费市场，重点发展以电子商务、高端商贸和休闲旅游等为主要内容的现代服务业。在电子商务领域，武清区在 2009 年规划建立了面积达 52 平方公里的电子商务产业园。目前，该产业园已经累计引进了包括唯品会、京东商城、酒仙网等在内的电子商务上下游企业 700 余家。2015 年武清区获批国家级电子商务示范基地，同年，被确认为阿里巴巴“千县万村”农村淘宝项目在天津市的首个试点。除此之外，在高端商贸方面，武清区也在过去几年中陆续引进实施了佛罗伦萨小镇名品奥特莱斯、创意米兰家居、威尼都等一批高端商贸项目，吸引了大批来自京津地区的消费者来此购物消费。而在休闲旅游业方面，武清充分挖掘运河文化旅游资源，建成北运河休闲旅游区，创建绿博园、凯旋王国两个国家 4A 级景区，荣获全国休闲农业与乡村旅游示范县称号。2017 年，全区接待游客达 1900 万人次，比 2016 年增长 13%，旅游收入达 88 亿元。现代服务业的蓬勃发展，为武清整体经济水平的提升做出了重要贡献。

（二）人民生活质量显著改善

改革开放以来，武清区的城乡面貌日新月异，民生事业取得全面进步，人民生活质量得到显著改善。近十几年来，武清加快新区开发和旧城改造步伐，持续优化城市功能布局，建成城区面积达 70 多平方公里。同时坚持统筹城乡发展，全面提升农村建设水平，实现了全区 11 万农村群众居住条件和生活方式的转变。城镇人口占总人口的比重从1990年的22.6%增加到目前的一半以上。根据武清区的规划，到2020年，全区城镇化率将达到60%以上。

除此之外，武清的教育、医疗、养老、文化、体育等事业也不断发展，有效满足了人民群众日益增长的需要。以养老服务为例，1970年，武清全县仅有敬老院7所，收容孤寡老人44人。这一数字到1990年，已经分别上升到47所和613人。此后，武清的养老服务投入不断增加，服务体系更加完善，涵盖范围更加全面，服务水平显著提高。仅2017年，武清区就办理老年免费乘车卡1.3万张、老年优待证1000个，并将百岁老人营养补助费标准提高到1300元。城乡居民养老保险新增参保人员4.3万人，城乡居民基本医疗保险参保率达到95%。

近年来，武清区开始每年在10个领域实施20项惠民工程，将80%以上的财政支出用于民生建设。在武清区党委和区政府的积极努力下，武清的教育现代化条件显著改善，教育教学质量不断提高。目前，全区共有包含13所高中、1所特殊教育学校以及42所初中等在内的各级各类学校445所。在医疗保障方面，武清建立完善了城乡医疗卫生三级服务体系，全区共有医疗卫生单位40家，包括两家三级医院、一家二级医院，以及农村标准化卫生室513家、城市社区卫生服务站30家，家庭医生签约服务32万人。

在文化和体育事业方面，武清区深入挖掘自身文化历史资源，打造城市文化名片，先后举办了快板书大赛、书法名家作品展、书法篆刻作品展等一批大型文化交流活动。武清入选首批国家级文化消费试点城市，并被文化部命名为中国民间文化艺术（书画）之乡。2015年，由区政府出资兴建的武清影剧院投入运营。该影剧院是集电影院和大剧场为一体的综合性高端文化设施，建筑面积达4万多平方米，为当地居民文化、休闲及娱乐方式的升级提供了平台。2017年，武清区政府补贴资金350万元，发放文化惠民卡1万张，累计开展惠民演出180场，惠及群众超过30万人次，极大地丰富了人民群众的精神文化生活。同时，武清区加大投入体育中心项目，同时建成

20 余个镇街文体中心，建成各类健身广场、健身园 645 个，人均体育场地面积达到 2.4 平方米。武清区连续五年举办天津国际马拉松赛，连续三年承办环中国国际公路自行车赛。2017 年，武清承办了第十三届全运会马拉松、水上马拉松、铁人三项和乒乓球等赛事。

（三）生态文明建设成果显著

新中国成立初期，由于过去长时间战乱和自然灾害的破坏，武清的自然环境受到严重损害，境内仅存零星树木 25 万余株。此后的一段时间里，武清的自然生态虽然有所恢复，但没有得到根本改善。改革开放后，武清区将环境保护工作放置到更加重要的地位。1981 年，武清县组织县直机关单位植树 2.5 万株。此后直到 1990 年的十年时间里，武清县党政干部和人民群众共参加义务植树 325 万人次，植树 1443 万株。1983 年，武清对境内环境污染状况开展了首次普查，并对废水、废气、废渣、粉尘等环境问题进行了集中整治。1984 年，武清被中央绿化委员会评为“绿化先进县”。经过全县人民的不懈努力，到 1990 年，武清的林木覆盖率已恢复到 16.2%。2016 年，武清区活立木蓄积量、林地面积均居天津市平原区县首位，全区林木覆盖率已达 36.4%（见表 1）。除此之外，全区还共有总长达 263.4 公里的 11 条河道，以及两座生态水库。总面积 104.6 平方公里的大黄堡湿地自然保护区是天津市市级自然保护区，而占地 1.1 万亩的津北森林公园则是天津最重要的森林生态保护区之一。

表 1　武清的林木覆盖率

（单位：%）

年份	1985	1990	2005	2010	2016
林木覆盖率	11.5	16.2	24.2	29.0	36.4

党的十八大以来，武清区更加重视生态文明建设，将建设“美丽武清”作为党委和政府的重要工作内容。武清区贯彻“绿水青山就是金山银山”的

发展理念，持续加大环境治理投入，加速推动经济发展模式转型。2014 年，武清全面实施“美丽武清 · 一号工程”，开展清新空气、清水河道、清洁社区、清洁村庄和绿化美化“四清一绿”行动，全区累计投入 40 亿元，城乡生态环境明显改善。同年，武清被国家发改委等部门联合评为全国首批生态文明先行示范区。与此同时，武清持续实施大规模绿化造林工程，每年新增植树造林 10 万亩以上，被评为全国造林绿化百佳县、全国造林绿化先进单位、全国绿化模范城市。2015 年，武清成功举办第三届中国绿化博览会。2016 年，武清区专门投资 6000 多万元，沿城市主干道发起建设长 1800 米的生态绿廊公园，绿化面积 28.5 万平方米。2017 年，武清再度新建改造城市绿地 77.6 万平方米，造林 11.2 万亩，植树 478 万株。

此外，按照国务院治理大气污染有关要求的统一部署，武清经过不懈努力，基本完成了全天津市唯一的“无煤区”试点建设，极大地改善了本地空气质量状况，同时为北京和华北地区的大气污染防治工作做出了重要贡献。根据武清区 2018 年的工作规划，武清将实现全区全部镇街园区污水集中处理，出水达标率实现 100%。同时，新增造林 4 万亩，植树 126 万株，将城区绿化率从 2016 年的 33.6% 提升至 35.3%。

2017 年，武清全面启动了《天津大黄堡湿地自然保护区规划（2017–2025 年）》实施工作，对 100 多平方公里的湿地保护区进行了详细勘察，完成近 30 处问题点位整改工作。而根据这一规划，到 2025 年，武清将全部拆除大黄堡保护区核心地带的历史遗留建设项，并清理全部水产养殖活动。同时，综合采用生态移民、退耕还湿还渔、生态补水和湿地修复等措施，推动大黄堡湿地的保护和恢复，逐步实现经济、政治、文化、社会、生态“五位一体”全面发展。

三、武清区发展的主要经验

武清区改革开放以来能够取得如此显著的成就，从根本上说，就在于始终坚持党的基本路线，坚持走中国特色社会主义道路，以改革促发展，用创新求动力，立足自身特点，瞄准前沿、解放思想、求真务实、激流勇进、提前谋划。改革开放 40 年来武清的发展积累了丰富的经验，概括起来主要有以下三点。

（一）“规划就是生产力”

武清区党委和区政府十分重视城市发展规划的作用，明确提出了“规划就是生产力”的口号，将做好城市规划作为奠定城市发展基石的基本事项。1998 年和 2002 年，天津市政府先后批准了两个版本的武清城乡总体规划，确定用地面积分别为 30 平方公里和 59.4 平方公里。2004 年，在武清区主要党政领导同志的主持下，武清区酝酿提出了新的发展规划思路，并形成了《武清发展战略研究》，此项战略设计一直贯彻影响到今天的武清城市规划。根据这一文件，武清确立了“一轴两带，八大组团”的空间布局形式。“一轴”指的是京津城市发展主轴，它是武清发展的基本定位，“两带”分别是武清东部和西部小城镇发展带。而“八大组团”则包含了作为核心的武清新城组团，以及其他七个小城镇发展组团。在此基础上，《天津市武清区城乡总体规划（2008–2020 年）》获得天津市政府批准，武清被明确定位为“京津城市发展主轴上的重要新城、高新技术产业基地、现代物流基地和生态宜居新城”。

除了十几年来将“一张蓝图绘到底”之外，武清区党委和区政府坚持“一以贯之抓落实”，将发展愿景一步步转变为现实成果。武清区党委和区政府很早就认识到了自身发展同周边地区，特别是京津冀地区发展的命运相连，遵循党中央、国务院的统一部署，紧跟京津冀发展动态，借京津冀之力来推动自身的发展。要将区位优势转变为实实在在的成果，没有四通八达、快速便捷的交通网络是不行的。基于这种认识，武清区党委和区政府始终将交通基础设施建设作为事关全区发展的大事来抓。改革开放之后，武清区落后低效的交通状况逐步得到改善。1990 年，武清县全境共有五个火车站，并有一条高速公路穿境而过，全区公路总里程 1380.6 公里，公路旅客运输量 52.8 万人次，公路运输周转量 3.7 亿吨 / 公里。

进入 21 世纪以来，武清区投入大量人力、物力、财力改善交通状况，积极推进同京津冀地区的互联互通，打通人员和物资流通的命脉。从 2003 年开始，武清区投入 180 亿元，实施“路网工程”，用五年时间高标准建成了“九横九纵”的骨干路网，根本改善了武清区的交通状况。目前，武清区的公路总里程已达 2338.8 公里，路网密度达 182 公里 / 百平方公里。全区有京津塘、京津、京沪等六条国家级骨干高速公路穿境而过，共均匀设置了 14 个高速公路出入口，实现了全区内任何地点乘车，15 分钟内即可到达一个高速路口的目标。武清公路运输周转量达到 83.5 亿吨 / 公里，公路旅客运输量 671 万人次。在铁路运输方面，京沪、京九、津蓟等铁路穿境而过，设有客货站 7 个。京津城际铁路在武清设有唯一经停站，日停靠车次 23 对，到北京南站用时仅 25 分钟，到天津站用时 16 分钟。

便捷的交通，极大地促进了武清各项事业的发展。在四通八达的高速交通网络的支撑下，武清的奶制品和新鲜蔬菜等农副产品能够及时运送到北京和天津市场，供应消费者。同样得益于便利的交通，多家物流和电商企业才在武清设立中转站和仓库，就近为巨大的北京和天津市场提供服务。此外，便捷的交通也为武清旅游业的发展带来新的机遇。2008 年京津铁路武清高铁站通车，它不仅方便了消费者赴武清旅游消费，也使投资者看到了在武清投资的良好前景。作为全国知名的电商企业，2013 年，唯品会将其华北运营总部从北京搬迁到武清，其中的一个重要考虑就是武清四通八达的交通网络。佛罗伦萨小镇项目的引进同样是一个非常典型的例子。佛罗伦萨小镇项目由来自美国和意大利的集团共同投资兴建，占地 271 亩，总投资 9 亿元，建筑面积达 9 万平方米。该项目所在地与武清高铁站仅一路之隔，消费者从高铁站出站后，只需穿过一座天桥，步行 200 米左右即可到达小镇，这一选址为来自北京和天津方向的消费者提供了最大便利。自 2011 年开业以来，佛罗伦萨小镇入驻国际一线品牌 200 余家，日均人流量 2.5 万人次，日均销售额 610 万元，成为京津地区消费者休闲购物的首选地区之一。仅 2018 年前五个月，小镇就实现销售收入 11.2 亿元，上缴利税 3.9 亿元。

（二）“服务他人就是发展自己”

“服务他人就是发展自己”的理念是武清区 2006 年在建设“服务型武清”的过程中提出来的。武清区党委和区政府很早就认识到建设服务型政府的重要性，在实际工作中切实为企业和人才着想，积极引入外部资金和资源，为到武清投资创业的企业和人才创造良好的经营条件和拴心留人的生活环境。

为此，武清区主要面向企业和人才采取了两方面的举措。首先，着力提升行政服务水平，大力营造有利于外来投资和商业发展的良好氛围，将创设良好的营商环境作为武清发展的重要抓手。在提升服务质量方面，武清着重从提高工作人员素质和能力入手，要求每个工作人员在面对投资者提出的困难时，要想方设法、满腔热情地予以解决，细致周到地做好服务。

2014 年，武清在天津市率先成立行政审批局，集中行使行政许可权，通过一站式审批和一条龙服务，实现“一颗印章管审批”，切实降低了企业成本，激发了市场活力。同时，针对重要企业聚集区的武清经济技术开发区，武清区政府在开发区内设立了行政许可服务中心，工商、税务、公安等 32 个部门入驻，提供便捷高效的办公服务。除此之外，武清还专门开设了有关重大项目审批的“绿色通道”，方便企业及时启动项目。2017 年，武清继续深化“放管服”改革，精简 10 项行政许可事项，并分别在京滨工业园和电商产业园建立了行政服务中心，在天津市率先启动个体工商户营业执照和税务登记证“两证合一”和简易注销登记服务，帮助企业解决实际问题 1000 多个，服务型政府建设取得新的进展。

其次，武清区积极提升城市服务水平，优化城市人文环境和生活环境，创造吸引人才落户安居的优良环境。为此，武清区先后出台了《武清区中长期人才发展规划纲要（2013–2020 年）》和《武清区高层次创新创业人才聚集工程实施办法》，形成多方位、多层次、全覆盖的人才政策体系。在此基础上，武清区深入实施高端人才引进的“慧聚武清”工程，建立了人才“绿卡”机制，具体来说，就是拿出上一年度区级财政一般预算收入的千分之五，用于设立人才发展专项资金，帮助解决人才工作生活中的后顾之忧。2018 年，武清区紧随时代发展，又发布了《武清区关于进一步抢抓京津冀协同发展机遇加快建设创新创业人才聚集地的若干措施》，不仅大幅增加了人才引进的资金投入，也进一步完善了人才引进和相关评审体系（见表 2）。同时，武清区建成人才公寓共 41 万平方米，近 7000 套，可容纳 4 万余人入住。除此之外，武清区政府还通过与高校共建研究生社会实践基地，以及深入高校开展专场招聘会等形式，预先、主动加强人才引进工作。目前，区内院士、博士后工作站等各类人才平台已发展到 96 个。

表 2　武清区人才引进政策

一、分层次人才政策		
	人才认定标准	人才引进政策
第一层次人才	“两院院士”、国家“千人计划”获得者、“中国青年科学家奖”获得者及国家科技重大项目负责人等	分三年发放 200 万元购房补贴和 80 万元工作津贴
第二层次人才	省部级“千人计划”获得者、教育部“高等学校教学名师奖”获得者、国家科技重大专项课题负责人等	分三年发放 100 万元购房补贴和 40 万元工作津贴
第三层次人才	博士后、“青年科学基金项目”资助的项目负责人、省部级有突出贡献的中青年专家等	分三年发放 30 万元购房补贴和 15 万元工作津贴
第四层次人才	博士、取得高级专业技术职务任职资格人员等	分三年发放 15 万元购房补贴和 10 万元工作津贴
第五层次人才	硕士、符合武清区年度行业急需紧缺目录的其他人才	分三年发放 5 万元工作津贴
第六层次人才	本科、符合武清区年度行业急需紧缺目录的其他人才	分三年发放 3 万元工作津贴

续表

二、京津冀区域人才
对达到第1至第4层次认定标准的京津冀区域人才，分别给予一次性10万元、8万元、4万元、2万元的奖励。同时，对区内企业引进的京津冀区域内高校硕士和本科应届毕业生，按照每年1万元和5000元的标准，连续3年发放工作津贴。
三、重点产业人才
定期编制《武清区急需紧缺专业人才目录》，并重点支持生物医药、装备制造、新材料等主导产业发展。同时，对来武清区参加社会实践的博士、硕士研究生给予每人每月2000元生活补贴及相应交通补贴。
四、武清“引才大使”
面向国内外聘请知名企业家、专家学者等担任招才引智大使。对人才引进成效突出的，授予“武清引才大使”称号，给予10万元奖励。在重点高校聘请教师、学生骨干担任“武清人才宣传员”，为每名宣传员提供最高每年2万元的奖励。

坐落在武清经济技术开发区的天津诺禾致源生物信息科技有限公司，是一家以基因测序为主营业务的新兴高科技企业。自2011年成立以来，企业已经在基因测序领域在全国和全球范围内占据了一席之地。2014年，公司在武清经济技术开发区设立全资子公司，并将实验室迁移至武清。新成立的子公司，办公面积5600平方米，其中的实验室面积达2000平方米，是公司设立最早、规模最大的基因测序中心。这家高科技企业之所以这么做，不仅是因为看中了武清的区位优势和发展前景，更是被武清的政府服务和优惠政策所吸引。由于公司员工以硕士研究生为主，武清区人才引进政策体系中的第五层次人才政策适用于公司的绝大多数员工。三年期限的人才奖励可以缓解新入职员工的生活压力，此外，公司员工还可以享受开发区提供的人才公寓租赁等优惠政策。公司落成后，员工迅速从70多名增加到600余名。现已有200多名员工在武清落户，更有30多人在武清置业安家。在武清优惠政策的帮助下，公司逐步建立并稳定了一支来自海内外顶级名校的高素质综合团队，这为业务发展打下了坚实的人才基础。像诺禾致源这样被武清的发展前景和优惠政策所吸引的企业还有很多。目前，武清拥有世界500强企业

40余家、行业龙头企业150余家。2017年，武清实现引资到位额505亿元，新引进项目3980个，其中超亿元项目90个。武清区政府，特别是工业园区细致入微的政府服务是武清能够广泛吸引投资，汇聚人才的重要原因。

（三）“跳出武清看武清”

武清区地处京津冀三角地带，其发展离不开周边地区，因此对于武清的认识也必须跳出行政区划局限，着眼于更大的范围。武清人认识到武清的发展要“跳出武清看武清”，不能被行政区划所束缚，不是将自己定位限制在自身的狭隘范围，而是将自己作为承接北京非首都功能的重要载体，推动京津冀协同发展的关键一环。

近年来，武清区积极利用北京的市场和资源，抓住京津冀协同发展战略机遇期，大力吸引和承接北京非首都功能。2014年，武清区启动建设高村科技创新园，将它作为承接非首都核心功能疏解的先行示范区。该园区以“集约聚核、产业高端、管理现代、宜居宜业”为建设理念，主要发展以大数据为支撑的智慧产业和总部经济。园区规划面积10平方公里，一期面积为3平方公里。同时，武清积极主动加入到京津冀协同发展道路的探索中来。2017年2月，武清、通州、廊坊三地签署《推进通武廊战略合作发展框架协议》。这三个地区地理接近、人文相似、交通相连、来往密切，共同构成了京津冀协同发展的金三角地带。经过一年多的推进，三地已有40个部门和11个口子镇对口签订了66项合作协议，在产业发展、交通基础设施建设、生态保护、教育和医疗卫生、文化和人才交流等领域密切协作，已经取得一定的积极成效。

在“通武廊”协同发展建设过程中，人才合作是一个重要的突破口。武清区人才工作领导小组办公室主动联系通州区和廊坊市相关单位，在人才一体化、融合就业创业政策、劳动人事争议协同处理等方面开展合作试点，不仅建立了三地人才工作联席会议制度，还先后签署了《通武廊区域人才合作框架协议》《通武廊区域人才互认标准》等文件，启动了“通武廊”人才一体化发展示范区建设，建立了三地人才“绿卡”制度。根据这一制度，持卡人将自由享受三地的人才引进政策，并在申报科研项目和创办企业等事项上享受优先服务。在武清区的积极推动下，三地联合举办了多场招聘会和海外人才项目对接活动，吸引了大批海内外优秀人才到“通武廊”地区就业创业，有力提升了“通武廊”地区的整体吸引力和竞争力。根据规划，在2018年，三地将重点推进北运河生态文化、蓝天保卫、水污染治理、交通互联畅通、产业提升、文化共创、旅游共享、人才交流、教育协同、医疗卫生合作、社会治安共管、美丽乡村等12项工程，进一步深化区域合作。

四、武清区取得重大成就的原因

改革开放以来，武清的发展取得了有目共睹的显著成就。武清区党委、区政府和武清区广大人民群众在改革开放的征程中，立足自身实际、开展艰苦探索，形成了具有自身特点的一些经验。这些经验主要有以下几个方面。

（一）发挥好党组织的战斗堡垒作用

一个地区的发展速度如何，发展水平如何，发展质量如何，首先要看该地区的党组织作用发挥的好不好。只要党组织发挥好创造力、凝聚力、战斗力和领导力、号召力，就能团结广大人民群众，充分利用各种资源，持续推动地区经济和社会发展。党的十八大以来，党组织建设，尤其是基层党组织建设被提高到一个更加显著的高度。习近平总书记明确指出：“只要每个基层党组织和每个共产党员都有强烈的宗旨意识和责任意识，都能发挥战斗堡垒作用、先锋模范作用，我们党就会很有力量，我们国家就会很有力量，我们人民就会很有力量，党的执政基础就能坚如磐石。”

正是因为武清区党委在改革开放过程中始终重视发挥好党组织的战斗堡垒作用，发挥好党员的模范带头作用，不怕困难、敢于担当，扎扎实实走群众路线，才使得武清各项事业的发展发生了翻天覆地的变化。武清撤县设区之后的几年，武清的发展迎来了一个大好机遇期。武清区党委及时抓住机遇，确定了武清发展“以城市化为先导的率先发展战略”。在这一战略的指引下，武清区党委及各级党组织率领广大人民群众埋头苦干，使武清的发展局面在短时间内得到显著改观，并奠定了武清发展的基本格局。比如，2003年武清区将修建拓宽道路确立为实施这一战略的一个重要抓手。在此后持续数年的修路大潮中，广大党员干部冲在最前线，吃住在工地，涌现出了很多感人事迹和杰出典型，形成了以此为代表的“路网精神”。多年的大力投入和辛勤工作最终换来了武清道路状况的极大改善，并得到了人民群众的衷心欢迎。2008年，武清发起了103国道黄金走廊建设、旧城改造和新区开发“三大战役”，拉开了新城开发建设的序幕。在此后的两年时间里，武清累计拆迁47个村街，涉及2.2万户6.3万人口，拓展了60平方公里的空间，为新城发展积蓄了后劲。在这一过程中，武清区党委及区政府坚持依法拆迁、和谐拆迁、阳光拆迁，广大党员干部模范带头，并耐心做好群众工作，保证了城市建设的顺利开展。武清区党委和党员干部的积极作为，终于使得武清的城市面貌焕然一新，从而为此后武清各项事业的突飞猛进奠定了基础。

（二）放眼长远，以规划指导发展

武清区发展的一大特色在于区党委和区政府向前看，从长远打算，谋划武清的发展蓝图。武清区非常重视城市发展的提前规划，早在1998年，武清就编制了第一版的城乡总体发展规划。在此基础上，根据时代变化，武清又先后编制了三部发展规划。在编制城乡总体规划的基础上，武清还细化了镇级总体规划和村庄规划。目前，武清已经完成了全区所有镇的总体规划编制工作，并完成了全部村庄规划工作的91.0%。除此之外，武清还通过专项规划的方式，为该区各项事业的发展提供了依据。近些年来，武清先后编制了文、教、卫、体设施布局规划，轨道交通专项规划，燃气专项规划，湿地修复与保护专项规划等各类规划。同时，武清还紧跟时代发展，积极更新规划理念，认真改进规划方法，为武清的未来发展提供科学保障。目前，武清区正在对现行的《天津市武清区城乡总体规划（2008–2020年）》进行修编，编制《武清区城乡总体规划修编（2015-2030）》，这将为武清今后的发展提供更加长远的指导。

除了对前期规划高度重视外，武清区发展的长远眼光也体现在对于经济社会和生态环境协调发展的长期关注上。在发展过程中，武清区党委和区政府不仅看到了经济数据的增长，也把社会建设和保护环境摆在同样重要的位置。以武清经济技术开发区为例，尽管创造税收和推动全区经济增长是设立开发区的一个重要目的，但武清区党委和区政府同样十分强调就业和再就业，以及提高居民生活收入水平的重要性。为此，开发区特别成立了就业部，在求职人员和用人企业之间搭建起了桥梁。同时，通过区人才市场等渠道，多方位主动开展就业安置工作，使得开发区成为武清人民就业和增收的重要基地，形成了企业营收、群众增收、社会稳定的和谐局面。除了经济社会协调发展，环境保护也是武清区党委和区政府从长远着手，积极谋划的重点领域之一。武清经济技术开发区在建设初期，尽管引进重大项目的需求十分迫切，但依然把环境保护放在重要位置。一家外资印染企业曾计划投资3000万美元到开发区建厂生产，但面对这一重要项目，开发区首先想到的却是有无污染，并派人到该企业所在地现场考察。在得知该企业污染较为严重时，果断拒绝了这一项目。正是武清区党委和区政府对于环境保护始终如一的高度重视，才为武清人民保住了一片蓝天、一湾清水，从而实现了该区可持续、高质量的发展。

（三）着眼全局，以融合助力发展

一个地区的发展不可能脱离其他地区，特别是周边地区的发展。武清区作为地处京津之间的中等规模区县，其发展尽管有一定的特殊之处，但着眼全局，强化与周边的合作联系是其取得现在成就的重要因素之一。随着经济发展，人才和投资流动性的不断加强，原有的行政区划规制在一定程度上已经成为阻碍各种生产要素流通的障碍性因素。地区之间通力合作，可以抱团形成合力，提升整个地区的吸引力和活力，通过相互借鉴发展经验、利用发展资源，能够为区域的经济发展带来新的机遇。

武清区作为天津郊区县，空间、人才和财政等各种资源并不算丰富，因此，借助京津冀大市场和周边其他县区的资源来促进自身发展成为其合理选择。对武清来说，存在两个层次的协同发展局面。第一个层次是京津冀协同发展。在这一层次上，武清作为天津的一部分，紧邻北京和河北，及时采取“搭便车”的策略，搭上了京津快速发展的便车，通过吸引和利用京津资源，为自身发展创造了动力。以农业产业为例，武清利用自身自然地理优势和较为雄厚的农业基础，以满足京津市场需求为目标，积极调整农业产业结构，建成“京津菜篮子”，实现了农业从以粮食种植为主到以现代化畜牧业和蔬菜种植业为主的转型。这增加了武清广大农民群众的收入，减少了农业从业人口，为武清今后的发展提供了更大的空间资源和人力资源。第二个层次是“通武廊”协同发展。在这一层次上，武清改变了作为一个“搭便车”者的角色，走向前台，为小区域内的协同发展出策出力。而也正是在这第二个层次上，武清区深化了自己与周边地区的协同发展，同通州、廊坊的融合协调正在变得更加深入。这种发展的全局意识，使得武清能够充分利用强大而不断流动的外部资源，持续为武清的发展创造新的机遇，提供新的动力。

（四）艰苦奋斗，以实干推动发展

政策制定只是所有工作的一个方面，这些制定好的政策如何能够顺利实施并转变成现实成果，惠及广大人民群众，则需要广大党政干部队伍弘扬实干的工作精神切实加以落实。习近平总书记高度重视党员干部在工作中实干精神的发挥。他指出：“崇尚实干、狠抓落实是我反复强调的。如果不沉下心来抓落实，再好的目标，再好的蓝图，也只是镜中花、水中月。”改革开放以来武清区发展成就的取得，不是在纸上画出来的，也不是在会议中谈出来的，而是广大干部群众一锹土、一块石垒起来的，是广大干部群众一步步走出来的。如果没有大力弘扬实干精神，没有狠抓政策落实，武清区不可能取得今天的显著成就。

下面再举一个例子。2017 年，华北地区打响了散煤治理攻坚战。武清区作为紧邻北京的地区之一，“煤改气”“煤改电”工作推进成效对于改善北京乃至整个华北地区的空气质量，按时完成党中央、国务院关于大气污染治理的整体部署意义重大。为此，武清区投入巨资支持“煤改气”“煤改电”工程。按照“宜电则电、宜气则气、优先用电”的原则，早在 2016 年 7 月，武清就启动了基础数据摸底工作，对全区散煤使用情况进行全面调查，党政干部深入到每一住户、每家企业、每个单位，逐个进行房屋平面图绘制及身份证、户口本等信息收集工作。在此基础上，武清区制定了《武清区农村地区煤改清洁能源实施方案》，确定了农村居民中煤改电 10.97 万户、煤改管道气 3.1 万户、煤改液化天然气 8.18 万户、集中供热 0.42 万户，并制定了详细的补贴方案，保证人民群众在“煤改气”“煤改电”之后的支出成本在可承受范围内。

武清区南蔡村镇三里浅村共有住户 133 户，在“无煤区”建设中，全村采用了“煤改电”的方式。村民吴建芳一家原本烧煤取暖每年平均支出 3000 元左右，通过“煤改电”的政策补贴，2017 年冬季取暖支出仅 1400 元左右。该村在实施“煤改电”的过程中，针对部分群众的观望心理，通过多种途径加大宣传力度，同时，专门组织部分村民到其他先进村庄了解学习，使大家逐渐认识并接受了“煤改电”这一新生事物。现在，得到了实实在在实惠的村民，已经不愿再回到烧煤取暖的传统方式上来了。通过广大干部群众的艰苦努力，武清区终于在 2017 年底完成了涉及 625 个村 22.67 万户的散煤清洁化治理，建成了天津市唯一一个“无煤区”。

概括起来说，改革开放以来，武清的快速发展显著得益于同周边地区的紧密联系。作为地处北京、天津两大国际性大都市中间地带的中等规模区县，武清瞄准这两大市场，积极调整自身产业结构，吸引两地的投资企业和消费群体，借京津之势和京津之力，实现了自身的快速发展。当前，作为京津冀协同发展大战略中的关键节点和“通武廊”协同发展中的重要一环，武清的未来正在更加紧密地同周边地区联系在一起。而武清的发展经验也说明，地区发展应当着力破除重复建设和互相攀比，树立区域协调、互补共享式发展的意识，以利于实现本地区长远而可持续的发展目标。

五、发展建议和前景展望

武清区地理位置优越，交通优势突出，产业设施完备，文化底蕴深厚，有着很大的发展潜力。改革开放 40 年来，武清区党委、区政府和人民群众在改革武清、开放武清、发展武清的道路上进行了艰苦的探索。面向未来，乘着京津冀协同发展战略的东风，武清的发展正在翻开新的一页。

在武清迈向新征程的道路上，下一步还可考虑：

（一）抓住机遇，争当协同发展先锋

京津冀协同发展是党中央、国务院着力于破解京津冀地区发展不平衡问题，进一步优化三地资源配置而提出的一项大战略。对于京津冀协同发展的重要性，习近平总书记在 2014 年 2 月的京津冀协同发展座谈会上做出了精辟的概括。他指出："实现京津冀协同发展，是面向未来打造新的首都经济圈、推进区域发展体制机制创新的需要，是探索完善城市群布局和形态、为优化开发区域发展提供示范和样板的需要，是探索生态文明建设有效路径、促进人口经济资源环境相协调的需要，是实现京津冀优势互补、促进环渤海经济区发展、带动北方腹地发展的需要，是一个重大国家战略，要坚持优势互补、互利共赢、扎实推进，加快走出一条科学持续的协同发展路子来。"在这一战略框架下，北京、天津和河北三地将通过资源协调，实现共同发展、共同繁荣。毫无疑问，这一战略的实施并不是一蹴而就的，而是一项长期的系统性工程。2015 年，北京通州、天津武清、河北廊坊三地打起了"通武廊"协同发展的大旗，为京津冀协同发展战略的实施探索道路。

对于武清来说，京津冀协同发展战略的提出为其发展提供了难得的机遇，也带来了一定的挑战。就武清而言，通州和廊坊均处京津两地之间，同

武清区位相近，产业结构类同。三地在承接北京非首都功能，进一步提升自身发展水平的过程中均希望引进优质资源，因此存在互相竞争和“挑肥拣瘦”的现象。有鉴于此，三地必须加强协调，做好统筹规划，充分发挥比较优势，避免恶性竞争。同时，在人才、土地、资源和财政等不适应当前发展要求的体制机制上，应当勇于创新，敢于突破，努力为京津冀协同发展蹚出一条新路。下一步，武清区将继续按照习近平总书记关于京津冀协同发展的“七个着力”的要求，按照顶层设计所提出的目标和任务，破除旧有思维定式，防止产业同质化竞争，突出自身特点，加强区域生态保护合作，构建互联互通交通网络，加快各类生产要素自由流动。在具体的工作安排上，可以考虑主动承担“通武廊”协同发展相关协调工作，主动加强信息交流和沟通，积极统筹协调三地发展规划。

（二）增强活力，创新引才引智模式

当前，除了优惠的人才引进政策，在与廊坊、通州打造“通武廊”协同发展的过程中，进一步发挥好武清区本身的整体活力和吸引力也已经逐渐成为汇聚人才的一大重要因素，适时提高引进人才的力度和政策也应予考虑。值得肯定的是，武清区天然的区位交通优势为其发展奠定了良好的基础，而在过去数年间，武清区也通过出台优惠政策等方式吸引了一批优质企业和高端人才的入驻。尽管如此，总的来说，武清发展的资源和智慧集聚效应仍然有待加强，创新能力依然有待提高。下一步，武清区可以在提升城市整体形象、改善城市总体服务水平上继续下功夫。同时，针对园区等人才聚居区域，可以广泛发展以休闲娱乐为重点的服务性产业，提升园区的生活便利程度，缩短生活、工作、休闲之间的空间和时间间隔，打造小而精的创新创业核心地区。针对目前务工和创业青年拥有追求高品质生活的想法，应当重点建设完善的文化、体育、娱乐设施，以多元化方式满足年轻人的各类需求。只有这样才能更好地引进人才、留住人才、用好人才。

（三）突出特色，提升城市发展水平

经过几十年的发展，武清的城镇化水平得到了显著提升，但发展空间依然较大。在这种背景下，城镇化依然是推动地区经济社会发展的一个强有力的增长点。自2000年武清撤县设区以来，在“以城市化为先导的率先发展战略”的指引下，武清的城镇化建设取得了显著的成就，城区人口持续增加，城镇化率不断提升，在有效改善了人民群众的生活质量的同时，也极大地带动了武清经济的总体发展。但是，武清的城市化建设同样存在一些问题，比如城市特色不突出、新城面积偏大、住房空置率较高等，这些问题困扰着武清未来的发展。在京津冀协同发展的大战略中，武清区同北京城区、天津城区、天津滨海新区构成了“一轴四城”的格局。在这一格局中，武清作为京津之间的中等规模区县，在接纳北京疏解人口和企业等方面扮演着重要角色。武清区应认清其在这一格局中的重要地位，继续科学推进城镇化建设，创新城市建设模式，降低群众生活出行和城市公共设施维护成本。同时，可以考虑突出城市和小城镇发展特色，发展多种服务业，利用各类文化资源，全面提升城市整体发展水平。

（四）整合资源，充分发挥叠加优势

不可否认的是，武清区有着便捷的交通条件和较强的工农业实力，这是武清今后发展的重要基础。但是，和周边一些县（市、区）比起来，武清的特点还不够鲜明，优势还不够突出。因此，如果武清想要形成自身的比较优势，就必须加快各类资源整合，夯实资源基础，突出叠加优势。以旅游业为例，尽管武清境内已经建成了包括佛罗伦萨小镇、绿博园、凯旋王国、北运河休闲驿站等在内的多个旅游景点，但目前这些景点之间相互隔离，联系不便，且部分景区游客数量不足，设施闲置现象较为严重。通常，由于距离高铁站较近，来自北京和天津其他地区的游客首先会去佛罗伦萨小镇购物。但是，小镇显然不能留住消费者一整天，这就需要为消费者在购物之后的安排提供各种不同选项。经过多年的宣传推广，佛罗伦萨小镇已经在京津地区打

开了一定的知名度，但武清区的其他旅游资源对于北京和天津两个特大城市的消费者来说依然较为陌生。在今后的宣传推广过程中，也可以注重整体旅游线路的设计和推荐，满足消费者多样化的休闲娱乐需求，努力延长旅游业产业链。

武清区是京津冀之间的一颗明珠，是京津冀协同发展的桥头堡，也是充满活力和潜力的现代化新区。在改革开放的 40 年里，在武清区党委的带领下，武清区广大干部群众站立潮头、扎实苦干，使得武清各项事业的发展取得了显著的成就，积累了丰富的经验。如何在这些成就和经验的基础上，坚持以习近平新时代中国特色社会主义思想为指导，坚持改革开放，坚持走中国特色社会主义的道路，发挥好党组织的战斗堡垒作用，紧紧抓住京津冀协同发展的战略机遇期，武清未来的发展值得我们期待。

改革开放与中国县域发展

GAIGEKAIFANG

河北正定

HEBEI ZHENGDING

“半城郊型”经济的发展与主要经验

中国社会科学院经济研究所

导言

在改革开放40年这一划时代的历史进程中，广大农村和城市都发生了翻天覆地的变化。作为城市与乡村结合部，县域经济不仅是国民经济中重要的组成部分，而且是实施党的十九大报告提出的“乡村振兴战略”主战场、新时代经济发展实现新跨越的推动力和全面建成小康社会的重要支撑。因此，深入研究县域经济发展、总结提炼具有普遍推广价值的县域经济发展模式和主要经验，对于我国经济持续健康发展具有十分重要的意义。

习近平1982年3月至1985年5月在正定工作三年有余，为正定改革发展倾注了大量的心血。习近平离开正定后先后六次回正定视察，多次对正定经济社会发展做出批示指示。如今正定以“登得上城楼、望得见古塔、记得住乡愁”为标志的全域旅游经济赢得国内外青睐，以产业结构演进的“三次飞跃”取得北方地区县域经济发展先行者地位，以宜居、生态、共享、具有田园综合体特征的美好生活方式引领我国农村发展方向。正定从改革开放初的“嫁郎不嫁正定里”到如今环境优美、生态宜居华丽嬗变的原因是什么？为厘清正定快速发展脉络，为县域经济发展找到具有推广意义的模式（尤其是北方模式），课题组于今年4～7月五赴正定，深入正定县所辖8个乡镇共计174个行政村（街、居委会）中的72个行政村进行实地调研，入户访谈110家，与县直属单位和乡镇各级代表进行3次正式和非正式座谈，并与正定现任县委书记张业进行深入交流，采访了习近平在正定工作期间任县长的程宝怀和另外4位同事，深入研究了《正定古今》、《正定县志》、《正定县志（1986～2005）》、《河北经济统计年鉴（1986～2017）》、《石家庄统计年鉴（2001～2017）》、《河北农村统计年鉴（2001～2017）》等相关文献和统计资料，经过课题组成员多次交流沟通、认真梳理，形成如下调研报告。

一、正定的历史变迁

正定古称常山、恒州、真州、真定，西依太行，北枕恒岳，南邻滹沱，东接瀛海，地理位置险要，宋代学者宋祁有“天下根本在河北，河北根本在真定”之谓。正定是国家历史文化名城，自北魏天兴元年（398）起，正定一直是郡、州、路、府所在地，九朝一脉，从无断代，与保定、北京并称“北方三雄镇”，是西汉南越王赵佗、三国名将赵云、元代戏曲家白朴、明朝吏部尚书梁梦龙、“四部尚书”梁清标等历史名人的故乡。

（一）正定的文化历史底蕴

正定城池的历史可以追溯至东晋十六国时期，公元前196年，汉高祖刘邦将秦所置东垣县改名为真定县，取“真正安定”之意。魏晋南北朝时期，真定多次作为军事堡垒，受到各政权首领高度关注；而开元寺及隆兴寺的建立，又使真定成为华北地区的佛教重镇，有“一座正定城，半部佛教史”之称。宋元时期，真定经济繁荣、文化鼎盛、名人辈出，被誉为“畿南名城”，成为全国最大的商埠之一，意大利人马可·波罗评价真定“是一贵城……持工商为生，生产丝织品，能织金锦丝罗，其额甚巨”。明清两代，真定已形成周长24里规模，并一度作为直隶省会，占据重要的政治与军事地位，康熙、乾隆、嘉庆、光绪四代帝王曾先后驾临，并在雍正元年（1723）避清世宗胤禛之讳，改“真定”为“正定”。民国时期，正定作为兵家必争之地，成为各方势力角逐的目标。1937 年 10 月 7 日，日军攻占正定，并在城内及近郊 13 个村进行灭绝人性的大屠杀，两天之内共杀害无辜百姓 1515 人，制造了震惊中外的“正定惨案”。抗日军民总结经验，在正定县开展“地道战”，户户通、街街连，能打能防，形成可攻可守的“地下长城”。1947 年 4 月 12 日，人民解放军解放正定。

正定作为历史文化名城，文物古迹多而集中，“九楼四塔八大寺，二十四座金牌坊”，有国家级重点文物保护单位 9 处，省级重点文物保护单位 6 处。其中较著名的有：始建于隋、扩建于宋的隆兴寺，是我国现存时代最早、规模最大、保存较为完整的古建筑群，寺内隋龙藏寺碑，在中国书法发展史上处于由汉隶到唐楷承前启后的地位，被誉为“隋碑第一”；铜铸千手观音像，高 19.2 米，立于 2.2 米高的须弥石台上，是我国现存最早、最大的立式铜铸观音菩萨像，与沧州狮子、定州塔、赵州桥并称“河北四宝”；摩尼殿坐落在寺中轴线前部，建在 1.2 米的砖砌台基上，是宋《营造法式》中殿堂结构抬梁式建筑最确切的实物范例，梁思成在《正定古建筑调查纪略》中评价“摩尼殿重叠雄伟，可以算是艺臻极品，而在中国建筑物里也是别开生面”；摩尼殿内佛坛上的释迦牟尼和阿难、迦叶像为宋代原塑，檐墙及围绕佛坛的扇面墙上有明成化年间所绘壁画，彩塑观音坐像面容恬静安详，姿态优雅端庄，令人仰止；转轮藏为北宋所建，是我国现存最早、最大的可转动的藏经书架。开元寺仅存钟楼和须弥塔两座古建筑，高大的砖塔与矮小的钟楼并列，是现存古建中罕见的布局，反映了佛教寺院从以塔为中心向以殿为中心的过渡，是研究佛教建筑史的珍贵实物。此外还有广惠寺、临济寺、天宁寺、古城墙等重要的历史名胜。

（二）正定的资源禀赋优势

正定土壤肥沃，水资源丰富，具有发展农业的有利条件。明初以来，正定在原有麦、桑、麻、枣的基础上，大范围推广棉花种植，逐步形成粮食作物、经济作物并重的种植结构。新中国成立后，在党的领导下，正定实行了土地改革，推行互助合作，兴修水利，推广良种和先进耕作技术，生产力得到较快发展，农作物产量不断提高，亩产量从1949年的218斤，逐步上升到1956年的360斤、1966年的658斤，1974年亩产过千斤。随着农业生产的发展，正定从1966年开始向国家提供商品粮，全县每年平均交售粮食3000多万斤，1970年后，征购任务逐年增加，1978年征购粮食7000多万斤。改革开放后，植树造林、养猪积肥和农业生产相互依存、相互推动，使正定成为北方地区农业高产县、全国平原绿化先进县、全省养猪先进县。

正定有较好的工业基础。手工业具有悠久的发展历史，先秦时期即出现发达的制陶业和纺织业，宋元两代成为华北地区的丝织业中心。明代棉花种植面积扩大，棉纺织业逐步兴盛。清代在此设立工艺局，形成纺织、木器、榨油、制陶、锻造等支柱行业，历民国而不衰，商业贸易也极为兴旺。新中国成立前夕，正定有工厂27家，商铺480余家。1949年后，党和政府贯彻“发展生产，繁荣经济，公私兼顾，劳资两利”的方针，积极帮助私营工业、手工业发展。到1954年，全县有工厂46家，职工2556人；手工业984户，从业人员4503名。1965年工业总产值达959万元，是1949年的两倍。1970年后，随着农业生产发展，正定陆续兴办化肥厂、炼铁厂、农药厂，扩建机械厂，其中化肥厂、磷肥厂生产的氮肥、磷肥，弥补了正定土壤中磷肥的不足；机械厂生产的X195柴油机，使全县机井实现了“机、电双配套”，工业产值连年增长，1977年达到6831万元。

纵观历史，由于地处交通要冲，人流、物流畅通，又有较好的经济基础，正定农业、工业发展长期处于相对有利的发展局面，经济结构相对完备，思想观念比较开放。深厚的历史底蕴和遗存的名胜古迹，使正定在文化旅游方面拥有丰富的基础。但是，由于“左”倾思想的影响和计划经济体制的束缚，正定长期处于“高产穷县”的境地，单一种植、征收“过头粮”，造成农民口粮不够吃，收入很低，集体经济很穷。改革开放初期，正定亟须“领路人”指点迷津，探寻振兴之路。

二、习近平对正定经济发展的探索

1982年3月，习近平来到正定，任县委副书记，开启了三年的正定工作经历。面对“高产穷县”状况，习近平采取了多项措施，不仅在短时间内扭转了局面，还为长远发展指明了方向。

（一）减轻粮食征购任务，率先推行“大包干”

1982年4月初，习近平到永安公社三角大队这个远近闻名的“大寨村”进行“履新”首次调研，发现由于长期的思想和体制束缚，正定仍在单一经营的死胡同里兜圈子：片面追求粮食高产，踩棉花、挤油料、压瓜果、砍副业。虽然粮食亩产超千斤，但经常是交完征购粮剩下的就不够自己吃了。当时全国闻名的“农业学大寨”典型村——三角村，还有不少人到附近的新乐、无极等县买红薯干来维持生活。这个全国闻名的高产县，竟有不少农民连温饱都不能保证。

习近平认为，高征购造成正定农业结构比例失调，必须及时纠正。在时任县委副书记吕玉兰的协助下，向上级部门如实反映正定人民的生活状况和存在的困难，最终把粮食征购任务从7600万斤减少到4800万斤。对于这次减轻粮食征购任务的意义，时任县长程宝怀在接受访谈时讲道：“习近平冒着很大的风险，为正定人民办了一件大好事，正定40多万人民永远不会忘了他。”

尽管征购任务减少了，亩均负担从200多斤减少到120多斤，但是“三级所有，队为基础”的生产模式依然制约着产量的提高，温饱问题仍旧没有得到解决。虽然1982年1月中央一号文件已经指出，包产到户、包干到户都是社会主义集体经济的生产责任制，但是在当时情况下，要推广包产到户、包干到户依然非常困难。在对四川和安徽大包干试点考察后，习近平在正定较偏远的里双店公社进行了试点，结果农民收入从108元一下涨到了550元，人均生活水平、试点农业产量翻了两番。

由于早期有成功的试点经验，正定县在中共中央（1983）一号文件《当前农村经济政策的若干问题》发布数日之后，即发出《关于包干到户责任制办法（草案）》，时间为1983年1月15日，提出土地可以分包到户，承包后5年不变。许多地方纷纷前来“取经”，孙喜才四次在全县大会上分享大包干经验，正定成为北方地区实施大包干的典范和领头羊。

（二）创新招贤纳士模式，为经济发展持续注入活力

习近平在正定工作期间多次指出，“人才是发展经济的根本，应该把人才的开发视为战略重点来抓。没有人才，民不能富，县不能强，翻两番的目标就不能实现”。他在正定大念“人才经”，礼贤下士，爱才敬才，聚才用才，充分调动了广大知识分子干事创业的积极性。习近平对人才的重视程度和招贤纳士的方法，不仅在当时的时代背景下是绝无仅有的，时至今日也不能不使人赞赏。

在引进外地人才方面，1983年3月，正定颁布了招贤纳士的“九条规定”，并在《河北日报》头版头条位置刊发，一石激起千层浪，在全国引起广泛反响。许多有一技之长的知识分子、工程技术人员来人来函要求到正定工作，为正定经济腾飞出力。习近平还向全国有关专家、学者发出邀请信，组建正定经济顾问团，以各种方式传授现代科学知识，提供各种信息，为正定发展提供帮助。著名数学家华罗庚、著名经济学家于光远、中国食品协会会长杜子瑞等53名专家受聘，成为首批顾问团成员。其中经济学家于光远在推动正定经济发展方面起到了不可估量的作用。他不仅多次到正定讲学，参与政策的决策咨询，而且在他的建议下，1984年4月在正定建立了我国第一个农村研究所，他还在三角村做了意义深远的“循环经济”实验。在于光远的牵线搭桥下，习近平派出两个年轻人到中国社会科学院学习了一段时间，地方政府与科研机构由此形成了合力。

在重视正定本地人才方面，习近平提出本地人才是振兴正定所要依靠的基本骨干力量，“要通过调动现有科技人员的积极性，培养、扶持人才成长，

鼓励、支持自学成才等途径，造就一支宏大的人才队伍”。他对全县所有中专以上学历人才进行统计造册，大力提拔一批“土专家”，为他们颁发“自学成才奖”证书。这些专家逐步成为正定各条战线的中坚力量。

习近平通过“内用、外招、上请、下挖、近补、远育”十二字真经，盘活了本地人才，发挥了外部人才的作用，构建了立体化、多维度的用人创新体系。

（三）推行“半城郊型”经济，找准县域经济发展定位

从 1983 年 9 月起，习近平组织了 11 个专题小组，对全县经济现状和前景进行为期 3 个月的全面调查和分析，最终确定了“半城郊型”经济的发展道路。这条道路的可行性在于，正定既具有“城郊型”经济，依托城市商品经济比较发达、城乡联系比较密切的某些特点，又具有一般农村经济的某些特点，是两类经济结合的中间型经济。当时，正定在行政区划上属于石家庄地区，与石家庄市并没有隶属关系，而正定距离石家庄市只有 15 公里，处在一个相当于城市郊区的位置，这是“半城郊型”经济的实施基础。

1984 年 4 月 23 日，正定县人民政府正式制订《从实际出发，积极探索有正定特色的“半城郊型”经济发展道路方案》，主要内容是摆脱“小农业”思想局限，树立社会主义大农业思想，建立合理、平衡发展的经济结构。在这个方案中，种植业、养殖业、工业、商业、服务业如何发展、何为重点，一目了然，由此引导正定打破行政壁垒，迸发积极性和创造性。方案最终形成了“投其所好，供其所需，取其所长，补其所短，应其所变”的二十字方针，所谓“城市需要什么，我们就种什么；城市需要什么，我们就加工什么”的发展定位。

从现在看来，毗邻城市的县，依托城市发展经济是一个顺理成章的选择，但是在“摸着石头过河”的改革开放之初，做出这种选择并不容易。彼时的许多地方官员尚以完成上级指派的任务为工作重点，还未曾考虑为地区的经济发展寻找方向。“半城郊型”经济是对农村经济功能定位和发展路径的深入思考与科学谋划，具有很强的前瞻性和指导性。通过实施“半城郊型”经济发展战略，正定在 1984 年全县经济实现了“九翻”、“十超”，工农业总

产值、农民人均收入等九项指标比1980年翻一番，粮食总产、社会商品零售总额等十项指标超历史。

从习近平离开正定后30多年的演变看，正定发展战略都没有远离“半城郊型”这条正确的航线。如1988年提出“靠城带乡，促进城乡一体化”，20世纪90年代提出“围绕提高经济效益，积极发展城郊型经济”等。“半城郊型”经济的特点是，以经济总量更高、资源优势集中的省会城市为依托，将正定的经济发展牢牢地与省会城市绑定起来，“为城市服务、掏城市腰包”。随着“一带一路”和京津冀一体化的推进，石家庄将发展为京津冀城市群中的南部中心城市，全国重要的战略性新兴产业和先进制造业基地，国家级综合交通枢纽和国家级商贸物流中心，与石家庄休戚与共、一荣俱荣的正定，必然在这一历史潮流中寻找到更大的发展机遇。

（四）加强农工副业协调发展，形成经济发展“组合拳”

习近平到正定后，对时任县委副书记吕玉兰提出的“农民要想富，必须上工副”的口号非常认可，提出“绝不能光讲粮食生产，光讲高产量，不讲经济效益”。针对农业结构单一、农业和农村经济效益不高等问题，习近平提出，“农业和农村经济健康发展必须走农林牧副渔全面发展和农工商综合经营的道路”，并认为“从单一种植业的小农业，到农林牧副渔全面发展的立体化大农业，这是认识上的一个飞跃，也是一个突破性的战略转变”，“农业不再是自给自足的小农经济，也不再是仅仅提供原料的传统农业，而已升华为商品化生产的现代农业。从发展趋势看，乡村工业和商业将在农村经济孕育中迅速发展起来，使农业生产资料供应—农业生产—农产品加工、贮藏、运输、销售联成一体，形成中国式的农工商一体化”。1983年，正定棉花由一万亩调整为19万亩，在14.3万亩滹沱河两岸沙滩上重点种植林果、花生、瓜菜等经济效益好的作物。经过农业种植结构调整、征购任务压缩和“大包干”的普遍推行，1983年农民人均收入达到358元，同比增长52.3%。

习近平对工业的重视主要体现在为企业“松绑放权”和建立产业体系两方

面。在为企业“松绑放权”方面，习近平要求全县工商业放开五权，即把人权、经营权、工资权、价格权、奖金权全部交给企业，并在企业实行承包制，个人或小组、班子集体通过自荐、选聘、投标和民主选举相结合的方式，包翻番指标和各项经济指标，由此激发了企业管理人员和技术人员的活力。在建立产业体系方面，习近平经过长期深入调研，发现正定板材家具业具有良好的发展基础，但缺乏足够的原材料。他亲自带领有关人员到吉林省抚松县考察木材市场和加工企业，合作引进板材原料，为板材家具业成为正定第一大优势特色产业奠定了基础。副业发展方面，习近平在紧邻石家庄市的城关片和河南片有计划地建立商品菜基地，发展蔬菜生产，其他地区在稳定粮食生产基础上，大力种植经济作物。实际调研时我们获悉，西关村从那时起改变了农业生产粮食单打一的习惯，走上了蔬菜种植的道路，如今西关蔬菜中心依然车水马龙。

（五）深度挖掘历史文化资源，助力第三产业发展

悠久的历史文化资源是“正定的名片”，也是正定明显的禀赋优势，如何在加强历史文化资源保护的同时，深度挖掘历史文化资源、为正定经济发展注入活力一直是习近平思索的重点。据程宝怀回忆，1983 年初冬，习近平在担任县委书记不久回北京路上，听到中央电视台筹拍大型电视连续剧《红楼梦》、寻找地方政府共建“荣国府”临时外景基地的消息。习近平认为，如果能将“荣国府”建成永久性建筑，《红楼梦》一旦播出，必将对正定旅游业有所带动。习近平在与县委领导班子进行了一场争论之后，与中央电视台联系，由正定县无偿提供场地，建造实景“荣国府”。县委和县政府成立了筹建“荣国府”的专门机构。1986 年 8 月，历时 1 年 8 个月，投资 400 多万元、总建筑面积 37000 平方米的“荣国府”景区顺利竣工。

习近平在正定期间以历史文化资源为依托，通过开发和新建旅游资源把游客留住的“中国旅游，正定模式”，带动第三产业发展的思想，被历史有力地证明。如今文化旅游产业已成为正定的支柱产业，在文化旅游产业的带动下，2017 年第三产业比重超过 50%。

(六)做好顶层设计，为正定擘画发展蓝图

在“摸着石头过河”的中国特色社会主义开创时期，对一个区域经济发展做出长远规划，并不多见。通过两年的理论学习和调研论证，1985年4月10日，正定县委、县政府发布《正定县经济·技术·社会发展总体规划（草案)》，提出正定经济“三步走”发展目标和“对外开放、对内搞活、依托城市、开发智力、发展经济、致富人民”的发展方针，尤其提出加快改革步伐，进一步对外开放、大力发展农村商品经济、加快工业发展步伐、抓好科技建设和人才开放、全力开放第三产业五个主要措施。尽管当时还处在“计划经济注入商品经济元素”时期，传统农业占比很高，但是在进入市场经济时代的今天，这个规划仍未过时。例如在第五个措施中，规划已明确指出第三产业发展是社会发展的必然趋势，也是经济发展和人民生活的迫切需要。规划还明确提出“宁肯不要钱，也不要污染，严格防止污染搬家，污染下乡”，涵盖了绿色发展理念，具有前瞻性、预见性。

事实证明，过去三十余年正定的发展道路，基本围绕着这一总体规划展开，战略方针和步骤几乎没有大的偏差。规划的制定，擘画了发展蓝图，为正定的发展确立了方向。

三、正定经济发展和主要特色

改革开放40年，古城正定发生了翻天覆地的变化，国民经济和社会发展取得辉煌成就，形成了“半城郊型”经济与一、二、三产业融合发展的正定产业发展模式、文化历史资源与旅游新业态有机结合的正定旅游发展模式和生态宜居共享幸福的正定生活模式。

(一)正定经济状况和地位

1.改革开放以来，正定经济飞速发展

国民经济持续快速增长。正定县国内生产总值由1978年的8648万元增

加到 2017 年的 326.26 亿元，年均增长 13.7%，按照现行价格计算增长 376 倍，如图 1 所示。人均 GDP 由 1978 年的 201 元增长到 2017 年的 65964 元，年均增长 12.3%，按现价计算增长 327 倍，如图 2 所示。

图 1　正定县国内生产总值增长情况

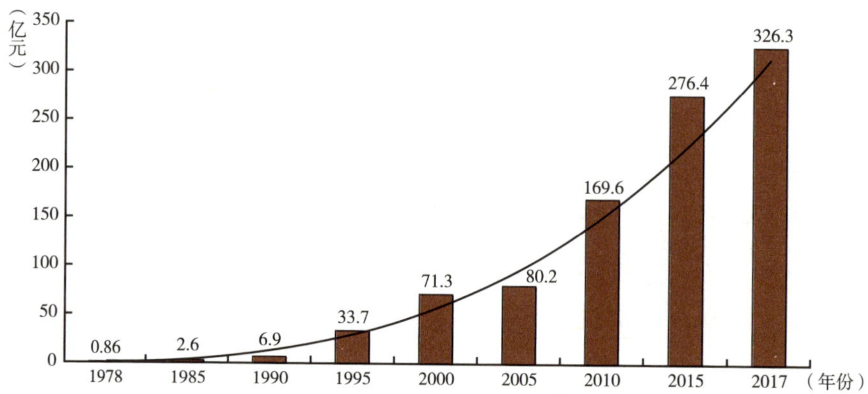

图 2　正定县人均国内生产总值增长情况

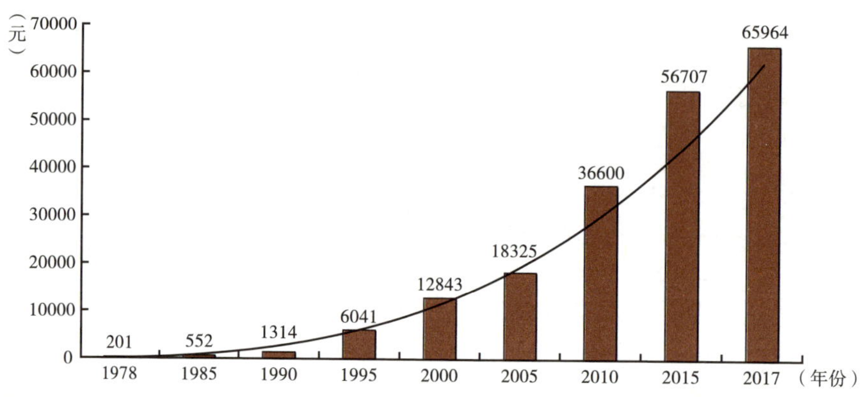

财政收入大幅增加。改革开放以来，正定全部财政收入从 1978 年的 996 万元增加到 2017 年的 34.4 亿元，年均增长 16.2 %。如图 3 所示。

农业生产平稳增长。从开展农村土地承包到调整农业产业结构，特别是取消农业税、对农民实行直接补贴等一系列强农惠农政策的出台，充分调动了农民的生产积极性，极大地解放了农村生产力。2017 年农林牧渔业完

图 3　正定县全部财政收入增长情况

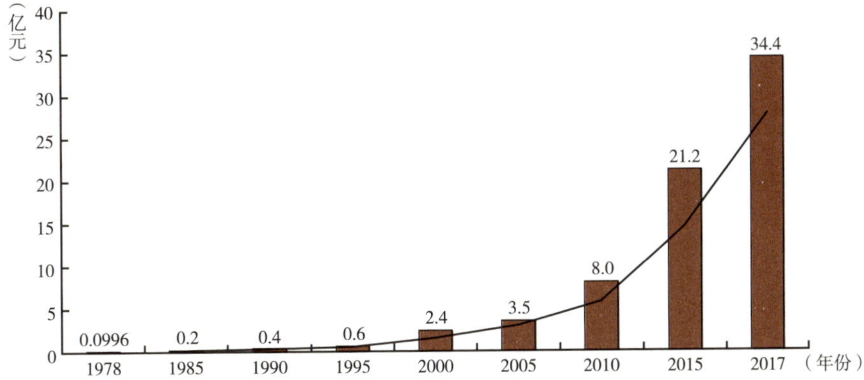

成总产值 62.4 亿元，相比 1978 年农林牧渔业总产值 9592 万元，年均增长 11.3%。1978 年耕地面积 53 万亩，2017 年耕地面积 42.7 万亩，粮食亩产由 290 公斤增加到 503 公斤，是 1978 年的 1.7 倍。猪、牛、羊肉产量由 1978 年的 0.4 万吨增长到 2017 年肉类总产量 7.79 万吨，增长 18 倍。生产方式逐步从传统走向现代。改革开放初期，生产方式还较为传统，1978 年全县共有 52 台收割机、304 台大中型拖拉机，到 2017 年有小麦收割机 1233 台、玉米收割机 662 台、大中型拖拉机 2387 台，数量及设备的先进性早已不可同日而语。到 2017 年末全县农业机械总动力达到 83.1 万千瓦，是 1978 年全县农业机械总动力 11.2 万千瓦的 7.4 倍。

消费品市场异常活跃。改革开放以来，商品经济的发展逐步取消了指令性计划，市场在资源配置中的作用日益突出，消费品市场获得长足发展。全县社会消费品总零售额由 1978 年的 3814 万元增加到 2017 年的 142.0 亿元，实现年均增长 16.4% 的高速发展。2017 年限额以上企业社会消费品零售额完成 15.0 亿元，亿元市场年交易额达到 122 亿元。如图 4 所示。

2. 正定经济在县域经济发展中的地位

改革开放以来，全国经济都在快速发展，正定经济在县域经济发展中的地位如何呢？这里以正定县所在的河北省同类县（市）为重点进行比

图 4　正定县社会消费品零售额增长情况

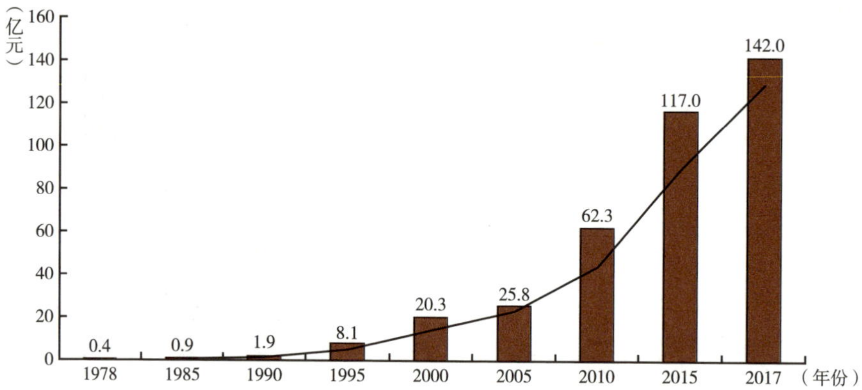

较。考虑到发展阶段和正定区划调整的统计口径，我们选择 1978～1985 年、1986～2000 年、2001～2016 年三个重要时间段进行比较。

正定经济准备起飞阶段（1978～1985 年）。改革开放初期，在县委书记习近平领导下，正定经济取得快速发展。根据《河北经济统计年鉴（1986）》，在“六五”期间，正定社会总产值（注意当时统计量不是国内生产总值）从 1980 年的 17937 万元提高到 1985 年的 43837 万元，增幅达 144.39%；正定人均社会总产值从 1980 年的 406 元提高到 1985 年 932 元，增幅达 129.56%。1980～1985 年，石家庄地区社会总产值的平均增长速度为 124.76%，河北省为 63.83%，其中有 8 个县的增长速度超过 200%（含），29 个县超过 150%；4 个县的人均社会总产值超过 200%（含），17 个县超过 150%。尽管正定国民经济增长速度不是最快，但是从总体上看，正定经济在河北省的位置不断前移。在 137 个县（市）中，1980 年社会总产值排名正定位居第 20，而到了 1985 年正定已经上升到第 10 位。而且更重要的是，正定发展比较均衡，例如正定在 1985 年河北省抽样调查中，人均纯收入位居第 3。

正定经济持续快速增长阶段（1986～2000 年）。在“七五”和“八五”期间，正定经济继续保持高速增长，在河北省综合经济“十强县”六次评比中，1991 年、1993 年、1995 年进入河北省综合经济“十强县”行列，其综合经济实力在1994年仅位居丰南市、鹿泉市、三河市、霸州市、辛集市、迁安市、武安市、藁城市、丰润县之后。在“九五”末，正定进入2000年首届国家统计局发布的全国百强县（市）之列（1991年是社会评价中心利用国家统计局数据统计的），位居第90，这在上海市和北京市所辖的县（市）都参加评比的情况下很难得。根据《河北经济统计年鉴（2001）》，正定在2000年国内生产总值71.3亿元，位居第5，排在具有资源优势的唐山市的丰南市、迁安市、遵化市以及石家庄市的藁城市之后；人均国内生产总值为12968元，位居第8；地方财政收入17175万元，位居第7。“九五”期间，河北省只对2000年县域经济发展进行了综合评价，正定县进入河北省综合经济实力十强县，位居第6。

正定经济迈向高质量发展阶段（2001～2016年）。随着区划调整，2001年正定县5个毗邻石家庄市、经济发达的乡镇被划走（2000年这5个乡镇在正定县的经济总量中占比44.94%），导致正定经济总量出现大幅下降，2001年国内生产总值为48.5亿元，在石家庄市县（市）中的位置从2000年的第2位下降到第5位。尽管5个经济发达的乡镇被划走，但正定经济发展水平、发展活力和发展潜力依然很大。根据《正定县志（1986～2005）》，正定在县域经济排名中2003年排在第9位、2004年排在第10位，但是随着以资源开发为主的县（市、区）突飞猛进地发展和评比范围扩大［至140个县（市、区）］，2005年正定退出了河北“十强”县。这也是在实际考察中，现任县委书记张业提出的“重进河北十强县”的原因。不过，在国家统计局停止进行全国百强县（市）评比后，正定在众多有关百强县（市）的评比中也有较好表现，例如在中国社会科学院财经战略研究院评价报告中，连续多年进入中国县域经济投资潜力百强县（市），并在2014年中国县域经济综合实力百强县（市）排名中，位居第53，在河北省仅次于三河市。根据《河北经济统计年鉴（2016）》，到2016年，正定国内生产总值为29.3亿元，在139个县（市）中位居第15，位于资源丰富的唐山7个县（市）、邯郸市的武安市、沧州市的任丘市、人口过百万的保定市的定州市、石家庄市人口较多的晋州市和辛集市，以及毗邻首都的廊坊两个县（市）之后；人均国内生产总值为57846.7元，在139个县（市）中位居第13，位于资源丰富的唐山市的5个县（市）、邯郸市的武安市、沧州市的任丘市、承德市的宽城满族自治县以及毗邻首都的廊坊4个县(市）之后；地方财政收入为160017万元，在139个县（市）中位居第9。尤其需要强调的是，农村居民人均可支配收入在139个县（市）中位居第3，仅次于迁安市和三河市。正定县城乡居民收入差距为1.73，远低于河北省2.37的平均水平，在139个县（市）中排倒数第6位，位居规模较小或收入较低的邱县、安国市、容城市、高阳市、新乐市之后。总的来看，尽管正定县在占据“半壁江山”的5个乡镇被区划调整划走后，经济总量下降到15名上下，但是城乡居民收入差距、农村居民人均可支配收入等重要指标仍然位于前10名，经济发展潜力依然很大，经济健康指数依然很高，在县（市）综合指标评比中进入河北前十强没有悬念。

特别是2017年1月省市对正定县域实施“县区合一”重大体制改革后，将原独立的正定新区与正定县合并，统一管理。古城疏解空间，风貌恢复速度加快；在招商引资、项目建设等方面，古城、新区资源共享，互为支撑，效益、资源优势得到充分释放，改革形成巨大优势。

（二）正定产业发展模式

改革开放以来，正定县经济飞速发展，产业结构不断优化升级，先后经历了第二产业超过第一产业、第三产业超过第二产业、第三产业超过第一产业加第二次产业总和的三次飞跃。从各产业发展情况看，第一产业增加值由1978年的4865万元增加到2017年的31.6亿元，年均增长6.1%；第二产业增加值由2533万元增加到130.7亿元，年均增长16.7%；第三产业增加值由1250万元增加到163.9亿元，年均增长15.5%。生产总值中三次产业比例由1978年的56.3∶29.3∶14.4调整为2017年的9.7∶40.1∶50.2，二、三产业增加值占生产总值的比重由原来的43.7%调整为90.3%，尤其是第三产业，由1978年的“人微言轻”到如今的“半壁江山”，有效带动了全县经济结构更新优化。正定产业结构不断优化升级，并成功实现三次飞跃，在全国县（市）中率先进入高质量发展阶段，主要得益于对毗邻城市又深处农村的“半城郊型”经济发展的准确定位，得益于习近平主政时期开创的农工副业协调发展的制度惯性，我们把正定的“半城郊型”经济与一、二、三产融合发展的模式称为正定产业发展模式。

1. 工业发展现状

尽管工业作为第二产业的主要组成部分，在经济总量中已被第三产业超过，但是，作为一个县域经济，仅靠第三产业依然难以生存，因此，实地调研时，我们重点对正定的板材家具、食品饲料、纺织服装、机械制造、医药保健五大产业进行了考察。这五大产业，有些是正定的“传统强项”，有些面临着升级换代，有些则是近年来引进的新兴项目。

板材家具。板材家具业是正定优势特色产业，1996年被认定为“河北省重点产业集群”。家具产业有广泛的发展基础，已遍布全县8个乡镇，形成较大的群体规模。目前，全区家具生产企业及相关流通配套企业有1700余家，从业人员3.7万人，年营业收入127亿元，实现增加值28.9亿元，年产各类家具150余万套（件），成为名副其实的全区第一大产业。近年来，板材家具业追随时代发展的脚步，一方面引进国外先进的板材生产线，提升生产能力和产品品位；另一方面借助“中国·石家庄（正定）国际商品博览会”（正博会）与国际小商品市场的平台作用，并借电子商务等“互联网+”的东风，产品走向全国及世界各地。恒山板材市场就是顺应板材家具业的发展需求在1993年建立的。

食品饲料。食品饲料业属于正定传统优势产业。依托当地较为发达的农牧业，正定在20世纪90年代即确立了以粮油、蔬菜、果品、畜禽产品为主业的四条经济链。进入21世纪，正定食品饲料业的发展更为迅猛，目前已有生产及流通企业222家，年产值75亿元，增加值18.8亿元，占全县GDP的5.8%，直接从业人员1.4万人。

纺织服装。纺织服装业在正定有着悠久的发展历史。2006年，石家庄纺织服装基地落户正定，以运用纤维纺纱织造、服饰面料印染、纺织面料功能整理、绿色环保产品生产等高新技术全面改造提升纺织产业为特色，确立高中档、新技术、外向型的产品定位。基地目前共有加工企业78家，年产值18.6亿元，增加值4.7亿元，占全县GDP的1.4%，直接从业人员8200多人。

机械制造。机械制造业同样是正定多年的“拳头产品”。20世纪70年代末，正定已有电子元件、汽车修理、油泵油嘴等多家工业企业。目前行业内部正在经历结构转型与技术升级。传统制造业仅有生产小麦、玉米、杂粮等粮食制粉机械成套设备的几家企业。重点在于各种新兴装备制造业的引进，主要涉及精密零部件加工，新能源汽车动力总成与储能系统、机电设备、自动化控制系统、非标设备的设计、研发、销售、安装，混凝土构件技术的开发，等等。

医药保健。医药保健业是近年来发展起来的新兴产业。目前共有企业112家，年产值44.1亿元，增加值12.3亿元，占全县GDP的3.8%。多数企业是在2010年后进入正定的，主要涉及医药制品、乳酸菌、医疗器械等领域。在实际考察时，常山药业的国内外人才引进模式、一然生物乳酸菌制作方法给课题组留下了深刻的印象。

2. 产业发展布局

产业转型升级是正定供给侧改革的重要组成部分，正定依据“半城郊型”经济战略思想，围绕京津冀协同发展大局，做出了产业分工的安排，加快推进生物医药健康、先进装备制造和新一代信息技术三个新兴产业。在生物医药健康产业方面，依托常山药业，围绕生物制药领域重点方面、关键技术，加快推进国家级重点实验室等创新平台建设，重点研发抗高血脂、降血糖、抗肿瘤等疾病的生物药品；依托一然生物，大力支持功能型微生物制剂的研究开发，提高微生态乳酸菌工艺技术水平和生产能力，提高国产菌株市场占有率，力争打造为亚洲最大的益生菌和乳酸菌产业化供应基地；依托橡一科技，加快50亿只医药橡胶塞生产线建设，满足国内外市场的新产品需求，使产品能耗和劳动效率达到国内领先水平。在先进装备制造产业方面，强化新能源汽车产业引领，建设飞机着陆系统生产基地，实施高速列车用刹车产品生产基地项目和盾石磁能科技飞轮储能装备生产基地等产业项目。在新一代信息技术产业方面，建设常山北明云数据中心项目，配合建设北斗导航信息产业园和北正云鼎云计算与大数据产业园项目。

3. 产业资源整合

随着工业结构转型，正定面临着新兴产业对传统行业的冲击和挤压局面。在“环保风暴”推动下，食品饲料业的大量中小企业关停并转，从业人员数量日渐减少。纺织服装业与板材家具业同样面临企业数量多、规模小、产品可替代性强等问题，多数企业是在家庭作坊基础上发展起来的，生产规模一直维持在较低的水平，市场竞争力相对较弱，容易受到出口持续下降、成本不断上升、资金短缺等一系列因素影响，使企业发展速度和规模受到影响。许多企业没有资金进行技术、装备更新改造和升级，部分企业因为资金链断裂而遭遇困境。除此之外，不少县域金融机构贷款审批权限上收，对小微企业信贷支持有心无力，很难满足小微企业“金额小，批次多”的融资需求。

为创造有利发展空间，正定有意识地对已有产业进行资源整合，推动产业集群的形成和发展，并实施品牌带动战略，努力提升产业集群档次。同时要求各金融机构适当下放信贷审批权限，充分利用现有信贷政策、市场资源和技术条件，帮助企业建立健全内部管理制度，为企业调整发展规划提供参考，为融资创造必要条件。

此外，地方政府还鼓励相关企业“走出去”，通过为企业搭建平台的方式实现产业转移。2014年4月，“首届中国·正定国际家具辅料博览会”开幕，以实现“世界板材看中国，中国板材看正定”为愿景，着力将正定打造为中国乃至世界家具辅料板材中心，带动正定板材业研发基地建设、重点实验室建设和产品标准体系建设。此后，正定多家板材家具企业进军新疆、云南乃至中亚、中东等地，雇用当地劳动力进行产品生产。当然，这样的产业转移仍处于起步阶段，未来不可避免地会面临投资风险问题，需要地方政府与企业通力协作，绝不可“一推了之”。

4. 产业转型的“结构性失业”隐患

正定产业发展模式在产业结构调整中取得了令人瞩目的成绩，不可否认的是，正定引进的各类新兴产业，存在与本地人才技能“匹配不当”的问题，需要高度关注。正定原有石家庄科技工程学院、石家庄外事职业学院、石家庄铁路技术中等专业学院，主要培养适合农业、低端制造业的技能人才，针对生物医药、信息技术、装备制造等行业的技能要求，正定当地尚不能提供所需要的技术人员。正定目前的做法是“大力引进”，2017 年围绕上述重点产业，引进紧缺急需科技人才 365 人，并搭上“京津冀一体化”“顺风车”，加强与北京、天津、石家庄等地科研院所、研发机构、研究型大学的联系，建立院士工作站与博士后流动站，着力引进“高精尖”人才。未来还将定期不定期组织有关部门和企业到京津等地的“双一流”名校开展人才招聘活动，以政府购买服务的方式委托中介机构精准引才引智，解决企业在发展过程中遇到的各种技术难题。正定还建立了人才绿卡制度，整合县内资源，增加服务项目，增加绿卡含金量，畅通人才服务绿色通道，提供精细化、保姆式、全链条服务，加快人才公寓建设，增强城市环境对人才的吸引力，为各类人才在正定创新创业解除后顾之忧。

将外来人才“引进来”的做法，能够暂时缓解正定高技能人才紧缺的局面，从长久发展的角度看，如果一味“引进来”，而不对本地劳动力进行有效的技能培训，待产业结构调整后，将出现因原有产业受到直接冲击而陷入困境、劳动力因缺乏技能而无法就业的“结构性失业”现象。正定当地现有的农村劳动力向非农产业转移，主要涉及行业仍为家具板材、服装加工、建筑、饮食服务等，这些行业的劳动力早已饱和，且随着产业结构转型，未来会有更多的劳动力被释放出来。在上述行业无法提供更多的就业岗位、新兴行业又由于技术门槛过高而难以进入的情况下，结构性失业将是必然出现的结果。根据结构性失业特征，地方政府应当引导地方院校加强对劳动力进行有目的的技能培训，鼓励新兴工业企业与正定地方学校进行合作，推动“企业进校园”，让学校为企业培养所需要的技术人员，使技能更新与技术发展同步。

（三）正定旅游发展模式

正定是国家历史文化名城，有着丰厚的历史文化底蕴，曾在1991年赢得旅游“正定模式”的美誉。之后20多年的发展中，正定坚持把历史文化资源作为文化旅游产业发展依托，将恢复古城风貌与旅游开发深度融合，不断开发出具有鲜明时代特征又饱含文化底蕴的旅游新业态，助推第三产业实现“第三次飞跃”，形成文化历史资源与旅游新业态有机结合的模式，与之前的旅游“正定模式”有一定区别，我们称之为正定旅游模式。

1. 文化旅游产业发展

1987年，随着电视剧《红楼梦》的播出，正定知名度大大提高，当年有130万人次前来参观游览，仅门票收入就达221万元，旅游收入1761万元，很快就收回了投资。“荣国府”景区极大地带动了正定旅游业的发展，游客数量和旅游收入大幅增加，在国内产生了较大影响。在“荣国府”成功建设的推动下，正定相继建设了旅游飞机场（1987年）、西游记一宫（1988年）、西游记二宫（1989年）、封神演义宫（1990年）、电影探秘宫（1991）等人文景观，当时获得了很大成功。1991年全国旅游工作会议在正定县召开，正定县发展旅游业的经验被誉为以新建景点的游览娱乐业为驱动力并与历史文化遗产有机结合的旅游“正定模式”。

近年来，正定县委、县政府围绕“旅游带动战略”，确立了“经济强县、文化名县、旅游大县”的建设目标，全面加大了历史文化资源保护、利用和开发力度，正定新老景区竞相焕发新颜。正定依托古迹众多、文化深厚优势，以“壮大规模、完善功能、加快产业开发、优化旅游环境”为重点，以“创建中国优秀旅游强县、改善历史文化名城风貌、创建省会休闲度假区”

为目标，大力发展文化旅游产业，形成了“三国子龙故里、佛教临济祖庭、京外名刹之首、世界冠军摇篮、元曲创生中心、红楼文化经典”六大旅游品牌。表1为正定历史文化资源概览。

表1　正定历史文化资源概览

建筑文化	佛教文化	名人文化	民俗文化	饮食文化
隆兴寺	隆兴寺	赵佗	常山战鼓	宋记八大碗
天宁寺凌霄塔	广惠寺华塔	梁梦龙	民间花会	马家卤鸡
广惠寺华塔	广惠寺澄灵塔	赵云	高照	热切丸子
开元寺须弥塔	天宁寺凌霄塔	王世珍	竹马	缸炉烧饼
开元寺钟楼	开元寺钟楼	白朴	剪纸	崩肝
正定古城墙	临济寺	范仲淹	元曲	郝家排骨
摩尼殿	文庙	李杲	庙会	正定熏肉
赑屃	大佛寺	苏天爵	腊会	王家烧麦

据统计，“十一五”期间，正定县共接待国内外游客930余万人次，旅游收入达1.59亿元；“十二五”期间，正定县旅游业进一步发展，共接待国内外游客近1.29亿人次，旅游收入达2.63亿元，同比增长13.8%和16.5%。

2017年，正定旅游接待量呈现“井喷”式增长，国庆假期，全县共接待游客99.68万人次，同比增长892%；门票收入369.777万元，同比增长79.1%；旅游收入23585.11万元，同比增长242%。2017年正定全年实现旅游总收入22.3亿元，门票收入3623.3万元，接待游客527万人次，有力拉动了第三产业蓬勃发展。2018年1～9月，全县旅游总人次938.7万人次，增长151.7%；门票总收入9961.9万元，增长328.1%；旅游总收入34.99亿元，增长121.5%，旅游业成为强县富民支柱产业。2018年“十一”黄金周，正定以丰富多彩的文化旅游活动为载体，有效带动了景区、住宿、餐饮、商贸等相关产业持续走旺，假日旅游持续火爆，再现“井喷”。可见，正定县旅游业框架已基本形成，基础设施较为完善，奠定了旅游业蓬勃发展的坚实基础。

2. 文化旅游新业态不断涌现

正定文化旅游产业与时俱进，正由“观光旅游”向“休闲度假体验旅游”转变，从“旅游景点”向“全域旅游目的地”转变，从“旅长游短”向“快旅深游”转变，最终实现古新融合、域旅一体、产旅互融、城乡统筹、主客共享。其总体定位是创建依托正定古城、正定新区、特色小镇、美丽乡村、滹沱河景区等高品质旅游资源，融合古城体验、红色旅游、悟道修禅、文博创意、时尚艺术、田园休闲、滨河休闲等多功能于一体的全域旅游目的地。

在全域旅游开发中，正定坚持把历史文化作为旅游产业发展根基，将恢复古城风貌与旅游开发深度融合，依托丰厚的历史文化资源，走出“文化＋旅游”的新路子。例如，在时任县委书记习近平的关心下，从留村搬到正定县城发展起来的国家乒乓球训练基地，就是一个注入了文化元素的旅游新业态，那是一个培养世界乒乓球冠军的摇篮。

千年古城正定，历史悠久，文化灿烂，名胜古迹众多，素有“古建艺术宝库”的美誉。20世纪80年代在正定任职的习近平就非常重视文物保护工作，他说：“我们保管不好，就是罪人，就会愧对后人。”2013年8月，习近平又做出重要批示：“要继续做好这项工作，秉持正确的古城保护理念，即切实保护好其历史文化价值。”

正定县委、县政府坚持沿着习近平当年在正定确定的“旅游兴县”的发展战略，以打造中国文化旅游名城为目标，坚持规划引领、顶层设计，邀请清华大学城市规划设计研究院编制了《正定历史文化名城保护整治与提升规划》，对全县旅游产业在空间布局、产品开发、业态谋划、产业融合、设施建设等方面进行了提纲挈领的设计。目前，25项古城保护工程已全面展开，其中“荣国府”提升、阳和楼复建等20项工程已完工，5项正在紧锣密鼓地推进中。

在实地考察时发现，“登得上城楼、望得见古塔、记得住乡愁”不是文学夸张，而是一种让人心旷神怡的切身感受！正定县现已建成南关古镇、阳和楼、旺泉街美食街区、塔元庄景区、趣那主题公园、叶子广场、小商品广场、茶城步行街、东外环清真餐饮区、成德街特色餐饮区及北国、瑞天购物商圈。每天，国内外数以万计的游客沉醉于注入文化元素的旅游新业态之中，流连忘返。此外，京津冀协同发展正在给正定县旅游业带来一系列利好政策，将成为正定县旅游业实现跨越发展的新动力。

（四）正定生活模式

改革开放初期，全民所有制单位职工年平均工资只有 524.4 元，到 2017 年在岗职工年平均工资达到 77113 元，年均增速达 13.7%；1978 年农民年人均纯收入仅有 90 元，到 2017 年农村居民人均可支配收入达 17001 元，年均增速为 14.4%。正定贫富差距较小，如前所述，2016 年的城乡差距为 1.73，远低于河北省平均值 2.37，在河北省的县（市）中排倒数第 6，在石家庄市的县（市）中最低，而且最为重要的是正定所有行政村都已脱贫，在实地调研中几乎找不到贫困人口。正定低碳、生态、宜居，贫富差距较小，贫困发生率很低，充满文化自信，人民的幸福感和获得感较高，形成了生态宜居共享幸福的正定生活模式。

1. 宜居的生活环境

正定县把良好的生态环境作为最大优势和宝贵财富，大力发展绿化生态农业，小麦节水品种、测土配方施肥、全程绿色防控实现全覆盖。实施国土绿化行动，实现环省会经济林、美丽乡村环村林、县域所有道路绿化、高铁两侧绿化“四个闭合”，打造滹沱河流域生态休闲农业示范区。全县森林覆盖率为 28.06%，清洁能源普及率达 100%，化肥、农药使用量实现负增长，完成农村煤改气、煤改电工程，畜禽禁养区养殖企业全部搬迁，生态环境质量明显提升。

同时，正定县按照环境美、产业美、精神美、生态美“四美”要求，持续推进美丽乡村建设，大力实施村内道路硬化、厕所改造、垃圾治理、民居改造、安全饮水、污水治理、村庄绿化等专项行动。改造厕所 64892 座，在全省率先消除“连茅圈”，2018 年初全国厕所革命现场会在正定召开。农村生活垃圾收集转运处理全部实现 PPP 模式，建成 109 个美丽乡村示范村，农村面貌发生了历史性巨变。

实地调研时我们发现，每个村庄都有充满文化气息的村标，在所有乡镇中，未发现脏乱差情况，随机走访的人家，绝大多数充满幸福感，村民满意度较高。

2. 公平的教育机会

正定县义务教育阶段教学质量趋于均衡，2015 年 11 月通过国家督导评估验收。目前，全县 114 所小学教学质量差距已明显缩小，最大差异率稳定控制在 10% 以下；初中学校最高分、最低分之间的差距缩小了 60.5 分，校际差距明显缩小。通过实施城乡优质校与薄弱校“一托一”联合体办学，建设正定镇中教育集团、子龙小学教育集团，实现学校帮扶协作和优质资源共享，城乡教育更趋均衡。同时，大力帮扶贫困学生，受惠于贫困资助、寄宿生生活补助、免学费和免费发放教科书等教育惠民政策的师生达 6.3 万人次，资助金额 677.42 万元，教育惠民政策全部落实。在打造品牌学校方面，正定县现有国家足球特色学校 11 所，市级足球特色学校 27 所。2016 年，正定县荣获“全国足球实验县”称号。在 2016 年石家庄市足球联赛中获得小学组第 2、3、4 名，中学组第 2 名；2017 年获小学组冠军和中学组第 4 名。2017 年，荣获石家庄市中小学学校文化建设市级实验区；县代表队两次包揽全国机器人大赛 5 项赛事冠军，30 所学校被评为“河北省书画教育特色学校”，县特教学校承担国家改革实验，其音乐康复治疗填补了全省空白，代表河北省在全国特教工作座谈会发言并代表河北队参加京津冀三地残疾人体育交流，获得两项团体二等奖。乒乓球基地（正定县实验学校）被确定为“国际乒联精英国际培训中心”（全国仅 3 家）；高考一本上线率 100%；子龙小学被命名为全国体育工作示范学校、全国足球特色学校、全国艺术教育示范学校；山东鲁能圣保罗足球人才培训基地落户子龙小学；县青少年校外活动中心被评为省示范性中心。2016年，县幼儿园常山战鼓走进中央电视台做春晚开场表演。

实地调研中，新城辅镇小学联校教育模式给课题组留下了深刻的印象，在解决农村教育资源和教育生源双短缺问题方面，创造出适合乡村教育的新模式。

3. 融洽的政民关系

在正定县，几乎随处可见便民服务，以人民为中心的理念贯穿于每个具体细节中。例如，旅游景区附近的厕所赛过“星级宾馆”，成为正定县城一道亮丽的风景线；在隆兴寺、“荣国府”、旅游景区安装免费直饮水机，可选择热水和凉开水；开元寺等7个景点免费参观，投放免费观光车60辆、共享汽车50辆，开通观光铛铛车；等等。

当然，让人记忆犹新的是现任正定县人大常委会副主任雍华奇在授受采访时讲的正定县委书记张业的亲民故事。张业几乎每天都要在县城里徒步，近距离了解居民工作、生活情况，有一天被一个老人拦住，让张业去他家看看，结果张业还在他家吃了他们包的饺子。

拆掉围墙，所有政府机关停车位和厕所对外开放，包括县委书记张业在内的所有公务员都没有特权，这也是我们在正定考察中发现的也许绝无仅有的现象。针对“停车难”问题，正定打开思想围墙，坚持疏堵并举，全面取消停车收费，去掉道路台阶、花池，抹平马路牙子，施划停车线；拆除沿街机关事业单位围墙、栏杆，打开院门，实施停车位免费共享；新建免费停车场16个，县城免费停车位达到22000多个。《人民日报》、人民网、央视网、凤凰网、新浪网、澎湃新闻、长城网等几十家媒体，对正定这一做法给予了高度评价。

4.“医养结合”的养老模式

2013年7月11日，习近平总书记在视察塔元庄时，做出“农业做成产业化、养老做成市场化、旅游做成规范化”的重要指示。正定作为国家中小城市综合改革试点城市，审时度势地将医养结合纳入2017年重点工作任务分解，将“医养结合”与“美丽乡村”建设相结合，打造医养小镇，强力推进改革，实施医养结合健康服务工程。探索制定医养结合支持政策，从卫生准入、民政扶持、医保定点等方面进行扶持，协调医保中心为试点单位办理城镇职工医保报销，打通政策绿色通道，使医养结合养老机构成为有医疗资质的机构，每年发放床位补贴近400万元。此外，出台《正定县关于推进医疗卫生与养老服务相结合的实施意见》、《正定县养老服务体系建设攻坚行动实施方案的通知》，为医养结合有序发展提供政策依据和保障。

按照“十三五”养老规划提出的“9073”中国养老模式（即90%由家庭自我照顾、7%享受社区居家养老服务、3%由机构代为照顾养老），正定县积极探索推进医养结合新路子，目前初步形成三种新模式，分别是医疗机构+养老模式、养老机构+医疗模式、居家养老医疗服务机构+签约模式。其中，居家养老医疗服务机构+签约模式最受老年人欢迎。截至目前，全县共有65岁以上老年人56104人，签约41758人，签约率为74.43%；建立65岁以上老年人健康档案52751人份，建档率为94.02%。

通过改革创新，正定医养结合工作较好地解决了三大难题，激发了乡镇卫生院发展活力，取得了初步成效。一是解决了乡镇卫生院生存发展难题，有效盘活了闲置医疗资源；二是解决了医养结合机构定点医保难题，建成了老人医疗报销绿色通道；三是解决了老人无人养、无人管的难题，逐步推行养老市场化。

此外，全面启动“四位一体”特殊关怀办法。特殊关怀办法主要通过实施救济补贴、医疗保障、养老陪护、临终关怀“四位一体”，提高60周岁以上失独老人生活质量，弥补他们的亲情缺失，形成政府主导、社会参与、齐抓共管、务求实效的良好格局，切实解决他们在生活、就医、养老、精神等方面面临的实际困难。

四、正定经济发展的主要经验

改革开放是中国现代史上具有划时代意义的一个重大事件。40 年来，正定人民在“老书记”习近平擘画的蓝图指引下，在其后历届县委、县政府正确领导下，以及习近平离开正定后对正定发展的关怀下，走出了一条具有中国特色、可持续发展的县域经济发展道路，为我国县域经济发展，尤其是城市周边县域经济的发展，提供了宝贵的经验。

（一）坚持以人民为中心，把群众需要作为出发点

习近平在知青时代树立的“为群众办实事”的思想在正定进一步扎根发芽。从减少征购任务摘掉“高产穷县”帽子，到率先进行“大包干”试验；从骑自行车跑遍 25 个公社 222 个大队，到在农村调研时大队支书不再直接到地里帮农民锄地；从喊遍小区找“武宝信”，到署名“学生习近平”的招贤纳士信；等等，习近平为正定树立了一个为群众办实事风清气正政治生态环境样板。现任县委书记张业倡导拆除机关单位围墙，实施向社会免费开放停车场和厕所等一系列便民政策，也是这种思想的体现。正定经验显示，坚持以人民为中心的发展思想，把群众需要作为出发点，就会立足地方实际，放眼长远发展，夯实县域经济健康发展的基础。反之，如果把个人的发展作为出发点，把以人民为中心作为口号或手段，那就会根据决定个人升迁的上级的偏好，急功近利，做出一些类似政绩工程的短视行为。

（二）做好发展战略，找准经济发展定位

县域是一个既有城镇又有农村的城乡结合部，立足本地实际，以县城为中心进行发展，是一个重要的战略，但是，如果县城毗邻城市，这个战略就不是发挥禀赋优势的最优战略。“城郊型”经济发展战略、以“中心－外围”理论为支撑的发展战略等，都没有有效解决县域经济中农村如何发展的问题，也没有有效发挥城镇作用。习近平提出的“半城郊型”经济，突破区

域经济学、产业组织学、发展经济学、演化经济学、西方主流经济学等已有理论限制，是在我国农村普遍存在并将长期存在的前提下，如何发展县域经济的理论创新。正定正是在“半城郊型”经济发展战略的正确指引下，创造了正定产业发展模式。如习近平论述，“半城郊型”经济本身就包含了大农业的思想、农工副协调发展的思想、城乡一体化的思想、可持续发展的思想等，并提供了满足城市需要发展生态旅游、立足本地禀赋优势发展第二产业等选择项。正定经验表明，加强顶层设计，找准发展定位，对县域经济发展来说至关重要。“半城郊型”经济发展战略，为毗邻城市的县（市）发展经济提供了直接可借鉴的发展战略。

（三）立足本地禀赋优势，走创新发展之路

正定是国家历史文化名城，是南越王赵佗、常胜将军赵云故里，历史上曾与北京、保定并称为“北方三雄镇”，素以“三山不见，九桥不流，九楼四塔八大寺，二十四座金牌坊”著称。时任县委书记习近平正是看到正定丰富的历史文化资源优势底蕴，在供给短缺时代，“旅游业”尚未充分被认知的情况下，力排众议，建设“荣国府”和宁荣街，超前布局文化旅游产业，此后又在历届县委、县政府的重视下，创造了将文化历史资源与旅游新业态有机结合的“正定模式”。文化旅游产业成为正定支柱产业，推动了第三产业发展，助力产业结构率先实现“三次飞跃”，有力提高了正定群众文化自信和幸福指数。正定经验显示，只有立足本地实际、深度挖掘本地资源优势，经济发展才能走上持续健康道路。

（四）树立大农业观，推进一、二、三产融合发展

在供给短缺时代，习近平就开始了农业产业化的探索，包括扩大经济作物的种植面积，大量开垦滹沱河两岸荒地种植蔬菜，发展板材家具业、食品饲料业、文化旅游产业，等等，从习近平离开时的农工副协调发展，到如今的一、二、三产融合，创造了“半城郊型”经济与一、二、三产融合发展的

正定产业发展模式。相比众所周知的 1992 年“资本下乡”助推农业产业化的“诸城模式”，早了近 10 年（比“金融”助推农业产业化的“寿光模式”更早）。正定经验表明，农业产业化与一、二、三产融合发展是农业农村发展的必经之路，依托“半城郊型”经济的正定农业产业化与诸城内生性的农业产业化相比，可能更快、更容易实现。

（五）念好“人才经”，以开放思想引才招智

正定招贤纳士的“九条规定”等一系列具体实践和引进人才的佳话，不仅为正定 1984 年创造经济“九翻”、“十超”奇迹立下了汗马功劳，也使正定从此走上了一条以开放的思想招贤纳士的发展之路。例如，正定县委、县政府在时任浙江省委书记习近平搭桥牵线下，成功将义乌小商品市场建设模式引入正定，建成全国知名的石家庄市正定国际小商品市场。时下，正定新兴产业的发展也得益于正定县委制定的“引进人才绿卡政策”。正定经验告诉我们，人才是发展经济的根本，县域经济的发展既需要用好本地人才，激发本地人才的活力，也需要加强外部人才引进，发挥外部人才的作用。

（六）注重顶层设计，坚持规划先行

习近平在“摸着石头过河”的时代就制定了“半城郊型”经济发展战略、招贤纳士的“九条规定”，以及《正定县经济·技术·社会发展总体规划（草案）》，这些顶层设计使正定在改革开放初期就踏上了健康快速发展的列车，成为正定经济发展特色中的“底色”。从《正定县志（1986～2005）》中可以看出，正定历届县委、县政府都非常重视顶层设计，制定了一系列有的至今仍在实施的发展规划。正定经验表明，加强顶层设计，坚持规划先行，不仅能够避免经济发展偏离正确的轨道，还可获得扩展的张力，推动经济社会健康可持续发展。

改革开放

与中国县域发展

GAIGEKAIFANG

河北沧州渤海新区

HEBEI CANGZHOU

BOHAI XINQU

推动绿色发展的四个维度

中国社会科学院工业经济研究所

沧州渤海新区成立于2007年。位于河北省沧州市东部、渤海湾中部西岸，东临渤海，北依京津，南接齐鲁，辖“一市四区”（黄骅市、中捷产业园区、南大港产业园区、港城区和临港经济技术开发区），区域总面积3360平方千米，其中核心区面积2400平方千米，人口66万人，是中国东部沿海面积最大的开发区。早在大约7000年前，沧州渤海新区所在地就有人类在这里繁衍生息。公元前221年开始置县，是秦推行郡县制首批置县之一。近代以前，当地居民主要从事捕鱼、采盐、航运业，其中，盐业十分兴旺，曾居全国首位。但是，据《盐山新志：卷五・法制略・建置篇》记载，“元代开惠民河，此邦横河皆纵断之，柳河之塞，在长芦之截地（捷地），于是南运路断绝”。由于丧失了水陆交通口岸的地位，盐业中心向北京、天津等地转移，区域经济逐渐萧条。

新中国成立后，沧州渤海新区所在地发现了大港油田、华北油田，石油化工、港口经济等逐步发展，在一定程度上带动了地区经济的发展，但由于发展方式粗放，产业发展与城市化建设脱节，环境污染没有得到有效的治理，影响了当地经济的可持续发展。2007年成立以来，尤其是党的十八大之后，沧州渤海新区转换发展理念，以绿色发展为主线，全面实施港口国际化、产业集群化、全域城市化、环境生态化战略，形成绿色产业、绿色港口、绿色城市、绿色行动体系“四个维度”建设并驾齐驱的良好局面，昔日的苦海沿边、盐碱荒滩已经实现了向创新驱动、生态宜居的绿色增长极的华丽转身。

一、绿色港口建设

海岸地貌是沧州渤海新区重要的地貌特征之一，其海岸线全长 130 千米，构成了发展港口经济的重要资源禀赋。黄骅港是河北省三大港口之一，也是沧州渤海新区发展港口经济的核心支撑。在沧州渤海新区整体发展战略中，“坚持以城定港，港城融合，产城共兴”，不仅是实现“港产城”高质量融合发展的主体路线，也是把沧州渤海新区打造成河北沿海第一增长极的重要依托。近年来，沧州渤海新区秉承资源节约、环境友好发展理念，综合采取有利于节约资源和能源、保护环境和生态、应对气候变化的技术和管理措施，积极推动黄骅港向现代综合服务港、国际贸易港和邮轮母港转变，实现了黄骅港绿色港口发展大跨越。

（一）生态化建设港口基础设施

基础设施建设是发展绿色港口的重要条件。没有航道与泊位建造、技术创新、工艺优化，就没有绿色港口的发展。在绿色港口基础设施建设过程中，沧州渤海新区以生态型基础设施建设为突破口，不断打造绿色港口升级版，为绿色港口经济注入新活力。

打造抑制粉尘污染的生态体系。为避免作业过程中产生粉尘污染，黄骅港煤炭港区投资 200 亿元，建造了 48 座储煤筒仓，合计储煤量达 144 万吨，是世界最大的储煤筒仓群。在翻车机房、皮带机转接处设置布袋除尘系统 190 余套，加大对扬尘的控制力度。修建长达 10.18 公里的覆盖所有露天储煤堆场的防风网，同时在防风网外侧构建了防尘绿化带，使港口设施占地绿化率达到 31.3%，绿化面积达到 120.87 万平方米，实现了对粉尘的有效吸附。成立研究团队，研发并建造粉尘处理池智能治污设施，按每天处理粉尘 50 吨、每吨创收 30 元计算，每年能够创造收益 54.75 万元。目前，第三方检测机构现场勘测数据显示，翻车机房、堆场、码头作业环节起尘量远优于国家标准，普遍低于国家标准排放值的 20% 以上。

推进减少大气污染的生态工程。为减少柴油燃烧颗粒及温室气体排放、改善港口空气质量，黄骅港大力推进“油改电”“油改气”工程，使煤炭港区 11 个煤炭泊位的停靠岸电船舶全部使用岸电，成为全国码头岸电系统总供电容量最大、利用率最高的港口。目前，黄骅港煤炭码头高压岸电泊位覆盖率达到 64.7%，工作船码头的低压岸电系统覆盖率达到 100%，实现了船舶到港作业零污染、零排放。

设计处理水源污染的生态系统。为最大限度增大对压舱水的回收利用、杜绝溢流含煤污水外排入海，黄骅港在投资新建 8 个压舱水回收装置的同时，设计建造了以景观湖、人工湖和南湿地、北湿地为主体的整体系统，通过对污水管网进行改造，将处理后的水源与压舱水池、生态湿地和生态湖等水系串联，利用智能管控系统自动进行调配，全面打通各水体之间的关节，实现压舱水、含煤污水及雨水的有效收集、处理和利用，形成了生态水系统智能循环体系。2017 年，黄骅港实现压舱水回收 53 万吨，污水处理回用 37 万吨，节约成本近 500 万元。

（二）智能化提升港口运营效率

运营效率是提升绿色港口竞争优势的核心。在重资产投资、长周期建设基础设施后，发展港口经济必然会面临更为复杂的运营管理。在数字化浪潮和开放式创新冲击下，沧州渤海新区以智能化为手段，大力开展平台化、自动化、信息化、数据化项目建设，形成了提升港口运营效率的新支点。

业务流程平台化。为加大港口平台化建设，黄骅港从业务流程的全局出发，通过对生产过程中各种信息的集成，将控制、监管、优化、决策、调度、经营集于一体，形成了一个适应多种生产环境需求的环境智能管控系统平台。以黄骅港生态环境智慧管控子平台为例，它能根据煤种、含水率、堆放时间、温度变化、风力等因素，自动选择补水方式和补水量。

操作模式自动化。为加快港口自动化建设，黄骅港利用无线通信技术、车载终端条形码技术等先进的科技手段，对煤炭港区一、二期堆场进行了智能化改造，在翻、堆、取等各环节实现了远程自动化。这场生产一线操作模式的变革，不仅降低了运营成本，提升了作业效率，还改善了港口的劳动环境，使黄骅港成为我国首个实现远程堆取料作业的煤炭港口。目前，黄骅港筒仓装船达到了 5700 吨 / 小时，在减少一半配员的基础上，作业效率是传统堆场工艺的两倍。

市场销售信息化。为加强港口信息化建设，黄骅港坚持“以销定船、以船定垛、以垛定车、以车定产”的市场导向机制，不断完善产运销协同系统建设，通过生产仿真指挥调度生成最优的生产排布计划，以港口堆存情况安排销售策略及运输方案，进一步挖掘港口堆场的价值创造能力。

运营决策数据化。为加深港口数据化建设，黄骅港正在编制详尽的指标体系，未来会通过采集海洋、空气、船舶、港口、行业、员工、管理者、媒体、工艺等各层次的数据，以大数据分析技术为基础，实时反映形象化、直观化、具体化的企业运行状况，进而提升决策效率。

（三）科学化转变港口体制机制

绿色港口发展不仅需要理念的转变，也需要在实践中突破原有的机制约束，解放和发展生产力，发挥绿色港口主体能动性，实现环境友好化、管理科学化、投资多元化、发展开放化的目标。沧州渤海新区大力推动黄骅港整体格局、管理模式、发展方式转变，促进绿色港口发展。

从以煤炭输出为主的港口向综合性港口转变。1980 年，黄骅港建立之初便定位于煤炭输出港，彼时货物吞吐量几乎都是煤炭及制品；1997 年开始组建神华黄骅港务有限公司时，一期工程仍然全部以煤炭港区为基础开展泊位建设，之后才开始逐渐增加杂货港区泊位建设。到 2005 年，尽管黄骅港已开始进行散杂货运输，但通用泊位基本上用于煤船待泊和排压舱水，当年散杂货吞吐量仅为3.87万吨，占比不到万分之六；2008年，河北省人民政府批复《黄骅港总体规划》，同意黄骅港向综合性港口转变，即形成“以煤炭港区、散货港区、综合港区为主，河口港区为补充，北翼保留远景发展空间”的总体格局。2015年，黄骅港货物吞吐量为1.67亿吨，煤炭及制品在其中的比例降至76.41%。2018年5月，前身为黄骅港河口港区煤炭码头的东渡码头，在经过改造升级后，以“旅游码头”的新形象正式开航迎客。

从“业主港”向“业主港＋地主港”转变。2008年以前，黄骅港仍主要是煤炭港区，由于主体是神华集团，其管理模式是典型的“业主港”，即岸线、土地滩涂等资源由业主单位控制。2008年以后，在推进综合性港口建设的过程中，黄骅港采取了“业主港＋地主港”共存的分类管理模式，即在煤炭港区仍然保留“业主港”管理模式，但在综合港区坚决实施“地主港”管理模式，其特征是以政府为主导、市场化运作为手段，委托特许机构代表国家拥有港口产权并对之进行统一开发，然后以租赁方式分离港口经营权。

从区域性港口向国际性港口转变。黄骅港腹地广大，近有煤炭与矿产等资源重地、石油与化工等工业基地、畜牧与水产等农业产地，远有石黄高速、津汕高速、神黄铁路与内地相连接，是冀中南、晋中南、鲁北、豫北、内蒙古、陕西等区域的重要服务点。然而，由于存在港口条件复杂、功能单一、观念陈旧、政策协调难度大等问题，大量货物不得不到山东、天津等港口转运。2007年，沧州渤海新区成立后，不仅统一了思想，解决了体制机制不畅等问题，还在深入实地、实情调研的基础上推出黄骅港总体规划方案，并通过增强港口基础设施建设、开展全员招商引资活动、完善集疏运网络体系、培育临港现代产业体系、申请港口扩大开放政策等方式，实现了港口经济发展方式的转变。近年来，沧州渤海新区拓展海运陆运通道，成功开通“黄新欧”国际班列，正式建立起联通新疆乌鲁木齐－德国杜伊斯堡的新亚欧大陆桥，并在黄骅港口岸综合港区扩大开放获得国务院批复后，开通黄骅港－东南亚直航线，通航20万吨级航道，打造雄安新区便捷出海口，使黄骅港国际化水平不断提升。

（四）绿色港口建设的经济成效

正是在深入贯彻绿色发展理念的前提下，通过建设生态型、智能型基础设施，构建港口发展新机制，沧州渤海新区实现了绿色港口经济质的飞越。

港口功能更加完善，货运能力大幅提升。1997 年，黄骅港功能仍以煤炭货运为主，当年泊位只有 4 个，设计吞吐能力和最大靠泊能力分别为 125 万吨和 3000 吨；2017 年，黄骅港功能已扩展至油箱、集装箱、液体化工货运领域，当年万吨级以上泊位增至 33 个，设计吞吐能力和最大靠泊能力分别增至 2.5 亿吨和 20 万吨。

港口货运量增速快，行业地位大幅度上升。1998 年，黄骅港货物吞吐量仅有 55 万吨，在全国主要港口货物吞吐量中的比例不到万分之五；到 2017 年，黄骅港货物吞吐量增至 2.7 亿吨，同比增长 10.43 个百分点，在全国主要港口货物吞吐量中排名第 13 位。

港口带动作用更强，经济效益大幅增长。随着黄骅综合大港建设步伐不断加快，临港产业集聚效应显著，带动了以现代商贸物流、邮轮休闲旅游为代表的新兴产业的快速发展。这些新兴产业进而又积极作用于港口效益的提升。2001 年，黄骅港营业收入为 5585 万元，税收为 243.3 万元；到 2017 年，黄骅港营业收入增至 100 亿元，税收增至 14.6 亿元。

港口腹地范围更广，辐射作用大幅增强。2008 年以前，黄骅港主要是“业主港”管理模式下的煤炭港，对地方经济拉动作用微乎其微，更不用说对天津、山东等邻域的辐射能力。2008 年以后，黄骅港的整体格局、管理模式、建设主体、发展方式都发生了较大转变，经济腹地范围扩大至邯郸、邢台、衡水、石家庄等省内外各地，“以港兴区”的辐射效果逐渐体现。

二、绿色产业和循环经济建设

从自然状况角度看，渤海是我国唯一的半封闭型内海，海域内径大、出口窄，仅靠渤海海峡与外海相通，海水交换持续时间长。这决定了渤海的环境特点——纳污能力和自净能力弱，环境容量低，具有明显的敏感性和脆弱性。从社会历史角度看，环渤海地区人口密集，经济繁荣，生态环境承受着异常巨大的压力与挑战。在这样的生态环境形势下，沧州渤海新区发展产业尤其是工业，面临着更加严峻的环保压力。为此，沧州渤海新区牢固树立绿色发展理念，不断推动产业转型升级，经过多年发展，综合实力和产业发展质量显著提升。

（一）提升传统产业的发展质量

沧州渤海新区传统产业体系规模总量大，是经济稳定发展的“压舱石”。为此，沧州渤海新区加强技术改造和模式创新，推动传统产业优化升级，去除层次低、污染大等沉疴，不断向绿色、高端迈进。

冶金钢铁产业高端化。沧州渤海新区结合自身发展实际，提出了加快建设沿海临港精品钢铁产业带，打造智能、高效、绿色、高端、精品钢铁基地的发展目标。其中，中铁装备与中国一重强强联合，组建了具备高端冷轧板、镀锌彩涂板生产能力的国内一流钢铁企业，项目的落地提升了沧州渤海新区装备水平档次。目前，沧州渤海新区正积极推进新兴重工镍铁合金项目复产，谋划铜冶炼及后续精深加工产业发展，以千万吨钢铁基地为基础，构筑现代冶金产业体系。

石油化工产业精细化。经过多年的优化调整，沧州渤海新区石油化工产业已成功转向高值化、绿色化、精细化的融合发展模式，建成及正在建设的项目有 80 多个，总投资 600 多亿元。聚集了美国 AP 公司、法国液化空气公司、中国海洋石油、神华集团、中国化工集团、香港华润集团、冀中能源集团等一批国内外知名企业投资或参与建设的各类项目。例如，积极推动传统产业与国际优势资本、先进技术对接，促成了阳煤正元化肥公司与美国 AP 公司等一批战略合作项目；引进总投资 20.9 亿元的冀春丙烯酸酯项目，将建成国内高纯度丙烯酸酯唯一生产企业，使综合能耗成为国内同行最低；成立南开大学 – 沧州渤海新区绿色化工研究院，使之成为科技与产业的连接器、成果产业化的助推器、创新创业的加速器。

电力能源产业清洁化。沧州渤海新区大力发展光伏发电、风力发电等清洁能源，走绿色、循环、低碳之路。国华爱依斯（黄骅）风电有限公司装机总容量 60 万千瓦、华润大功率垂直轴等风电项目，国家电投集团沧州新能源发电有限公司装机总容量 5 万千瓦、中科索能光伏发电有限公司装机总容量 4 万千瓦等光伏发电项目纷纷落户。

商贸物流产业国际化。沧州渤海新区充分发挥区位交通优势，以体制机制改革为动力，以技术应用为支撑，以模式创新为引领，聚焦重点领域和关键环节，完善商贸物流服务体系，促进商贸物流发展，降低物流成本，提高流通效率，推进商贸物流智能化、绿色化和全球化，为经济社会发展提供物流服务保障。同时，积极打造石化、建材、汽车及零部件、农副产品、粮油物流“五大交易中心”，构建覆盖京津冀乃至全国的大宗商品物流基地。

（二）培育新兴高端产业

新兴产业大都为技术、资金、知识密集型产业，其发展能够转变经济增长方式，促进可持续发展，实现绿色增长。多年来，沧州渤海新区积极培育高端装备制造、汽车、生物医药、文化旅游等新兴产业，不断提高产业发展质量和层次。

引进先进技术，助力装备制造产业发展。沧州渤海新区大力引进世界领先、国内一流的好项目，有效推动产业转型升级。例如，总投资 25 亿元的达利普石油管搬迁项目将实现智能化生产，生产装备和环保水平具备国内领先水平。欧亚管业公司生产的海洋输油输气柔性管道，科技含量高，具有良好的柔软性能、耐化学性能及抗老化性能，解决了传统硬质管道存在的施工难、耐化学性能差、无法整体弯曲等诸多问题，各项技术指标接近世界先进水平。沧州渤海新区推进和落实了包括捷克纳米纱窗、Skyleader 飞机制造、波兰垃圾加工合成蜡设备制造等项目在内的一批科技含量高、创新能力强、经济效益好、资源消耗低、环境污染少的优质项目。目前装备制造业类项目产值占比提升到 20%，产业质量和效益呈现“双升”态势。

优化产业结构，加快汽车产业发展。沧州渤海新区以做大做强汽车产业规模为重点，坚持培育与引进相结合，坚持整零并举，强化集群发展，支持企业创新提升和品牌建设，围绕汽车及新能源汽车、关键零部件等主攻方向，进一步优化资源要素配置，加大政策支持力度，推动汽车产业智能化和绿色化发展。依托已有的黄骅北汽微型车生产及汽车零部件生产基地，积极推进北京现代产能转移、黄骅轨道佳通实验基地建设、北汽新能源及零部件企业建厂，与京津共建汽车产业联盟，打造华北地区重要汽车全产业链生产基地。

创新体制机制，推动生物医药产业发展。沧州渤海新区不搞简单的“复制”和“块移”，积极探索协同创新发展新路子。“北京・沧州渤海新区生物医药产业园”按照京冀“共建、共管、共享”的思路建设，入园企业保留“北京身份”，药批文号等部分管辖权仍属北京，实现异地监管，这在全国开了先河，打破了阻碍京企外迁的政策壁垒。已签约落地的北京药企中，除了像双鹤药业、万生药业、春生药业、协和药业等全国医药工业十强、百强和知名药企外，高新技术企业超过了半数。“十二五”期间全国批准的 24 个 1.1 类化学新药中，北京生物医药产业园占了 20%。同时，沧州渤海新区深化与津冀生物医药产业协同合作，现已签约津冀生物医药项目近 30 项。其中，由石家庄四药投资 40 亿元的医药工业园已开工，将建成国内领先的现代化原料药“绿色生产基地”。

多业融合，提升文旅产业发展。近年来，沧州渤海新区积极践行新发展理念，按照全省“一圈两带两区多点”战略布局，以旅游产业化为抓手，以全域旅游为方向，加快从“传统”旅游向“产业”旅游转变，全面推进旅游业转型提质升级。依托以徐福东渡为代表的历史文化、以英雄黄骅为代表的红色文化、以海洋为代表的蓝色文化、以湿地为代表的绿色文化及以乡村游为代表的民俗文化，重点打造沧海文化风景区、南大港湿地景区、黄骅历史文化景区、中捷东欧风情景区、生态观光农业景区、歧口渔乡文化风景区、欧洲水上小镇景区等“七大景区”。大力发展以海为特色、多业融合的全域旅游，推动了中青旅投资500亿元的“京津海上花园”、投资100亿元的欧洲水上小镇等一批重大旅游项目。以碧桂园集团投资1000亿元建设京津冀最大的文旅健康智慧生态城、恒大集团投资1000亿元建设全球最大的童世界项目“恒大童世界”为标志，南大港产业园区正在加速实现由“小散污企业集聚区”向“生态旅游产业标志区”蜕变。

（三）打造循环经济

沧州渤海新区通过发展循环经济，实现不同企业或者工艺流程间的横向耦合及资源共享，为废物找到下游的“分解者”，建立工业系统的“食物链”和“食物网”，实现“减量化、再利用和再循环”，达到变污染负效益为资源利用正效益。沧州渤海新区已经形成区内各企业内部“微循环”、企业之间“小循环”、园区之间“中循环”、整个新区“大循环”的新格局。

坚持“五位一体”开发理念。沧州渤海新区积极借鉴国内外知名园区的先进经验，并结合自身特点和要求，提出了“产品项目、公用工程、环境保护、物流传输、管理服务”一体化开发理念。一是产品项目一体化。按照石油化工、煤化工、氯碱化工产品链的上下游关系，构建循环经济的产业链。以产品链上下游关系布局，以产品链上下游关系招商，努力使上游产品、副产品和废弃物作为原料继续生产下游新的化工产品，逐步形成区内产品互为原料、互为市场的发展格局，并实现资源的减量化、再利用和效益最大化。二是公用工程一体化。通过综合规划实施，集中建设热电联产、工业气体、污水处理厂、危险废物处置中心、液体化学品码头及管廊、天然气管网等公用工程，改变传统的由企业自建分散、小规模的配套设施，实现生产配套、废物处置等设施的资源共享。三是环境保护一体化。沧州渤海新区把环境保护摆在非常突出的位置，在开发之初就进行了区域环境评估工作，从规划上实现源头治理，最大限度地减少对环境的影响。沧州渤海新区建立了覆盖全区的环境监测系统并与上级有关部门网络互联，实现了企业污水实时监控。规划建设中的危废处置中心，将区内最大污染源“一固、一液”牢牢控制，实现“零排放”。四是物流传输一体化。沧州渤海新区充分利用港口、铁路、公路等四通八达的交通网络，建设大型物流中心，使固体、液体、气体等化工原料和开发区产品快速通达各地。五是管理服务一体化。为了给国内外客商创造优良的环境，沧州渤海新区严格落实“一切围绕加快发展、一切围绕项目建设、一切围绕投资者需求”的服务标准，全方位、深层次为企业提供一站式服务。

建设“三圈”循环经济体系。沧州渤海新区开创性建立了以“三圈”为主要特征的循环经济体系，重点在“延长产业链”和“提升价值链”上做文章，实现区内企业群间的资源循环利用、废物产生量最小甚至“零排放”的目标，借此打造循环经济示范园区。一是严格项目审批，构建企业内部循环圈。以临港化工有限公司为例，该企业从原盐开始，经电解食盐水生产出烧碱和液氯，所得烧碱与氯氰酸反应生成氰化钠，氰化钠与液氯反应生产三聚氯氰，同时产生含大量氯化钠的废水，经处理可得到原料盐，形成了企业内部闭环循环，原料盐可回收利用作为公司10万吨/年离子膜烧碱项目的原料，每年可节省原料资金2000万元，实现了企业内部良性循环。二是循环利用园区资源，构建园区内部循环圈。以正元化肥和仁国化工为例，仁国化工铺设二氧化碳管道引入正元化肥的副产二氧化碳，用于生产主导产品精制二氧化碳，减少了正元化肥排放副产物二氧化碳带来的空气污染，真正做到了变废为宝。三是注重和谐发展，构建园区与周边地区的循环圈，形成社会层面的循环发展模式。钢厂、电厂的矿渣、粉碳灰等收集起来生产水泥、建筑砌块，电厂余热将海水淡化后供给化工企业，浓盐水送到盐场晒盐，节约了大量初级晒盐蒸发池，腾出大量土地。循环经济发展模式在沧州渤海新区的有力实践，促进了经济发展方式的转变，既凸显了产业特色，又提升了产业集聚和项目建设的速度和质量。2012 年，沧州渤海新区被国家发改委和财政部命名为“国家循环化改造示范试点园区”，成为河北省唯一获此命名的园区。22 个循环化改造重点项目列入国家实施方案，涉及物料闭路循环、副产物综合利用、水分类利用、公共服务平台、信息化及监测体系等多个领域。

提升“循环经济”的内生动力。沧州渤海新区相继引入清华大学化工学院、中科院过程工程研究所、北京化工大学技术转移中心等化工研究类科研机构，由简单的“三废”处理转变为资源化利用。目前，近 200 个签约、在建和技改项目和现有产业已形成循环关联。其中，可有效补链、拓链项目 75 个，实现物料、资源综合利用、深度循环项目 115 个，已经形成石油化工、煤化工、盐化工等产业链的循环广度和深度。

（四）绿色产业循环经济建设成效

沧州渤海新区坚持绿色发展理念，以产业转型升级为引领，经过多年发展，综合实力和产业发展质量明显提升。

综合实力显著提升。规上工业增加值已由 2007 年的 42 亿元上升至 2017 年 239.5 亿元，增长 4.7 倍（见图 1）。目前，沧州渤海新区汇集了 50 多家世界 500 强企业、100 多家中国 500 强企业。

图 1　沧州渤海新区 2007～2017 年规模以上工业增加值

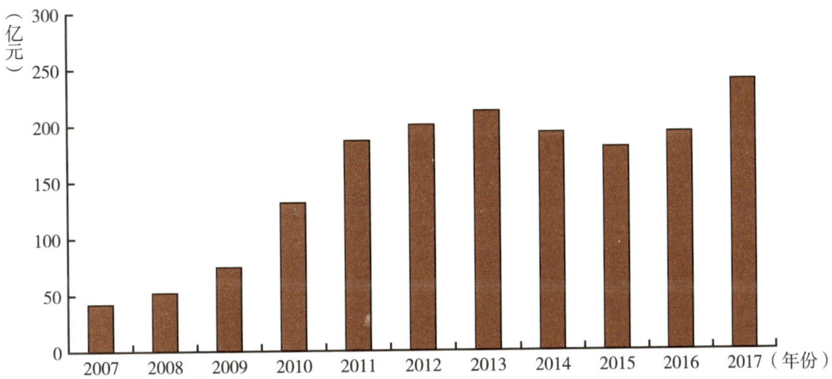

资料来源：图中数据由沧州渤海新区经济发展局、沧州渤海新区宣传办公室提供。

产业向绿色高端迈进。沧州渤海新区在“婉拒”诸多投资额虽大但不符合“绿色”要求项目的同时，大力引进高端、绿色、生命力强的传统产业改造升级项目和战略性新兴产业项目。新兴产业占比由十年前不足 10%，跃升至 51%。在目前推进的项目中，传统、新兴和科创行业项目的比值为 31∶66∶3。

企业综合能耗明显降低。2017 年，沧州渤海新区规模以上工业企业达到 183 家，万元地区生产总值能耗同比下降了 4.12%，高于全国平均水平 0.42 个百分点。

三、绿色城市建设

沧州渤海新区建立伊始就面临着环境污染、生态系统受损等突出问题，如何通过绿色城市建设实现“全域城市化”和“生态环境化”两大发展战略的协同依存，是迫切需要解决的难题。近年来，沧州渤海新区以打造“沿海强区、壮美港城”为目标，以创建国家生态示范城市为契机，以“园林城、卫生城、生态城、文明城”为抓手，深入推进绿色城市建设，探索出了从盐碱地到增长极、从重化污染区到生态旅游区的特色之路。

（一）全面深入贯彻绿色发展理念

深入贯彻绿色发展理念，是解决城市发展过程中人口、资源与环境间以交通拥挤、住房紧张、能源短缺、污染严重等为代表的突出矛盾的基础，是实现宜居、宜业、宜学、宜游的新型城镇化的前提。沧州渤海新区在推进绿色城市发展过程中，在规划引领、制度保障、主题实践、责任体系等方面积极作为，深入贯彻绿色发展理念。

规划引领绿色城市建设。沧州渤海新区秉承“规划先行”和“舍得投入”的理念，先后投入超 2 亿元，编制了《沧州岸线开发利用规划》《黄骅港总体规划》《沧州渤海新区产业发展规划》《沧州渤海新区循环经济发展规划》

《河北省沧州渤海新区旅游发展总体规划》《沧州渤海新区（黄骅市）城乡总体规划（2016～2030年）》等数十项涉及港口、产业、城市及水、电、路等内容的规划，用以指导绿色城市发展。

制度保障绿色城市建设。沧州渤海新区积极践行新发展理念，努力从整体上提出解决城市环境问题的政策思路，主动探索集约化、智能化、低碳化的新型城镇化道路，制定实施的《树立新发展理念 实现又好又快发展的若干规定》《关于全面推动高质量发展的决定》《沧州渤海新区“十三五”控制温室气体排放工作实施方案》《沧州渤海新区大气污染综合治理攻坚行动方案》《沧州渤海新区水污染防治存在问题的整改方案》《沧州渤海新区土壤污染防治工作方案》等政策措施，为绿色城市发展提供了制度保障。

大力开展主题实践活动。沧州渤海新区持续加大对绿色城市建设与发展的宣传和实践力度，通过开展以“不环保不生产”为主题的企业承诺活动，以“践行绿色理念，情系湖光盛景”为主题的全民健步行活动，以“绿色地球，文明市民”为主题的公益活动，以“绿色出行，节俭办公”为主题的公务表率活动，以“节能有我，绿色共享”为主题的低碳日活动等，增强区内企业、居民、政府等各主体践行绿色发展理念的主动性、积极性和自觉性。

积极健全政府责任体系。沧州渤海新区认真贯彻落实中共中央、国务院关于《党政领导干部生态环境损害责任追究办法（试行）》、河北省关于《河北省生态环境保护责任规定（试行）》和沧州市关于《沧州市环境保护“党政同责、一岗双责”暂行规定》精神，及时印发《沧州渤海新区生态环境保护有关部门工作责任》和《沧州渤海新区环境保护“党政同责、一岗双责”暂行规定实施细则》等文件，不仅建立健全了“党政同责、一岗双责、齐抓共管、综合治理”的环境保护责任体系，还明确规定了环境保护、国土资源、交通运输、市场监督管理、组织人事等37个相关部门的工作职责。

（二）不断加强城市基础设施建设

基础设施建设是发展绿色城市的重要条件。沧州渤海新区在聚焦绿色城市基础设施建设过程中，加大基础设施投入力度，大力发展绿色公共交通，积极开展绿化新区行动，逐渐升级绿色城市面貌。

加大基础设施投入力度，提升城市承载能力。2007～2017年，沧州渤海新区下辖港城区的基础设施建设就已累计投资超过千亿元，修建道路超过10万米、管道超过2万米，建设安置房超过3000套，新增绿地面积超过6万平方米，绿化养护面积超过100万平方米。2018年，为提升城市功能，沧州渤海新区谋划投资714亿元，推进文体中心、中华艺术之窗、沧州渤海新区第二幼儿园、老年服务中心、全民健身运动场等231个重大基础设施项目。

大力发展绿色公共交通，改善城市出行条件。为实现“一市四区”公交互联互通，沧州渤海新区投入3450万元，购置83辆新能源公交车代替传统燃油式公交车，基本建成现有住宅小区居民、企业职工“出门就能坐公交”的区域全覆盖公交服务体系。为促进城市公共交通系统多样化覆盖，沧州渤海新区采用政府主导购买企业设备和技术支持服务的模式，开发和建设了公共自行车交通系统。在“免费+低费+限额”的计费模式下，居民通过办理租车卡，自助取车、就近还车，不仅能满足短途低碳出行需求，还能缓解人流密集区在高峰时段的交通堵塞。

积极开展绿化新区行动，打造绿廊花海空间。沧州渤海新区实施以公共绿地为核心、以道路绿化为主轴、以小区绿化为依托、以街头绿化为点缀的网格状园区绿化行动，将道路绿化普及率提升至97%，顺利完成国家级园林城市创建工作，并建成4个省级园林式单位和小区。开展以全民义务植树为主要内容的绿色倡议行动，创造性地将树木成活率、保存率和养护标准等内容纳入单位评优、个人评优、职称评审、晋职提升等目标责任体系和干部任期考核体系。

（三）推进创新驱动绿色城市发展

创新是驱动绿色城市发展的核心。通过要素资源的整合、生产方式的重组、生活理念的引导等方式，可以集聚绿色城市发展的技术力量，打造绿色城市发展的产业体系，推动绿色城市发展的协调运转。沧州渤海新区在推进创新驱动绿色城市发展过程中，大力开展技术创新、产业创新、协同创新和机制创新，增强了绿色城市发展的竞争优势。

加大投入，推进城市科技治污。沧州渤海新区投资2831万元建设环境监控中心，将其与13家企业的52个在线系统联网，形成了大气污染自动检测、重点污染源在线监测、环保视频会议三项功能集成系统；投资2500万元建设有毒有害气体监控预警系统，将中捷产业园区、南大港产业园区大气自动监测站点及沧州临港经济技术开发区有毒有害气体预警系统全部纳入并进行联网，实现对重点工业企业、道路交通、建筑工地环境监测网络的全覆盖。

表1　2015～2017年沧州渤海新区环保专项资金投入情况

类别	项目	2015年	2016年	2017年
污染防治	专项资金（万元）	5779	3909	2054
	占当年财政预算总额比例（%）	2.2	1.7	0.93
污染减排	专项资金（万元）	88	3489	926
	占当年财政预算总额比例（%）	0.03	1.5	0.42

资料来源：表中数据由沧州渤海新区经济发展局、沧州渤海新区宣传办公室提供。

深挖资源，打造城市全域旅游。沧州渤海新区围绕历史文化资源，以黄骅市博物馆、河北海盐博物馆的扩建和续建，海丰镇遗址、郛堤城遗址、瓮棺墓葬遗址的保护性挖掘和适度开发为基础，打造历史文化系列景区；围绕湿地资源，以保护湿地自然景观，在周边建设碧桂园文旅健康生态城、恒大童世界、恒大健康文化小镇为基础，打造南大港湿地景区；围绕中捷友谊、中东欧友谊资源，以世博欢乐园、尼特拉酒庄、布拉格广场、东欧“十六国”风情小镇为基础，打造中捷东欧风情景区。

加强监管，形成分类抽检机制。沧州渤海新区成立环境污染隐患大排查专项工作领导小组，每天派出执法人员，分类对区内企业环保措施落实情况进行检查，并通过组建微信群等方式，随时随地督导、调度环保工作。2017年，沧州渤海新区受理环境信访案件117件，其中涉水、涉气案件分别为22件和85件，办结率为100%（见图2）。抽检9家煤炭企业22个批次，4家成品油企业27个批次，覆盖率和合格率都达到100%；完成环保部驻沧州市督导组对沧州渤海新区进行督导检查时发现的31个问题的整改工作，整改率达100%。

图2　2016～2017年沧州渤海新区处理环境信访案件情况

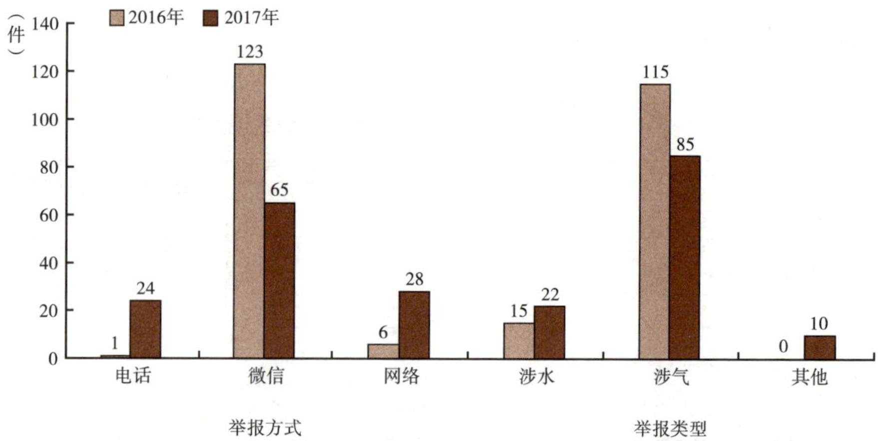

资料来源：图中数据由沧州渤海新区经济发展局、沧州渤海新区宣传办公室提供。

（四）绿色城市建设的社会成效

空气质量明显好转。2017年，沧州渤海新区空气质量二级以上达标天数为222天，同比增加41天。其中，“一级优”天数为45天，同比增加22天；重度及严重污染天数为15天，同比减少12天。PM2.5、PM10平均浓度分别为57ug/m^3、103ug/m^3，同比分别下降24.0、21.4个百分点。空气质量综合指数位居沧州市各县（市、区）首位。

入海河流水质明显改善。近年来，沧州渤海新区投资31.4亿元开展“七河—连通—治理”工程，投资1865万元建设水环境网络化精准监控与决策支持系统项目，在对14项监测因子进行持续监控后发现，氨氮、总磷等重要指标均达到了国家标准。

生态环境明显改善。近三年来，沧州渤海新区城区和沿路绿化累计完成投资12.8亿元，新增绿化面积380万平方米，新增造林面积9.2万亩，基本实现了“300米见绿、500米见园”的目标。

群众满意度明显提高。2017年，沧州渤海新区“三问调查”中，群众对大气环境的满意度达到98.22%，比2015年提高了44.2个百分点。

四、多方共治的绿色行动体系建设

构建政府、企业、公众共治的绿色行动体系，就是要让全社会的行为统一起来，使绿色发展成为全社会的共同价值与自觉行动，让各方面的制度与规划等方面的内容通过人们的共同行为而得到落实与保障。近些年来，特别是党的十八大以来，沧州渤海新区加快构建政府、企业、公众共治的绿色行动体系，深入探索，大胆实践，绿色共治道路越走越宽。以政府绿色领导、企业绿色发展、公众积极参与为主要内容的绿色共治模式，取得了良好成效。

（一）政府领导绿色发展

构建绿色行动体系，首先要求政府领导方式绿色化。也就是说，政府要顺应生态文明建设要求，从绿色发展理念出发，通过绿色变革引导社会形成绿色生产生活方式的新型领导行为。党的十八大以来，沧州渤海新区从总体和全局出发谋划绿色发展，创新思维方式和工作思路，加强绿色发展能力建设，构建绿色公共服务体系，较好地实现了经济建设与环境保护协调共进。

形成绿色领导思维。沧州渤海新区将环境生态化作为四大发展战略之一，舍弃先污染后治理、注重末端治理轻视源头治理的旧思维，践行绿色发展新理念。在引进项目上，沧州渤海新区摒弃“抢到篮子就是菜”的做法，严守“6个坚决不上”，把不符合产业政策、不符合绿色发展理念的“三高一低”项目拒之门外。通过积极培育发展绿色、循环、低碳经济，初步形成了从石油炼化到新材料、从海水淡化到浓盐水综合利用等的八大循环产业链。其中，海水淡化循环产业链已建成运营国华沧东电厂日产5万吨海水淡化项目，正在谋划推进总产能达25万吨的海水淡化产业，最终产能将达到35万吨，占全国的1/3左右。

提高绿色发展领导力。沧州渤海新区通过加强对各级党政领导干部的生态知识培训，提高领导干部推进绿色发展的领导力和行动力，让干部特别是领导干部懂生态、爱环境，成为生态保护的积极倡导者和践行者。特别值得一提的是，沧州渤海新区坚持健全机制，为加强绿色发展能力建设提供根本保障。通过严格落实环境保护“党政同责、一岗双责”有关规定，形成周调度、月研究、季调研、年考核工作机制，2017年以来，先后召开各类环保会议70多次，党政联席会议专门研究环保工作近10次，专题会议研究环保工作20多次，同时，坚持每周主任碰头会议必研究环保工作，并且适应新媒体时代要求，组建微信群随时随地督导、调度环保工作。

夯实绿色发展的制度基础。沧州渤海新区通过构建全面开放、政策完善、监管有效、规范公平的绿色公共服务体系，形成了与绿色监管相配套的绿色公共服务体系，在生态环境空间治理、污染物总量治理、环境行为治理等方面较好地履行了政府的监管职责和引导作用。在环境监管方面，沧州渤海新区通过健全生态环境监管体系，充分发挥沧州渤海新区水环境网格化精准监控与决策支持系统项目、非国控企业在线监控季度比对、VOCs全覆盖监管监测、沧州渤海新区大气污染防治精准监测与治理示范项目等整体效能，确保全面提升环境监管能力。特别是，沧州渤海新区通过建立三级环境网格化监管体系，实行“横到边、纵到底”的环境监管，推动环境监管关口前移，触角向下延伸，做到环境监管不留死角、不留盲区、不留隐患。

（二）企业转型绿色发展

企业的生产方式对环境的影响最直接，影响程度也最深。作为重化工业集中区，沧州渤海新区以绿色发展引领企业转型升级，通过开发绿色产品、加大环保投入力度、注重绿色技术应用、实施循环化改造等途径，着力构建科技含量高、资源消耗低、环境污染少的发展模式，推动产业从规模效益向品质效益转变，实现产业改造提升和优化升级。

开发绿色环保产品，优化企业产品结构。随着京津冀大气污染治理的深入推进，国家决定于 2017 年 1 月 1 日推广国五标准汽柴油。作为华北地区重要的地方炼油企业之一，沧州渤海新区的鑫海化工集团于 2016 年 6 月投资 36 亿元，开工建设了环保技术和产品质量升级项目。该项目 2017 年 12 月投产后，鑫海华工集团成为华北地区首家生产“国五”和“京六”标准汽油、柴油和航空煤油的地炼企业，每年生产优质清洁燃油 200 万吨以上，年销售收入达到 260 亿元。绿色产品种类的增加及产品质量的提升增强了企业的市场竞争力，不仅安全生产指标领先同行业同规模企业，而且环保指标也高于国家标准，实现了向绿色精品炼厂的快速转型。

加大环保投入力度，实施绿色技术改造。近些年，面临日益增大的环保压力，沧州渤海新区的许多企业纷纷加大环保投入力度，以改进生产技术为支撑，以广植绿色发展理念为手段，抢抓新发展机遇，在积极承担社会责任的同时，增强市场竞争力。例如，中海石油中捷石化公司实施了常减压装置加热炉改造、重催装置三旋改造、气分装置脱硫系统改造等 30 多个科技项目，不仅提高了生产效率，而且实现了节能减排。其中仅加热炉由燃油改燃气一项，每年就节约燃料油 6600 吨，节省费用 3600 多万元。正元化肥有限公司实施锅炉烟气脱硫脱硝再提升技术改造项目后，粉尘、二氧化硫、氮氧化物排放浓度分别由 30 毫克 / 立方米、200 毫克 / 立方米、200 毫克 / 立方米下降至 10 毫克 / 立方米、35 毫克 / 立方米、50 毫克 / 立方米，污染物减排量分别下降至 374.8 吨、296.2 吨、162.42 吨，为改善沧州渤海新区大气环境质量做出了积极贡献。

高标准建设新项目，树立绿色发展标杆。在存量企业加大环保投入、实施绿色技术改造的同时，沧州渤海新区的新建项目，更是以树立行业绿色发展标杆为目标，高标准执行环保法律法规和排放标准。例如，华润电力（渤海新区）有限公司成为京津冀第一家同步建设超低排放的电厂，除尘、脱硫、脱硝、湿式电除尘系统同步投运，烟尘、二氧化硫、氮氧化物排放指标达到超洁净排放标准，实现减排二氧化硫 1500 吨 / 年、氮氧化物 3700 吨 / 年。沧州绿源水处理有限公司于 2016 年 8 月开工建设的“先进膜材料与膜集成工艺处理高浓度化工废水技术开发与应用示范”项目，突破高 COD、高盐化工废水处理难度大、成本高的瓶颈，使化工废水全价资源化，在助力沧州渤海新区化工产业健康持续发展的同时，也迈进了水处理行业技术前沿，已成功入选“国家科技支撑计划”。

（三）公众参与绿色发展

改革开放以来，我国经济社会快速发展，社会正变得更加多元化，利益群体也不断分化。各个群体都有自己的利益诉求，都有分享权利、参与社会治理的愿望。绿色发展既是发展新理念，也是民生大问题，关系到公众的切身利益。公众有天然的参与治理的积极性。过去自上而下以行政命令为主的环境管理模式，已经不适应绿色发展的需要。近些年来，沧州渤海新区改变自上而下的单向管理模式，形成了自上而下和自下而上相结合的环境共治模式，探索拓宽了公众依法参与环境治理的渠道和平台，让公众、企业和政府结成命运共同体，一起面对严峻的环境形势，共同致力于环境质量的改善。

创新环保决策、实施、问责机制，鼓励、引导公众监督。“多元共治”是 2015 年 1 月 1 日施行的《中华人民共和国环境保护法》（以下简称新《环境保护法》）秉持和体现的重要思想和原则。新《环境保护法》新增专章规定信息公开和公众参与，赋予公众环境知情权、参与权和监督权；《环境保护公众参与办法》规定了环境保护主管部门可以通过征求意见、问卷调查，组织召开座谈会、专家论证会、听证会等方式，开展公众参与环境保护活动。沧州渤海新区探索建立的群众全程参与环保工作的“三问决策”制度，做到决策之前问需于民、实施之中问计于民、落实之后问效于民。在2015年8月到2016年12月，先后4次开展“三问决策”大调研活动，广泛征求群众意见和期盼，精准查找环境治理“短板”和突出重点矛盾，把环境治理聚焦于群众反映最强烈的问题上，不断提升群众的环境获得感和满意度。

广泛宣传发动，促进群众从自身做起，身体力行环境保护。公众既是环境问题的受害者，一定程度上也是环境问题的制造者。促进公众践行节能环保的绿色生活方式，摒弃原有生活和消费方式中对资源和环境带来较大压力的行为，是每个人参与生态文明建设、推动绿色发展最直接的体现。近年来，沧州渤海新区充分利用世界环境日等平台和载体，开展多层次、多角度的宣传活动，共发放环保宣传单和环保倡议书2万余份、环保购物袋3万余个；聘请法律及环保专家开展普法宣传，共举办专题讲座10余次，受众达6000余人次。此外，沧州渤海新区积极培树先进典型，充分发挥其影响带动作用，目前，南大港湿地和鸟类自然保护区已成功跻身省级环保教育基地，让当地居民实实在在地感受到“绿水青山就是金山银山”。

五、体会与思考

通过这次调研，特别是从沧州渤海新区绿色发展这个点看全国绿色发展整个面，从绿色发展这一新发展理念的贯彻实施看整个国家、民族的历史与发展，从“生态兴则文明兴，生态衰则文明衰”看处理人类生产与自然环境的关系的认识论的发展进步，对以习近平生态文明思想引领“美丽中国”建设所具有的政治意义、历史意义和世界意义，有了更加全面深刻的认识和体会。在跨越“中等收入陷阱”的历史进程中推进绿色发展，是习近平新时代中国特色社会主义思想的必然要求和生动实践，是我们党推动发展理念更新、发展动能革新、体制机制创新、生产力保护和发展方式求新的鲜明体现，是中国特色社会主义制度优越性的极大彰显，事关中华民族永续发展、人类生态文明建设大局，必将激励全国人民以更加昂扬的姿态踏上全面建设社会主义现代化国家的新征程。

体会之一：发展理念更新是推动绿色发展的首要任务。绿色发展是中华民族实现永续发展的关键之举。在推进绿色发展的过程中，首要的任务就是要在全国人民心中牢固树立起绿色发展的理念。理念是行动的先导，是行动的“指挥棒”。有什么样的理念，就有什么样的实践；有什么样的实践，就会收获什么样的果实。能否让绿色理念根植人们内心深处，将决定着绿色发展的成败。从沧州渤海新区推动绿色发展的实践看，妥善处理发展过程中的经济增长与环境保护的关系，要以习近平生态文明思想为根本遵循。习近平生态文明思想中的“绿水青山就是金山银山”的实质就是，生态文明是工业文明发展到一定阶段的产物，是人类社会发展的必然，是不以人类意志为转移的客观存在。因此，践行绿色发展新理念、更好坚持人与自然和谐共生，已成为实现高质量发展的必答题。要构建生态经济体系，不断创新绿色治理方式，将绿色发展理念融入新型工业化、信息化、城镇化、农业现代化全过程和各方面，协同推进经济发展和环境污染防治、生态系统保护，为生态文明建设提供坚实的物质基础。

体会之二：发展动能革新是推动绿色发展的重要保障。从沧州渤海新区推动绿色发展的实践来看，要把绿色发展新理念落到实处，必须通过发展动能革新来打破经济发展和环境保护对立的固有思维。走向生态文明新时代，只有用绿色发展理念引领经济发展动能转换，形成绿色经济发展的“增长点”“增长极”“增长带”，才能使“绿色经济”成为新常态，才能使绿水青山变为金山银山，才能使保护生态环境变为保护生产力，才能使改善生态环境变为发展生产力。党的十八大以来，沧州渤海新区把推进绿色发展作为改革开放的重要遵循和方向，让“绿色引擎”不断释放出引领发展、造福民生的澎湃力量。为解决化工企业的废品资源化利用问题，沧州渤海新区通过采取政策激励、资金扶持、技术保障等措施，构建循环经济发展长效保障机制，助推化工产业增长动能转换。目前，沧州渤海新区化工企业内部“微循环”、企业之间“小循环”、园区之间“中循环”、整个新区“大循环”的循环化发展模式初步形成，“减量化、再利用和再循环”目标基本实现，达到了变污染负效益为资源利用正效益的目的。这为沧州渤海新区的化工产业安上了“防护罩”，最大限度地减少了对环境的影响。

体会之三：加强党的领导，推进体制机制改革是推动绿色发展的根本途径。体制机制是行为主体活动的框架和指南，绿色发展新理念对政府、企业和公众的行为提出了新要求，这些要求必须通过新的体制机制来引导和规范。而习近平生态文明思想的一个重要组成部分，就是加强党的领导，推进体制机制改革。从沧州渤海新区推动绿色发展的实践看，地方政府贯彻绿色发展新理念，一方面要把中央制定实施的新的体制机制改革措施落到实处，另一方面也要结合当地实际，创造性开展工作。在沧州渤海新区为推动绿色发展所采取的改革性举措中，有两点给人以深刻印象。一是抓党建破难题。沧州渤海新区作为沧州市委、市政府的派出机构，其辖区内的市、开发区自主权较大，前些年为了实现地区生产总值高速发展，部分单位在引进项目时一定程度上存在轻视生态环保风险的问题。近年来，特别是党的十八大以来，沧州渤海新区党工委把协调、指导辖区内各市、开发区绿色发展作为党建工作的重要内容，构建招商引资的多部门会商制度，从源头上妥善处理经济发展与环境保护的关系，为推动绿色发展提供了最有力的保障。二是建机制补“短板”。沧州渤海新区工业项目较多，产业结构以重化工为主，大气污染防治任务重、涉及面广，仅靠环保一个部门不能准确查找和解决区域、行业、企业存在的问题。针对这个现实情况，沧州渤海新区建立“环保管家”环境管理制度，借助外界资源，委托具有国家环保部门颁发的建设项目环境影响评价甲级资质证书和环境监理甲级资质证书的第三方机构，根据实际工作需要，筛选符合条件的专家，参与沧州渤海新区各项环境保护技术咨询和管理工作，充分发挥专家在环保工作中的技术支撑作用，有效解决各类环保问题。2016 年，第三方机构共派出环保专家 10 次，发现环境问题 126 个，提出合理化建议 134 条，并对整改情况逐一验收，确保每一项整改措施落实到位，有力提升了沧州渤海新区环境监管水平。

体会之四：生产力保护和发展方式求新是推动绿色发展的主要内容。社会主义社会是全面发展、全面进步的社会，保护生态环境、建设生态文明是社会主义的本质要求。经济社会要发展，就必须不断解放和发展生产力。如果将保护环境与保护生产力对立起来，认为要解放和发展生产力就不可避免地要破坏生态环境，这就在一定程度上导致经济社会发展给环境带来较大破坏，生态问题日益突出。习近平总书记强调，“保护生态环境就是保护生产力，改善生态环境就是发展生产力”①。沧州渤海新区近些年以全域旅游倒逼生态环境提升，推动临港产业加快转型升级步伐。在南大港湿地周边引进两个总投资达千亿元的文旅生态项目，在开发与保护并重中实现生态效益与经济效益“双赢”。同时，通过改造盐田、恢复生态，投资 30 多亿元建设集湿地、水面、沙滩等于一体的沧海文化风景区，打造我国沿海最大景观内海；在中铁、达力普、鑫海等企业开展“绿色工业游”试点；积极推进“绿色港口游”试点，世界最大规模筒仓群、风景如画的人工湿地，成为黄骅港煤炭港区生态建设最大亮点。沧州渤海新区这些实践生动地表明，生态环境作为生产力内在属性具有重要地位，对于发展面向未来的绿色生产力具有重要的参考价值。

党的十九大指出，必须树立和践行绿水青山就是金山银山的绿色发展理念，平衡和处理好发展与保护的关系，推动形成绿色发展方式和生活方式，坚定不移走生产发展、生活富裕、生态良好的文明发展道路，建设美丽中国。当前，我国生态文明建设正处于压力叠加、负重前行的关键期，也到了有条件有能力解决生态环境突出问题的窗口期。沧州渤海新区虽然近年来在绿色低碳发展方面取得显著成效，但是，生态环境的现状仍然难以满足人民日益增长的对优美生态环境的需求，与中共中央、国务院在《关于全面加强生态环境保护 坚决打好污染防治攻坚战的意见》中提出的“打好渤海综合

① 《习近平关于全面建成小康社会论述摘编》，北京：中央文献出版社，2016，第 163 页。

治理攻坚战”的要求相比还有较大差距，实现经济社会发展与人口、资源、环境相协调仍然任重而道远。

思考之一：理顺管理体制，形成绿色低碳发展的政策合力。在目前沧州渤海新区“一市四区”的管理构架下，港口、产业与城市三者之间的体制关系仍然不是很顺。从行政隶属关系看，中捷产业园区、沧州临港经济技术开发区和南大港产业园区都包含在黄骅市的行政区划内，却归沧州市直管，另外，临港化工产业园区又是经沧州市政府批设在中捷产业园区内的。而且以上几个行政区域成立之时，同时建立了县级税务、部分行政和党群机构。可以说，沧州渤海新区现在的行政区划是“市”里套“区”、“区”里套“区”，多头行政管理问题突出。体制不顺，责权不统一，分工不清晰，内部运行机制不畅，办事效率不高，在一定程度上制约了港、产、城三者之间在绿色低碳发展层面形成良好的互动和有机的整合。下一步需要理顺管理体制，扩大沧州渤海新区管委会对行政区和功能区在人事任免、土地规划管理和审批、财政预算管理、城乡规划和投资项目管理方面的权限，建立起责权一致、分工合理、决策科学、执行顺畅、监督有力的行政管理体制，形成科学有序、运转高效的运行机制，形成绿色低碳发展的政策合力。

思考之二：优化市场竞争环境，强化微观经济主体绿色低碳发展的激励约束机制。良好的市场竞争环境可以对企业绿色低碳发展起到积极引导和激励作用。目前，就绿色低碳发展而言，我国尚未形成激励约束企业绿色低碳发展的市场竞争环境，绿色低碳角度上的劣企驱逐良企现象比较普遍。在我们的调研中，大部分企业反映，企业在节能减排和低碳发展方面投入很大的人力、物力、财力进行绿色低碳技术开发和设备改造，企业绿色化发展成效比较明显，但由此也使得企业产品的成本相应提高。在现行体制下，由于没有绿色准入门槛的限制，结果不注重生态环境建设的企业由于成本较低往往在市场竞争中占据优势，注重生态环境建设的企业由于成本高而往往铩羽而归，客观上造成了企业发展中生态环境逆向淘汰的不合理现象。改变这种不合理现象，应该进一步优化市场竞争环境，强化微观经济主体绿色低碳发展的激励约束机制。从激励机制看，目前中央、省、市三级政府对生态环境改造均有“真金白银”的支持政策，但据被调研的企业反映，目前的支持力度还需要进一步加大，只有这样才能激发企业节能减排、绿色发展的积极性。从约束机制看，应该提高绿色准入门槛，并加大对有生态环境违规行为和现象的企业的处罚力度，用最严格制度、最严密法治保护生态环境，使违规企业试图转嫁环境治理成本于社会的行为在经济上变得不合理、不合算，使企业不敢、不能甚至不愿在节能减排、绿色环保上“偷奸耍滑”。

思考之三：拓宽公众与社会组织参与生态环保的渠道与途径，进一步完善绿色低碳发展的社会多方治理体系。社会多方治理是绿色低碳发展的重要社会保障。沧州渤海新区在引导公众参与生态环境治理方面取得了一些突破和成效，但仍存在公众和社会组织参与生态环保的渠道不宽、参与程度不高的问题，下一步需要继续拓宽公众与社会组织参与生态环保的制度化或非制度化渠道与途径，形成绿色低碳发展的社会多方治理体系。首先，要加强公众与社会组织参与生态环保的制度化途径建设。在开展绿色低碳相关的行政决策和执法过程中要进一步加强和完善信息公开制度，及时公开相关信息，从而推动公众进行事前参与，以最终提高行政决策效率，推动绿色低碳发展过程中政府、企业及公众之间的良性互动机制的建立。其次，需要进一步加强宣传教育，提高公众的认识水平，增强其参与意识，鼓励公众在生产、生活及消费中积极践行绿色、低碳理念，形成崇尚绿色环保、节约光荣、浪费可耻的良好社会风尚，为实现绿色低碳发展奠定坚实群众基础。最后，加大财政支持力度，通过有奖举报等方式，调动公众积极举报污染和破坏环境、资源的现象与行为，进一步调动公众参与绿色低碳建设的积极性。

思考之四：加强低碳技术创新能力建设，强化绿色低碳发展的技术支撑。绿色低碳技术创新是新区绿色低碳发展的支撑和引领。与全国一样，目前沧州渤海新区低碳共性技术创新主体缺失，低碳技术创新能力相对较弱，主导产业的核心低碳技术比较缺失，制约了绿色低碳发展所能达到的高度。从沧州渤海新区的现有产业体系和绿色低碳发展的关键短板看，沧州渤海新区未来绿色低碳发展亟须突破清洁油品生产技术、回收低位工艺热预热燃烧空气技术，工业挥发性有机物（VOCs）废气深度净化处理技术、含氟废气回收利用技术，含芳香烃、卤代烷烃、有机硫磷化合物、高浓度氨氮等难降解有机废水的削减和治理技术，低浓酸含盐废水循环利用技术等关键共性低碳技术。由于上述低碳共性关键技术具有很强的外部性，大多具有公共产品的性质，市场机制不能解决或者至少不能完全解决。这也是科研体制改革后我国大多数行业面临的一个共同问题，即共性技术创新主体缺位，行业关键共性技术特别是低碳共性技术供给能力和水平已经远远不能满足行业绿色低碳发展的实际需要。改变这种状况需要更好地发挥政府的作用。具体而言，需要各级财政加大对科技创新的支持力度和强度，强化绿色低碳技术创新能力建设，为绿色低碳发展提供更加强有力的技术支撑。在改革开放全面深化的今天，强化政府对具有公共产品属性的低碳共性关键技术的支持力度不能走传统体制下政府大包大揽的老路，而应该采取既符合市场规律、又能有效激励社会主体增加共性低碳关键技术有效供给的新路子、新方法。

改革开放

与中国县域发展

GAIGEKAIFANG

山西右玉

SHANXIYOUYU

从荒漠之地到塞上绿洲的生态奇迹

中国社会科学院离退休干部工作局

右玉县位于山西省西北边陲，毗邻内蒙古自治区，四周环山，南高北低，平均海拔 1400 米，属黄土丘陵缓坡区、温带大陆性季风气候，年平均气温 4.2℃，极端最高温度 37.7℃，极端最低气温零下 40.4℃，平均日温差 15.4℃，年平均无霜期 125 天。下辖 4 镇、6 乡，288 个行政村和 1 个省级生态文化旅游开发区，总面积 1969 平方公里，总人口 11.5 万人。右玉县自古为北方要塞，兵家必争之地，也是中原农耕文明与北方游牧文明的交汇处，贸易活动频繁，明清时期达到兴盛。同时，右玉县地处北方地区长城沿线潜在沙漠化地带、毛乌素沙漠边缘，生态本底较为脆弱，再加上近代以来战乱和人为破坏，生态环境问题突出。

新中国成立以来，右玉县历届县委、县政府团结一致，带领全县干部群众，以生存和发展为目标，坚持植树造林，改善生态环境。全县林木绿化率由不到 0.3% 提高到 54%，创造了令人惊叹的生态奇迹，有力促进了全县经济社会的发展。在艰苦的探索实践中铸就了“全心全意为人民服务，迎难而上、艰苦奋斗，久久为功、利在长远”的右玉精神，五次得到习近平总书记的批示和肯定。改革开放以来，右玉县先后获得“全国治沙先进单位”“国家级生态示范区”“全国绿化模范县”“国家可持续发展试验区”“中国低碳旅游示范区”等称号，是全县域国家 4A 级旅游景区。2017 年，右玉县被评为“国家生态文明建设示范县”和“绿水青山就是金山银山实践创新基地”。正如《右玉绿化赋》中所说：“敢问苍天，何以如此偏我，绿色溢群山，生态谱经典？大地对曰：知否天道酬勤，自强以不息，天行而自健！唯其万千民众拓荒于不毛，方树起三北绿化造林之旗帜；只因数任公仆挑战于风沙，才赢得国内生态建设之模范！”[①]

一、改革开放以来右玉县生态建设的历程

新中国成立之初，右玉县多是风沙肆虐的不毛之地，贫瘠多灾，生存条件极其恶劣，面临着沙进人退、举县搬迁的生存危机。当地流传的民谣说：“一年一场风，从春刮到冬，白天点油灯，黑夜土堵门，风起黄沙飞，雨落洪成灾。男人走口外，女人挖野菜。”在此背景下，右玉县委、县政府领导深刻认识到：只有植树造林，防风固沙，才能改善人民群众的生存条件，解决最基本的生存问题。由此，拉开了全县干部群众以植树造林为主要内容的生态建设序幕。1950～1978 年，全县累计完成植树造林 42 万亩，森林覆盖率达到 14.5%，极端灾害性天气逐步减少，生存条件得到一定改善；土壤水分和养分得到提升，水土流失得到有效控制，农业生产条件也得到初步改善。在此阶段，由于极端恶劣的环境，植树造林只能以南京小叶杨（由于环境恶劣，杨树长得歪扭稀疏，当地俗称小老杨）为主，树种单一。改良树种，提高植树造林质量迫在眉睫。此外，农牧业生产方式依然粗放落后，对生态环境造成负面影响。

改革开放以来，右玉县始终坚持以马克思主义、毛泽东思想、邓小平理论、“三个代表”重要思想、科学发展观和习近平新时代中国特色社会主义思想为指导，践行习近平总书记“绿水青山就是金山银山”的理念，紧抓生态建设不放松，大胆探索、真抓实干，全县生态建设成效明显提高，生态环

① 高海、李淑章：《右玉绿化赋》，2012 年。

境发生了显著变化，生态效益日益凸显。回顾40年的发展历程，大体可划分为以下五个阶段。

（一）实施荒漠绿化，生态效益初显期（1978～1989年）

改革开放以来，国家实施一系列生态建设工程及措施，加大了对生态建设的投资力度。1980年，右玉县制定了生态建设第四个十年规划，生态建设步入了快速发展期，荒漠绿化进程加快，生态效益初步显现。

1. 抓住战略机遇，推动植树造林

改革开放后，生态环境问题开始受到各级党委和政府的重视，国家开始实施系列工程项目，加大相关投入。右玉县抓住机遇，推动植树造林再上新台阶。1978年和1986年，右玉县先后被列入“三北防护林”一期、二期工程建设重点县，植树造林投入加大；1979年，山西省新闻单位拍摄的纪录片《塞上绿洲》，在国内外引起较大反响；1985年，时任总书记胡耀邦视察右玉，对右玉县30多年坚持植树造林的成绩给予高度评价。

2. 引进优良树种，创新造林模式

针对过去30多年植树品种单一的情况，右玉县开始了新一轮的生态建设探索。1978年，在林业技术人员的积极努力下，右玉县成功引进了樟子松、油松、落叶松（“三松”）等，改良了造林树种。国有林场作为造林主力，注重科学技术应用，“三松”等优良树种得以大面积种植，逐步实现了树种多样化，造林质量显著提升。同时，在土层较薄的山地种植沙棘、柠条等灌木林，开始了乔灌草混栽模式的探索。此外，在以往农田林网建设的基础上，采取补种、补缺等措施，逐步更新防护林品种，实现了农田防护控制面积的合理调整。

3. 造林与管护并举，推动小流域治理

1978年右玉县被列入“三北防护林”建设重点县，到1989年，全县累计完成大片造林33万亩，还大力发展了树苗抚育，出现了国营苗圃与个人苗圃共同发展的局面。

在管护方面，县、乡、村层层建立了护林委员会，成立了护林队，并出

台了一系列政策措施。1981 年右玉县革委会出台了《关于砍伐树木的规定》，严禁乱砍滥伐；1984 年右玉县人民政府出台了《关于保护沙棘林木的通告》，建立健全保护、采集、发展沙棘的责任制。

随着改革开放的逐步深入，在强化造林与管护的同时，右玉县通过个人承包等创新机制，推动了小流域治理。1983 年，右玉县委、县政府制定了承包治理小流域的十条规定，极大地提高了农民承包小流域治理的积极性，当年 3900 户农民承包了 1987 条小流域，总面积达 33.5 万亩。

4. 全民广泛参与，开展义务植树

1982 年，党中央号召开展全民义务植树运动，右玉县政府制定了《关于开展全民义务植树运动的决定》，实行从县委领导到村干部的层层包干责任制，把义务植树列入干部职工考核指标体系。1984 年，大力表彰和奖励植树造林模范。1987 年，县政府制定了《关于开展全民义务植树运动的实施细则》，规定除丧失劳动能力者外，每人每年都要完成义务植树任务。11～17 岁公民每人每年植树 1～3 株，18 岁以上公民每年植树 5 株。育苗、育花、种草每平方米可抵栽树 1 株。各单位、各村都要建立义务植树基地，与其他林地分开。到 1988 年末，七年共义务植树 305.25 万株，参加义务植树的公民平均每人每年植树 8 株，超额完成预定目标。

5. 注重人才培养，强化科技应用

改革开放后，右玉县造林工作建立在初勘察再复查的调查基础上，经过多年的实践摸索，逐渐实现了因地制宜、适地适树。造林工作主要通过林业技术员每天在山间地头实地勘察、绘图、记录等方法，全面掌握全县林地资源，并据此制订植树计划。造林过程中，以林业技术员为核心，带领和指导广大干部群众科学造林，运用熟土回填、雨水汇集、修建阶梯形蓄水池等方法解决土质和浇灌问题。同时，根据造林工作的需要，1980～1984 年，县政府办起了林业专科学校，两期共培养了 80 名林业技术人员，他们在造林工作中发挥了重要作用。

6. 确定林草权属，调动农民积极性

改革开放后，按照《中共中央国务院关于保护森林发展和林业若干问题的决定》的要求，20 世纪 80 年代初，雁北行政公署会同右玉县委、县政府和各公社，组成了 16 个工作队，按照“定林权、定自留山、定责任制、定规划”的原则，深入各村、各生产队调研，在调研基础上清理了 20 世纪 60～70 年代因种种原因遗留的林权纠纷问题，重新向群众颁发林权证 1.3 万份，宜林地使用证 151 份，做到了“林有主、主有权、权有责、责有利”的责、权、利相结合，有效地推动了造林与护林工作。

（二）推动生态建设，生态效益提升期（1990～1999 年）

20 世纪 90 年代，右玉县制定了生态建设第五个十年规划，以国家项目造林和义务植树为主，发扬“一张铁锹两只手，自力更生绘新图”和“觉悟加义务，政策加技术”的优良传统，林业建设由生态防护型开始向生态经济型转变，实现了生态效益的提升。

1. 出台优惠政策，推动林业建设

一是大力发展乡镇集体所有的乡村林场。1991 年县委、县政府出台了《关于大力发展乡村林场的决定》，鼓励乡镇以工程造林为依据，以苗圃为基地兴办林场。二是按照“自主经营、林权归己、谁造谁有、长期不变”的原则，鼓励机关团体、干部、农民进行“四荒”（荒山、荒坡、荒沟、荒滩）植树，并制定了《关于拍卖“四荒”的八条优惠政策》和《关于拍卖治理“四荒”地的二十四条规定》，实行“一固定、两归己、三不变、四优先、五奖励”的管理办法，有效地推动了造林工作。

2. 乔灌草立体混栽，提高系统稳定性

全县规划了 7 个“万亩造林”工程，实现了连跨数乡的片、带、网相结合，针叶林与阔叶林并举，乔木与灌木混交的格局，体现了“改善生态环境，建设生态林业，提高经济效益”的宗旨，沙棘逐渐成为全县主导产业之一。

3. 多措并举，提高小流域治理的科学性

右玉县充分利用国家项目支持，加大对小流域科学治理的力度。其间，按照乔灌相结合、工程措施与生态措施相结合、综合治理和全面开发相结合的原则，分别实施了分布在苍头河等5条规模较大流域和20条重点小流域的国债水土保持建设项目、沙棘示范县建设项目、水土保持世行贷款项目、国家生态环境建设项目、农业生态建设项目等，取得了明显的生态效益、经济效益和社会效益。

4. 全民动员，推动造林工程

每年春季，全县干部职工、林业技术人员等都要抽出1～2个月的时间进行“造林大会战”，平均每年完成造林5万余亩。1996年，全县实施了干线公路和通乡公路的绿化工程；1997年，小南山森林公园建设开工；1998年，全县实施了十大造林工程，并推广使用径流林业整地、ABT生根粉、“根宝”蘸根技术等，有效地提高了造林质量。

5. 完善制度，加强林业管护

随着市场的开放和造林面积的增加，护林工作的重要性日益凸显。1991年，县政府隆重表彰了护林模范陈富，号召全县人民学习其作为义务护林员无私奉献的高尚情操。1994～1999年，县政府先后出台了《关于进一步加强林木采伐管理的通知》《关于严禁乱砍滥伐沙棘、梧柳的紧急通知》《关于严禁捕杀野生动物的通告》《关于加强林木采伐管理的办法》，并通报了高墙框乡、杨千河乡、白头里乡由于管护不力造成的柠条等林地被破坏和乱砍滥伐等事件，林木管护工作得以强化。

（三）加强生态建设，产业结构调整期（2000～2009年）

进入21世纪，右玉县制定了生态建设第六个十年规划，植树造林的目标由以防风固沙为目的的人工造林迅速向以生态经济建设为目的的生态保护和开发方面转变，生态建设走上“生态建设、人居环境、经济效益”三者相互协调的科学发展之路。

1. 生态建设提档升级，构建生态屏障

右玉县以退耕还林、黄河中上游地区天然林保护、“三北”防护林四期工程建设、首都水资源可持续利用等国家生态建设工程为支撑，实现了南部生态薄弱区绿化覆盖、东西部山区小流域治理、交通沿线绿化延伸、景区景点美化提升和城镇村庄绿化普及等目标，初步形成点面结合、城乡一体的多层次、立体化生态屏障。

在生态建设工程实施方面，采取“政府补贴投入，群众义务劳动，乡村会战整地，部门实施造林，拓宽筹资渠道，民营大户参与”的方式，大力推行专业队造林，严格实行招投标制度、项目监理制度和报账制度。在持续不断推进荒山荒坡绿化的同时，实施了以退耕还林还草还牧，农民进城，牧畜进圈，林草进田为主的“一退三还三进”工程。2000 年，启动了百村万人移民并村工程，由此退出的耕地全部用于还林、还草。从 2002 年起，由阶段性发放林草地使用证，变为当年退耕还林、还草当年发给使用证，极大地调动了农民进行生态建设的积极性。

2. 建立体制机制，加强生态建设成果管护

右玉县委、县政府先后出台了《关于保护森林资源的决定》、《关于加强生态环境保护的决定》、《关于加强林木管护工作的实施意见》、《关于进一步加强森林资源保护工作的意见》、《右玉县森林资源管理办法》、《右玉县关于全面停止天然林采伐的通知》和《右玉县关于在全县推进牲畜舍饲圈养的决定》等地方性法规，组织有关部门对所有生态建设项目区实行禁牧封育，为生态建设成果的管护提供了制度保障。同时，严格落实森林防火行政领导责任制和目标管理制，成立县、乡两级保林防火应急分队，严格执行 24 小时值班制度和巡查制度，配备消防车辆、通信设备、风力灭火器等设备。村村成立林木管护组，层层签订《林木管护合同书》。此外，落实各乡镇和有关责任部门的区域管护任务，成立县林木管护执法大队，加大了涉林案件的处罚打击力度。

3. 发挥生态优势，生态产业起步发展

进入21世纪以来，依托良好的生态环境和厚重的历史文化积淀，右玉县对生态旅游、生态农业等生态产业进行了科学规划，启动了一批旅游基础设施建设工程，包括杀虎口旅游景区一期工程、常门铺水库绿化一期工程、南山森林公园、苍头河生态走廊等，被国家旅游局评为全县域4A级旅游景区。特色生态农业快速发展，推行园区化种植、集约化生产，以马铃薯、燕麦、胡麻、杂粮和肉羊养殖为主的特色农业经济初步形成。“右玉羊肉”成为全省第一个获得国家地理标志的畜产品。此外，苗木产业迅速发展，成为辐射周边的苗木供应基地。

（四）巩固生态建设，生态经济协调期（2010～2015年）

“十二五”时期，右玉县生态建设全面巩固提升，生态优势进一步彰显，生态经济成为调整产业结构、统筹推动全县经济社会发展的重要抓手，人民群众逐渐享受到生态建设的红利。

1. 巩固生态建设成果，夯实“绿水青山”

党的十八大以来，右玉县把生态建设提升到战略层面，坚持“山上治本立体化，身边增绿园林化，生态致富产业化，环境保护社会化”的绿化目标，继续实施大片造林、通道绿化，统筹推进城乡生态建设，突出“小、精、绿”的园林县城定位，重在彩化靓化。同时实施村庄美化、绿化工程。其间，新建苗圃8万余亩，苗木产业成为农民增收致富的重要产业。2013年，完成集体林权制度主体改革任务。

2. 生态建设历程孕育“右玉精神”

近70年来，特别是改革开放之后，右玉县在坚持不懈改善生态、建设美丽家园、推进绿色发展历程中，孕育形成了“右玉精神”，并先后5次获得习近平总书记批示和肯定。2011年3月1日，习近平总书记在中央党校春季学期开学典礼上说：“右玉的可贵之处，就在于始终发扬自力更生、艰苦创业、功在长远的实干精神，在于始终坚持为人民谋利益的政绩

观。”[①]2012 年 9 月，习近平总书记做出批示：“右玉精神体现的是全心全意为人民服务，是迎难而上、艰苦奋斗，是久久为功、利在长远。”2015 年 1 月 12 日，习近平总书记在同中央党校第一期县委书记研修班学员谈话时以右玉为例强调，要有“功成不必在我”的境界，一张好的蓝图，只要是科学的，切合实际的，符合人民愿望的，就要像接力赛一样，一棒一棒接着干下去。[②]2017 年 6 月，习近平总书记视察山西时指出：“右玉精神”是宝贵财富，一定要大力学习和弘扬。2017 年 12 月 18 日，习近平总书记在中央经济工作会议上指出：从塞罕坝林场、右玉沙地造林、延安退耕还林、阿克苏荒漠绿化这些案例来看，只要朝着正确方向，一年接着一年干，一代接着一代干，生态系统是可以修复的。

2017 年 6 月，右玉干部学院落成，成为山西省党员干部学习“右玉精神”，进行党性教育的重要培训基地，产生了巨大的社会效益。

3. 实施五大战略，培育新的经济增长点

右玉县深入实施“五大战略”，统筹推进“六大发展”，按照生态发展产业化，产业发展生态化的思路，加快建设富美和谐的幸福新右玉。生态文化旅游产业、生态农业等得到快速发展，打造出了“祥和岭上”“爱硒力”“图远冻干”等国内外市场知名的特色农产品品牌，以及“塞上绿洲”“西口文化”“万里茶道”等旅游品牌，生态产业效益逐渐显现。

（五）提升生态效益，生态经济共享期（2016 年至今）

进入“十三五”时期，右玉县持续推动绿色发展，着力建立绿色低碳发展产业体系，致力于形成绿色低碳发展方式和生活方式，全面节约和高效利用资源，推进美丽右玉建设，促进人与自然和谐相处。

---

① 《十七大以来重要文献选编》（下），北京：中央文献出版社，2013，第 199 页。

② 《习近平谈治国理政》（第二卷），北京：外文出版社，2017，第 146 页。

1. 坚持不懈，厚植生态优势

借助国家京津风沙源治理、“三北”防护林建设五期、天然林资源保护等造林绿化工程，结合右玉实际，积极发展彩色林业，增加树木种类，形成森林层次丰富、色调多变、季相明显的景观。探索建立生态产业投资基金，出台贷款担保、财政贴息、税费减免等优惠政策，吸引资本和企业参与生态环境建设。力争“十三五”末，全县林木绿化率达到58%。2017年4月，山西省政府批准设立右玉生态文化旅游开发区，并选择特色农产品及食品加工、生态文化旅游、新能源产业作为主导产业。

2. 严格制度，保护生态环境

不断严格森林保护制度，加强封山禁牧、森林防火、病虫害防治等工作，严厉打击各类涉林违法犯罪行为，有效保护森林资源和造林成果，全力维护生态安全。积极推进水生态系统保护与修复，加强水资源节约保护，强化污水处理回用，加大采煤沉陷区、采空区、水土流失区的生态环境治理修复。深入开展大气、土壤等重点领域环境质量改善工作，严格环境执法监管，有效遏制环境违法行为。严格执行招商项目预审制，把好项目准入关，坚决杜绝引进高能耗、高污染项目。健全完善环境污染、资源损害赔偿办法和生态补偿机制，不断以体制机制创新推进生态环境治理和保护。

3. 多措并举，推进生态富民

在新的历史条件下，右玉县的生态发展紧紧围绕全面建成小康社会这一奋斗目标，切实把发展生态的过程转化为富民增收的过程。立足右玉生态大县的优势，按照推进生态脱贫的有关政策，让贫困群众在参与生态建设和管护中增加工资性收入，不断加快脱贫步伐。立足右玉发展苗木产业的良好基础，合理规划、增加树种、强化营销、拓展市场，提升苗木产业发展水平。坚持把生态旅游业作为实现脱贫富民的有力抓手，以创建国家全域旅游示范区为契机，把右玉打造成集生态休闲度假、西口风情体验、消夏避暑养生为一体的旅游目的地，承办了国际马拉松比赛、国际速度赛马比赛、生态文化旅游节等大型活动，协助拍摄了《右玉和她的县委书记们》等一批优秀影视作品，建立了中央美术学院写生基地等，受到了省内外游客和社会各界的普遍关注。

二、右玉县生态建设的成效

改革开放的40年是右玉县坚持不懈、攻坚克难、不断奋斗的40年，更是右玉县抓住机遇、转化效益、脱贫致富的40年。右玉县委、县政府在党中央、国务院的正确领导下，按照久久为功、利在长远的发展理念，围绕提升绿水青山品质、共享金山银山成果的主题路线，继往开来、不求名利，团结带领全县干部群众在科学发展的道路上阔步前进。如今的右玉县已成为名副其实的塞上绿洲，为同类地域树立了良好典范，为全国绿水青山建设提供了范本。

（一）推动生态环境不断改善

新中国成立以来，右玉县将植树造林作为全县工作的重点，有效改善了全县人民的生存条件，把持续改善生态环境和满足全县人民需求有机统一起来，为经济社会发展提供了良好的生态基础。

1. 林地面积不断扩大，绿化率持续提高

1978～1986年，国家实施的“三北”防护林建设工程给右玉县生态建设提供了大好机遇，通过采取因地制宜、适地适树的科学造林方法，人工造林41.5万亩、飞播造林1.5万亩，全县林木绿化率首次超过20%。20世纪90年代以来，右玉县遵循人与自然和谐发展的理念，在矿区和旅游景点周边等特殊区域，加大森林景观建设力度。20世纪末，右玉县将生态脆弱的荒山荒坡作为造林工程重点，采取乔灌草结合模式，高质量地营造乔木林，大力发展灌木林，林地面积持续增加（见图1），全县林木绿化率进一步提高（见图2）。

从图1可以看出，右玉县林地面积到2017年末已经达到169.9万亩，与1976年的37.57万亩相比，增长了352.2%。如图2所示，右玉县林木绿化率由1976年的12.7%增长到2017年的54.0%，增长了41.3个百分点。林地面积的增加促使大气环流抬升动力减弱，有效降低了暴雨和冰雹灾害等

图 1　1976～2017 年右玉县林地总面积变化情况

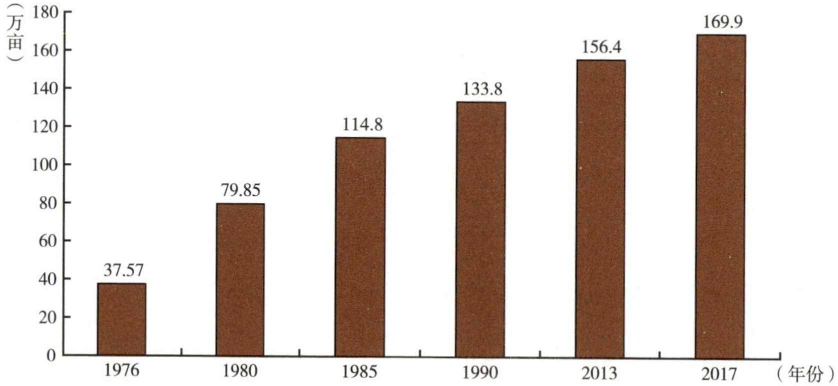

图 2　右玉县 1976～2017 年林木绿化率变化情况

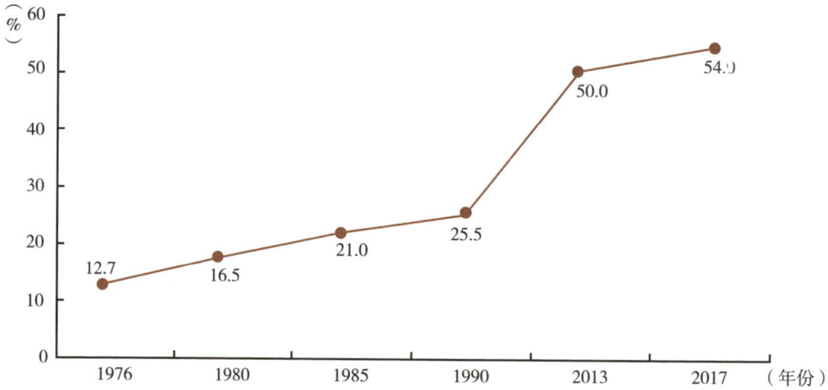

极端天气的发生率。因此，以植树造林为主的生态建设在促进生存条件和生态环境不断改善的同时，也有效减少了县域内自然灾害的发生。

2. 有效降低了大风、沙尘暴等灾害性天气

20 世纪 70 年代末，右玉县盆儿洼地区的观测结果表明：风蚀量在夏季减少了 40%，在冬季减少了 22%～28%。从表 1 可见，1977～2016 年右玉县的大风日数由 1977 年的年平均 26.8 天减少到 2016 年的年平均 15.2 天，减少了 43.3%；沙尘暴日数由 1977 年的年平均 1.8 天减少到 2016 年的年平

均 0.4 天，减少了 77.8%。特别是 1997～2016 年的 20 年，沙尘暴发生率稳定在年平均不足 1 天，风沙得到了有效控制。

表 1　1977～2016 年主要气象要素对比

气象要素	1977～1996 年	1997～2016 年
平均气温（℃）	3.8	4.8
平均降水量（mm）	411.2	420.8
大风日数（天）	26.8	15.2
沙尘暴日数（天）	1.8	0.4
日照时数（小时）	2843.1	2759.2
无霜期（天）	130	123

3. 水土流失治理成效显著

2000 年以后，右玉县水土保持项目投入资金持续增加，小流域治理力度不断加大，水土流失治理取得显著成效。截至 2017 年，水土流失综合治理面积累计完成 89552 公顷（895.52 平方公里），其中梯田面积 3565.13 公顷，沟滩地及小片水地面积 9074.50 公顷，坝地面积 1209.04 公顷，三项总和占治理总面积的 15.63%；水土保持林中乔木林 26151.67 公顷，灌木林 24356.73 公顷，草地 5230.20 公顷，乔灌草面积总和占治理总面积的 63.0%（见图 3）。此外，封山禁牧面积 19964.57 公顷，建设淤地坝 50 座，不仅有效抑制了水土流失，改善了生态环境，还以治理项目为带动帮助农民增产增收。

图 3　改革开放以来右玉县水土流失综合治理各类面积比例

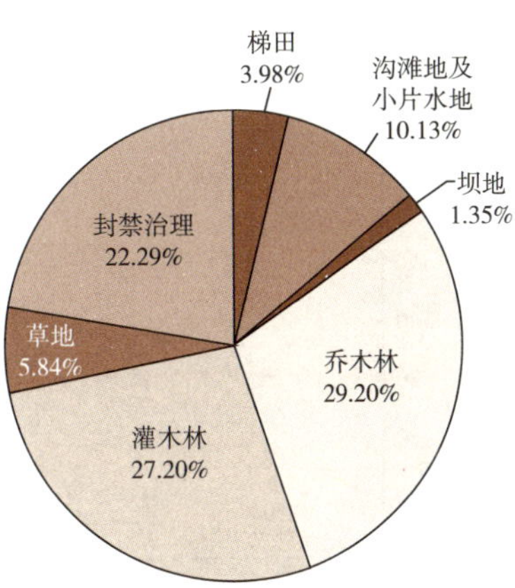

（二）推动经济平稳快速增长

改革开放 40 年来，特别是党的十八大以来，右玉县围绕建设环境好、产业优、人民富的美丽右玉的目标，紧紧扭住改革创新、城乡统筹、生态升级、项目建设“四大抓手”，传承弘扬“右玉精神”，提升绿水青山品质，共享金山银山成果。

产业方面，农业种植业通过更新技术、引进人才朝着生态与可持续方向发展，工业能源产业依托国家级、省级项目基本实现清洁绿色发展，第三产业突出培植生态旅游、文化休闲等项目，给右玉县经济建设注入了新的推动力。2017 年，第一产业、第二产业、第三产业增加值占地区生产总值的比例分别为 8.1%、49.8%、42.1%。

21 世纪以来，特别是 2005 年以后，右玉县经济实现了跨越式发展。2001 年右玉县地区生产总值为 3.50 亿元，到 2017 年，右玉县地区生产总值已实现 67.19 亿元，增长了约 18.20 倍（见图 4），远远高于历史同期我国国内生产总值和山西省地区生产总值的增长速度（见表 2）。右玉县财政总收入也由 2001 年的 0.18 亿元增长到 2017 年的 9.55 亿元，增长了 52.06 倍（见图 5），一般公共预算收入增长了 29.83 倍（见图 6）。

图 4　右玉县 2001～2017 年地区生产总值变化情况

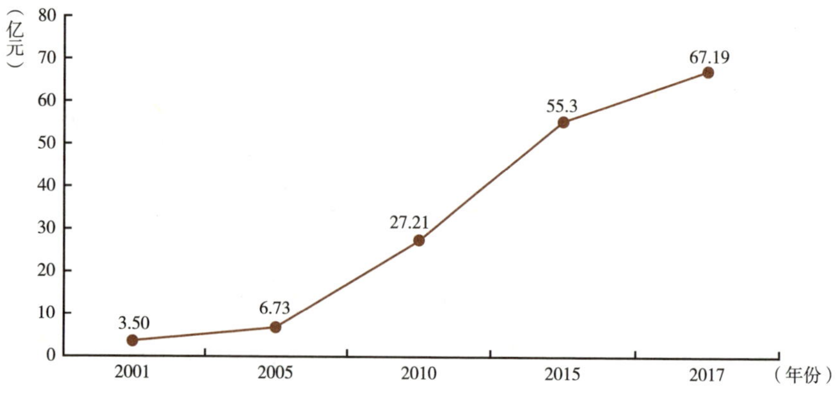

表 2　2001～2017 年全国 GDP 及山西省地区生产总值主要节点统计

（单位：亿元）

	2001 年	2005 年	2010 年	2015 年	2017 年
全国 GDP	110863.1	187318.9	413030.3	689052.1	827122.0
山西省地区生产总值	2029.5	4230.5	9200.9	12766.5	14973.5
右玉县地区生产总值	3.5	6.7	27.2	55.3	67.2

图 5　右玉县 2001～2017 年财政总收入变化情况

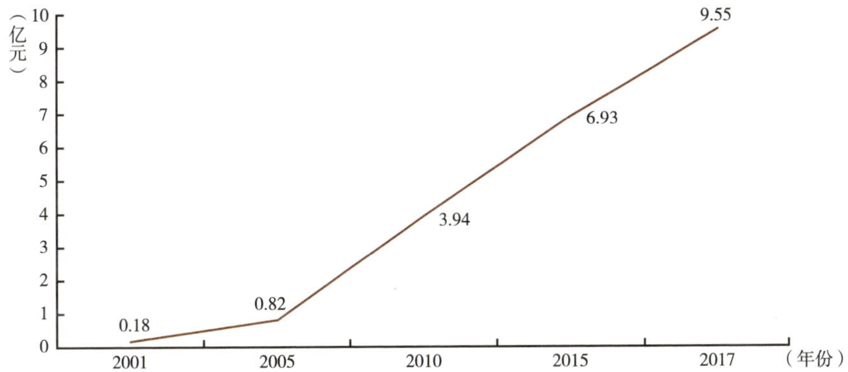

图 6　右玉县 2001～2017 年一般公共预算收入变化情况

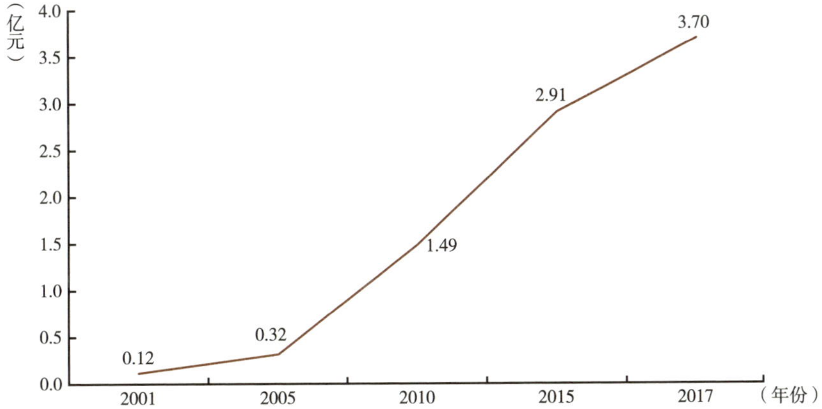

（三）推动了产业多元化发展

改革开放以来，在生态建设稳步推进的同时，右玉县突出绿色发展理念，加快推进煤炭产业规模化、循环化发展，大力发展风电、光电清洁能源产业，不断壮大农副产品加工业，积极发展生态旅游业，转型路径更加明晰，产业特色不断凸显。

1. 推动传统产业优化升级

改革开放之前，右玉县在农业生产上一直沿袭广种薄收的耕作方式，导致了更严重的土地沙化。改革开放以后，右玉县委、县政府积极探索生态农业发展之路，提出以“林牧为主，农林牧全面发展”和“退耕还林还草，畜牧富民”为主的农村经济发展战略，鼓励传统农业朝着生态与可持续方向发展，培育了一批以羊饲养加工全产业链条、沙棘种植加工为主要特色的生态农业示范企业，并延伸出苦荞、亚麻油、牛肉、小杂粮等 4 大类 8 个系列 68 种特色农产品。生态农业的发展吸引了六味斋、汇源等全国知名的农产品加工龙头企业落户右玉，“龙头企业带动、技术服务支撑、现代园区示范、市场体系保障”的现代农业发展思路，推动了右玉传统产业朝多元化健康发展。

2. 战略布局发展新能源产业

针对以往工业发展带来的生态环境问题，右玉县委、县政府转变发展思路，科学布局生态工业，同时大力发展能源产业，推动能源产业朝着清洁、可持续方向发展。右玉县立足于丰富的风能、太阳能等资源优势，重点发展风能、光伏、生物质能发电，并实现了新兴能源的产业化发展。同时，逐步普及太阳能与建筑一体化技术，着力推进沼气工程和秸秆能源化利用；大力推进清洁能源集群化发展，打造全省最大的风电基地，在确保不破坏生态环境的同时，推动了经济的发展，为“清洁右玉、健康右玉、宜居右玉”提供坚实保障。统计公报显示，2017 年，右玉县清洁能源发电量 13.56 亿千瓦时，全县清洁能源并网装机容量达到 100 万千瓦。

3. 鼓励现代化产业项目发展

改革开放 40 年来，右玉县生态建设取得的成效产生了较大的示范效应，吸引了一大批国家级、省级电力项目。在生态立县理念的指引下，逐步建起了绿色生态工业园区、循环经济工业园区和清洁能源经济带等。稳步发展壮大清洁能源产业，不仅实现了在工业领域节能减排和经济效益的双丰收，而且将绿色产业链条不断延伸，推动了绿色经济实力的不断增强，实现了产业的跨越式发展。同时，右玉县大力鼓励电子商务与现代物流产业发展，按照“加强引导、循序渐进、培育市场、规范行为”的思路，实现了“线上”与“线下”的有机融合。积极引导消费向智能、绿色、健康、安全方向转变，并不断向周边县区辐射绿色产品，引导消费。围绕着电子商务与现代物流产业的发展，采取了一系列政策措施与对策，为其健康发展营造了良好的法治化环境。

（四）推动民生福祉不断提升

改革开放 40 年，右玉县在稳步推进生态绿化工程建设、促进产业多元化发展的同时，围绕着“强化生态环保理念，弘扬生态环保道德文化”，在扶贫、教育、医疗等方面多措并举，不断提高民生福祉和人民幸福感。

1. 精准脱贫工作有序推进

右玉县是山西省 36 个国定贫困县之一和山西省唯一的半农半牧县。精准扶贫、精准脱贫战略实施以后，右玉县坚持把脱贫攻坚作为重大政治任务和首要民生工程，层层压实责任，精准有力推进。中央和省市在推动精准扶贫、精准脱贫等方面给予了右玉县较多的政策支持和倾斜。右玉县先后获得了实施雁门关生态畜牧经济区建设、京津风沙源治理、草原生态奖补等政策和资金扶持，农牧民收入有了明显提高。

截至 2017 年，右玉县农村常住居民人均可支配收入达 7161 元，贫困村退出比例为 97.7%，贫困村集体经济全部破零，农村低保标准提高到每人每年 3400 元，贫困人口城乡居民养老保险参保率 100%，城乡居民医保参保率 100%，适龄儿童学前入园率 98%，九年义务教育阶段无因贫辍学学生，易地搬迁贫困人口入住率完成计划要求。2018 年 7 月，右玉县顺利通过国家贫困县退出评估检查。

2. 教育事业发展成效显著

改革开放以来，右玉县委、县政府不断加大义务教育基础设施建设的投入力度。截至 2017 年，县属学校全部实现多媒体教学及优质教学资源班班通，九年义务教育巩固率达到 99.8%，高中阶段毛入学率在 95% 以上。

3. 医疗卫生事业较快发展

改革开放之初，右玉县的医疗卫生水平与邻近县市处在同一水平，但由于右玉县财政收入严重不足，难以满足医疗卫生事业发展的需要，逐渐落后于周边县市。2000 年以来，随着县域经济的跨越式发展，右玉县的医疗卫生事业得以稳步提高。截至 2017 年，建成了职业病健康体检中心，11 所乡镇卫生院和 277 个村卫生室完成升级改造并投入使用，乡村两级医疗卫生机构达标率为 100%，城镇职工和城镇居民基本医疗保险参保人数均在万人以上，新型农村合作医疗参合率达 100%。

4. 绿化历程再塑边塞文化

一方水土养一方人。右玉人民独特的性格品质和精神气质，为绿色发展固本培元。古时右玉是历朝防务重地，戍边、屯边战士守土有责、迎难而上、众志成城的品质融入右玉人民的血液；抗日战争时期，右玉地处晋绥抗日根据地，4 位县委书记牺牲，共产党领导下的军队和群众建立了深厚的情感基础，感恩党的红色基因以及艰苦奋斗、勇于开拓、坚韧不拔的精神深植右玉人民心底。

新中国成立以来，“要想富，先种树”在右玉深入人心；改革开放后，对绿色的渴望和对幸福生活的追求在右玉县干部群众的眼中逐步清晰与统一起来。仰望南山森林公园的绿化丰碑，聆听松涛园中平凡而伟大的植树故事，品味右卫艺术粮仓中的艺术作品，浏览美丽乡村建设中的“右玉精神”主题元素。在右玉，随时随地都能感受到右玉人战天斗地的凌云壮志和坚不可摧的精神信仰。践行“两山”理念不动摇、厚植绿水青山不懈怠、坚持绿色发展不松劲、推进共治共享不停步是右玉干部群众的普遍共识，也是右玉县改革开放40年来生态文明建设、经济社会发展的制胜法宝。

三、右玉县生态建设的经验与启示

新中国成立近70年，特别是改革开放40年来，右玉县生态建设的实践经验和“右玉精神”，为践行“绿水青山就是金山银山”的理念，全面推进生态文明建设提供了有益的经验与启示。

（一）始终坚持党对生态建设的领导

习近平总书记在党的十九大报告中，把“坚持党对一切工作的领导”作为新时代坚持和发展中国特色社会主义基本方略中的第一条，强调必须“提高党把方向、谋大局、定政策、促改革的能力和定力，确保党始终总揽全局、协调各方”[①]。右玉县近70年的生态建设实践表明，自然环境和生存危机倒逼右玉县走上生态建设之路，坚持党的领导是右玉县坚定不移走好生态建设之路的关键，突出体现在如下两个方面。

首先，党员领导干部的理想信念是生态建设成功的关键。习近平总书记指出：“理想信念就是共产党人精神上的‘钙’，没有理想信念，理想信念不坚定，精神上就会‘缺钙’，就会得‘软骨病’。”[②]信念立、干劲增，信念坚、事业成。右玉县历任县委、县政府把共产党人的崇高理想具体化为“为官一任，造福一方”的理想和“山川秀美，人民幸福”的信念，顺应人民的愿望，率领人民坚持不懈、久久为功，才使得右玉人的种树梦、绿色梦、生存梦、发展梦、幸福梦得以实现。

其次，党员领导干部决策的连续性是生态建设成功的强大支撑。第一任县委书记张荣怀提出了“右玉要想富，就得风沙住，要想风沙住，就得多栽

① 习近平：《决胜全面建成小康社会夺取新时代中国特色社会主义伟大胜利——在中国共产党第十九次全国代表大会上的报告》，北京：人民出版社，2017，第20～21页。

②《习近平谈治国理政》，北京：外文出版社，2014，第15页。

树”的口号。每一位继任者都坚定不移执行前任的生态建设决策，并不断完善提升，换人不换方向，一任接着一任干，确保了生态建设决策上的科学性和连续性。特别是在新时代，在全面推进生态文明建设的进程中，必须始终坚持党的领导，坚持党的决策一以贯之，不断完善。每一名党员干部都应像右玉的领导干部那样，始终坚持中国特色社会主义共同理想和共产主义远大理想，筑牢思想防线，始终保持共产党人的蓬勃朝气、昂扬锐气、浩然正气，以博大的胸怀、宽广的视野、崇高的追求，从战略全局出发、从长远目标出发、从最广大人民利益出发，创造出符合历史发展规律、反映时代前进方向、体现广大人民意愿的成绩。

（二）始终坚持“以人为本、执政为民”的公仆本色

以人民为中心是历届右玉县委、县政府领导班子的根本价值追求。近70年来，他们始终坚持“全心全意为人民服务”的根本宗旨，把人民群众的根本利益作为谋划发展的出发点和落脚点，以解决群众的生存问题、温饱问题为出发点，进一步解决群众的富裕问题、小康问题、幸福问题；在进行生态建设过程中，集众志、汇群言，坚持尊重人民、依靠人民、问计于民，把人民拥护不拥护、高兴不高兴、满意不满意、答应不答应作为决策是否正确的根本评判标准，充分体现了公仆意识和为民情怀；历任领导班子用自己的实际行动，诠释了以人为本、执政为民的共产党员本色。右玉县生态建设的成功实践进一步表明，只有将忠诚地践行群众路线作为执政的根本出发点，把群众呼声作为第一选择，把解决群众的生存、发展问题作为首要任务，始终保持党同人民群众的血肉联系，才能为了人民的利益和要求敢于坚定、执着地前行，才能有力量、有智慧、有办法，经受考验、战胜困难、做出突出业绩。

新形势下，右玉县生态建设的成功经验为我们推进生态文明建设提供了有益的启示。一是牢记人民群众是历史创造者，虚心向群众学习，竭诚为广大人民谋利益。领导干部的权力是人民赋予的，必须做到对党负责和对人民

负责相一致，坚持一切为了人民，一切依靠人民，从群众中来，到群众中去，从群众中汲取智慧和力量，全面深化改革和推动科学发展。二是要坚定群众立场，真诚热爱群众，坚持同群众在一起，同群众坐在一条板凳上，自觉自愿、发自内心地服务群众，一心一意地对群众负责，同人民群众心连心、同甘苦、共命运。三是要尊重群众创造，总结群众经验，深入群众、了解实情、发现问题，既弄清群众的所思、所想、所盼，又弄清满足群众愿望的条件、途径和办法，把人民群众的实践作为我们探索规律、发现真理、获取真知、创造政绩的不竭源泉。

（三）始终坚持“功成不必在我”的政绩观

“飞鸽牌干部要做永久牌的事”是右玉县党员干部政绩观的鲜明特点，也充分体现了马克思主义唯物辩证法的联系观、发展观。在生态环境极其脆弱的右玉县，“十年树木”只能是一种奢望。历任县委、县政府领导班子立足客观实际，着眼长远发展，经受各种考验和磨难，特别是改革开放之后，在市场经济浪潮冲击下，没有随波逐流，在短期经济效益和长远生态效益之间，选择了后者，最终成就了今天的“塞上绿洲”。他们的政绩写在山川大地上，印在老百姓心底。

右玉县委、县政府政绩观的难能可贵之处，一方面表现在“换届不换方向，换人不换思想；一任接着一任干，一张蓝图绘到底”，另一方面表现在“迎难而上、艰苦奋斗、久久为功、利在长远”。正是立足于“功成不必在我”的政绩观，右玉县领导干部始终秉承群众的意愿和要求必须始终遵守、正确的决策绝不可动摇的观念；坚信创造业绩与长久奋斗成正比，付出越久成就就越大；坚信每一个任期都是实现目标的一阶段、一步骤、一环节，不左顾右盼逐近利，立足根本看长远；坚信只要按照群众意愿与群众一起奋斗，路子就不会错、不会偏，做有利于大局和子孙后代的事，终将被历史证明、被人民铭记。

当前，我国经济社会发展带来的资源破坏、环境污染、生态恶化问题日益突出，严重地影响和制约了社会经济的可持续发展。这些深层次矛盾和问题的根源就在于追求短期效益的政绩观。“右玉精神”启示我们，在深入贯彻十九大精神和习近平新时代中国特色社会主义思想，全面深化改革、坚持和发展中国特色社会主义、实现中华民族伟大复兴的中国梦的进程中，需要有坚定意志、坚韧不拔、永不懈怠、久久为功的领导班子、领导干部，需要有“功成不必在我”的博大胸怀和崇高境界，以正确的政绩观对待工作和事业、责任和使命。

（四）始终坚持艰苦奋斗的实干精神

幸福是奋斗出来的。右玉县的干部群众在近70年的生态建设实践中，不怕吃苦，不怕牺牲，舍小家，为大家，充分体现了“不信春风引不回，敢教日月换新天”的艰苦奋斗精神。

在右玉，有句俗话说“种活一棵树比养活一个孩子都难”。大家种树得戴上风镜，把眼睛严严地罩住。今天埋下的种子，明天就被风刮走了，上千人栽了两年树，只活了几棵，刨开沙土发现许多栽活的树，其生长速度赶不上风沙掩埋的速度。每一棵树都浸透着右玉人的汗水、泪水，每一片林都融进了他们的心血，不知有多少人把青春和生命奉献给了这片土地，涌现出了县委书记张荣怀、马禄元、常禄，村党支部书记毛永宽，植树劳模李云生等先进典型代表。常禄是右玉县第11任县委书记，人称“树书记”。他常说：在右玉，植树造林防风固沙、农林牧一起抓，是符合百姓长远利益的事，而毁林开荒，虽然暂时能多打几颗粮食，但长远看，粮田必然变沙丘，无法对子孙后代交账。李云生2002年承包马头山村13000亩荒山种树，由于山路崎岖，靠着手拉肩扛运送树苗、熟土和水。每年树苗成活率只有50%～60%，有的年份降水少，树苗几乎全军覆没，需要反复地补种补栽。十余年间，李云生花光了几十万元的积蓄，还负债累累，最困难的时候连孩子的学费和家里的基本生活费都无法保障，但他从不言悔，从不言败。看着如今郁郁葱葱的马头山，李云生说就像看着自己的孩子长大一样，别提多高兴了。

右玉县干部群众植树造林的实践生动再现了艰苦奋斗是共产党人的传家宝和政治本色，更是战胜困难、取得胜利的强大力量。“中国特色社会主义进入新时代，我国社会主要矛盾已经转化为人民日益增长的美好生活需要和不平衡不充分的发展之间的矛盾。”[①] 城乡发展、区域发展、行业发展等不平衡、不协调问题还相当突出，成为2020年全面建成小康社会之前必须解决的现实问题。特别要清醒地看到，革命老区、贫困山区、民族地区、边疆地区精准扶贫、精准脱贫的任务依然艰巨，仍然需要实干、苦干、大干，并且做好长期艰苦奋斗的准备。因此，广大党员干部应不务虚功、不图虚名，带领人民群众出大力、流大汗、吃大苦，立足当前、着眼长远、脚踏实地、拼搏奉献，为全面建成小康社会而努力奋斗。

（五）始终坚持科学的生态建设路径

新中国成立之初，右玉县面对风沙弥漫、荒漠遍布极端恶劣的自然环境，没有退缩，更没有逃避，而是迎难而上，全县干部、群众团结一心，走出了一条科学的以植树造林为主的生态建设之路。

一是确立科学的造林思路。右玉县在不同时期，根据区域的实际和造林成果，及时科学调整造林思路。20世纪50年代“哪里有风哪里栽，先让局部绿起来”，拉开了植树造林大幕；60年代“哪里有风哪里栽，要把风沙锁起来”，突出了风沙治理；70年代“哪里有空哪里栽，再把窟窿补起来”，狠抓防护林体系建设；80年代“适地适树合理栽，再把三松引进来”，进一步提高造林质量；90年代“乔灌混交合理栽，绿色屏障建起来”，引进立体造林模式。进入21世纪，又提出了“退耕还林连片栽，山川遍地靓起来”的发展理念；特别是进入“十三五”时期之后，右玉县贯彻落实“绿水青山就

---

① 习近平：《决胜全面建成小康社会　夺取新时代中国特色社会主义伟大胜利——在中国共产党第十九次全国代表大会上的报告》，北京：人民出版社，2017，第11页。

是金山银山"理念，确立了"绿水青山秀在外，金山银山富起来"的发展思路。

二是尊重自然生态规律。右玉县在植树造林过程中，始终坚持生物多样性、树种适应性、林分稳定性、体系完备性，在此基础上，调整树种结构，提高林分质量，做到了“不整地不造林、苗条不保湿不造林、林种结构不合理不造林、林分质量不提高不造林”，有效地提高了造林质量。

三是选择科学的技术措施。右玉县植树造林的核心就是确保成活率。因此，他们围绕提高植树造林成活率、保存率，筛选、配套了一批先进的科技成果和适用技术，生根粉、保水剂等一大批抗旱造林系列技术在生产中得到推广应用。

在新的时代背景下，科学技术越来越成为经济社会发展的决定性因素。特别是决策的科学性和正确性影响全局、影响长远。而在现实中，一些地方领导干部往往违背科学规律，拍胸脯决策，完全不考虑区域的实际。只有像右玉县委、县政府这样实事求是、尊重科学，树立科学的理念、筛选科学的方法、采取科学的举措、建立科学的机制，才能真正落实习近平总书记的“绿水青山就是金山银山”理念。

四、右玉县生态文明建设的对策建议

“十三五”时期，是实现全面建成小康社会奋斗目标的决胜阶段，是右玉县继续保持经济较快增长，实现如期脱贫目标，进一步调整产业结构，稳步推进生态文明建设，全面提升社会文化发展水平，加强民主法治建设，落实全面从严治党的攻坚时期。习近平总书记在党的十九大报告中指出：“建设生态文明是中华民族永续发展的千年大计。”[①] 这是关于生态文明建设历史地位、战略地位的新的宣示，标志着生态文明建设伟大实践的开始。在新的

① 习近平：《决胜全面建成小康社会　夺取新时代中国特色社会主义伟大胜利——在中国共产党第十九次全国代表大会上的报告》，北京：人民出版社，2017，第 23 页。

发展阶段和历史起点上，只有准确把握右玉县经济社会发展的阶段性特征，厘清发展思路、找准发展定位、明确发展战略、增强发展动力，才能确保全面建成小康社会的宏伟目标胜利实现。

右玉县生态优势厚积薄发。改革开放以来，面对极为错综复杂的经济形势和艰巨繁重的发展任务，右玉县委、县政府始终坚持绿色可持续的发展观，以生态文明建设统领全县工作，措施得力，成效明显。政府负债率低，没有生态环境欠账，经济保持平稳快速增长。右玉县正是用近 70 年的实践证实了习近平生态文明思想的正确性，也必将继续以艰苦奋斗的实干精神把生态优势转化为经济优势，从“绿起来”走向“富起来”。这是右玉县未来经济社会发展的最大机遇。

“右玉精神”的政治优势不断释放。“右玉精神”的持续宣传和弘扬，一方面为右玉县带来了政策、项目、资金等“福利”，成为右玉一张金灿灿的“名片”，另一方面成为营造良好政治生态、团结凝聚全县干部群众的精神核心和行动指南，为右玉改革发展提供强大的精神动力。通过传承弘扬“右玉精神”，右玉县党风、政风、民风持续向好，全县干部为民服务、勤政务实、敢于担当、求真务实、真抓实干的干事创业的良好氛围正在巩固。

总体来看，右玉县经济社会发展处于欠发达水平的属性没有根本改变，经济总量不大、发展不够充分的问题依然较为突出，经济结构性调整的任务仍十分艰巨。工业经济实力不强，竞争力强的产业和产品不多，经济发展内在动力不足，特别是投资后劲乏力，能够形成新的经济增长点的大项目、好项目不多；农业发展产业化、规模化、科技化程度不够；生态旅游业、电子商务等第三产业还处于起步阶段，没有真正形成拉动县域经济发展的产业格局。社会事业欠账较多，公共服务、社会保障水平还不高，民生领域仍有许多热点、难点问题亟待解决；财政增收困难，支出缺口较大，收支矛盾突出；党风廉政建设和反腐败斗争形势依然严峻复杂，一些党员干部思想不够解放、不敢担当，为官不履职、不担责、不作为的问题还存在，推进改革的办法不多、思路不宽。

“浩浩乎，青山不老，切盼春来碧海更卷千重绿；冉冉兮，大地有情，坚信风展红旗长飘万代香!”[①] 在全面推进生态文明建设的新时代，如何在进一步夯实“绿水青山”基础的同时，实现“富起来”，让全县人民共享改革发展的“金山银山”是未来发展中的关键问题，为此提出如下对策建议。

（一）加强顶层设计，进一步夯实绿水青山基础

党的十八届五中全会提出了创新、协调、绿色、开放、共享“五大发展理念”，习近平总书记提出了“绿水青山就是金山银山”的理念，十九大报告再次提出“加快生态文明体制改革，建设美丽中国”的目标。为此，应进一步深入学习领会习近平总书记“绿水青山就是金山银山”理念的深刻内涵，在右玉生态建设成效的基础上，依据新时代绿色发展的主旋律，制定生态建设的长远规划，着重提升生态系统的服务价值，进一步夯实绿水青山基础。同时，应实施战略的提升，从“生态立县”向“生态强县”转变，切实践行“绿水青山就是金山银山”理念，打造荒漠边缘地带的生态样板。

（二）在绿色发展理念指导下，科学布局生态产业

依据绿色发展的要求，结合右玉县社会经济发展的实际，科学布局生态产业，推动生态经济发展。做好经济结构的战略性调整，一方面要对传统产业实施生态化改造提升，另一方面要大力发展新业态，培育新动能，要开发新产品，培育新品牌，实施品牌战略，提升产业的竞争力。通过科学布局生态产业，逐渐实现适应新时代要求的产业体系。

一是发展生态农业，促进农业精品化提升。适应形势的变化，在农业发展中实现“一个转变、两个融合”，即实现农业发展的绿色转变，使生态农业发展与生态休闲旅游相融合，与区域农耕文化相融合，提升区域生态农业的精品化程度。二是发展乡村生态旅游，促进旅游产业化提升。在国家大力

① 高海、李淑章：《右玉绿化赋》，2012 年。

发展乡村旅游的宏观背景下，右玉县应适应时代需求，立足于区域优良的生态环境，大力发展乡村生态旅游，提升区域旅游发展水平；同时，将乡村生态旅游与特色文化、地方风俗和红色文化、历史文化有效融合，打造一批乡村生态旅游的精品项目。三是发展田园综合体，促进一、二、三产业融合提升。应出台田园综合体发展的相关政策，特别是一、二、三产业融合发展的政策，以保障和支持田园综合体的发展。

（三）创新资金投入机制，支撑城乡基础设施建设

充分利用国家、山西省的相关政策，争取项目资金的同时，建立和完善适应右玉县经济水平的补助机制，作为国家专项资金投入的有效补充。同时，可以通过“村民筹资筹劳、财政奖补引导、社会力量参与”的方式广开门路筹集资金，以支撑右玉县基础设施建设。在基础设施建设的同时，逐步完善设施运营机制、评估与监督机制、参与机制，提高基础设施管护水平，真正使其发挥应有的作用。

（四）加强人才队伍建设，提升科技支撑能力

右玉县推动生态经济发展，需要人才的支撑，特别是新业态的出现，需要一支专业化的人才队伍。建议根据右玉县已制定或者待制定的未来发展总体规划、生态建设长远规划，乡村生态旅游、田园综合体等新业态的功能定位、发展前景以及精准扶贫工作的需求等，制定相关的培养政策，提前培养相应的专业人才队伍，满足未来乡村生态旅游、田园综合体发展的需要。此外，为了更好地为右玉县生态经济发展提供智力支持，建议县委、县政府聘请高级专业技术人员作为顾问，为生态经济发展规划制定、建设、经营与管理提供咨询建议。

（五）明确建设重点，全面推动乡村生态振兴

党的十九大报告提出了乡村振兴战略，2018 年中央一号文件对乡村振

兴战略进行了总体部署。习近平总书记在参加十三届全国人大一次会议山东代表团审议时，就如何实施好乡村振兴战略提出了“五个振兴”，即产业振兴、人才振兴、文化振兴、生态振兴、组织振兴。为实施乡村振兴战略指明了发展方向，提供了根本遵循。结合右玉县的实际，一是要加强生态环境系统的保护，提升生态服务能力，进一步夯实绿水青山基础；二是要加强生产环境系统质量的提升，减少对已有生态建设成果的影响；三是要加强人居环境的治理，提升人居环境质量。建议推广农村生活污水与“厕所革命”一体化生物处理模式，提升农村生态治理的效果，为发展乡村生态旅游打下良好基础。

改革开放与中国县域发展

GAIGEKAIFANG

内蒙古满洲里

NEIMENGGU MANZHOULI

我国最早开放的最大边境陆路口岸发展之路

中国社会科学院民族文学研究所

1978年，以党的十一届三中全会胜利召开为标志，开启了中国改革开放的伟大时代。课题组调研的满洲里市，位于内蒙古自治区呼伦贝尔大草原深处，是县级边疆口岸小城，处于中俄蒙经济发展三角黄金地段，北接俄罗斯、西邻蒙古国，是我国第一个欧亚大陆的交通要道，位于我国通往俄罗斯等独联体国家和欧洲各国的“一带一路”陆路大通道上，也是我国最早开放的最大的边境陆路口岸。满洲里市地名源于蒙古语“喷涌的泉眼”，也有一种说法是，名称源于“中国东清铁路”，俄语音译成汉语为“满洲里市”，即“满洲人生活的地方”。不难看出满洲里市是我国多民族、多语言、多文化聚集的地区。根据这次百县调研课题计划和任务，本报告结合实地调研中获取的第一手资料，重点分析讨论满洲里市在40年的改革开放中，在发展民族特色国际国内贸易市场、地方文化产业、地方民族特色服饰和饮食产业、旅游产业、文艺产业以及语言文化的保护、自然环境的保护等方面取得的辉煌成绩和存在的问题，并提出了一些相应的对策与建议。

一、改革开放40年民族特色经济与文化取得的辉煌成绩

课题组通过实地考察、走访座谈、文献阅读、材料分析等方法，对满洲

里市改革开放 40 年取得的辉煌成绩进行了全面调研。总体看，满洲里市在一个多世纪的历史进程中，先后作为中共与共产国际的红色通道、共和国的主要外事外贸通道、我国最大的陆路开放口岸、联结“欧亚大陆”的国际大通道，在不同时期、不同社会背景和历史条件下都发挥过十分重要的作用。特别是改革开放 40 年，满洲里市的城市面貌、居民生活都发生了翻天覆地的变化。在改革开放初期，这里的人口数量不足 1 万。然而，2016 年的人口统计显示，该市的总人口达到 17 万人。其中，90% 以上为汉族，近 10% 是蒙古族、满族、回族、达斡尔族、朝鲜族、鄂温克族、鄂伦春族等少数民族。除此之外，还有 10 余万非户籍常住人口。单纯就经济统计指标而言，该市人均可支配人民币收入，从 1978 年的不到三位数增加到目前的 2 万多元。民族特色市场经济与文化取得的辉煌成绩可概括为六个方面。

（一）经济社会与地方特色文化取得长足发展

满洲里市在 40 年来的改革开放实践以及经济社会的发展历程中，有效地融合了本地区和本土化文化，以及巴尔虎蒙古族、布里亚特蒙古族、沃鲁特蒙古族和达斡尔族、鄂温克族、鄂伦春族、俄罗斯族等东北人口较少民族的古朴、传统、优秀的草原文化，厚重的扎赉诺尔远古历史文化，还有高度融合并相互作用的中西独具特色的草原边疆口岸小城文化，营造出草原自然生态景观与俄式风格建筑景观相互辉映的理想风光和远古传统文明与现代科技文化、民族文化与异域风情交融的崭新画面，如从郊区到市中心建有一幢幢风格各异、样式别致的不同少数民族建筑和俄式、欧式建筑，既有华丽典雅且现代化生活设备齐全的蒙古族游牧包、鄂温克族木头房，也有独有风格的俄罗斯巴洛克式房、哥特式房及大气庄重的豪华建筑，俨然一座颇具民族风格和俄式欧式建筑的博物馆。40 年的探索与发展，使满洲里市由原来的个体小商店、小旅馆、小市场综合体，逐渐变成今天的一座座大商店、大饭店、大市场的综合体。

特别是改革开放以来，满洲里市不断深度开发的民族文化和市场文化，以及蒙古国、俄罗斯乃至“一带一路”沿线欧洲各国市场文化，现已凝成该市富有活力和生命力的市场经济文化之核心内容，甚至已成为经济社会发展的一道亮丽市场风景线，体现着满洲里市商业文化的国际性、民族性、包容性、丰富性、多样性和独特性。20 世纪 80 年代以后，特别是 1992 年以后，伴随中俄蒙边境商贸通道不断向深度和广度延伸，一批批扛着大小包的中俄蒙商人穿梭于这一开发、包容、美丽边城的国境线上，当时易货买卖已成为该地区的独特印记，也为满洲里市口岸贸易翻开了崭新一页。1999 年，随着中俄两国双边经贸关系的稳步发展，市貌、市景、市容、市面不断改善，国际化内涵与指标不断提升。

从 2003 年开始，满洲里市始终坚持“政府主导、行业自律、市场多元、政府扶持、科技支撑、精品开发、市场营销、依法规范”的经济社会发展方针，发展独具特色的满洲里市旅游商贸产业，依托异国风情游、跨国商务游、自然生态游，给本地区商贸经济不断注入新的生命力。到了 2017 年，随着综合管理体制改革的深度推进，满洲里市顺利实施了“1+5+X”的旅游商贸管理体制，以项目为支撑，强力推动旅游与红色历史、城市建设、木业加工、中俄贸易等产业融合发展模式，“套娃广场三期和国门景区红色旅游提升工程”“套娃广场二期”“蒙根花布拉格夏宫”“世界木屋博物馆”“欧亚国际旅游度假村”“扎赉诺尔猛犸公园”等项目的先后完成，不断提升了满洲里国际化商贸的市场运营水平，不断巩固国际商贸往来的内在动力和外在合力。这使整个满洲里市成为繁忙、快速、高效、理想运转的国际化商务平台。40 年改革开放实践表明，满洲里市的区位优势和特色，不仅体现在城市建设方面，更体现在市场经济的文化多样化、国际化、品质化方面。俄罗斯商品、蒙古国商品以及国内本土化、民族化、地域化的琳琅满目的商品成为市场文化的重要支撑。

特别是在商品交易方面，满洲里市逐步发展成为我国北方最理想的商品集散地和流动地。商贸城、商品展示中心、物流中心、品牌连锁店、售后服务站等各种新型经营模式更是进一步拓展了这里的国际市场，拓宽了国际市场自由贸易形式和内容。目前，满洲里市互贸区内已备案的大类商品有 40 种，其中包括 554 个品种和 2000 多种商品。在中俄国际市场自由贸易区购物的我国游客，在充分享受异国品位购物喜悦的同时，凭购物卡每人每年可以享受 8000 元人民币的免税。到此经商的商家感受到国际商贸交易给他们带来的实实在在的经济效益，中外游客则感受着浓浓的国际化和多样化自由商贸文化氛围。

随着改革开放的不断深入，除了传统的商品贸易形式之外，电商也显示出巨大市场文化发展潜力。2016 年，满洲里市综合保税区宝泰商城 WEP 平台，以及 APP 平台分销系统先后上线运营，在开始试运营的前 6 天用户注册数量便爆棚，达到 185600 人，成交订单达 2209 笔，订单客户几乎覆盖全国。在综合保税区宝泰商城里，商户青睐的俄罗斯优质廉价产品和电子系统化分级销售具有很大优势，商户只需点击链接、分销，就能轻松成为拥有几千种俄罗斯商品的大小商店老板。这个集俄罗斯小商品零售、外贸产品推销、海外订购、大贸代购、俄罗斯及其欧洲商贸商业旅游服务为一体的一站式交易平台，目前拥有注册上市的产品 3000 种。时至今日，满洲里市注册的电子企业有 89 家，海淘店铺超出 300 家，企业自建项目平台及物流平台有 13 家，每年的电子交易量突破 7 亿。政府打造的草原边城国际商贸市场，为地方经济发展提供了可靠而理想的法律、制度、管理、服务、市场保障。这些国际商贸活动不仅提高了满洲里市的国际知名度和声誉度，也强化了国际品牌商品及国际文化交流的融通。

总之，满洲里市的国际商贸及商店，从改革开放初期的单一国有商场，现已发展为经营主体多元化、经营方式及销售渠道多样化、实体经济与网络经济相结合、线上线下齐发展的现代化商业体系。

（二）旅游产业在经济、文化发展中发挥出积极作用

满洲里市旅游产业成为该地区发展国际商贸战略的重要组成部分，在过去的 40 年中发挥了不可忽视的重要作用。

1. 独具特色的草原边疆口岸旅游文化

满洲里市既是我国北方重要的口岸城市，也是融自然环境、草原文明、民族文化、红色传统、异域风情为一体的旅游城市，因呼伦贝尔大草原、红色国际秘密交通线遗址、国门景区、套娃景区、冰雪节等旅游胜地享有盛名。改革开放40年后的今天，满洲里市已建成音乐喷泉广场、体育馆、博物馆、红色旅游展馆、拓跋鲜卑历史生态陈列馆等一批基础文化观光旅游场所；向旅游者免费开放满洲里市博物馆、俄罗斯艺术博物馆、套娃广场、欧式婚礼宫等；先后多次举办的满洲里市中俄蒙国际旅游节、中俄蒙三国国际冰雪节暨选美大赛、市民文化艺术节等文化旅游活动，有力推动了文化产业、商贸往来和经济社会的发展。尤其是市内一街一特色、一区一特点的地域性、本土性、民族性的建筑风格及商贸营销形式，不仅充分展示了草原边贸小城的特殊地位及中俄蒙贸易通道的特殊作用，也充分张扬了我国开放、包容、和谐、文明的国际化发展思路。满洲里市“二战”时期作为苏联红军红色国际通道，现已成为爱国主义教育和红色革命精神的重要基地，被列入全国100个红色旅游景区，成为人们热爱祖国、珍爱和平、追求幸福生活、创造美好未来及更好地建设满洲里市边贸强市的强大精神力量。

2. 打造出草原边疆特色的口岸旅游商贸产业小城

满洲里市是我国最大的边境陆路口岸，是第一条经俄罗斯通往欧洲各国的欧亚陆路商贸大通道。满洲里市海关是全国唯一设在县级市的直属海关，也是全国纬度最高的直属海关。满洲里站是全国最大的国际铁路口岸，也是中俄蒙国际贸易最大的通商口岸，承担了中俄贸易60%的货运量。满洲里市充分发挥这些资源优势和区位优势，以中俄蒙国际旅游节、满洲里市国际冰雪节等为契机，不断扩大国际商贸市场与交流平台，依托国际旅游交流与合作不断向深度和广度拓展，开展不同层级、不同形式和内容的国际商贸活动。2002年起，中俄蒙三国交界地区旅游节每年举办一次，以此不断推动地域性、区域性、本土性、民族性经济社会建设工程。2008年，满洲里市与俄罗斯后贝加尔外联旅游局建立了区域旅游协调会议制度，定期协商解决旅游发展中存在的问题，实现“优势互补、资源共享、市场共拓、客源互流、共同发展”。2010 年，由国家发改委和旅游局以及内蒙古自治区政府，同俄联邦地区发展部、体育旅游部、青年发展部联合主办，由满洲里市政府承办的高层次、高级别、高规格中俄旅游国际合作交流会，很大程度上强力推动了满洲里市旅游产业的建设与发展，促进了旅游资源的共同开发与利用。2010 年初，满洲里市政府与周边地区旅游管理部门共同签署了《满洲里市区域旅游协作联合宣言》，共同推进更广泛意义的区域间旅游产业及商贸往来，进而不断推进内蒙古东部区域以旅游为依托的国际商贸交流与合作。2012 年，满洲里市还组织承办了“区域旅游协作恳谈会”，组建了“六市四旗一区”旅游商贸联合体，使满洲里市旅游景区与周边地区的旅游景点连成一片，达到在更广泛区域开展旅游和国际商贸交流活动的目的。

3. 旅游产业实现跨越式发展

2018 年，国务院批准设立内蒙古满洲里市边境旅游试验区，其范围辐射整个满洲里市区，同时设定了中俄异域风情旅游区、口岸历史文化旅游区、草原生态旅游区三个特定旅游功能区。中俄异域风情旅游区，以中俄边境旅游区、中俄边民市区贸易区和综合服务区为核心，进一步深度推动口岸互通，改革创新跨境贸易区营销环境，进而形成集商务会展、跨境旅游、特色购物等为一体的国际旅游商贸基地。此外，深入挖掘开发口岸历史文化旅游景区以及国门周边各种民族文化旅游资源，加上口岸历史文化遗迹的合理科学开发，形成呼伦贝尔草原口岸商贸文化和城市旅游商贸景观。此外，该地区的草原生态旅游区，以扎赉诺尔旅游区和新开河镇为主，不断完善草原历史文化与文明深度接触、草原生态文化深度体验、地域民俗文化深度交流、牧区民族生产生活深度体验等旅游观光内容。另外，还新培育了滨水度假、冰雪旅游等新型旅游文化产业。我们掌握的数据显示，旅游业为满洲里市直接、间接提供了 1.6 万个就业岗位，旅游直接从业人员达 5000 余人，旅游直接或间接从业人员占全市从业人口的比例超过 20%，每 5 人中就有 1

人直接或间接地从事旅游产业或服务工作。旅游公司从2000年前的6家，已发展到国内旅行社21家、国际旅行社10家，导游266人、境内领队人员42人、边境领队47人的规模。这不仅很大程度上促进了满洲里市及其周边地区的旅游产业，也积极推动了以旅游为依托的多样性国际商业商贸活动。

4. 打造出旅游产业同经济社会、国际商贸往来间的协同发展模式

2003年满洲里市旅游总人数是135.8万人，出入境旅游87.6万人次，旅游总收入9.4亿元人民币。2012年，旅游总人数就达到606万人，出入境旅游125万人次，旅游总收入达到41.8亿元人民币。这使满洲里市旅游收入在内蒙古呼伦贝尔市13个旗市中列榜首，进而对呼伦贝尔地区的旅游产值及其商贸往来发挥了极其重要的带动作用。截至目前，满洲里市已打造出集吃、住、行、游、购、娱为一体的旅游商贸文化平台，进而在改革开放的40年里为本地区经济社会发展发挥了举足轻重的重要作用。

（三）服饰文化在改革开放进程中与时俱进

改革开放40年来，满洲里市民的服饰文化随着市场经济和国际化商贸往来的不断深度推进产生了很大变化，不仅成为该地区改革开放和经济社会发展的重要指标之一，也成为国际商贸交易中不可或缺的重要组成内容。

1. 日常生活服装种类及数量不断增加

改革开放以前，人们一年根据季节性气候变化换穿缝缝补补的旧衣裳，只有春节等大的节日才能穿上新衣裳。那时的衣服面料及颜色也都非常单调，款式也很单一。改革开放以后，人们的衣着打扮有了很大变化，衣料、颜色和款式都逐年向多样化方向发展，像冬天貂皮或狐狸皮等长短贵重毛皮衣服、夏天各种艳丽多彩的丝绸衣服、春天款式多样的羊绒衣物、秋天各种毛料大衣等应有尽有。特别是穿着得体、美丽大方、新潮款式的民族服、情侣装、青年服、妇女服、消遣服、市场服、礼仪服等服装种类日渐增多，很

大程度上提升了本地区服饰文化的商业内涵，并且进一步活跃和丰富了服饰商贸市场。

2. 人生仪礼服饰和外来服饰日趋丰富

调研显示，改革开放前由于生活水平较低，各种服装市场单一，基本上谈不上出生礼、寿礼服饰，只是结婚时一般都缝制一套十分朴实的新装。改革开放 40 年来，人们受惠于经济社会的快速发展。特别是由于草原边疆口岸小城的开放，这里的人们开始重视从新生儿服饰到年老人的寿礼服饰，尤其是婚礼服饰、喜庆佳节礼服、季节性礼服服饰，加上布料昂贵、颜色鲜丽、款式独特、制作精细的各种民族礼服，还有各种各样的工作礼服、职业礼服等，自然而然地营造出一个极其丰富多彩的礼服文化世界。与此相关，各种礼服的布匹市场、设计市场、商贸市场，以及礼服表演广场、礼服展示活动、礼服选美比赛应运而生。

值得注意的是，外来服饰文化一定程度上为草原边疆口岸小城的服饰文化及其服饰商贸往来注入了外在的活力。也就是说，改革开放后，俄罗斯服饰文化因素逐渐融入边城，尤其是俄罗斯特聘教练以俄罗斯服饰为主编排的广场舞，以及在 1997～2006 年成功举办的 6 届广场舞大赛等，一定程度上推动了该地区俄罗斯时尚服饰新潮流，这也成为使本土服饰文化创新升级的重要因素。俄式水獭、紫貂、狐狸皮服饰等已成为游客青睐的主要产品，也成为满洲里市寒温带或温寒带地域性服饰文化的新亮点。

满洲里市的服饰文化与服饰市场的主流日趋明显，表现为独具风格、款式各异、不断改进和与时俱进的民族服饰。满洲里市在精心打造本地区特色服饰文化、服饰文明、服饰品牌、服饰商贸的同时，也在探索能够打入国际国内服饰品牌市场的服饰文化。

通过对民族服装店一些经营指标的对比可以发现，满洲里在服饰文化方面具有灵活经营和与时俱进的特点。该地还有不少以某一民族时装为主的服装专卖店。然而，不论哪一形式或内容的服装店，均会体现出很强的服饰文化国际化发展理念。从不同民族的服饰中，能够看出中蒙俄经济走廊服饰文化特色，不难看出“一带一路”的服饰商贸特色，反映出在该地区的民族服饰或本土化服饰中，已融入蒙古国、俄罗斯、欧洲服饰风格；同时在外来服饰里也融入了我国民族服饰文化特征，进而服务于满洲里市经济社会的发展。同时，草原边疆口岸小城的经济社会发展在打造民族服饰品牌、走入国际服饰市场方面发挥着积极推动作用。

（四）饮食文化在改革开放中发生的巨大变化

调研组通过对满洲里市的国际饭店及星级酒家的餐营业，包括中小型餐馆餐厅的针对性实地调研，以及对当地居民、暂住人员、零散游客等进行的专门访谈，加上认真查阅地方政府提供的统计资料和数据资料，得出结论：改革开放的40年，满洲里市作为我国陆路重要口岸城市，依托经济社会的快速稳步发展，地域性、本土性、区位性、民族性、特殊性饮食文化的优势得到充分挖掘、开发、利用。

1. 依托40年的经济社会发展，满洲里市逐步形成地方特色、民族特色、欧亚大陆特色的饮食文化

从相关统计数字看，包括餐饮产业在内的第三产业2017年的产值达到126亿元人民币，比1978年增长530倍，对本地区经济发展的贡献度达62.4%。特别是随着国际化市场发展，对俄农产品及特色食品进口种类需求不断增多。同时，以香格里拉酒店、满洲里市大饭店、国际饭店等的餐饮业为代表，形成满洲里市特色地方、民族、欧亚饮食文化。目前满洲里市区内，除了有布里亚特蒙古族、巴尔虎蒙古族、达斡尔族、鄂温克族、鄂伦春族特色餐厅之外，还有34家俄式餐厅和一些蒙古国风味餐厅，从而形成边疆口岸小城的独特饮食文化。饮食品牌方面，改革开放前和开放初期，由于受传统饮食观念影响，该地区几乎找不到饮食类方面的注册商标。改革开放以来，在政府各有关部门的积极扶持和培育下，打造出一批有影响力的食品品牌企业和知名饮食产业，而且品牌总量不断增多，品牌的市场价值不断得到提升，品牌的市场效益不断凸显出来，品牌集群发展逐渐形成。全市注册

商标从1978年的5个到2018年的379个，其中，涉及食品类的就有255个，餐饮类有124个。这一数据充分证明满洲里市饮食文化在和经济社会发展中具有的重要地位。以2017年为例，满洲里市居民人均在外用餐支出是0.1万元人民币，占食品消费性支出的16%，这在20年前特别是改革开放前几乎是不能想象的。这也从一个侧面反映出人们对饮食生活的重视，以及人们对饮食文化投入的发展变化。

2. 饮食文化消费水平不断提高，呈现出多样化与国际化趋势

据调研资料，2017年满洲里市城镇居民人均食品消费支出0.6万元人民币，是1992年的9.2倍。居民食品消费水平由过去简单的吃饱吃好，转变为对食品种类丰富性的追求、对膳食结构合理性的要求、对营养全面均衡的讲究等。同时，随着居民收入水平的提高和消费观念的转变，以及生活节奏的不断加快，居民在外用餐次数明显增多、消费额不断增加，其占食品支出的比重也越来越大，食品消费社会化程度不断提高。随着满洲里市餐饮业的多样化和国际化食品商贸市场的开放，特别是进入21世纪之后，这里的饮食产业获得意想不到的迅速发展和壮大。以满洲里市南区少年文化宫附近区域为例，短时间内就新开了羊肉火锅店、中西餐厅、地方风味餐厅、快餐厅等七家饭店。这种情况在新区更是普遍。这里的人们以积极的生活态度，不断适应着草原边疆口岸小城的改革开放步伐，并不断满足国内外游客和商人的不同口味的饮食爱好与需求。另外，近年来不断扩大和普及的网上订餐和送餐服务，更是满足了忙于国际商贸往来及奔波于国际商业服务市场的人们对快捷、干净、安全饮食的需求，从而充分表现出草原边疆口岸小城餐饮文化与时俱进的良好态势。

3. 饮食结构不断改善，丰富着人们对美好生活的需求

在家庭饭桌主食方面，改革开放之初的面粉、大米及肉类供应不充足，市场食品一般以凭票购买为主，人们的饮食结构单调。后来随着改革开放和口岸的逐步繁荣，主食供应由供不应求逐渐发展到现在的种类繁多、供大于求的状态。以前蔬菜种类很少，特别是严寒的冬季，只有用白菜腌制的酸

菜，市场上也没有销售新鲜蔬菜的摊点。满洲里市被定为草原边疆对外开放口岸小城和旅游城市，自然而然地推进了饮食结构多样化及国际化进程。比如，2017 年全市边境旅游人数达到 82.8 万人，是 1984 年的 8280 倍。其中，民族性、本土性、地域性、国际性餐饮服务和饮食产品发挥了积极推动作用。改革开放初期，满洲里市仅有“回民饭店”“边城酒家”“满洲里市饭店”“达赉湖餐厅”几家所谓大型餐馆，品种相对单一。经历了 40 年的变迁与发展，淘汰了一批落后的传统饮食服务业，兴起了一批升级创新的民族餐饮和国际化特色的饮食产业。如今的满洲里市已经形成自成体系的饮食文化，从俄罗斯风味餐馆到蒙古国特色餐饮，从烧烤涮特色火锅到优化升值的各民族美味菜肴一应俱全。不仅汇聚了纯正俄、蒙、意、法式餐饮及穆斯林食品等特色餐饮，还有东北地区民族风味餐饮，如呼伦湖高档全鱼宴、蒙古烤全羊风味饮食、达斡尔族柳蒿芽套餐、鄂温克族草原奶食全宴、鄂伦春族森林肉食套餐、草原火锅套餐饮食、北方新式烧烤套餐等，都颇具地方特色和民族特色。饮食文化已成为满洲里市旅游中一道亮点风景线。

4. 改革开放带来的饮食文化对当地的民间习俗也产生了积极影响

以前这里除本地饮食之外，根本没有国内其他地方的特色饮食，更是吃不到俄罗斯、蒙古国乃至“一带一路”沿线欧洲各国的美味佳肴。现在，这里的饮食种类繁多，吃的喝的、国内国外的都能买得到，进而改变了市民们不吃面包就吃馒头、不吃沙拉就吃咸菜、不吃快餐就吃炒菜米饭的饮食习惯。像品味茶楼、休闲酒吧、温馨咖啡屋、饮食文化书屋、饮食影院等集饮食、休闲、娱乐为一体的场所不断增多，现代文明色彩浓重的饮食娱乐不断普及，与此相关的市场化、国际化文娱类消费日益受到居民、国内外游客、商人们的青睐。饮食文化品位的提升在一定程度上也提高了人们的幸福指数。

满洲里市饮食生活的提高、饮食产业的崛起、饮食文化格局的形成、国际饮食产品交易市场的不断壮大和成熟，主要受惠于改革开放的 40 年，其原因有以下几个方面。一是改革开放为建设草原边疆国际商贸城提供了根本保障。改革开放以来，满洲里市委、市政府始终坚持把提高人民生活水平作为一切工作的根本出发点，坚持改革开放的发展大局，把增加居民收入、改善人民生活作为富民强市的第一要务，着力构建与经济社会发展水平相适应的收入增长机制，积极创造条件，优化市场产业结构，使居民生活质量得到极大改善。

二是国家经济政策和便民服务政策为餐饮业带来的积极影响。满洲里市根据中央提出的社会主义市场经济发展战略，以人民生活的实际需要为导向，因地制宜制定科学的饮食发展规划。以餐饮业为例，截至 2017 年底，该市餐饮类社会消费品零售总额达 23.4 亿元人民币，是 1998 年的 26 倍。40 年来，满洲里市餐饮业快速崛起，中餐、西餐、蒙餐以及快餐、主题餐厅、酒吧、自助等形式的餐饮店铺林立。随着人们消费水平的不断提高，以及消费观念的不断改变，外出就餐因其方便、环境优雅、选择多样等，成为越来越多人的首选。近年，网上订餐、送餐服务火爆，不仅使餐饮业商家的业绩持续上升，而且使百姓足不出户可以吃到美味，可以享受到改革开放的红利，也进一步体现出人们追求的多样化生活品位。

三是政府对饮食文化的正确引导。据调研资料，各市区街道办事处大力弘扬勤俭节约传统饮食美德。另外，在辖区内广泛开展以“文明餐桌”为主题的宣传教育活动，向市民和餐饮单位发放文明餐桌倡议书，讲解文明餐桌行动意义，号召餐饮店服务员在顾客点餐时主动提醒顾客适量点餐，餐后建议顾客主动打包，自觉养成“光盘”习惯，拒绝舌尖上的浪费。同时，倡导市民从我做起，坚持文明就餐、文明消费，反对浪费，争做饮食文明市民。通过这些宣传教育活动，在全市逐步形成文明饮食文化氛围，市民养成节约用餐的良好风尚，树立了文明消费的思想理念。

（五）文化事业在改革开放中不断丰富与繁荣

文艺事业是人民生活的重要组成部分。实现中华民族伟大复兴，离不开中华文化繁荣兴盛，离不开文艺事业的繁荣发展。满洲里市在弘扬本地区优秀文艺、传播民族文艺精神价值、凝聚民族地区精神力量等方面做出了很大的贡献。改革开放以来，满洲里市以少数民族文艺演出为核心，不断丰富优化本地区文艺活动形式和内容。满洲里市的文艺宣传工作，同样经历了由业余文艺队到专业演出团队，再到文艺演出团体市场化运作的转变。在艺术种类上实现了从中国古老戏曲到现代戏剧、现代歌舞的演出，再到中蒙俄三国乃至国外优秀歌舞演出的历史性转变。演出主体上则经历了由以汉族演员为主，到汉族和蒙古、达斡尔、鄂温克、鄂伦春等多民族演员共同演出，再到中蒙俄三国演职人员合作演出的国际化艺术交流的转变。在文艺演出指导思想上，则经历了由艺术服务于政治，到政治和艺术兼顾，再到地方经济文化建设和国际商贸兼顾的服务理念转变。本地优秀文艺和各民族优秀作品已成为该地区人民文化生活的重要部分，对社会政治、经济、文化、国际商贸的发展具有重要标杆意义。这也反映出草原边疆口岸特定区域的本土化、民族化、多样化文艺活动的内容、形式、规模、质量、频率，反映出该地域政治、经济、文化的发展程度、发展方向和特点。满洲里市为强化该市的国际化艺术氛围，在城市规划中融入了具有极强异域艺术风格的俄式建筑、俄罗斯大马戏团建筑、套娃艺术建筑、俄罗斯风情文化园建筑及欧洲文化艺术标志性建筑等，并在市面上出售蒙古国、俄罗斯及欧洲各国名优艺术品。以上这些艺术建筑和艺术商品，加上各地各国艺术团队的表演活动，让人感受到满洲里地方艺术文化特色和异域风情艺术文化特色。

1. 满洲里市中心广场以及其他一些文艺演出场所发展迅速

在这些场所有来自蒙古国文艺团体经常表演长调、独唱、合唱、呼麦、民间独舞和集体舞、现代舞等的精彩节目，来自俄罗斯各地不同规模、风格的文艺团体也演出了丰富多彩的歌舞。目前，活跃在满洲里市不同文艺舞台的中蒙俄三国文艺演出团队多达 11 个，其中俄罗斯的文艺团队占多数。在演出场地或舞台周围，总是摆满蒙古国或俄罗斯的各种艺术商品。人们观看精彩的文艺演出的同时，可以在各个摊位上选购喜爱的各种艺术商品或高度艺术化生活商品。满洲里市的各种国际性文艺演出活动，往往包含有国际商贸活动或经贸展销内容，从而展现出这座草原边疆口岸小城集旅游、商贸、文化活动于一体的文艺活动特点。在这里，边境旅游、国际贸易、文艺演出完美地结合，相互促进，相得益彰。特别是由市政府组织的一年一度的“中国·满洲里市中俄蒙国际旅游节”、“中国·满洲里市中俄蒙国际冰雪节”及“美丽使者国际大赛”，还有与俄罗斯赤塔市和蒙古国乔巴山市不定期互办的文艺文化周活动等，其内容涵盖政府会谈、经贸洽谈、旅游推介、书画摄影展、青少年文体交流、文艺演出、经典文化展示等方面，中蒙俄艺术团体风格各异、丰富多彩、令人陶醉的文艺演出占有十分重要地位，进而发挥着十分重要的作用。据调研资料，这些活动已连续举办多年。比如“中国·满洲里市中俄蒙国际旅游节”创办于 2001 年，至 2017 年举办 16 届；“中国·满洲里市中俄蒙国际冰雪节”创办于 1999 年，是国家批复的内蒙古四大节庆活动之一，至2017年已举办19届；“美丽使者国际大赛”活动于2003年首办，至 2017 年已举办 14 届。这些活动已经成为满洲里市旅游经济的特殊招牌。其中有来自国内各地文艺团体的演出，也有来自俄罗斯和蒙古国的文艺团体的演出，所以具有显著的国际化、商业化、综合化、民族化特点。富有地方特色和异域风情的演出，既吸引了大批游客，也通过电视、网络等媒体的传播，增加活动本身和城市的知名度，提高旅游经济效益，更重要的是作为各国人民心灵沟通的桥梁，增进“一带一路”各国间的相互了解和友好往来。

此外，满洲里市大街小巷的中高档中式餐厅、俄式餐厅、蒙式餐厅以及歌厅、舞厅等娱乐休闲场所的小型文艺表演，更能体现该地区旅游文艺文化丰富多样的艺术内涵。这些演出为人们提供美好精神享受的同时，也增加地方经济社会的繁荣发展和餐饮服务行业的经济收入，为满洲里市这座草原边疆口岸旅游城市增添新的色彩。

2. 改革开放以来，群众文艺活动得到长足发展

进入 21 世纪之后，为满足人民群众不断增长的精神文化需求，满洲里市不断加强公共文化服务体系建设，政府主导建立了覆盖全市的公共文化服

务体系，为群众提供丰富多彩的文化产品，坚持社会主义核心价值观，传播先进文化，有计划、有安排、有思路地培训指导群众文艺团体，培养培育业余文艺团队优秀人才，进而取得鼓舞人心的可喜成绩。其中，满洲里市民文化艺术节截至2017年底已举办13届，每年艺术节期间组织全市机关企事业及街道社区等单位、团体参与系列演出活动，为市民连续多年带来具有很强本土风格、民族风格、时代风格、异国风采的各种演出，进而全面提高了市民文化素质和文艺素养，不断在深度和广度上丰富人民群众的文化文艺生活，奏响满洲里市各族人民团结一心、共创美好生活的时代主旋律。

3. 群众文艺工作取得良好社会效益

满洲里市群艺馆承担全市群众文化文艺演出活动的组织、指导、辅导工作。比如，组织举办全市职工群众文艺汇演、各类群众文化文艺活动、冰灯游园会演出、六一儿童节游园会演出、市民秧歌演出，以及组织文艺人才的培训工作和组织声乐、舞蹈、器乐、美术、书法、摄影培训班工作等，发挥了极其重要的作用。通过这些工作，满洲里市在改革开放的40年中培养了许多美术、声乐、舞蹈、器乐等方面的文艺专业优秀人才，并在全国、内蒙古、呼伦贝尔地区的文艺演出中获得70多项不同级别的奖项。另外，由俄罗斯外聘教练举办的各种培训班编排中俄民间歌舞，在满洲里市的广场歌舞演出活动中，从1997年起到2006年间共演出6次。现在满洲里市有10个民间文艺团队，演出内容主要涉及大合唱、舞蹈、广场舞。这些群众性文艺团队和其文艺演出，更能体现出满洲里市丰富多样的文艺文化生活及其成就。

改革开放前，满洲里市文艺组织和文艺活动历经坎坷。起初，文艺团体表演主要以本地区汉族民间戏剧为主，后来又成立了满洲里市扎赉诺尔业余剧团、满洲里市业余京剧广播小组、满洲里市职工业余京剧团等业余艺术团队。在此基础上，又成立了满洲里市河北梆子剧团、评剧团、青年评剧团等相对专业化的戏剧团体。不过，这些艺术剧团在20世纪60年代中期先后被解散，取而代之的是满洲里市文艺工作队。而该团队受社会背景的直接影响，演出的节目还是以传统戏剧为主，演出内容显得十分单调、古板。1976年12月，满洲里市为自身发展需要，重新组建了全新的市文工团，其主要任务是进厂矿、社区、部队、学校进行演出，以文艺演出形式广泛宣传当时的社会变革和改革开放时代的到来。2001年，该文工团又更名为满洲里市歌舞团。2012年，市歌舞团又改组升级为满洲里市欧亚之星演艺有限责任公司艺术团。改革开放40年后的今天，文艺团队、文艺节目、演出规模、演员服饰等方面发生了翻天覆地的变化。该地区的文艺演出中，像中蒙俄三国文艺团体的表演，以及本地区具有浓郁民族优秀传统文艺内涵的表演，还有流行歌舞、俄罗斯蒙古国及欧洲各国的文艺节目占的比例越来越大，从而反映出满洲里市文艺演出国际化、多元化、多样化、商业化发展的美好前景。观看这些文艺节目的人群，除该市的市民和周边地区的居民之外，还有了来自全国各地和世界各国的游客、经商者、购物者等。

除了以上提到的企业化经营的文艺演出部门之外，全市还有72家文化市场经营单位。其中网吧24家、书店14家、印刷厂6家、歌舞娱乐4家、营业性文艺演出场地14家、游艺场所1家。这些文化娱乐场所，同样在一定程度上丰富了满洲里市的精神文化生活，提升了该地区文化生活、文化享受品位。

总之，文艺演出单位的成员，从单一民族演员的构成到招聘多民族的文艺演出演员，再到多地区、多国家演职人员参与进来；文艺演出内容，从表演单一的戏剧节目到不同民族、不同国家的优秀文艺节目演出；同时，也走过了从业余演出到专业化国际歌舞演出的发展道路；文艺演出活动，从公益性演出发展到商业性演出；等等。上述现象都反映出满洲里市文艺活动40年发生的革命性变化。所有这些，都得益于改革开放后经济社会发展取得的巨大成就，以及对外交流的不断加深和国际商贸往来的不断拓展，也与我国国际地位的不断被认可有关，和人民的精神文化需求日益增长等有必然联系。

（六）日趋丰富的语言文化交流在改革开放中产生了积极影响

在满洲里市的经济社会、中蒙俄商贸交流中，作为人类交流工具的语言发挥着不可忽视的重要作用。该地区有多个东北民族聚居，所以语言使用环境比较复杂。这里除汉语之外，还有巴尔虎蒙古语和布里亚特蒙古语，以及达斡尔语、鄂温克语、鄂伦春语、俄语等社会交际语言，在学校教学、商贸活动、社会生活中，也广泛使用汉文、蒙文、俄文和英文。在满洲里市这一联结欧亚大陆的“一带一路”商贸通道口岸城市，语言交流同样显示出极其重要的功能。

1. 语言教学及取得成就，主要体现在民族学校的蒙古语教学以及俄语和英语授课等方面

如上所说，改革开放之后，蒙古语在这一草原边疆口岸小城的经济社会发展中，以及国际商贸交往特别是中蒙俄三国蒙古族的语言交流中发挥了十分重要的作用。正因为如此，满洲里市政府很重视精通蒙古语或蒙汉双语人才的培养，在国际商贸、对外交流、外事工作中有针对性地招聘或有目的地培养蒙古语实用性人才，尤其培养和招聘精通蒙汉俄三种语言的人才。一些部门由于工作需要，临时聘请蒙古语教员给职员们教蒙古语，以此提高职员们的工作效率。与此同时，政府还鼓励以民间办学办班等形式，给那些进行中俄蒙商贸往来、商品交易、口岸市场和市面上经商人员教蒙古语。而且，随着改革开放的不断深入，对会使用蒙古语乃至蒙汉两种语言、蒙汉俄三种语言人才的需要变得更加紧迫，这使民间蒙古语授课也变得越来越重要、越来越现实、越来越多，各有关部门对多语种人才的需求同样变得更为迫切。

满洲里市有关学校近几年才正式开设了蒙古语授课的课程班。从 2015 年 8 月起，市第十二学校的民族班开始用蒙古语授课，到 2018 年 7 月共招收 33 名适龄蒙古族儿童入学，其中一年级学生 9 名、二年级学生 10 名、三年级学生 14 名，而且对于民族班学生实行全蒙古语授课制。此外，民族班的 5 名任教老师，均为蒙古语专业大学或研究生毕业。民族班在蒙古语课堂

教学基础上，通过开设自然与科学、民族书法、马头琴、蒙古族长调、民族体育、民族手工毡、蒙古族饮食文化等民族文化课程，强化和提高蒙古族学生学习母语的兴趣和爱好，也促进了蒙古族优秀传统文化的传承和发扬，为将来培养更多真正懂蒙古族语言文化的实用型、复合型人才做准备。另外，满洲里市政府还启动了蒙古语言文化教育从娃娃抓起的希望教学工程，为此市教育局于2015年在“博雅幼儿园”首次开办学前蒙古语授课试点班。在此基础上，于2016年将“博雅幼儿园”改名为“民族幼儿园”，并从当年9月开始正式招收蒙古语授课的幼儿。依据调研资料，“民族幼儿园”现有蒙古族和汉族、回族、满族、鄂温克族、鄂伦春族、达斡尔族等民族的幼儿114名。幼儿园教职工有17名，所有教师都精通蒙汉双语，均有大专以上学历，其中8位教师是幼儿教育专业毕业。该“民族幼儿园”根据幼儿们家庭用语的不同，以及蒙古语掌握程度的不同（纯蒙古语40%，蒙古语和汉语兼用30%，纯汉语30%）开设了托、小、中、大四个层级的蒙古语授课班。幼儿园为了让蒙古族以外的汉族和其他民族的幼儿，更好地学习掌握蒙古语，还给他们加设了轻松愉快、易学易懂易掌握的蒙古语幼儿课程。为了更早、更好、更全面地开发孩子们的学习兴趣，幼儿园还先后开设了播音主持、角色表演、民族手工、民族舞蹈、形体游戏、民族音乐、蒙古美食文化、蒙古族习俗、蒙古族美术、蒙古棋类等蒙古族传统文化相关课程。除此之外，老师们还通过教授蒙古语的绕口令、成语、禁语、故事、诗歌、标准音等方式加强幼儿们的蒙古语学习。

满洲里市的民族语言教育工作，以创建全国民族团结进步示范市为契机，立足传承民族文化，重视蒙古语授课“双语型”人才培养培训工作。在此基础上，积极开设民族教育特色课程，全面发挥民族语言文化在本地区改革开放、对外交流、国际商贸、“一带一路”五通中的特殊定位。这些工作针对该地区语言社会的丰富性，重视少数民族语言的保护和传承，在对于蒙古族优秀传统文化的挖掘、整理、保护，落实我国民族政策，强化民族团结和边疆稳定安全等方面起到积极作用。

应该提出的是，内蒙古大学满洲里市学院自从2008年起，开设“双外语”教学与语言学复合型人才培养课程、地域性语言教学课程、国际汉语及传播中华文化课程等，并取得一定阶段性教学成果。尤其为适应本地区经济社会发展需求，开设的俄语和英语“双外语”教学，并以与俄罗斯后贝加尔斯克边疆区、布里亚特共和国、乌兰乌德等地的多所高校合作办学为基础，积极开展互派留学生和师资交流、学术交流等工作。该学院以市场和社会需求为导向，注重培养适应满洲里市经济社会发展，具有较强实践能力、创新精神和国际竞争力的俄语英语双语复合型、应用型人才队伍，而且毕业生出国出境就业率达到3.92%。另外，充分利用区位优势，鼓励教职员工对俄罗斯、蒙古国语言文化、经济社会、产业结构、国际商贸交往展开学术研究。自2012年至今，该学院申请的63个国家级、自治区级、校级科研项目中，就有相当比例的与上述研究相关的课题。这些课题，不仅从学术理论上提供了本地区经济社会发展的科学依据，更进一步阐述了我国“一带一路”中蒙俄经济走廊建设，以及我国同沿线各国文化交流的思想。2014年12月该学院驻后贝加尔国立大学汉语言文化中心成立以来，积极主动适应我国对外开放、国际语言文化交流及本地区国际商贸交往需求，不断强化国外汉语教学工作，加快汉语走向世界的步伐，进一步促进了中外文化交流，在将丰富多彩的中华各民族优秀文化传播到国外的同时，也把国外优秀文化与文明不断引进、融入、消化到本地区经济社会繁荣发展中。

2. 商贸交流语言的开发及取得的成就

满洲里市具有北接俄罗斯、西邻蒙古国的地理位置，再加上该市有23个民族，具有多民族多语言的国际区域特征。换句话说，该草原边疆小城的周边国际环境，以及欧亚陆路大通道的特殊位置，就决定了它的社会语言生活的丰富性、复杂性和多样性。那么，在这里的国际商贸交往、商品交流、商业活动，甚至在旅游、购物和社会交往语言中，除了汉语、蒙古语或其他民族语言之外，还有俄语和英语等外语。特别是在满洲里市中俄自贸区、旅游景区、市区俄罗斯或蒙古国特产品商店、宾馆酒店、咖啡店酒吧等国际商人与游客相关的各个领域都要使用多种语言。

满洲里市的国际商贸活动，包括中俄自贸区及各类经商活动中，除汉语之外，均用俄、蒙、英三种语言相互交流。其中，俄语交流比较普遍，关系到社会生活的方方面面。随着中俄国际交往、商贸往来、旅游观光增加，加上满洲里市常住或临时居住的俄罗斯人口不断增多，以及中俄两国婚姻家庭的不断增多，还有在俄罗斯西伯利亚乃至远东地区中国常住或临时居住人口的逐年增加，俄语使用变得越来越多、越来越广泛，关系到政治、经济、文化生活，同时也关系到人们的社会生活、日常生活、家庭生活。正因为如此，这里的人从事商业活动、商贸服务、市场管理、行政管理工作，都要不同程度地掌握俄语俄文，就是常住或临时居住的居民也都或多或少地会说俄语。特别是中俄口岸工作人员、中俄国际贸易市场的管理服务人员、搞中俄贸易的商人、中俄友好人士、中俄婚姻家庭成员几乎都十分流利地用俄语进行交流，具有良好的俄文能力，他们能够用俄语对各种产品进行详细介绍及推荐。与此相关，该地区各种形式的俄语培训班，包括语言学校以及市场管理部门、街道居委会、社会组织办的各类俄语学习培训班数量众多。

除了汉语和俄语之外，蒙古语在满洲里的语言文化中也占有一定的重要地位，尤其是在同蒙古国的商贸往来、经商活动、文化交流、旅游观光、友好交往中，蒙古语成为首选交流工具。此外，满洲里市驻扎有诸多内蒙古地区对蒙古国商贸往来或进出口产品服务公司。蒙古语是当地部分居民同蒙古国的商人、游客及其他人之间交流的最重要的语言。随着改革开放和中蒙国际商贸交往越来越多，蒙古语言文字的作用也越来越大。甚至直接影响到在这里生活工作经商的汉族及俄罗斯人，他们中的不少人也或多或少地掌握蒙古语。据资料显示，改革开放之前该地区就有蒙汉婚姻家庭，改革开放之后蒙汉家庭变得越来越多。改革开放前或初期有 10 家，改革开放后 40 年的今天，蒙汉婚姻家庭已增加到 100 家以上，增加了 10 倍以上。蒙汉家庭成员，在早期几乎都会说蒙汉两种民族语言。不过，母亲是汉族的家庭，或者说孩子从小到用汉语文授课学校读书的家庭，一般都用汉语进行交流，但也都或多或少懂蒙古语。值得提出的是，近十年蒙汉族婚姻的家庭，基本上都是用汉语，不使用蒙古语。改革开放 40 年来，蒙古语同样在该地区经济社会的发展、“一带一路”国际陆路通道和中俄蒙经济走廊上的商贸往来，以及草原边疆国际口岸服务等方面发挥着不可忽视的积极作用。

3. 英语交流得到普及

随着改革开放的不断深入和“一带一路”商贸通道的不断延伸，以及满洲里市国际商贸活动的不断提升和拓展，在国际政治经济文化交流活动中最为广泛使用的英语，同样也受到越来越多的重视。毫无疑问，这和通过“一带一路”国际陆路商贸通道源源不断进口的除俄罗斯之外的欧洲各国产品，以及越来越多欧洲各国游客与商人到此旅游观光有关，也与中国的对外交流有关。另外，还跟与欧洲各国的文化交流等有关，与幼儿园到大学中不断强化的英语教学也有一定内在联系。在改革开放初期，甚至到 20 世纪末，虽然在学校里也教英语，但没有引起足够的重视，也没有发挥应有的作用。党的十八大以后，紧随习总书记提出的“一带一路”倡议，满洲里市很快提升了对外开放力度，开放视野辐射到“一带一路”沿线的欧洲各国，进而在商贸往来、经商活动、商品交易、商人间交流中，英语使用逐渐显现出市场价值和意义，人们也逐渐开始重视英语学习和使用。我们在调研中还发现，满洲里市内的英语培训、英语学习班不断增多，人们学习英语的热情也不断得到提高。过去同俄罗斯和蒙古国做国际商贸交易的国内商人，都希望通过“一带一路”通道，与欧洲更多国家和地区开展经商活动。而且，说英语或会说英语，逐渐成为一种时尚或一种新的追求。这些都是英语在该地从弱势地位逐渐迈入强势地位的前提条件和主要因素。如今，大大小小的商业广告、商业宣传、一些商品说明等也基本上使用汉、蒙、俄、英四种文字。这一举措，不只使来自俄罗斯或蒙古国的商人、客户感到很亲切，欧洲其他各国来的商人、游客也感到十分温馨，进而在一定程度上缩短了他们在心灵上、思想上的距离感，也为他们的生活、购物、办事、交流提供了一定的方便条件。

总的来看，改革开放的40年，满洲里市已形成一个以汉语、俄语、蒙古语、英语交流为主的社会，这一丰富多彩的语言不仅在国际商贸活动中发挥着积极推动作用，同样在与俄罗斯、蒙古国的文化交流与民心相通中产生了不可忽视的重要影响。这也是在草原边疆口岸小城营造出一个"你中有我，我中有你"的和谐文明的语言社会的根本因素之一。

总体而言，满洲里市作为我国"一带一路"大通道上的对外开放的重要口岸城市，借助改革开放的大好形势和强劲发展势头，紧紧抓住难得的发展机遇，经过40年的努力奋斗，依托草原边疆的自然环境和人文环境优势，大力开发本土文化、地方文化、民族文化、特色文化资源。所有这些，使该市的经济社会发生了根本性和革命性的变化，使地方经济实现从小到大、从弱到强、从面到实、从实践到理论的转变，地方性民族产业不断扩大规模，拓展国际商贸往来，进而在欧亚大陆通道上不断发挥作用、不断提升知名度，城市基础设施及服务功能不断得到完善，城市现代化建设水平不断得到强化。尤其是在改革开放的40年里，随着满洲里市国际贸易市场的不断成熟，国家重点开发开放实验区的设立，以及满洲里市欧亚大陆"一带一路"通道功能和作用的不断提升，地方民族特色经济日益凸显实际效益，进而在我国东北草原边疆口岸小城绽放出独特光彩。

二、改革开放40年民族文化市场建设中值得注意的问题

改革开放40年来，满洲里市在民族文化市场建设取得辉煌成就的同时，也有一些值得注意的问题。

（一）文化发展方面

文化的沟通与交流，最能够体现不同国家、不同地域、不同民族间的相互接触、相互交流、相互了解、相互间的心灵沟通和和谐相处。如前面所说，满洲里市生活着我国东北地区的汉族，以及蒙古族、达斡尔族、鄂温克

族、鄂伦春族、朝鲜族、满族、回族等民族，他们的传统生活，以及与此相关的生活习惯、生活态度、生活意识，还有市场和商品社会的开发等都直接影响本地区经济社会的发展变化。满洲里市的国际化市场优势虽然十分突出地显现出来，但我们还是能够看出改革开放以后，一些人未能很快、很积极、很主动地投入市场经济大潮中，也未能很好地发挥自身具有的政治、经济、地域、文化、语言优势。也就是说，在满洲里市国际商贸往来、货物交易、商品市场，乃至同人们的衣食住行等日常生活密切相关的大小商场上，国内内陆省市及沿海地区产品，或来自俄罗斯、蒙古国和“一带一路”沿线国家的产品琳琅满目、应有尽有，然而具有独特民族特色、民族风格、民族品牌，能够充分展示本土传统文化、民族优秀传统文化的商品还是比较少。而且大众化的本地商品却占市场主流，相反与时俱进的创新升级新产品数量比较少见，民族品牌、民族文化特色商品依然没有形成有效市场氛围。国内客商在商品种类、商品品质上缺乏优质品牌意识，尚未形成以优质品牌商品站稳市场而长期发展的战略眼光。我们在商场看到，很多个体商人的店铺里商品质量参差不齐、真假混淆，品牌意识薄弱，这对于市场长期有效良性循环极有可能产生消极影响。一些厂家按统一规格批量生产大众化产品，并没有很好地挖掘当地少数民族传统文化产品，即便是有一些民族手工艺商品也多数属于简单粗糙制品，缺乏精细化、规范化、科学化、现代化、规模化生产，由此失去了可持续长期发展的潜力。而且，没有很好地利用满洲里市的国际化区位优势，缺乏把民族特色产品做大做强的意识，缺乏通过合作化不断发展、扩大生产经营的经商理念。

（二）民族服饰文化方面

满洲里市是一个多民族聚居的草原边疆口岸小城，所以不论在市民服饰还是服饰市场上都表现出服饰文化的多样性、多民族性、多地域性。特别是蒙古族传统服饰显示出一定的地域特色。但我们在调研时，还是没有看出十分鲜明的标示性民族服饰文化元素，从而在款式、布料、缝制方面显得比较乱或随意。像达斡尔族、鄂温克族、鄂伦春族服饰更没有很好地展示出民族特色。从这个意义上讲，民族服饰市场还达不到市场化、产业化、国际化运营的程度和规模。一些民族服饰的设计，只是满足了个人的猎奇性消费心理，很难在实际意义上获得市场和众多消费者的青睐，更打不出自己的服饰文化的品牌。

（三）饮食文化方面

满洲里市的餐饮业在改革开放 40 年中，确实取得了鼓舞人心的巨大成绩，但还是存在不少问题。比如说，城市与周边乡村餐饮文化发展不平衡，季节性人口流动造成餐饮结构与布局的不合理，除口岸经济和国际商贸中心地带之外的居民区餐饮文化相对滞后，饮食文化环境一定程度地存在脏乱差现象等。此外，该地区饮食产业，包括加工食品产业，没有全面、系统、完整而充分地突出民族饮食文化、草原饮食文化、地域饮食文化、俄罗斯饮食文化、蒙古国饮食文化等方面的特色。

（四）文艺工作方面

满洲里市各种文艺活动，虽然为巩固思想文化阵地、维护国家文化安全做出很大贡献，但同时也存在文艺演出粗俗、娱乐至上、唯市场化，以及文艺演出和创作追求数量而缺少质量、更多地盲目模仿俄罗斯或西方艺术等问题。尤其是在非正规场合，如在有关饭店酒家、商业活动、民俗嘉庆活动的演出中，为吸引眼球、刺激观众、追求所谓娱乐至上和市场效益，演出的节目除了粗俗粗鲁之外，还有低俗庸俗内容。此外，一些高水平专业化团队，在正规场合的演出中，由于受所谓艺术国际化的思想影响，盲目模仿俄罗斯或西方艺术，从而忽略本地区、本民族优秀文艺节目的创作与演出。另外，也缺少植根于国情的具有创新理念的好节目，缺少反映当今社会、政治、经济、文化发展新面貌的优秀文艺作品。一些文艺演出节目，未能充分利用草原边疆口岸小城的特殊位置和地位，不能很好地对外宣传改革开放的中国故事、草原故事和满洲里故事，在弘扬中国优秀文化及其精神方面做得不是十分理想。

（五）旅游文化方面

旅游业发展虽然很快，但也受季节性气候的影响和制约。根据调研资料，满洲里市无霜期短，冬季漫长又寒冷，属于半干旱大陆性气候，年平均气温 -1.2℃。到了 5 月份，这里还处于时冷时热、时雪时雨的天气状态。到了 8 月底或 9 月初，气温很快就从凉爽发展到寒凉，飞雪天气随之而来。同时，秋冬季节转换迅速，冬季严寒而漫长。所有这些，直接影响观光旅游的人们。尤其是，冬季零下 40° 左右的严寒天气，旅游者更是望而止步，直接影响旅游人数，导致旅游时间比较短、旅游产业不景气、旅游产品收入低等问题。这种现实，自然引起社会资金的投资积极性不高，以及发展旅游产业的热情不高等反应。改革开放以来，满洲里市一直致力于冬季旅游开发，举办冬季服饰展销会、冬季选美大赛、冬季冰雪节等冬季旅游活动，但总的说来效果不是十分明显。这除了和冬季寒冷雪大人们不能出门旅游观光有关之外，还和大型旅游购物商场冬季服饰价格昂贵、消费层次高以及中小型旅游商店冬季服饰质量不过关、款式和颜料单调等有关。另外，满洲里市主要以人文景观为主，自然景观的开发利用还不够理想，加上旅游景区资金投入不足，旅游线路的综合设计不到位，缺乏较大旅游项目及旅游景点的深度开发。一些景点景区还没有完善的旅游产品销售场所或市场，难以及时满足游客的消费需求。有些旅游景区景点，还未能达到吃住行一条龙服务的水平，有吃喝玩的地方却没有住的地方，有住的地方却和旅游景区景点距离甚远。有些景区开发与城市建设不配套，缺乏更为理想的现代文化包装，景区间还缺乏各自不同的风格与品味对比。还存在旅游宣传促销单一化，基本上就讲蒙古包、手抓肉、奶茶、白酒，很少全面系统地介绍少数民族旅游区域的饮食文化内容等问题。还有饮食卫生和环境卫生不达标、服务质量跟不上等问题。我们还发现，旅游部门、旅游公司、导游人员综合服务素质和服务水平、服务意识、服务技能不是很到位，存在旅游市场营销能力不是很强等问题。

（六）语言文化交流方面

改革开放以来，满洲里市作为草原边疆开放小城，语言文化的交流得到不断强化和提升，但在这里的国际商贸市场上俄语及英语交流还是显得相对薄弱。用外语对商品原材料、质量、功能、作用、效益、使用方法等方面的深度解说水平比较差，甚至出现语用差错、语句混乱、表述不准确等问题，由此导致与国外客商交流的语言障碍，这在一定程度上也影响了商贸活动的质量，阻碍了国内客商们进一步拓宽国际市场和商贸业务。国内客商的语言能力的缺失，以及对商品种类和商品品质等方面的语言交流不够，直接影响优质品牌的推销，也直接影响优质品牌商品交易站稳市场。课题组在对外开放国际市场上还看到，一些商品只有汉文说明而没有俄文、蒙文、英文说明，也有的国外进口商品只有外文说明而无中文说明，加上商品出售人员外语水平有限，很难满足购买者的消费需求。这也和该地区外语教学相对薄弱有关。满洲里市的各类店主、商人及工作人员在商贸活动中运用的外语，多数是通过到私人短期语言培训班学习掌握。他们的外语使用水平不高，在商贸活动或工作中经常遇到语言交流方面的障碍。该地区蒙古语需求量较大，使用场所也比较多，然而服务行业或市场工作人员懂蒙古语的却不多。教授蒙古语的民族学校及班级处于刚刚起步阶段，在校生最高年级是小学 3 年级，蒙古族适龄儿童选择母语教育的也不多。当地高校没有充分利用区位优势设置与蒙古族语言相关专业，也没有开设用蒙古语教学的课程，存在蒙古语授课专职教师的数量不足、缺乏引进有经验的优秀蒙古语教师的现象。调研资料显示，广告牌匾虽然要求写汉、蒙、俄、英四种文字，然而还是存在不是缺蒙文就是缺俄文或英文的现象，还有的牌匾上的汉文和蒙文间的互译不准确、不到位或写错别字，译成俄文和英文的广告牌匾字也存在一定的差错率。这些问题的出现，同广告牌匾文字的规范化设计部门以及城市规划管理部门对市面市场语言文字规范化使用监管力度不够等有关。还应该提到的是，随着满洲里市草原边疆口岸跨境旅游项目及出入境旅游人数的不断增加，承担出境旅游团的领队工作及入境旅游团接待工作的导游数量也不断增加。我们掌握的资料显示，市旅游发展委员会的在册导游人员的统计数为458人，其中俄语导游才15人，英语导游只有7人，掌握英语和俄语两种语言的导游更少，从而显示出外语类导游严重不足的情况。

（七）生态环境保护方面

满洲里市虽然位于内蒙古呼伦贝尔美丽富饶的大草原，但其生态环境比较脆弱。特别是近几年随着周边地区地下煤、地下石油不断开发，地下水层不断下降，地表水的留存、保存、储存功能也不断退化，甚至湖水和河水水面不断下降、小溪泉流断流等现象时有发生。加上冬春雪不大、夏秋雨水少，草原植被退化比较严重。另外，满洲里市周边无序发展旅游和开发草原旅游，各种大小型车辆到处乱开，旅游者到处乱扔垃圾现象比较严重。还有逐年增多的采挖草原中草药和蘑菇的人与车辆，也给草原生态平衡、草原环境卫生、草原保护造成破坏，使得环境进一步恶化。比如二子湖、二卡湿地、查干湖、呼伦湖等的水源都不同程度地受到污染，水域周边生态环境也受到不同程度的破坏。与此相关，还没有从根本上彻底治理人们将生产生活垃圾或污水倒入河水或湖泊的现象。环境优美的水域乱开旅游点、乱盖旅游村的现象还没有完全制止或被取缔。所有这些，使满洲里市周边自然环境变得越来越脆弱，荒漠化现象也不断增多。

三、对策与建议

课题组在充分考察分析40年来满洲里市在经济、文化设取得辉煌成就和存在的问题基础上，提出如下对策与建议。

（一）总体方面

要以习近平新时代中国特色社会主义思想为指导，不断强化高质量、高水平、高规格、高品位、高效率的文化沟通与交流，进一步强化不同国家、不同地域、不同民族间的相互接触、相互交流、相互了解、相互间的心灵沟通与和谐相处。不断开发利用和弘扬不同民族的优秀传统文化，进而不断改善优化他们的传统生活以及与此相关的生活习惯、生活态度、生活意识，包括对于少数民族优秀传统文化的市场化和商品化开发。要充分发挥满洲里市的国际市场优势，更多地鼓励少数民族自觉、主动、积极地投入市场经济大潮中，发挥好地区自身优势。同时，与时俱进地创新升级少数民族各类优秀传统文化新产品。在商品种类、款式、质量上强化优质品牌意识，融入可持续长期发展的优质品牌商品理念，要着力打造出不同民族的不同品牌产品，以及着力打开民族文化特色商品的国际国内市场。要有计划、有思路、有步骤地挖掘、整理、研究、开发民族文化特色产品，进一步提升产品制造的精细化、规范化、科学化、现代化、规模化水平。以此来改变产品单一、民族文化特色不够突出、设计理念落后、产品加工零乱粗糙等商业行为和经商态度。特别是不断加快优化升级满洲里市饮食文化、服饰文化、艺术文化以及其他生产生活产品的市场化、商品化、商业化运营，进而把民族特色产品做大做强。为了更好地实施这一发展目标，应该在内蒙古大学满洲里学院开设民族优秀文化商业化开发方面的课程，更多地培养民族文化产业优秀人才。

（二）服饰文化方面

进一步强化服饰的地域、民族特色与内涵。我们认为，满洲里市的服饰文化产业发展中，首先要把好质量关，建立完善的准入和退出机制，为质地优良、设计精美的服装提供政策上的优惠，逐渐形成良性的服装市场竞争，建立健全民族服饰的国际国内品牌，充分弘扬东北严寒地区不同季节、不同风格、不同款式、不同品位的品牌民族服饰。还要与此相配套，大力培养少数民族服饰设计缝制人才。如果条件许可，将巴尔虎蒙古族、布里亚特蒙古族、沃鲁特蒙古族草原牧区文化服饰，以及达斡尔族农区文化特色服饰、鄂温克族驯鹿文化服饰和草原文化服饰、鄂伦春族山林文化服饰等，在改进优化升值的基础上成套、成系统地设计出来，设计理念中应该包括一年四季的各自不同的民族服装、婚庆服装等。另外，根据市场需要，以及草原民族服饰走入国际市场的实际需求，适当招聘蒙古国和俄罗斯服装设计师，从而使草原服饰与国外时尚、流行、时髦服饰科学融合，取长补短，打造出新时代新款式新品牌。而且，充分利用各种服装节、时装周或喜庆佳节，有计划、有目的、有力度地宣传、推介、展示、销售新设计的服装，使草原边疆口岸小城的服饰文化变得更加开放、美丽、丰富多彩。

（三）餐饮文化方面

要积极挖掘地方资源和特色，努力使其与人民美好生活的发展需求相适应。作为草原边疆口岸小城，满洲里饮食文化的发展变化不仅反映出市民生活水平的提高、本地区经济社会的进步和人们对于美好生活的追求，同时也表现出饮食文化产业的繁荣发展和国际化进程。从目前满洲里市打造的饮食文化结构类型来看，可以总结出口岸快餐式饮食文化、本土化汉蒙合一的饮食文化、寒温带地区汉族饮食文化、地方性旅游文化饮食，以及本地区蒙古族、达斡尔族、鄂温克族、鄂伦春族饮食文化，还包括蒙古国和俄罗斯饮食文化等，利用上述饮食品种营造出多样化、多品味、多种风格特征的餐饮文化。还要强化饮食产品的保质量、保数量、保卫生工作，以及保证商品说明从实际出发、讲求公心公德、实事求是、全面细致。在市场饮食生活方面要提倡节俭，反对铺张浪费，不断提高市民整体的饮食素质和饮食文明，树立起满洲里市作为草原边疆口岸城市和对外窗口的良好形象。

（四）文艺团体方面

要进一步规范和提升市场化运作机制，同口岸市场经济、服饰文化经济、饮食文化经济、旅游经济密切结合、协调发展，要相互交融、相互作用、相互促进。要坚定不移地坚持以人民为中心的创作导向，在深入生活、扎根人民过程中进行无愧于时代的文艺创造。要不断繁荣文艺创作，坚持思想精深、艺术精湛、制作精良相统一，加强现实生活题材的创作力度，不断推出讴歌党、讴歌祖国、讴歌人民、讴歌改革开放、讴歌新时代、讴歌英雄人物的好节目。在文艺创新中，不断注入本地区不同少数民族优秀歌舞内涵，从他们的优秀文学作品、民间故事、神话传说、长篇史诗中提炼出艺术思想和艺术作品，在此基础上不断提升文艺创造力，推动文艺创新。要倡导讲品位、讲格调、讲责任，抵制低俗、庸俗、媚俗等文艺节目。在文艺队伍建设中，更多扶持和培养本土专业人才，造就一大批德艺双馨的名家大师，培育一大批高水平的文艺创作人才。要注重创作深入社会、深入基层、扎根人民的优秀作品，要有力度、高度、深度、广度地反映时代发展，反映社会主义核心价值观，反映满洲里市各族人民精神面貌。

（五）旅游文化方面

要进一步挖掘地方特色，注重多向发展，提升国际品牌影响力。要充分发挥草原边疆文化旅游优势，并制定与此相关的政策，不断强化管理体制改革。改革开放以后，草原边疆口岸小城的旅游产业不断发展，并取得了相当可观的社会效益和经济效益。特别是 2018 年国务院批准设立了内蒙古满洲里市边境旅游试验区，从而进一步提升了该地区旅游市场、旅游文化开发的力度和高度。地方旅游部门要紧紧抓住新的发展机遇，不断加强旅游产业的横向与纵向发展，不断推动旅游产业的转型升级与旅游管理体制的改革，推动外部市场开放与先进旅游管理模式的引进。按照旅游产业发展要求，为适应高端旅游产品品质和旅游市场需求，不断推动本土化、民族化、国际化的现代旅游产业建设，升级优化旅游产业结构，拓展不同季节、不同风景区、不同民族风俗文化的旅游，完善旅游基础设施和配套服务设施建设。广泛吸引社会资金投向满洲里市旅游业，因地制宜地制定与中央精神相配套的优惠政策。尤其是在跨国旅游区建设上要有新突破，要与俄罗斯和蒙古国的不同地区、不同层级、不同方面的旅游管理部门，建立健全不同规格、不同角度、不同形式和内容的合作关系。还要建立互利、互惠、互赢的经济实惠、诚信合作、相互尊重的跨国旅游平台和特定旅游商贸区域。要不断加大高端旅游产品的开发，以及品牌产品的市场运作与推广宣传，全面提升品牌旅游产品管理与服务的国际化水平。同时，在旅游管理、旅游服务、旅游业态、旅游城建、旅游文化、旅游通道、旅游资本的运营等方面实现全方位的国际化，并根据旅游市场需求动态提升与调整旅游产业的运行模式，打造国际化运营的旅游动态产业体系。加大旅游文明宣传教育力度，强化人们对旅游可持续发展深度把握的思想意识，提高大家保护旅游环境、严守旅游生态文明、爱护旅游资源的自觉性，让每一位市民、每一位游客都能意识到，旅游与环境保护、生态保护、自然资源保护间具有不可忽视的内在联系与重要关系。与此同时，还要进一步强化旅游部门、旅游公司、旅游产业、导游人员的综合服务素质和服务水平，不断加强他们的服务意识与服务技能，从而全面树立满洲里市的优质旅游形象。更为重要的是，加强管理服务人才队伍建设，把旅游业的人才队伍建设纳入全市中长期人才发展规划中去。还要加强旅游企业管理者队伍建设，全面提高旅游企业管理者的综合素质和驾驭旅游市场的能力，通过短期培训、进修学习、参加专题讨论会或讲座等多种形式培养在职人员。建立院校、企业和社会三结合的旅游培训教育体系，对从业人员进行职业培训、岗位培训、业务培训、技能培训和资格认证培训，以此不断有效推动与国际竞争需要相适应的旅游企业管理者队伍的建设工作。

（六）语言文化建设方面

为适应多种语言交流的国际化市场的发展需要，当地各有关部门、市场管理部门及相关学校，应对各民族、各地商户开办形式多样、灵活机动、讲求实用、突出实效的语言培训班，进而形成市场化、规范化、规模化、制度化运营机制。关于满洲里市面商户饭店的多语种牌匾，应组织专业化文字翻译人员或团队，在相关权威专家的指导下，开展牌匾文字的统一、规范、纠错工作。还需要有计划、有目的、有效益地强化少数民族商户的外语水平，提升他们参与国际商务交流和国际商贸活动的能力。同时，还要强化蒙古语的使用功能和作用，积极规划设立蒙古语授课小学和中学或民族班、短期班、特长班。政府部门要加大对蒙古族及其他少数民族选择母语教育的宣传和激励工作，努力建成“一贯制”的蒙古语授课小学、初中、高中、大学教育。应该在内蒙古大学满洲里学院设置蒙古语相关专业或开设部分蒙古语授课课程。进一步突出蒙古国的区位优势，为满洲里市经济社会发展，为“一带一路”、中蒙俄经济走廊建设培养蒙古语专业或熟练掌握蒙古语和外语的复合型、应用型人才队伍。此外，在各级学校的外语课程设置中，除英语之外应该给学生们提供学习俄语的机会与选择。我们在调研时发现，俄语最适合于本地区经济社会国际化发展需求，也适合于学生们的学习兴趣和未来发展需求，也有满洲里市各种类型和层级的学校在俄语教学方面有相当丰富的经验和积累及优势地位。

（七）生态环境保护方面

满洲里市虽然位于内蒙古呼伦贝尔美丽富饶的大草原深处，但其生态环境比较脆弱。所以，在今后发展中，必须把生态文明建设放在突出位置，一定要下大力气，不断强化环保意识，开展草原生态保护工作，抓紧时间修复、恢复由于无序开发造成的草原环境和生态破坏。其中，包括湖水和河水污染治理，尤其是呼伦湖旅游景区周边环境及其呼伦湖水污染的治理工作。像二子湖、二卡湿地、查干湖等水域，要确保在生态环境不受破坏的前提下有序开发。要下大力气禁止满洲里市周边无序发展旅游和开发草原旅游的行为；严禁在草原旅游景区周边各种大小型车辆到处乱开、旅游者随心所欲地到处乱扔垃圾的不良行为；严令禁止市民或外地流动人口四处采挖草原中草药，禁止破坏性采食草原野菜、白蘑或菌类；严令禁止用各种手段或方式猎杀草原野生动物及湖泊河流湿地的野生鸟类行为，以及给草原生态平衡、草原环境卫生、草原保护造成破坏的行为；严令禁止草原乡村、牧户、旅游包、旅游点，包括一些临时性工地等，将生产生活垃圾或污水倒入河水或湖泊的现象，环境保护部门应该定期定点用环保车拉走这些地方的生产生活垃圾，进而进行环保性处理，从根本上解决污染草原、破坏草原生态的行为。还要下大力气整治和取缔在环境优美水域乱开旅游点、乱盖旅游村的现象，以此来加大对脆弱草原、脆弱生态的保护力度，遏制草原荒漠化现象的扩大，营造美丽富饶、环境优雅、生态平衡、草美花香、蓝天白云、生机盎然、充满梦想的满洲里市的大草原。

改革开放与中国县域发展

GAIGEKAIFANG

内蒙古科尔沁右翼中旗

NEIMENGGU KEERQIN YOUYI ZHONGQI

少数民族优秀传统文化推动经济社会协调发展之路

中国社会科学院人口与劳动经济研究所

一、基本情况和成就

科尔沁右翼中旗，简称科右中旗或中旗，辖 12 个苏木镇和 2 个工作部，173 个嘎查和 26 个居委会。2017 年总人口 25.28 万人，其中农村牧区人口 18.6 万人，占总人口的 73.6%，由 14 个民族构成，其中蒙古族人口占 86.58%，是全国蒙古族人口比例最高的少数民族聚集旗，是革命老区、国家扶贫开发重点旗（县）和大兴安岭南麓集中连片特困地区。

（一）基本情况

1. 地理位置

中旗位于内蒙古东部、大兴安岭南麓、科尔沁沙地北端，是兴安盟最南端的一个旗。北与科右前旗、突泉县为邻，东与吉林省通榆县、洮南市接壤，南与科左中旗相连，西与扎鲁特旗、霍林郭勒市以及东乌珠穆沁旗毗邻。旗政府所在地巴彦呼舒镇距乌兰浩特市 150 公里、通辽市 190 公里、哈尔滨市 560 公里、长春市 380 公里、沈阳市 480 公里。

2. 自然条件

中旗境域呈狭长状，南北长 310 公里，东西宽 55 公里，总土地面积

15613平方公里，其中耕地面积300万亩，草牧场1300万亩，林地面积431万亩，森林覆盖率17.64%，草原植被覆盖度67.4%。全旗土地类型比较复杂，北部为浅山丘陵地带；中部为霍林河沿岸平原区；南部为沙丘沼泽地带。

3. 历史沿革

中旗历史悠久，是中国古代北方少数民族历史活动舞台之一隅，东胡、匈奴、鲜卑、蒙古、突厥、契丹、女真等民族均曾在这里留下了历史的足迹。建制于清崇德元年（1636）。清康熙四十九年（1710）哲里木盟建制后，隶属哲里木盟。民国35年（1946）6月，隶属于兴安盟。新中国成立后，1953年2月，隶属于内蒙古自治区东部区行政公署。1954年4月，隶属于呼伦贝尔盟。1965年8月，划归哲里木盟。1980年7月，兴安盟恢复建制后，划归兴安盟。

（二）改革开放40年主要经济社会发展成就

改革开放40年，中旗的经济社会发展发生了翻天覆地的变化。特别是十八大以来，全旗深入贯彻习近平总书记考察内蒙古和参加十三届全国人大一次会议内蒙古代表团审议时的重要讲话精神，践行守望相助理念，按照守住发展、生态、民生三条底线的要求，全面发展，努力实现在“一个战场”打赢生态治理和脱贫攻坚“两场战役”。

1. 基础设施建设瓶颈突破，实现经济跨越式发展

围绕还欠账、补短板、破瓶颈，中旗集中力量突破基础设施建设滞后这一制约经济社会发展的瓶颈。全社会固定投资由1978年的305万元发展到2017年的64.8亿元，增长2123倍。一是交通运输服务保障能力明显提升。交通投资规模大幅增长，重大交通项目加快建设，干线公路设施网络日趋完善，农村公路实现了“村村通”。二是电力服务保障能力明显提升。热电厂、输送通道和变电站投入运营，实现了稳定的电力供应和电力输送。

基础设施建设服务保障发展能力显著增强，经济总量和财政收入实现跨越式发展。1978年全旗地区生产总值仅为7225万元，2017年全旗地区生

产总值已发展到 49.4 亿元，增长 67.4 倍，年均增长 11.4%。通过挖掘自身优势，切换动能，在改革开放第四个十年，平均年增长率由第三个十年的 11.88% 增长到 16.60%（见图 1），提速显著。地方财政收入由 1978 年的 95 万元发展到 2017 年的 32766 万元，增长了 343.9 倍，平均年增长率由第三个十年的 13.59% 增长到第四个十年的 16.88%（见图 2）。

图 1　中旗改革开放 40 年各时期地区生产总值平均值

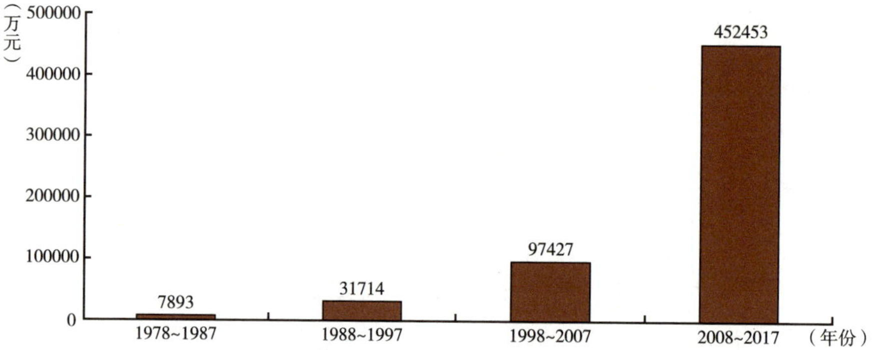

图 2　中旗改革开放 40 年各时期地方财政收入平均值

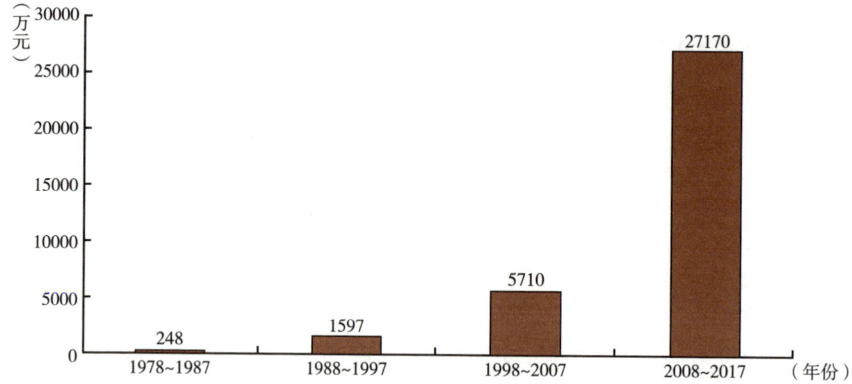

2. 人民生活极大改善，促进各民族团结融合

改革开放以来，中旗人民生活得到极大改善。一是城乡居民收入和储蓄持续稳定增长。城乡居民收入分别由 1978 年的 556 元和 80 元增加到 2017

年的23525元和8592元，分别增长41.3倍和106.4倍（见图3）。在岗职工工资总额和年平均工资分别由1978年的754万元和577元增加到2017年的84075万元和49398元。城乡居民储蓄存款余额由1978年的52.9万元增加到2017年的26.96亿元，增长5095倍，年均增长24.5%。

图3　中旗1978～2017年城乡居民人均纯收入

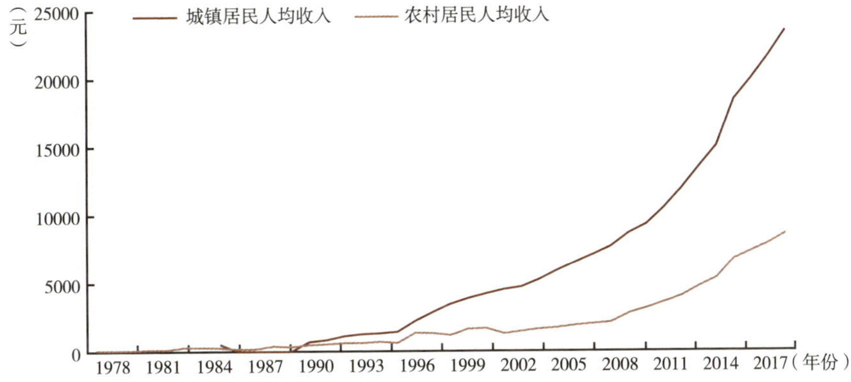

二是城乡居民居住条件大为改善。40年来，房地产开发近300万平方米，累计改造农村牧区危房3.5万余户，2018年8月农村土房全部改造完成。城乡居民人均住房面积分别达到27.84平方米、25.67平方米以上。涉及群众切身利益的水、电、气、暖、住、路、通信等一批公益设施建设工程相继建成投入使用。

改革开放的巨大成就让各民族人民更有奔头，和睦共处、融合发展、共同创造美好生活的局面进一步巩固和发展。通过深入挖掘草原文化理念的丰富内涵，加强各民族之间的文化交流、铸牢中华民族共同体意识、建设各民族共有的精神家园。“十二五”以来，中旗累计投入4.8亿元用于公共文化服务基础设施建设。蒙古、汉、满、朝鲜等多民族同呼吸、共命运、心连心的好传统，在发展中得到了坚持和发扬，被自治区命名为“全区民族团结进步示范旗”。

3. 特色产业带动产业结构优化，提升发展质量

依据资源优势，中旗将清洁能源生产输出、农畜产品精深加工、民族文化旅游确立为“三大产业”。积极推动新型能源基地和新型煤化工基地建设，发展风电产业，推进光伏发电新能源项目。大力发展绿色有机食品加工业，不断延长产业链条，莱德马业、赛诺羊业、星业肉业、中阳农业、金格勒公司等一大批农畜产品加工项目投产运营。加大民族文化旅游开发和推介力度，特色旅游业迅速兴起。此外，还集中打造羊、马、獭兔、杂粮产业以及欧李种植、民族服饰、王府刺绣、民族拉弦乐器制作、蒙医药等优势特色产业。

在产业政策的积极引导下，中旗产业结构不断调整优化。三产协调发展，结构比由 1978 年的 64∶10.3∶25.7 调整为 2017 年的 38.5∶23.8∶37.7。第二、三产业从业人员分别由 2009 年的 6476 人和 23375 人增加到 2017 年的 8453 人和 36966 人，分别增长 30.53% 和 58.14%。

4. 生态治理和脱贫攻坚在一个战场上实现双赢

长期以来，农牧民越穷越扩大耕地、越过度放牧，土地粗放经营，造成耕地肥力下降、草场超载，加之降雨量连年下降，土地沙化严重，人地矛盾逐渐加剧，形成生态恶化和农牧民贫困多发的恶性循环。为打破生态和发展困局，中旗同步推进生态治理和脱贫攻坚。

在生态治理上，一方面，通过加大对土地的投入力度，整治沙地、盐碱地，退耕还林还草，精心实施重点生态修复治理工程，巩固扩大生态保护建设成果。在南部三个苏木推广欧李种植，加大重点区域植树造林力度。大力推进“禁牧、禁垦、禁伐”工作，严格实行以草定畜、增草增畜和草畜动态平衡。2017 年起实现秸秆全部由政府回收，加工成畜牧饲料，防治焚烧秸秆造成的空气污染。推行粮改饲，对舍饲圈养标准化棚圈和青贮窖建设、饲草料种植产业给予政策扶持。2013 年以来，累计投资 4 亿余元，完成退牧还草、退耕还林等国家重点生态项目 310 万亩，草原植被覆盖度由 2013 年的 41% 增长至 63%，脆弱的生态得到有效改善，旗林业局被授予“全国防

沙治沙先进集体”荣誉称号。

另一方面，产业化、规模化、专业化推动农牧业转型升级，提升土地利用效率。按照“做大基地、做强企业、做亮品牌”的思路推动农牧业产业化。农业机械化水平不断提高，2017 年末，农牧业机械总动力达 70.93 万千瓦。通过土地流转和农业机械化实现集中耕种，规模效益提升显著。推动牲畜改良，推行舍饲养殖模式，发展生态畜牧业。推动种养相结合，延长产业链条，增强农牧业抗风险能力。粮食产量和牲畜头数稳定增加，养殖业规模不断壮大。2017 年，粮食总产量达 75.5 万吨，相比 1978 年 6.06 万吨增长 11.46 倍，为历史最高产量。大小畜存栏达 319.7 万头（只），全年牛奶产量达到 19875 吨，肉类总产量达 43268 吨。

在脱贫攻坚上，内外发力，脱贫攻坚见实效。在外部精准扶贫方面，依靠生态扶贫，农牧业实现增产增收，同时加大王府刺绣、乡村旅游等产业扶贫力度，有效拓展贫困群众脱贫致富的发展机会。在增强内生动力方面，随着生态环境改善和土地效率提高，农牧民看到了变化、尝到了甜头，观念也实现了转变。同时依靠文化建设，加大教育投入，实施农牧民素质提升工程，打破贫困代际传递，破除等靠要思想，激发贫困群众的内生动力。2013 年，全旗有贫困人口 67300 人，贫困发生率为 37%。经过 5 年来的艰苦努力，脱贫攻坚取得了明显成效，贫困人口减少到 2018 年 6 月的 6954 人，贫困发生率下降到 2017 年底的 3.9%。

（三）探索以民族传统文化优势推动社会经济发展道路

一方面，受资源禀赋和生态约束，迫切要求经济转型升级；另一方面，自身民族传统文化底蕴厚重，在转化和发展民族文化方面独具优势。面对这样的发展基础，中旗通过 40 年的努力逐渐探索出一条文化建设推动社会经济发展的道路，即全面推进文化建设，创造性转化与创新性发展少数民族优秀传统文化，以少数民族优秀传统文化推动经济社会协调发展。

一是推进文化服务。把文化建设提升到民生高度，推动文化基础设施和公共服务体系、文化人才体系建设，发掘非物质文化遗产，弘扬乌兰牧骑精神，扎根沃土，服务人民，满足人民美好精神需要。二是发展文化产业。把传承弘扬发展优秀民族文化和推动文化一、二、三产融合发展相结合，使民族特色产业和文旅相融合，为经济高质量发展培育新业态新动能新增长极。三是实施文化扶贫。通过文化产业扶贫、促进农牧民素质提高等为打赢脱贫攻坚战提供扶智扶志保障。四是用好文化滋养。将核心价值观和草原文化理念相结合，筑牢中华民族共同体意识，民族团结一家亲，同心共筑中国梦。

二、典型经验与特色做法

改革开放以来，中旗不断调整发展思路，特别是 21 世纪和十八大以来，大力推动文化建设，从一个封闭落后的贫困旗，逐渐发展成以少数民族优秀传统文化为特色的文化大旗。

（一）改革开放 40 年文化建设发展变化、特色做法和成就

1. 全力推进文化服务

（1）推进文化基础设施建设和文化公共服务均等化。

一是大型公共文化服务基础设施建设。建成了投资 3500 万元的旗博物馆、投资 2700 万元的科尔沁宣传文化中心、投资 1.2 亿元的少数民族传统体育示范基地，总面积 1800 平方米的图什业图影城、总面积近 1000 平方米的新建乌力格尔厅。

二是农村牧区公共文化基础设施服务网络建设。所有苏木镇、工作部均已建成300平方米以上的综合文化站。在173个嘎查中，建成“草原书屋”130家、文化综合活动室 145 个、文化广场 154 个。自 2016 年开始，在所有嘎查实施“贫困地区百县万村综合文化服务中心示范工程”，2018 年实现全覆盖，使基层文化基础设施不断普及、升级。

三是开展文化公共服务。旗乌兰牧骑文化队每年下乡演出达 100 余场

（次）以上，把文艺大餐送到农牧民家门口。成功举办两届“中国·科尔沁民间文化艺术节”，承办四届“全国中国马速度大赛”以及“全盟首届四胡大赛”、“全盟第二届那达慕大会”、“远东杯”八省区四胡演奏电视大奖赛，并已成功举办四届“中旗春节晚会”和乌力格尔、好来宝大赛等一系列具有地方特色的文体活动，受到了社会各界的广泛好评。

（2）推进文化人才体系建设。

一是加强专业文化队伍和机构建设。先后成立了科尔沁文化研究室、非物质文化（遗产）保护中心、科尔沁文化研习所、科尔沁文化作品评审委员会等专业机构，出台了《民间艺人奖励办法》，成立了乌力格尔协会等民间组织，民间艺人队伍不断扩大。

二是加强群众性非专业文化宣传队伍建设。组建了几人至几十人不等的业余文艺演出团队 156 支。登记在册的功底较深厚的说唱艺人 130 多人，有近 5000 名四胡爱好者，其中近 300 人具备较高的专业水平。

三是成立中旗首个“乡村文化守望者”嘎查文化志愿服务团队，打通文化惠民“最后一公里”。服务队由 80 名从嘎查招募的热爱文化工作、拥有文艺特长、组织协调能力较强的文化志愿者组成。

（3）挖掘文化遗产，推进传统文化普及。

全旗现有国家级重点文物保护单位 2 处，自治区级重点文物保护单位 5 处，国家级非物质文化遗产名录 4 项、自治区级 12 项、盟级 32 项、旗级 12 项，旗级非物质文化遗产项目代表性传承人发展到 233 人。其中，好来宝、乌力格尔和四胡是中旗最具代表性的非物质文化遗产。

好来宝，汉译“接连不休”的意思，是蒙古族民间的说唱艺术。乌力格尔，汉译“说书”的意思，俗称“蒙古说书”，是集蒙古说唱艺术发展之大成的一种曲艺形式。说乌力格尔、听乌力格尔、谈论乌力格尔是中旗人民精神文化生活的重要部分。2005 年中旗成功承办了“内蒙古首届乌力格尔艺术节暨全国第五届乌力格尔、好来宝大赛”，现已举办四届，成为当地一项重要的文艺活动。2006 年，中旗乌力格尔被列入国家首批非物质文化遗产名录。

四胡是中旗群众喜闻乐见的文艺形式。2006 年，兴安盟四胡协会在中旗成立，成立不久的四胡协会在自治区举办的“成龙煤炭杯”八省区首届蒙古四胡演奏广播电视大赛中获 32 个奖项。2006 年，旗乌兰牧骑演奏员哈达发明制作的“超低音四胡”，在中央音乐大厅演奏，得到了专家们的一致认可。

2. 大力发展文化产业

（1）以龙头企业带动马文化产业发展。

内蒙古莱德马业有限公司（简称“莱德马业”）带动的集“赛马、育马、马匹进口、牲畜交易、饲料种植加工、俱乐部连锁管理”等于一体的马产业全产业链发展模式，已经成为中旗文化产业发展最亮的名片。莱德马业前身为“中旗莱德有限公司”，成立于 2006 年，是中国领先的民营马业企业、中国最大的非农耕马繁育公司和马饲料提供商，企业综合实力位居国内马业同行之首。2014 年入选第七届“中国创业投资价值榜”，被评为“最具投资潜力企业 20 强”。2015 年入选福布斯“中国非上市潜力企业 100 强”榜单。职工总数超过 1200 人，其中安置当地职工 800 余人，以蒙古族为主的少数民族职工占多数。

（2）以草原生态和民族文化为基础发展全域旅游。

中旗以草原和蒙元文化特色为切入点加速发展旅游产业，被列为全域旅游示范基地。一是全国速度赛马大奖赛、自治区休闲体育大会、五角枫旅游文化艺术节等大型品牌活动知名度逐渐提高，带动观赛游、草原牧村游、疏林草原游等品牌旅游项目迅速崛起。每年 6 月至 10 月，全国各地都有慕名而来看赛马、赏红枫、体验牧村生活的游客。二是随着生活水平的提升、消费需求的提升，乡村休闲旅游快速发展。巴彦敖包嘎查的“旅游村”是中旗乡村休闲旅游发展和扶贫的典型。

巴彦敖包嘎查位于中旗额木庭高勒苏木政府所在地二龙屯嘎查西北 35 公里处，共有 303 户 1033 人口。嘎查土地总面积 120116 亩，其中耕地

8840 亩，林地 870 亩。五年前，这里的农牧民人均纯收入仅有 2500 元，其中，贫困人口人均纯收入不足 1800 元，连基本的温饱生活都无法保障。为彻底摘除贫困帽子，摆脱贫穷，巴彦敖包嘎查全体农牧民在嘎查两委班子领导下齐心协力，共同探索集体建设乡村旅游村的精准脱贫之路。一是成立了养鸡合作社、农机合作社、种养殖合作社和养鱼合作社等多种专业合作社，农牧民入股分红，生活水平得到改善，为嘎查后续发展乡村旅游业奠定了坚实的经济基础。二是通过"一事一议"财政奖补项目、"三到村三到户"放大金融扶贫惠农贷款等方式，配齐办公设施、运动设备、便民食堂、便民浴池等旅游村的硬件设施，发展鱼塘、蔬菜大棚等特色农家游项目，同时配套购买游客踩船、搭建蒙古包等，丰富乡村旅游内容。三是组织创业致富带头人及村民代表走出去参观考察外地典型旅游村，学习乡村旅游的建设、经营、管理经验并用于实践。2017 年贫困户通过加入合作社每人得到 3690 元的分红。

近年来，全旗旅游人次和旅游收入逐年上升，2017 年旅游人次达到 88.95 万，比上年增长 23.9%；实现旅游总收入 5.11 亿元，同比增长 16.4%（见图 4）。从游客分布看，59% 来自兴安盟本地及周边，14% 来自东三省，9% 来自京津冀地区（见图 5）。

图 4 中旗 2013～2017 年旅游人次和旅游收入

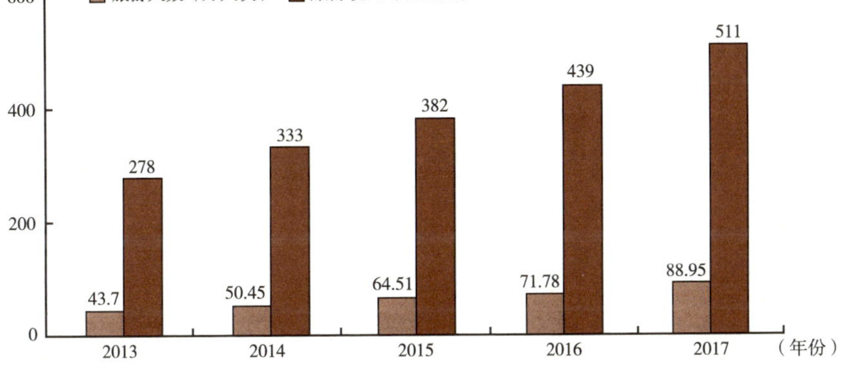

图 5　中旗 2017 年旅游主要客源来源

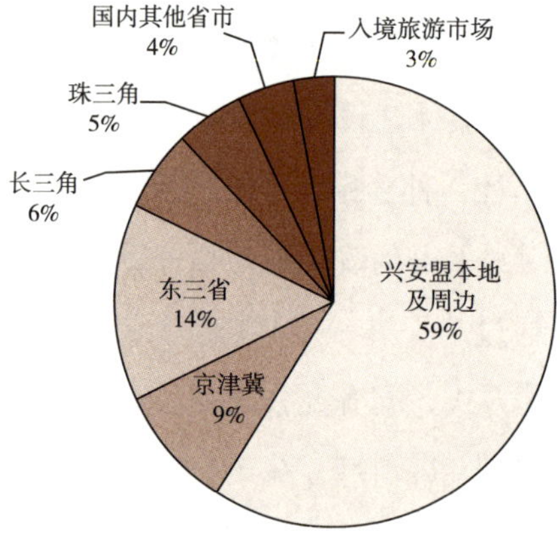

（3）发展民族乐器制作等传统手工业。

蒙古族拉弦乐器（马头琴、四胡、朝尔等）、图什业图王府服饰等传统手工艺品制作和销售，也是中旗重点发展的文化产业，从业人员有 600 余人。图门乌力吉、哈达、图日根白拉是典型的代表。

图门乌力吉是第三批国家级非物质文化遗产项目代表性传承人，创办了图门马具，主要手工制作马鞍、马鞭等马具以及马头琴。目前和儿子一起在家制作，同时在图什业图王府景区有门市销售。哈达是第四批国家级非物质文化遗产项目代表性传承人，最早在旗内兴办民族乐器厂，创办的呼格吉木民族乐器制作传承基地主要生产马头琴、四胡、三弦等乐器。基地位于中旗职业技术学校，设有生产车间和展示厅，迄今已经制作马头琴 10000 余把、四胡 10000 多把、潮尔 100 多把，出口到蒙古国、日本、美国、澳大利亚等国家。图日根白拉是代钦塔拉苏木道兰毛杜嘎查的农民，曾祖父曾是图什业图亲王府的“御用木匠”。2000 年，他接过父辈手中的工具，办起了家庭式的手工作坊。他制作的四胡和马头琴选料上乘、外观精美，订单不断，仅 2017 年一年，订单就达 120 多个，年纯收入达 20 多万元。他还带领嘎查的老百姓一起富，带动的贫困户有 8 户。

（4）探索发展蒙医药产业。

传统蒙医药是中旗正在探索推动发展的产业。中旗蒙医药研究所·蒙医院成立于1973年，是自治区唯一保留的一所旗县级蒙医药研究机构。经过40多年的发展，已成为本地区以蒙医蒙药为特色的集临床、科研、教学、制剂、康复于一体的国家“三级乙等”蒙医综合医院。蒙医的代表、西哲里木镇西哲里木嘎查卫生室乡村医生王布和是国家级非物质文化遗产代表性项目“科尔沁蒙医药浴疗法”的传承人。王布和从1985年开始行医，一直坚持70岁以上老人、3岁以下儿童、残疾人、五保户、特困户、出家人免费治疗。不仅为特别困难的患者免费提供吃住、免费治疗，还赠送回家路费，是远近闻名的“草原神医”。至今看过的病人约有100万人，澳大利亚、柬埔寨都有病人送来锦旗。目前每天都有五六百人来寻医问药，每周有一列专列从沈阳送几百病人来。周边村民家里基本都开展了家庭旅馆、餐饮等服务行业。可以容纳每天10000人次进行药浴的26000平方米的药浴楼即将竣工，蒙医药生产已经获批，为下一步推动蒙医药康养特色小镇发展奠定了基础。

3. 努力实施文化扶贫

（1）以传统文化产品产业孵化带动贫困户产业脱贫。

图什业图王府服饰刺绣起源于清代，是王府世袭传承的一种蒙古族民间工艺美术技艺。2016年以来，围绕旗委、旗政府提出的发展图什业图王府刺绣产业、传承民族文化、助推全域旅游和脱贫攻坚的整体部署，将发展图什业图王府刺绣产业作为推进“草原巾帼脱贫行动”的重要抓手，通过成立协会、办班培训、创建基地、创新模式等，以订单带动全旗21000多名妇女参与到刺绣产业，其中建档立卡贫困户2895人，2017年产值475万元，2018年1～6月产值350万元，2017年末贫困户人均因此增收1809元。

（2）文化产业龙头企业带动贫困户产业脱贫。

比如，莱德马业作为重点龙头企业和重点扶持企业，专门成立“莱德马业扶贫工作领导小组”，建立完善扶贫日常工作机制，确保扶贫工作有序推进和各项目标任务圆满完成。在旗委、旗政府大力指导协调下，莱德马业推行农牧民养马专业户1000户，帮扶100个嘎查，扶持1000名贫困人口，带动100个合作社。经过几年发展，中旗畜牧业结构以及养殖方式有较大提升和改变。在农牧民的收入中来自马业的收入逐年提高，以产业支持带动了贫困人口稳定脱贫。

（3）以农牧民素质提升工程，推动“扶贫先扶志”。

为深入贯彻落实习近平总书记“扶贫先扶志”“扶贫必扶智”的重要论述，激发贫困群众的脱贫内生动力，巩固脱贫攻坚成果，2017年6月，中旗针对在脱贫攻坚工作中遇到的群众思想认识跟不上、积极主动性跟不上、自我发展能力跟不上以及“等靠要”思想严重等突出问题，结合旗情实际，启动实施了由旗委统筹、旗委宣传部牵头、各部门联动的全旗农牧民素质提升工程，创新提出“一带两转三改”的工作重心。

4. 倾力用好文化滋养

（1）在群众文化生活中融入主旋律、正能量。

“乡村文化守望者”嘎查文化志愿服务团队等活跃在全旗各个角落，以“弘扬主旋律、传播正能量”为宗旨，积极开展各类活动，宣传党的惠民政策，讴歌美丽乡村建设成果，促进农牧民整体素质的提升，巩固脱贫攻坚成果，践行“切实把社会主义核心价值观贯穿于社会生活方方面面”的要求。

（2）以群众喜闻乐见的民族传统文化形式宣传政策。

中旗以“植根民族沃土，打造廉政文化精品”为目标，纪委监察部门根据蒙古族人口聚居这一实际，围绕纪检监察重点工作，组织带动旗乌兰牧骑、旗乌力格尔协会、旗四胡协会演员及民间艺人，通过开展“百名胡尔奇说唱廉政”活动和创作《纪检颂》《国家监察体制改革在中旗》《三务公开百姓明白》《忠心为民　勤政廉洁》《全国优秀纪检干部春香》《驻村干部王图雅》六部乌力格尔、好来宝廉政文艺作品，把重要改革工作的目的意义及措施、成效、亮点和特色等核心内容，以群众喜闻乐见、寓教于乐的形式表现出来，内化为人们的精神追求，外化为人们的自觉行动。

（二）中旗文化建设形成特色的缘由与条件

中旗以文化建设为抓手，既是立足自身资源优势的战略选择，也是实事求是认识自身发展约束的现实选择。

1. 经济社会发展面临的重要约束和挑战

一方面，中旗作为农牧结合地带的国家重点贫困旗县，地理位置、自然条件和能源矿产资源限制了其工业化发展道路，生态环境所面临的困境迫使其包括农牧业在内的产业必须转型升级。

（1）离交通枢纽较远制约了经济发展。

北邻的科右前旗和乌兰浩特市得到乌兰浩特机场的有力辐射，南面相连的科左中旗隶属于东蒙最大的交通枢纽通辽市，通辽至北京、沈阳高铁线路铺设完成即将通车，人流物流汇集，发展很快。与这些相邻旗县比，中旗基础设施欠账多，交通闭塞，人流、物流“出不去，进不来”，工业和商贸服务业发展受到很大制约。

（2）资源禀赋决定工业化大发展道路行不通。

西面毗邻的扎鲁特旗和霍林郭勒市煤矿资源丰富，东面乌珠穆沁旗则是地广人稀的畜牧业大旗，牧民人均可支配收入连续 30 年位居全区牧业旗县之首。中旗境内的铜矿、银矿等矿产资源稀薄，自 1958 年进行开采以来，到 20 世纪 90 年代就已经枯竭。发展工业的基础不足，还面临巨大的国企员工安置压力。加上旗内有自治区级五角枫自然保护区，与科尔沁国家级湿地珍禽自然保护区等都相连，不能承受发展工业可能带来的环境污染压力。

（3）生态压力决定粗放式农牧业发展道路行不通。

中旗是兴安盟的畜牧业大旗，但自然资源和临近旗县比相对不足，土地并不肥沃，沙土较多，很容易盐碱化，防沙治沙的生态压力大。改革开放前，游牧对草场的需求和土地条件之间就存在很大矛盾，近年来矛盾进一步加剧。同时，畜牧业仍然延续传统经营方式，牧民缺乏市场信息和技术，畜种结构不合理，良种引进不足，存在过度放牧情况。农业也是粗放式经营，当地农耕历史短，农民耕种技术差，人均土地面积大，靠农民自己的力量无法精耕细作，也难以向土地追加投入。

此外，部分蒙古族群众汉语交流有困难，外出务工受限，就业门路狭窄。草原地区传统、高盐、单一的饮食习惯导致群众疾病多发，许多群众因病致贫。种种不利条件使中旗发展滞后，原有牧民贫困发生率高。

2. 具有文化建设的禀赋优势和基础条件

另一方面，作为蒙元文化和科尔沁民间文化艺术的主要发祥地之一，中旗民族传统文化底蕴厚重，独具魅力。

（1）具有非常浓厚的历史文化传承优势。

中旗史称图什业图族，是嫩科尔沁十旗之首，古哲里木会盟地，在北方草原有着非常重要的历史地位和文化意义，是当时重要的政治、经济、文化、宗教中心。图什业图亲王府就坐落在旗境内巴彦呼舒镇东北 20 公里处的代钦塔拉草原，于札萨克第十三世亲王八宝多尔济执政期间（清同治十年至清光绪十六年，1871～1890）建成，距今有 130 多年的历史。

（2）具有非常丰富的文化旅游资源优势。

不仅有图什业图亲王府，且王府后面是绵延 6.2 万公顷的自治区级五角枫自然保护区，与科尔沁国家级湿地珍禽自然保护区、翰嘎利湖、图什业图赛马场、珠日赫山、遐福寺和蒙格罕山自然保护区等景区形成 18 公里半径扇形旅游布局。位于“京津冀吉辽”经“通辽”“赤峰”至“阿尔山 – 海拉尔 – 满洲里”黄金旅游线路的重要节点位置。王府所在翰嘎利 – 五角枫休闲度假区已经被批准为国家 AAAA 级景区。

（3）具有非常广泛的传统文化群众基础优势。

传统蒙古族文化仍然根植于百姓的生活。中旗有“七乡”美誉（四胡之乡、乌力格尔之乡、安代之乡、科尔沁民歌之乡、蒙古文书法之乡、赛马之乡、科尔沁服饰之乡）。全旗科尔沁文化爱好者和实践者比比皆是。现有登记在册、功底较深厚的说唱艺人 130 多人，全旗会拉四胡的有几千人，能够组织 1000 人以上比较规范的演出队伍。“乡村文化守望者”嘎查文化志愿服务团队每名志愿者组织带领的嘎查文艺队伍人数均达 35 人以上，先后组织开展各类主题活动共计 228 场次，直接受益人群达 2.3 万余人。因活动开展得有声有色，荣获“2017 年度全区优秀文化志愿服务团队称号”。

中旗在发展中逐渐摸索出：文化建设和文化经济发展是少数民族地区发展的重要出路。21 世纪初以来，把民族优秀传统文化作为关键的发展要素，坚持“穷财政也做大文化”，以文化建设突围，带动社会经济全面协调发展。2006 年，中旗第十二次党代会就认识到本地“具有深厚的科尔沁文化底蕴”，“要充分发挥这一优势”，提出“建设科尔沁文化大旗”目标。特别是十八大以来，在中宣部、自治区宣传部的定点帮扶下，在经济发展、生态保护、脱贫攻坚工作中，都充分利用少数民族丰富的传统文化资源，并通过文化素质提升保障经济社会发展成果。

（三）中旗文化建设的典型经验

中旗深入贯彻落实习近平总书记关于发展民族传统文化和扶贫的重要论述，在探索实践中形成了一些特色经验。

1. 坚持党的领导，发挥政府组织优势，确保文化建设做实做细

一是历届旗委、旗政府都高度重视文化建设，明确了文化建设的重要发展战略。二是成立由旗主要领导牵头的“文化旅游强旗建设推进办公室”，建立全旗各机关职能科局之间的协调机制。三是政府主导成立“中国民间文化艺术之乡创建活动领导小组”和“自治区级蒙古族说唱艺术文化生态保护区工作领导小组”，将民间文化艺术之乡和文化生态保护区建设纳入本地经济社会发展规划和工作考核中。四是制定符合本辖区民族民间文化遗产保护的地方法规及其规范性文件，为“一乡一区”建设工作提供政策支持、法规保障和资金保障。五是建立专家咨询机制，充分发挥专家和智库的指导、咨询、参谋作用。

2. 坚持共建共享，提升公共文化服务的引领能力和服务能力

一是“三馆”（博物馆、图书馆和文化馆）和乌力格尔厅对社会免费开放，同时大力支持基础业余演出。“三馆”通过阵地服务、流动服务和数字服务，实现统一管理、统一分编，确保不同年龄、不同文化程度、不同民族群众都

能有场所、有队伍、有组织进行活动和交流。二是出台相应的扶持政策，加大对基层民族文化人才的培养，率先在全旗成立了文学艺术联合会，并相继成立了四胡协会、书画协会等，注册会员多达千余人。三是实行“三区”人才选派扶持基层文化人才培养工作机制。四是积极实行“传统文化进校园”，将四胡、说唱乌力格尔等课程纳入学生学堂。五是通过制定实施“54321”工程，在全旗范围内建立50户乌力格尔传承家庭，40个四胡演奏示范村屯，30支安代舞表演队伍，20支农村乌兰牧骑文化队，培养1000名民歌歌手。六是以巴彦呼舒镇为文化阵地龙头，以基层苏木镇文化站为纽带，以嘎查文化室、文化广场为延伸，以有文化热情的群众为触角，连续七年举办“图什业图广场文化节”系列活动，覆盖社区、校园、军营和外来务工人员等各界群众，每年持续三个月。七是发挥人民群众志愿力量，组建“乡村文化守望者”嘎查文化志愿服务团队。

3. 积极探索文化产业扶贫新模式，创新扶贫脱贫工作机制

科右中旗结合挖掘、传承民族传统文化，重点培育蒙古族刺绣产业，结合全旗资源优势带动贫困妇女脱贫致富。通过政府搭平台、协会化推动、企业化运营的模式，真正激发贫困户内生动力，使这一文化产业扶贫成果完全经得起考验。

案例　图什业图王府刺绣产业扶贫主要做法

1. 培训先行，贫困妇女成为刺绣手艺人。

从2016年12月开始，旗妇联等部门负责协调，先后深入全旗12个苏木镇，举办针对以建档立卡贫困妇女为主的图什业图王府刺绣培训班。共举办培训班21期，培训10000人次，覆盖全旗12个苏木镇，重点培育了一批女带头人。2018年3月旗妇联与长沙县帮扶对接举办“蒙湘牵手、秀美生活”刺绣培训，湖南长沙县的12名专业技师深入12个苏木镇为1800名建档立

卡贫困户集中培训。

2. 创建基地，实现贫困妇女就业不离家。

2017 年 7 月末，整合社会资源建立了占地 1500 平方米的图什业图王府刺绣基地和扶贫车间，目前可生产加工蒙古袍、笔筒、靠垫、桌布、纸巾盒等 200 余种产品。该基地 2017 年被区妇联评为区级“巾帼脱贫示范基地”。

3. 创新模式，推动刺绣产业健康发展。

在推进过程中，有机结合了政府、社会、市场的力量，创新产业扶贫模式。

（1）政府服务搭平台。摈弃政府主导和财政补贴引领的方式，避免运营效率不高和可能导致贫困户及相关参与者只为补贴而来，缺乏内生动力。政府的主要作用是搭建平台做服务。除了协调人员组织培训、协调资源创建基地，更重要的是高度关注营造氛围和帮助对接市场。图什业图王府刺绣被旗委、旗政府列入全旗“农牧民素质提升工程”。通过电商、刺绣展览、旗内销售点、搭建产业村销售市场四种途径销售刺绣产品产值已达 400 余万元。在中宣部、自治区宣传部的引荐下，2018 年旗政府帮助对接深圳非遗生活文化产业有限公司签订采购销售额达 2200 万元的协议，对接阿里巴巴准备合作开发枕头、围巾两款产品在线上销售。

（2）协会推进增信任。成立大学生创业就业扶贫服务协会，主要负责对全旗 12 个乡镇苏木建档立卡贫困户实行上门服务，目前在区、盟、旗三级共建立了 15 个销售合作地点。协会协调推动，一是避免了贫困户可能过度依赖政府的问题。一旦市场波动影响收入，贫困户更能理解和接受。二是避免了贫困户对企业可能不信任的问题，因为协会是公益推动。

（3）市场运营生动力。成立祥瑞刺绣扶贫服务有限责任公司，按照“公司 + 协会 + 基地 + 贫困妇女”的发展模式，辐射带动贫困妇女脱贫。企业依靠贷款自力更生发展，保证了运营效率。

4.“四信”模式保障扶贫实效

要培育脱贫致富的内生动力，关键要使贫困户树立信念，相信通过刺绣可以脱贫致富。树立信念需要理念引导，更需要和协作机构建立信任，所以王府刺绣培训班按照自愿参加原则，首先进行了思想教育而不是技能培训。信任需要通过协会公益推进保障，更需要执行机构信用保障。协会和公司不管贫困户的绣品的质量如何，都按约定价格回收，确保贫困户没有后顾之忧。执行机构敢于信用保证，需要充满信心。信心来源于科学高效运营，来源于旗委、旗政府的重视和支持，来源于对王府刺绣这一传统手工艺的自信。

4. 积极探索文化建设和经济建设互动发展，巩固发展成果

经济发展是推动文化建设的基础，文化建设又进一步保障经济发展。中旗创造性地提出“一带两转三改”，加快新时代新型农牧民素质提升工程。

案例 农牧民素质提升工程主要做法

1. 以“一带”为核心，切实发挥党组织的核心作用

成立由旗委书记任组长的农牧民素质提升工程领导小组，建立旗委抓四大班子、处级领导联系苏木镇、苏木镇工作组包联嘎查、旗直部门定点帮扶、嘎查“两委”主体责任落实的体制机制，建立苏木镇工作组成员、驻村“第一书记”、嘎查“两委”成员、农牧民党员和能人大户为“带动人”的联系服务群众机制，确保每个农牧户都有一个带动人。强化督查考核。将农牧民素质提升工程列入年度考核内容，由旗委宣传部负责对各地各部门履行职责、推进工作、完成任务的情况进行全面督查考核，定期通报工作进展。

通过“一带”宣传，动员和组织农牧民群众转变思想观念、生产方式，进而改变农牧民群众居住环境、陈规陋习、饮食习惯。

2. 以“两转”为引擎，启动致富新模式

（1）转变思想观念，从“等着扶”变成我要富。组建农牧民素质提升工

程宣讲团，围绕“一带两转三改”工作，深入开展爱国主义、集体主义、社会主义、社会主义核心价值观、法律法规、科技知识、惠民政策等宣传教育活动。广泛开展旗、苏木镇、嘎查三级先进典型评选活动，挖掘选树了一批示范带动作用强、群众认可度高的道德标杆。开展“不文明行为随手拍”活动，在中旗微讯开设专栏进行曝光。建立激励机制。对在农牧民素质提升工程中表现突出的部门嘎查、驻村“第一书记”、嘎查书记、优秀“带动人”、农牧民群众等，由旗委、旗政府进行表彰奖励。

（2）转变生产方式，从粗放型经营到集约型经营。加大种植业结构调整力度。组织农牧业专业技术人员，通过视频培训、现场教学等方式，深入讲解农牧业供给侧改革、实用技术等内容，引导农牧民转变发展方式，引导农牧民发展特色产业，引导农牧民与企业建立利益联结机制。运用“公司＋农牧户”“合作社＋农牧户”等多点发力模式，实现由一家一户“各自为战”的小生产到“抱团”对接大市场的转变。引导农牧民农闲变农忙。利用冬季农闲时节，举办秸秆转化技术培训班，组织农牧民学习技术知识、参与秸秆回收利用、搞规模化生产，鼓励农牧民外出务工、四季劳动，拓宽增收新渠道。

3. 以“三改”为抓手，打造美丽宜居新乡村

（1）改变居住环境，建设美丽家园。一是加强环境卫生管护。在完善卫生管护制度、管护队伍、设施设备等基础上，实行卫生网格化管理，嘎查主要街路都有一名“带动人”担任卫生监督员，负责巡查管护工作。二是推行“门前四包”，与农牧民签订卫生责任状。开展环境卫生检查评比。制定苏木镇、嘎查和农牧户卫生评比标准，旗委农工部每个月对各苏木镇进行抽查，苏木镇每个月进行自查，检查结果以正式文件形式进行通报。

（2）改变陈规陋习，树立文明新风。一是大力推行“婚事新办、丧事简办、余事不办”的文明新风，明确要求嘎查“两委”成员、党员做到余事“三不”，即不设宴、不参加、不随礼。指导各苏木镇、嘎查采取入户征求意见、大会讨论通过、挨家挨户签订等多种形式，制定完善与农牧民生产生活紧密联系、可操作性强的村规民约和红白喜事制度，鼓励有条件的嘎查建设便民

食堂。探索实行“饭店降费、嘎查补助”的方式，与经营饭店的嘎查农牧民进行合作，在保障经营者合理收入的同时，最大限度降低农牧民宴席支出。二是加强文化环境熏陶。结合“我们的节日”主题活动，采取旗乌兰牧骑下乡演出和嘎查文艺队自编自演相结合的方式，每月确定一个主题，广泛开展“农牧民素质提升主题月”活动。

(3) 改变饮食习惯，倡导健康生活。一是加强宣传引导。在中旗官方微讯开设“健康快车”专栏，定期刊发健康卫生知识，宣传健康生活理念。向嘎查统一提供有关饮食健康方面的宣传课件，方便嘎查自主、长期开展宣传教育活动。二是全面落实健康扶贫政策。制订《中旗健康扶贫工作实施方案》《中旗“三个一批”行动计划》等专项工作方案，对建档立卡贫困户进行逐一排查，建立健康档案。患慢性病建档立卡贫困人口实行家庭医生签约管理。

5. 积极探索基层党建新机制，强化基层党组织对脱贫攻坚工作的领导和责任

为解决基层党组织松散、不会开会、学习少、对重点工作了解少等问题，夯实基层党组织建设，及时解决联系群众工作中发现的问题，进一步巩固扩大驻村帮扶工作成果，中旗创造性地实行农村牧区基层组织“双书记”周例会制度。通过硬要求把软性工作规定出来，提高基层组织与群众的沟通次数和沟通效果，增强基层党组织的组织力、凝聚力和战斗力，汇聚党员、村民代表、能人大户脱贫攻坚的合力。

案例　“双书记”周例会制度主要做法

1. 主要目的

(1) 压紧压实驻村“第一书记”、嘎查党组织书记抓脱贫攻坚的责任，

形成自觉学习、自觉工作、自觉服务的习惯，实现规范学习、规范工作、规范服务群众。

（2）学习政策知识，研究重点工作，指导解决实际问题，抓实党员联系和服务群众工作，着力把周例会开成宣传政策、联系群众、凝聚人心的常态化工作会。

（3）切实及时发现优秀干部并合理使用起来，树立以业绩论英雄、以贡献排座次的鲜明导向，旗帜鲜明地鼓励支持干部干事创业，有力营造了风清气正的政治生态。

2.“四定”规范形式内容。

（1）定日子，确定每周周一或周二召开“双书记”周例会，遇“主题党日”周，可结合“主题党日”一并召开，考虑到农业生产和传统节日因素，要求全年不少于40次。（2）定人员，参会人员为驻村“第一书记”、嘎查党组织书记、驻村工作队员、嘎查“两委”班子成员、村务监督委员会成员、嘎查党员、积极分子、村民代表、苏木镇包片领导、帮扶单位分管领导。（3）定内容，把对脱贫攻坚和乡村振兴政策、规定及工作要求学习作为“规定动作”，每周由旗委组织部、扶贫办统一制定，各嘎查也可以根据实际增加学习内容。（4）定程序，确定周例会要严格按照学习政策、听取上周工作汇报、研究解决联系服务群众过程中发现和收集的问题、部署本周工作和抓好落实等步骤进行，通过收集问题、研究解决问题、反馈和抓好落实，形成党员联系和服务群众的循环机制，深入细致地了解嘎查脱贫攻坚、乡村振兴、农牧民素质提升等方面的情况，有针对性地制定工作措施。

3.“四注重”推动落实见效。

（1）注重管理，周例会在苏木镇党委组织委员统一指导下召开，“双书记”分工负责，驻村第一书记负责学习内容、议定事项和主持会议，嘎查党组织书记负责会议召集和筹备，周例会统一使用专用会议记录本，指定专人记录，使用党建直通车全程录制。（2）注重指导，各苏木镇每半个月组织召开“双书记”联席会议，听取周例会开展情况汇报，研究解决工作中存在的问题；旗委组织部、旗扶贫办组成流动指导组，对周例会开展情况进行规范化指导。(3) 注重考核，将“双书记”周例会作为驻村“第一书记”、嘎查党组织书记、驻村工作队员、嘎查“两委”班子成员年度考核和平时监控的重要指标，做到五个“挂钩”，即与嘎查“十星级”评比挂钩，与驻村工作队经费挂钩、与驻村第一书记和工作队员的年度考评等次及补助挂钩、与嘎查党员“评星定级”和“两委”班子成员绩效挂钩、与评优表彰挂钩。(4) 注重成效，通过周例会组织群众、宣传群众、凝聚群众、服务群众，切实做到形式服从内容，时间服从效果，着力把周例会开成宣传政策、联系群众、凝聚人心的经常性习惯性活动。

（四）中旗文化建设对当地综合发展的贡献

中旗大力推动文化建设，文化事业和文化产业繁荣发展，对促进当地经济社会综合发展做出重要贡献，激发了文化的活力和经济的动力。

1. 群众思想转变，农牧民素质提升

贫困群众“等靠要”的消极思想开始转变，脱贫致富的内生动力开始增强，趁“农闲”时间学技术、搞规模化养殖的越来越多，把“农闲”时节变成了红红火火的“农忙”时节。乡风民风发生一定的转变，村规民约、村民议事会、红白理事会、道德评议会、禁赌禁毒协会“一规四会”普遍设立，“身边好人”不断涌现。高价彩礼、大操大办、封建迷信、薄养厚葬、酗酒赌博等陈规陋习和不良习俗得到有效治理，“婚事新办、丧事简办、余事不办”已蔚然成风，特别是在党员干部带动下，本命年、满月宴、乔迁宴等余事明显减少。彦茫哈苏木哈吐布其嘎查一位贫困户绣娘说：“现在不打麻将了，邻里关系也和睦了。绣花和打麻将一样，也会上瘾。以前麻将上瘾会输钱，现在绣花上瘾是挣钱。”

2. 产业结构调整明显，发展质量提升

三产结构比例从 1978 年的 64 : 10.3 : 25.7 调整为 2017 年的 38.5 : 23.8 : 37.7。第一产业增加值从 1978 年的 4625 万元发展到 2017 年的 19.02 亿元，增长

40.1倍，年均增长9.9%。农业机械化程度不断提高，2017年末农牧业机械动力已经达到70.93万千瓦。农牧业产业供给侧改革不断深化，自治区级龙头企业达到7家，培育了莱德马业、赛诺羊业等一批农畜产品加工龙头企业，二龙屯有机农业“二龙屯”商标被评为“中国驰名商标”。第二产业增加值由1978年的745万元发展到2017年的11.78亿元，增长157.2倍，年均增长13.9%。规模以上工业企业发展到2017年的42家，就业人数4000余人。第三产业增加值由1978年的1855万元发展到2017年的18.62亿元，增长99.4倍，年均增长12.5%。城乡居民储蓄存款余额由1978年的2017年的52.9万元增加到26.96亿元，年均增速达到24.5%。电子商务进农村，推动消费品零售总额于2017年达到21.3亿元，公路货运量达375.5万吨。全域旅游开始发展，特色旅游业迅速发展。第二、三产业从业人员分别由2009年的6476人和23375人增加到2017年的8453人和36966人，分别增长30.53%和58.14%。

3. 文化建设成果丰硕，地方品牌影响力提升

民族文化与城镇建设有机结合，城镇建设的文化品位明显提升。占地4.2万平方米的图什业图广场是自治区首批十佳文化广场之一。旗文化馆、旗图书馆都跻身国家一级管行列，旗乌兰牧骑团队连续六年获评“自治区一类”，旗博物馆名列国家三级馆队伍。中旗不仅有“七乡”美誉，其中“中国民间文化艺术之乡——乌力格尔之乡”由原文化部授予，还被命名为自治区级“蒙古族说唱艺术生态保护区”，获“全国文化先进旗”殊荣。全旗有40多人先后在全国、全区性乌力格尔、四胡比赛中获得73个奖项。有2名说书人连续两届荣获“自治区民间文化阿尔丁优秀成果奖”，1人被自治区文联授予“终身成就奖”。图什业图王府刺绣不仅得到了继承和发扬，还成为帮助贫困妇女脱贫致富的新出路，正在成为中旗的又一张文化品牌名片。

4. 精准扶贫成效显著，脱贫步伐加快

全旗呈现脱贫提速、发展提效、民生提质的良好局面。在国家组织的2016年度第三方监测评估中，贫困户户均安排扶贫项目措施、贫困户识别

精准度满意率达到99%，顺利通过国家第三方验收。2017年6月23日，作为兴安岭南麓集中连片特困地区的代表，旗委书记白云海向习近平总书记汇报了全旗扶贫工作。

（五）中旗文化建设经验对全国其他区县发展的借鉴意义

中旗的实践，为其他区县大力推进文化建设以及通过民族优秀传统文化推动社会经济发展提供了参考借鉴。

1. 文化也是生产力

（1）文化是发展的重要资源。文化既是发展的目标，也是发展的手段。一方面，人民生活水平大幅提高，对包括民族传统文化在内的精神文明的需求不断提高。另一方面，文化是一种人类资本，是具生命力的优质要素。对民族传统文化的保护、开发和利用，不仅能够获得直观的经济效益，还能推动人流、物流、信息流提升，通过市场拓展出良性发展道路，并能提升人民知识水平、道德素质，实现人力资本的增值。产业结构升级，要和资源禀赋相适应。在经济全球化时代，我们应当注意保持并努力发展文化的民族性，尊重自己民族的传统文化，合理利用传统文化这个重要资源。中旗就是通过选择自身最具优势的资源，即民族传统文化，推动了经济社会发展。

（2）文化建设是巩固发展成果的重要保障。经济发展是基础，需要文化建设巩固发展成果，充分发挥文化引导社会、教育人民、推动发展的功能。西日道卜嘎查位于旗政府所在地巴彦呼舒镇，征地多，耕地土质好，基础较好，村民收入在2008年时就已经较高。但是富起来后，村民玩麻将成风，社会风气不好，有的家庭还因赌返贫。后该嘎查开始加强文化工作，建设活动场所，组织文艺活动，建立乌兰牧骑演出队，60多人自愿参与乌兰牧骑演出活动，每年组织村里的春晚，改变了村民的精神面貌，加之互相比较和学习，形成了良好的脱贫致富的氛围。中旗开展农牧民素质提升工程，正是为了改变农牧民生产生活中的不良传统观念和习惯，保障脱贫攻坚成果，助力乡村振兴。

2. 民族传统文化需要创造性转化

民族传统文化是各民族基于自然资源和社会经济条件在发展进程中逐渐形成的复合整体。文化包括知识、信仰、艺术、道德、习俗以及人类在社会中所获得的一切能力与习惯。民族传统文化既是物质的，表现为具体的产品和服务；也是精神的，表现为特定的理念和习惯。民族传统文化的创造性转化，是"大文化"转化，既有产品层面的转化，也有理念层面的转化。

（1）民族优秀传统文化产品转化。少数民族特色文化，包括少数民族食物、服装、用品、礼仪、历史文化遗迹等，对当地老百姓虽然很普遍，但是对于外地人群而言，则有很强的特色和吸引力。把这些文化产品和服务转化为适合现代市场的商品，可以为民族地区发展建立优势产业。在互联网时代，再转化成"网货"，可以进一步提升商业价值和扩大开放，有助于推进民族地区高质量的文化经济快速发展。中旗将民族乐器、马鞍等马具制作成装饰品，将王府刺绣制作成装饰画、桌旗等日用产品，都是创造性转化传统文化产品的尝试。

（2）民族优秀传统文化理念转化。理念层面的民族传统文化创造性转化，更有价值，也更重要，只有这样才能更好地推进文化产业发展，才能把跨越时空、超越国度、富有永恒魅力、具有当代价值的文化精神发扬起来，才能推动民族地区融入现代化发展。结束游牧生活以后，马虽然不再是蒙古族重要的生产生活资料，但是养马爱马的文化融入蒙古族的血液当中。中旗把这一传统文化转化为形成集赛马、育马、马匹进口、牲畜交易、饲料种植加工于一体的产业链的基础。莱德马业董事长兼总裁郎林最早是因为玩赛马到中旗，被中旗的草原文化和马文化群众基础所吸引，才决定在中旗投资兴业。中旗还把蒙古族崇尚自然、生态环保的传统，转化为推进退耕还草、全面禁牧等环保和生态扶贫工作的群众基础。中旗的禁牧得到了老百姓的大力支持，其禁牧期比周边很多旗县都长。

3. 民族传统文化需要创新性发展

现代社会继承、弘扬民族传统文化，需使民族最基本的文化基因与当代文化相适应、与现代社会相协调，通过民族传统文化的创新性发展，推动“民族优秀传统文化 +”，使传统文化思维和行为更多地与社会主义市场经济相适应，与工业化、城镇化、信息化、全球化相适应，从而建立起真正现代化的生产生活体系。

（1）民族优秀传统文化 + 城市品牌。城市品牌是一个地方发展的软实力。品牌在于培育打造，民族优秀传统文化是打造城市品牌的重要原料。中旗打造的多个民族传统文化节会和赛事，提高了中旗的知名度，特别是承办“全国中国马速度大赛”后，经中国马术协会同意，此项赛事永久冠名为“科尔沁杯”。科尔沁马术俱乐部在 2018 年的“全国第九届民运会”中取得了两个一等奖，让中旗的马文化享誉全国。这些无疑有利于中旗历史文化资源更高层次的整合，再造发挥优势，提高地区综合竞争力，提高其在外界的吸引力和亲和力，进一步扩大开放带动战略，实现中旗持续发展。

（2）民族优秀传统文化 + 旅游。旅游是民族地区经济发展的重要抓手，也是扩大少数民族传统文化传播的重要途径，而民族传统文化更是旅游发展的重要元素。中旗按照保护与开发并重的思路，让游客通过欣赏、体验、品尝、参与等方式实地感受和了解中旗的马文化、蒙古族美食和牧区民俗风情，既满足了游客需求，也传承了蒙古族独有的传统文化。

（3）民族优秀传统文化 + 乡村振兴。文化振兴是乡村振兴的必然要求，其中就包括民族优秀传统文化的传承、弘扬。文化振兴也能进一步推动产业振兴、人才振兴、生态振兴和组织振兴。中旗涌现了西日道卜嘎查、巴彦敖包嘎查等一批少数民族特色村寨，大力保护农村生态、充分挖掘民族传统文化和乡村特色文化，集中力量建设天蓝水清、创业增收、宜居宜业、幸福和谐的美丽乡村。

（4）民族优秀传统文化 + 扶贫扶志。扶贫工作的难点在于“扶智”和“扶志”。民族传统文化产业根植于当地，贫困群众更容易上手，更容易学好；而自力更生、自强不息的民族优秀传统文化有助于培育贫困群众“主体意识”。中旗通过王府刺绣等民族传统手工艺制作，让更多贫困群众掌握了脱贫致富的手艺，也通过提升农牧民素质，使贫困群众“等靠要”思想不断减弱，内生动力开始增强，乡风民风发生深刻转变。

（5）民族优秀传统文化 + 党建。党建工作的一个重要任务是让党的理论思想、方针政策深入人心。入心的前提是入眼、入耳，以老百姓喜闻乐见的方式宣传引导。在四胡悠扬的曲调下，中旗借助乌力格尔、安代舞、科尔沁民歌等说唱、舞蹈等传统艺术形式，创新宣传载体和手段，突出历史民族文化特色，多途径、全方位传播廉政文化、传播政策正能量。

4. 民族传统文化的生命力在于实践

推动优秀传统文化的创造性转化和创新性发展，不只是一个号召，不只停留在纸上、停留在学术研究中，最重要的是实践，融入火热生活实践中随时随处发生的充满活力的时代大潮中。

（1）定力在于文化自信。没有文化自信，没有对民族传统文化的认同和自信，就不会有大力发展民族传统文化的定力。一位在当地长期从事文化工作的同志说，20 世纪 90 年代前，蒙古族群众对自己民族的文化没有自信，都不好意思穿民族服装出门，现在越来越有自信了，穿上蒙古袍走在大街上感到很幸福，并要将自己对民族传统文化的喜爱展示给全世界，让更多的人喜欢上本民族文化。

（2）张力在于根植于群众。民族优秀传统文化失去了群众基础，就没有了传统、弘扬和创新的张力。全国人大常委会原副委员长许嘉璐曾说过：文化活在街道上、家庭中、人心里。在中旗，穿着民族传统服饰的说唱艺人，自筹经费、自编节目，每天在乌力格尔厅演奏。乌力格尔大师布仁巴亚尔的第五代传人、年轻的说书人乌力吉在内蒙古大学上大二，暑假回家继续登台演出。王府刺绣已经拥有了一大批绣娘，从南部最贫困的苏木到旗政府所在地镇，几乎每一个嘎查都能找到靠这一手艺挣钱的百姓。蒙医大夫王布和的红十字救助站，每天都有几百人来寻医求药。

（3）活力在于共建共享。民族优秀传统文化的源泉是广大群众的利用和弘扬，成果也要由全民共享。坚持共建共享，能让老百姓接受文化熏陶、享受文化的魅力，也能更快更好地传播民族优秀文化，更快更好地宣传党的政策、传递正能量、提高社会凝聚力。中旗发展民族传统文化，大力发挥了群众的作用，通过协会组织推动工作。在基层，充分发挥集体组织的作用，特别是以集体经济为发展民族传统文化提供支撑。

（4）动力在于促进经济社会发展。只有有效带动其他产业的良性发展，才能带动文化经济建设的可持续发展。文化积淀得越深，就越有条件提高居民素质，进而巩固经济社会发展成果，实现物质文明和精神文明双丰收。以农村为例，村集体力量强、经济基础好、采用有效方式提高凝聚力，成为文化建设的坚实基础；文化建设可以进一步服务于产业发展，留住村民，发展经济。巴彦敖包嘎查的一位村民说："现在不出去打工了，在家也能挣钱，守家待业，家人一起更幸福。"

三、建议与展望

经过改革开放40年努力探索，中旗创造性转化与创新性发展少数民族优秀传统文化，以少数民族优秀传统文化推动经济社会协调发展，优秀民族文化传承与特色文化产业发展相得益彰，实现了少数民族聚集地区繁荣发展和团结稳定。走进新时代，中旗要进一步立足自身优势，以新发展理念为指导，坚持以人民为中心的发展思想，带领各族人民创造更加美好的生活。

（一）新时期发展面临的主要挑战

1. 产业基础薄弱，行业集中度过高

经济发展的一般规律遵循从传统农业向现代工业和服务业演化的趋势。中旗仍然以传统农业为主导，2017年第一产业增加值比重高达38.5%。现代化工业经济刚刚起步，以农牧畜产品加工产业为主，新型创新性企业较少。截至2017年末，全旗规模以上工业企业数量只有42家，产业发展主要依托少数几家上规模企业，县域经济风险分散能力不足。

2. 基础设施建设滞后，市场辐射范围较窄

中旗境域呈现南北狭长状，南北长度是东西宽度的 6 倍，地处兴安盟最南端，境内既没有机场，也没有高铁站。交通、酒店、商务、电力、通信等基础设施建设滞后，影响市场交易范围和旅游接待能力。王府刺绣等特色文化产品具有广泛的群众基础，但主要局限在本地或周边市场，尚未真正走向全国市场。境域内代表性的旅游景区尚未成为自治区经典旅游路线的必要一环。

3. 品牌附加值较低，现代经济元素缺乏

依托非物质文化遗产资源培育发展的马头琴生产、王府刺绣产品、民族服装加工、马具制作等民族手工业特色鲜明，但主要以小作坊方式经营，市场规模有限，产业链条不完整，电子商务、共享平台等新经济模式没有充分利用。截至 2018 年 6 月，全旗各类文化产业经营单位发展到 185 家，其中规模以上企业仅有莱德马业 1 家，规模以下企业只有 9 家，其他都是个体工商户。图门马具仅有固定员工 8 人，年销售额只有约 50 万元，从传统手工作坊向现代文化企业转型的压力较大。

4. 文化产业外部性较强，地方财政能力有限

文化产业的外部性意味着民间投资存在激励不足的问题，政府公共投资具有合理性和必要性，但地方财力成为短板。2017 年全年公共财政预算收入仅为 1.55 亿元，地方财政收入仅有 3.28 亿元，地方公共财政支出主要依靠上级转移支付，除去公共文化事业预算，能够用于文化领域公共投资的财政预算空间非常有限，而能用于文化产业发展的基础设施投资、产业基金和扶持资金更是微乎其微。

（二）新时期发展的基本思路

我国发展阶段发生深刻变化，社会主要矛盾发生根本性变化，新时代需要用新发展理念指导，中旗的繁荣发展必须坚持创新、协调、绿色、开放、共享的发展理念。

走创新发展之路就是将创新作为引领发展的第一动力。努力创造性转化、创新性发展优秀民族文化，引入现代经济元素和发展模式，依托底蕴丰厚的民族文化资源要素，推动新产业、新业态蓬勃发展，延长并提升产业链条，激发内生发展动力。走协调发展之路就是要全旗一盘棋地整体纳入战略布局。着力解决发展不平衡不充分问题，推动南北之间、城乡之间、各苏木和嘎查之间的协调发展，物质文明与精神文明、文化事业与文化产业兼容发展。走绿色发展之路就是要解决好人与自然和谐共生问题。草原文化就是核心竞争力，要树立和践行“绿水青山就是金山银山”的理念，将民族文化与生态文明相融合，以文化产业作为推动生态文明建设的重要路径。走开放发展之路就是要主动顺应经济全球化潮流和国内市场一体化进程。以蒙古族的豪放情怀接纳国内外的人才、资本和技术，加快走出去步伐，主动融入“一带一路”建设，更加自信地参与区域与国际竞争，将文化自信和文化软实力转化为经济硬实力。走共享发展之路就是要践行以人民为中心的发展思想。响应各民族人民对美好生活的向往，尊重各民族的人生价值追求和信仰，充分发挥文化产业的辐射带动优势，提高各族群众获得感。

在新发展理念引领下，中旗繁荣发展的基本思路是：以优秀民族文化为核心发展要素，充分整合草原文化、蒙古族文化和生态资源；利用现代经济方式盘活文化资源，以文化经济为主线、以文化产业为主导、以文化事业为支撑；走绿色集约化发展道路，健全涵盖一、二、三产业的特色文化产业链条；打造全国蒙古族文化经济中心，提高特色民族文化品牌附加值；在创新发展中保护民族非物质文化遗产，重点培养一批民族文化优秀传承人；发展壮大一批优秀民族文化龙头企业，加强基础设施和商务配套建设，扩大文化产业集聚度和辐射范围；以文化产业为抓手打赢脱贫攻坚战，在民族文化精神引导下凝聚各族群众发展动力，推动文化事业与文化经济相互促进、共同发展，形成文化引领经济、经济支持文化的互动发展格局，实现共同富裕与民族团结。

（三）加快繁荣发展的政策建议

1. 确立社会主义文化强旗战略，提升特色产业竞争力

立足旗内资源、生态、文化等优势，实施“文化强旗”战略，以文化经济为主线，推动一、二、三产业融合发展。提高农业集约化程度，鼓励规模化养殖和现代化经营，大力发展现代农牧业。发挥龙头企业带动作用，支持专业合作社、行业协会与农牧民开展多种形式合作。调整工业发展重心，淘汰高污染高能耗落后产能，鼓励现代化新型清洁能源发展，支持绿色有机食品加工，发展特色民族制造业和手工艺制作，支持先进技术引进和设备改造，提高特色产品附加值和产业竞争力。对接好山东省阳信亿利源清真肉类有限公司和阳信鸿安集团广富畜产品有限公司两家龙头企业实施建设肉牛产业项目，切实发挥龙头企业示范带动作用，有效提高肉牛产业发展水平。重点发展第三产业，打造全国蒙古族文化经济中心，提升科尔沁草原文化、蒙马文化、蒙医文化等特色文化内涵和品牌附加值，推动文化旅游业繁荣发展。

2. 完善文化生产经营体系，多渠道拓展内部供给和市场需求对接

发挥市场在资源配置中的决定性作用，更好地发挥政府作用，创新文化产业的经营机制，培育新型的文化业态，完善文化产业发展的价格、财税、投资等政策。支持建设民族文化产业园，集聚产业资源、提供创业扶持、降低发展成本。支持中小微企业发展，解决销售渠道不畅、资金不足的瓶颈。建立文化产业扶持发展基金，以贷款贴息、奖励补贴为主要方式发挥积极引导作用。

加强基层人才队伍建设，发挥能人带领的示范作用，充分发挥好退伍军人的作用。王府刺绣扶贫项目取得如此成效，其发起人、自幼练就了娴熟刺绣技艺的旗人大常委会主任白晶莹发挥了关键作用。西日道卜嘎查书记刘海林、巴彦敖包嘎查书记张军都是退伍军人。

营造良好的市场经营环境，加强民族产业和企业的知识产权保护意识。加强非物质文化遗产传承保护，建立无形资产评估体系，推动无形资产抵押贷款。支持代表性传承人开办企业和培训机构，提供启动资金、贷款贴息、

创业场地等支持，鼓励其参与文化传承等公益事业。

推动文化传承、公共事业、文化产业有机结合。加强蒙医院建设和蒙医药发展，支持特色蒙医申请世界非物质文化遗产，将蒙医事业、蒙医产业和健康旅游业相结合。推动马文化产业繁荣发展，提升全国“赛马之乡”品牌效应。推进文化领域和生态领域的互联网应用，拓展文化产品的线上市场，与阿里巴巴等电商平台建立合作，提高市场规模和品牌知名度，增强市场竞争力；依托中影集团宣传优势，推广民族名片，做好文化经济产品与市场的对接。

3. 加大对落后地区扶持力度，更加注重平衡协调发展

加强“南三苏木”建设，加大产业扶持、劳动力转移、生态保护补偿、社会保障托底等政策支持力度，中央和自治区要加大对生态功能区投资，提高生态保护补偿水平，鼓励绿色发展基金、绿色信贷、绿色债券等融资支持，实现南北地区之间协调发展。积极发挥典型苏木和嘎查的示范带动效应，支持全国文明村镇等特色嘎查自主探索多种发展模式，广泛吸引外部投资，发展壮大集体经济，鼓励特色乡村旅游发展，支持依托蒙医、蒙马等文化资源的特色小镇建设。更加重视经济基础薄弱、资源要素匮乏、区位条件较差的嘎查发展，增强帮扶对结力量，贯彻“双书记”周例会制度，选派优秀驻村“第一书记”，鼓励和支持复转军人、大学生村干部、返乡大学生等人才支持贫困地区发展。各类增量资金适当倾斜，缩小嘎查之间发展差距。

4. 加强基础设施和公共服务建设，夯实县域经济转型升级基础

国家和自治区要进一步加大基础设施和公共服务建设，完善干线公路设施网络，适时启动高铁和客运机场建设。推进重点水利和电力工程建设，提高牧区供水供电质量和稳定性。加强农牧民危房改造工程，配套建设标准化卫生室、文化活动室、便民超市等公共设施。繁荣发展文化事业，完善公共文化服务体系，加强民族文化人才队伍建设，支持乌兰牧骑团队发展壮大并走向全国。制定民族文化传承人和民间艺人奖励办法，推进文化事业体制改

革，积极引入市场机制，鼓励政府购买文化服务。

5. 整合各级各部门资源，提高资源使用效率

加强党对文化事业和文化产业的领导，各级各部门对贫困县提供多渠道、多种方式支持，资源要精准用到实处，既要避免“散胡椒面”，也要避免重复叠加。完善财政扶持资金使用方式，重点发挥杠杆效果和引导作用。加强统筹规划和部门协调，有效整合来自扶贫、农业、人社等部门的培训资金，集中用于开展农牧民职业技能培训，通过政府购买服务等方式支持特色协会和企业开展培训。加强各嘎查定点帮扶单位和驻村“第一书记”之间的沟通交流，建立沟通协作机制，定点帮扶兼顾资金帮扶与智力帮扶，集思广益探索嘎查发展思路，充分利用资金、人才、平台、信息等各类资源。

改革开放
与中国县域发展
GAIGEKAIFANG

辽宁金普新区

LIAONING JINPU XINQU

“神州第一开发区”引领改革发展的创新实践与探索

中国地方志指导小组办公室

金普新区是我国第十个国家级新区，也是东北地区第一个国家级新区，总面积2299平方公里，地理区位优越，战略地位突出，经济基础雄厚。

金普新区前身是大连经济技术开发区，是1984年经国务院批准成立的第一个国家级开发区，有着“神州第一开发区”的美誉。

一、金普新区发展历程与辉煌成就

2014年6月23日，国务院印发《关于同意设立大连金普新区的批复》，明确了金普新区“一地一极三区”的总体定位：“一地”是我国面向东北亚区域开放合作的战略高地；“一极”是引领东北地区全面振兴的重要增长极；“三区”是老工业基地转变发展方式的先导区、体制机制创新与自主创新的示范区、新型城镇化和城乡统筹的先行区。同时，金普新区还是东北亚国际航运中心和国际物流中心。金普新区肩负着引领东北地区经济发展、带动东北老工业基地全面振兴的重大使命。

（一）发展历程

经过改革开放40年的艰苦实践和创新探索，金普新区走出一条独具特色的发展道路，大致经历了三个阶段。

1. 艰苦创业，奠定基础（1984～1994 年）

从 1984 年 10 月设立大连经济技术开发区至 1994 年底这 10 年，是艰苦创业、奠定基础的 10 年。在马桥子村、风岩村、黑山村、红岩村 4 个自然村 22.95 平方公里的土地上，以大连市政府 1000 万元财政启动资金、银行 2.3 亿元低息贷款起步，10 年间，开发区发生巨大变化：开发面积、固定资产投资、基础设施投资、外商投资企业协议投资总额、实际利用外资额、社会总产值、出口创汇金额等多项经济指标均居全国开发区前列。

2. 开拓奋进，振兴发展（1995～2009 年）

1995～2009 年是开发区快速发展阶段。开发区依托母城大连及东北腹地，用 2.3 亿元开发性贷款，科学谋划、统筹推进，创造出了每平方公里工业用地投入 1 亿元、利用外资 3.2 亿美元、税收 3 亿元的高密度投资和单位面积的高产出业绩。仅仅经过 25 年，就建设起一座现代化的新型城区，成为全国建设规模较大、经济实力和影响力较强的开发区之一。这一时期的开拓发展，已使开发区成为大连市乃至辽宁省经济发展的一个重要增长极，成为大连市经济发展的重要支撑，成为带动全域城市化的领头羊和改革开放的示范区、先行者，有力地推动了大连经济结构战略性调整、区域经济协调发展，推动了工业化、产业化、信息化进程。同时，根据党中央、国务院指示精神，大连举全市之力建设东北亚国际航运中心，大连在东北地区乃至环渤海地区的优势越来越凸显。这一时期的开发区，其经济总量相当于 1995 年大连全市的经济总量。

3. 凤凰涅槃，振翅腾飞（2010 年至今）

2010 年至今，是新区展翅腾飞实现新跨越、再上新台阶、再创新辉煌的时期。

2010 年 4 月 9 日，大连市正式启动新市区管理体制改革。金州区与开发区合并成立金州新区，是辽宁沿海经济带的核心产业区和大连新市区的主要功能区，以全面提升产业高端化、城市国际化、环境现代化、社会和谐化水平为目标，加快新老市区一体化进程，全力推进新兴产业基地建设。

2014 年 6 月 23 日，国务院批复同意设立大连金普新区，将大连市中南部，包括金州区全部行政区域和普兰店市部分地区总约 2299 平方公里的面积划归新区。金普新区辖 31 个街道（其中 4 个街道由普兰店区代管），人口 161 万。辖区内拥有大连经济技术开发区、大连保税区、普湾经济区、金石滩国家旅游度假区四大功能区和国家农业科技园区、小窑湾国际商务区、双 D 港产业园区、先进装备制造业园区、渔业加工园区、金州经济开发区、金渤海岸服务业发展区等 10 余个产业园区。

（二）辉煌成就

多年来，金普新区建设者们站在改革开放前沿阵地，砥砺奋进、风雨同舟、步履铿锵、敢为人先，经历初创、开拓到迈向现代化的跨越式发展历程，创造了一个又一个发展奇迹。新区从昔日的小渔村发展成一座现代产业集聚、城市化特点突出、经济与社会事业繁荣、外商投资踊跃、百姓安居乐业的现代化新区，物质文明、政治文明和精神文明建设取得丰硕成果，创造了辉煌的成就。

2017 年，金普新区实现地区生产总值 2102.7 亿元，占大连市 28.6%、辽宁省 8.8%；一般公共预算地方级收入 187.7 亿元，同比增长 14.5%；规模以上工业总产值 2666.5 亿元，占大连市 40.8%；实际利用外资 20.2 亿美元，占大连市 62.2%、辽宁省 36.5%；实际利用省外内资 191.1 亿元，占大连市 20.8%；外贸出口总额 968.2 亿元，占大连市 55.5%、辽宁省 31.8%。金普新区在辽宁省及东北地区经济版图中占有举足轻重的地位。

1. 体制机制改革向纵深推进

作为国家级新区，金普新区锐意进取、深化改革，进一步破除影响和制约发展的思想方法、行为习惯，建立了机构精简、运行高效的管理体制和运行机制。

职能部门大幅“瘦身”。新区管委会 23 个职能部门“瘦身”为 15 个，人员编制减少 317 名，机构、人员编制精简 30%，精简程度在国家级新区中名列前茅。

行政执法权限下放。金普新区在东北地区率先开展行政执法权和执法人员的“双下放”，在街道实现“一支队伍管执法”，彻底改变了“十顶大盖帽也管不好一顶草帽”的落后局面。

行政审批提质增效。在东北乃至全国率先实行“清单之外无权力，大厅之外无审批”、银行网点代办企业注册登记的“政银合作”、“五证一章、一照一码”一日办结、“全程网上办、审批不见面”等创新举措。

商事登记制度改革释放红利。金普新区首开东北地区先河，一次性推出 28 项创新举措，取消 300 平方米以下餐饮经营企业的现场审核环节、取消食品经营许可的现场审核环节。全面实施“一址多照”，变“一日办结”为“即时办结”，提高即时发照率。

通过系列改革举措，金普新区全面提高了服务效率，吸引了大批企业落户。据统计，2017 年，新区新增市场主体 25399 户，同比增长 47.3%; 新增企业 11878 户，同比增长 48.87%。如今，新区以每个工作日平均 73 户的速度“产出”企业，全区企业逼近 6 万家，产业高度密集。2017 年，共有 810 家企业从全国各地迁至金普新区，而同期迁出企业只有 101 家。

2. 经济外向型程度不断提高

改革开放以来，金普新区坚持对外开放，积极参与国际合作，引进国外资金、先进技术和管理经验，城市的总体营商环境与国际接轨程度较高，已经形成全方位开放的外向型经济格局，各项经济指标大幅度增长。

金普新区企业数量近 6 万家，其中外资企业达 5000 多家，引进了英特尔、辉瑞制药、大众变速器、佳能等近 70 个国家和地区的世界 500 强企业投资建设的近百个项目。

仅 2017 年，全区即新批外资企业 75 家，注册资本 5.5 亿美元，合同外资 3 亿美元，增资扩产势头强劲。辉瑞制药、松下汽车能源、蒂业技凯、派思股份等外资企业新增注册资本 21.2 亿美元，合同外资 13 亿美元。

2017年，金普新区进出口总额2846.15亿元，同比增长29.13%，占全市68.9%、全省42.2%，再创历史新高，其中累计出口额超百万美元的国家和地区79个，出口千万美元以上的国家和地区40个，出口过亿美元的国家和地区16个。

区内大窑湾港是建设中的东北亚国际航运中心核心港区和东北地区最大集装箱枢纽港，港货物年吞吐量突破4亿吨大关，集装箱吞吐量实现1000万标箱，内外贸集装箱班轮航线达100余条，航线网络覆盖国内外100多个港口，外贸集装箱吞吐量占东北地区口岸的97%。

目前，金普新区已成为我国经济外向性和开放度最高的地区之一。随着全球经济一体化进程的不断加深，作为开放合作的“国际港口城市”，新区参与国际竞争与合作的能力也将得到进一步增强。

3. 自主创新能力不断增强

改革开放40年来，金普新区发展的一条鲜明主线就是创新。如今，大量科技创新成果已取得显著的经济、社会效益，新区的自主创新能力和科研水平不断提升。

扶持力度不断加大。一是出台《关于促进科技创新的若干措施》，鼓励社会资本面向新区重点发展领域建设专业化研发平台，对新建公共研发平台给予设备购置额50%的补贴，补贴额最高可达500万元；对平台开展技术服务发生的服务费给予总额20%的补贴，补贴额最高可达200万元。二是实施风险部分“兜底”政策。对投资机构投资中小微科技企业项目、高新技术产业项目所发生的投资损失，给予一定风险补偿。三是鼓励新区企事业单位和个人申请发明专利并对知识产权维权进行资助。新区企事业单位、社会团体实施知识产权依法维权并胜诉的，给予资金扶持，每家每年最高可达50万元。

科技创新实力不断提升。金普新区根据自身“制造业大区”的特点，着力推进以装备制造业等为重点的传统工业转型升级，瞄准最可能取得突破的高端装备、通用航空、生物工程、洁净能源与储能等领域集中发力，成为领跑全省的创新高地。例如，在高端装备领域，斯凯孚集团投资7000万元瑞典克朗，建设大连工厂滚子生产线；华晨专用车与大连港携手，在整车及零部件物流、平行进口汽车、房车露营、租赁服务等多个领域全面开展战略合作；大连光洋科技集团斥巨资建设的智能制造装备产业项目即将投产；迈艾特（大连）汽车产业化生产线顺利投产。

科技创新成果不断涌现。2017年，金普新区市级以上研发机构达161家。工程技术研究中心和重点实验室达65家、工程研究中心和工程实验室达52家；高新技术企业有245家，同比增长28%；实现高新技术产业产值712亿元，同比增长超过26%；高端装备制造业产值260亿元，同比增长18%。高新技术产业已成为拉动工业快速增长的新领军力量。

4. 产业结构进一步优化

作为东北振兴发展的排头兵，金普新区紧抓新一轮开放机遇，将优化项目投资、推进转型升级、转换发展动力作为新一轮高质量发展的引擎，推进产业结构由资源要素型高速增长向内涵式高质量发展转变，抢占现代化产业的制高点。

新兴产业加快发展。金普新区安排3亿元产业招商引导资金，用于智能装备制造、生物医药、新能源汽车等战略性新兴产业，航运物流、总部经济、文化创意等现代服务业项目，以及金融、类金融、大宗商品交易等新业态企业的引进，并对境外经贸工作站、招商代理、异地商会等给予资金扶持，围绕国家“一带一路”建设，创建中外合作产业园区。

六大产业集群逐渐形成。新一轮高水平对外开放拉长了产业链、提升了价值链、促进了产业大发展。如今，金普新区已形成六大产业集群，产值高达数千亿元，包括以西太平洋石化等为代表的石化产业集群，以英特尔等为代表的电子信息产业集群，以东风日产、大众发动机、大众变速箱等为代表的汽车整车及零部件产业集群，以光洋科技等为代表的先进装备制造产业集群，以辉瑞制药等为代表的生物医药产业集群，以大连港集团等为代表的港航物流产业集群，等等。

跨境电商发展迅猛。2015 年 5 月 10 日，金普新区成立双 D 港跨境电子商务产业园，迈出了跨境电商发展的第一步。发展到今天，园区内注册企业 1100 多家，经营来自 30 多个国家和地区的 20 多万种商品，形成了产业聚集效应。如今，园区以东北区域乃至东北亚市场为依托，以日、韩、俄为切入点，对接“一带一路”沿线国家，积极建设“网上自贸区”，形成“网上丝绸之路”，通过电子商务形式共同开拓国内外市场。

据统计，2017 年，金普新区完成一般公共预算收入 187.7 亿元，同比增长 15%，其中国税收入占比超过八成，收入质量很高。值得一提的是收入结构的转变：作为财政收入的两大支柱，制造业税收占比从 2010 年的 29.5% 一路上升至如今超过 70%，而房地产业税收占比则从 2010 年的 46.5% 一路下降至如今不足 20%。新区通过产业的优化调整与梯次升级，逐步走出一条高科技含量、高附加值、高投资密度的新型工业化发展道路。

5. 自贸区建设不断迸发新动能

2017 年 4 月 10 日，中国（辽宁）自由贸易试验区大连片区正式挂牌，金普新区迎来了“自贸新时代”。一年多来，自贸区在对外开放、营商环境、市场活力、招商引资、经济发展等多个方面不断迸发新动能，成为提升东北老工业基地发展整体竞争力和扩大对外开放的新引擎。

对外开放占领“新”高地。辽宁自贸区大连片区全部位于金普新区内，涵盖大连开发区、大连保税区两个功能区，真正实现新区的战略定位——“我国面向东北亚区域开放合作的战略高地”。2017 年 10 月 27 日，“大连—斯洛伐克”集装箱班列开通运行。此外，大连港还成功开通“俄罗斯伊尔库斯克—大连”回程木材精品班列、升级“大连—沃尔西诺”公共班列、定制“大连—俄罗斯新利佩茨克”耐火砖班列，形成了双向国际海铁联运大通道，全年海铁联运完成 41.2 万标箱，位列全国之首。连通“一带一路”的大连自贸片区建设，使新区对外开放达到前所未有的高度。统计数据显示，挂牌一年，大连自贸片区新增注册外贸企业 922 家，占辽宁自贸区 1568 家的 58.8%；外贸进出口总值 835 亿元，占辽宁自贸区 846 亿元的 98%。

首创监管发挥“新”优势。自贸区在全国首创“保税混矿”监管新模式，入选“2017 中国自贸试验区十大创新案例”，成为“30 项在全国范围内复制推广的改革试点经验”。目前，大连自贸片区这块“试验田”已部署复制推广 189 项改革试点经验，推出 134 项制度创新“大连经验”。在辽宁省明确的首批借鉴推广的 25 项改革创新经验中，12 项出自大连自贸片区，分别为行政服务单一窗口、企业税务简单注销程序、服务贸易在线退税服务、口岸监管单位协同建设“三互”大通关格局、海关归类智能导航、国税出口退税综合服务平台、检验检疫行政执法全过程记录集成体系、“无人机 + 检验检疫”工作新模式、进出口货物通关“英特尔模式”、自贸金融在线服务平台、国际服务外包保税监管模式、进境粮食检疫全流程监管。其中，口岸管理由“串联”变“并联”，形成信息互换、监管互认、执法互助的“三互”大通关格局，缩短了通关时间、提高了通关效率。“7 × 24”小时全天候开放免费服务的国税出口退税综合服务平台，实现新设企业即时开立账户、即时融资对接、即时纳入征信系统管理的“三个即时”，成为自贸金融服务的全国首创。

经济发展释放“新”动能。2017 年 5 月 10 日，首届中国（辽宁）自由贸易试验区大连片区经济合作推介会召开，吸引了 400 余家国内外知名企业，签约了 27 个项目，涵盖金融商贸、港航物流、先进装备制造、高新技术等多个领域。

6. 各项社会事业取得新发展

金普新区在经济发展的同时，注重社会事业发展，把保障和改善民生作为落脚点，连续实施“民生双十工程”“五个一工程”“惠民实事”等一系列举措，不断提升人民群众的获得感、幸福感。2013～2017 年，教育、医疗、社保等民生支出累计达到 476.23 亿元，占比超过一般公共预算支出的 60%。

教育全面均衡发展。金普新区树立“国内一流、国际知名”的教育强区目标，以义务教育优质均衡发展为特色，教育改革发展取得显著成就：获评“全国义务教育发展基本均衡区”，在全国率先提出“从强化学生本位走向彰显育人本位”的“高品质课堂”理念，开创体育后备人才“一条龙”培养模式，学生营养餐模式“打样”全国，教育国际化步伐日益加快。

文化事业不断繁荣发展。随着外来人口、外籍人口的增多，为满足不同群体精神文化需求，新区着力打造“人文之城”，夯实地区软实力。新区建设有高标准的图书馆、美术馆、文化馆、大剧馆、市民文化活动中心、市民健身中心、妇女儿童活动中心等，定期开展市民文化大讲堂、书画展览、读书月、读书季等系列文化活动。在社区和农村，建设有广场文化、农家书屋、文化大院等，为常年开展的文化惠民活动和群众性文化活动提供舞台。全国书香城市、辽宁省“七个一百”特色群众文化基地等称号陆续落户新区。

医疗服务水平不断提高。金普新区围绕“健康、均衡、提升”三大关键词，加强医疗队伍建设、完善医疗基础设施、推进公立医疗改革、深化医疗集团和医联体建设、建立妇儿医院，满足人民群众多样化的医疗卫生服务需求。2014 年，新区获评第三批国家慢性病综合防控示范区；2018 年，“金普健康小镇”入选辽宁省第一批产业特色小镇创建名单。

社会保障体系不断完善。党的十八大以来，新区养老保险参保人数由 2013 年的 30.5 万人提高到 33.7 万人；医疗保险参保人数由 2013 年的 67.1 万人提高到 82.9 万人；退休职工养老金从 2013 年的月人均 1700 元增长到 2300 元；城乡居民养老保险基础养老金标准始终处于东北三省首位，从 2013 年的 150 元 / 月增长到 195 元 / 月，累计发放养老金 115.3 亿元。截至 2017 年底，失业保险参保 22.8 万人，工伤保险参保 30.2 万人，生育保险参保 26.1 万人。2017 年，新区城乡低保标准统一提高到 670 元；残疾人生活补贴和护理补贴标准分别提高到 100 元和 80 元。新农合自 2005 年开始以来，人均筹资、报销比例逐年增长，至 2015 年，人均筹资由最初的 60 元提高到 600 元。目前，新农合参保人数达到 22 万余人。

养老服务质量不断提升。金普新区制定《养老服务体系建设规划（2015—2020）》，加快居家养老服务体系建设。继 2016 年建成大连市首个居家养老服务综合示范中心之后，全面开启具有地区特色的居家养老“海景模式”，高标准建设集康复、膳食、娱乐、日间照料、信息化服务等于一体的居家养老服务中心。截至2017年，新区享受政府购买居家养老服务的老人达2000余人，90～99周岁老人每人每月补贴200元，百岁老人每人每月享受“百岁补贴”770元。

就业创业服务不断强化。党的十八大以来，金普新区累计投入5.6亿元，为超过27万人次发放就业创业补贴，实现实名制就业14.55万人，稳定就业率达到55%以上，城镇登记失业率始终控制在3%以内。举办各类招聘会，为用人单位和求职者牵线搭桥，并落实高校毕业生就业扶持政策，高校毕业生就业率达到96%以上，困难家庭高校毕业生就业率达到100%。审核发放小额担保贷款1.6335亿元，扶持创业带头人2230人，创业带动就业1.61万人，小额担保贷款发放额度连续多年居大连市第一。2013～2017年，完成20个职种的职业技能培训23775人。建设创业孵化平台12家，投入人才资金1.3亿元，引进、培养国家“千人计划”等海内外各类高层次人才577名，引进16个国家和地区的海外研发团队79个、海外高水平研发人才270余人。

二、金普新区发展举措与经验启示

从1984年到2018年，从大连市金县大孤山乡马桥子村到金普新区，从建区之初规划论证、勘察选址，到步入正轨后招商引资、项目建设，再到新区成立后整合资源、凸显优势，生活在这片土地上的人们创造了巨大的物质和精神财富。34年来，在改革开放的浪潮之下，金普新区不断经过新的十字路口、面临稍纵即逝的历史瞬间、做出影响深远的历史抉择，正是这些历史抉择铸就了金普新区今日的辉煌。因此，对新区在取得成绩过程中的主要举措做一梳理，并总结其发展经验很有必要。

（一）发展举措

1. 创新驱动，持续推进体制机制改革

1980年夏，中央在南方沿海创建深圳、珠海等4个经济特区，大连多

方考察，积极谋划，于1984年成为第一批开放的14个沿海城市之一，同时也建立了中国第一个国家级开发区。在此后的几十年中，大连市开发区勇立潮头、先行先试，不断推进体制机制改革，为东北体制机制改革摸索道路、提供经验，引领大连及东北腹地的开放不断走向深入。

首创“管委会”模式。1984年开发区创立时，大连市委决定设立开发区管委会。该模式以市政府派出机构的形式，高效便捷地行使政府职能，加快区域建设和经济发展。管委会下设九个部门，仅百余人，其中经济发展局行使传统机构模式中的计委、经委、科委、商业局、工业局、统计局等10余个部门的全部职能。在全国第一个成立“马上办”办公室，提高行政效率；设立“项目推进中心”，改善投资软环境；相继成立劳动服务公司、生活服务公司、保安公司、绿化公司、法律事务所以及各类服务中心等，把管委会的职能向社会转移、分散，形成“小政府、大社会”的格局。按照国际标准打造国际仿真投资环境，在此后相当长的时间里，始终是大连开发区体制机制改革探索的主旋律。

创新行政服务手段。2002年，管委会推出“一站式”办公服务大厅，将各职能部门适合窗口办理的业务放到一个大厅统一办理，集中审批、联合办公。成立行政服务中心，具体协调各窗口之间的关系，管理、监督窗口派驻工作人员。配备电脑、IC卡电话、电子显示屏，实行信息化管理。以行政服务大厅为龙头，管委会根据投资者和市民需要，简化政府工作流程，逐步向“办事人员只跑一次，审批手续内部流转”转型升级。

深化体制机制改革。2014年，金普新区成立，依照“大部制、扁平化”“小政府、高效能”原则，精简职能部门，削减人员编制，推进机构人事制度改革。强化城市管理，在东北率先开展行政执法权和执法人员的“双下放”，在街道实现“一支队伍管执法”。深化放管服改革，推行容缺受理、审批导航等服务新举措，在大连率先实行“清单之外无权力，大厅之外无审批”；银行网点代办企业注册登记的“政银合作”形式开东北先河；完善“互联网+政务服务”机制，推出“网上办事大厅”“全程网上办、审批不见面”“审批结果全国免费邮寄”等，极大地激发了市场主体活力，新增市场主体数量屡创新高。推进商事制度改革，一次性推出 28 项创新举措，取消 300 平方米以下餐饮经营企业的现场审核环节、取消食品经营许可的现场审核环节，实施“一址多照”，变“一日办结”为“即时办结”，提高即时发照率。对申报材料有欠缺的审批事项，实行“容缺受理”。特别是中国（辽宁）自由贸易试验区大连片区综合服务大厅的“单一窗口”，提供统一模板，从受理、审核、批准到取件 4 个节点均可通过单一窗口一次性解决。从制度上打通“审批高速公路”，一次性解决了“门难进、脸难看、事难办”的三大难题。

2. 立足优势，不断扩大对外开放

大连开发区由于特殊的地理位置和地缘条件，拥有众多优良的天然海港，背靠东北和内蒙古资源优势，再加上雄厚的工业基础和技术力量，成为各类开放先导区的聚集地，也是东北对外开放的“高地”。

加强对外开放基础设施建设。开发区创立初期，管委会组建开建公司，探索基础设施开发与管理新模式。从市建委整建制抽调人员，囊括规划、城建、煤气、电业、邮电、运输、上下水等相关部门工作人员，以最专业的队伍，负责“七通一平”的基础设施建设，大大加快了“神州第一开发区”建设步伐。由于基础设施建设资金缺乏，管委会打破旧有土地使用管理制度的规定，出让土地使用权，解决建设资金不足问题，同时变单方面招商引资为中外双方共同招商引资，借助外方力量，引进了一批高水平的项目，带来国外的资金、技术和管理经验，在就业、税收等诸多方面获得收益，在解决基础设施建设资金不足的同时，也为大连开发区的发展挖到了第一桶金。

构建开放型经济新体制综合试点试验区。党的十八大以来，金普新区迎来新一轮开放，围绕“一地一极三区两中心”定位，转变政府职能，加大开放力度，于 2016 年 5 月成为我国首批构建开放型经济新体制综合试点试验区。金普新区以新一轮高水平对外开放发展为新常态，在商务部等 13 个部委联合发文的向全国推广复制构建开放型经济新体制综合试点试验首批 24 项创新举措中，以统筹发展“六个一”工程、特殊功能区协同开放机制、推

进综合行政执法体制改革、大数据市场主体监管新模式四项经验位列前茅，为东北地区对外开放发挥了示范带头作用。

打造三“新”大连自贸片区。一是抢占对外开放“新”高地。自贸区着力提升东北老工业基地发展整体竞争力，打造对外开放新引擎，成为我国面向东北亚区域开放合作的战略高地。二是首创监管“新”优势。在全国首创“保税混矿”监管新模式，入选“2017 中国自贸试验区十大创新案例”，并推动“30 项在全国范围内复制推广的改革试点经验”在特定区域复制推广。目前，大连自贸片区已部署复制推广 189 项改革试点经验，推出了 134 项制度创新“大连经验”，在辽宁省明确的首批借鉴推广的 25 项改革创新经验中，12 项出自大连自贸片区。三是注入经济发展“新”动能。自贸区先后举办了首届中国（辽宁）自由贸易试验区大连片区经济合作推介会、中国（辽宁）自由贸易试验区大连片区国际双创园暨东北亚青年培训基地启动会，带动产业升级。片区内小窑湾国际商务区牢牢把握自贸区建设机遇，努力打造金融产业聚集地；大连保税区助力自贸试验区建设，朝高端产业集聚、投资贸易便利、金融服务完善、监管高效便捷、法治环境规范的自由贸易港区迈进。

完善综合交通运输体系和航运服务功能。2014 年，以“一带一路”倡议为契机，东北提出建设欧亚大通道，即建立东北亚大市场和欧亚大市场之间紧密便捷的贸易通道以实现“东北制造”走出去。大通道的关键在于实现海铁联运，海铁联运则要依托国际港口，大连成为东北地区“引进来、走出去”的重要枢纽。金普新区地处“一带”的桥头堡和“一路”的延伸点上，积极参与“一带一路”建设。陆上，“大连—俄罗斯”“大连—斯洛伐克”等 6 条中欧班列线路从大连港一路向西。海陆联运国际双向大通道，为大连打造区域性国际物流中心、东北亚国际航运中心奠定了坚实基础。

3. 转型升级，培育优势产业集群

大连是东北开放的龙头，开发区自成立以来，不断淘汰落后产能，破除无效供给，做强传统优势产业，壮大新兴产业，向价值链高端攀升。

创新产业政策，引导产业发展。近年来，鼓励企业盘活闲置房产，发展

创业地产，对民营资本进入创新创业领域，从完善体制、制定政策、搭建平台等方面予以大力扶持。围绕建设自创区的目标，在东北地区率先取消创业者办公地“一址一照”的限制，在众多孵化平台上为大家办理“集体户口”，鼓励志愿导师入驻孵化平台，指导项目发展，吸引了越来越多的创投基金公司前来蹲点“围猎”项目。以科技创新的支撑作用提升产业竞争能力，出台《关于促进科技创新的若干措施》，鼓励社会资本面向新区重点发展领域建设专业化研发平台。鼓励科技创新，实施风险部分“兜底”政策。对投资机构投资中小微科技企业项目、高新技术产业项目所发生的投资损失，给予一定补偿；鼓励新区企事业单位和个人申请发明专利并对知识产权维权进行资助。

发挥产业集群效应，引领产业转型升级。金普新区把握产业趋势，优化引资内涵，将优化项目投资、推进转型升级、转换发展动力作为新一轮高质量发展的引擎。引导资金用于战略性新兴产业、现代服务业项目及新业态企业的引进，并对境外经贸工作站、招商代理、异地商会等给予资金扶持，围绕国家“一带一路”倡议，创建中外合作产业园区。打破以往粗放的招商方式、打破引资的国别界限，按产业类别，成立高端装备、通用航空、跨境电商 7 个招商小组，实施产业链招商、精准招商和定向招商，使一大批拉动力强、附加值高、发展前景好的项目纷至沓来。

聚焦本土企业，增强国际竞争力。金普新区本土企业经历了引进、消化、吸收的过程，不断发展壮大。主要表现在以下几个方面。突破关键技术，打入国际市场。如大连日佳电子有限公司在集成电路贴装生产过程中，成功突破关键技术，打破国外企业垄断，研制出自动检测装备并获得大批订单；大连医诺生物有限公司主导制定“共轭亚油酸”国际标准，成为最高含量 95% 共轭亚油酸的全球唯一生产商，其制定的共轭亚油酸生产标准写入《美国药典》和美国《食品化学法典》，成为两项美国行业标准；大连光洋科技集团研发生产的高档五轴数控机床，关键功能部件自主化率达到 80% 以上，在世界同行业中自主化率最高，产品比肩世界顶尖水平，打入老牌机床强国德国和日本，并替代进口，获准在我国航天领域推广。积极申请海外专利，布局国际市场。如三高集团、科德数控、珍奥集团、富生制药、大连天宝等 10 余家企业获得海外专利授权 30 余项。不断提升自身水平，竞争力与日俱增。“金普制造”等领军企业走出独特的发展路径，专注于细分领域和产业链的深度，积累技术优势，形成“特殊垄断”。

紧抓发展机遇，打造跨境电商“金普模式”。中韩、中澳自贸协定的生效为新区抢占新一轮对外开放制高点创造机遇和条件。现园区内 1100 多家注册企业，经营来自 30 多个国家和地区的 20 多万种商品，形成了产业聚集效应。园区以东北区域乃至东北亚市场为依托，以日、韩、俄为切入点，对接“一带一路”沿线国家，积极建设“网上自贸区”，形成“网上丝绸之路”，通过电子商务形式共同开拓国内外市场，成为大连跨境电商产业的核心功能区和东北最大的电商产业集群，向东北地区跨境电商发展的先行区、外贸转型发展的引领区、老工业基地振兴的示范区迈进。以前瞻性的眼光推出多项金融创新举措，建设区域性金融中心的核心区和成为企业总部的主要承接地，与东北 15 个城市签署了合作协议共建跨境电商联盟园。

4. 产城融合，推进新型城镇化建设

大连开发区自成立以来就积极规划城市空间，除招商引资建设基础设施以外，还注重居民生活配套设施建设，成立劳动服务公司、生活服务公司、保安公司、绿化公司、法律事务所等，服务居民生活。十八大以来，随着全国新型城镇化建设不断深入，开发区持续优化城市结构，打造“新型城镇化和城乡统筹的先行区”，构建山海城和谐共生的大山海空间格局。

完善城市功能。近年来，为使城市功能与国家级新区和自贸区相匹配，金普新区走“产城融合”发展之路，统筹城乡发展，进一步完善城市功能。全区实施“多规合一”工作，编制完成《金普新区特色风貌规划》。在大连市率先建立全域联网的城管平台，数字化、精细化、社会化城管水平不断提升。采取 PPP 融资模式推进重大交通基础设施建设，大连湾跨海交通工程开工在即，轨道交通网络规划工作启动，公路密度提高到每百平方公里 79.9 公里。智慧城市建设有力推进，移动、电信、联通 4G 网络实现“村村通”，

宽带网络达到全覆盖。

增进民生福祉。均衡发展义务教育，深入推进集团化办学模式，在全国率先提出“从强化学生本位走向彰显育人本位”的“高品质课堂”理念，成立德育工作研究指导中心，培养体育后备人才“一条龙”，学生营养餐模式“打样”全国，教育国际化步伐日益加快。加强医疗队伍建设、完善医疗基础设施、推进公立医疗改革、提高医疗服务水平，满足了新区人多样化的医疗卫生服务需求。不断完善社会保障体系，提高社会保障覆盖率，把保障民生工作落到实处。

改善人居环境。新区坚持绿色发展理念，将生态文明融入经济社会发展全过程，积极推进生态文明建设，打响青山生态系统工程、蓝天工程等战役，加快“记得住乡愁”的特色小镇建设，落实河长制，完善铁腕治污常态化机制，重拳整治环境、河流、废弃矿坑，建设污水处理厂等，实现生态文明建设与经济发展协调共进，人居环境日新月异。2017 年，以中央环保督察为契机，全区特别是登沙河流域的环境综合整治，提前 8 个月实现登化断面水质达标，作为典型案例在全国推广。

打造“人文之城”。着力建设公共文化服务体系。举办大小型音乐会、书画巡展。图书馆、美术馆、文化馆、大剧场、市民文化活动中心、市民健身中心、妇女儿童活动中心等一应俱全。市民文化大讲堂、书画展览等常态化，读书月、读书季倡导全民阅读并广泛弘扬社会主义核心价值观和中华优秀传统文化。在社区和农村，广场文化、农家书屋、文化大院等为常年开展文化惠民活动和群众性文化活动提供了舞台。文化事业和文化产业比翼双飞。2017 年，新区文艺工作者获国家级奖项 18 个。设立“金石文艺奖”，发挥新区文化建设的导向、激励作用。借自贸区平台，北方国家版权交易中心落户新区，成为国家版权局批准的北方唯一。

5. 凸显特色，发挥外企工会党组作用

大连开发区凭借独具特色的交通、资源优势，从成立以来就以招商引资为重要发展方向。建区以来，新区共引进外资企业 5000 余家，实际利用外

资200多亿元，世界500强企业投资建设的重大产业项目达91个。30余年里，党工委在外商投资企业中成立工会组织和党组织，凸显中国特色、维护职工权益、支持企业发展、维护园区秩序。

成立工会组织，维护职工合法权益。工会肩负着维护职工合法权益的重担，也肩负着支持企业发展的责任，为维护和谐健康的投资环境做出重要贡献。可在外商投资企业发生职工权益受损的情况、遭遇破产事件时，保护职工权益。工会组织积极与外方领导层谈判，提出合理解决措施，维护职工人身安全、人格尊严和合理薪酬。发生停工事件时，帮助理顺劳动关系。工会与劳资双方积极沟通，了解双方诉求、维护双方权益，科学处理投资环境和职工利益关系，促进企业稳步发展、职工群众的收入水平和生活水平不断提高。工会还积极采取各种措施，将问题解决在萌芽状态，如与政府各部门联手，建立社会化维权机制；为“风向标”企业挂上员工信箱，帮助工会和管理层随时了解员工意见建议；建立“1+3”工会、员工代表、企业管理层共同研究员工问题机制；与日本商工俱乐部定期协商涨工资、改善劳务条件等问题。

抓实非公企业党建工作，扩大党组织影响力。1988年4月，开发区日本独资企业万宝至马达大连有限公司成立第一个党支部，1991年6月成立开发区工业党委，拉开开发区非公企业党建工作的序幕。在建立外商投资企业党组织工作中实行“三同步”“三公开”：筹建企业时同步筹建党组织，企业招聘时同步输入党员，企业开业时同步建立党组织；公开党员身份，公开党的组织，公开党的活动。开展“一推两区”活动，发展非公企业党组织1092个，非公企业党组织组建率和覆盖率达到100%。把非公企业党建作为基层党建工作的重中之重，确保非公企业党建工作健康发展。重视并加强工作研究，在管理体制、运行机制、工作部署上给予重点关注和支持，使非公企业党建工作拥有了坚强的组织领导。不断探索具有开发区特色的非公企业党建路子，确保非公企业党建工作不断创新。根据不同时期、不同企业特点设计适合基层党组织有效发挥作用、有效开展活动的各种载体，在实践中挖掘、培育、总结和推广基层的鲜活经验。培养和壮大非公企业党建工作的领军人队伍，做好非公企业特别是外企党建工作。

（二）经验启示

1. 始终重视发展机遇

开发区靠对外开放、招商引资起家，每到发展关键期，都能抓住开放的机遇，勇立潮头。第一轮开放奠定强区底蕴。1980 年夏，中央在南方沿海创建深圳、珠海等 4 个经济特区，辽宁省委和大连市委敏锐地捕捉到发展的契机，多方考察、提前谋划，当中央准备在沿海城市建“经济开发区”时，大连成为第一批开放的 14 个沿海港口城市之一，并建起了国务院批准设立的第一个开发区，走在了全国前列。新一轮开放构建新体制。党的十八大以来，新区以“一带一路”倡议为契机，将自身置于全球序列，打造区域性国际物流中心、东北亚国际航运中心。2016 年，成为首批构建开放型经济新体制综合试点试验区，发展跨境电子商务综合试验区合作区；2017 年 4 月，中国（辽宁）自由贸易试验区大连片区正式挂牌，登上开放新高地，扼住了新一轮开放的命脉。

2. 始终坚持规划引领

科学规划贯穿大连开发区发展的始终。在 20 世纪 80 年代选址的时候，开发区人超前的规划能力得到体现。名不见经传的小渔村马桥子因地理优越、交通便利、气候宜人、有能源和通信保障、名胜古迹多五大优势，成为开发区核心区域。经过三四十年的发展，这里的空间、区位优势始终存在，为新区的稳定发展提供了坚实的基础。在制订开发区总体规划方案时，规划理念也比较先进，最好的海岸线留给市民，山城风貌得以显现，广场则采取串珠式排列。建区之初，国务院批准的面积是 3 平方公里，开建公司起步区规划考虑到未来的发展，以 9.8 平方公里为起点，远期规划控制面积达 120 平方公里，城市主干线控制红线达到 100 米，百年不落后。1992 年建保税区，编制《大连新市区总体规划》；2003 年贯彻《关于实施东北地区等老工业基地振兴战略的若干意见》战略部署，编制《大连市金港区城市总体规划（2005—2020）》；2005 年，编制《大连经济技术开发区发展规划》；2010 年构建新市区，编制《金州新区发展规划》；2014 年定位面向东北亚开放合作的国际港口城市，打造美丽宜居、智慧高效的海湾都市，规划金普新区，大连开发区的发展处处体现规划引领、未雨绸缪，少走了很多弯路，赢得更多的发展机会。

3. 始终坚持创新驱动

“千帆竞发，唯创新者强。”作为大连改革开放的“火车头”，无论是“神州第一开发区”还是东北第一个国家级新区，其解放思想、先行先试的每一步尝试，都在为东北体制机制改革摸索道路、提供经验，引领大连及东北腹地的开放不断走向深入。开发区成立之初，创立管委会制度，现今已经被广泛地应用于政府、企业、工厂、经济发展项目管理的重要方面。推行机制体制改革，成为国家体制机制创新与自主创新示范区。创新产业政策、创立产业基地，推进转型升级，创新要素不断集聚、创新路径不断清晰，在辽宁老工业基地振兴工程中，金普新区的示范引领作用日渐突出。大连自贸片区挂牌一年，形成了一批可复制、可推广的制度创新成果，努力营造了法治化、国际化、便利化的营商环境。在民生领域，新区创新居家养老“海景模式”，并向全区 11 个街道的 18 个社区复制，创新贯穿了大连开发区的发展史，也为新区带来巨大的红利，是开发区发展的一条重要经验。

4. 始终保持“闯”字精神

作为新生事物，无论是开发区，还是新区，它们在全国都没有多少先例，缺少参照物。在一片贫瘠的滩涂上，要建设一个崭新的开发区，必须有敢闯敢冒、敢想敢干的“闯”字精神。创业之初，开发区人团结一心，克服巨大的物质困难，从 93 间临建平房开始，加强基础设施建设，将 3 平方公里的开发区建设成今天 2299 平方公里的新区。缺少资金，就提供创意，改变土地使用方式，建成五彩城，开全国改革先河。开发区管理没有现成经验可以照搬，就闯出一条新路，“特事特办，新事新办，方法全新，立场不变”，“小政府、大社会”成为开发区机构改革的突破点。进入新时代，金普新区将“闯”字精神、拓荒牛精神延续下去，在城市管理、行政审批、人才引进、自贸区建设、产业升级等领域勇立潮头，大胆闯、大胆试、自主改，跨越发展再迎良机。

三、金普新区发展中的困难与问题

大连金普新区的发展，是我国40年改革开放的缩影，见证了我国改革开放的历程。从被誉为“神州第一开发区”的大连经济技术开发区起步，到与行政区金州区组成大连新市区金州新区，再到上升为国家级新区金普新区，不仅范围不断扩大，而且功能不断增强，所承担的国家战略任务也不断增多。在“创新、协调、绿色、开放、共享”的新发展理念指引下，金普新区着力促进传统产业转型升级，助力培育战略性新兴产业，以经济提质增效为主攻方向，优一产、强二产、活三产，壮大产业集群，提升产业能级。特别是2017年4月10日大连自贸片区在金普新区挂牌以来，出台产业发展扶持政策，使经济活跃度大幅增强、经济总量不断攀升、产业根基进一步夯实，对外来投资者的吸引力进一步增强。

在金普新区，改革和创新始终与发展相伴。全区不断解放思想，大胆先行先试，勇于突破思维的藩篱，探索不同时期又好又快的发展道路。

经过30多年的发展，金普新区经济社会发展中也面临一些问题和困难。

（一）全球范围内经济下行，稳定增长压力加大，与类似区域发展模式同化严重，竞争压力增大

在2008年以来，受蔓延全球的经济金融危机影响，全球经济出现明显的下行趋势。我国的经济发展形势也不容乐观，始于沿海最后蔓延至内地的经济下行现象引发全国关注，在全球经济明显减速、国内面临诸多挑战的背景下，金普新区经济能否继续保持平稳较快发展，是新区普遍关注的一个重要问题。国内投资、消费、出口增速数据均出现明显下滑，经济下行压力巨

大。金普新区作为肩负着引领东北地区经济发展、带动东北老工业基地全面振兴重大使命的重要经济引擎，在这几方面也明显受到一定影响。在发展自信心上，金普新区尚显不足，对如何利用好东北亚核心优势区位的条件，加强同东北亚及世界主要经济体的经贸合作，融入国际产业分工合作体系，发挥与日、韩、俄、朝、蒙等国的地缘优势，拓宽开放领域、提升开放层次、创新开放模式，思路还欠清晰。同时，面对经济发展、区位优势等与金普新区条件相似的其他新区、自贸区、开发区的竞争，也不够自信，没有把自身的区位、体制、自然条件等优势充分发挥出来。

（二）体制机制改革的系统性、整体性、协同性有待进一步加强，亟须中央各类政策的大力扶持

金普新区目前下设大连经济技术开发区、大连保税区、普湾经济区、金石滩国家旅游度假区四大功能区和国家农业科技园区、小窑湾国际商务区、双D港产业园区、先进装备制造业园区、渔业加工园区、金州经济开发区、金渤海岸服务业发展区等10余个产业园区。作为体制机制创新与自主创新的示范区，金普新区继承了“神州第一开发区”的先行先试血统。但目前行政区与功能区同时存在——既有区政府又有作为上一级政府派出机构的新区管委会，虽然是两块牌子一套人马，但行政区与功能区并存的局面，也产生了一定的消极影响，需要中央政策进一步给予倾斜，支持体制机制深化改革。机构臃肿、人浮于事的现象虽相较于其他地方政府不明显，但也存在管理体制和运行机制尚不完善、政府职能转变有待加快等问题，慢作为、不作为、乱作为问题还时有发生，与主动作为、敢于担当、先行先试、敢为人先的发展要求不相适应，社会保障和公共服务与人民群众的期待也还存在一定差距。先行先试动力不足，受守成观念影响，部分人思想受束缚，明显缺少第一代开发区人的创劲、干劲和冲劲。

（三）区域创新能力和核心竞争力有待提高，产业转型升级任务艰巨

金普新区的发展方向主要集中在高新技术产业，致力于发展高附加值服务业，这也是新区发展的既定目标。但从现在全区发展态势来看，这一目标并未很好地实现，产业丰厚度仍需进一步增强，自主创新与关键技术研发能力还需提升，全方位可持续发展态势尚未形成。目前金普新区高新技术产业的增长主要依赖几大工业园和少数高新技术企业，高新技术产品种类有限，中小型高新技术企业群的发展速度相对滞缓，企业总体规模不大，尚未形成大规模产业集群。新区虽然有像英特尔、大众、佳能这样的世界著名企业，但带动作用还不够明显，同时国内劳动力成本上涨等因素，也给当地企业发展带来一定的影响。与国内其他新区相比，金普新区的高新技术企业主要分布在电子信息、精细化工、生物制药、装备制造等领域，产品附加值相对较低，部分依赖技术进口和消化吸收，经济增长的内生动力不够充足。区内科技创新转化不够，技术进步不明显，企业与科研机构、高等院校的合作有待加强。全区整体经济结构优化、转型升级还有大量工作要做。

（四）环境治理与生态保护任务艰巨，社会事业发展不够均衡，教育、医疗、养老等民生领域仍有短板

金普新区总面积 2299 平方公里，辖 31 个街道（其中 4 个街道由普兰店区代管），共有人口 161 万。改革开放以来，吸引了大量企业入驻，与此同时，资金、土地、能耗、人才等制约因素日益突出，安全生产、环境保护等基础还不牢固，且遇到一些城市发展的常见问题。比如建设资金问题，仅依靠土地开发和银行贷款等融资渠道还不够，新区成立后中央并未给予资金等方面的更多支持，只在政策上给予一定的特权，因此，新区的开发建设需要不断寻求新的融资模式。大连土地、淡水等资源比较紧张，随着积聚人口的增加，能耗也日益增长，供需矛盾突出。新区相关服务配套有待进一步完善，此次调研过程中，就有外企员工指出，虽然新区政府为引进外资，在创新良好的投资环境上下足了功夫，但还是有一些细节可以提升，比如随着大

批美国企业的入驻，大连竟仍无直飞美国的航班。这显然不是技术的原因。金普新区虽然历来重视人才引进，不断出台引进高层次人才的优惠政策，但随着国内其他区域强劲发展优势的影响，不仅吸引外地人才难度加大，本地培养的高层次人才外流情况也比较严重。

有鉴于此，金普新区必须保持清醒头脑，增强忧患意识，坚持问题导向，正确认识面临的困难，采取有效措施，坚持从体制机制改革入手，大刀阔斧地推进管理体制改革、行政审批制度改革、行政执法体制改革、供给侧结构性改革等关键领域改革，坚持金融创新、人才工作创新、党建工作创新等多领域创新，优化营商环境建设、干部作风转变等，力争取得新突破、新进展，为经济社会发展注入持久动力。

四、金普新区发展建议与展望

金普新区作为“神州第一开发区”，成立以来通过经济技术开发区这一创新模式，实现人才、技术、资源等发展要素的有机融合，带动大连经济社会实现高速发展，为全国其他国家级新区建设起到了引领、示范作用，对辽宁省乃至全国经济社会发展产生了积极而深远的影响。展望未来，作为大连经济的发动机、东北振兴的火车头、东北亚重要的港口以及中国对外贸易尤其是对日贸易的重要窗口，金普新区地位重要，责任重大。根据自身的定位和实际，金普新区在区委六届四次全体会议上提出了建设实力新区、活力新区、文化新区和幸福新区的奋斗目标。推动这一目标顺利完成，实现金普新区的跨越发展，必须把握好四大关键词。

关键词一：创新。创新是金普新区的生命线。经济技术开发区本身就是创新的产物。作为全国第一个经济技术开发区，金普新区的发展一直与创新二字密不可分。金普新区成立以来取得的巨大成就，无不得益于新区在体制机制、思想观念上的不断创新。创新无止境，发展生动力。只有拿出“一直被模仿，从未被超越”的创新精神，金普新区才能勇立潮头，先人一步。

关键词二：开放。作为首个国家经济技术开发区，金普新区既是政策先行先试的试验区，也是中国连接世界的形象和窗口。金普新区发展壮大的历史，是中国改革开放不断深化、外向型经济蓬勃发展历程的一个缩影。在当前中美贸易战日益激烈、国际环境复杂多变的形势下，如何更好地开放，更好地利用好开放，是金普需要认真解决的问题。

关键词三：产业。产业是城市发展的基石。石油化工、电子信息、装备制造、文化旅游等一批产业集群支撑了金普新区过去几十年的发展。在当前东北地区经济下行压力增大、产业脱实向虚倾向严重、人口外流加剧的外部环境下，金普新区要实现长期稳定发展，必须在保障产业稳定发展、不断吸引更多更好的产业落户方面做更多的文章。

关键词四：地利。靠山吃山，靠水吃水。优越的地理区位，为金普新区繁荣发展提供了得天独厚的便利条件。金普新区位于辽东半岛的最南端，是东北地区面向全国的桥头堡。金普新区拥有东北亚地区天然深水良港大连港和欧亚铁路，是中国连接俄、日、朝、韩的重要贸易节点。美丽的自然风景、舒适宜人的海洋气候也为金普新区打造宜居宜业的现代化城市奠定了良好的基础。

立足金普新区发展实际，把握创新、开放、地利、产业四大关键，建议金普新区未来重点做好以下几方面的工作。

一是全面深化改革，理顺体制机制。通过深化改革，努力破除阻碍生产力发展的社会管理体制，理顺管理职能和管理体制，形成区划、机构、人员各方面良性运行的机制，推动经济社会有序发展。

理顺区划关系。通过行政区划调整等方式，进一步理顺金普新区管委会与金州区政府的关系，解决一个班子、两套机构体制的工作衔接问题，减少金普新区作为行政区的职能管理负担，充分发挥作为功能区的便捷管理优势。

完善职能设置。深化行政事业机构改革，进一步理顺和完善管理体制，大幅度压缩管理机构数量，减少事权和审批事项，全面提高工作效率。妥善处理管理幅度与管理层级间的矛盾，建立与发展相适应的管理体制和运行机制，明确管委会、功能区（园区）和街道的管理层级和权责边界。

优化用人机制。借鉴国际经验，探索人员聘任制等措施，提高人员使用的灵活性，实现专业人做专业事的目的。鼓励工作创新，建立创新试错容错机制，营造良好的创新创业环境。改变机关事业单位人员平均主义的薪酬制度，建立合理的收入分配制度，提高人员待遇福利，全面调动其工作积极性。

二是持续解放思想，敢于先行先试。充分利用国家政策赋予的政策权限，积极进行各项制度改革和创新探索，通过更加开放的经济社会措施引领发展，通过深化市场经济的作用来推动社会进步，使金普新区成为自主创新示范区。

合理控制生产要素成本。调研中发现，由于生产要素成本的上升，部分外资企业正从大连转移到东南亚、南亚等地区，同时本土出口企业利润空间受到压缩。在资金成本方面，要积极推动从投资主导型经济到消费主导型经济的转变，减少政府性投资和特种产业扶持政策，优化国有企业破产退出政策，使财政资金资源更多地流向小微企业和民营经济。在劳动力成本方面，探索养老保险、医疗保险、工伤保险、生育保险等多险种合并统缴制度，提高资金使用效率，降低人均负担成本。在土地成本方面，探索建设用地指标调剂制度，根据人口密度合理分配使用土地，保障土地资源的充足供应，避免土地浪费和饥饿营销。

打造区域人才高地。面对人口老龄化加剧和东北地区人口外流严重的现状，抢占人才高地，打赢人才争夺战，是维持金普新区未来高速发展的人力基础。要以建设国家级“人才特区”为目标，加快推进人才发展体制和政策创新。不断完善人才培养机制，加强与高校、科研机构、产业人才的跟踪对接，建立人才与产业双向互动选择机制，帮助企业解决人才需求方面的难题。落实人才扶持政策，完善“人才专员”服务制度，在科技经费使用、住房、落户、出入境、配偶安置等方面给予政策优惠，吸引国内外优秀人才落户新区。为人才创业营造良好环境。建立由大学科技园、科技企业孵化器、留学人员创业园、小微企业创业服务园等创业孵化服务机构组成的创业孵化服务体系；建立高端人才创业基地，引进一批从事国际前沿科学技术研究、带动新兴学科发展的杰出科学家和研究团队，培育聚集一批高端产业领军人才和创业团队。

提升人民群众综合保障水平。围绕人民群众对美好生活的向往，在教育、医疗、就业、养老等群众基本生活诉求方面做深文章。在教育方面，作为有条件的东部发达地区，金普新区可以围绕群众关心的教育贵、教育资源分布不均衡等问题申请有影响力的工作试点。如在继续增加公办普惠制幼儿园数量的基础上，将学前教育纳入教育管理体系，全面降低居民学前教育负担。开展高中阶段纳入义务教育试点以及劳动技术学校纳入教育序列管理等尝试，提升技能型人才的社会地位。在就业方面，借鉴国外就业统计办法，更加精确地掌握失业人员信息，及时提供就业指导服务。在养老方面，针对东北地区老龄化严重的实际情况，大力发展标准化规范化的养老服务机构，提升服务质量，切实满足群众需求。在医疗方面，在深入实施健康新区战略、提高公共卫生服务水平的同时，重点探索解决看病贵、报销比例不合理等实际问题。在其他方面，出台一批有吸引力的惠民措施。如将低保与精准扶贫相结合，借鉴国际经验，在全面掌握居民收入信息的基础上，建立低于贫困线下人员发放低保补助等制度。针对殡葬服务费用过高等群众反映强烈的问题，尝试出台规范服务收费标准，提供免费公墓等行之有效的惠民政策。

三是优化产业布局，提升技术水平。金普新区作为国家级新区，其成立的主要任务之一就是通过产业组织和产业结构整合，形成有竞争力的产业集群，为东北老工业基地振兴提供前沿阵地。

全力开展招商引资。招商引资是促进产业发展的有效措施，即使在发达国家和发达地区，招商引资工作也一直得到重视和使用，必须牢牢抓在手上。在招商引资规划方面，根据金普新区产业实际和未来发展愿景，通盘考虑各功能区的差异性，重点在外向型经济、文旅产业、智能制造等方面做好谋划布局。在招商引资机制方面，探索建立全民广泛参与的招商信息收集制度，建立招商项目库和招商人才库等项目储备机制。在招商引资措施方面，采取举办招商会、招商队伍驻点招商、聘请招商顾问等多种形式，发挥日本商工会、欧美企业联谊会在联系企业方面的作用，提高招商效率。在招商引资保障机制方面，完善招商引资督导、宣传、考核制度，增强工作紧迫感，加大招商奖惩力度，营造良好的招商氛围。

用科技创新引领产业发展。科学技术是第一生产力。通过科技创新不断提升产业水平、优化产业结构，是金普新区未来保持高速发展的必由之路。一方面，要充分利用地区资源优势，催生更多的科技创新成果。充分利用大连和东北地区丰富的高校资源，特别是理工科院校实力强大的优势，引导校企加强合作，推动理论与实践相结合，催生更多实用性创新成果。充分利用自贸区、自主创新示范区等窗口优势，掌握国际科技前沿信息，结合金普新区的产业发展需求引进更多的国际创新成果。一方面，通过继续实施“高企三年倍增计划”、举办科技成果转化博览会等措施，推动科技成果转化与对接，形成具有独立知识产权的创新型企业集群。另一方面，着力做好科技创新的基础保障工作，重点围绕科技管理体制、人才激励体制、科技金融结合、产学研用结合、知识产权保护与运用等，制定一批全国领先的创新政策。

充分发挥重点项目的带动作用。重点项目是形成产业集群的基石，对地区产业发展发挥着带动和方向引领作用。要通过壮大重点项目，提升主导产业优势。依托西太平洋石化、英特尔、辉瑞制药、大众一汽等一批龙头企业和重点项目，巩固壮大石油化工产业集群，做强做优电子信息产业集群，强化生物医药产业新产品研发和品牌建设，提高汽车产业配套能力和水平，进一步壮大传统优势产业集群。要通过重点项目加快培育新兴产业。通过推进光洋智能装备、华晨宝马军民融合产业园、融科储能、九州通现代医药健康产业园等项目，重点推进新能源、储能、军民融合、金融创新、通用航空等新兴产业，形成一批新的产业集群。要通过重点项目优化升级现代服务业。推动大型综合性会展中心、中粮贸易“四大中心”、九三集团、中冶北方总部、宝能旅游综合体、海航极速世界等项目建设，带动会展经济、总部经济、旅游经济蓬勃发展，增强经济发展多样性。

四是扩大对外开放，加强深入交流。金普新区拥有国家级经济技术开发区、保税区、出口加工区、旅游度假区等重要开放功能区。在未来建设中，金普新区应致力于成为服务东北的综合性枢纽和中国与东北亚各国合作的战略基地。

积极融入"一带一路"建设。充分发挥大连海陆交通优势，配合国家"走出去"战略，努力构建海上丝绸之路。加强大连港港口建设，依托大连港航线资源，完善运输中转服务体系，加强与环渤海其他港口的交流合作，推进大连港国际主枢纽港建设。全面开通陆运通道。全力打造"连满欧"和"连蒙欧"两条陆路国际通道，连接东北亚和欧洲两个市场，进而带动东三省等大连港腹地融入我国"丝绸之路经济带"。以大连自贸区建设为契机，通过环渤海货源中转、供应链物流服务等自身优势，进一步加强外贸航线开辟力度，扩大通往日韩、东南亚等地的海上贸易通道，不断强化东北亚海运主枢纽地位。开通国际物流通道。加快"中韩俄"国际物流大通道建设，进一步推动辽宁省与俄罗斯、韩国之间的经贸往来，积极推动大连中韩自贸区建设，推动在俄罗斯远东地区与东北亚及欧洲地区建设现代化冷链物流通道。

加快跨境电子商务发展。跨境电子商务近几年来已成为我国国内各行业快速发展的"新常态"，"互联网 +"正不断地融入传统制造业、零售业等各领域。整合和规划跨境电子商务综合试验区区内企业，促进线上跨境电子商务与线下实体经营更好地结合。建立"高校 + 企业 + 政府"的跨境电商综合人才培养模式，出台相关扶持政策加以吸引和鼓励，加强学术交流和资源整合等，解决跨境电商人才整体水平不高的问题。建立健全的跨境电子商务相关法律法规，综合考虑进出口税收、支付结汇以及消费者权益等问题，不断增强用户对新技术、新模式的体验以及信赖感。

健全开放型经济管理模式。总结现有开放型经济管理经验，根据社会发展的新形势，不断提升管理水平和管理实效。巩固外资企业工会制度和外资企业党代会制度，及时解决来华外籍人员生活困难，保障外资企业在金普新区的正常生产经营。对外商投资实行准入前国民待遇加负面清单管理模式，对外经贸合作事项全部实行备案制，加强事中事后监管，建立外商投资全生命周期监管体系。建立大连市外商投资企业信用征信系统，对优秀外商投资企业给予免年检等挂钩政策，建立守信获激励、失信受惩戒的机制。通过出台《金普新区改革开放促进条例》，依法构建更符合国际投资贸易规则、更具发展活力的体制机制，实现开放型经济治理体系和治理能力现代化。

五是提升城建水平，打造宜居环境。充分利用大连依山靠海的地理优势，通过优化城市布局，改善城市功能，把金普新区打造成宜居宜业的城市典范。

完善城乡规划体系。城市规划是城市建设的先导，做好城市规划对指导城市建设、完善城市布局、避免建设偏差起着十分重要的作用。一方面，要按照科学性、系统性和前瞻性原则，高标准、高起点编制规划，实现产城融合、多规合一，把城市空间规划与产业经济规划紧密结合起来，实现空间、产业、土地等要素的合理利用。另一方面，要维护规划的刚性，在调研中发现，之前有些规划由于管理者思路不统一，出现了改变规划的情况，影响了规划功能的实现，这一点在规划的执行过程中尤应注意。

提升城市管理水平。通过创新管理手段、优化管理职能、改善城建设施，不断完善城市综合管理体系。应处理好原大连开发区与新划入地区的城建管理衔接工作，在路网、水网、电网等基础设施建设过程中通盘考虑，确保各功能区基础设施同步推进。实施智慧城市工程，在社区管理、城市服务、公共设施使用方面先行先试，发挥互联网高效便捷安全的特点和优势。在园林绿化、亮化、美化，市容环境整治等方面，敢于启用高科技管理手段，不断健全完善市政设施监测系统。

提升生态环境质量。围绕环境质量的保护和提升，形成生态环境的自我净化机制，打造一批优秀景观。继续实施碧水蓝天净土工程，加强对大气环境、污水处理、垃圾无害化处理等工作的管理力度，确保生态环境不断改善。建设海绵城市，探索雨污分离、雨水收集等城市管理办法，提升城市防洪抗旱能力。以建设全域旅游示范区为抓手，加快推进旅游、文化时尚、体育健康等生活性服务业融合发展。健全生态保护补偿机制，建立生态环境损害评估和责任追究制度，探索建立排污权交易、碳排放交易等市场化生态保护机制。

全面准确贯彻学习党的十九大提出的新时代中国特色社会主义思想，必须坚决破除一切不合时宜的思想观念和体制机制弊端，突破利益固化的藩篱，吸收人类文明有益成果，构建系统完备、科学规范、运行有效的制度体系；必须坚定不移贯彻创新、协调、绿色、开放、共享的发展理念；必须坚持和完善我国社会主义基本经济制度和分配制度，毫不动摇地巩固和发展公有制经济，毫不动摇地鼓励、支持、引导非公有制经济发展，使市场在资源配置中起决定性作用，更好发挥政府作用，推动新型工业化、信息化、城镇化、农业现代化同步发展；必须主动参与和推动经济全球化进程，发展更高层次的开放型经济，不断壮大我国经济实力和综合国力。蓝图已然绘就，金普新区一定能在这一重要发展机遇期，在先行先试中实现新的、更大的突破。

改革开放与中国县域发展

GAIGEKAIFANG

辽宁北票

LIAONING BEIPIAO

从困境走向新生

中国社会科学院历史研究所

导言

资源枯竭是很多资源型城市必然要面对的难题，资源枯竭后城市如何顺利实现经济转型与产业升级，推动经济与社会协调发展，是关系到经济持续发展，乃至社会稳定的重要问题。我国共有资源型城市 262 座，分布于我国广大地区，尤其是北方地区，在经历了长期、高速的经济增长之后，这些城市都面临着资源枯竭，发展进入颈瓶的难题，其中被认定为资源枯竭的城市有 69 座，其发展困境日益受到全社会的关注。以习近平同志为核心的党中央，适时地提出推动中国制造向中国创造转变，加快东北老工业基地振兴发展的时代命题，为我国资源枯竭城市的转型与发展指明了方向。

辽宁省北票市作为东北老工业基地之一，长期以煤炭、铁矿等资源的开采与加工为主，曾为国家经济建设提供了重要的资源支持，做出了重大贡献。进入 21 世纪以来，由于煤炭资源耗竭，北票矿务局于 2001 年破产。近年来随着国内外经济形势的变化，北票的另一支柱产业铁矿业又大幅萎缩，呈现断崖式下跌。在此背景下，北票市出现了经济发展放缓、产业效益下滑、地方财政困难等诸多严重问题，并由此引发了一系列的社会民生问题。2009 年，北票市被国务院列为第二批资源枯竭转型城市，2013 年又被国务院列为资源枯竭衰退型城市。

在党中央关于新时代经济发展重要指示下，北票市践行“创新、协调、绿色、开放、共享”的发展理念，通过转变发展观念、优化产业结构、转换增长动力，努力在经济、政治、文化、社会、生态等方面，统筹并进，在经济转型、社会发展之路上开拓创新，走上了经济发展与社会民生相互协调的综合发展之路，先后被评为省级文明城市、省级森林城市、省级卫生城市，居民的幸福感和获得感大幅提升。在国家对 69 个转型城市的首次综合考评中，北票市跻身全国 7 个优秀城市之列。

本调研报告以改革开放 40 年为时代背景，通过调阅材料与实地调研相结合的方法，重点考察和总结 21 世纪以来，尤其是党的十八大以来，北票市作为资源枯竭转型城市走上综合发展之路的成功经验，并对其转型、发展中存在的问题展开分析与思考，希望能为我国资源枯竭城市的转型之路以及东北老工业基地振兴提供示范与借鉴，以推动我国当前的经济发展与社会繁荣。

一、北票概况与改革开放以来的发展轨迹

（一）北票概况

北票地处辽宁省西部，东临阜新，南接锦州，西依朝阳，北连内蒙古，是朝阳市代管的一个县级市。全市总面积 4469 平方公里，下设 29 个乡镇、8 个管理区、1 个省级经济开发区、2 个国家级自然保护区。北票地理位置优越，境内有京沈高铁（2019 年通车）、锦承铁路、国道 101 与 305 线、长深高速公路等交通干线通过，中心城区距朝阳机场 45 公里、距锦州港口 150 公里。截至 2017 年，北票市总人口 60 万，其中市区人口 16.7 万，以汉族为主，还有蒙古族、满族、回族、锡伯族、朝鲜族、俄罗斯族、鄂伦春族、达斡尔族等少数民族。

北票西依努鲁尔虎山脉，大凌河自西向东横贯流过，境内山峦起伏，属

暖温带半湿润半干旱大陆性季风气候，森林、草原密布，为农牧业发展提供了良好的条件。北票地下蕴藏着丰富的矿产资源，素有“铁石之域、黄金之邦、乌金之埠、玛瑙之乡”之称，现已发现各类矿产资源44种，探明储量的矿种有煤、金、铁、镍、白云岩、高岭土、油母页岩、花岗岩等15种，其中以煤、铁、金等为大宗；还蕴含着丰富的化石资源，尤以恐龙化石居多，出土了闻名世界的中生代早期的中华龙鸟化石、迄今为止发现的最古老的被子植物——中华古果化石，北票由此被古生物学界称为“第一只鸟起飞、第一朵花绽放”的地方。

“北票”一名起自清末，光绪三十三年（1907），清政府颁发了四张采煤执照（俗称“龙票”），正式批准在此开采煤矿。因四地皆在朝阳以北，故称“北四票”，简称为“北票”。北票历史悠久，早在新石器时代红山文化时期，这一地区就有人类活动。1998年，在北票康家屯城子地发现的夏商时期城址，被评为当年全国十大考古发现之一。历史上，北票位于中国北方农耕文化与游牧文化的过渡地带，也是沟通华北与东北的重要交通孔道，在民族融合、文化交流方面扮演着地理枢纽的角色。战国时期，燕国击退东胡，在此修筑长城。秦汉时期，该地是乌桓、鲜卑等族的活动区域。十六国时期，前燕、后燕与北燕等少数民族政权皆在此附近兴起。隋唐以来，北票及其附近是契丹、奚族的核心区域，辽会同三年（940）在此设白川州，后改为川州，金、元两代沿之。明初属大宁路川州，永乐后为蒙古兀良哈部游牧地。清初属卓索图盟土默特右翼旗，乾隆后历属塔子沟厅、三座塔厅、朝阳县、朝阳府。1912年改属朝阳县。1949年，北票县人民政府成立，1985年改为北票市（县级市）。

在北票的发展历程中，北票矿务局占有极其重要的位置。因煤炭资源丰富，1915年京奉铁路局成立北票煤矿公司，1921年改为官商合办，重要股东有张作霖、徐世昌、张謇、黎元洪等人，著名地质学家丁文江曾任公司总经理。1947年北票解放后，以此为基础成立了北票矿务局。中华人民共和国成立后，北票矿务局成为全国94个统配煤矿之一，是直属于中央的国有大型企业。1974年台吉竖井建成投产，设计能力为75万吨，主井井深924.1米，副井井深893.3米，号称亚洲第一千米竖井。1983年，另一座千米竖井冠山竖井也竣工投产。矿务局下辖冠山、台吉、三宝等三个煤矿，产量最高时占全国煤炭总产量的1/50，矿务局下属的工厂、居民区数量众多，还拥有学校、医院、公安、消防、供水、供暖供电等广泛的社会职能。北票城市人口中绝大多数是北票矿务局职工及其家属，以至于当时人称："北票地下全归矿务局，地上三分之二也归矿务局。"改革开放前后，北票矿务局产值长期占据北票地区生产总值的90%以上，当地的其他经济产业，也大多服务于煤炭产业，是煤炭产业链的配套环节，北票长期呈现出"一煤独大"的产业格局。

（二）改革开放以来的发展轨迹

改革开放40年来，北票的经济与社会发展取得了长足进步，长期保持着较快的经济增长，平均增速高于全国、辽宁省和朝阳市的同期水平，综合实力不断增强，经济结构日趋合理，人民生活水平不断提高，城市面貌发生了翻天覆地的变化，社会保障体系不断建立健全，生态环境日趋改善，主要表现如下。

区域经济规模迅速扩大。据北票市统计部门提供的数据，1985年建市之初，北票全市地区生产总值为4亿元，2007年为65.91亿元，2014年达到最高的198.3亿元。此后受铁粉价格下降等影响有所回落，2017年为116亿元，但仍是1985年的29倍（见图1）。

财政收入与城乡居民可支配收入不断增长。改革开放以来，北票的公共财政预算收入大幅提升，1978年一般公共预算收入为1252万元，2017年一般公共预算收入达到54866万元，增长了4282.3%。居民收入也大幅提升，1985年北票城镇和农村居民人均可支配收入分别为614元和407元，至2016年北票城镇居民人均可支配收入达到22381元，增长了3545.1%，农村居民人均纯收入为11484元，增长了2721.6%。

在这一发展过程中，北票矿务局的地位和作用不可忽视。从1981年到

图 1　改革开放以来北票地区生产总值变化情况

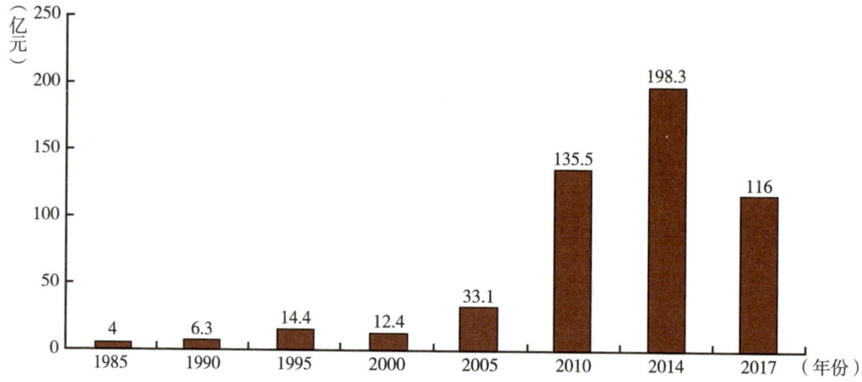

1992 年，北票矿务局年产量一直保持在 240 万吨左右，长期稳定高产，为我国尤其是东北地区的经济发展，做出了重要贡献。

21 世纪以来，北票先后经历了矿务局破产、铁粉业衰落等巨大冲击，城市发展一度陷入困境。在各级党组织的坚强领导下，北票广大干部群众自力更生，艰苦奋斗，解放思想，依托本地实际情况，积极争取国家政策的扶植，通过产业转型升级，一定程度上摆脱了对煤、铁等资源的依赖，产业结构发生了较大变化。北票在推动经济转型的同时，坚持在发展中保障民生、在发展中改善民生，构建起日趋完善的社会民生保障体系，扶贫工作成效显著，使经济发展的成果为民所享，城市面貌焕然一新，生态环境不断改善，人民对美好生活的获得感与满足感不断提升。近几年，北票获得省级森林城市、卫生城市和文明城市等荣誉称号，初步走出了一条资源枯竭城市综合转型、发展之路。

二、北票的资源枯竭与经济转型

（一）资源枯竭的形成与表现

1.“煤尽而转”：北票资源枯竭城市的表现

北票是一座因煤而兴的城市，煤矿开采已有百余年历史。中华人民共和国成立后，北票矿务局不断扩大生产规模，原煤产量迅速提高。1960年，煤炭产量达到高峰值的435万吨，此后发展稳定。1985年到1992年，北票煤炭年产量一直保持在240万吨左右，长期保持稳定高产（见图2）。

图2　北票矿务局历年煤炭产量

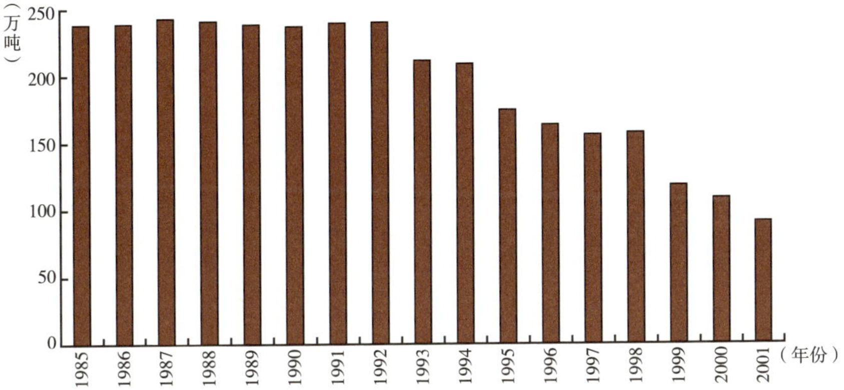

资料来源：北票市委市政府编《北票二十年》，吉林文史出版社，2005，第196页。

但受资源埋藏条件限制，北票的煤炭资源从20世纪90年代开始枯竭，开采深度平均距地表达800～1000米，开采难度日益增大，开采成本日益提高。从1993年起，北票矿务局煤炭产量逐年下降，加之全国煤炭市场行情不好，经营状况十分艰难，导致矿务局连年亏损，仅1995年就亏损了1.67亿元，拖欠职工工资和离退休金6500万元。1995～2000年，年均亏损1.3亿元。在此情形下，1999年，北票矿务局被国家列入煤炭企业关闭破产计划，2001年6月，正式宣告整体破产。随后成立的北票煤业公司又少量生产了十余年后，至2014年，关闭了最后四个矿井，北票彻底结束了140年的采煤史，被国家确认为资源枯竭转型城市。

北票矿务局破产是国有大型煤炭企业在县级市整体破产的首例。矿务局破产后，社会职能移交地方，数万名矿务局职工下岗，职工与家属人数达十余万人，由此带来的退休、养老、医疗等社会保障的巨大压力，集中转移到了地方政府，北票的经济与社会一时间处于困难境地。

2.“由煤到铁”：北票首次转型的探索与得失

除煤炭之外，北票境内还蕴藏着丰富的铁矿资源，累计探明铁矿资源量1.5亿吨（2010年勘探）。在北票煤炭产业衰落之后，北票在国内外铁粉加工行业的良好行情下，转向铁矿开采与初步加工，铁矿业继煤炭业之后，成为北票的支柱性产业，有效减缓了北票矿务局破产带来的经济与社会影响。2005年开始，北票依托东官冶金园区，从最初的51家企业、产值5.6亿元起步，逐步发展成为以兴旺矿业、宝来铁矿、凌钢钢管、斯达威电子材料等为核心的冶金铸造产业集群。2017年，该产业集群拥有相关企业80余家，其中规模以上企业9家，关联企业达到200多家，实现产值12亿元。2014年以前，市场行情较好的时候，年生产铁精粉700万吨。北票也享受了这一波资源红利，地方经济在2013～2014年达到历史最高水平。

由煤到铁，依然是依赖于资源产业。北票此次经济转型并未实现实质性的转变。2013年以后，因国内钢铁产业整体产能严重过剩，受钢铁行业大规模去产量的影响，铁粉价格暴跌，铁粉业的产值、利润急剧下降，北票大部分铁矿企业的开工率严重不足，北票生产总值与财政收入大量减少，呈现断崖式下跌。

通过具体数据，我们不难发现问题的严重性。2014～2017年，北票的地区生产总值从198亿元剧烈下降到116亿元，下降幅度约41%。2013年北票全市公共财政预算收入221120万元，为历史最高水平。2014～2016年，北票财政收入连续三年大幅度下降，2016年公共预算收入完成45720万元，仅为2013年的21%左右。2017年经济形势有所好转，全市一般公共预算收入完成54866万元，增收9146万元，增长20%。可以说，铁粉业的衰落所造成的影响和冲击，比2001年北票矿务局破产更加严重。

与之形成鲜明对比的是，北票市所承担的城市建设、棚户区改造、城镇居民社会保障、扶贫、生态环境保护等重要的工作事项，年支出都在30亿～40亿元。目前，北票的财政收入与支出相比缺口巨大，主要依靠国家的转移支付，棚户区改造以国家贷款为主，经济与财政的压力巨大。

（二）北票的深层次经济转型

枯竭不代表永远的衰败。煤铁产业的相继枯竭与衰落，使得北票全市上下深刻意识到经济领域深层转型的重要性，开始尝试探索新的发展道路。在各级党委的正确领导下，北票市开展二次转型，依托老工业基地的传统优势，弱化煤炭产业比重，大力培育接续替代产业，支持龙头企业发展，逐步形成了以粉末冶金、环保装备、能源建材、农副产品深加工、文化旅游为主的产业发展格局，经济结构中的三次产业比例日趋合理。根据北票市委宣传部《北票市资源枯竭转型升级工作实施情况报告》所提供的信息，北票市1985年、2017年三次产业比例分别如图3、图4所示。

图3　北票市三次产业比例（1985年）

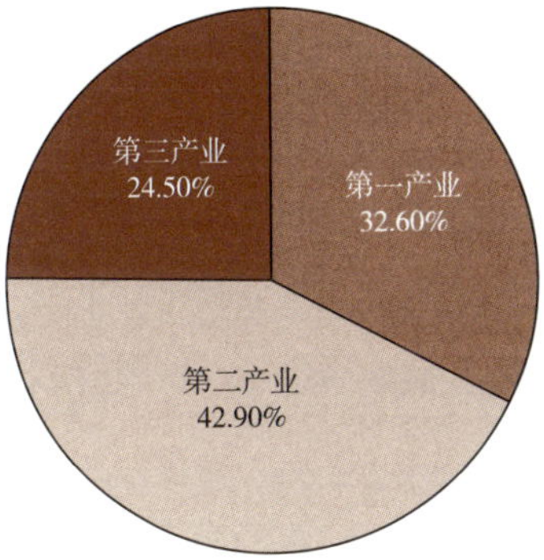

图4　北票市三次产业比例（2017年）

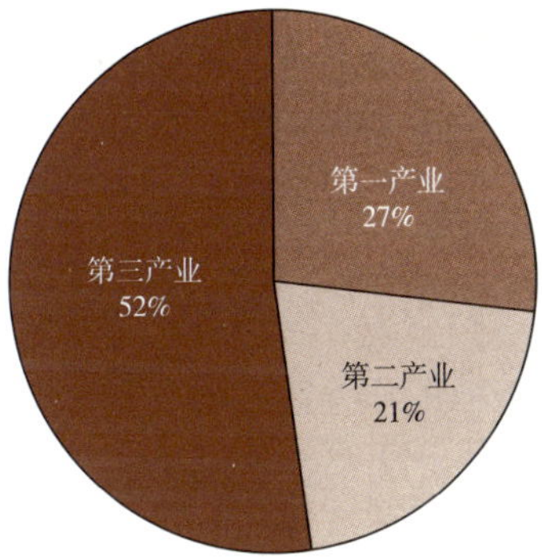

从数据上看，北票近十年来的转型，在整体上取得了较大的成绩，根据北票市委宣传部《北票市资源枯竭转型升级工作实施情况报告》提供的信息，北票地区生产总值由2007年的65.91亿元上升到2017年的116亿元，公共财政一般预算收入由2007年的2.86亿元上升到4.55亿元，社会消费品零售总额由2007年的13.22亿元上升到71亿元。人均GDP从2007年的11020元提高到2016年的19193元，提高了8173元，提升了74.2%。城镇居民人均可支配收入2007年为8143元，2016年为22381元，增收14238元，提高了174.8%。农村居民人均纯收入2007年为4263元，2016年为11484元，增收7221元，提高了169.4%。城镇登记失业率由2007年的4.76%下降到

2016年的3.57%，下降了1.19个百分点。

北票之所以能取得如此成绩，原因主要可以归纳为体制创新和产业升级两大转型途径。正是凭借着政治建设与经济优化的共同驱动，北票才实现了深层次的经济转型。

1. 经济开发区引领的体制创新

作为一个县级市，北票的体制创新主要由经济开发区引领实现。北票经济开发区始于20世纪90年代，是北票市为弥补“一煤独大”的单一格局而开展的主动探索。2006年北票经济开发区被确立为省级经济开发区，依托北票的资源优势，建成了工业园、农产品加工园和冶金工业园等三个园区。2014年，朝阳市委、市政府制定了“五个一工程”建设，要求所辖每一县（市）都发展一个工业园区、一个农业园区、一个旅游景区、一个新市镇和一个服务业集聚区。遵循这一发展理念，北票市委、市政府对原有的园区体制进行整体改革，将工业园区、农产品加工园区、五间房新市镇全部划归经济开发区统一管理，此外将大黑山风景区纳入进来，从而将朝阳市“五个一工程”中的四个一进行有机整合，实现了四区合一，这是北票“五个一工程”建设区别于其他县（市）的独具特色之处。在具体管理政策上，经济开发区的创新之处体现在如下方面。

创新人事管理与干部选任机制。经济开发区实行AB制档案管理模式，干部调入时A档保留在原单位，B档在开发区。北票市委授予开发区科级干部任用自主权，由开发区自主考核任用科级干部，坚持以实绩选拔干部，重用一线优秀干部，对不能胜任者，调整工作岗位或退回原单位，真正建立起了能上能下的用人机制，调动了广大干部的工作积极性。

创新审批机制，优化投资环境。北票开发区专设审批服务局，承接朝阳市16个部门下放的101项审批权，在管委会设立了审批服务大厅，实现“一站式”办公。项目审批过程实行领办制和代办制，实行一个窗口受理、一条龙服务，安排专人提供全程跟踪服务，审批时限缩短了75%以上。从实际效果来看，入驻企业需要办理的各项审批时间大大缩短，环节大大简化，审批事项即办率达到93.3%，按期办结率达到100%，走在朝阳市前列。从2017年开始，北票在辽宁省率先试点“零审批”，审批效率进一步提高。

创新开发区基础设施运营模式。在基础设施建设方面，北票经济开发区积极探索实行“开发区＋公司”模式。通过与朝阳宏达集团合资组建开发区国有控股公司——辽宁宏源建设投资集团，国有资本占51%、民营资本占49%，集团下设11家子公司，主要承担经济开发区基础设施建设。通过整合、盘活资源，将闲置废弃土地、厂房等改造利用，用资源换市场，使资源变资产、资产变资本、资本变资金，为加快开发区的建设发展提供资金保障。

创新管理模式后，北票经济开发区顺利厘清了规划、审批、建设等方面的关系，不同园区的基础设施建设、招商引资由开发区统一安排部署，实现了资源共享、集约节约，充分激发了发展活力，为招商引资创造了优良的营商环境。在新的经济开发区体制下，广大干部群众努力奋斗，发扬“五加二”“白加黑”的工作作风，开发区各项事业发展迅猛。至2017年，经济开发区规划面积达到130平方公里，核心区达到50平方公里，初步形成了“四区一镇”的发展格局，规划建设了汽摩配产业园、环保装备园区、冶金化工园区、农产品加工园区、新市镇农产品物流和居住社区、中心商贸集聚区、生态旅游景区等十个片区。至2017年，入驻企业达400余家，规模较大的有凌钢钢管、北鑫矿业、天盛球团、宏发肉鸡、新元纺织、福仁制衣、华兴万达轮胎等企业。目前，经济开发区年产值已占到北票全市产值的七成以上。

2. 经济结构调整与产业升级

鉴于原先过度依赖单一资源造成的经济下滑，北票市在二次转型中，转变产业观念，调整产业结构、优化产业布局、推动技术升级，从而逐步建立起相对均衡的产业体系。

农业向产业化、集约化发展。北票历来是农业大县，粮食生产中以玉米、高粱、谷子等作物为主，2007年北票粮食产量为7亿斤，2016年产量突破13亿斤，从2012年起连续5年被评为产粮大县。在保证粮食生产的前提下，北票充分利用丰富的森林、草原资源发展林果业、禽畜业等产业，并逐步向设施农业、特色农业、农产品加工及物流等方向发展，农业产业化程度不断提高。2017年，北票市设施农业面积达8万多亩，粮食作物中，经济效益较高的玉米等作物播种面积占据主导地位，经济作物以番茄、辣椒、烤烟等为主。

同时，北票通过农业合作社、农事企业等进一步促进土地流转，增强农业发展集约化水平。据统计，北票共发展各类农民专业合作社1000余家，土地流转20万亩，农事企业发展到105家，实现产值100亿元，农产品出口额1000万美元。

经过多年的发展，北票先后获“日光温室番茄生产全国第一县”、辽宁省“一县一业”示范县等荣誉称号，北票的红干椒、番茄、荆条蜜均被农业部授予农产品地理标志，北票辣椒产业进入全国十强，番茄出口俄罗斯等国。

依托丰富的特色农业、农产品资源，北票大力发展农产品加工业，进一步提升农业经济效益，逐渐形成了特色鲜明的农产品加工产业群。2017年，北票农产品加工产业拥有相关企业30余家，其中省级以上龙头企业达到15家，以宏发食品、海丰食品、禾丰食品、华溢酒业等为代表，实现产值23亿元，北票成为辽宁省重要的农产品加工业基地。

在北票期间，课题组集中走访了宏发食品、华溢酒业、五丰蜂蜜、海丰食品等代表性农产品加工企业。其中宏发食品公司是北票本地企业的典型，该企业始建于2000年，是集肉鸡鸭饲养、雏孵化、饲料生产、屠宰加工、技术服务于一体的国家重点龙头企业。经过十余年的发展，企业员工达到1400余人，总资产约2.6亿元，产品行销国内40多个大中城市，与肯德基、双汇等知名企业建立了长期稳定的供货关系，产品产销率达到100%。其发展历程，体现了北票农业发展转型的过程，也代表了新的发展方向。

工业结构调整与技术升级。在经历了煤、铁相继耗竭与衰落的教训之后，北票市以“推进产业升级、建设实力北票”为发展目标，以“工业主导、产业立市”为发展战略，积极推动工业产业结构调整，加快发展接续产业，大力发展冶金制造、环保装备、能源建材、农产品加工、轻纺化工五大主导产业。同时，重点培育农产品深加工产业、新能源产业和石化产业等接续替代产业。根据北票市经济和信息化局《北票市工业情况》所提供的信息，至2017年，各产业集群的规模、效益已初步显现，冶金制造产业集群拥有相关企业80余家，其中规模以上企业9家，实现产值12亿元；环保装备产业集群拥有相关企业40余家，实现产值4亿元；能源建材产业集群拥有相关企业40余家，其中规模以上企业10家，实现产值15亿元；石化产业拥有相关企业20余家，其中规模以上企业4家，实现产值3亿元。

在加快本地产业发展的同时，北票大力招商引资，积极承接东部沿海地区和京津冀的产业转移，陆续引进了中电投、国电投、中水电、华润、大唐、中广核、力诺、中信、富贵鸟、凌钢、海亮、施可丰、绿探等国内大企业集团投资的项目，并成功引入嘉兴温州汽摩配产业园、台州双福集团汽摩配全产业链等组团项目，目前已全面开工建设。

科技创新作为工业发展的驱动力，在北票也日益受到重视。北票虽然缺少大型龙头企业，但在科技创新方面具有一定的自身特色，目前北票拥有2家“国家高新技术企业”（华兴万达轮胎、电力铸钢），6家辽宁省“科技小巨人企业”（波迪、联达、棒棒、电力铸钢、真空设备、宏晟），部分企业参与了相关行业国家标准的起草和制定（电力电杆厂）。截至2017年，北票市已有近20家创新型企业，拥有省级技术创新平台1个，省级工程技术中心2个，省级技术中心6个，校企合作9家，这为北票后续的产业升级转型奠定了良好基础。

课题组重点走访了朝阳华兴万达轮胎有限公司。该公司成立于2013年，是目前世界上最大的内胎生产企业，年产2000万条丁基内胎，产品销往全国各地，并出口到俄罗斯、印度等16个国家和地区。2017年，公司实现产值3亿元，上缴税金980万元，安排就业人员2000人，为北票的财政收入与劳动力安置做出了很大贡献。企业的发展目标是争取利用两到三年时间，打造成为中国橡胶产业基地和东北三省最大的橡胶（轮胎）产业园。为实现此目标，公司内设立了专门的研发中心，现有研发人员 27 人，拥有国内先进的试制设备、检验仪器 21 台（套），专利 8 项。

第三产业异军突起。2017 年，北票第三产业增加值完成 60.1 亿元，占到全市 GDP 的 51.8%，成为新的经济增长点。北票把第三产业发展的重点放在了商贸业和服务业上。商贸方面，北票借助于毗邻辽、冀、蒙三省区的优越地理位置，以进入省级重点扶持行列的南山中心商贸集聚区为中心，重点构建“一心四园”空间布局。“一心”即以南山商业街为核心的南山商贸金融发展中心；“四园”即台吉创新创业产业园、高铁旅游文化创意产业园、中信化石文化产业园和庄头农产品仓储物流产业园。2016 年，集聚区实现主营业务收入 57 亿元，税收收入 8500 万元，固定资产投资 16.2 亿元，吸纳就业人数 2.5 万人。

此外，北票全市积极发展商贸物流，先后建成城乡农贸市场 45 个，发展“万村千乡”农村连锁超市 229 户，城市连锁店铺达 400 多家，连锁经营销售额达 6 亿元以上。电子商务发展迅猛，“物联网”便民超市工程实现全覆盖，2017 年新益农电子商务已经完成 226 个行政村的便民超市设备安装，乐村淘电子商务完成 214 个村级体验店建设，阿里巴巴农村淘宝建成运营 40 个村级服务中心。

北票拥有丰富的生态、文化旅游资源。“黑山白水三燕地，龙鸟古果一层楼”，这是当地人对北票丰富的生态、文化资源的概括。依托丰富的生态、文化资源，北票市大力推动生态文化旅游。2016 年，大黑山景区引入江西三清山集团投资，对景区进行整体规划建设，2017 年大黑山景区被评定为 4A 级景区，正朝着辽西生态旅游示范景区与京津冀美丽后花园的目标迈进。位于大凌河流域的天鹅湖景区的规划建设也在快速推进，该项目 2017 年被国家发改委确定为辽宁省第一批 12 个重点 PPP 示范项目之一。依托北票特有的古生物化石、战国红玛瑙资源的毓水商业文化街于 2016 年开业，现已被评为辽宁省首批特色旅游商品示范街。北票生态、文化旅游产业的开展，带动了周边第三产业的发展，提供了大量的就业机会。

透视北票的经济发展历程，最初先依煤，后靠铁，始终以资源为命脉，这是社会发展的惯性，也是思维的惯性。当依靠资源之路不再顺畅后，北票才真正开始感受到资源枯竭的沉痛后果，坚定了转型发展的决心。通过调整经济结构、推动体制创新，北票深层次经济转型逐步推进，成果初步显现。2012 年，在国家对 69 个转型城市首次综合考评中，北票市一举跻身全国 7 个资源枯竭经济转型优秀城市行列。经济转型的初步成功，也为北票实现区域经济与社会的综合转型发展奠定了基础。

三、北票的综合转型之路：城市建设与民生保障

党的十八大报告提出了在社会主义现代化建设中，全面落实经济建设、政治建设、文化建设、社会建设、生态文明建设“五位一体”总体布局，不断开拓生产发展、生活富裕、生态良好的文明发展道路。北票市践行了新时代发展理念，在开展经济转型的同时，致力于城市建设与民生保障工作。2001 年北票矿务局破产后，所属的矿井、工厂与居民区移交地方。接收这一资产之后，北票市开展整体归并、统一规划，大力推进沉陷区治理与棚户区改造，大力加强公用设施建设，完善城市管理机制，并以省级森林城市的创建为契机，推动森林、卫生、文明城市的“三城联创”，使北票城市完成了翻天覆地的变化，人民生活质量与舒适度明显提高。与此同时，北票市大力推进精准扶贫脱贫，创建出具有自身特色的产业扶贫模式。

（一）沉陷区治理与棚户区改造

长达百余年的煤矿开采史，造就了北票昔日煤城的辉煌，也给北票留下了大面积的采煤沉陷区，共造成 38.36 平方公里地表沉陷，占煤田总面积的 60.9%，地表最大沉陷值 7.927 米，最大水平移动 3.705 米，剧烈沉陷导致建筑物与道路开裂、倾斜，水电管网破损等情况时有发生，跑、冒、滴、漏

严重，矿震频繁，瓦斯渗出，给人民的生产和生活造成了严重影响。据北票市棚改办统计，受灾居民 2.1 万户、6.3 万人，受损农田 1.3 万亩。矿井沉陷使城市 20 万人和农村 4 个乡镇、17 个村、8764 户居民饮水困难。

北票市于 2001 年开始治理采煤沉陷区问题。市政府专门成立了采煤沉陷治理工作领导小组，积极调查采煤沉陷区的具体状况，先后从中央与辽宁省申请了配套资金 68822 万元，开展沉陷区综合治理工程，通过重点建设金河楼房小区，安置 5131 户；建成 3 个农业设施小区，安置居民 817 户，货币化补偿安置动迁居民 411 户。

北票矿务局破产后，大量下岗职工仍然居住在简陋的棚户区内。北票市棚户区的房屋，有 20 世纪 20 年代英国人建造的和三四十年代日伪时期建造的劳工房，有国民党时期建造的简易房，有新中国成立以来建造的土石房和矿工子女自建的副号房。当地人用九个字形容北票棚户区的特征——“小、低、密、旧、污、脏、堵、险、惊”。长期居住于这种简陋环境下的北票市民，有着改善居住环境的强烈愿望。棚户区改造势在必行。

在沉陷区治理的基础上，北票市大力推动棚户区改造。北票市棚户区面积有 297.65 万平方米，共涉及居民 6 万多户、15.3 万人，占北票市城区总人口的三分之二左右。因此，对其他城市而言，棚户区改造只是城市建设的组成部分，对北票来说，棚户区改造是北票城市建设的主体。

根据北票市棚改办提供的资料，北票棚户区主要分为三部分：一是城市规划区内集中连片的煤矿棚户区住宅，共计 138.3 万平方米，共有居民 4.12 万户、10.8 万人；二是城市规划区外的国有工矿棚户区，占地面积 89.6 万平方米，共有工矿棚户区居民 12099 户、3.7 万人，建筑面积 59.91 万平方米；三是城市棚户区和城中村，共涉及 5 个管理区、3 个乡镇的 6 个自然村，居民 11911 户、2.2 万人，合法房屋面积达到 59.5 万平方米。

为推进棚户区改造，北票市设立专门的棚户区改造办公室（科级），积极争取国家和地方的政策、资金支持。2005 年，北票市正式启动棚户区改造工作。北票市的棚户区改造，采取政府主导、市场运作的方式进行，以整体搬迁、货币化安置为主。根据北票市棚改办提供的资料，至 2018 年 6 月，共改造棚户区面积 297.65 万平方米，新建、购买住宅面积 365.6 万平方米，安置居民 5 万余户、10 余万人，解决了绝大部分棚户区居民的住房问题。

北票市在棚户区改造的同时，为棚改小区完成供水、用电、道路、绿化等基础设施配套工程，并配套建设了社区幼儿园、学校等，使棚户区居民居住、生活条件得到了极大改善，有效地解决了低收入家庭的住房困难，体现了社会公平、公正，也使城乡面貌发生了巨大变化，城市功能日益完善，改善了城区的落后面貌，促进了经济、社会协调发展。课题组曾到城关管理区棚改工程中新建的隆欣家园小区入户调查，访问了王继宽、刘建东两户居民。两户人家向课题组回忆了当年居住在棚户区的状况："以前住在棚户区里时，别人家下雨都是往家跑，我们却从家里往外跑，因为一下雨家里就积水，现在完全不用担心了。"他们还反映改造拆迁时，每家只需补足少量差价（大约每平方米几百元），就可以住上新房。现在的新房子面积大了，环境好了，水电气暖等配套设施完善，居住条件发生了自己从未想象过的巨大变化。

北票市的棚户区改造，主要利用了北票矿务局遗留下来的废弃土地，有效盘活了矿务局破产后遗留下来的大量土地资产，同时也在很大程度上带动了北票房地产及相关产业的发展，增加了就业岗位，刺激了地方经济的发展。

（二）城市建设与生态环境保护

随着经济转型的推进，北票城市定位发生了巨大变化。2014 年修订的《城市总体规划》，将北票定位为全国化石文化名城、北方重要的环保装备制造业基地、北方重要的生态文化旅游目的地、辽西地区重要增长极。在这一规划理念指导下，北票开始大规模城市建设，逐步摆脱了以采煤业为中心的既有城市格局，并全面加强生态制度建设与生态环境治理。

在产业结构上，北票市实行严格的生态环境准入机制，对高污染、高能耗的资源性行业以及产能过剩行业不再审批，严格控制新生污染源。2014年，北票彻底停止煤炭开采，铁矿业也因为市场暗淡，关停较多。主城区已不存在钢铁、石化、化工、有色金属冶炼、水泥、平板玻璃等重污染企业，主要的污染源已经消失，环境质量大为改善。

同时，北票市大力推进以“沃土、碧水、青山、蓝天”为重点的环境治理工作，加强人工造林、封山育林、草原生态治理、水土保持、河道治理等工作，落实治理责任，明确各项工程治理任务，严格奖惩措施，取得了可喜的成绩。

在生态环境得到有效治理、改善的基础上，北票努力创建省级森林城市。北票林业资源十分丰富，依托森林资源，北票市于2014年，全面启动省级森林城市创建工作，使其成为经济社会持续健康发展的增长点。当年，北票被批准为省级森林城市。按照省级森林城市建设总体规划，北票形成了以一山两河三条绿化带为基础，以五园六场十一处公共绿地建设为重点，以七纵六横十三条街路绿化工程为框架，四十处园林式单位和三十处园林式小区均匀分布，点缀其间，建成带、网、片、点相连接，乔、灌、花、草、水面相结合的具有北票特色的城市绿化系统，全面实现了生态宜居、产业发达、文化丰富、人民增收、山清水秀的发展目标。

按照创建省级森林城市的要求，北票市结合实际，围绕城区及城边山体、公园广场、道路、住宅小区、沿河两侧等重点区域，大力开展造林绿化工作。截至目前，北票森林保有量为19.21万公顷，林木绿化率达到44.28%；绿化覆盖面积725.24公顷；绿地面积658.41公顷，绿地率达到36.01%。除城市环境之外，乡村环境也有了很大改善，已有2个乡镇被评为辽宁省级生态乡（镇），27个村被评为辽宁省级生态村。

《2018年北票市政府工作报告》指出：近五年来，北票市推动退耕还林还草、退田还河还湿，完成100万亩造林绿化、100万亩草原治理工程，森林覆盖率达到46%，绿化城区街路58条，新建公园、广场、绿地40处，城市绿化覆盖率达到47.6%，人均公共绿地面积达到12.3平方米。

北票市以创建省级森林城市为契机，积极推进城市设施、文化普及、道德文明、卫生体系建设，努力建设资源节约型、环境友好型社会。2015 年，北票入选省级文明城市；2017 年，又入选省级卫生城市。北票由此实现了“文明城、卫生城、森林城”“三城联创”，使城乡生态面貌进一步改善，人民生活环境进一步提升。在调研过程中，北票的领导干部和普通群众都对城市转型以来生态环境的巨大变化感受深刻，说天蓝了，水绿了，花草树木增多了，垃圾污水少见了。日益良好的生态环境，大大提高了北票本地人民生活的舒适度与满意度，促进了社会和谐，北票正向着人与自然和谐共生的美丽愿景不断前进。

（三）建立健全的民生保障体系

人民对美好生活的向往，一直是我党的奋斗目标。十八大以来，党和国家倡导在发展中保障和改善民生，把增进民生福祉作为发展的根本目的。在这一精神的指导下，北票市委、市政府在社会民生建设上，坚持“保基本、兜底线、广覆盖”的原则，持续加大社会事业投入力度，有效改善了北票的民生状况，朝着全面建成小康社会、实现共同富裕的方向努力前行。

1. 社会保险与保障体系建设

北票的社会保障工作任务较为沉重，除原北票市辖区居民外，还接收了原北票矿务局的下岗、离退休、病残等人员的社会保障工作。2007 年转型之初，养老保险和医疗保险参保率处于较低水平，养老基金也需要上级调剂。2012 年以来，随着社会转型与产业升级，北票的社会保障工作取得了巨大进步。近几年来，在经济下行、财政收支缺口巨大的压力下，北票仍投入大量资金，以医疗保险、城乡养老保险、低保、失业保险、工伤保险等为重点，不断加强社会保障体系建设，社会保障能力不断提高。自 2013 年开始，财政支出中用于社会保障和医疗卫生事业的数额长期保持在 10 亿～12 亿元。通过持续的投入，北票已经建立起比较完善的社会保障体系。至 2017 年，北票市城镇职工养老保险覆盖率达到 95%，基本医疗、失业、工伤、生育保险覆盖率均达到90%以上。农村人口中，新型农村合作医疗参保率达到90%以上，精准扶贫人口和医疗救助对象全部参保，财政补助标准提高到每人450元，保障率和保障水平都大大提升。

此外，北票市还有农村特困供养人员2969人、城市特困供养人员212人。对于这批生活特别困难的特困供养人员，2016年北票市通过民政与卫生部门的合作，创新性地推出了医养结合新模式，实现了与新农合、医保中心、朝阳市民政局救助科的联网，诊疗费用在医养中心“一站式”直接结算，从根本上解决了这一困难群体的就诊难、护理难、结算难的问题，做到了“小病不出中心、大病救治及时”。至2017年7月，医养中心已先后为2000余人次的农村“五保”对象和城市“三无”老人提供了诊疗服务。北票的医养结合新模式，省去了患者、家属、基层民政工作人员往来奔波之苦，同时盘活了托管中心原来闲置的房屋，提高了救助资源的使用效率。2017年5月，辽宁省省长陈求发为此专程来北票调研，特别指出：医养结合产业，不仅解除了老年群体及其家属的后顾之忧，对于扩大内需、拉动消费、增加就业也有积极的促进作用，要鼓励社会力量兴办更多的医养结合机构，着力推进多层次、宽领域的医养结合。目前此种模式已在朝阳市各县（市）推广开来。

2. 健全的养老体系

北票作为东北老工业基地城市，人口老龄化问题比较严重。早在2010年，北票的老龄化率就已经达到17%，大大超出了人口老龄化社会标准。与之形成鲜明对比的是，北票计划生育达标率在99%以上。多年来人口只有微增长，大量青壮年人口外出就业、求学，很多都留在了外地，返回率很低，这进一步加剧了北票的老龄化程度与社会养老压力。

为应对这一局面，近年来北票市不断加大资金投入和管理力度，从软、硬件两个方面为城乡老年人养老提供全方位保障。目前，北票全市共有各类养老机构64所，养老床位总数达2500张。其中，国办局属养老机构6所，民办养老机构33所，国办乡镇敬老院25所，农村幸福院72个，城市日间照料中心37个。各类养老机构入住老人达1750名，近千名老人享受居家养老服务。

在北票期间，课题组走访了北票市中心敬老院。该敬老院始建于 2004 年，位于北票的黄金地段人民公园西侧花果山脚下，显示出北票市对老年人的高度重视与关心。敬老院占地面积 23000 平方米，建筑面积 8000 平方米，现有工作人员 30 名，床位约 400 张，入住老人包括自费养员、五保养员、城市三无人员约 150 人。课题组深入宿舍、餐厅等地，亲眼见证了该院在较低的收费标准条件下，保持了较好的住宿条件、生活设施、饮食卫生条件。该院先后被授予“辽宁省五保供养先进单位”、“辽宁省养老机构达标单位”和“辽宁省行风建设先进单位”等荣誉称号。

（四）精准扶贫的成功经验

共同富裕是中国共产党带领中国人民追求的基本目标。党的十八大以来，全国范围开始开展精准扶贫、精准脱贫。北票是辽宁省 15 个贫困工作重点县之一，共有贫困村 103 个，其中省级贫困村 86 个、市级贫困村 17 个，建档立卡贫困人口 1.6 万户、3.4 万人，丧失劳动能力和无劳动能力者达 60%，贫困面较大、贫困程度较深。

北票市委、市政府按照中央“六个精准”“五个一批”精准扶贫脱贫基本方略，充分结合辽宁省扶贫中责任、权力、任务、资金“四到县”的政策机制，坚持以产业扶贫为核心，综合采取光伏扶贫、“村社一体”扶贫、金融扶贫等多种模式，结合本地实际，创造性地推出了独具特色的“1+4”“442”产业扶贫模式，取得良好效果。根据北票市精准扶贫信息交流中心提供的资料，2016～2017 年，累计完成 66 村销号，10273 户、22280 人脱贫。按此进度，2020 年全面消除贫困的任务可以顺利完成。

1.“1+4”产业扶贫模式

“1+4”产业扶贫模式，是指由党委、政府牵头，金融机构参与，选择有实力有意愿的企业建设农场，通过合作社发展产业项目，达到带动建档立卡户脱贫，实现五位一体、多方共赢的目的。该模式具有返利高、风险小、覆盖面广、连续性强、脱贫效果快、社会效益高、环境污染小等七大特点。

2016年，北票选择国家级扶贫龙头企业——宏发食品公司与中国农业银行北票市支行为合作方，实施“1+4”产业扶贫工程，共同建设肉鸡养殖扶贫农场。由政府扶贫部门拿出500万元财政扶贫资金注入银行，农业银行以优惠利率放大10倍，给贫困户发放贷款5000万元，用于肉鸡养殖。贷款利息由政府和宏发公司负责偿还，贷款期满后，代贫困户偿还贷款本金。截至2016年末，宏发公司共投资1.5亿元，建成扶贫农场11个，带动贫困户3092户、6304人，为贫困户实现返利分红463.8万元，户均增收1500元。

北票通过“1+4”产业扶贫模式，放大了扶贫资金的“造血”功能，降低了金融风险，提高了企业参与扶贫工作的积极性。“1+4”产业扶贫预计可解决6000户、16200人的脱贫问题，占北票一般贫困户80%以上，预计将来可实现乡乡有扶贫农场，户户有脱贫项目。2016年国务院在第三次大督查中，对北票市“1+4”产业扶贫模式予以通报表扬，国务院扶贫办也将其确定为全国24种产业扶贫模式之一向全国推广。

2.“442”生态产业扶贫模式

“442”生态产业扶贫模式也是北票的创新之举。北票市认真领会、落实党中央提出的要在发展中保护，在保护中发展的绿色发展观念，充分发挥荒山荒坡资源丰富的有利条件，特别是辽宁省第三大水库——白石水库坐落在北票境内的优势，将产业扶贫与生态建设有机结合，实施“442”生态产业扶贫模式，通过整合水利、林业和产业扶贫专项项目和叠加资金，实现生态建设有序推动，助力脱贫攻坚。

所谓“442”生态产业扶贫模式，是指利用农村荒山、荒坡等林地资源，整合相关部门资金，发展生态产业。其收益的40%归村级集体经济，40%给予林地承包权户和合作社，20%给予建档立卡贫困户，实现农村发展、农民增收，最终带动贫困户长期稳定脱贫。

2016年，北票市“442”生态产业扶贫成立合作社5个，带动贫困户1019户、2379人稳定脱贫。以效果比较突出的台吉镇坤头波罗村为例，该村重点发展榛子园及采摘园700亩，栽植榛子、苹果、大枣等果树，林下种植中药材、辣椒等经济作物，当年实现收入27.8万元，村集体增加收入11.2万元，合作社带动贫困户61户、152人，每户分红912元。2017年，种植面积扩展到2000亩，并形成了辐射全镇6个村的生态扶贫示范区，实现纯收益37万元，带动全镇贫困户209户、470人，每户分红1000元。

"442"生态产业扶贫模式充分利用了北票丰富的生态资源优势，盘活了农村集体的土地资源，带动村集体和贫困户增收脱贫，也保护了森林、美化了环境。至2017年底，北票"442"生态产业扶贫模式已经在北票28个乡镇全面推广，并取得了较好的扶贫效果。

四、北票转型发展的经验总结、建议与展望

（一）经验总结

1. 始终坚持党的坚强领导，发挥各级党组织的引领作用

中国共产党代表了中国最广大人民的根本利益，"坚持党对一切工作的领导"，是新时代坚持和发展中国特色社会主义基本方略的第一要义。北票市自改革开放以来，尤其是转型发展以来所取得的成绩，无一不是在党的领导下完成和实现的。北票市委十分重视各级党组织的建设，专门研究制定了《基层组织建设三年规划》，对基层党建责任状进行细化量化，列出任务清单，细化推进措施和时间节点，切实将责任落实到社区、乡村、个人。

在城区，北票全面推进社区"大党委"建设。37个社区已全部完成"大党委"建设，100余名驻区机关企事业单位党员干部成为社区党委兼职委员，增强了社区与驻区机关企事业单位的沟通联系。课题组曾深入2017年获评全国"最美志愿服务社区"的蓬莱社区调研，该社区成立于2011年4月，现有居民4138户、13655人，社区党总支下设3个党支部、6个党小组，有党员72名。在社区窗口服务中设立党员先锋岗，建立14支志愿者服务队，共有志愿者423人，入户帮助居民解决生活中的实际问题，践行党的各项方

针政策，真心实意为人民群众服务，赢得了居民的信任和拥护。

在农村，北票实施“农村能人工程”，进一步选优配强村“两委”班子。2017年，对252名村党组织书记履职能力进行综合评估，调整4名不胜任工作的村书记。“能人型”村书记达到194人，他们在发展集体经济、脱贫致富中发挥了模范带头作用。

民企党建是基层党建的重要组成部分。党建工作做实了就是生产力，做强了就是竞争力，做细了就是凝聚力。课题组看到北票当地企业普遍对党建工作非常重视，把党建工作视为推动企业持续发展的动力。北票当地的知名企业，如宏发公司、华溢酒业、电力电杆、电力铸钢等，均成立了党支部，并灵活地依据企业实际情况，设置党员先锋岗、开办“新时代工人讲习所”等，促进党员在公司的经营、生产活动中发挥模范先锋作用。

在扶贫工作中，北票市委建立抓党建促脱贫攻坚考核机制，出台了领导班子和领导干部脱贫攻坚考核办法，走出了一条“以党建促扶贫、以扶贫强党建”的脱贫攻坚之路。实行县级领导包脱贫销号制度，36名县级领导干部与28个乡镇、36个贫困村结为帮扶对子，蹲点解决实际问题。通过创新“党支部+”模式，党支部的核心作用和党员在脱贫攻坚中的示范引领作用得以充分发挥，为打赢脱贫攻坚战、全面建成小康社会打下了坚实的基础。

通过一系列细致、缜密的工作，北票市打造了一支勇于担当、与人民群众同甘共苦的干部队伍，密切了北票市的党群、干群关系，锻炼了各级党组织的工作水平，有效提高了党的执政能力。

2. 坚持以民为本，坚决贯彻、执行党的群众路线

人民群众是中国共产党的力量源泉，群众路线是我们党的生命线和根本工作路线。在经济转型与社会建设中，北票各级党政干部始终坚持以民为本，贯彻、执行党的群众路线，推动各项工作的顺利开展。

在北票矿务局破产过程中，各级党组织耐心细致地做好说服工作，在破产过程中未出现较大的群体性波动，保障了社会的平稳过渡。北票棚户区不仅数量多，而且所占比例大，棚户区改造事实上是全市的整体改造与城市建

设，在大规模的棚户区改造、搬迁过程中，各级领导干部主动、耐心地为广大居民讲解国家相关政策，切实维护人民的现实利益，从而推动了棚改工作顺利、有序进行。

正是由于自觉地站在人民立场上想问题、干事业，立党为公、执政为民，近年来北票领导班子一直保持着踏实肯干的工作作风，长期维护了北票稳定发展的社会环境，保持了北票经济转型与社会发展的稳步推进。

3. 敢于担当，勇于创新，推动改革开放进一步深入

东北地区曾为我国的经济建设做出巨大的贡献。但由于种种原因，近年来东北地区经济呈现下滑趋势，投资环境也有待改善，社会上一度流传“投资不出山海关”的说法。

面对资源枯竭的困境，北票市各级领导班子敢于担当，勇于创新，制定了深化改革、扩大开放的基本政策，不仅积极、主动招商引资，而且积极优化投资环境。在招商引资工作中，市委、市政府发挥表率作用，由书记、市长带头，多次到北京、上海、浙江等地开展招商活动，形成了以上带下、合力招商的浓厚氛围。在大力招商的同时，北票积极创新政府管理体制，改善投资环境，落实企业优惠政策，当地人说现在北票对于项目投资的服务，已经不是“保姆式服务”，而是“妈妈式服务”了。这种敢作敢为、积极进取的工作精神，是推动北票市经济转型与社会建设的强大动力。

4. 依托本地特点，走综合发展之路

随着改革开放的逐步深入，当前我国的经济发展模式，已经从高速增长阶段转向高质量发展阶段。新发展模式不再单纯强调经济的增长，而是同样看重人民群众共享经济发展的成果，获得经济发展的收益，促进社会公平正义的实现，从“有没有”转向“好不好”。相应，未来的经济发展模式，应是经济与社会协调发展的综合发展模式，人与自然和谐共生的绿色发展模式，经济、政治、文化、社会、生态等各个领域统筹并进的模式。

党的十八大以来，北票市积极响应党中央号召，针对所肩负的安置、保障北票矿务局下岗职工及其家属庞大困难群体的任务，以及农村地区众多的

贫困人口的现状，坚持将发展经济与保障民生一起抓，以政府为主导，联合企业与民众，在生态环境治理、棚户区改造、社会保障、精准扶贫等一系列工作中，借助发展经济改善民生，借助改善民生推动经济发展，实现了经济发展与社会进步的双赢。

（二）建议与展望

1. 更新发展观念，从“因物而兴”走向“因人而兴”

纵观北票的发展历程，可谓是因煤而兴、煤尽而衰、因铁而转，即主要是依靠自然资源而发展的。近年来北票的转型发展取得了较大的成绩，但在一定程度上仍较为依赖国家政策扶持与本地传统资源产业。虽然政府积极招商引资，引入新的产业项目，但在引进人才、培育人才、留住人才等方面，仍有明显不足，观念有待更新，在很大程度上制约了本地经济的强力创新与突破。

在当前经济新常态下，北票需要进一步更新、转变发展观念，将更多的注意力投放在人才、科技方面。北票企业家在与课题组座谈时，对于人才大量流失十分忧虑。北票市党政领导对此也有认识，市长付宗义曾指出：“北票与发达地区的差距，实质是思想观念的差距，想要打开‘大门’，就必须先打开‘脑门’。”北票应在未来进一步转变观念，在发展理念上从“因物而兴”走向“因人而兴”，利用多种方式，招徕优秀人才，改变引进人才是花钱的观念，从根本上解决自身的长期造血机制。鉴于当前北票具体的经济环境，一时难以吸引大量优秀人才，北票应主动加强与外界联系，建立与外界优秀人才的常态化沟通渠道与机制，扩大地方宣传，探索科技人才利用新模式，真正做到人才引领，科技驱动。

2. 依托本地特色，抢抓发展机遇

当前北票仍然受制于资源枯竭困境，在经济转型、社会保障方面存在较大压力，但也面临着新的发展机遇。北票历史上是北方的枢纽地区之一。在全国京津冀区域协同发展、东北老工业基地振兴的时代背景之下，北票作为

连接中国北方两大经济区域的交通枢要之地，其区位优势也愈发凸显。目前在建的京沈高铁即将于 2019 年通车，届时北票至北京仅需一个半小时，到沈阳约一个小时，将有效缩短往返时间。交通的快捷必将带来频繁的人员、信息流动，为北票更加便利地对接京津冀提供有利条件。北票未来应充分利用这一地理优势，将自身建设成为连接京津冀和东北地区的物流、商贸、文化往来的中转站与中心平台，从而为推动两大经济区域的资源互补与密切交流，发挥自身的重要作用。

3. 充分发掘利用多种旅游资源，开展城市全面转型

资源枯竭城市发展的途径之一，便是借助第三产业尤其是旅游产业，带动其他产业领域的整体发展，从而推动城市全面转型。北票具有多种旅游资源，具备城市全面转型的良好基础。

北票地质遗产独具特色，不仅出土了中华龙鸟、粗壮原始祖鸟、圣贤孔子鸟等大量早期鸟类化石，而且出土了中华古果等大量被子植物化石。北票自然遗产十分丰富，富有山河。北票历史文化遗产丰富而多样，共有各类不可移动文物遗迹 1061 处，各级文物保护单位 73 处，其中全国重点文物保护单位 4 处、省级文物保护单位 4 处、市级文物保护单位 10 处、县级文物保护单位 55 处。北票历史上长期是北方游牧民族，尤其是鲜卑、契丹、蒙古族活跃的地区，是三燕文化与契丹文化的重要区域，有北燕名相冯素弗墓、耶律仁先家族墓等重要考古发现。在文学遗产方面，北票同样独树一帜，拥有“蒙古族的曹雪芹”——尹湛纳希。北票工业遗产是一个丰富的宝藏，号称亚洲第一的千米探井、欧式煤矿、一百多年前的矿井砖、日据时期遗留下来的水塔、新中国成立以后修建的三宝煤矿等诸多建筑，都是珍贵的工业遗产。

与丰富的旅游资源相比，北票市目前对其发掘利用的程度还远远不够。建议北票结合国家整体发展要求与自然特点，在未来深入挖掘自身所拥有的各种资源，建设集地质遗产、自然遗产、历史文化遗产、文学遗产、工业遗产与农业体验五大资源复合一体的旅游产业体系。可以尝试以“恐龙之乡、山水边城”作为宣传品牌，以“第一只鸟在此飞翔，第一朵花在此绽放；鲜

卑、契丹的崛起之地，尹湛纳希的梦回故乡；百年煤城，千米深井”等作为主题内涵，打造复合型旅游产业体系，并辐射、带动北票其他产业，形成完整的产业链条，全方位推动北票的城市转型与经济发展，促进北票由工业城市向复合城市的整体转变。

4. 继续争取国家、地方的政策支持

北票在转型发展中取得了一定的成绩，但仍存在不少困难与不足。在经济结构中，北票不同领域的企业，都呈现出规模小、效率低、分散化的经济布局，缺少大型领军企业；产业结构单一、产业层次低、经济总量小，距离现代经济体系还有一定差距；城市人口流失、老龄化导致的城市空心化现象，在短期内也难以彻底扭转。这些问题，不是北票单靠自身力量就能够解决的。

必须承认，作为资源型城市的北票，在计划经济时代和改革开放之初为国家做出了重要贡献，在转型时期又勇敢承担了矿务局破产带来的一系列问题。因此，针对资源枯竭转型这一发展命题，国家应当出台资源补偿机制与专项的发展扶植政策，在今后的发展中对这一类型的城市予以重点支持。北票作为一个县级市，接收了矿务局破产之后的沉重社会负担，长期在治理地质灾害、改善生态环境、加强民生保障上，背负着极为沉重的压力。近年来中央针对北票的资源枯竭城市转型尤其是采煤沉陷区综合治理、棚户区改造、社会保障等工作，投入了财政转移支付资金。鉴于当前北票在资源枯竭城市转型中，仍面临着一定的问题，国家应出台资源补偿机制与专项的发展扶植政策，继续予以重点支持。对于北票而言，也应当在自力更生的基础上，充分利用国家振兴东北、辽宁省“突破辽西北”等国家、区域发展战略的机遇，继续争取国家在政策、项目、资金等方面的专项支持。通过内外合力，最终实现区域发展的成功转型。

改革开放
与中国县域发展
GAIGEKAIFANG

吉林集安

JILIN JIAN

立足边疆实际，秉持绿色发展 戮力实现经济发展与生态保护相协调

中国社会科学院法学研究所

导言

党的十八大以来，以习近平同志为核心的党中央统筹推进“五位一体”总体布局、协调推进“四个全面”战略布局，为努力实现“两个一百年”奋斗目标、建设美丽中国、实现中华民族伟大复兴的中国梦，以前所未有的力度大力推动生态文明建设，坚定不移地贯彻新发展理念，扎实推进绿色发展。2015 年 3 月，习近平总书记在十二届全国人大三次会议上参加吉林省代表团审议时指出：“优良的生态环境是吉林的优势，绿水青山就是金山银山，要进一步抓好生态文明建设，把绿水青山保护好，不断培育新的发展优势。”2015 年 7 月，习近平总书记视察吉林时又指出：“要大力推进生态文明建设，强化综合治理措施，落实目标责任，推进清洁生产，扩大绿色植被，让天更蓝、山更绿、水更清、生态环境更美好。”吉林省集安市认真落实习近平总书记重要讲话精神，已发展成县域生态文明建设的典范。

吉林省集安市是我国的边疆重镇，战略地位重要、生态禀赋丰富、人文资源深厚，在生态文明建设和绿色发展转型方面具有典型示范意义。

一、集安的历史变迁与基本现状

吉林省集安市地处吉林省东南部，东北与吉林省白山市接壤，北、西北与吉林省通化市毗邻，西、西南与辽宁省丹东市下辖的桓仁满族自治县和宽甸县相交，东、南以鸭绿江为界，与朝鲜民主主义人民共和国的满浦市和慈城、渭源、楚山3郡隔江相望，边境线长203.5公里，为中国对朝三大口岸之一。集安市区北面距通化市100公里、西北距长春市390公里、西面距辽宁省沈阳市370公里、西南距大东港260公里、东北距长白山360公里。

早在数千年前，集安境内就开始有人类活动。自燕昭王开始至清朝2000余年内，集安市域除部分时间由少数民族政权控制管理外，其余时间由中原政权设郡（府）管理。

康熙十七年（1687），清政府为保护其“龙兴之地”，在辽东修筑柳条边墙，将今辽宁省新宾县汪清门、通化县英额布以东的辽阔地域列为禁区，今集安市即位于该区域之内。光绪三年（1877），盛京将军崇实奏请解禁，允许在原封禁区内开垦荒地、建县设治。解禁后，今集安地域分属怀仁、通化两县治理。光绪二十八年（1902），由通化、怀仁两县析出5保共59牌，设立新县，取“和安”之义，定名“辑安”。

1949年新中国成立后，成立辑安县人民政府。1952年，撤销通化行政督察公署，辑安县直属辽东省。1954年，辑安县划归吉林省，并成立通化地区专员公署对辑安县进行管辖。1965年，经国务院批准，辑安县改名集安县。1988年经国务院批准，吉林省撤销集安县建制，设立集安市（县级），直接领导乡镇，所辖地域不变。

集安市地处山区，最高海拔1516米，最低海拔108米；长白山系余脉老岭山脉中段横贯市域中部，将全市分为岭南岭北两大地区，使其在地貌、土质、气候等方面存在较大差异。其中，岭北地区属于温带大陆性季风气候。岭南地区则因老岭山脉阻隔北来寒流，黄海暖湿气流溯鸭绿江而上，形成半大陆半海洋性气候，具有气候温和、空气湿润、降雨充沛、风力轻缓、四季分明、春风早度、秋霜晚至等特点。在东北地区，集安市具有平均年降雨量多、积温高、无霜期长、风力低、年平均气温7℃等气候优势，因而有“塞北小江南”之美誉。

目前，集安市下辖1个省级经济开发区11个乡镇4个街道127个行政村。集安市总人口为23.6万人，由汉、朝鲜、满、回等25个民族构成。少数民族人口中，有朝鲜族13151人，占全市总人口的6%；满族11107人，占全市总人口的5%；回族1218人，占全市总人口的0.5%。集安市区东西长约80公里，南北宽约75公里，总面积约3354.90平方公里。城市规划区面积44.89平方公里，建成区面积8.7平方公里，市区人口8.8万人。集安市农地资源非常匮乏，耕地面积仅有17万亩，包括旱田13.1万亩、水田3.9万亩。粮食总产量7.35万吨，生产作物主要为玉米、水稻、大豆，产量分别为5.4万吨、1.75万吨及0.2万吨。

2016年，集安市生产总值约为106.02亿元，相较上一年度增长5.2%。全市人均生产总值为49155元，较2015年增长5.7%。第一、第二、第三产业增加值分别为9.95亿元、41.00亿元以及55.08亿元，在生产总值中所占比重分别为9.3%、38.7%与52%，相较上一年度分别增长3.8%、0.9%以及9.2%，实现了农牧业稳步增长、工业平稳运行、服务业再创新高，产业结构不断优化。全市公共预算全口径财政收入约合9.57亿元，较上一年度增长5.5%，其中税收收入完成7.22亿元，非税收收入完成2.35亿元。地方级财政收入约合7.31亿元，实现13.5%的增长。全市公共预算财政支出较2015年增长22.1%，达27.08亿元，其中包括社会保障与就业支出增长17.8%、城乡社区事务支出增长34.3%。

集安市目前森林覆盖率已达82.16%，高出全国水平约60个百分点，鸭绿江集安段水质达到国家二类水质标准，大气环境质量保持在国家二级标准，空气质量优良天数超过330天，人均寿命达80.7岁。凭借优越的自然条件、良好的生态环境质量、丰富的历史文化资源，集安市不仅享有世界文化遗产地、国家历史文化名城、中国优秀旅游城市、国家级生态示范区、全国休闲农业与乡村旅游示范县、中国十大边疆重镇、国家园林城市、全国森林旅游示范县、国家卫生城市等众多荣誉称号，而且是国家重点生态功能区和吉林省第二批扩权强县试点市。

二、集安绿色发展转型之实践与探索

集安市“八山一水半分田，半分道路与庄园”，是典型的山区县。长期以来，集安市在经济社会方面走的是“靠山吃山”“靠水吃水”的资源型城市发展之路，一度导致滥伐森林、生态系统破坏等问题严重。此外，还存在交通体系不够发达、人参行业可持续发展面临隐忧、生态旅游业发展潜力尚未充分释放、人文古迹资源的开发和保护面临困境、边境区位优势未能得到充分凸显等诸多问题。

但总体来说，集安市自然资源丰富、部分自然矿种具有重要战略地位、人文古迹资源优势明显、边境风光和区位优势独特、地理气候类型多样。这些都表明，集安市在实现绿色发展转型方面具有强劲的后发优势。如何顺应国家绿色发展导向，准确定位发展战略，立足本地资源，做好山水文章，发挥比较优势，实现可持续发展，将“绿水青山”化为“金山银山”，让“冰天雪地”变成“金山银山”，成为集安市各届党政领导在发展县域经济过程中不断探索的核心课题。

（一）抓好生态规划，谱写生态发展篇章

集安市坚持以生态规划为“龙头”带动实现经济社会发展的绿色转型。从 2001 年开始，集安市委、市政府就将“生态立市”确立为集安经济社会发展的首要战略，制定生态规划，实现产业规划生态化，推动生态全域旅游发展，并制定相应的制度措施确保该战略得以实现。

第一，以创建国家生态示范市为抓手，通过编制和实施生态市建设规划促进集安市生态文明建设整体水平。为创建国家级生态示范市，集安市编制

了《集安市生态市建设规划》，制订了《集安市创建国家级生态市工作方案》，明确了各部门、各乡镇街道职责。创建完成台上镇、青石镇 2 个国家级生态镇，以及分属大路镇、清河镇的秋皮、上围、望江等 8 个村的省级生态镇村，实现地沟、红星等 102 个村达到市级生态村标准。2015 年 10 月，吉林省环保厅正式将集安市命名为“吉林省生态市”。以生态市建设规划为指导，集安市严厉打击非法毁林种参、滥砍盗伐等违法行为，开展打击非法采砂、乱渔乱捕、超标排放、违法排污以及加强湿地、水源地保护等专项行动。特别是在全国范围内率先破解非林地栽参技术难题，实现人参种植由林地向农田、由粗放式向标准化转变，有效地保护了林地资源，确保了集安市林下经济的绿色可持续发展。

第二，以国家级重点生态功能区为中心制定生态规划，为集安市绿色发展找准坐标系、划定路线图。2010 年国务院印发《全国主体功能区规划》之后，集安市就开始以主体功能区规划理念为依据，对照集安市的生态环境资源禀赋，准确定位集安市的主体功能区。集安市在 2013 年列入《吉林省主体功能区规划》省级重点生态功能区基础上，鉴于系长白山森林生态功能区组成部分的重要地位，又主动申请列入国家重点生态功能区，并于 2016 年获得国务院批准。目前，集安市地方各级人民政府正在积极落实国家对重点生态功能区实行的产业准入负面清单制度，科学合理地编制集安市产业准入负面清单，确保在享受财政转移支付等优惠政策的同时，严格按照主体功能区定位谋划集安市的经济社会发展。

第三，以绿色发展为目标，推动实现规划生态化，将绿色发展确立为经济社会发展各项规划的主基调。以旅游发展为例，集安市坚持全域旅游和生态旅游理念，积极编制、修改和实施相关发展规划和空间规划。近年来，集安市政府先后修编《旅游发展总体规划》《城市总体规划》《历史文化名城保护规划》《集安市生态总体规划》等总体规划以及专项建设规划，制定并实施了《集安市国家级生态示范区建设总体规划》《集安市通沟河饮用水源生态环境保护管理办法》等一系列管理办法和措施，有力地推动了集安市生态文明建设进程。集安市在发展旅游产业过程中，确保每一项工程、每一个项目都以规划为指导、以区域环境承载能力为前提，都能与城乡总体建设相统筹，为旅游服务，形成相互衔接、统筹协调的旅游规划体系。

（二）立足生态优势，狠抓生态经济发展

改革开放以来，集安市立足自身“山多地少”的客观现实，正视耕地资源较为匮乏对自身经济社会发展的约束，充分保护、开发及利用独特的生态优势和丰富的自然禀赋，探索将生态优势转化为发展优势的生态经济模式，实现一、二、三产业融合发展，促进一、二、三产业结构生态化。

1. 积极发展生态经济，实现产业结构生态化

第一，大力发展生态农业。集安市在保护和改善生态环境、实现环境保护与经济发展相协调的前提下，依照生态学、生态经济原理，运用现代科技建设新型生态型农业体系。早在 1965 年，当时的集安县就立足自身生态优势，提出“高山远山森林山，近山低山花果山，江河两岸修堤坝，沟谷平原米粮川”的生态农业发展思路，采取“以粮豆为纲，以林木为重点，全面发展农村多种经营”的生产建设方针，科学合地布局农业种植结构。此举不仅保护了自然生态条件、尊重了各类作物的分布规律，还减少了生态破坏、提高了农业产值，为当地发展生态农业奠定了基础。在 20 世纪七八十年代，集安市为走农业可持续发展道路，积极改善农业生产条件及相关生态环境，实现农业效益与生态环境的双赢。为了解决林下种参而导致的“参林争地”问题，集安市从 80 年代开始便致力于研究农田栽参技术，2004 年集安市人参研究所在全国范围率先突破平地栽参技术即复式棚技术，并获得专利认证。改革开放 40 年来，集安市兴建了粮油、蔬菜、果品、水产等各种生产基地，对水土流失、河道堤防进行了综合治理，增强了农业抗御自然灾害能力，农业生产已逐步走向现代化、产业化，迈向绿色发展之路。

第二，推广“生态经济沟建设”。所谓生态经济沟建设，是通过封闭自然山沟保护生态，进行综合治理及利用，立足生态优势使其产生综合经济效

益的措施。自 1991 年起，集安市便开始开展中小药材基地、“生态经济沟”建设。该项措施起步于封山封沟养殖林蛙，后逐渐发展为坡上抚育森林、种植山参或其他经济植物，沟底放养林蛙，水中养鱼的立体综合利用模式。这种封禁放养的模式充分利用自然生态生产高价值农产品，并在避免对自然生态造成过多人为影响的同时进行综合治理。仅 2005 年，集安市就有重点规划建设的标准生态经济沟 30 条，其中年产值超过百万元的有 10 条，全市生态沟年获经济效益达 7000 余万元。

第三，大力发展生态食品产业。集安市自 1995 年开始推动绿色食品认证工作，该市雄威宝有限公司生产的雄威牌西洋参饮料首先通过中国绿色食品发展中心的认证。2002 年，集安山葡萄、鸭绿江野生鲤鱼、精制雪蛤王、集安山药、新开河参、吉林野山参等 10 个产品也通过中国绿色食品发展中心认证。2003 年，鸭绿江鲫鱼、鲶鱼、山楂等 8 个产品通过吉林省首批绿色无公害农产品认证。申请绿色食品认证，可以借助市场机制鼓励生产者采取无污染、对生态环境友好的生产方式。位于集安市的益盛药业、康美新开河药业等企业围绕人参做好生态制药产业，取得了良好的社会认可度。近年来，集安市的冰葡萄酒产业不断壮大，全社会影响力和全国知名度也不断提高。集安市通过积极申请绿色有机食品认证，发展生态制药产业，不仅实现了农产品品质和价值的提升，而且通过对农产品质量的要求倒逼农业产业发展的生态化，减少了农业生产对环境的不良影响。

第四，大力促进绿色技术研发与推广。早在 1979 年，集安县就成立了专业的人参研究所，承担省、市（县）有关部门下达的人参、西洋参、野山参栽培技术、病虫害防治技术、加工技术等科研项目研究，并为市（县）提供参业生产技术指导、培训和咨询、涉参案件的技术鉴定等服务。传统的人参林下坡地种植技术需要在人参生长周期内多次伐林移栽，对森林生态系统造成极大破坏，也对土地资源造成较大浪费。集安市人大在 2003 年出台“1 号议案”，要求禁止在水源地林地种植人参。集安市人参研究所科研人员为维持禁种区域群众的生计，对平地种参技术进行大规模科研攻关，于 2004

年成功实现了平地栽参技术的研发，有效改变了传统人参生产种植方式的不良环境影响。党的十八大以来，国家大力推动生态文明建设，对生态环境保护提出更高要求。在此形势下，平地栽参技术得以大规模推广，在保证参产品质量的同时，降低了人参生产的人工成本，实现了对森林生态系统、土地资源的保护。

第五，实现绿色产业深度融合，推动全产业链生态化。集安市在产业发展政策上，重点扶持和建设资源转换型和精深加工型生态制药企业和绿色食品加工企业，带动全市工业发展。集安市发挥人参产业特色优势，搭建起完整的人参一、二、三产业链条。通过发展“旅游 +”，不断强化和拓展旅游业的“吃住行游购娱”功能，举办集安市养生文化美食节、集安市人参美食大赛等活动，打造集安市餐饮行业的品牌——“集安味道”，使游客在观光的同时能够体会集安的特色美食，增强当地餐饮行业的品牌意识和特色意识。同时，通过打造绿色产品产业链，实现全产业链的生态化，充分开发初级产品市场潜力，不断增加产品附加值。

第六，交通体系建设不断完善，为集安绿色发展插上翅膀。改革开放 40 年来，集安市交通基础设施建设步伐不断加快，全市已基本实现村村通。集安至桓仁高速项目列入国家高速公路网规划，集丹、集青、下临、老虎哨至桓仁的公路提升为国道。目前已形成以县乡公路为纽带，连接城乡、四通八达的公路网络。集安人民热切期盼的“集双高速公路”工程已于 2016 年开工建设，标志着集安市公路建设跃上新台阶。交通基础设施的长足发展，大大缩短了集安市与外界的时空距离，加快了集安推进绿色发展的步伐。

2. 集安市发展生态经济的成功经验

一是立足自身生态优势，找准生态发展方向，合理进行生态产业布局。集安市党委、市政府在确定发展战略的过程中，综合考察、分析、研判本地的自然禀赋、限制及发展条件，确定了“生态立市”的科学发展思路，实现经济社会规划的生态化，自上而下地推行生态经济发展战略。坚持以生态经济为主线，并将其贯穿集安市发展战略、产业布局、政策优惠等多个层面，使绿色发展成为集安经济社会发展的底色和本色。同时，集安市坚持贯彻农业集约化发展的思路，确立以经济作物为主的农业种植结构，采取各项措施提高亩产及产品市场价值，在减少生态破坏的同时保障农业经济效益的增长。

二是建立健全促进生态经济发展的体制机制，引领生态产业发展。1994年集安市政府在清河镇设立了人参专业交易市场，2009年集安市又在该市场内部建立了山参交易市场，2016年集安市政府举办了“首届中国集安·清河野山参节”。人参交易市场的建立和野山参节活动的举办，有效地提升了集安在全国人参市场的地位，更好地发挥了集安在人参行业的引领和带动作用。为支持绿色产业发展，集安市较早成立了人参研究所，并于2011年成立专门的特色产业办公室（简称“特产办”）。后来在二者的基础上整合形成特色产业研究所（简称“特产所”），并成立引领特色产业发展的集安市特色产业发展中心即“集安市特色产业发展局”（简称“集安市特产局”）。在政府内部成立专门承担特色产业发展事务职能的政府部门，有利于充分发挥政府部门在市场信息搜集研判、科学技术研发推广以及供销渠道拓展方面的相对优势，推动产业朝更为合理、更加符合整体发展思路的方向发展。

三是实现产研结合，以绿色技术研发推动绿色产业发展，实行一、二、三产业以及不同产业之间的深度融合。集安在绿色特色产业发展的过程中，尤其重视科学技术研究对生产发展的促进作用，注意正确定位政府、社会、企业及个体经济主体在产业链条中的位置和作用并发挥其合力。在此基础上，集安市重视特色产品深加工的发展，构建完整的产业链条，充分发掘特色产品的市场潜力。同时在政府主导下，重视行业协会的自律调控作用，结合绿色食品认证、人参行业协会产品认证等具体措施，引导产业良性发展。

（三）力促生态旅游，构建全域旅游格局

1. 集安市旅游发展概况

改革开放以来，集安充分发掘和利用丰富的旅游资源优势，立足得天独

厚的自然生态优势，促使旅游业成为集安市的重要朝阳产业。为推动旅游业发展，集安市坚持以发展生态旅游为导向，以保护和合理利用文物古迹为基点，以生态风光和边境风情为两翼，以乡村度假、休闲娱乐、健康养生、会议商务等为补充的旅游产品体系，不断完善配套设施、提升服务水平。同时，借助广播电视、网络、户外广告等载体，加大宣传力度，逐渐树立了集安旅游品牌。近年来，集安市旅游产业不断成熟并更加完整，形成了“入境、国内、出境”三个领域共同发展的旅游业发展局面。

自 1984 年成为丙级开放县起，集安市就向全面发展旅游事业大踏步迈进。2004 年 6 月 24 日，集安被国家旅游局正式命名为中国优秀旅游城市，成为吉林省继长春市、吉林市后第三个中国优秀旅游城市。为发挥作为中朝边境城市的区位优势，集安市从 20 世纪 80 年代开始积极推动赴朝边境旅游。90 年代，集安市按照国家“适度发展出境旅游”的指导方针，于 1991 年实现了集安市第一个旅游团正式出境赴朝旅游。截至 2003 年，集安赴朝鲜旅游路线主要有 4 类 7 线，分为 3 日游、4 日游、5 日游、8 日游。2002 年 4 月朝鲜在集安设立了旅游办事处，解决了赴朝旅游签证手续繁杂、不方便等困难。随着《中国公民出国旅游管理办法》的颁布实施，集安市出境旅游走上规范化道路。

近 20 年来，集安市旅游业持续发力，有效带动了集安经济总量的持续增长。1991 年集安市的旅游收入仅为 46 万元。1992 年集安市开通赴朝边境旅游，旅游收入比 1991 年增加了 4.2 倍。到了 2003 年，游客达到 27 万人，旅游收入达到 4800 万元。2012 年，全市旅游综合收入达 12.3 亿元，比上年增长 25.5%。2013 年，全市旅游综合收入达到 15.7 亿元，比上年增长 27.6%。2014 年，全市旅游综合收入达 20.1 亿元，比上年增长 28.0%。2016 年，全年接待国内外游客 143 万人次，比上年增长 36.2%；全市旅游综合收入达 36.4 亿元，比上年增长 30.0%。

2. 生态旅游的成功经验

第一，提出“旅游强市”战略，率先推动全域旅游，积极探索“旅游 +”

模式。党的十八大以来，集安市顺应国家大力推动生态文明建设的战略布局，发挥集安市在生态资源、人文资源和边境资源方面的独特优势，提出了“旅游强市”战略。集安市旅游资源丰富，在全国155种景观基本类型中集安就有121种，是集自然景观、人文古迹、边境风光于一体的旅游城市。集安市坚持把全域旅游作为推进绿色转型发展的重要引擎，科学有序开发冰雪旅游、红色旅游、乡村旅游等，完善购物、娱乐等要素。专门召开集安市全域旅游推进大会，制定并实施《集安市推进国家全域旅游示范区创建工作实施意见》，争取尽早进入国家全域旅游示范区行列。

第二，建立健全旅游管理体制，成立集安市旅游发展委员会，打造集安市旅游集团，发挥政府在旅游业发展中的主导作用。2013年11月，集安市成立集安市旅游发展委员会，由市委书记、市长任主任，分管领导任副主任，旅游局等26个市直部门、驻集单位为成员，作为集安市旅游产业发展的最高决策机构。同时，成立吉林省集安旅游发展集团有限责任公司（简称“集旅集团”），对鸭绿江、高句丽文物古迹等旅游资源进行统一整合、统一规划、统一招商、统一推介，形成了国有独资、域外投资、委托经营等多种模式并存的格局。该公司发展至今，已经成立11个子公司，实现了集安市旅游发展的集聚效应，有效地推动了集安市旅游事业的品牌化管理和规模化发展。

第三，旅游业发展坚持市场导向，鼓励和引导全社会参与全域旅游事业发展，将旅游发展与脱贫攻坚、生态保护有机融合。在全面拓宽旅游宣传广度、创新旅游宣传形式基础上，对市场需求进行精准对接，打造以高句丽文化与红色文化为主题的研学团、省内大型集团公司员工福利团、拓展训练团等团队旅游市场。为鼓励全域旅游发展，集安市财政每年还拿出2000万元旅游产业发展引导资金，全力扶持旅游业发展壮大，先后出台《关于加快建设旅游支柱产业的实施意见》《关于加快服务业发展的实施意见》等一系列政策规定，在景区开发、家庭旅馆设立、旅游商品研发、项目建设用地、旅游企业发展等方面给予全力支持，充分调动全社会参与全域旅游发展的积极性。2002 年 1 月，集安市人大提出要树立大旅游观念，理顺管理体制，鼓励各方投资，实施多元经营，构筑以古迹文化游、生态环境游、边境风光游为主的旅游产业体系。2003 年，市政府提出按照“谁开发、谁管理、谁投资、谁受益”的原则，调动全社会力量兴办旅游业；实行经营权和所有权分离的新经营管理方式，多方面利用社会资本、利用企业力量做强做大旅游市场。

第四，坚持发挥旅游发展的规划引领作用，发挥法治对旅游业健康发展的保障作用，引导集安市旅游业健康有序持续发展。1990 年 4 月，集安市政府首次制定旅游规划即《集安市“八五”旅游规划》，提出“积极稳妥地将集安市建成自然、人文、生物相结合，寓科学、文化、观光于一体的多功能的旅游城市”。2000 年初，集安市正式出台《集安市旅游业发展总体规划(2000–2020)》。该规划是集安旅游规划时段最长、规划内容最全面翔实的一部旅游发展规划，与《集安市“十五”发展规划》中的“旅游发展规划”形成互补，为保证集安市在 21 世纪科学、有序、持续地发展旅游业，提供了科学的指导思想、发展思路、理论依据和较具体的实施内容。在法治保障方面，1995 年 3 月集安市政府下发了《关于加强旅游行业管理的通知》，由旅游局对全市旅游行业进行依法管理，加强对旅游有关单位的资格审定、旅游经营、业务考核、市场活动等管理指导和监督检查等。随之还出台了一系列规范旅游业发展的政策性文件，包括《全市旅游安全性公共安全事件应急预案》《旅游局安全责任体系》《在全市旅游企业开展“打黑治违”专项整顿实施方案》《全市旅游安全生产责任落实年获得实施方案》等，不断整合旅游资源、规范旅游市场，并加强对旅游从业人员的管理。

第五，明确旅游业发展目标，确立全市旅游发展“一盘棋”思想，深入挖掘旅游业发展潜力。集安市将旅游业定位于集安国民经济的重要产业和先导产业，计划经过 10 年努力把旅游业培育成集安市第三产业中的龙头产业，到 2020 年旅游业将成为集安市国民经济的支柱产业。按照“一盘棋”思想，集安旅游业总体布局采用“655”旅游工程方案，即“6 大旅游分区：集安城中心旅游区、洞沟高句丽文化旅游区、丸都山城旅游度假区、老虎哨旅游度假区和水上旅游线、云峰湖鸭绿江漂流旅游区、五女峰国家森林公园生态旅游区；5大旅游开发项目：鸭绿江国境漂流、大型太王公园、鸭绿江国境度假村、边境文化生态城市工程、五女峰国家森林公园生态旅游示范项目；5大旅游产品系列：观光旅游产品系列、休闲度假产品系列、生态旅游产品系列、文化科普产品系列、边境边贸旅游产品系列”。目前，集安市正在打造“两带三区”全域旅游格局，即鸭绿江黄金旅游带、鸭绿江河谷山葡萄产业带、高句丽文化旅游示范区、五女峰自然生态旅游示范区、红色旅游区。

第六，实现旅游业发展的强强联合，突破行政区域构建大旅游格局，对接旅游业发展的优势资源。2017年4月由集安市率先发起，吉林、辽宁两省鸭绿江沿线12个旅游县市组成的“鸭绿江旅游联盟”正式成立。各联盟单位构建起了以长白山为核心的大旅游格局，全面整合鸭绿江流域地区旅游资源，打破省级行政区划概念，打造出一条集观光游、度假游、边境游、出海游、文化游于一体的东北东部黄金旅游线路，构建“环山、沿江、跨国”的旅游格局，实现了沿线城市的资源互补、游客共享，弥补自驾游短板，共同打造鸭绿江大旅游品牌，并推向全国旅游市场。

（四）培育生态文化，筑牢和谐共生基石

生态文化是连接生态文明理念和生态文明行为的桥梁，是将尊重自然、顺应自然、保护自然的理念内化于心、外化于行的重要手段。集安市在建设生态文明、推动绿色发展过程中，始终坚持生态文化是绿色发展的灵魂——在生态文明建设中具有“润物细无声”的潜移默化作用，坚持将生态文化融入绿色发展和绿色消费的全过程和各领域。

第一，实施“文化塑市”战略，以打造“文化集安”为载体，将生态文化融入集安文化建设之中。深入实施“文化塑市”战略，充分利用集安丰富的历史文化、边境文化和民俗文化，打造独具地方特色的城市品格和人文魅力。着力加强社会主义核心价值体系建设，将“集安最美、因为有你”的“好

人"文化融入社会生活的方方面面，培养挖掘集安人朴实、善良的优秀品质，弘扬正能量。以文化活动为载体，通过打造集安市菊花节、冰雪文化节、油菜花旅游文化节、农民节、民俗文化节等活动，将"保护生态环境"就是发展生产力、"绿水青山也是金山银山"、"冰天雪地也是金山银山"等理念融入其中，逐步改变"靠山吃山，靠水吃水"的传统观念。集安市立足"生态立市"战略，全方位打造"生态集安"，推动实现绿色发展方式和绿色生活方式。"集安最美，因为有你"口号的提出，就是生态文明建设公众参与原则的重要体现。这一口号提醒公众，要深刻认识到自己的言行举止直接关系到集安市的城市形象，关系到集安经济社会发展能否实现绿色转型，关系到集安生态文明建设能否取得实效，以此不断增强集安市民与游客的融入感、责任心、凝聚力和向心力。

第二，依托城市规划，将生态文化融入城市设计，将生态元素融入基础设施和社会活动之中。集安市高标准规划建设城市规划馆、档案馆、科技馆、人参博物馆、抗美援朝第一渡纪念公园、集安广播电视台、基层综合文化服务中心等设施，满足群众日益增长的精神文化需求。积极开展群众喜闻乐见的文体活动，在抓好全市田径运动会、原创歌曲大奖赛等活动基础上，努力开发更多文化产品，不断丰富文化活动，增强文化氛围。全面深入挖掘集安深厚的历史文化资源，学会讲故事，发掘好作品。积极开展对外文化交流，扶持培育文化团体和文化企业，推动生态文化产业与生态旅游、生态服务业进行深度融合。集安市依托高句丽大剧院、集安群众大舞台、农村文化大院、社区文化活动室等活动场所，利用传统性节日和纪念性节日，组织开展形式多样、丰富多彩的文体活动，推动省民艺团、通化市歌舞剧院送戏下乡演出。先后培育大型音舞诗画《梦萦高句丽》，大型文化旅游综艺节目《塞外江南集安行》《风情鸭绿江》，每年演出 100 余场，受邀到韩国、中国上海和杭州等地进行演出，并于 2013 年代表吉林省文化厅参加了非洲四国访问交流演出。

第三，积极申报、推广和传承非物质文化遗产，依托少数民族民俗文化活动开展生态文化教育，打造生态集安软实力。2014 年 12 月，康美新开河“人参炮制技艺”被国务院列入国家第四批非物质文化遗产代表性目录，打破了集安市国家级非遗名录零的纪录。目前，集安市已有国家级非遗代表性名录 1 项、省级非遗名录 4 项、通化市级非遗名录 10 项、集安市级非遗名录 15 项，这些非遗成果将引导集安市在发生生态经济方面走上开发性保护、保护性发展的正轨。集安市非物质文化遗产申报保护工作已成为传播生态文明理念的重要契机，而申遗工作的成功增强了集安市人民的生态文化自信及幸福感和获得感，促使人民更加积极主动地参与生态文明建设，为拥有绿水青山和冰天雪地而感到自豪。集安市凉水乡是朝鲜族自治乡，近年来集安凉水乡借助朝鲜族民俗文化优势打造了集安市梨花节暨朝鲜族民俗文化节活动。活动期间，游客可以参观朝鲜族民俗文化展示馆，欣赏朝鲜族歌舞、朝鲜族民俗活动，学习制作朝鲜族特色饮食（冷面、辣白菜、打糕等）。在此基础上，集安市凉水乡大力发展民族特色旅游产业，建设风情天梨山庄、永泉村寨等一批还原和展示朝鲜族民俗文化的休闲旅游文化体验区，初步形成了以赏花游、水果采摘游、乡村民俗游、休闲生态游及民俗风情游为主基调的体验式旅游体系。

（五）打造美丽乡村，实现农村绿色发展

1. 美丽乡村建设的基本情况

第一，分阶段稳步推进农村人居环境整治。一是开展农村环境综合整治月活动，清理农村越冬垃圾、街路堆积物、墙体广告，对各个村屯围墙进行粉刷；二是在 2018 年底前完成村内柴草垛、私搭乱建设施的清理工作；三是强化农村基础设施建设。计划投资 2.18 亿元，主要用于硬化乡村道路 107.8 公里、修建围墙 4.1 万米、修建桥涵 15 座、砌筑边沟 4.1 万米、安装太阳能路灯 2123 盏、新建休闲广场 15 个、新建村部 5 个、修建堤防 11.4 万米、改厕 3000 户。

第二，扎实整改中央环保督查反馈的问题。2017 年在中央环保督查期

间，农村生产和生活垃圾随意堆放、污水直接引入河流、违规采砂取石等情况时有发生，被列入需要整改的问题名单。对此，集安市站在国家大力推动生态文明建设、污染防治是中央确定的三大攻坚战之一、“生态立市”系集安市首要发展战略的高度，结合乡村振兴战略，大力实施农村环境治理工作，不断加强农村基础设施投入，培养群众良好的环保意识，在对反馈问题进行认真扎实整改的基础上，结合全域旅游工作的开展，“以点带面”积极推动农村人居环境的整体改善和优化，提高广大农民的幸福感和获得感。

第三，对农业空间和生态空间进行整治、绿化和美化。对村屯出入口、村屯巷路、休闲健身广场、村际公路进行植树绿化，村屯街（巷）路两旁、休闲健身广场以及适宜美化的所有空闲土地栽花种草，实现绿化美化全覆盖。开展荒山、荒地、荒滩治理行动，实施生态系统保护和修复工程，优化生态安全屏障体系，构建生态廊道。打造集锡、集丹公路沿线景观长廊，对公路两侧 10 米以内的部分耕地和荒地进行绿化美化，绿化美化公路 150 公里，栽花 1200 亩。

2. 美丽乡村建设的主要经验

第一，以乡村规划为抓手推动美丽乡村建设。2018 年初，集安市农业和畜牧局、住房和城乡建设局等相关部门组成联合调研组，深入乡镇、村屯进行实地调研，结合国家全域旅游示范区、全国生态文明建设示范区、国家森林城市创建要求，划分美丽乡村建设区块、定位美丽乡村建设方向、编制美丽乡村建设规划。按照因地制宜、突出特色、追求个性的原则，在进行整体、宏观规划的同时，注重进行微观规划，即对每一个村屯、每一个区域、每一个地块和路段、每一处景点进行规划设计。

第二，将美丽乡村建设与发展全域旅游相结合。为建立美丽乡村，集安市按照“一村一品牌、一镇一特色”的思路，深入实施了精品乡镇创建、示范村屯建设和“美丽庭院”创建工程，实施全域旅游战略也使农村面貌焕然一新，带动了乡村游的快速发展。仅 2014 年，为深入实施精品乡镇创建工程，集安市就累计投入资金 8000 余万元，乡镇环境明显改善，特别是清河、头道、财源、大路、花甸5个乡镇政府所在地面貌焕然一新，并且打造出示范村屯15个，创建“美丽庭院”1600户。

第三，打造特色美丽乡村，促进农村地区绿色发展。稳步推进“美丽庭院、干净人家”创建工作，预计2018年底实现“美丽庭院、干净人家”创建率达到实际居住户数的60%以上。2018年，重点实施下活龙“渔猎民宿”、夹皮沟“世外果园”、石洞沟“高句丽风情”等项目建设，打造一批样板民宿，建设高标准“旅游名村”。下活龙村“渔猎民宿”计划投资828万元，建设水泥路、排水渠、错车道、防撞栏、村部、挡墙、码头、停车场、卫生厕所、村标等16个子项目；夹皮沟屯“世外果园”项目计划投资575万元，建设村部、果品冷冻库、围墙大门3个子项目；石洞沟屯“高句丽风情”项目计划进行道路柏油化、景观景点建设、路旁美化等子项目。

（六）推动城市善治，促进治理循道而为

1. 城市治理的经验做法

第一，实行城市共建共治共享。2017年以来，集安市以创建全国文明城市为契机，不断提升城市治理水平，注重动员和引导市民参与城市共建共治共享。利用主要街路十字路口灯杆，悬挂52块“集安最美，因为有你”文明交通提示牌，在政务广场、遗址公园等设立40块“集安最美，因为有你”草坪牌。在遗址公园更新好人宣传栏、设立核心价值观草坪牌，逐步打造独具集安地域特色的核心价值观主题公园。集安市结合创建全国文明城市活动，先后开展“集安好人”“集安最美，因为有你”等评选表彰活动，共评选出好人模范达243人，其中4人跻身“吉林好人”行列。在窗口行业和影响力广泛的行业中评选出10类100名典型人物、5类10个模范集体。利用“道德讲堂”和新闻媒体专栏大力宣传好人好事，开展宣讲活动270场次，受教育群众达2.3万人次，使“好人好报，德者有得”的鲜明价值导向深入人心。

第二，打造“服务型政府”，践行善治理念。一是整合市场监管力量，

简化行政审批机制。2014 年，经上级政府批准，集安市对市工商行政管理局、质量技术监督管理局、食品药品监督管理局、食品安全管理委员会办公室进行整合，组建集安市市场监督管理局。此举优化了行政资源配置、解决了多头重复执法问题，为集安在吉林省率先建立联审联批工作机制、优化行政审批流程奠定基础。二是实行行业集中管理。朝鲜火盆、高丽烤肉、炭火烧烤等各式烧烤是集安特色之一，但也曾是影响集安形象、污染市容环境、困扰城市治理的棘手问题。为此，集安市专门建立“烧烤特色街”，对烧烤行业进行集中管理，收到保障食品安全、维护市容环境、规范行业经营等多重效果。

第三，将文化元素有机融入城市设计，让城市治理遵循自然规律。习近平总书记在 2013 年中央城镇化工作会议上要求，“要依托现有山水脉络等独特风光，让城市融入大自然，让居民望得见山、看得见水、记得住乡愁”。也就是说，城市建设必须坚持尊重自然、顺应自然、天人合一理念；要融入现代元素，更要保护和弘扬传统优秀文化，延续城市历史文脉；要融入让群众生活更舒适的理念，并体现在每一个细节中；要把创造优良人居环境作为城市工作的中心目标，努力把城市建设成人与人、人与自然和谐共处的美丽家园。

2. 城市善治方面的经验

一是在城市设计中融入传统优秀文化因素。“八山一水半分田”为集安打造“水在城中、城在绿中、人在景中”的优美环境创造了得天独厚的地理位置优势。集安之山水不仅彰显着集安的自然禀赋，也诠释着集安市“智者乐水，仁者乐山”的城市精神，即将山的厚重担当、质朴宁静与水的轻盈灵动、随圆就方有机融合。这既是集安薪火相传的原始底色，也是集安固本开新的根本动力。集安市区内居民住宅与公共建筑之外部墙体、城市路灯之外形设计成为宣传集安市的人参等地方特产和优秀传统文化的重要载体。

二是借助现代文化传播方式宣介集安。2017 年一部名叫《缝纫机乐队》的电影，用一把体现城市精神传承的大吉他将一群热血青年、边陲小城集安、摇滚音乐有机地融合在一起，成为借助现代媒体巧妙宣传集安的有效方式。“摇滚吧，集安”，已成为展现集安城市活力和魅力的重要方式。

三是寓管理于服务，以服务促管理。集安市政府通过打造“早市”充分满足了市民和菜农、个体工商户等供求双方的需求，也妥善解决了城市游商的治理难题，并将之打造成服务人民群众、展示山水集安、传递乡土风情的宣传名片。努力将出租车行业打造成为展示城市形象的窗口、名片和风景线。通过政府引导和行业自律，鼓励出租车司机学习集安旅游风景区等相关资料，并主动向游客介绍集安的自然景观、人文古迹、民俗传说等，将出租车司机打造成为集安的“特色导游”，为这座旅游名城增添光彩。

三、坚定绿色发展之路，夯实生态文明之基

（一）以求真务实的探索精神推动绿色发展

建设生态文明，将生态文明建设纳入五位一体总体布局，坚定不移走可持续发展道路，是我们党在实践和认识上不断深化社会建设规律的重要成果。党的十七大首次把建设生态文明写入党的报告，将在全社会牢固树立生态文明观念作为全面建成小康社会的新要求之一。提出建设生态文明，是我国经济发展模式的根本转变，是我们党发展理念的理论升华。建设生态文明，并不仅仅是保护生态环境，不是要遏制发展，而是要实现发展生态化，即在发展中保护、在保护中发展。因为绿水青山既是自然财富、生态财富，又是社会财富、经济财富。习近平总书记主政浙江时，在《之江新语》发表“绿水青山也是金山银山”的评论中提出：“生态环境优势转化为生态农业、生态工业、生态旅游等生态经济的优势，那么绿水青山也就变成了金山银山。”党的十九大报告明确提出，现代化是人与自然和谐的现代化。20 世纪 80 年代以来，集安市党委、市政府就开始带领集安人民，在经济和社会发展尤其是绿色发展方面进行了不断探索。

集安市委、市政府始终坚定贯彻执行中央生态文明建设的决策，在实践

中取得了显著成就。2001 年集安市明确制定了“生态立市、工业强市、开放富市、文化兴市”的发展战略，将生态放到集安发展的首要地位。之后，集安市又将发展战略调整为“生态立市、产业强市、名城兴市、文化塑市、依法治市”的发展战略。2013 年，顺应国家大力推动生态文明建设的大趋势，集安市又将发展战略调整为“生态立市、旅游强市、开放活市、文化塑市、依法治市”的五大战略。近年来，集安市大力推动全域旅游发展，强调“旅游强市”战略，走出了一条以旅游产业促进和倒逼生态环境保护、以优质生态环境提升和推动旅游产业发展的道路，从而积极探索和自觉主动地走上了一条生态优先的绿色发展之路。集安市正在以实际行动成功践行“两山理论”，即“我们既要绿水青山，也要金山银山”。

（二）以精准规划和工匠精神推动城市建设

集安市在城市治理方面，坚持以精准规划和工匠精神推行城市善治。一是坚持以城市规划为基础开展城市治理。先后累计投资 2000 余万元，高标准编制《城市总体规划》《历史文化名城保护规划》《边贸新区控制性详细规划》《绿地系统规划》等系列规划，为创建“国家全域旅游示范区”“全国文明城市”提供有力支撑。二是坚持以“精准规划”推动城市规划，积极探索城市治理全新模式。城市治理既要“找准病根”“对症下药”，又要“综合施策”“系统治理”。以“工匠精神”进行城市治理，使公共服务精准对接人民群众的切身需求，才能缝出城市管理的匀针细线，才能让城市管理真正“人性化”“有温度”。

特别是集安市坚持围绕人参做足文章，逐步搭建起完整的人参一、二、三产业结构，其中集产学研于一体的现代化中药制药企业吉林省集安益盛药业股份有限公司、康美新开河（吉林）药业有限公司已被认定为国家高新技术企业，相应的“益盛”牌、“吉”牌也被评为国家驰名商标。集安市勇于进行人参产业体制机制改革，在发展人参特色产业过程中，依托集安市现代农业产业园建立起“龙头企业 + 基地（合作社、村委会）+ 农户”的联合机制，带动了1.3万户农户从人参产业中获益。

集安市已经以实际行动走出了一条生产发展、生活富裕、生态良好的绿色发展之路，以实际行动践行国家生态文明建设、推动经济绿色发展转型。

（三）“功成不必在我”与“功成必定有我”

习近平总书记指出，生态环境保护是功在当代、利在千秋的事业。生态环境保护的最终目的是实现可持续发展——既能满足当代人的需要，又不对后代人满足其需要的能力构成危害的发展。党的十九大报告指出，建设生态文明是中华民族永续发展的千年大计。在2018年全国生态环境保护大会上，习近平总书记更进一步指出，建设生态文明是中华民族永续发展的根本大计。从“千年大计”到“根本大计”，充分表明中央对生态文明建设的定位再次提升，充分表明生态文明建设的重要性贯彻中国特色社会主义事业全过程。

集安“生态立市”的地方实践经验表明，建设生态文明需要全社会共同努力，需要从转变生产方式和生活方式做起。建设生态文明，必须发挥政府的主导作用，发挥企业等生产者和居民等消费者的主体作用，在经济社会发展的全过程践行绿色发展理念，才能最终建设美丽中国。所以，建设生态文明既要有“功成不必在我”的历史气魄，也要有“功成必定有我”的责任担当。

四、思考与建议

（一）进一步发展中面临的问题

虽然改革开放以来集安市在生态文明建设和绿色发展上取得了重大成就，但是在今后的发展上仍存有一些急需解决的问题。

第一，交通体系不发达、交通基础设施落后严重制约集安市经济社会发展。目前，集安市主要交通出行方式仍然以普通火车、公路交通方式为主要，公路交通以303国道为主。总体交通体系不发达，交通基础设施滞后导致集安市无法充分融入省域发展、全国发展“一盘棋”的大格局中，这已经成为制约集安地区经济社会各个行业和领域快速发展的重要因素。

第二，以人参行业为主导的产业结构和发展模式面临可持续发展的隐忧。长期以来，林下经济是人参种植的主要方式，而且人参对其生长环境要求较高。虽然从 20 世纪 80 年代开始，集安市便开始探索平地栽参技术，并于 2004 年研发出复式棚技术从而实现人参种植技术的重大突破；但由于集安市耕地资源有效，即便解决了平地栽参的技术难题，集安市仍然面临老参地重复利用的问题。因为按照目前的技术，平地栽参的耕地在完成一个种植周期之后，在未来十五年内都无法重复用于栽参。

第三，“旅游 +”发展结构单一，开发能力和承载能力不够。相对于集安市丰富的生态、人文等旅游资源而言，集安市在旅游资源开发和利用方面还需要继续努力，在全国的知名度仍需要继续提高。比如，集安霸王潮国家级湿地公园在科普宣教、农业观光及休闲度假等方面的生态服务功能的潜力没有得到应有的开发利用。再如，位于集安市榆林镇的地下喀斯特地貌溶洞（即琉璃洞），其发展潜力也没有得到充分释放。另外，尽管从 20 世纪 80 年代至今集安市旅游承载能力已经发生较大飞跃，但仍无法充分容纳高峰时期大量涌入的外地游客资源。

第四，集安市文物古迹资源面临保护与利用、历史文化资源与国际政治关系之间的多重矛盾。一是如何处理好保护与开发的关系是摆在集安有关政府部门面前的一大难题。集安市境内虽然有 1 万余座高句丽王陵、墓葬，并且有珍贵的壁画资源，但是集安市在文物保护方面的能力较为有限，导致很多王陵、墓葬及其壁画无法得到充分开发利用。二是如何处理文化古迹资源（如高句丽文化遗产）之科学研究、开发利用与国际政治关系之间的矛盾，也是一个较大难题。

第五，如何充分发挥集安的独特区位优势也是需要关注的问题。一是集安市地处中朝边境，在经济社会发展方面受中朝关系波动影响较为明显。近年来，东北亚地区国际关系非常复杂，集安市作为直接对朝的边境城市，对中朝关系的健康与否反应非常敏感。二是如何发挥集安作为鸭绿江中游城市的比较优势问题。集安市处于鸭绿江中游，如何发挥和利用集安的独特区位优势、提升区域竞争优势是集安市发展需要思考的问题。

（二）促进生态建设进一步发展的建议

在生态文明建设中实现绿色发展，从根本上就是在保护中发展、在发展中保护，必须正确处理好经济发展同生态环境保护的关系。

第一，进一步着力提升生态产品的品牌效应，充分对接人民对优质生态产品的需求，将生态优势切实转化为发展优势、将绿水青山真正转化为金山银山。党的十八大报告首次明确提出“生态产品”的概念。《中共中央关于制定国民经济和社会发展第十三个五年规划的建议》指出要“坚持绿色惠民”理念。《十三五规划纲要》更是明确提出要“扩大生态产品供给”，并且从提升生态公共服务供给能力、开发生态康养服务和产品、加快生态基础设施建设、打造生态体验精品线路等方面提出明确要求。由于生态景观资源具有不可移动性，因此面临“酒香也怕巷子深”的推广困境。在人们工作和生活的节奏越来越快的背景下，时间成本、交通成本乃至物流成本逐渐成为影响和制约人们享受生态产品服务的重要因素。如何充分对接生态产品供给和生态服务需求，解决生态产品供需双方的空间距离问题，增强获得生态产品的便捷性已成为摆在生态产品供给侧和需求侧双方面前的一个重要问题。对于地处祖国边疆地区的集安市而言，交通出行的便捷性问题尤为突出。没有优质的大交通局面，就很难便捷地获得生产产品和服务，“全域旅游”、绿色富民等大开放战略也将受到极大制约。

第二，进一步妥善解决主体功能区规划实施可能引发的空间正义问题，充分发挥主体功能区规划在建设美丽中国与实现区域协调发展方面的作用。主体功能区规划以环境资源承载能力为基础，将全部国土空间划分为重点开发区域、优化开发区域、限制开发区域和禁止开发区域，在对生态环境保护源头保护的同时，也在一定程度上限制了限制开发区域和禁止开发区域的发展机会。这导致环境权与发展权之间存在潜在冲突，应思考如何妥善解决该问题。习近平总书记指出，“经济发展和环境保护并不是绝对对立的，关键在人，关键在思路”，“绿色生态是最大财富、最大优势、最大品牌，一定要保护好，做好治山理水、显山露水的文章，走出一条经济发展与生态文明提高相辅相成、相得益彰的路子”。《全国主体功能区规划》所限制的仅是大规模城镇化开发，而非绝对禁止开发。同时，促进区域协调发展也是新发展理念的重要内容。实施主体功能区规划，应按照《全国主体功能区规划》建立相应的生态补偿制度，通过国家财政转移支付对其进行输血。同时，针对限制开发区域和禁止开发区域，也要提供政策支持，鼓励其绿色发展并培养其造血能力，为其发展提供法律保障。

第三，在县域经济中，要充分依托本地资源优势，培育特色产业、做大做强特色经济、优化产业结构布局、培养经济发展活力与后劲。如何通过电商经济发挥县域比较优势，促进区域经济发展中的潜力有待发掘。县域经济必然要立足地方特色，坚定走特色发展之路。从整体发展趋势来看，“互联网 +”、电商经济已经成为经济发展的新常态和新趋势。对于地方政府而言，不仅需要发展线下经济，而且需要搭乘“互联网 +”这个快车发展线上经济。同时，也应当对产业结构、经济结构进行合理优化。在集安市，不仅应当发展与人参、冰葡萄相关的一、二、三产业，而且应当发展与其他特色产品相关的产业。在特色产业发展基础较为薄弱、地方特产经营者缺乏品牌意识的情况下，地方政府应当提供相应的引导和支持。只有这样才能实现经济与产业结构的优化配置，才能实现线上经济与线下经济的统一。只有将生态环境优势融入经济结构中实现产业生态化，将“互联网 +”与生态农业、生态工业、生态旅游、生态康养相结合，才能激发和培育经济可持续发展的强劲动力。

第四，在新时代要充分用法治方式满足公民对美好生活的向往，充分运用法治解决发展不充分不平衡的问题。党的十九大报告提出，中国特色社会主义进入新时代，我国社会主要矛盾已经转化为人民日益增长的美好生活需要和不平衡不充分发展之间的矛盾。如何用法治解决人民日益增长的美好生活需要和不平衡不充分发展之间的矛盾就是值得思考的问题。就集安市而言，地处边疆地区，面临基本公共服务供给能力较差、基础设施通达程度较为落后的困难，除了要进一步加大投入力度、优化建设规划，加强集安市地方法治建设，提高以法治思维、法治方式推动生态文明建设的能力，是必不可少的甚至是更为必要的措施。集安市应当进一步强化地方法治建设，特别是要强化地方生态法治体系建设，确保不断提升集安市生态文明建设的系统性、协调性和长效性。

改革开放

与中国县域发展

GAIGEKAIFANG

吉林珲春

JILIN HUNCHUN

自力更生：边境开放转化就地发展

中国社会科学院中国边疆研究所

一、珲春概况与改革开放以来的发展成就

改革开放初，珲春是隶属于吉林省延边朝鲜族自治州的一个边境县，市区面积 4.83 平方公里。当时的珲春县居民自嘲珲春县里有“七十一栋楼，九十一条街”（其实一栋楼，就是一条街）。2017 年，珲春市建成区达 35 平方公里，拥有对朝对俄 4 个口岸，经济发展水平位列吉林省前五名。珲春的发展成就，市领导说的最形象了：现在去州里开会敢坐在前面了。

（一）东北亚核心位置与祖国最东端的边境城市

1. 珲春市的地理位置

珲春是个典型的边疆、口岸和少数民族（朝鲜族）城市。珲春地处吉林省的最东部，隶属于延边朝鲜族自治州，与俄罗斯和朝鲜相邻，是我国唯一相邻两国的边境城市。珲春市以珲春岭为界与俄罗斯滨海边疆区的哈桑区接壤，边境线全长 246 公里，距离俄罗斯远东最大的海港城市符拉迪沃斯托克（海参崴）最近处不到 50 公里远。西南以图们江为界与朝鲜咸镜北道相邻，边境线全长 139.5 公里。

珲春市也是我国最东面的边境城市。2000 年 12 月 10 日，中国北京天

文台和南京紫金山天文台共同认定，21 世纪中国内地第一缕曙光照在珲春市森林山。

从世界地图上看，珲春市居于东北亚的核心位置。珲春市是中国直接进入日本海的唯一通道。从珲春市防川村沿图们江至日本海仅 15 公里，直线距离 9.8 公里，是中国通向东北亚的窗口、欧亚大陆桥的起点之一，也是中国从水路直接到韩国东海岸、日本西海岸，以及通过北冰洋航行北美、北欧最近的地点。

现实是珲春市无法直接利用图们江出海。历史上，珲春曾依托通海之便，发展成国际商埠，一度成为吉林省第二大商业城市。1938 年以前，珲春边民一直从防川“土字牌”以下 15 公里河道进入日本海从事捕捞等活动，“张鼓峰战役”后，出海活动被迫停止。近代以来直至改革开放前，珲春由于不能通海而逐渐衰落。

2. 珲春市的自然条件

珲春市的气候属于海洋性季风气候，与相隔 100 公里的延吉气候迥异。珲春冬暖夏凉，西部、北部的高山阻挡了冬季陆地寒冷气流的侵入，使得珲春的冬季不太冷。夏季吹来日本海的风，8 月份平均气温 21.2 ℃，是避暑胜地。珲春这样的气候条件在我国东三省的陆地地区绝无仅有，最近几年珲春市也打出“冬住三亚，夏居珲春”的宣传语来招揽游客。

珲春市地形呈马鞍形，东、南、北三面被群山环绕，山地面积约占珲春市的 80% 以上，森林覆盖率为 76.5%。珲春的林下经济历史悠久，盛产人参、鹿茸、蜂蜜、哈什蚂等名贵滋补药材和松茸、木耳等土特产品。珲春市境内共有大小河流 52 条，人均占有水量 12770 立方米，远高于全国平均水平。

珲春市自然资源非常丰富，拥有吉林省最大的煤田。境内有珲春、春化、敬信等几个沉煤盆地，煤炭探明储量 7.78 亿吨，远景储量 12 亿吨以上，总设计开采规模 700 万吨 / 年。

珲春市还是吉林省第二大黄金带，已发现大型矿床 2 处。福建的上市公司紫金矿业就是看重了珲春丰富的金、铜矿资源以及便利的海上运输，于是到珲春投资设厂。目前年产黄金 1 吨，铜 4000 吨，产品主要供东三省。

珲春是个马鞍形的小盆地，除去森林覆盖的地方，其余的是大片的平原。珲春市拥有耕地面积 2.9 万公顷，耕地、林地、牧草地之和占珲春市土地总面积的 93.7%。耕地集中联片、地势平坦，坡度小于 15 度的耕地占 99%，有利于机械化大规模种植粮食、蔬菜、药材。

目前珲春市粮食作物主要以水稻、玉米为主，历史上珲春也像东三省其他地区一样盛产大豆，但是由于效益太低，最近几年农民们已经不再种植大豆。2018 年，国家减少了大豆的进口量，同时给农户大豆种植补贴，在课题组进行调研时，很多农民都开始谋划种植大豆。此外，珲春土壤内富含晒元素，经检测地上农作物果实均富含晒元素，长期食用，对人体健康十分有益。当地的水果和大米都冠以“富硒”的美名向全国销售。

珲春由于森林覆盖率高，林中的野生动物种类、数量繁多，也是东北虎的故乡。2016 年 12 月 5 日，《东北虎豹国家公园体制试点方案》获中央深改组审议通过。该公园总面积 1.46 万平方公里，其中，吉林省 1.04 万平方公里，占公园总面积的 71%。涉及珲春片区的面积为 3566 平方公里，占全市行政区划面积的 69.3%，涉及全市 8 个乡镇 1 个街道，54 个村 7275 户 17891 人，涉及集体林版图内耕地面积 145 公顷。

3. 珲春市的历史和行政沿革

“珲春”为女真语也就是后来的满语“边地、边陲、边陬（角落）、近边”之意。最早在《金史》中有“浑蠢”名，后来在《明史》中也出现了“浑蠢”之名，珲春是最后较稳定的译音。

隋唐时期的渤海国曾经建都于珲春，珲春是当时举世闻名的“日本道海上丝绸之路”的重要节点，唐代的经济文化、民俗宗教由此传到日本。隋唐时期的珲春是享誉东北亚的著名国际商埠，其辖地包括海参崴等地区，是彼时东北地区的经济中心。

从清初开始，清政府对东北地区实行封禁政策，禁止汉族移民移居东北地区，在吉林和黑龙江两省限制尤为严厉。由此导致当地人口稀少，社会发展止步不前。1861～1911 年，鸦片战争后清政府对边疆控制日益削弱，沙俄不断侵蚀黑龙江边境，清政府于咸丰十年（1860）正式开禁放垦，鼓励移民实边，鼓励关内汉族人民出关移垦，以振兴关外的经济。这一政策的实施改变了清初民生凋敝的荒凉景象，奠定了东北农业迅速发展的基础。正是在清政府开禁放垦的初期，朝鲜半岛的大批朝鲜人由于饥荒、战乱，纷纷越过图们江垦荒谋生，形成了珲春朝鲜族的雏形。

民国二年（1913），珲春厅改为珲春县。珲春初建县时县城称首善乡珲春城。1930 年后改称第一区。沦陷时期，1936 年改称珲春街。1945 年以后先后称珲春县、城区、城关区、第一区、珲春镇等。1949 年 5 月 30 日，珲春县政府更名为珲春县人民政府。直至 1988 年撤销珲春县，改置珲春市。1991 年国务院批准珲春为国家级对外开放城市，1992 年 3 月 9 日国务院批准珲春为进一步对外开放沿边城市。

（二）“珲老八”翻身记

1. 从农业县到工业市：珲春市产业结构变迁

改革开放前，珲春市的经济在吉林省延边朝鲜族自治州所辖的 8 个县市中排名第八位（也就是最后一位），因此那时候珲春市的外号是“珲老八”。珲春当了几十年“珲老八”，珲春的领导去延吉州开会从来不敢往前排坐。

统计资料显示，1978 年，珲春市的地区生产总值 5801 万元、全口径财政收入 1055 万元、农业总产值 3429 万元、工业总产值 2434 万元、社会消费品零售总额 3486 万元；2017 年，珲春市的地区生产总值 1445840 万元、全口径财政收入 188246 万元、农业总产值 102889 万元、工业总产值 3808400 万元、社会消费品零售总额 623987 万元（见图 1），分别是 1978 年的 249.2 倍、178.4 倍、30 倍、1564.7 倍、179 倍（见图 2）。

改革开放 40 年来珲春市的各项指标中最令人瞩目的是“工业总产值”增加了 1564.7 倍。数据显示，珲春市从改革开放初的农业县转变为工业市。

图 1　珲春市 1978 年与 2017 年各项指标对比图

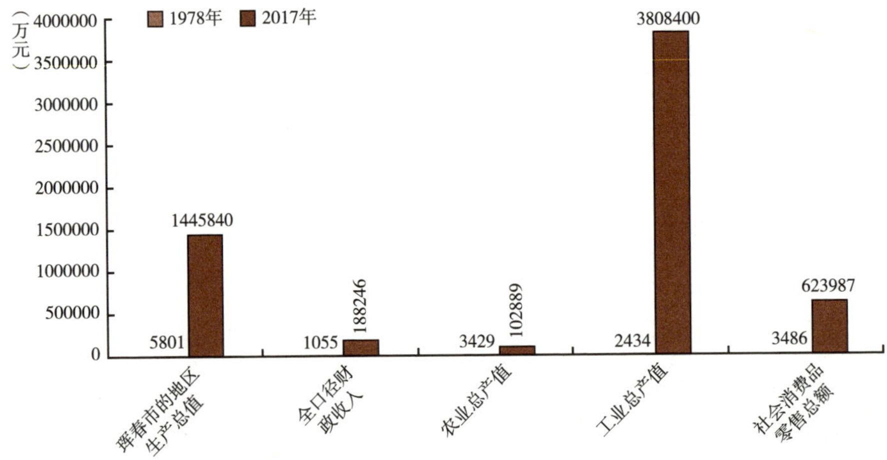

图 2　珲春市各项指标 2017 年比 1978 年增加倍数

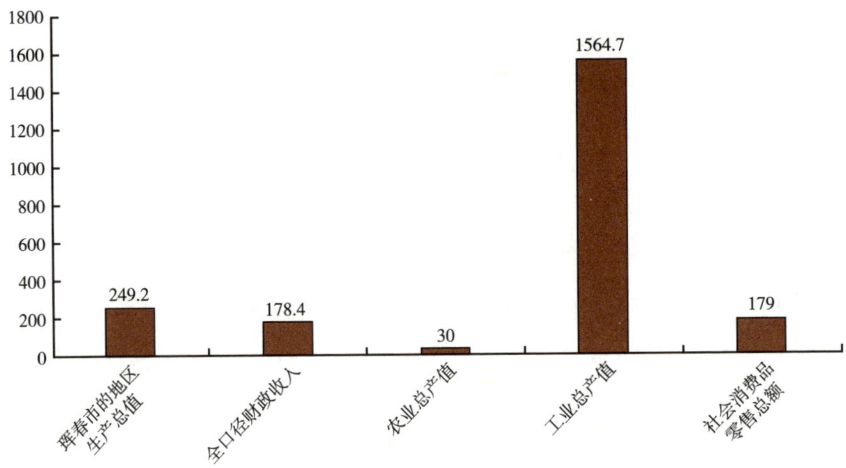

2015 年珲春市三次产业结构比为 4.0 : 70.8 : 25.2。[①] 工业经济占珲春整体经济结构的 70.8%（见图 3）。

珲春市自改革开放以来，除了工业突飞猛进的发展，农业生产的绝对值也增长了 30 倍。珲春市在 1978 年还是个以农业生产为主的边境县。新

① “珲春市”，《吉林年鉴 2016》，444 页。

图 3　珲春市 2015 年产业结构图

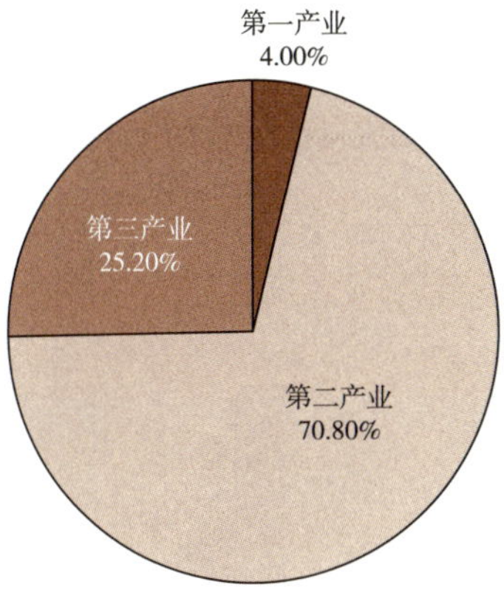

中国成立后到改革开放前的这段时间，延边州农业总产值年均增长率仅为 2.7%，[①] 当地人的生活水平始终在温饱水平上下徘徊。山区面积占 80% 以上的珲春，那时候农业的产出低于延边州的平均水平。1978 年珲春的耕地面积为 558934 亩，农业总产值 0.492 亿元，实施联产承包责任制极大地释放了农民的生产积极性，珲春市 1990 年的农业总产值已经有 1.33 亿元，比改革开放初期翻了一番还要多，2017 年珲春的农业总产值已经有 10.2 亿元。

2. 归去来兮：珲春人口和居民生活的变迁

改革开放以来，珲春市的人口变化总结起来有三个方面的特征。

一是大量外来人口进入珲春就业和生活。珲春市的户籍人口从 1978 年的 14 万左右增长到 2017 年的近 23 万。据珲春市不完全统计，目前有 14 万外地人居住在珲春，所以珲春实际居住的人口大概是 40 万。非户籍外来人口的大致比例为 37.8%。此外还有 145 户俄罗斯人在珲春购房居住，有 400 户左右的俄罗斯人在珲春租房居住。

二是珲春市城镇人口比例激增。珲春市登记在册的城镇人口从 1978 年的 24.65% 增加到 2017 年的 78.52%。如果算上外来的 14 万非户籍人口（这

① 姜栽植：《中国朝鲜族社会研究：对延边地区基层民众的实地调查》，北京：民族出版社，2007，第 73 页。

些外来人员几乎都是商业从业者或者在企业务工），珲春市的城镇人口比例大致在 85%（见图 4）。

图 4　改革开放 40 年来珲春户籍人口和城镇人口变化图

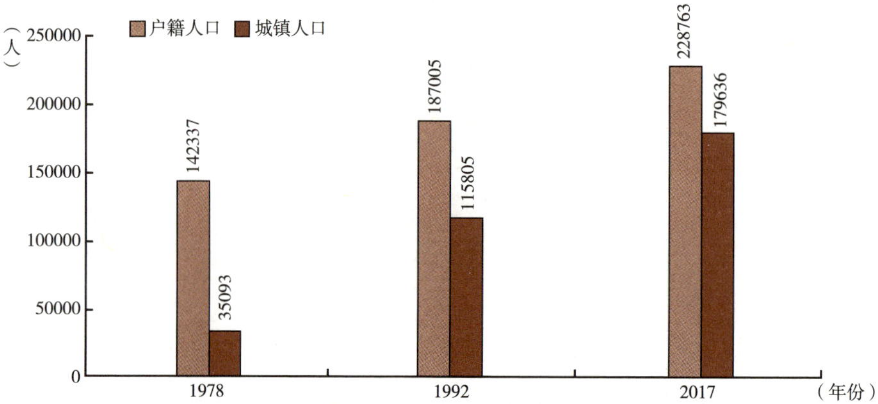

三是珲春市汉族人口比例上升。改革开放以来，珲春市增加的总人口中以汉族为主，朝鲜族人口数量与 1978 年基本持平，保持在 8 万人左右的水平。汉族人口比例从 1978 年的 33.5% 上升到 2017 年的 53.3%（见图 5）。

图 5　改革开放以来珲春市居民民族变化表

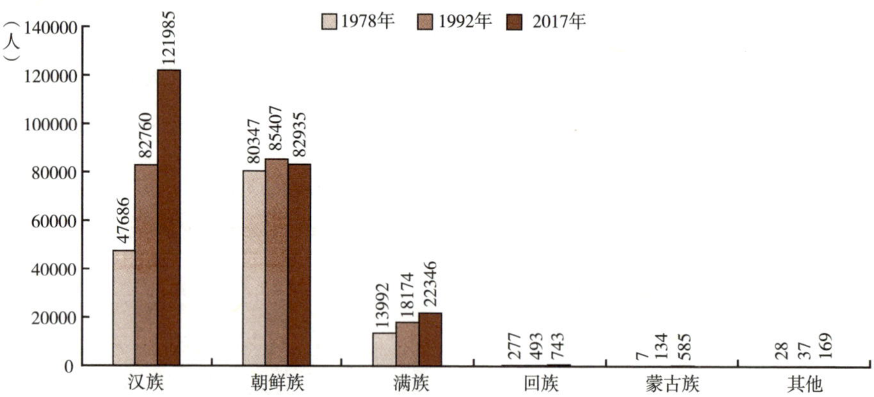

珲春市朝鲜族人口占比下降的主要原因是当地大量的朝鲜族居民赴韩国务工未归。韩国 1999 年颁布了《在外同胞出入境及法律地位法》。根据该法律规定，我国的朝鲜族属于韩国的“外国国籍同胞”，享受在韩国出入境和务工的宽松政策。

珲春的朝鲜族居民赴韩国务工在20世纪90年代对珲春的经济和社会发展起到了正向的带动作用。首先，赴韩国务工缓解了当时珲春农村大量剩余劳动力的问题。珲春当地人以种植水稻和玉米为主，农业生产季节性很强，一年的劳动期只有四个月左右，农闲期长达八个月，对韩国的劳务输出很好地解决了农村剩余劳动力问题。其次，对韩国的劳务输出是珲春市朝鲜族居民进行资本原始积累的重要途径。在20世纪90年代至21世纪初期，在韩务工人员平均一年收入为10万～12万元人民币，而同时期珲春居民的年收入只有3万元左右，差距十分明显。珲春市的老领导告诉调研组：当年从韩国汇回来的钱比政府的财政收入还要高。

十八大以来，珲春经济快速发展，带动当地居民收入快速增加，加上韩元对人民币贬值，韩国务工的劳务收入与珲春当地的收入相比已经没有很大的优势了。调研组在访谈中发现很多在韩国务工的珲春朝鲜族居民都有意愿回到珲春。防川村的总支书曾经在韩国务工，现在回到珲春种了2垧苹果、养了20头黄牛，每年还在图们江捕鱼，加在一起每年的家庭纯收入有20万元。他给调研组算了一笔账：每年在韩国务工能收入12万元人民币，如果像韩国人一样吃喝根本存不下钱，（务工带回来的）钱都是从嘴里省下来的。（在韩国）还不能生病，住的条件也很差。他现在在珲春的收入比在韩国高，村里的人很多都想回来，但是很难找到好的项目。

改革开放以来，珲春由于快速的城镇化和农村大量朝鲜族居民赴韩国务工，村里的中小学生数量越来越少，因此乡村的中小学数量逐年减少，逐渐合并到镇中心或者珲春市。调研组调研了珲春市敬信镇和英安镇的一些村庄，发现当地村民大多数在珲春市购置了商品房，村干部们每天晚上在珲春市里居住，白天开车回到村里“通勤”上班。

2017年珲春市共有中学16所，在校学生7956人；小学12所，在校学生10509人；珲春居民不论民族都十分重视教育，几乎所有的家庭都要将孩子送去上大学。2017 年珲春市高中招收新生 1006 名；珲春市共有 908 人参加高考，本科录取率达 95.8%。调研中还发现，当地有些商人甚至不惜重金将孩子送到大连的国际学校上学，理由是：在珲春只能做小生意，在大连做全东北的生意，希望（孩子们）做全世界的生意。

珲春市的公立医疗卫生设施整体数量与改革开放初的变化不大，其中卫生院、床位和乡村医生的数量跟 1978 年基本持平。2017 年珲春注册的医护人员数量甚至比 1978 年的 254 人还要少，只有 122 人。由于市场化改革，很多体制内的医生离开，私人诊所的数量上升，这部分数量没有被统计进来。不过珲春市的医疗资源在改革开放的过程中逐步向基层下沉，居民日常寻医问药更加方便了，1978 年珲春市只有 9 个卫生室，2017 年已经有 110 个（见图 6）。几乎所有的街道社区都有卫生室。

图 6　改革开放以来珲春医疗卫生设施的改变图

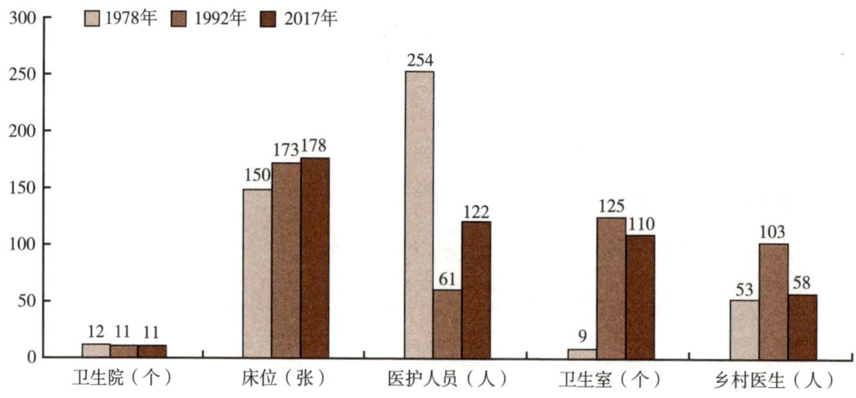

3. 从无到有：珲春市的外贸与民营经济

2017 年珲春市外贸进出口总额达 14.6 亿元，外贸进出口货值居吉林省第二、增速居吉林省第四。2017 年珲春市拥有对俄罗斯口岸 2 个，对朝鲜口岸 2 个。其实，珲春的对外贸易是改革开放以来从无到有、从小到大发展起来的。

早在 20 世纪 50 年代，延边朝鲜族自治州便开始了对外贸易，1954 年经政务院（现国务院）批准，延边地区同朝鲜的咸镜北道开展边境小额易货贸易。后因“文化大革命”而中断。是国家的对外开放政策为珲春市的涉外经济发展带来了机遇，回顾珲春市外贸发展的历程，珲春经历了从无到有，从简单的对朝易货贸易到现如今同 79 个出口国与 32 个进口国开展贸易。

第一阶段，1978～1991 年，从无到有。

1978 年改革开放前后，珲春市对外交流主要以中朝边民探亲往来为主。1980 年 3 月，珲春县对外贸易局成立，当时是副科级建制。1984 年 1 月，珲春县外贸开始自营业务，主要对外贸易对象是朝鲜，一直到 1985 年珲春市的对外贸易方式全部都是边民易货贸易。

1988 年吉林省政府批准珲春市外贸公司享有苏联的边境贸易经营权，珲春开始对苏联进行边境经济贸易。1989 年通过协商，珲春派出 35 名蔬菜种植技术人员经绥芬河口岸赴苏联哈桑区波赛图农场种植蔬菜，开始与苏联远东地区进行技术交流。

到 1990 年，珲春对朝鲜与苏联远东地区及国内贸易的经营格局逐步清晰化，其中国内贸易主要是组织商品生产对外出口，贸易的形式仍然以易货贸易为主。1990 年，珲春市对外经贸进出口总额为 3650 万元人民币，税后利润 183 万元人民币。

第二阶段，1992～2012 年，摸索中前进。

1992 年，珲春被国家批准为沿边开放城市。国家和吉林省给予珲春对外贸易方面许多优惠政策，国内外各地资金大量进入珲春，投资办企业，参与边境贸易，这是珲春对外贸易较为活跃的一年，1992 年珲春市外贸进出口总额首次突破 1 亿美元大关。

1992 年 9 月，经国务院批准设立的“珲春国家级边境经济合作区”，规划面积 21.77 平方公里。2000 年 4 月和 2001 年 2 月，国务院又在合作区内先后批设了珲春出口加工区和珲春中俄互市贸易区，实行“三区合一”管理模式。

第三阶段，2012 年至今，珲春发展列入国家战略。

2012 年 4 月国务院批设了中国图们江区域（珲春）国际合作示范区。作为珲春国际合作示范区的重要区域，合作区抢抓历史机遇，坚定不移地实施投资拉动战略，持续改善营商环境，加快产业集群集聚，现已成为珲春市经济发展的主阵地、项目攻坚的主战场、开发开放的主平台。

珲春市从 1993 年 5 家专业外贸公司，发展到 2017 年 249 家企业，贸易分布在五大洲 83 个国家和地区。其中，出口国达到 79 个，2017 年出口值实现 34 亿元。新拓展菲律宾、吉尔吉斯斯坦、阿尔及利亚、科特迪瓦、约旦、保加利亚、乌拉圭、伊拉克、巴基斯坦、塞浦路斯、巴林、马耳他、委内瑞拉、立陶宛、秘鲁等 20 个国家市场。出口以劳动密集型产品和农产品为主，进口以铜矿砂及其精矿和水海产品为主。

珲春口岸的进口国达到 32 个，2017 年进口值实现 65.6 亿元，同比增长 17.4%。进口来自澳大利亚、加拿大、南非等三国的铜矿砂及其精矿资源。进口纺织料件国别从东北亚延伸至英国、法国、马来西亚、泰国等国家。

伴随着珲春对外贸易的发展，当地的民营企业的数量和纳税金额在十八大以后也突飞猛进。2004 年 7 月，从国家开始实行对外贸易经营者备案登记制度以来，珲春私营外贸企业正式占主导地位。2012 年之前珲春民营企业的数量一直徘徊在 1500 家上下，截止到 2017 年，珲春市的民营企业数量有 4300 家（见图 7）。民营企业上缴的税金也由 2009 年的 3.4 亿元增加到 2017 年的 8.8 亿元（见图 8），民营企业的主营收入由 2009 年的 129.7 亿元增加到 2017 年的 407.7 亿元（见图 9）。

4. 珲春市的跨境交通与内陆交通

改革开放前，珲春是个封闭的边境县城，外来人口进入珲春需要边民证，加之进出珲春只有珲春到图们的一条省道，因此那个时代鲜有外人进入珲春，珲春人也很少出去。

珲春是个三面环山的马鞍形小盆地，因此进出珲春都要“翻山越岭”，珲春市的领导去延吉州开会，驾车翻越盘山公路需要一天时间。客观地讲，

图 7　珲春民营企业数量

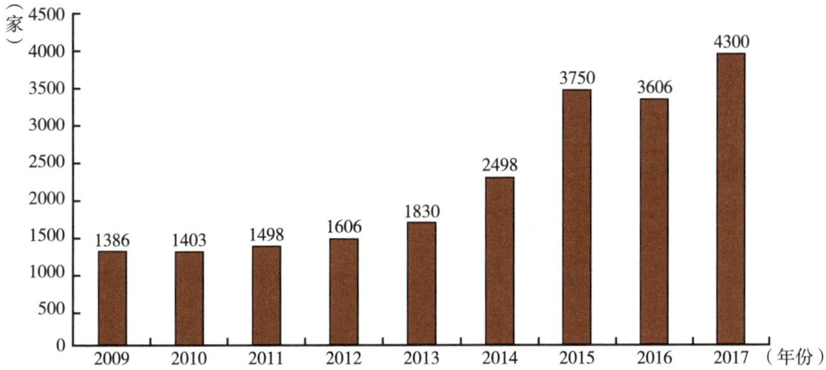

图 8　珲春民营企业上缴税金

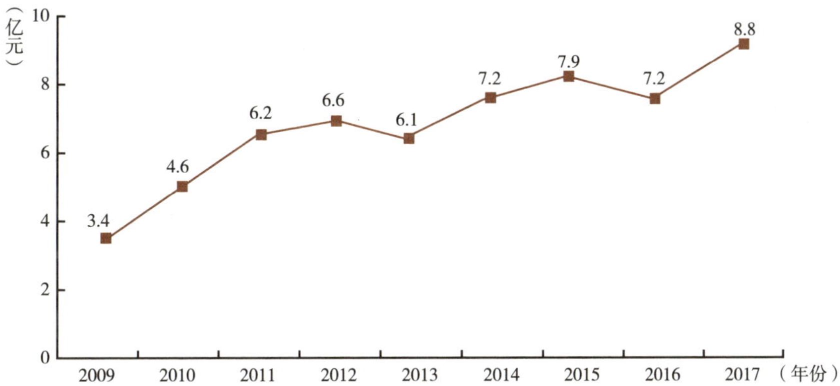

图 9　珲春民营企业主营收入

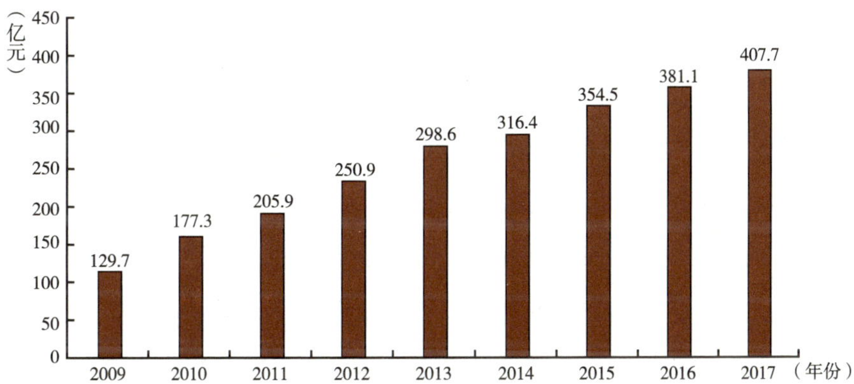

珲春在改革开放的历程中，沟通外界的道路基础设施建设一直滞后，这个局面直到十八大以后才有了彻底改观。调研过程中，一位返乡的大学生告诉我们：（他）2010年去长春上大学，要先坐“小巴”到图们，再从图们坐火车到长春，要一天一夜。

珲春道路设施建设在改革开放前30年时间里发展缓慢，原因主要是珲春三面被山包围，穿山打洞铺路的成本很高，珲春市和延吉州都无力承担高昂的建设费用，直到十八大以后，“长吉图开发”列入国家战略，珲春的道路和交通建设在短时间内才得到了极大的改观。

目前珲春拥有连接省内的高速公路，高铁以及国道、省道等完善的道路网络，同时还拥有通往俄罗斯和朝鲜的公路和铁路。2015年“借港出海”的水运道路开通，将东三省的货物借助朝鲜的港口运输到我国的浙江、福建等沿海城市，这种“内贸外运”极大地节省了运输成本。但是目前水运线路处于暂停状态。

2017年珲春市境内共有国、省、县、乡公路46条，总里程687.147公里。其中珲春至图们国道1条（G302），里程为28.646公里；圈河至省界省道1条，里程为170.001公里；珲春至大荒沟、大荒沟至汪清、珲春至长岭子、珲春至沙坨子、圈河至防川等县道5条，里程为102公里；乡道39条，里程为386.77公里。2013年已基本形成了连接珲春市、通往内地、通向国外的公路网络。

2012年长春至珲春高速公路已经全面贯通，珲春通过这条高速公路到达延吉国际机场只有96公里。

2015年9月20日，由长春至珲春的长珲城际铁路正式通车，该铁路正线359公里，全线有桥梁106座87公里，隧道86座149公里，桥隧比占66%，珲春至长春的旅行时间由以前的一天一夜缩短至3小时以内。此次课题组调研的行程便是乘飞机由首都机场到延吉机场，然后在延吉乘坐高铁到达珲春，延吉到珲春高铁运行时间只有30分钟。

此外，珲春市还相继开辟了中俄公路通道、中朝公路通道、中俄铁路通道〔珲春至俄罗斯斯拉夫扬卡、符拉迪沃斯托克（海参崴）〕等跨国客货运输线路。通过珲春铁路口岸，中方的窄轨铁路可以直达俄罗斯的波谢特港。中韩空中通道和中国珲春—俄罗斯扎鲁比诺—韩国束草陆海客货联运航线等多条通道，形成了以珲春为中心的跨国陆海联运通道网络，极大地提高了珲春的对外开放程度。

珲春完善的道路系统对当地经济的带动作用非常明显。从事俄罗斯水产品进口生意 20 年的袁老板告诉调研组，珲春通往长春的高速公路，尤其是高铁开通后，他的水产生意越做越大。水产品的交易规则是客户要亲自看货才能下订单，现在内地的客户要看货，可以很方便地坐飞机和高铁过来。同时，他的鲜活水产品通过高铁和飞机，可以很快地送到内地。

二、珲春市改革开放 40 年的经验与特色做法

（一）边境开放转化就地发展：珲春特色

1. 对外开放：东北的“深圳”

珲春市今日所取得的成就怎么都绕不开“开放”二字。珲春 1992 年被国家列为“首批国家沿边开放城市”，这个消息在整个东北地区轰动一时，坊间一时流传“珲春要变成东北的深圳”，于是一夜之间黑龙江和吉林本省的很多淘金者都来到珲春。课题组调研时，珲春街道 70 多岁的老居民田桂英还激动地回忆当初把自己家住的平房分割为几个小房间，出租给外来的淘金者。那是她人生中第一次赚到工资外的收入，至今她仍然在珲春市有两套房子，一套用来自住，一套用于出租，每个月租金 700 元。

第二年（1993 年）珲春市的外贸交易额首次过亿元大关，但是 1994 年中央政府的政策收缩导致珲春的外贸陷入低迷，直到 10 年后（2003 年）才回到 1993 年的水平。

尽管珲春的对外贸易经历了较长时间的低潮，但是这期间珲春仍然是外地人，尤其是东三省地区的居民向往的好地方。调研期间，一位黑龙江籍的

大学生毕业后跟随女朋友到珲春工作，他比较了珲春和家乡所在地，觉得珲春是个有吸引力的地方，因为在珲春“动换儿、动换儿就来钱”。

外地人大规模来到珲春工作经商也集中在十八大以后（2012 年）。调研组针对全体珲春居民的抽样调查显示，2012 年后来到珲春的外地人占到整体的 61.7%，有 4.2% 的人是 1992～1993 年间来到珲春的（见图 10）。

图 10　外来人员到珲春市的年代图

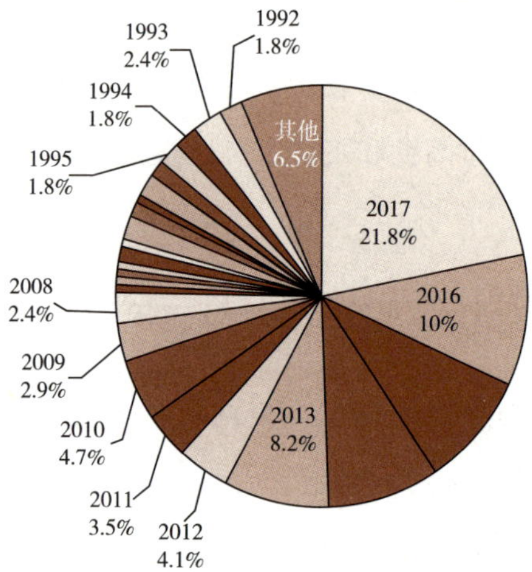

改革开放后，珲春的私营经济日益增多，1987 年 3 月，珲春县工商业联合会正式恢复。2017 年珲春市共有商会总数 16 个，其中，基层商会 2 个，行业商会 7 个，市场商会 1 个，异地商会 3 个，乡镇街道商会 3 个。2017 年新增会员 106 个，会员总数达到 518 个。其中异地商会中龙江商会（黑龙江的商人联合会）和温州商会（温州商人联合会）最大。正是珲春的开放政策使得珲春对外地的商人越来越有吸引力。

2. 创新：外贸与资源优势转化就地发展

珲春市拥有 4 个口岸，从理论上推断珲春市的外贸经济是该市的支柱产业。但是翻看《珲春统计年鉴》却发现珲春市的主要税收有 70% 多是工业贡献的，珲春是口岸上的工业城市。

珲春今日工业的发展是当地政府充分利用珲春的地理优势，以及邻国（俄罗斯和朝鲜）的资源优势（丰富的水产品和低廉的劳动力价格）“无中生有，有中生新”做起来的。

其一，依托水运资源“有中生新”的冶炼工业。福建的紫金矿业是大型上市公司，公司的产品主要是黄金和铜。当时设厂在珲春是看好珲春的口岸、便利的海运以及珲春的黄金矿。2017 年珲春进口铜矿砂及其精矿达 19.8 亿元，全部供给紫金矿业使用。

其二，依托低廉劳动力资源“无中生有”的服装加工业。首先，珲春市在海关的支持帮助下，成功争取到纺织服装出境加工复进境政策，指定特来纺织、弘丰制衣等企业为首批试点企业；加快推动特来纺织等传统服装企业转型升级，提高产品附加值。其次，珲春市还促成总投资 10 亿元的雅戈尔服装城项目在珲春落地。服装加工业是劳动力密集型产业，劳动力的成本是该行业最大的掣肘。调研时雅戈尔服装的相关负责人介绍，在珲春使用劳动力使得工厂的人工成本降低了 2/3。目前珲春的雅戈尔已成为延吉州纺织行业项目龙头。2017 年，珲春市服装及衣着附件出口额 9.1 亿元。

其三，“无中生有”的海产品加工业。珲春市不靠海，但是依托俄罗斯和朝鲜丰富的海产品，在珲春市形成了附加值高的海产品加工业，仅珲春市就有水产品贸易和加工企业 148 家。目前珲春每年进口 200 万～300 万吨海产品，2017 年珲春出口水海产品 6.9 亿元。2017 年固定资产投资 10.2 亿元，加工水产品 17 万吨，完成产值 43 亿元。

珲春市成立了示范区水产工业园区，并于 2016 年获批“吉林省省级特色工业园区”，成功引进了以兴阳水产、东扬实业、烟台大宸、洪昊食品等为代表的 78 家加工型企业，以伟易达贸易、比比爱水产贸易、友洋贸易为代表的 116 家贸易型企业及 400 多家个体商户。

珲春市还促成出境加工复进境政策扩展至水产加工行业（以往只有纺织业），东扬实业、盛海工贸、洪昊食品和东鹏水产成为试点企业。珲春市政府还帮助盛海工贸、洪昊水产、大宸水产 3 家企业在吉林省率先实现产品欧盟注册认证，进一步扩大了“珲”字号水产品在海内外市场的占有份额和影响力。

其四，调研进行期间，珲春市政府正在着手引进江苏省最大的国有企业在珲春建柠檬酸加工厂。柠檬酸属于粮食深加工企业，以往都是要将粮食运到江苏的宜兴进行生产加工，运输的成本非常高。如果将柠檬酸生产厂直接设在原材料产地，将为企业节省大量的物流成本，同时还可以为原材料产地贡献税收和增加就业。目前珲春市正在积极促成这项投资。珲春市委书记告诉调研组：吉林是产粮大省，在珲春设厂生产加工，（企业的）物流成本一年就节省一个多亿。

3. 全国唯一的县级“外国人服务中心”

珲春市 2014 年设立了“外国人服务中心”，调研组并没有仔细考证，但是珲春外服中心的主任说：“珲春的外服中心应该是全国唯一一个县级专门针对外国人的服务中心。”

由于俄罗斯商人和游客来往珲春的人次逐年增多，珲春市专门针对俄罗斯等境外人员服务管理工作设立了常设机构——珲春国际人才服务联络中心（简称外服中心）。

珲春外服中心作为“了解珲春的窗口，解决难题的帮手”，让越来越多的外国人，特别是俄罗斯人在异国他乡感受到家的温暖。“外服中心”的工作职责主要是解决珲春市对外服务环境中存在的突出问题，规范商业经营行为，构建诚信经营体系，切实维护境外、域外人员的合法权益。

珲春的外服中心还聘用了 3 名会讲中文的俄罗斯雇员，这些雇员专门负责帮助俄罗斯游客或者商人解决贸易或者生活中的难题。

（二）珲春市边境开放转化就地发展的缘由与条件

1. 边境开放转化就地发展的缘由之一：应对邻国局势变动

珲春市与俄罗斯和朝鲜开展对外贸易事业，从无到有，从弱到强，走过了漫长的发展过程。这一过程中有过热火朝天，急速发展的辉煌历史，也经历过急剧萎缩而走入谷底的低迷时期，珲春市的对外贸易最突出的特点是受俄罗斯和朝鲜两个国家政治、经济影响比较大，从而出现较大起伏。

调研进行的2018年中期，受国际环境的影响，珲春市对外经贸合作再次受到打击，尤其是加工贸易企业自2017年12月10日以后，出境加工业务基本上停止，进料加工也受阻，加工以及代工模式也不能实现可持续发展。2018年1～4月，珲春市外贸进出口完成24.1亿元人民币，同比下降32.9%。所幸的是，珲春外贸即使受到了如此打击，对珲春整体经济的影响并不大，原因就是珲春在经历多次外贸波动后，历届政府下决心调整产业结构，使珲春逐渐摆脱了对外贸经济的依赖。

改革开放以来，珲春外贸受挫这样的情景不是第一次出现了。珲春市的对外贸易经历了1992年的高潮，1994年受到周边国家政治、经济及国内财政金融政策的影响进入了长达5年的低谷期，外经贸企业开始萎缩，进出口总额急剧下滑，直到2003年才恢复到1993年的水平。

珲春市的外贸正是在低谷期完成了外贸结构转型。在低谷期珲春的边境小额贸易额呈逐年下降趋势，而一般贸易额则呈迅速上升的趋势，三资企业（包括私营外贸企业）成为外贸发展新的增长点，显示出了活力，这种外贸结构一直持续到现在。

同样是在边境贸易受挫时期，珲春市通过国家级边境经济合作区、出口加工区、中俄互市贸易区等三区功能优势，尤其是十八大以来加大招商、招产力度，完成了珲春经济由依托边境贸易，逐步实现互市贸易、一般贸易、进料加工贸易、来料加工贸易、转口贸易、出境加工贸易等方式的多样化，完成了对外贸易和就地工业的一体化转型。

2013年以来，珲春市边境贸易和互市贸易份额逐年下降，贸易增长方式转型已见成效。外贸经济形成了两个特色："两头（原料、市场）在外、中间（加工）在内"和"两头在内、中间在外"的对外贸易模式。这两种贸易模式有效对抗了境外国家局势的波动。

珲春市指导帮助条件成熟的企业赴周边国家（俄罗斯和朝鲜）投资设厂，将国外的廉价原材料运回珲春进行就地加工，然后再将制成品出口到欧美市场。目前珲春的海产品、木制品加工行业已经有龙头企业在俄罗斯和朝鲜设厂，将海产品和原木进行初加工后运回珲春再加工。

十八大以来，珲春市共推动 14 家企业开展“两头在内、中间在外”的贸易模式，主要是服装加工企业赴朝鲜开展出境加工。2017 年珲春市出境加工复进境贸易额已占全市对朝贸易总额的 25%，“出境加工复进境”业务已经成为珲春市的“金字招牌”。

2. 边境开放转化就地发展的缘由之二：东三省口岸城市间的竞争

目前中国东三省地区包括内蒙古地区比较大的对俄口岸城市有：满洲里、绥芬河、黑河、珲春，对朝鲜最大的口岸城市是丹东。珲春作为新兴的对俄罗斯和朝鲜的口岸城市，如何在众多老口岸城市中分得一杯羹，是珲春要努力经营的方向，因此珲春市唯有在原来老口岸的路径上进行创新才有活路。

满洲里是一座拥有百年历史的口岸城市，素有“东亚之窗”的美誉，是中国最大的陆运口岸，雄居全国同类口岸之首，其中满洲里铁路口岸是全国最大的铁路口岸，也是中俄贸易最大的通商口岸，承担了中俄贸易 60% 的货运量。

绥芬河口岸与珲春市距离只有 300 公里，也是个百年口岸，同样与俄罗斯远东滨海边疆区接壤，也是中国通往日本海的陆路贸易口岸之一。绥芬河口岸与珲春的经营内容同质性较高，并且有长期的经营基础。

丹东市地处辽宁省东南部，与平壤仅离 160 公里，中国和朝鲜两国贸易活动大多经过丹东。丹东是中国最大的边境口岸城市，也是亚洲唯一一个同时拥有边境口岸、机场、高铁、河港、海港、高速公路的城市。这样的区域优势，在世界城市来说也不多见，具有得天独厚的发展优势。

珲春正是在几个百年老口岸城市的夹缝中通过不断创新，发展到今天。

首先，中国对俄罗斯的贸易主要以木材进口为主，满洲里和绥芬河口岸是传统的俄罗斯原木进口口岸，珲春市至今没有原木进口许可证，只能进口木板。于是珲春市利用木板建了木地板加工厂和木屋生产厂，产品出口欧美和销往国内大城市。

其次，尽管丹东是我国对朝鲜最大的口岸，但是珲春所临近的朝鲜海域是日本海，拥有更好的海产品资源，同时珲春市也是最接近俄罗斯的海产品基地。珲春充分利用了自己与其他口岸城市的资源差异，开展水产品加工业，形成了自己的特色。

再次，珲春与之竞争的百年老口岸，虽然有境外客户交易习惯的传统优势，但是这些老口岸由于缺少竞争对手，在发展过程中也存在经营软环境欠缺的不足。珲春作为新兴口岸城市，紧紧抓住软环境建设这个其他周围口岸的欠缺点进行经营，成立了“外国人服务中心”，吸引了很多以往在其他口岸经营的外国商户。“珲春外服中心”还雇用了俄罗斯专职的工作人员，主要职责是为境外、域外人员在珲春期间提供各项优质服务，并受理境外、域外人员在休闲、旅游、餐饮、购物、居住等方面的咨询和投诉，同时为外来劳务人员提供就业服务和管理。

目前，俄罗斯人在珲春买房的有145户，还有400多户在珲春租房居住，在珲春的东市场经常会看到很多俄罗斯人采购物品，还有很多俄罗斯人在珲春就业。调研组在《图们江日报》和“外服中心”对俄罗斯籍的雇员进行访谈时，他们谈到珲春印象最多的就是“城市干净、人们友好，从来没有遇到不好的人”。

3. 边境开放转化就地发展的条件之一：长吉图开发的国家战略

纵观珲春改革开放40年来的发展，有两次高潮时期，第一次是1990年到1993年。1991年联合国开发计划署（UNDP）正式提出图们江地区国际开发计划；1992年9月，国务院批准设立珲春边境经济合作区，珲春改革开放的序幕由此正式拉开。同期，朝鲜在罗先地区设立自由经济贸易区，俄罗斯在滨海边疆区设立了海参崴自由经济区。中国的东方大门那时候真正打开了，当时主要进口的是俄罗斯的化肥、木材、钢材、汽车、生活用品；朝鲜的海产品、水泥。中国的轻工产品、糖酒、粮食等出口到俄罗斯和朝鲜。

正是在那段时期，我国投入大量资金，以珲春市为中心，重点建设交通、通信、能源等基础设施，口岸条件得到了极大改善，为图们江地区开发创造了有利条件。但是，由于受多方面因素的制约，图们江地区开发在20世纪90年代中后期以后逐渐冷了下来，与国内其他地区相比，图们江地区的开发进展相对缓慢，直到2012年珲春迎来了改革开放以来的第二次重大机遇——长吉图开发开放先导区设立。

2012年，在《中国图们江区域合作开发规划纲要——以长吉图为开发开放先导区》战略全面实施，并取得显著进展之际，国务院正式批准在吉林省珲春市设立“中国图们江区域（珲春）国际合作示范区”（以下简称珲春国际合作示范区）。

示范区以加强珲春与东北亚周边合作为主线，以构建跨境经济合作新模式为目标。国务院从财税、产业布局和投资、土地利用、境外基础设施建设、金融创新、海关监管及口岸建设、人才引进和培养、通关便利、专项资金支持等九个方面赋予了特殊的支持政策，具有较高的政策含金量。

珲春国际合作示范区的建立，为珲春的发展注入强大的动力，增创珲春对外开放的新优势，是珲春市保持和发展与周边国家及毗邻地区经济技术合作的坚强支撑。珲春市正是抓住了“示范区”的机遇苦练内功，利用口岸和自身资源的优势在全国范围内开拓市场，引进企业，为珲春的可持续发展夯实基础。

4. 边境开放转化就地发展的条件之二：国内的大市场

珲春将口岸优势转化为就地的工业发展，除了得益于国家对长吉图区域发展的政策支持以外，还得益于国内统一的大市场。珲春通过国内的大市场，将境外和当地的资源优势，经过就地加工提升附加值再向内地市场销售，从而实现了珲春本地经济的健康可持续发展。

珲春借助国家开发“长吉图”区域的有利政策环境，依托于道路等基础设施的改善，将珲春本地生产加工的木制品、海产品甚至农产品，销售至全国各地。

珲春传统的外贸加工企业，通过现代科技和管理技术的运用，尤其是互联网和冷链物流，大力发展电子商务、连锁经营、物流配送等现代流通方式，使以往只能在小范围销售的商品在全国范围自由流动和充分竞争。特别是借助电子商务，可以使珲春的商品流动的空间和范围得到极大的扩展，使空间对边疆的限制减小到最低。

客观地讲，如果没有全国的市场为珲春的产品撑腰，珲春本地的生产加工产业的发展无法像今天这样迅速。

（三）珲春市边境开放转化就地发展的典型案例

1. 金鹰木业

金鹰木业是珲春当地人开办的外贸进出口和木制品加工企业，金鹰木业在过去 20 年里经历的发展历程是珲春市外贸进程的缩影。

金鹰木业的创始人金老板（金松峰）是土生土长的珲春朝鲜族人。在 20 世纪 90 年代珲春的外贸如火如荼时期，他去俄罗斯读书学习俄语，在当时那是炙手可热的专业，因为那个时代的珲春人都觉得以后可以依靠与俄罗斯的贸易发财。

回国后的金老板在珲春从事对俄贸易，做过水产生意，后来集中做木板进口生意，并在外贸生意中完成了个人财富的原始积累。

我国东北地区对俄罗斯有原木进口权的口岸是满洲里和绥芬河，珲春至今不能进口原木。金老板发现进口原木的利润比进口木板的利润高很多，但是在满洲里和绥芬河口岸做原木生意的国内买家和俄罗斯卖家都是多年的贸易关系，作为新人和外来人很难分到一杯羹。

于是，金老板利用多年在俄罗斯进口木板生意结识的俄罗斯人脉，投资 1000 万元在俄罗斯“承包”了一座山，并拥有了俄罗斯的木材砍伐权。金老板在俄罗斯当地建设了四个原材料加工基地，用于将原木初加工成木板，再将木板从珲春口岸进口至国内。

金老板在俄罗斯投资的木材加工厂进一步扩展了自己的利润空间，控制了自己的“上游”货源，将木板供给国内的木材加工企业。这些使用金老板木板的企业都是来自广东和浙江的家具厂，金老板去参观过这些工厂后，深感木制品要继续提升附加值就要进一步深加工。于是金老板又利用在韩国的工作经验，果断选择利用自己工厂的木板加工移动木屋。

朝鲜族的传统房屋都是木结构，主要是就地取材方便建造，而且冬季的保暖性能也非常好。金老板发现韩国很多建在山间的“度假屋”和“民宿”所使用的木屋都是工厂建造的成品到现场组装即可。

金老板在 2011 年又投入资金 2000 万元扩建厂房及附属设施，用于生产木屋。木屋的设计师是从韩国聘请过来的，生产木屋的工人是与朝鲜政府有关部门签署了用工合同，由朝鲜派遣过来的朝鲜工人。

目前金鹰木业的移动木屋全部往国内销售，国内的市场非常认可，甚至有些供不应求。金老板下一步想扩大木板的进口量，也就是要扩大在俄罗斯工厂的砍伐数量和生产数量。由于金老板在俄罗斯的工厂为当地解决了就业，产生了利税，俄罗斯非常欢迎金老板进一步扩大规模。在课题组调研进行时，金老板正在想办法筹集资金扩大俄罗斯的生产规模，就金老板的实际进展看来，并不顺利。

2. 海外的村民小组会议

珲春市有 102 个边境村，其中很多是朝鲜族村落。在过去 20 年赴韩国务工的热潮中，珲春的边境村人口大量流失。珲春市借助国家“长吉图”政策，利用与俄罗斯和朝鲜接壤的地理优势，积极发展赴朝和赴俄的旅游业。但是珲春市的外贸经历让政府意识到过境旅游，极易受到境外国家局势波动的影响，对珲春当地经济的带动作用十分有限。于是，珲春市利用当地朝鲜族的民族特色，打造珲春当地民俗旅游。调研进行时，珲春市正在积极扶持敬信镇的防川村成为朝鲜族特色旅游村。

防川是国家 AAAA 级景区和国际旅游开发区，防川村处于景区核心部位，是全国唯一一个地处中、朝、俄三国交界的边境朝鲜族村。防川村在图们江边，距出海口只有 15 公里，边境风光独特，发展旅游业的前景十分广阔。

珲春市与敬信镇政府通过招商引资的方式，引入外来的投资商，对防川村进行整体改造。投资商投资 3000 万，对村庄的道路房屋和公共设施整体进行建设。该投资商拥有防川村 10 年的旅游经营权，在投资商经营期限内，防川村的旅游收入投资商获取比例为 60%，村民集体占比 40%。旅游收入作为村集体收入在村民之间分配。

防川村要进行整体的房屋和公共设施改造，需要每一户村民出具书面授权书。防川村的户籍总人口 52 户 141 人，目前一共有 20 多户长期在韩国务工，如果没有这些村民的书面授权书，防川村的旅游村改造便无法进行。因此，取得这 20 多户村民的书面授权书是关键一步。

防川村的总支书便四处打听这些村民们在韩国的联系方式，这一步进行得比较顺利，因为赴韩国务工的村民们仍然有众多亲属生活在珲春。接下来的问题是让这 20 多户在韩国务工的村民回国签署授权书需要很长时间，因为有些村民几年才回一次国。于是敬信镇决定让防川村的总支书赴韩国，亲自找到村民们签字。

这是一个大胆又冒险的决定，敬信镇政府出资为防川村总支书购买了飞机票。防川村的总支书曾经在 2000 年到 2001 年在首尔工作过一年，对首尔的情况比较熟悉。总支书到达首尔后联系村民，召集大家下班后在地铁口碰面开会。20 多户防川村民都如期参会。在首尔的村民会议上，总支书将防川村的规划图和未来经营计划详细给村民讲解。村支书告诉调研组，村民们都说这是大好事，都签了（授权书），很多人都说以后回到村子里来呢。

防川村的旅游村计划在 2018 年国庆节期间正式开始。站在防川村的入口处，右手边过图们江便是朝鲜，左手边翻过一座小山丘便是俄罗斯。防川村并不是一个自然村，而是 1965 年由 18 户朝鲜族党员为了守疆卫国而举家搬迁至此。今天防川村支书的父亲便是当时的 18 位党员之一。防川距离珲春市 70 公里，课题组调研期间从珲春开车至防川村需要一个半小时，可以想象以 1965 年的道路条件到防川村是何等艰难。

（四）珲春市边境开放与就地发展对当地综合发展的贡献

党的十九大报告指出，我们党的事业必须坚持发展为了人民、发展依靠人民、发展成果由人民共享的方向。珲春市的社会经济发展在十八大以后突飞猛进，政府用很大比例的财政收入补贴民生，课题组的问卷调研也显示珲春居民的生活满意度非常高。

1. 15 年义务教育：从幼儿园到高中

珲春市 2015 年全年民生支出 27.6 亿元，占财政支出的 72%。投入 5 亿元改造各类棚户区 20.1 万平方米，农业危房 1000 户。实施学前三年和高中段免费教育。

珲春市从 2015 年 8 月起对公办高中生实行基本免费教育，免除了学杂费和教科书费等费用。每年秋季开学前，市财政局根据高中学籍备案情况做出的公用经费预算，按照每人 3500 元的标准统一拨付。

2015 年 12 月，珲春市制定下发了《珲春市学前三年基本免费教育实施方案》和《学前三年基本免费教育工作相关问题解答》；建立珲春市学前教育管理信息系统；联合市公安、物价、乡镇（街道）等部门召开专门会议，科学部署学前三年基本免费教育工作，并开始实施学前 3 年基本免费教育政策。公办幼儿园按照《吉林省幼儿园收费管理暂行办法》的规定及珲春市物价部门核定的保教费标准予以全免；珲春市政府给予民办幼儿园每名幼儿 270 元 / 月的免费教育资金，每年按 10 个月计算。截至调研进行时，珲春市累计拨付了 4203.8 万元。

2. 居民收入与生活满意度的提升

珲春居民的收入在过去 5 年有明显的提高，大部分居民都对此表示认同。

改革开放以来，珲春居民的收入跟随珲春市的经济发展水平共同提高。课题组此次针对全体珲春居民（包括农业居民）的抽样调查显示，最大多数（36.5%）的珲春居民家庭年收入在 5 万～10 万元。年收入在 3 万～10

万元的家庭占到抽样总体的 65%。有 15.6% 的居民家庭年收入在 10 万元以上（见图 11）。

图 11　珲春居民家庭收入图

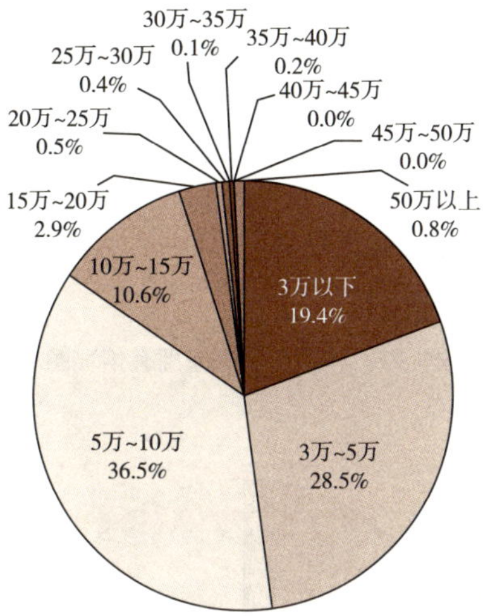

在所有 2242 位被访者中，38.6% 的被访者认为自己的生活比 5 年前好很多，21.3% 的被访者认为自己的生活比 5 年前有改善。合计有 59.9% 的被访者认为自己的生活在过去 5 年改观很大。

整体而言，珲春居民的生活幸福度非常高。问卷调查的结果显示，珲春居民认为自己“非常幸福”和“比较幸福”的比例合计有 68.1%。

3. 居民住房水平提升

课题组的问卷调查显示，珲春居民房屋的自有率非常高，被访者中有 84.1% 的居民居住在自有房屋中（见图 12）。

在所有拥有自有房屋的北方居民中，拥有一套住房的比例是 75.9%，有 19.9% 的珲春居民拥有 2 套住房（见图 13）。课题组在调研过程中发现，珲春的一般居民楼平均每平方米 3000 元，个别高档住房的价格每平方米在 5000～7000 元。同时，课题组在调研中还发现，最近几年不少南方人也来

图 12　珲春居民房屋使用情况图

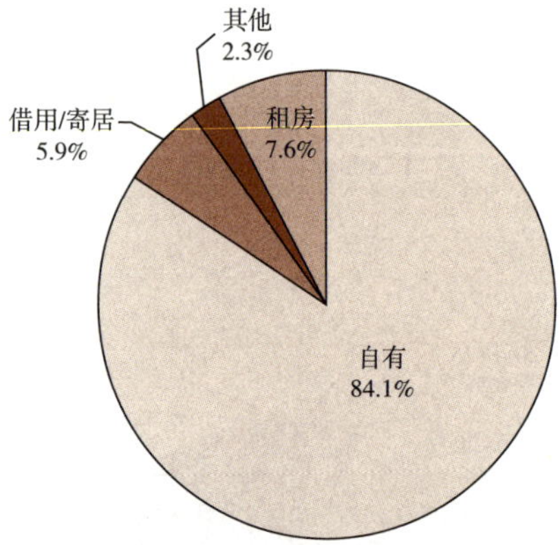

图 13　珲春居民房屋拥有情况图

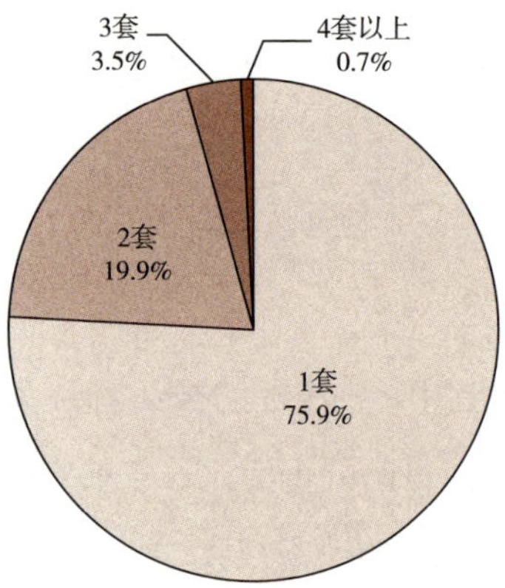

珲春买房作为避暑居所，其中上海人居多，因为珲春曾经是上海知青下乡的地方，最近几年珲春的城市和交通建设好了。珲春一个房产销售公司的负责人告诉我们："上海一个小厨房就可以买珲春一个大房子，而且飞机、高铁过来很方便，所以很多当年的上海知青都来买房。"

课题组的问卷调查显示，在所有购房者中，有 55.2% 的居民在 2012 年以后购置了最新一套住房。实际上珲春今日城市面貌的根本改善也是从 2012 年开始的（见图 14）。随着珲春市经济的发展，珲春居民的生活水平也大幅度提升。

图 14　珲春居民购房年代图

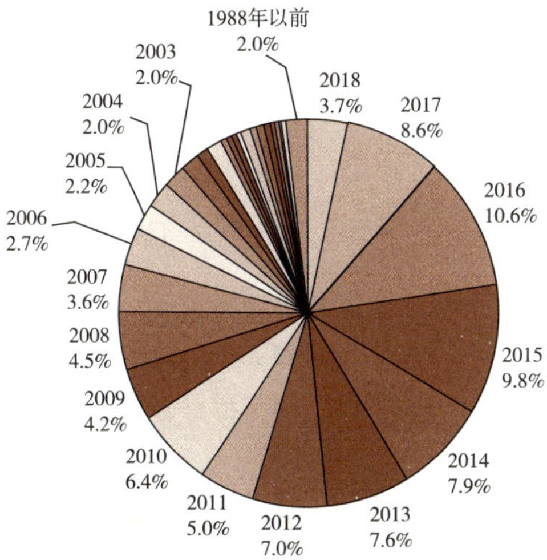

问卷调查显示，有 73.5% 的珲春居民所住的房屋面积在 70～110 平方米（见图 15）（这个数据仅仅是指现在居住房屋，不包括其他自有住房的面积）。

图 15　珲春居民的住房面积图

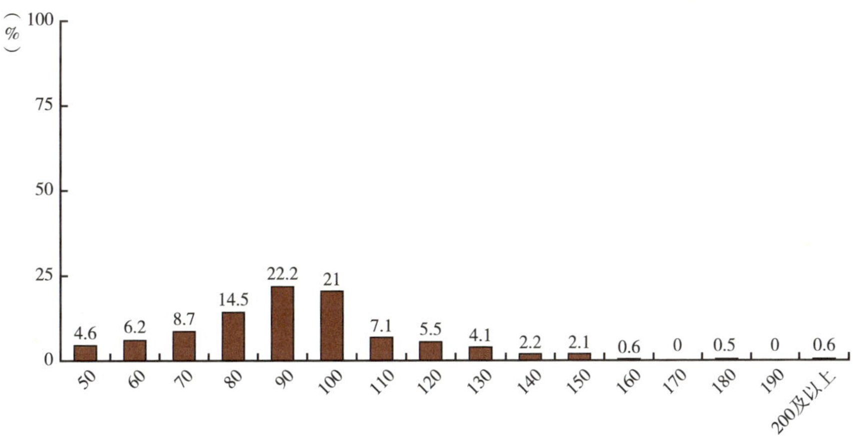

问卷调查显示，珲春居民的家庭结构以核心家庭为主，即父母和孩子组成的家庭。农村地区由于外出务工的青年人居多，家中由祖父母和未成

年的第三代人共同居住的比较多。总体来讲，珲春居民实际居住的家庭人口比较少，有 77.8% 的被访者家庭常住人口在 3 人及以下(见图 16)。因此，从珲春居民的住房面积来看，人均居住面积较大，尤其是 2012 年以来住房条件改善更甚。

图 16　珲春居民家中常住人口数量图

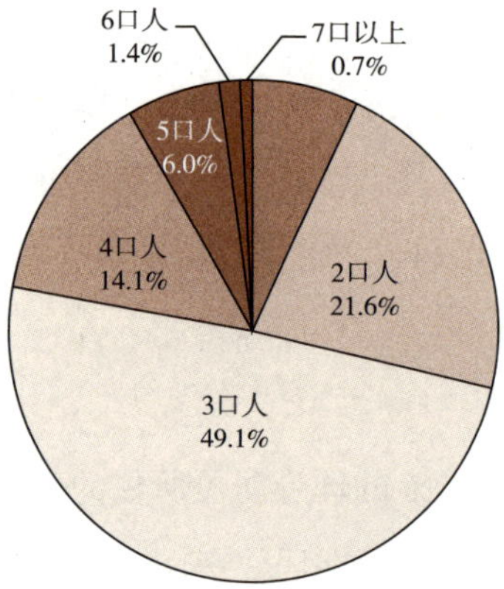

4. 赴韩国务工人员的返乡潮

课题组调研过程中了解到，珲春是个“动换儿、动换儿就有钱”的地方，除了公务员之外，无论是务农还是经商，一般的家庭都能达到年收入 10 万。这样的收入水平已经与去韩国务工的工资水平大致相当，加之最近几年韩元对人民币贬值，现在去韩国务工的经济优越性已经越来越小了。此外，在韩国务工往往会把老人孩子放在国内，这种代价不能用金钱来衡量。

课题组调研期间回收的 2422 份有效问卷中，有 66 人是赴韩国的务工人员，其中 6 人仍然在韩国务工，60 人已经回国。韩国务工人员选择回国的前三个理由分别是:“不想一家人继续分开了”,“珲春的建设越来越好”,“珲春的发展机遇越来越好了”。其中，珲春本身的吸引力占了两条（见图 17)。

这 60 位从韩国务工返乡的被访者，有 65.6% 的人是在 2012 年以后回到珲春的，其中最大多数的被访者（18.0%）是在 2013 年返回珲春的。这段时间也是珲春参与到“长吉图”开发建设的时间（见图 18)。

图 17　赴韩国务工人员回到珲春的理由

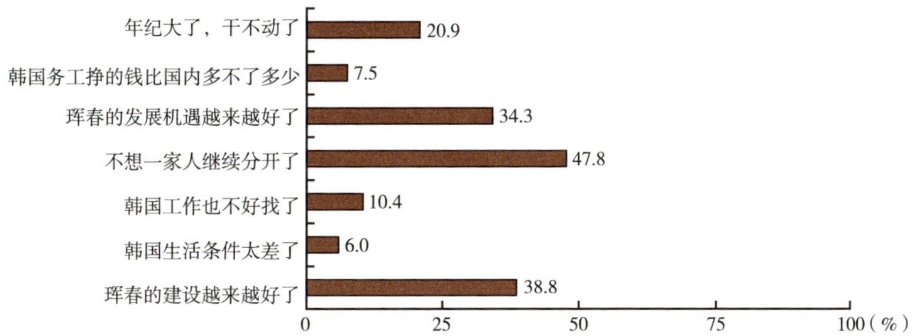

图 18　赴韩国务工回国人员的回国时间

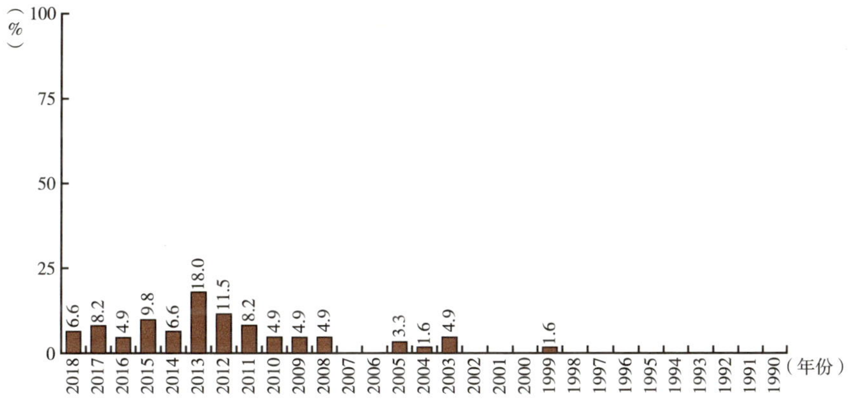

5. 对东三省地区人才的吸引力

课题组在珲春进行广泛走访时发现，珲春在某种意义上讲是个“移民城市”，目前有 14 万左右的非户籍人口在珲春工作生活，据不完全统计，其中大部分“移民”来自黑龙江和吉林省其他地区。

课题组调研中接触到大量的来自黑龙江和吉林其他地区的非户籍人口，问及他们为什么选择来珲春工作生活，主要原因有三个。

第一是珲春的机会多，只要肯干就能挣到钱。珲春的发展机会来自各个领域，“（即使）种地也比在老家（黑龙江）赚的多”。

第二是珲春的气候宜人，尤其是冬天不太冷。很多在珲春生活了多年的黑龙江人告诉调研组，“在珲春住几年后，冬天回老家（黑龙江）都受不了。（因为）在珲春冬天不穿棉裤了，回去没有棉裤可不行”。课题组访问到在珲春经营美容院后来又开旅行社的一位黑龙江“移民”苗女士。她早年跟随男朋友来到珲春，后来陆陆续续将老家的其他六位兄弟姐妹都带到珲春来定居。

第三是珲春不排外，外地人在珲春有很好的融入感。课题组成员在调研过程中，经常被开玩笑地问道“你是初婚（珲）还是再婚（珲）”，乍听之下完全反应不过来，不知如何作答。这样的玩笑也说明珲春的外来人口是常态，所有人都习惯于此。

课题组在调研过程中，延边大学珲春校区正式招生，实现了珲春人多年来拥有本地大学的梦想。2018 年计划招生总规模为 2400 人。其中，本科生 500 人，少数民族预科生 300 人，专科生 1600 人。

相信随着延边大学珲春校区的持续运行，未来的珲春将更加具有吸引力。

（五）珲春边境开放转化就地发展的经验对边境县市的借鉴意义

我国是世界上陆地边界线最长和邻国最多的国家：陆地边界线总长 22000 多公里，与 14 个国家接壤（朝鲜、俄罗斯、蒙古、哈萨克斯坦、吉尔吉斯斯坦、塔吉克斯坦、阿富汗、巴基斯坦、印度、尼泊尔、不丹、缅甸、老挝、越南）。邻国中除了印度和俄罗斯两个大国以外，其他都是发展水平中等偏下的中小型国家，因此，作为边境口岸的市县，如何利用地缘优势发展当地经济，不仅对地方县市的可持续发展具有重要意义，而且从宏观看还事关守疆、卫疆、固疆的全局性问题。

珲春作为口岸城市，并没有“靠口岸，吃口岸”，而是在改革开放的进程中勇于创新，着眼于未来，利用自身的地缘和资源优势发展工业，为本地经济的长期可持续发展奠定了基础。珲春的经验对国家其他边境口岸县市有很好的借鉴意义，主要体现在以下两个方面。

1. 依托边境优势和国内市场，发展地方加工业

十八大以来，习近平总书记开创了中国政府“亲、诚、惠、容”的外

交理念，把“中国梦”同让各国人民过上幸福生活的美好愿景联结在一起，展现了中国加强与周边各国“政策沟通、道路联通、贸易畅通、货币流通、民心相通”的真诚意愿，欢迎各国搭乘中国发展的便车，让命运共同体意识在周边国家落地生根。中央政府为边疆口岸市县的发展营造了良好的周边国际环境，也为周边贸易打开了方便之门，是边境口岸城市难得的历史机遇窗口期。

中国的边境城市，乃至边疆省份地区整体上仍然属于经济欠发达地区，因此进口货物的消费市场仍然在东部沿海地区。现实情况是很多边境口岸城市的对外贸易类型属于“跨（过）境贸易”，即商品从内地出口至境外，和境外商品进口至国内只是在口岸城市做一下通关手续，货物和资金也只是从口岸城市“过”一下，因此这种贸易方式对当地社会和经济的带动作用十分有限，这也是为什么边境口岸城市虽然作为物流和资金流的密集通道，却很难对周围区域起到辐射和带动作用。

与我国接壤的邻国，大部分的经济发展水平落后于我们，因此当地的初级原材料和农产品以及劳动力价格相对于我国内地而言非常有优势。珲春正是很好地利用了边境的优势，将原来通过转手直接进入内陆地区的初级原材料进行深加工，提升附加值，从而为当地以及周围地区的可持续发展奠定了基础。

边境口岸地区将入境货物进行深加工提升产品附加值后，最终仍然要销往广大的内地市场，因此要积极开拓国内市场，而不是坐等客户上门。这与传统的外贸经济思路完全不一样。吉林省和珲春市的领导积极到内地宣传珲春，开拓市场，寻找外来投资方的做法为当地的生产加工业带来了活路。

边境口岸城市开拓国内市场，互联网技术和现代化物流是不可缺少的两条腿。十八大以来，互联网正加速向各行业各领域渗透融合，带来了生产方式、生活方式、消费方式以及社会管理方式的深刻变革。互联网经济在很大程度上超越了地理空间的限制，对边疆地区的经济社会发展的驱动作用日益凸显，边境口岸城市未来的发展必须要依托互联网。此外，现代物流业是互联网商务的必备，边境口岸城市要与广大内陆市场深入联系，必须有完备的物流体系做支撑。以上两点也是未来边境口岸城市发展的着力点。

2. 投资商业软环境，经营口岸无形资产

一般提到品牌价值或者无形资产之类的字眼，大家普遍理解的是它们是国际大品牌的专属。实际上口碑(商人、产品甚至产地的印象）等无形资产，在现代商业社会具有重要价值，因为良好的口碑可以无形中降低交易成本，使商业开展得更加顺利。边境口岸城市经营自己的无形资产对未来的发展具有重要的价值，而这在以往都被忽视了。

边境口岸城市除了是经济上的前线，还是文化的窗口，境外的商人正是透过边境城市了解中国、理解中国的。商业领域的运作除了契约等各种明规则以外，境外商人的个人体会，决定了其商业判断，久而久之形成商业口碑，这种口碑关系到商业网络的长远建立。

珲春市作为口岸城市，成立了专门的“外国人服务中心”，从细微的日常贸易做起，建立外国人对珲春的信任。几年的实践下来，俄罗斯人觉得珲春的经商环境好，没有欺诈，很多原来走其他口岸的商人也转到珲春来。

三、诗和远方：珲春未来发展的展望与建议

作为边境口岸城市的珲春，在未来仍然不可避免地会受到邻国局势的影响，对外贸易的大幅波动已经是常态。所幸的是，外贸的波动对珲春市整体发展并不构成重大影响，因为珲春市积极利用互联网和现代物流业，依托资源优势和国内市场，已经成为可持续发展的工业强市。高铁的开通和延边大学珲春校区的设立，必定会为珲春未来的发展持续注入活力。近期国家“东北虎豹公园”的设立对于珲春的影响尚有待观察。调研中课题组发现，新来的珲春人对珲春的未来充满信心，正如从北京的百度公司辞职回到珲春进行互联网创业的郭政通所说：珲春就是有诗与远方的地方。

（一）珲春未来发展的着力点之一：内贸外运

课题组对珲春的问卷调查结果显示，82.4% 的珲春居民认为未来珲春发展最具有竞争力的条件是“地理位置好，与两国相接壤”，排名第二位的是“自然环境好”（76.8%），排名第三位的是“朝鲜族的朝鲜语优势”（见图 19）。

图 19　未来珲春最具竞争力的优势图

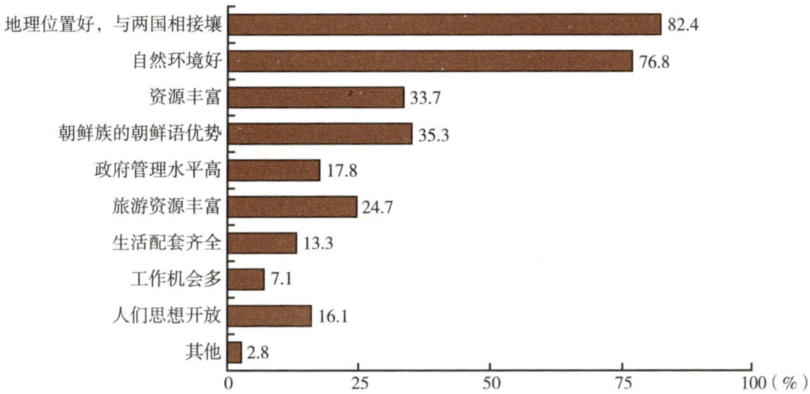

毋庸置疑，珲春与俄罗斯和朝鲜接壤的地理位置在中国是独一无二的，同时珲春也具有中国进入日本海的直接通道。因此，珲春的地理位置优势在未来是其发展的重要资本。

过去几年，珲春利用“借港出海”发展“内贸外运”，将东三省的物资通过海上运输至我国的南方沿海地区，此举对于带动东三省的经济发展具有重要意义。珲春累计开通了“珲春—罗津—泉州”、“珲春—罗津—上海”、“珲春—罗津—宁波镇海”等多条内贸货物跨境运输航线。

珲春市还积极寻找新的海外港口，作为内贸外运的中继站：申请“珲春—束草”航线复航；申请到将俄罗斯扎鲁比诺港作为跨境运输港口，为东三省增加了借港出海新通道。

珲春海关加强与杨浦、泉州、黄埔、上海、宁波等入境口岸海关的密切联系配合，将内贸跨境运输货物扩展至粮食、木材、矿产等多个品种，并实现了双向的货物运输。

由于国际局势的变化，曾经开通的国外港口目前处于暂停状态，但是珲春市仍然时刻准备着，等国际局势好转，这些海外港口必定会对珲春乃至东三省的经济发挥强大的拉动作用。

（二）珲春未来发展的着力点之二：有为政府

珲春作为东三省地区的边境口岸城市，尽管有接壤两个国家的地理优势，但是现实是这种地理优势并不会自动地转变成地方发展的驱动力。客观地讲，在完全市场竞争的条件下，珲春的各种优势与东部沿海发达地区相比并没有优势，各种生产要素不会自动地跑到珲春来促成珲春的工业化转变。改革开放前 20 年，珲春的朝鲜族居民纷纷跑到韩国务工就很好地证明了这一点。

珲春今日的华丽转身背后是政府看得见的手在发挥作用。正是珲春政府的积极作为，为企业保驾护航，才“无中生有”地开创了各种加工制造业。

珲春作为边境口岸城市，整体上是远离资本和市场的中心，在与国内其他中心城市的竞争中处于地理劣势。珲春的经验表明边疆地区的政府越有为，市场才越大、越有效。有为政府是珲春完成经济结构转型的最重要驱动力。未来珲春的发展依然离不开这只有形的手。

除此之外，珲春已经形成了初具规模的工业产业，经济极具活力。政府未来继续开拓国内市场，通过向内地招引生产企业来激活当地的资源优势，相信珲春未来对东三省周围地区人才的吸引力将会持续上升，真正变成东北的“深圳”。

（三）珲春未来发展的突破口之一：国内国外双向开放

习近平总书记在历次讲话中频频指出：“人类的历史就是在开放中发展的。任何一个民族的发展都不能只靠本民族的力量。只有处于开放交流之中，经常与外界保持经济文化的吐纳关系，才能得到发展，这是历史的规律。”珲春正是在对内（祖国内陆）对外（境外）的不断开放中才取得了今天的成就。

珲春未来要保持对外开放的优势继续前进，要加大东北亚区域经济合作力度。还要进一步鼓励当地企业延伸到更多国家扩大原材料进口，满足国内生产原料需求的同时丰富国内消费选择。继续重点推进本地化制造项目，积极拓展海外市场和国内市场，推进企业的战略转型升级，进一步增强珲春市工贸企业“走出去和走进去”的信心，形成国际国内的竞争新优势。

我们国家是个地理空间广阔的大陆型国家，东西南北地区之间的差异极大。在改革开放 40 年的时间里，不同地区由于开放政策、地理区位、发展基础和要素禀赋的差异，实际发展的成效也具有极大的差异。

中国地区发展不平衡是在发展过程中出现的局面，但是中国广大的内陆地区正是中国未来经济发展的空间所在，这也是珲春未来向内陆市场渗透的动力所在。就像 2004 年习近平总书记在浙江时曾讲过：“地瓜的藤蔓向四面八方延伸，为的是汲取更多的阳光、雨露和养分，但它的块茎始终是在根基部，藤蔓的延伸扩张最终为的是块茎能长得更加粗壮硕大。”

未来珲春的开放，不仅是对外，更重要的是对内开放。对内开放主要是积极开拓珲春产品的内地市场，增加珲春的资源和产业在国内市场中的竞争力。

（四）珲春未来发展的突破口之二：现代物流与互联网 +

互联网技术的普及，削弱了以往工业化时代地理位置对经济的限制，对于边疆地区是实现跨越式发展的必备条件。我们国家的电子商务规模从 2012 年的 8.1 万亿元增至 2016 年的 26.1 万亿元，我国跃升为全球第一大网络零售国。

因此，互联网正成为各个地方乃至全球抢占未来发展制高点的战略选择，未来珲春的发展也必定要借助互联网技术来实现产业的升级和向国内市场的推广。

作为边境城市的珲春要大步走向内地，还要借助现代化的仓储和物流、供应链系统。未来要进一步培育建设现代物流中心。要加强物流标准化建设，加快与其他地区的物流信息整合，推进物流大数据应用，建立跨境电子商务智能物流体系。未来珲春必能在互联网的大平台上继续前进。

我们国家经历了改革开放40年的历程，今天面临的问题已经从解决温饱到可持续发展。未来之路正如习近平总书记所言“不但要坚持改革，还要有新开拓”，这是保证中国经济不断前进的驱动力所在。

2018年是改革开放40周年，也是多事之年，中美贸易战正在进行中，贸易战对我们国家经济的影响仍在持续发酵。这也是一个好的契机让我们思考。中国是一个地理－人口规模极大的国家，国内市场整合的好，便是比欧盟还要大的统一大市场，这是我们国家得天独厚的条件。未来在已有的对外贸易的基础上，充分利用国内的统一大市场，使广阔的地理空间和众多的人口成为国家经济的驱动力，这是我们成为一流的世界强国的信心所在。

改革开放
与中国县域发展
GAIGEKAIFANG

黑龙江富锦

HEILONGJIANG FUJIN

立足资源优势，推动主导产业，发展与保护并重

中国社会科学院俄罗斯东欧中亚研究所

富锦市（县级市）位于黑龙江省东北部、松花江下游南岸的三江平原（全世界仅有的三块黑土平原之一）腹地，发展粮食生产具有得天独厚的资源优势。全市粮食作物主要有水稻、玉米、大豆三大品种，被誉为“中国大豆之乡”“中国东北大米之乡”，为保障我国粮食安全战略的顺利实施做出了突出贡献。多年来，富锦市积极探索、锐意进取，形成农业现代化转型的六大成功经验：以延伸拓展产业链推动农业现代化转型升级，以产权改革推动新型农业经营主体发展，以资源保护夯实农业现代化转型基础，乡村收入结构现代化与县域经济现代化循环良性互动，乡村文化振兴与农业现代化转型相互促进，为现代农业转型提供强有力的组织保障。

一、“富锦经验”对保障国家粮食安全的重要意义

“国以民为本，民以食为天。”粮食安全是关系国民经济发展、社会稳定和国家独立自主的全局性问题。2015 年 7 月 1 日，第十二届全国人民代表大会常务委员会第十五次会议通过的《国家安全法》中正式将粮食安全上升到国家安全的战略地位。富锦市在农业现代化转型过程中，守住了生态红线、确保了粮食增产稳定、织就了质量防线、保障了全国人民“舌尖上的安

全”，实现了农业发展与生态环境的良性互动。先后被批准为国家现代农业示范区、全国粮食高产创建整建制推进试点县、全国水稻增产模式攻关试点县、全国农业标准化示范县、全国生态农业示范县、国家农业机械化示范区、国家绿色农业示范区、全国粮食生产先进县、黑龙江省两大平原现代农业综合配套改革示范区与先行区，是全国粮食生产功能区五个划定试点县之一，连续十二次荣获“全国粮食生产先进单位”称号。富锦市为保障我国粮食安全做出了突出贡献。

（一）粮食生产安全

富锦市作为重要粮食生产基地，其高产为我国粮食安全提供了大力保障。粮食生产是粮食安全战略实施的基础，国内粮食生产的增加可以避免粮食进口带来的风险。2017 年我国粮食生产喜获丰收，全国粮食总产量达 12358 亿斤，比 2016 年增加 33 亿斤，增长 0.3%。其中黑龙江省在全国所有省区市中粮食产量排名第一，总产量为 1203.67 亿斤，占 9.74%；富锦市 2017 年粮食总产量为 42.82 亿斤，居全省第一。

（二）粮食储备安全

粮食储备是避免粮食短缺、实现国家粮食安全战略的有效手段。作为“北方粮都”，富锦市通过申请国家级、省级项目加大国有粮库建设力度，采取市场运作方式鼓励民营企业参与仓容建设。据富锦市粮食局提供的数据，全市总有效仓容为 1742 万吨，可极大地满足富锦及周边县市、农场粮食仓储需求。截至 2018 年 5 月末，富锦市粮食总库存已达到 1646 万吨，其中，政策性粮食 1628 万吨、商品粮 18 万吨。

（三）粮食质量安全

在《“十三五”国家食品安全规划》中，我国已将实施食品安全战略提升到最严格的等级。富锦市响应国家号召，对农产品质量严抓严管：在遵循动态管理、准入准出机制的基础上，扩大国家绿色食品生产基地面积，制定出台支持政策，鼓励农业企业、农业新型经营主体开展“三品一标”认证工作，打造农产品优质品牌。

（四）粮食生态安全

当前我国生态环境问题凸显，粮食生产受资源环境和生态恶化影响严重。富锦市立足长远，率先把农业资源可持续发展作为开展农业的重中之重，多措并举保护农业资源，保持周边完整的湿地生态系统，使生态环境与粮食丰产形成良性互动。

此外，“富锦经验”在保障国家粮食安全战略顺利实施的同时，依托资源优势，以农业产业现代化和产业深化为主线、以农业生态产业自给和农业生态产业反哺农业主导产业为辅助、以县域经济自生能力和内部循环实现劳动力和资源的双响良性互动为主要内容，实现农业现代化的转型路径，在全国具有典型与示范意义。

二、改革开放四十年富锦市农业现代化的历史回顾

富锦市历史悠久，1988 年 8 月 30 日经国务院批准撤县建市，被列为省辖计划、财政单列县级市。党的十一届三中全会以来，富锦市委、市政府领导人民励精图治、艰苦创业，持之以恒推动社会经济不断向前发展。回首 40 年来所走过的改革开放之路，富锦市的农业经济现代化大致经历了以下四个阶段。

（一）起步探索时期（1979～1991 年）

1978 年党的十一届三中全会做出了实行改革开放的重大决策。1979 年 9 月的十一届四中全会通过了《关于加快农业发展若干问题的决定》，允许农民在国家统一计划领导下，因时因地制宜保障其经营自主权，发挥其生产积

极性。1983 年初，农村改革大幕全面拉开，家庭联产承包责任制将土地产权分为所有权和经营权，形成了一套有统有分、统分结合的双层经营体制。

实行家庭联产承包责任制以后，富锦农村发生了巨大变化，大大调动了农民的生产积极性，农民收入明显增加（见表 1）。

表 1　富锦实行联产承包责任制后农民经营收益分配状况

（单位：万元、元）

年份	总收入					总费用	分配						
	金额	承包收入	自营收入	统一经营	其他		金额	税金	集体提留	统筹款	农民所得	干部报酬	人均分配
1983	12005.5	9012	2760.1	230	3.4	3650	8355.5	370	833		7155	198	285.7
1984	22396.5	17289.6	5076.76	5.4	24.8	5777.7	16618.8	560.2	922.1	31.1	15105.4	176.9	607.3
1985	17228.0	12629	4545	41.0	13.0	6203	11025	747	622	457	9329	130	410.0

资料来源：中国龙志网，http://www.zglz.gov.cn/。

1985 年，中央一号文件取消了 30 年来农副产品统购派购制度，农业逐步实现市场化。1986 年，国家适当减少合同订购数量，扩大市场议价收购比重，农村活力得到进一步释放。“以粮为纲、多种经营、全面发展”的农村经济体制改革也逐渐推动富锦发掘出更多的资源优势。

1988 年国家实施三江平原开发政策，富锦市抓住历史机遇，将农业综合开发作为“开发富锦，致富人民”的战略措施，坚持以开发农业带动常规农业，促进全市农业经济发展，努力把资源优势转化为经济优势。同时，为了促进富锦市农业生产适应市场经济的发展需要，市政府引导农民调整农作物种植结构，增加高产、高效农作物面积，确立了大豆的主导产业地位，把大豆基地建设列为重点项目，实行专项推进。特别是抓住当时国家实施大豆振兴计划的机遇，大力发展高油质、高蛋白大豆生产，使之成为促进农民增收、农业增效的重要因素。同时，富锦市较规范的农贸市场得到发展，个体工商户、运输户、专业户应运而生，农业社会化服务体系开始建立。

（二）市场经济转轨时期（1992～2002年）

1992年，党的十四大明确了我国经济体制改革的目标是建立社会主义市场经济体制，农业农村改革进入全面向社会主义市场经济转轨的时期。通过产权改革、调整产业产品结构、促进技术进步，乡镇企业加快发展，使农产品市场体系初步确立。市场机制全面取代计划手段，在调节农产品供求和资源配置等方面发挥着主导作用。农业产业化应运而生，成为继“家庭承包经营”之后的又一重大创新。

20世纪90年代初，富锦市就以农业产业化作为解决农业深层矛盾的突破口，着手改革农业和农村经济产业组织形式、农业资源配置方式、农业再生产经营机制和农业管理体制，推广土地“三三”轮耕制、育苗移栽、地膜覆盖、大棚栽培、日光温室、大豆精量点播、水稻钵体摆栽、人工授粉、人工促早熟、应用农作物调节剂等新技术。由于农业种植新技术、新成果的不断普及应用，土地产出能力不断提高，1998年，富锦市在全国百个产粮大县中排名第四位，农民人均纯收入在全省排名第二位。

在稳定发展粮食生产的同时，富锦市的农业发展和农村建设也迈上新台阶，已发展成三江平原现代农业示范区、核心区，农业产业化建设成就突出。富锦市政府充分发挥城边、路边地缘优势，大力发展经济作物，实现了区域化种植、规模化生产、产业化经营。同时，为了增强农业抵御市场风险的能力，富锦市高度重视龙头企业建设，开展农业订单工程，加快实施产加销衔接，推进产业化经营，初步形成了产加销一体化的产业化路子。

（三）保护提质时期（2003～2012年）

党的十六大首次提出“统筹城乡发展”的思想，2003年十六届三中全会把统筹城乡发展摆在“五个统筹”之首，农业和农村的改革发展被放到国民经济格局下通盘考虑。2005年10月11日，党的十六届五中全会通过的《十一五规划纲要建议》中首次提出建设社会主义新农村，实行工业反哺农业、城市支持农村。2004～2012年，国家连续发布9个中央一号文件，出台多项惠农强农政策，不断加强对农业的支持力度。

在此期间，粮食生产和政策也发生较大变化。2003 年富锦市成为国家重点农业科技示范园区和重要商品粮基地，全国优质水稻、小麦、大豆、玉米重点产区。《富锦统计年鉴（1999–2014 年）》显示，2004 年全市粮食总产达 18.2 亿斤，农村人均纯收入实现 3098 元，再次荣获全国粮食生产先进市称号。2005 年富锦市深入贯彻落实中央一号文件精神，从调整农业结构入手，狠抓农业综合生产能力的提高，围绕品质发展粮食作物，农民人均纯收入实现 3455 元，创历史新高。

在国家政策的指引下，一些实力雄厚的大企业在富锦市投资建厂，当地也依托资源优势建设工业园区。同时，富锦市围绕国家绿色农业基地的生态资源优势，大力推行“龙头企业 + 合作经济组织 + 基地”的发展模式，发展产业集群，进一步完善利益联结机制，促进生产要素优化组合。优化农作物种植结构，大力发展绿色、有机、无公害等优质农产品，拓宽农产品销售渠道。富锦市的农业发展率先走上规模化经营道路。

国家出台的各种惠农举措和调动农业生产积极性的政策措施为提高富锦农业产出和人民的生活水平提供了有效激励。与此同时，2010 年受世界经济复苏、实体经济需求回升等因素影响，国际大宗商品价格上升，极端气候和美元贬值共推国际粮价上涨，农产品收购价格也随之上涨，多个因素共同作用，促使农民收入进一步提高。

富锦市委、市政府在切实抓好农民增收的同时，不断加大城镇化的投入力度，使农村基础设施建设得到切实加强，并开展乡村治理和乡村文明建设，加快改善人居环境，突出培训新型职业农民，农村面貌焕然一新。在美丽乡村建设方面，富锦市的城乡一体化工作迈出了新步伐。二龙山镇采取政府引导、市场化运作的方式，推进城乡一体化居民集中住宅试点建设并取得重大突破，被评为全国小城镇建设重点镇，成为美丽农村建设的风尚标。

（四）改革创新深化时期（2013年至今）

2013年中央一号文件、2014年中央一号文件以及十八届三中全会针对构建新型农业经营体系做出具体规定，指出培育新型农业经营主体是农业经营体系创新的重要方面。2013年6月，国务院正式批复《黑龙江省“两大平原”现代农业综合配套改革试验总体方案》，黑龙江省作为全国农业农村改革试点，被赋予典型示范的责任和先行先试的机遇。

富锦市作为“两大平原”现代农业综合配套改革试验区核心区，始终坚持以改革为着力点、以创新为发力点，努力当好现代农业综合配套改革先锋，为全省乃至全国农业农村改革趟路子、攒经验，通过“深化三项改革、完善一个链条”，明确权属三权分置，深化土地管理制度改革；土地流转使农业生产经营规模、生产要素结合与管理方式等都发生了新的变化，各涉农扶持项目也都向土地流转度高、规模经营好的合作社倾斜；引入工商资本，转变农业发展方式，构建新型农业经营体系，加速农业生产智能化、科技化、机械化进程。

2015年农产品价格下跌，食品安全问题等对富锦市的农业发展带来了巨大挑战，对农业现代化发展提出了新的诉求。在新的局势下，国家环保政策以及农业战略安全政策给富锦市农业现代化转型带来了新机遇，形成了富锦市农业现代化转型新思路。富锦市的农产品耕种已经逐渐从过去一味追求产量，转变为如今对农产品品质的追求。为此，富锦市加大环境执法力度，强化投入监管，有效控制面源污染，妥善保护黑土资源；以科学整地、秸秆还田、测土施肥、绿色植保为核心，推广应用侧深施肥、标准整地、秸秆抛撒农机具，综合运用“三减”技术措施，实现低污染、低残留、低药害；推广“鸭稻”“鱼稻”“鹅玉米”等生态共生有机种植模式，畅通“互联网+优质农资”渠道，走绿色生态农业发展之路；开展休耕轮作试点，有效保护和持续提升地力。实施以“生态富锦、绿色富锦、粮都富锦”为主体的品牌发展战略，积极打造“富锦大豆”和“富锦大米”两个地域品牌，引导和支持各新型农业经营主体，着力打造鸭稻米和有机绿色杂粮等农产品品牌，通过订单种植、品牌经营等方式，提高农产品的市场影响力和竞争力，进而拓宽有形（具体目标市场）、无形（电商等）市场的销售渠道，实现线上、线下销售同步发展。同时，强化农资市场和种植基地监管，坚决打击销售转基因种子，禁绝转基因农产品种植流通。

富锦市确立了农业现代化主导产业，围绕食品制造、能源化工、农产品精深加工、商贸物流开展精准招商。针对大宗农产品、高端农产品、特色农产品强龙头，鼓励产业化龙头、工商资本、新型农业经营主体对优势作物进行专品种订单种植，切实提高了农产品附加值和市场竞争力。2016 年，全市已建成规模以上龙头企业 33 家，年加工转化能力达到 150 万吨。此外，富锦市加大对基础设施建设的固定资产投入，加大产业园区建设，同时积极运用市场机制，推动新农村建设提档升级，为更加高效的招商引资创造便捷的主客观条件和软硬环境，为当地以农业为主导的产业链延长和深化打下坚实基础。

富锦市率先创新了以金融支持现代农业的方式，开创性地推出“带资企业”“产业扶贫”小额贷款模式，强化人民币流通管理，推动支付结算便利化，开通精准扶贫绿色通道；探索了信用贷款模式，对合作社进行 AAA 级、AA 级、A 级和 B 级四级评定，对 A 级以上的给予贷款优先、额度优厚、利率优惠等政策支持；推行了互助保险试点，按照“自主经营、自担风险、自负盈亏、自我发展”的原则，在长安镇漂筏村拟成立天亿农业保险互助合作社，通过在抵押贷款和农业保险上搞创新，完善融资服务，降低了农民融资成本、提高了融资效率、推进了农村金融制度改革。

富锦市经济发展和农业现代化，不仅是我国农村改革开放和社会主义市场经济建设 40 年历程的缩影，并且一直走在土地流转和现代化农业经营方式的前沿，创造出一套独特的农业现代化转型经验，成为全省农业现代化发展的领头羊。

三、农业现代化转型的主要内容和基本特征

以农业为主要产业的城市，一般来说经济发展相对较慢，农业成为限制地方经济发展的弱势产业。富锦市是典型以农业发展为主的城市，多年来立足资源优势，找准主导产业，发展与保护并重，探索出农业现代化转型的六大“富锦经验”，取得了良好成效。

（一）以延伸拓展产业链推动农业现代化转型升级

1. 立足资源禀赋优势

（1）肥沃的黑土资源。富锦市所处的三江平原是世界上仅有的三大黑土平原之一，地势低平，土质肥沃，土壤有机质含量平均达 4.32%，超过国家规定的一级地标准。（2）优质的耕地资源。全市拥有耕地面积 570 万亩，人均耕地 20 亩，是粮食商品化率最高的产粮大市。（3）充足的水资源和积温条件。富锦市降水量充裕，年降水量 573 毫米，境内有一江四河，水资源丰富。地处第三积温带，年平均气温为 2.6℃、≥ 10℃积温为 2400℃～2600℃、日照时数为 2487 小时左右、无霜期为 130 天左右，非常适合农林牧渔业发展。（4）良好的生态环境。据富锦市国土局提供的数据，全市拥有湿地 103 万亩、林业用地 82 万亩、草原 45 万亩，水域面积达到 60 余万亩，环境优美、自然生态资源丰富，适合发展绿色、生态、有机农业。

2. 依托现代农业规模优势

（1）以土地流转和新型农业经营主体推进现代农业规模化程度提升。据富锦市农业局提供的数据，2017 年全市注册的家庭新型农业经营主体达 5726 户，带动全市土地流转面积达到 166 万亩，规模经营面积超过 400 万亩（占全市耕地面积的 70.2%）。（2）农业机械化助力规模化水平提升。据富锦市农机局提供的数据，全市农机总动力达到 103 万千瓦，组建 34 个农机专业合作社，农业机械作业能力显著增强。农机田间综合机械化水平达到 98.5%，被农业部列为全国农业机械化示范区。（3）规模化推动产业集聚发

展。据富锦市粮食局提供的数据，全市总仓容为1742万吨，烘干塔有119座，日烘干能力达7.8万吨，全市粮食加工企业达25户，涉及玉米、水稻和大豆，与各类食品类加工企业集聚绿色食品产业园区，实现集聚发展。

3. 突出现代农业发展水平优势

（1）较高的农业标准化水平。据富锦市农机局提供的数据，富锦市建成水稻集中育秧小区193个、标准化水稻育秧大棚3.9万栋，水稻智能化催芽、工厂化育秧面积达到228.5万亩。机械化水平高，全市农机总动力达到103万千瓦。（2）健全的农技推广体系。建立市、镇、村三级农业技术推广服务体系，科研实体建设与合作科研机构有效合作，促进技术推广和新成果、新技术的研发和转化。优良品种普及率达到100%。（3）先进的农田水利设施。据富锦市水利局提供的数据，已建的幸福、红卫、红旗三个灌区和再建的锦西罐区，总设计面积为154.63万亩，已实现实际灌溉面积19.6万亩，进一步改善节水利用和灌溉面积，有效促进水稻增收。建设抗旱井9731眼，相关配套设施6900台套，可解决110万亩农田抗旱需求。

4. 发挥现代农业品牌优势

富锦市拥有良好的品牌发展基础。据富锦市农业局提供的数据，目前全市食品安全认证已经全覆盖：570万亩耕地已全面积通过无公害农产品产地认定，建成有机食品原料基地1650亩、绿色食品原料生产基地250万亩（水稻150万亩、大豆100万亩）；认证有机食品2个、绿色食品29个、无公害农产品101个、地理标志2个，被批准为全国生态农业示范市。围绕农业生态与质量安全优势，全力打造“生态富锦、黑土绿谷”高品质农产品品牌，积极推进名优农产品品牌创建。全市农产品注册商标达到294件，其中省级著名商标4件，“富锦大米”被列为地理商标。大力开展“一村一品”专业村建设，利民蔬菜、华盛地瓜、茂盛毛葱、太平大蒜等具有地方特色的品牌农产品专业村快速形成。金玛集团的“元态”品牌荣登“中国品牌价值评价”榜，富锦“元态”寒地黑土香米品牌荣获“中国百强农产品好品牌”“黑龙江省米业金奖”等，“元态”品牌价值达到2.67亿元。

5. 延伸拓展产业链

通过延伸拓展粮食加工产业链推动产业结构升级，根据富锦市统计公报显示，富锦市第一、二、三产业比重为48∶19∶33，优于2015年的55.4∶16.8∶27.8。产业结构优化趋势明显，推动现代农业由单一或低层次的种植和加工向全面产业化方向转型。富锦市成功引进粮食加工企业，深化产业链推动农业现代化转型，建立绿色食品产业园，形成了粮食加工产业集聚。

一是粮食加工企业专注产业发展，拓宽粮食产业链，增加了农产品附加值。自2014年起，富锦市陆续引进黑龙江省象屿金谷农产有限公司和象屿金谷生化科技有限公司、大连金玛集团、东北制药集团、锦稻集团等粮食加工企业。象屿金谷农产有限公司（以下简称“象屿金谷”）实现了玉米产业集聚化发展，公司业务涵盖上游种植、肥业，中游粮食收购与仓储，下游深加工、物流服务与贸易等业务板块。搭建综合化种植服务平台，并采取多种形式与农户及合作社开展合作种植，形成以销带产、协同发展的格局。

二是注重产业合作，推动“三产融合”发展。黑龙江金玛农业有限公司（以下简称“金玛农业”）是集生产加工、仓储物流、产品销售于一体的综合现代农业企业，与东北水稻种植合作社签订订单，严格控制水稻种植的品种和种植技术，开发不同品质和价格的大米产品，销往全国各地。全面实行标准化控制，产品的加工、包装、仓储、运输等环节都有严苛的标准，保证了产品的质量。从原粮验收、仓储到产品的加工、包装、仓储、运输等实现全面质量管理并实行严密的质量管理体系，全程通过ISO9001质量管理体系认证。金玛农业打造的“政府＋龙头企业＋合作社＋基地＋现代服务主体＋渠道客户”的一、二、三产深度融合的稻米产业，以生产安全、绿色、有机、优质的高端稻米产品实现价值增值。

三是产业链合作，以产业分工提高经济效率，增强市场竞争力。通过引入下游产业链，依托象屿食品医药生化产业园，围绕玉米淀粉全产业链，引进一批“新字号”加工企业，由生产淀粉、胚芽油、饲料等初级产品，向生产淀粉糖、氨基酸、生物制药等高附加值产业转变，努力形成以象屿金谷生化科技有限公司为龙头的产品衔接、功能互补、合作共赢的产业集群。象屿金谷生化科技有限公司与东北制药集团富锦生物科技有限公司合作，通过管道运输直接实现玉米淀粉传输供应给东北制药，这种产业链上的合作实现了产业分工、增加了产品附加值，同时减少了中间烘干、包装、运输和再加工环节，降低了生产成本，提高了产业经济效率和产品市场竞争力。同时，引进富锦海资生物工程技术有限公司的植酸钙及深加工项目等，不断扩展和深化产业链，产业效率不断提高。目前，园区粮食加工企业达21家，涉及玉米、大豆和水稻多种作物。除粮食加工企业外，大锦农肉鸡饲养屠宰加工项目、东大农产品有限科技公司西瓜综合加工项目、纯中纯饮品有限公司项目等一大批规模以上食品产业相关项目相继落户园区，奠定了产业链深化发展的环境。

（二）以产权改革推动新型农业经营主体发展

富锦市农村产权制度改革和土地确权工作促进了农村土地流转，以乡村资产股权量化合理确定股份，盘活农村资本市场，推进现代农业规模经营，实现了现代农业经营方式转变，发展出现代家庭农场、农民专业合作社等多种经营主体，推动了农村集体经济发展，增强了农业发展活力。农村集体产权制度改革盘活了村集体资产，经济性资产确权到户，推动了股份合作。目的是发展村集体经济，促进农民增收，加快乡村振兴。同时，富锦市在全省率先建成市镇村三级农村集体土地流转综合服务平台，创新规范机制；完成了村庄地籍调查工作，集体建设用地使用权及农村宅基地登记、农村土地承包经营权确权登记发证工作基本完成，并成立土地仲裁庭，制定仲裁工作规章制度，有效规范、调解和管控涉及土地的纠纷矛盾。

一是土地经营权确权推动现代农场和合作社迅速发展。产权制度改革推进了现代农业生产方式的转型发展。以土地确权为代表的土地承包权的确认，搞活了土地经营权的转让，继而使得家庭农场和各类合作社迅速发展，实现了土地经营方式和土地经营权的重新组合，促进了经营方式和产权结构的现代化。在此影响下，根据富锦市经管站提供的数据，2017 年富锦市注册家庭农场和农民专业合作社达到 1805 户，有效实现了全市土地流转和规模经营。兴隆岗镇乔楚种植家庭农场建有 1 座水稻智能催芽车间和 60 栋标准化育秧大棚的水稻育秧小区，以代育苗、销售秧苗等方式实现水稻育苗市场化，与周边农户资源共享，扩大了辐射效应，现代农业经营体系初具规模。同时，充分进行育苗棚二次利用，进行杂粮生产，增加收益。水稻销售也呈现多样化。一部分与五常乔府大院米业签订了 5000 亩供应合同，按照规定的品种和技术标准提供稻米原粮；另一部分作为国储粮销售；还有一部分委托富锦市福成粮油加工厂进行加工，生产“乔楚农场”牌大米，打造自己的品牌。乔楚农场以水稻种植和销售为主，形成了水稻育苗自用与销售结合的现代水稻种植家庭农场模式。

二是土地制度变革吸引工商资本介入现代农业。工商资本参与现代农业，成为现代农业产业化发展的重要内容。以象屿金谷和金玛农业为主的企业工商资本介入，进一步促进了现代农业的发展。（1）工商资本具有资金、技术实力，能有效地推动农业生产顺利进行。象屿金谷和金玛农业通过签订订单并向合作社提供资金、生产资料、种植技术等实现产品标准化供应。目前，象屿金谷已为 12 家合作社提供生产资金 6500 万元，解决了新型农业经营主体规模经营融资难的问题，有效弥补了合作社生产资金不足的问题。（2）推动粮食加工产业向精深加工发展。象屿金谷还从事粮食仓储、加工，不断深化玉米产业链，以拥有十几种加工产品。而金玛农业立足开发品质大米，形成了一系列不同价位的高端大米产品，打响了“元态”品牌。（3）为国家粮食安全做出重要贡献。据象屿金谷提供的数据，象屿金谷粮食仓容量达 472.1 万吨，目前存储粮食 421.63 万吨，据估算，可满足全国人民 10 日的口粮供应，这成为国家粮食安全的有效保障。（4）工商企业解决了农民实际问题。象屿金谷和金玛农业解决了农民卖粮难、储粮难和加工增值难的问题，并形成了粮食聚集效应，创建了健康有序的粮食市场。

三是产权明晰推动农村集体经济的发展。富锦市锦山镇洪州村是省级贫困村，发挥邻近富锦国家湿地公园、别拉音子山风电场等景观景区优势，积极发展旅游服务业，集群式发展特色餐饮、家庭旅馆、果蔬采摘、特产经销。在乡村建设方面侧重于生态休闲，打造“山水田园洪州村，邀君把酒话桑麻”旅游村庄。以产业发展引导农村集体经济是洪州村脱贫的成功经验，其中产业发展是根本，通过发展旅游服务业实现农民增收致富。在全市率先成立了洪洲村股份经济合作社，折股量化合作社经营性资产、资源性资产并配股给每位股东，以承包、入股、联营等方式参与市场竞争，促进集体资产保值增值，增加农民股份财产性收入；以村集体产业带动村民致富，形成集体经济带动个体经济发展的格局。洪州村成功脱贫的经验表明，要充分发挥集体经济的活力和影响力，村集体经济是农村发展的重要内容。

综上，农村产权制度变革和土地承包权确认是富锦市农业现代化转型的制度基础，富锦市以此推进了农村新型经营主体的产生和发展，加快了农业产业化进程。

（三）以资源保护夯实农业现代化转型基础

富锦市拥有丰富的黑土资源和湿地资源。黑土拥有较高含量的有机质，有利于作物生长，是保证粮食产量和粮食安全的重要基础性资源；湿地具有涵养水源、净化水质、调蓄洪水、控制土壤侵蚀、补充地下水、调节气候、维持碳循环等极为重要的生态功能，是保持生物多样性的重要区域，被誉为“地球之肾”、“天然水库”和“天然物种库”。黑土资源和湿地资源因农业生产及人类行为的影响出现耗竭、退化问题，对此富锦市采取了相关措施加以保护，以确保现代农业发展和农业现代化转型的资源环境基础。

1. 黑土资源保护成效初显

伴随粮食不断增产，黑土资源出现一系列问题。化肥农药及塑料薄膜的使用造成土壤板结和有机质含量降低，黑土流失问题严峻。根据富锦市农业局提供的数据，富锦市水稻种植面积为 230 万亩，需要大量育苗土。按 30 厘米厚土土层计算，每年需要使用 1500 亩耕地的土壤用于水稻育苗，虽然部分土壤回田，但仍造成黑土的流失。秸秆的不科学利用也影响耕地质量，就地焚烧污染环境、熟化土壤，危害巨大，还田不当亦会造成作物生长不利。

富锦市不断探求保护黑土资源的做法，以确保国家粮食安全。（1）推动秸秆肥料化，实现黑土保护。引进聚兴生物质新材料有限公司进行秸秆肥料化利用，通过引进先进设备，每年可处理秸秆 10 万吨，年产生物炭基肥 10 万吨，秸秆在得到有效利用的同时，还实现了还田肥田。（2）寻找水稻育苗基质的替代品。秸秆基质可以一定程度替代土壤基质，不过仍处于尝试推广阶段，由于成本高，推广还存在一定困难。（3）农业生产减量化。在农业生产中减少化肥农药和塑料薄膜的使用，降低土壤损害程度。（4）使用先进的技术实现土壤保护。金玛农业采用先进的降解技术降低了土壤中化肥农药的残留量，保护了黑土的有效成分。

2. 湿地保护与旅游开发并举

农业开发利用导致湿地被过度开垦，湿地生物多样性丧失，农药化肥的使用也在破坏湿地生态系统。对此富锦市采取了以下治理措施。（1）退耕还湿，恢复湿地面积。市政府成立了以市主要领导为组长，公安、法院、环保、保护区管理局等 10 多个部门为成员的湿地保护领导小组，制订了保护湿地资源、退耕还湿等一整套具体实施方案。到 2008 年富锦市内湿地已初步建立起较稳定的生态系统，退耕还湿成果被国家林业局湿地保护管理中心确定为“全国退耕还湿示范区”。（2）湿地旅游开发和保护宣传并举。据《富锦市湿地资源情况介绍》，富锦国家湿地公园总面积 2200 公顷，2009 年被批准为国家湿地公园试点，2013 年晋升为 AAAA 级旅游景区。宣传教育民众保护湿地，建立湿地博物馆，对湿地知识进行普及教育。富锦湿地宣教馆被授予“国家生态文明教育基地”称号。

（四）乡村收入结构现代化与县域经济现代化循环良性互动

近年来，富锦市农村居民收入结构发生了巨大变化，形成了多元化趋势，由单一的农业经营收入向土地租赁、入股、分红、打工收入等多渠道、多领域发展。这种变化源于农村劳动力收入渠道和就业领域的拓展，也表现为农村剩余劳动力就业结构的现代化。

1. 土地经营权流转增加财产性收入

根据富锦市农业局提供的数据，目前富锦市流转土地面积160万亩，流转土地产生收入达到8亿元左右，此部分产生的全市人均收入达3000元以上。

2. 剩余劳动力就地转移增加工资性收入

一方面，土地流转和农业机械化带来大量剩余劳动力，其中部分农民转移到家庭农场而赚取了劳务收入。兴隆岗镇乔楚种植家庭农场水稻种植覆盖面积达20000亩，流转200余户农民耕地，固定雇用工作人员20余人。根据水稻作业季节性人力需求，乔楚家庭农场在育苗、插秧、施肥等各类田间管理方面劳动力需求量较大，零散用工超过1000人，根据工作内容和工作量，人均日工资达300～800元不等。另一方面，剩余劳动力转移到企业就业增加了打工收入。象屿金谷是从事粮食生产、存储和加工的农业企业，企业吸纳农村剩余劳动力能力强，固定工作人员超过2000人，员工月收入超过3000元。同时，粮食仓储运输及加工过程中需要大量劳动力，有6家劳务服务公司为象屿金谷服务，年用工量巨大，为农村剩余劳动力提供了提高收入的机会。黑龙江大锦农农业开发有限公司是2013年1月成立的股份制民营企业，雇工人数达500人，员工人均收入达3500元，有效促进了农村剩余劳动力增收。

3. 参与合作社和农村集体经济发展实现股份分红收入

富锦市东北水田现代农机合作社成立于2014年，合作社入社成员89户，当年实现土地入股收入600元/亩，年终分红收入378元/亩，实现了农民增收。洪洲村成立股份经济合作社，以资产折股量化形式配股给每位股东，实现股权再分配，集体股占22%，个人股653份占70%，机动股占8%，赢利后以股份分红的形式推动农民增加收入。

综上可见，因土地流转和城镇就业机会增加实现的农村收入结构现代化推动了人口城镇化进程，在带来收入增加的同时实现了人口向县域的集聚，推动了县域经济快速发展，形成收入结构和县域经济良性互动的格局。剩余劳动力转移到城镇企业就业的趋势、收入结构不断趋于优化的过程与农村劳动力转移到富锦市就业和居住的过程是同向的，富锦市基本形成了因产业发展吸纳更多农村剩余劳动力就业而实现农村收入结构现代化和县域经济现代化同向发展、良性互动的趋势。

（五）乡村文化振兴与农业现代化转型相互促进

富锦市乡村发展历史、乡村生产与生活、乡村管理和建设过程中蕴含丰富的乡村优秀传统文化，在推进乡村治理和乡村文明发展中起到重要作用。同时，乡村文化振兴与农业现代化转型是相辅相成、相互促进的，农业现代化转型可推动乡村文化的建设和发展，乡村文化振兴又深刻影响和促进农业现代化转型的深度和广度。富锦市乡村文化振兴体现在乡村治理和乡村文化生活建设方面，以一个良好的乡村精神面貌形成了文化振兴与农业现代化转型相互促进的格局。

1. 乡村文化传承促动乡村自治

富锦市大多数村落有百年历史。在一定历史时期，来自河北、山东等地的贫苦人民迁移至黑龙江拓垦荒地，“跑马占荒”。随着拓荒者的不断涌入，逐渐形成了一定规模的村落。村落中居住的几代人从迁移定居、开荒耕种、协作生产以及日常生活中形成独特的“拓荒精神”和具有黑龙江省特色的移民文化。“拓荒精神”内涵丰富，包括勇于开拓敢为人先的精神、自强不息艰苦奋斗的精神、团结友爱协同创业的精神、豁达包容重义守信的精神、顾全大局共同富裕的精神。“拓荒精神”的核心是一个“拓”字。这种铭刻在骨子里和融化在血液中并经村民世代传承的精神已成为宝贵的拓荒者文化底蕴。“拓荒精神”有效促进了乡村自治。富锦在村庄建设、村庄绿化、环境管理及村民互助方面均充分体现出“拓荒精神”。调研组在宋店村就遇到村民帮助管理外出邻居家的庭院、帮助邻居做体力活等。这是一种精神和文化的传承，体现出村庄的自治功能。二龙山镇西凤阳村党支部组织全村党员和村民自发修建村内砂石道路，义务劳动，不收取任何报酬，充分体现出敢于开拓、敢为人先、顾全大局的拓荒者精神。

2. 村规民约规范乡村治理

美丽乡村建设的一个重要内容就是修订村规民约，并编制成顺口溜，制作成图板摆放在村内显著位置，发挥约束和管理村民的重要作用。村规民约明确了村民的责任和义务："爱树木，清道路，门前三包要管护；倒垃圾，不随意，砖瓦杂物摆整齐；粪便堆，及时清，家家户户好环境；清冰雪，要主动，积极参与路畅通。"朗朗上口的村规民约对农民起到很好的宣传作用，从而调动了农民自发管理村庄环境的责任心。与此同时，顺利推动村庄实施门前"三包"管理模式，并与村民签订门前"三包"责任书。三包指的是"包卫生、包绿化、包秩序"，将村内每条道路、每颗树木的管护都落实到人头，形成美丽乡村建设管护共担、成果共享的长效管理机制。

3. 文艺活动丰富乡村业余生活

结合自身实际，积极组织开展广场舞、秧歌表演、书法绘画、下棋打球等各具特色、贴近群众的文体活动，举办"农民春晚"等娱乐节目，让广大村民成为文化活动的组织者、参与者，让更多的农民群众在文化参与、文化享受中愉悦身心、陶冶情操，丰富村民业余文化生活。宋店村拥有自己的秧歌队、广场健身操队，并有文体队，设有队长、副队长，下分编导队、鼓乐队、秧歌队、健身操队和篮球队。丰富的文体活动有效丰富了村民的业余文化生活，防止了赌博等恶习的滋生。

（六）为农业现代化转型提供强有力的组织保障

富锦市农业现代化转型在市、镇、村三级党组织直接领导下实施，即富锦市一级明确农业经济现代化产业定位和生态资源产业选择，乡镇一级推动经济主体培育和农业资源产权确权，村级集体实施经济发展和乡村治理。市、镇、村三级党组织的引领和组织实施是农业现代化顺利转型的强有力保证。

1. 充分发挥基层党组织的引领作用

在农业、农村现代化转型过程中，各级党组织扮演着战略制定者、发展方向掌控者、各项事业推进者和经济发展重要参与者的角色，农村基层党组织是维护团结稳定和推动各项事业发展的重要依靠力量。从富锦市农业农村发展的实况看，重视基层党支部建设，配齐配强村支部书记、“第一书记”，充分发挥基层党支部的动员和组织作用，有利于推进和引领全市村一级的农业发展。西凤阳村充分发挥基层党支部引领农村经济发展的作用，由村支部书记颜萍和村内党员领办蔬菜大棚 42 栋，并以蔬菜种植为基础建立酱菜厂，带动村内妇女进行酱菜加工，所得收益 50% 归村集体，50% 给农民分红。西凤阳村基层党组织一直引领村集体经济的转型发展，依托本村的主导产业，增加了村集体和农民个人的收入。

2. 多主体并举支撑农村产业发展

立足长远，发挥地区优势，形成地区主导产业，是一个地区经济振兴的重要内容。富锦市委、市政府以开拓的精神，准确把握本地区实际，发挥农业优势，推进家庭农场、合作社和工商企业等新型农业经营主体的发展，并实现新型农业经营主体间的有效联合，以粮食深加工产业为主导产业，逐步形成了以象屿金谷、金玛农业、东北制药等一批有实力的粮食加工企业为主体的产业集群，形成了相互联系、上下游一体的产业链，推动了本地农民增收。

3. 良好的政治生态促进地区发展

富锦市各级领导干部严格遵守在长期执政中形成的富锦从政文化：履职不忘“本”，为民干事；履职不越“度”，规矩干事；履职不推“责”，担当干事；履职不离“实”，求真干事；履职不失“廉”，干净干事。可简要概括为“本、度、责、实、廉”五字从政文化。在这种文化带动引领下，各级领导都能踏踏实实为民办事，不计劳苦和报酬，勇于开拓推动新产业新事物发展，真正成为富锦市经济发展的推动力量。洪州村省级贫困村脱贫并逆转为富裕村就是市委、市政府踏实践行政治生态的典型案例。富锦市委领导深入了解洪州村情况，结合该村区位优势，确定该村应大力发展果木、采摘、餐饮等产业，并从该村的发展规划、建设风格、产品销售方式等方面进行指导，提出洪州村应打造“山水田园洪州村，邀君把酒话桑麻”的旅游村庄。富锦市委、市政府对洪州村发展的指导充分体现了富锦市“本、度、责、实、廉”的从政文化。

4. 农村党员成为乡村建设和治理的依靠力量

美丽乡村建设和乡村治理应充分发挥党员的责任担当作用，使他们以无私奉献的精神引领村民自主、自愿、积极地参与到乡村建设和治理中。西凤阳村党支部以全体党员参与决策和建设的形式推动该村的发展，在村内产业发展、基础设施建设方面发挥了重要作用，如党员带头自掏腰包、出工出力修建村内道路并养护道路。宋店村将党员的先进事迹予以公示，村内党员助人为乐、自主参与村内环境管理维护、不计劳苦参与村内环境治理和绿化工作，以自身行为带动村民在村庄建设、治理和维护中的主动性和自律性。

四、展望与建议

（一）未来发展的重点与难点

1. 农业现代化转型富锦经验的实践和推广价值

富锦市农业现代化转型经验是各级干部群众在改革实践中不断把中央农业政策与地方实际相结合，逐渐摸索出来的新型农业发展之路。基于改革开放以来党的农业发展战略及一系列改革政策，尤其是十八大以来中央关于经济社会发展的新规划，放眼中国广大农村地区，尤其是粮食主产区的县级区域，富锦市的现代化农业转型经验从多重意义上说都具有深刻的代表性和重要的创新价值。

一是立足优势资源，发展主导产业，推动农业现代化转型。对于富锦市经济而言，应深入领会并执行中央宏观产业政策。富锦市在历史上曾经吃过产业定位不准的亏，什么都抓，什么都抓不精，也抓不出效益。十八大以来，围绕中央有关产业结构调整应更加重视经济发展质量和效益的要求，富锦市领导经过深入调研和思索，找准并重新定位富锦市资源优势、环境优势和区位优势，改变了过去传统农业种植结构，引导农民更多地种植国家鼓励、优质优价而且好卖的农作物，极大地提高了农民种地积极性。同时，政府转变观念，更加重视围绕本地农产品品种优势和规模优势，积极引入下游产业，在招商引资中十分重视农产品仓储、运输、深加工等企业，不仅粮食种得好，而且实现了粮食卖得好的喜人局面。

二是探索产权改革，引入新型经营主体，形成高效经营体制。在农业现代化转型中，富锦市较早在全国县域经济中实现了较大规模的农业产权制度改革探索，通过大规模引入新型经营主体并推动农业领域资本化，促进了土地流转、农场化经济和农业合作社建设，这与十八大以来中央有关"三农"问题的精神完全吻合。截至2018年上半年，富锦市有5541个规模经营单位，规模经营面积达223.2万亩，接近全市农业用地的50%，这是了不起的成就。农地规模化经营好处显而易见，有利于降低种植成本、增加农业科技含量、优化种植结构、增强抗风险能力、提高生产效率并达到增产与增收的目标。

三是发展农业企业，优化农村劳动力结构，增强农民致富能力。随着富锦市农业现代化转型顺利实施，当地农业生产率不断提高，节省了大量农村劳动力，且本地农民实现了城镇化就业，从而大大提高了农民致富能力。从富锦市调研结果看，本地引入的农产品仓储、运输、深加工企业，吸引了大量本地农民就业，富锦市很少有外出打工人员。富余农业劳动力就地工人化，符合国家城镇化方针，极大地改善了农村收入结构，提高了农村和农民在农业现代化转型中的获得感、幸福感。从国家层面看，富锦市所取得的这一显著成果，值得全国其他农业主产县学习。

四是挖掘乡村传统文化，推动乡村现代文明建设。随着农村经济发展和现代农业兴起，农民对精神生活的要求逐步提高，如何深入发掘东北农村丰厚和优秀的传统文化、塑造现代农业文明、实现农业现代化转型、引领乡村治理现代化？富锦市广大农村在乡风文明建设、营造健康向上的乡村风貌、建设美丽乡村方面的具体做法堪称典范，值得在全国推广。

五是发挥基层党组织领导作用，创新工作局面。农村发展靠好的带头人，党组织在农村能否发挥领导作用——能否发挥政治功能又发挥经济功能，工作局面能否创新开展。富锦市始终牢牢抓住基层党组织建设，努力培养党的乡镇和村级干部这个关键，构建服务型基层政府体系，极大地改善了农民与政府的关系，对深入发掘农业、农村和农民潜力发挥了积极作用。

2.“富锦经验”的可持续性及其关键因素

富锦市农业现代化转型成功的根本原因，是对中央“五位一体”和“五大理念”方针政策的深刻领会并认真贯彻，是党的“三农”政策和当地因地制宜持续改革互动形成的结果，是富锦市在长期改革实践中探索出来的行之有效的农业现代化发展模式。富锦市积极践行习近平总书记“绿水青山就是金山银山”的理念，始终把山、水、林、田、湖、草保护放在农业发展环境建设首位，严格实施退耕还林、退耕还湿、退耕还草等工作，大兴农业基础设施建设，为当地改善种植结构，提高作物产量，发展生态农业、绿色农业和有机农业夯实了基础。“富锦经验”具有极佳的可持续性，主要体现在以下几个方面。

一是利用好农业现代化转型各积极因素，形成良性互动。当地政府始终坚持定位主导产业、围绕主导产业、做强主导产业的模式，大力推广现代农业科技和农业技术，从而形成以农业为核心、以农业种植为基础、以农产品深加工为出路、以市场竞争力为导向、以农业科技和农业技术为保障、以新型城镇化和农民增收富裕为目标的良性循环。

二是把好政策转化为好生产力。当地政府始终坚持把国家政策利好因素转化为促进生产要素合理搭配的有利方面，实现了把好政策转化为好生产力。在富锦市，无论是针对国家粮食价格改革、流通体制改革、乡村振兴计划、美丽乡村建设，还是其他大政方针，各级政府总能把这些利好政策用好用足，向上争政策、向下争人心、向市场要竞争力，从而使资金、技术、人才等生产力要素得到合理配置和充分释放。

三是政府导向与经营发展形成合力。当地历届政府始终坚持一张蓝图绘到底，始终把农业产业发展及其现代化作为促进区域经济发展的根本立足点，在组织上和发展目标上形成合力，保障了富锦市在农业现代化转型进程中少走弯路。目标清晰不迷茫，组织保障不折腾，富锦市历届班子全神贯注围绕农业、农村和农民问题做文章，努力实现农业现代化转型。

四是重视农村文化建设，凝聚党心民心。当地政府始终重视农村文化建设，充分发掘当地历史悠久的传统农耕文化资源，凝聚了党心和民心，也使本地形成了把农业做大做强的社会共识。乡风文明建设和美丽乡村建设等行动，极大地改变了农村面貌，农民获得感不断增强。农民地位有良好的社会氛围做保障，并与政府主导的农业现代化产业布局形成良性互动。

3. 近期富锦市农业现代化转型面临一些挑战

尽管富锦市在农业现代化转型中探索了一套行之有效的成功经验，但是与全国所有农业大市（县）一样，富锦市的发展还面临一些具体的困难和挑战。

一是农业投入多、见效慢、风险高。农业种植属第一产业，在农业主导的县域经济中，投资最大、见效周期最长、风险最高的往往是农业，富锦市是农业大市，农业经济在区域经济中占绝对优势，农业高投入、见效慢和风险高的问题在富锦市较为突出。

二是水稻面积扩大对农业用水提出更高要求。随着国家提效率、优结构政策的执行，富锦市在农业结构调整方面为交出优秀答卷，大量推广新主产作物水稻，对松花江水资源保护提出了更高要求。水稻是耗水农业，尽管富锦市有着丰富的水资源，但是随着水稻面积扩大，仍对作为跨界河流的松花江科学用水和水质保护日渐提出更高要求。

三是农业高技术推广存在障碍。与我国农业基本现状相似的是，尽管富锦市在农业科技方面进行了大投入，但是高技术农业在富锦市农业经济中占比依然不够突出。富锦市万亩水稻科技示范园建设提供了很好经验，但是推广到全市范围，还面临农民观念未能转变的障碍，尤其是大面积发展科技农业面临资金、体制障碍和人才缺乏现实。

四是农产品附加值相对低下。受地理位置限制，当地深加工农产品远离国内主要市场，导致一些高端终端农产品加工企业很难引入富锦市，当地农产品产业链条长度不足、农产品附加值相对低下的困境短期内较难解决。

五是农村基层组织建设需进一步完善。与内地大多数农业大市（县）相似，富锦农村基层组织建设缺乏充足资金保障，在一些村庄还存在“两委”班子选人难问题。农村党组织负责人、带头人在年龄结构、知识水平上还存在不足，且培养不易，引入大学生长期服务基层缺乏长效保障机制。

（二）相关政策建议

第一，加强粮食主产区生态资源保护。在国家层面加强调研，尽快出台中国东北黑土区资源开发与保护政策，在资金、技术、人才和政策方面给予更多倾斜，加大退耕还湿、退耕还草国家政策支持，对粮食主产区进行特殊补偿。东北两大平原是我国商品粮率最高的地区之一，是国家粮食安全的重要保障，严格保护这片世界少有的珍贵土地资源具有十分重要的意义。国家有必要把两大平原纳入全国生态补偿政策范畴。

第二，加大粮食主产区基础设施投入。建议在国家层面出台专项政策，对富锦市这样的粮食主产区进行大规模农业基础设施投入，尤其是现代水利设施投入。农业基础设施投资极大，中央专项资金往往要求县一级政府进行一定比例配套，而地方政府往往难以承受高比例配套资金，建议考虑适当降低地方政府配套比例，甚至取消县一级配套资金。

第三，加强政策性金融支持与小微金融支持。建议在国家层面对传统农业区，尤其是粮食主产区县域提供更加优惠的金融支持以及农业保险支持。农业是投入大、见效慢、风险高产业，没有国家持续优惠金融投入，实现现代化转型十分困难。对于粮食主产区的县域经济，延长农业生产价值链，优化三产结构，对当地涉农中小企业乃至农民个体户提供更多优惠金融和保险政策，具有十分重要意义。

第四，加强农业生产与流通环节服务业建设力度。在国家层面通过顶层设计，大力提高农业生产性技术服务水平，促进高校、研究所、农技部门面向基层，走进农村、走进田地，为农业企业和农民提供多种模式的技术服务。细化涉农生产性服务业政策，创新涉农金融产品，向相关企业提供农产品收购、仓储、加工、运输环节的精准补贴和优惠，大力发展农村电商和信息服务业等。

第五，加强改善与优化两大平原种植结构。面对中美贸易战可能对中国粮食安全产生的新威胁，建议国家优化松嫩平原和三江平原水稻、大豆、玉米三大作物种植结构并制定配套政策。富锦市从“大豆之乡”到水稻种植大县就是适应了当时的国家粮食安全战略和经济发展需要，在中美贸易战之际，大豆等农产品进口替代势在必行，两大平原广袤的旱田可以很快实现大豆与玉米种植的结构调整。

改革开放

与中国县域发展

GAIGEKAIFANG

上海徐汇

SHANGHAI XUHUI

新时代　新家园

中国社会科学院外国文学研究所

一、四十年波澜壮阔

徐汇区位于上海市中心城区西南部，区内下辖12个街道和1个镇，总面积54.93平方公里，常住人口近110万人。2017年全年完成地区生产总值1600余亿元，完成区级财政收入186亿元，综合实力排在上海各区前列。

1992年2月10日，邓小平同志来到徐汇区漕河泾新兴技术开发区中外合资上海贝岭微电子制造有限公司视察。当他看到一台首次引进到国内的IC生产关键设备大束流离子注入机时，对这台高科技设备表现出了浓厚的兴趣，他边听边问："它们姓资还是姓社？"稍后，他意味深长地说："它们姓社，资本主义国家的设备、技术、管理引进为我们所有就是姓社。"紧接着，小平同志分析了苏联这个原来经济技术发达的国家，由于闭关自守而落后最终解体的例子。小平同志的这次自问自答对徐汇区的改革开放实践，产生了巨大的影响，引领着徐汇成为中国特色社会主义伟大实践的一个典型案例。

回顾改革开放40年，徐汇励精图治、锐意改革、开拓进取，主要经历了三个发展阶段，其嬗变的历程，也承载了上海波澜壮阔的改革开放历史。

一是恢复建设、调整蓄力阶段（1978～1990年）。区域行政区划逐渐稳定，工业和商业成为支柱产业，综合经济实力有了明显提升，全国首批国家级经济技术开发区之一的漕河泾新兴技术开发区成立，上海首个商圈徐家汇商圈发端。

二是高速增长、跨越发展阶段（1990～2010年）。徐家汇快速崛起为上海城市副中心，产业结构从房地产业、商业、工业和旅游业四大支柱产业向现代服务业、制造业、商贸业和房地产业新的四大支柱产业转变，从“九五”到“十一五”，徐汇地区增加值（生产总值）年均增速分别达到18.1%、13%和10.1%。

三是转型发展、全面提升阶段（2010年至今）。发展方式向创新驱动转变，全力建设上海科技创新中心重要承载区，第三产业增加值占地区生产总值的比重已达89%。城区建设管理向有机更新、精细治理转变，徐汇滨江从“铁锈地带”华丽转身为“上海西岸”，加快建设上海国际大都市的一流中心城区，并向着卓越全球城市的中央活动区迈进。

回顾过去，可以看到，徐汇始终将自身发展融入改革开放的大格局，融入城市转型发展的大变局，融入上海全球城市崛起的大趋势，勇当上海改革开放的排头兵、创新发展的先行者。

（一）经济社会治理——构建高质量发展体系

党的十八大以来，徐汇区积极贯彻实施国家创新驱动发展战略，促进服务经济向更高层次创新经济升级发展，把徐汇打造成特色鲜明、实力领先、创新氛围浓厚、集聚效应强劲的上海“创新经济先导区”“科创中心承载区”。（1）打造现代服务业集聚高地。徐汇在全市率先提出发展“知识密集型”现代服务业的设想，调整以房地产和商业为主的第三产业结构，经过15年发展，现代服务业实现从“量”到“质”的提升，在产业格局中实现由“先导”到“主导”再到“主体”的转变，逐步形成信息技术、生命健康、文化创意、创新金融四大产业集群，2017年实现营业收入2295.06亿元，税收总额达到258.22亿元，年均增长12.8%，现代服务业对全区经济增长的贡献度达到67.9%。（2）构筑总部经济特色集聚区。徐汇坚持把吸引跨国公司总部、研发结算中心等作为产业发展的重中之重，1984年辖区内的漕河泾新兴技术开发区成为全国首批国家级经济技术开发区之一，引进了四个经济特区以外的首家外商独资企业——3M公司，诞生了代表我国微电子工业里程碑的金星彩电、上海贝岭以及中国A股第一股飞乐音响等，成为全国单位面积产出最高的科技园区。“十二五”期末，辖区内总部机构数达到107家，其中包括阿迪达斯、强生中国、默沙东、星巴克等国际知名品牌，外资总部机构数量在上海中心城区持续位居第一。（3）建设上海科创中心重要承载区。徐汇科创资源丰富，拥有“两院”院士113位，国家级重点实验室12家，万人有效发明专利拥有量86.7件。十八大以来，徐汇贯彻国家创新驱动发展战略，加快建设科创中心重要承载区，先后被列入国家知识产权综合管理改革首批试点、第二批全国“双创”示范基地。大力发展以知识产权为重点的科技服务业，引进国家工商总局商标局上海商标受理窗口、马德里国际商标注册点、上海知识产权交易中心等机构。依托枫林生命科学研究优势，规划生命健康产业“MINI波士顿”。聚焦人工智能产业，建设100多万平方米的西岸智慧谷，引进谷歌、阿里巴巴、小米、ARM人工智能生态联盟、商汤等一批标杆企业，打造国家级人工智能产业集聚区。

建设高质量发展体系，必须以人为本，一切从人民利益出发。因此，增进民生福祉一直是徐汇发展的出发点和落脚点，也是全区改革开放的重要动力之一。历届区委、区政府坚持以人民为中心的发展理念，以建设更高水平的小康社会为目标，在教育、医疗、养老等诸多领域主动承接了国家与全市多项改革试点任务，为在更大范围推广改革措施提供了宝贵经验与有益借鉴。同时，各项公共服务水平不断提升，人民群众的幸福感、满意度不断增强，2017年徐汇户籍居民预期寿命达84.9岁，为全市最高。事关民生的重要举措与实践有以下几方面。（1）推动教育优质均衡发展。徐汇是上海现代教育发源地之一，辖区内有17家百年老校，历史积淀和文化底蕴深厚。2003年，徐汇被正式批准成为联合国教科文组织亚太地区联系中心，参加教科文组织的可持续发展10年计划，区域内有近60所学校与国外110余所学校建立了姐妹学校关系，设有多所面向外籍人士子女的国际学校或学校国际部。（2）深化医药卫生体制改革。徐汇医疗资源丰富，辖区内有 9 家三级甲等医院。结合区域内医疗资源结构与布局情况，分别组建成立了“徐汇区－市六医院”和“徐汇区－中山医院”两个紧密型医联体，与 7 家三级专科医院共建学科项目型医联体，促进优质医疗资源下沉，提升基层服务能力，完善医疗服务体系，推动建立合理有序的分级诊疗制度。持续深化社区卫生服务综合改革，全面推广家庭医生签约服务家庭机制，“1+1+1”签约率达 20.86%。（3）大幅提升养老服务能级。为应对深度老龄化挑战，徐汇积极参与养老服务领域各项改革试点，不断完善“五位一体”养老服务体系建设。2014 年，率先试点上海市老年照护统一需求评估工作，通过把好养老公共服务准入前置关，精准对接养老服务需求。2016 年，开展国家级医养结合试点，引导养老机构设置医疗机构，完善老年人健康档案管理，推动社区、机构的医疗服务需求与区域内医疗服务资源对接。2017 年，开展老年长期护理保险制度试点，为经评估达到一定护理需求等级的长期失能老人的基本生活照料和与基本生活密切相关的医疗护理提供社会保险，为超老龄化大都市探索养老新路径。

（二）文化环境治理——构建具有海派之源魅力的文化发展体系

徐汇以自身显著的历史文化特征为底基，聚焦上海建设卓越全球城市的愿景，不忘本来、吸收外来、面向未来，大力推进历史文化风貌保护、公共文化和文化产业发展，打造上海全球城市文化新高地。（1）传承活化历史文化。徐汇有全市成片保护规模最大的衡复历史文化风貌区（7.66 平方公里，徐汇部分的面积为 4.3 平方公里），拥有优秀历史建筑 1074 幢、保留和一般历史建筑 5000 多幢。按照重现历史风貌，再塑内涵功能，延续历史文脉的保护要求，坚持整体保护、有机更新的原则，采取“三减三增”的策略——减建筑容量、减过度商业、减人口密度，增公共空间、增文化功能、增配套服务，点、线、面相结合，打造活化的经典风貌街区。点上，重点对属于居住类直管公房的 476 幢优秀历史建筑、105 万平方米保留历史建筑进行修缮。近年来，先后修缮开放巴金、柯灵、张乐平等名人故居，夏衍旧居、草婴书房正在修缮，交响乐博物馆、建业里、永平里等开放运营，让更多市民享受到保护成果。线上，明确一类风貌保护道路永不拓宽，持续整治风貌道路，保持人文气息。面上，对风貌区内 218 个住宅小区开展综合治理，改善绿化景观、改造公共空间、优化社区服务设施和商业配套，塑造有温度的特色街区。（2）优化公共文化供给。2013 年成功创建成为全市唯一首批国家公共文化服务体系示范区，建设多样化的文化场馆以及标准化的基层公共文化机构，完善公共文化四级配送体系，实现“艺享徐汇”互联互通，为社区居民、白领职工、部队官兵、青少年等提供 602 项文化产品和服务。全力保障宛平剧场、沪剧院、越剧院等市级重大文化项目建设，加强与上海音乐学院、京剧院等市属文艺院团合作，让高雅艺术进社区、进园区、进课堂。（3）推动文化产业繁荣发展。徐汇被列为首批 13 个国家文化出口基地之一，拓展“文化 +”新思维，融合文化、创意、科技、资本、制造等要素，集聚了一批影视产业龙头企业，如上影集团、尚世影业、东方梦工厂、企鹅影视等，积极布局 VR 技术、动漫网游、网络剧等新业态，文化产业增加值每年保持 10% 以上增长；建设国际艺术品保税交易平台，与新加坡自由港合作，打造国内首个纳入自由港全球服务体系的艺术品保税综合服务平台，为苏富比、佳士得等百余家艺术机构提供艺术品专业服务。

与文化一脉相承的是环境。加大环境综合整治力度，补齐城市运行短板，全面提升管理标准和管理能级，使城区环境更干净、更有序、更安全，使区域人居环境和群众生活品质显著改善，是徐汇区政府的重要改革任务。（1）生态环境综合整治。自 2013 年以来全区累计拆违 250 多万平方米，基本消除 2 亩以上成片违建。以拆违为契机，加强拆后土地的后续利用和管理，为区域经济社会后续发展节约了成本、争取了时间、腾出了空间。以净化美化环境、保障改善民生为出发点和落脚点，大力加强资源节约型和环境友好型城区建设，持续加强生态绿化建设，徐家汇公园绿道、东湖绿地等改造项目焕然一新，区域绿化覆盖率达到30%，空气质量AQI优良率位列全市前列，8条黑臭河道全部完成治理，6个考核断面水质达标，生活垃圾无害化处理率达100%。（2）推进精细化管理。贯彻落实习近平总书记关于“城市管理应该像绣花一样精细”的要求，重点聚焦衡复风貌区、徐家汇、徐汇滨江三大标杆区域，打好架空线入地、垃圾分类、绿化景观提升和小区综合治理“四场战役”，全面提升法治化、社会化、智能化、标准化四种能力，努力解决好群众最关心的直接现实利益问题，使徐汇更有温度、更富魅力、更具吸引力。

此外，环境治理的核心内容之一是社会治理。徐汇始终把如何实现优质高效的社会治理作为重大课题，摆在全区工作中的突出位置。党的十八大以来，徐汇紧扣中央和市委“创新社会治理加强基层建设”总要求，紧盯“基层有活力、管理出实效、群众得实惠”总目标，探索符合超大城市中心城区特点和规律的社会治理新路子，坚持党建引领，优化社会服务供给，培养居民和社会组织参与社会治理意愿，进一步提高多元主体参与能力，激发全区域治理活力。（1）以区域化党建为引领。在全市率先成立区域党建促进会，用“六共”目标（共商区域发展、共抓基层党建、共育先进文化、共促人才发展、共建文明城区、共同服务群众），把中国科学院等上千家驻区单位组织到同一个党建平台上。以党建带群建促社建，推动各方主动融入党建格局，积极关心发展大局，形成区域内各类组织与多元主体共同参与社会治理新局面、共建共享新机制、深度参与区域创新转型新范例。2017年，全国城市基层党建工作经验交流会在上海举行，徐汇“滨江建设者之家”、凌云街道“绿主妇”、虹梅街道“虹梅庭”成为现场参观点。（2）以自治共治为导向。创建成立18个市级自治家园，凌云街道梅陇三村、长桥街道体育花园获“全国最美志愿服务社区”荣誉。（3）以多元参与为突破。徐汇率先意识到社会组织在社会治理中的重要作用，建机制、出配套、求突破，建立起以社区为平台、以社会组织为载体、以社工人才为支撑的新型社区服务管理机制，先后培育46家社会公益组织，累计为31家社会组织提供政策和资金扶持。重点跟踪培育53个创新自治共治项目，涌现出以“绿主妇”等为代表的上海市社会建设十大创新项目，强化示范作用，形成一大批活跃度高、优势明显的多元参与社会治理品牌项目。

为优化社会治理，徐汇区高度重视政务治理，着力构建高效便捷的政务服务体系，以“互联网+”为手段，让数据多跑路、市民少跑腿，用政府的辛苦指数换取老百姓的幸福指数。2017年，徐汇行政服务中心被评为“全国十佳行政服务大厅”，入围国家“互联网+政务服务”示范工程。（1）用清单厘清边界。徐汇通过制定区镇两级权责清单、健全行政协助事项清单、发布徐汇行政审批事项清单、梳理行政审批评估评审事项清单、明确政府服务事项清单，界定政府权限，调整取消155项审批事项，并不断加强行政审批标准化建设，在完成涵盖451项审批事项目录的基础上，启动业务手册与办事指南编制，用公开透明的标准，让群众感受到政务服务的温度。（2）用创新推进改革。以商事制度改革为契机，创新“双创”企业服务举措14项，放宽开办条件，加速科创中心重要承载区建设，近几年新增企业每年都保持在4000户以上。在全市率先施行“多证合一、一照一码”改革、推动“先照后证”改革；不断优化窗口服务，实现单一窗口受理、各业务通办；不断压缩办理时间，力争当好有事必应、无事不扰的“店小二”。（3）用技术提升服务。徐汇运用大数据、云计算、人工智能等先进技术，建成新行政服务中心、网上政务大厅、区大数据中心，大力推进“互联网+政务服务”，探索政务治理新路径，接入市工商、税务等12条专网、71个区县联动系统和2个区自建系统，推动跨部门、跨层级政务数据共享与开放，实现人证智能核验、城市动态数据展示、精准化城市监管等治理新功能。目前379项区级行政审批事项中，除6项涉及安全问题，其余373项已全部入驻行政服务中心。在徐汇，不动产交易完成时间已从41天压缩至4个工作日，企业登记由30个工作日压缩至最短2个工作日，中心大厅月均接待量突破6万人次，实现“家门口、指尖上、一体化”政务服务，为打响“一网通办”政务服务品牌夯实基础。

40年的改革历程，徐汇区已在政治、经济与文化各方面取得了长足成绩。

二、献华章亮点纷呈

作为中西文化交流的起源之地，徐汇区的特色与亮点可谓其名中的“汇”字：历史与当下之汇、本土与世界之汇、科技与人本之汇、个人与公共之汇。改革开放40年来，徐汇区在精细治理的理念下，于整体布局中着力打造这些亮点，真正做到了党的十九大提出的“以人民为中心”。

（一）历史与当下之汇：文化传创

文化是凝聚人心、营造共同体的出色载体。徐汇区历史底蕴深厚、文化资源丰富，是中西文化的交汇地、近代海派文化的发源地。以自身的这个显著特征为底基，徐汇区聚焦“徐家汇源”“魅力衡复”“艺术西岸”三大文化品牌，力图靠“千年龙华，百年徐汇，十年西岸”传承历史，发展当下，展望未来，再塑改革新时代的文化归属感，并力图引领将来的世界文化地图。

1. 重塑中西交汇的“徐家汇源”

400年前，明朝礼部尚书兼文渊阁大学士徐光启曾卜居在这块有多条河流汇聚的地方，从事农耕实验，并著书立说，开创了“西学东渐，中学西传”事业，被称为近代“中西文化汇通第一人”。得名于此的徐家汇因此一直是中西文化兼容并蓄的象征，它开启了中国迈向全球的窗口，为海纳百川的“上海精神”打下了第一块基石。2010年世博会期间，这一处占地2.4平方公里的“百年文化建筑群”成为上海开放型都市旅游景区，也是国家AAAA级旅游景区，名为“徐家汇源”。同年，位于徐家汇南部、被称为中国近代工艺美术摇篮的上海土山湾博物馆宣告开馆。徐汇区充分挖掘这一地区以“光启文化”为特质的文化内涵，以百年电影、百年唱片、百年工艺、百年教育、百年气象为核心，整合徐家汇源文化资源，优化整体设计，实施土山湾博物馆移址和二次提升、百代唱片小红楼修缮、徐光启“两馆一园”建设改造等项目，并着力发掘徐家汇藏书楼、徐家汇天主教堂、黄道婆墓、徐光启墓等古迹的历史内涵。在增加周边公共交通的匹配度、提升名胜古迹的游览体验的实际建设中，再现徐家汇中西文化交流重镇的风采。

2. 打造荟萃古今的“魅力衡复”

徐汇区一直致力于打造一个“有温度的城市”，一个“可以阅读、可以行走的街区”。针对自身某些区域的可步行性、周边历史风貌的完整性，徐汇区依靠行人的“漫步”，把历史融入当下，让历史向当下敞开。徐汇的衡山路—复兴路历史文化风貌保护区是上海以立法形式认定和保护的历史文化风貌保护区之一，也是上海中心城区规模最大、优秀历史建筑数量最多、历史风貌格局最完整的历史文化风貌区，有 15 处文物保护单位、1074 幢优秀历史建筑、1620 幢保留历史建筑和 84 处名人故居，被誉为“居住建筑万国博览区”。徐汇区充分利用众多历史建筑、名人故居资源，打造属于徐汇区的“魅力衡复”。例如五原路 288 弄 3 号的“三毛之父”张乐平故居、复兴西路 147 号的柯灵故居，通过置换、保护性修缮等措施，于 2016 年 2 月正式向公众开放，和已经开放的巴金故居等形成衡复历史文化风貌保护区文化故居群落；位于徐汇区政府大院内的修道院，很长时间都是徐汇区检察院的办公场所，依据历史原貌进行修复后，于 2016 年 2 月向市民开放，其中一楼的“汇展示厅”展示上海文化之源、徐汇文化之脉，并定时举办“汇讲坛”品牌活动；位于复兴中路、上海交响乐团对面的原上海房管局，被打造为音乐主题园区；位于复兴中路有着 70 多年历史的上海大戏院与上海话剧艺术中心合并，改建为话剧实验剧场，上演欧美经典戏剧、创意戏曲等，于 2017 年 3 月正式开业。此外，夏衍旧居、草婴书房、赵丹与郑振铎旧居等都在因地制宜地改造规划。这些改造可以为中国一大批同样有着优秀历史建筑的城市区县，提供进入新时代的徐汇经验。

3. 建设世界级的“艺术西岸”

徐汇区不仅拥有悠久的历史，也始终以“求新”的“海派精神”为引领，面向未来、面向科技，走在城市建设的前列。这些年来，徐汇区以“迈向全球城市的卓越水岸”为目标，坚持“规划引领、文化先导、生态优先、科创主导”，在黄浦江西岸的徐汇滨江积极建设“西岸文化走廊”，将原有的砂石码头、废弃油罐、龙华机场跑道、飞机制造厂机库等近代工业文明遗址，改建成美术馆、演艺中心、跑道公园等，不仅传承了历史文脉，也扩宽了公共文化开放空间，凸显百年工业遗址对西岸滨江空间塑造的文化价值，丰富西岸文化走廊内涵。同时，徐汇区将加快这片地区的滨江剧场群、“美术馆大道”等一批世界级、现代化的大型文化设施建设，以此云集国际级艺术大师作品、国际级策展和运营团队、国际级艺术原创人才，构建集美术馆、公共艺术中心、图书馆、剧场、公共开放空间等业态于一体，以“文化场馆 20+、剧场 6+、座位 10000+”规模比肩世界级水平的亚洲最大的国际艺术群落。吸引国内外知名的传媒和影视机构、国际一流画廊和艺术品拍卖公司、演艺团体以及顶级艺术大师等集聚滨江。积极策划“西岸文化艺术季”“西岸艺术与设计博览会”等文化活动，推动“西岸”成为上海当代艺术新地标、国际艺术交流必选地，以及上海乃至全国一张重要的文化名片。

（二）本土与世界之汇：滨江未来

说到西岸，它不仅是艺术的西岸，也是徐汇区向全世界展示的“未来愿景”。将来，人们提起上海，可能不再是外滩外国建筑群，也不是浦东陆家嘴开发区，而是“西岸”。“西岸”不仅是徐汇区的“西岸”，也是上海的“西岸”、中国的“西岸”，更是世界的“西岸”，它力争建设成与伦敦“南岸”、巴黎“左岸”比肩的全球城市卓越水岸。

黄浦江既是上海城市空间形态的发展轴线，也是城市景观风貌的展示廊道。徐汇滨江地区拥有 11.4 公里的黄浦江滨水岸线，北起日晖港、南至关港、西至宛平南路 – 龙华港 – 龙吴路，区域面积约 9.4 平方公里，规划总建筑面积约 950 万平方米。在这里，滨水开放空间、工业文化遗产和文化艺术设施，与现代建筑集群融为一体，形成了气势壮观的滨水景观风貌。

1. 世界级滨水开放空间

2008 年，徐汇把握世博机遇，全面启动了徐汇滨江地区综合开发建设，通过土地成片收储（腾让 280 公顷土地，动迁 3500 户居民、116 家企业）、7

路2隧骨干路网建设（7条道路、2条过江隧道），先行建成3.6公里驱车看江景的景观大道——龙腾大道、30万平方米滨水公共开放空间，区域整体面貌及可达性等得到极大提升，并于2015年获得中国人居环境范例奖，成为公众心目中首屈一指的跑步圣地。2016年8月，启动沿江贯通工程建设，扩大生态环境效益，至2017年底，徐汇滨江共建成8.4公里沿江景观大道(3座人行桥、6座市政桥）和50万平方米开放空间，实现"三道"(跑步道、漫步道、骑行道）全线贯通，实现生产性岸线向生活性岸线的转变，让市民与游客望得见江、触得到绿、品得到历史、享得到文化，为新阶段发展营造良好生态环境。

未来，将以80万平方米世界级滨水开放空间为先导，推动公共空间由滨江向腹地渗透，建设“一轴四环”的生态网络，让市民更广泛地共享滨江开放和城市发展的新成果。

2. 亚洲最大规模艺术区

2011年底，以建成亚洲最具规模艺术区为目标，“西岸文化走廊”品牌工程正式启动。至2017年，以国内规模较大的私人美术馆——龙美术馆、余德耀美术馆等领衔，星美术馆、油罐艺术公园、西岸美术馆、上海梦中心剧场等20余座公共文化设施陆续启动，并于2017年迎来了中法最高级别文化合作项目之一——蓬皮杜交流展陈计划落地。

同时，在西岸音乐节、西岸艺术与设计博览会、西岸食尚节等品牌活动引领下，联动20余家区域文化机构、拥有近百场文化活动的西岸文化艺术季，已成为上海文化生活的亮丽名片，吸引着全球顶级的文化机构、艺术家以及每年超百万观众惊喜和探索的目光。西岸正以文化为内涵，用世界的舞台，讲述中国的故事。

3. 国际创新创意产业群

在习近平总书记力主“生态发展”的思想引领下，徐汇滨江注重水、绿、人、文、城的融合发展，坚持“西岸创造”核心概念，以西岸传媒港、西岸智慧谷、西岸金融城三大板块为重点，形成科技创新、文化创意、创新金融三者互为支撑的产业结构，构建国际级创新创意产业群。

2012年，作为习近平总书记访美的积极成果，中美重大合作项目——东方梦工厂落户西岸。以此为旗舰，聚集腾讯、湖南卫视、游族网络等信息、娱乐、传媒产业标杆的西岸传媒港即将于“十三五”期间全面建成。一个面向未来、活力、绿色、智慧的文化传媒重镇，正在西岸崛起。

2017年8月30日，以建设具有全球影响力的科技创新中心为目标，全球（上海）人工智能创新峰会在徐汇召开，并开启了徐汇打造“一核一极一带”（一核为徐家汇枫林创新核，一极为徐汇滨江创新极，一带为漕河泾北杨创新带）人工智能发展战略，深度开发集策源研发、深度应用、智能制作三大维度于一体的百亿级人工智能产业群。滨江正加快建设全球首栋国际人工智能大厦，打造布局超过100万平方米、以人工智能产业为核心的西岸智慧谷，承载核心产业和领军企业。

此外，滨江还将启动建设以创新金融产业为核心的西岸金融城，与西岸传媒港、西岸智慧谷连为一体，带动南部城区形态及产业升级。徐汇滨江全力打造的“上海西岸”，已基本告别烟囱耸立的旧时代，百年工业遗迹涅槃重生，文化、科技、创新、创意融为一体，一个创新、开放、生态、人文的世界级新地标正在形成。

（三）科技与人本之汇：智能政务

一个以人为本的城市，有序高效的政府服务是关键，也是提升老百姓生活方便度和满意度的最直观体现。徐汇作为中心城区，以最高标准不折不扣地落实中央、市委工作部署，进一步优化政务服务、转变政府职能。

徐汇区行政服务中心2015年成立之前，徐汇的政务服务空间分散，全区各类行政审批服务分散在18处办公地址，企业、群众办事耗费大量时间和精力。同时，部门间文件流转慢，并联审批不够，行政审批流程有待优化，部门间的政务数据存在壁垒，大数据、云计算等新技术应用不多，市民体验感与满意度不高。这些问题激发了改革者的斗志、呼唤着行动者的决心，倒逼政府拿出勇气和智慧，提高现代治理能力和服务水平。

1.“家门口、指尖上、一体化”

2015年徐汇区行政服务中心建成运行以来，共入驻26个部门127个窗口651个受理事项，2017年被评为“全国十佳行政服务大厅”，并入围国家“互联网+政务服务”示范工程。经过多轮软硬件的优化升级，徐汇区行政服务中心探索出一条以“家门口、指尖上、一体化”为宗旨的智能化政务新途径，力求打通行政服务“最后一公里”。“指尖上”，突出科技支撑在云端；“家门口”，突出就近便捷有温度；“一体化”，突出智慧共享大集成。其具体做法可归纳为“五个一”机制，形成了一站式统一入口和出口的“一网通办”格局。

（1）“一号申请”：建立唯一标识的统一身份认证体系和电子证照库，凭一个居民身份证号或企业社会信用代码，可实现3万多张电子证照互认共享，涉及210个事项，让证照信息在各业务部门间快速流转，大幅降低信息提交的重复率，企业在设立阶段实际申报信息减少一半、申报材料压缩1/3。

（2）“一窗受理”：“综合受理”窗口可受理社区事务受理中心的167个全市通办事项以及对外服务法人272个事项，涉及商事登记、人才用工、双创服务、社区与民生服务等各领域。比如，开通海外人才服务窗口，在外国人就业证与专家证“两证合一”的基础上，实现外国人特别是海外人才就业、居住业务的综合受理。

（3）“一网协同”：接入12个专网、71个市区联动业务系统、2个区自建系统，入驻的审批事项实现100%事项上网、表格下载、网上填报、网上预约、网上预审、网上反馈、网上查询、网上支付和网上物流，281项事项实现全程网办。

（4）“一次办成”：从群众视角“一件事”出发，打包市场监管局、人社局等12个部门的85个服务事项，可提供商事登记、科技创新等13大主题的套餐式服务，面向企业的审批事项100%“最多跑一次”。

（5）“一中心监管”：在行政服务中心35个部门开通2769个执法人员账号，发布5045项监管事项，实现了监管部门、执法人员和监管事项全覆盖，以及 4.2 万多家企业“一户一档”的监管对象全覆盖。

2. 服务的人工智能化

在优化政务服务和城市管理的各项措施里，政务的人工智能化无疑是个夺目的亮点。近年来，徐汇区加速打造以人工智能为依托的政务新支撑，通过以下三个方面的智能突破，让政府管理服务变得更精准、更智慧、更主动。

（1）构建三大管理平台。建立服务企业群众的审批监管一体化平台，通过一口咨询、综合受理、统一发证，打造政务服务“总客服”；建立支持精细管理的网格化综合管理平台，涵盖网格化管理、12345 市民热线等模块，形成“发现、立案、派遣、处置、反馈、核查（回访）”的管理闭环；建立守好安全底线的智慧公共安全平台，运用传感设备，实现居民区、道路、商场等重要场所“感知神经元”的全覆盖。

（2）建立数据治理体系。以应用为导向，在实现市法人库、人口库、空间地理库等六大基础数据库落地的基础上，动态归集自然人、法人数据，完善政务数据资源目录 2200 项、数据项 5.1 万项、数据记录 2.5 亿条，同时不断扩大基层数据采集范围，形成“一数一源、一户一档、动态归集、实时更新”的工作机制，实现了全生命周期、全过程监管、全要素内容的信息归集。建立灾害预警、交通出行等跨部门、跨层级、跨领域的主题数据库，提高应对突发事件的能力。

（3）加强技术创新集成。应用“互联网 +”技术，推动政府基础信息设施由传统的“按需而建”向“按需而用”购买云服务的模式转变。应用大数据技术，动态展现交通、气象、综治等城市运行数据；推动政务数据的共享开放，实现“有接口的地方就能变成窗口”。应用人工智能技术，通过物联感知技术，实现人证智能核验服务，业务办理量月均 1 万件，占全区企业注册登记量的 58%。

政务的人工智能化，其最终目的是服务老百姓。在这方面，徐汇区的“人工智能”政务备受欢迎。

（1）启用“人工智能首席服务官”团队。作为全国首个入选“互联网 +

政务服务”示范工程的区级政府，徐汇区政府发挥人工智能产业集聚的优势，率先将机器人引入政务服务团队。“徐小递”是一个高约 1.3 米的圆柱体机器人，负责递送材料。窗口人员只需在电脑上对它发出召唤指令，徐小递便会及时赶来，把材料吞进“肚子”；由于存储了所有楼层的三维地图，它可以自主选择路线；借助无线通信模块，它可以控制电梯；到了目的地，它还会打电话回复接收者。在它加盟前，材料递送工作需要窗口员工完成，跑一趟少则三五分钟，多则一刻钟。自徐小递上岗以来，每天至少楼上楼下往返数十趟，区政府用有限的成本，提升了窗口的服务效率。另两位机器人“徐小智”和“徐小境”分别在 1 号楼和 2 号楼提供办事咨询服务。市民用语音把想办的事告诉它，机器人就会提供相应的引导，告诉对方应该怎么领号，该去哪个窗口。在机器人的帮助下，大部分咨询者都能很快进入办事流程。在日均接待两三千人的情况下，每位客户用于等待的时间被压缩到了十分钟。此外，还有联合区司法局推出的“人工智能 + 法律知识”概念机器人“徐小法”，能清楚识别用户的法律诉求，准确给予语音答复，提供法律服务。

（2）利用人脸识别技术，缓解排队焦虑。在区行政服务中心大厅，当日值班长通过平板电脑，一目了然地看到谁在排队、要办什么事、等了多久。对于等候时间超过 15 分钟的办事者，系统会自动发出警示，并显示出由现场摄像头拍到的等候者照片；根据这张照片，工作人员可快速定位办事者，并通过送水等方式安抚情绪。同时通过综合分析所有窗口的排队情况，系统可以对各窗口的通畅度打分，进而提示在某些热点窗口加派人手。这套排队智能系统一方面采用了智能数据挖掘技术，另一方面应用了人脸识别技术，办事者在取号时，系统会记住办事人的样貌，之后，无论办事者在大厅里如何走动，人工智能总能迅速识别并找到当事人，从而为后续服务创造便捷条件。此外，“刷脸”设备还被用来验证办事者的身份，从而实现更快、更安全地办事。在企业登记窗口，客户一边按要求注视摄像头，一边刷身份证，几乎在“刷证”的同时，系统就提示“人证一致”。

（3）服务大众的云存储。为了让忘带材料的客户免于奔波之苦，徐汇区行政服务中心为所有人提供了一个云存储空间，让他们可以事先把材料上传；一旦在办事时忘带，可以现场调取打印，从而实现“数据多跑路，市民少跑腿”的目标。又如，很多人办事时不知该如何正确填表，徐汇区为此就提供了一个样表查询机，办事者只要输入自己的等候编号，系统便能识别出他所办事项，然后直观地展示出一张样表。

这些已然成熟的技术谈不上复杂，却因徐汇区政府周到的服务理念而完美地融入办事流程之中，也使徐汇区在打造最优营商环境方面的流程改革中走在前列。徐汇区的经验是始终保持与时代发展、潮流趋势同步，树立互联网思维，善用人工智能等新技术手段，实现认知迭代、效能升级、体验优化，不断提高政府现代化治理能力与水平。用公务员的“辛苦指数”换取群众的“幸福指数”，体现了从“以政府为中心的管理”向“以用户为中心的服务”转变的理念。

（四）个人与公共之汇：邻里汇

个人和家庭是城市的细胞，个人生活与公共社会永远有着密不可分的联系，整个城市的健康发展，也永远有赖于个体间的认同与归属。党的十九大报告提出了要“打造共建共治共享的社会治理格局”，社区共治是社会治理的重要方式，也是城市精细化治理的重要路径。徐汇区在推动社区自治上，取得了诸多经验和成绩，最突出的就是“邻里汇”，这是由政府主办、以街镇为依托、多元主体参与的社区服务和社区治理的共享空间。徐汇区政府根据不同区域人群的不同特点，打造不同类型的“邻里汇”，不仅有聚焦“儿童日托、托老”等解决居民生活难题与后顾之忧的“邻里汇”，也有专注服务开发区白领，举办讲座、播放电影等文娱活动的“邻里汇”。2018 年 4 月 11 日李克强总理调研江南新村“邻里汇”时就对这一共治共享形式予以充分肯定，对这里实行社区医养结合，帮助老人们居家养老表示赞许。

徐汇区规划建设“邻里汇”19家，目前已建成16家，总面积超2万平方米，服务活动受益群众达数十万人次。下一步将在漕河泾开发区建设 4 万平方米的国际化“邻里中心”，满足园区白领高端化、专业化、个性化的生活服务需求，还将以居委会为中心延伸建设303家“邻里小汇”。“邻里小汇”是“邻里汇”一汇多点模式的体现，也是徐汇探索将社区养老服务可及性从15分钟向5分钟提升的重要方式。目的是形成专业服务的延伸点，既可链接“邻里汇”已有活动，配合扩展服务，也可弥补“邻里汇”的不足，比如服务因身体或其他原因不便前往“邻里汇”的居民，形成社区服务的网络全覆盖。同时，建设“网上邻里汇”，集合所有服务项目及社会服务资源，形成全区“一张网”。举办“邻里节”，推出一批共享项目和活动，打造徐汇社区治理和民生服务的连锁品牌，努力实现“邻里汇、汇邻里，美好生活共同体”的愿景。当我们走进任何一家“邻里汇”，看到老人、孩子由衷的笑容，都会心生艳羡。

1. 暗合区域历史文脉，集聚社区人文共鸣

“邻里汇”以15分钟社区生活圈、家门口5分钟生活服务圈为标准，打破街镇界域的物理规划布局。一是以广大居民群众需求为出发点，建立服务功能遴选机制。由于邻避效应，包含长者照护之家等为老服务项目在内的“邻里汇”，起初曾遭到周边居民的误解与反对。各街镇通过问卷、访谈等方式了解居民实际需求，按需遴选并公开“量身定制”的服务项目清单，把种种意见的合理部分在“邻里汇”的功能布局中体现出来，化群众的质疑、争执为理解、支持，当初“闹”得厉害的居民甚至转变为“邻里汇”运行的志愿骨干。这样的“邻里汇”建设也增进了邻居的情感，江南新村有一栋楼，50多户居民在“邻里汇”里一起共吃年夜饭，为新时代的“原子化”生活提供了改变的实例。

二是以条线部门资源和社会第三方组织为依托，完善精准化供需对接机制。在梳理条线部门和区域化党建单位现有服务资源的同时，通过政府购买服务，引入具有一定引领性和影响力的社会组织，针对老人、幼儿、青少年、白领等不同群体定制个性化服务，汇总形成“社会组织项目库”和“社区服务项目库”，通过街镇之间的统筹实现全区共享，供“邻里汇”按需选择。如天平街道的创邑邻里汇在线上公开项目库，线下每月举办供需对接

会，引导居民区与社会组织沟通服务需求，加速项目推广与落地。通过供需对接的有效工作机制，徐汇区将生活健康、为老服务、文体法律、亲子教育等服务集合在“邻里汇”的物理空间，并统筹嵌入党建服务中心、长者照护之家、日间服务中心、社区卫生服务站、助餐服务点等，打造家门口的“党群站”“会客厅”“托老所”“便民点”。

三是以服务大数据为支撑，创新设立动态化评估调整机制。对“邻里汇”的服务项目，定期从项目管理、服务质量和满意度评价等多个维度进行评估，实行优胜劣汰，根据评估结果动态调整项目安排与资金运用，对优质服务项目给予一定补贴，让服务项目“有进有出”，提高了服务质量和资金效能。

2. 政府搭台、社会唱戏

管理上，实施“邻里汇”多元化运营管理。在“邻里汇”日常运营中，徐汇区注重引入第三方社会组织、居民志愿者参与，构建“政府搭台、社会唱戏”的局面。一方面，推动专业化运营，采取项目化运作方式，引入专业机构和力量为“邻里汇”提供公共服务、便民服务和志愿者服务等。如斜土街道江南新村邻里汇依托“全国最美医生”朱兰所率领的家庭医生团队，将慢性病管理和健康服务真正延伸到家门口，让社区老人不出小区就能就诊配药，成功打造了嵌入式、小规模、多功能、专业化的医养综合服务站点。又比如田林街道田林十三村邻里汇引入民生社会公益发展中心、上海挚爱护理站、上海金芒果婴幼儿成长机构、上海昂立教育科技集团有限公司等机构负责不同服务项目的运营，确保运营管理的专业化和品质化。

另一方面，强化区域资源共享，引导鼓励社区单位、社会团体、社会服务机构、社区基金会、社区志愿者团队等多元主体参与，打造友好和谐、共生发展、相互促进的社区家园“生态基地”。如虹梅街道华悦家园邻里汇由街道联合中科电 21 所、3M 中国有限公司等区域单位共同筹建完成，通过有机对接社区与共建单位的需求和资源，为企业反哺社区提供平台；同时，街道也为共建单位提供“虹梅庭”公益活动、党务咨询等服务，增强了社区凝聚力。值得一提的是，建于漕河泾开发区的“虹梅庭”，因其党建活动丰富高质、凝聚力强劲，还有过外企高管要求加入中国共产党的小插曲。

诚然，上海徐汇区的社区有其本身的细密特点，并不是全国所有社区都能做到“15分钟社区生活圈、家门口5分钟生活服务”，但是，正如习近平总书记在2017年3月5日参加十二届全国人大四次会议上海代表团审议时强调的：“走出一条符合超大城市特点和规律的社会治理新路子，是关系上海发展的大问题。城市管理应该像绣花一样精细。城市精细化管理，必须适应城市发展。要持续用力、不断深化，提升社会治理能力，增强社会发展活力。”徐汇区的精细化治理的确值得借鉴。对于中国而言，越来越多的人口聚集在城市，城市管理变得越来越复杂，面临诸多挑战；其管理也与绣花一样，需要顶层设计，也需要一丝不苟、精确细致。徐汇区给出的答案是精心谋划、注重细节，持续改善城市环境；精准为基、细致为本，提高公共服务水平；精确引导、细化参与，实现共建共治共享。以上总结的四个亮点正是徐汇区精细治理的一种体现。

三、新时代再创辉煌

改革开放40年来，徐汇依靠一代又一代人以改革创新的精神苦干实干，实现了跨越式发展，迎来了今天的大好局面。站在新时代的历史关口，徐汇必须在历史前进的逻辑中前进，在时代发展的潮流中发展，进一步拿出“改革开放再出发”的勇气和决心，把握发展大势、提高政治站位、认清历史使命，以更宽视野、更大力度、更实举措，坚定不移地将改革开放进行到底，勇当新时代全面深化改革开放的新标杆。

（一）重构家园意识，重塑家国情怀

习近平总书记十分重视乡情，因为它是民族向心力和凝聚力的基础，大到国家意识，小到人生观、价值观和世界观，其积极、乐观、正确与否都氤氲着家乡的气息，离不开乡情的滋养。几千年来，中华民族的认同感曾较为

牢固地建立在乡情之上，这与几千年中华民族的生活方式有关。从最基本的经济基础看，中华民族是农耕民族，故而，中华民族历来崇尚“男耕女织”“自力更生”。由此，相对稳定、自足的“桃花源”式的小农经济被绝大多数人视为理想境界。正因为如此，世界上没有第二个民族像中华民族这么依恋故乡和土地。反观我们的文学，最撩人心弦、动人心魄的莫过于思乡之作。如是，从《诗经》开始，乡思乡愁连绵数千年而不绝，其优美程度无与伦比，如“昔我往矣，杨柳依依；今我来思，雨雪霏霏”（《诗经》）、“举头望明月，低头思故乡”（李白）、“露从今夜白，月是故乡明”（杜甫）、“春风又绿江南岸，明月何时照我还”（王安石）等，以至于“落叶归根”成了我们先人的终极追求。然而，随着现代文明的发展和城镇化进程的加速，建立在传统乡情之上的家国情怀受到了空前的挑战，全球一村、四海穿梭的趋势不可阻挡。那么，如何在这样的情境中重塑乡情就成了时代必须面对的重大课题。

正因为如此，徐汇区领导班子秉持“人无我有，人有我优，人优我特”的创新精神，在未来区域建设规划中着力打造富有前瞻性、智能性和亲民、温暖、宜居的新家园。由于上海市委就坐落在徐汇区，习近平同志、韩正同志等都曾非常重视社区、街道的环境建设。他们关心周围的每一棵树、每一个街角，倘有市政管理部门不慎修秃了一棵树，就会提出批评。而目前徐汇区人民引以为乐、引以为傲的徐家汇公园和无数街角花园，就是几代上海市委领导关爱环境的一个见证，也是习近平新时代中国特色社会主义思想在现代都市建设中的一种体现。归根结底，家园依然是人们最安全、最温馨的港湾，而徐汇区的未来建设目标便是“居者幸福”“宾至如归”。

俗话说，“细节决定成败”，我国社会主义建设已经从粗放走向精细。作为城市建设转型升级的示范，徐汇区向全国城镇展示了有远见、可持续发展的新理念、新举措，描绘了符合新时代、新市民要求的宏伟蓝图。

（二）创新人文环境，建设幸福家园

根据党的十九大精神，上海将卓越全球城市作为未来 20 年、30 年的发展

目标，以世界最好水平和最高标准作为改革开放再出发的动力，着力打造令人向往的创新之城、人文之城、生态之城。而徐汇，作为上海主城区的核心组成部分，必将在正确思想指引下，在服务国家和上海的全局规划中主动作为，突出以支撑上海卓越全球城市崛起，增强上海核心功能，提升上海吸引力、创造力和竞争力为目标，以改革、开放、创新激发城市发展新动力，加快建设卓越全球城市的中央活动区，成为创新、人文、美丽、幸福的全球典范区域。

1. 创新徐汇：率先实现发展动力转换，打造上海创新驱动示范区

综合实力的竞争说到底是创新力的竞争。为此，徐汇区将率先实现从投资驱动到创新驱动的重大转变，创新资源与人才集聚方式，推动协同创新、万众创新迸发活力，以科创为引擎增强增长动力，凸显科技服务能级，集聚一批有国际影响力的“参天大树”，促使创新链、产业链、价值链持续向高端延伸。

（1）建成创新型的产业体系。徐家汇地区、滨江地区要按照全球城市中央活动区的功能定位，建设国际商务商贸核心区，引导现代服务业提升发展动力，着力引进跨国公司地区总部及功能性机构，形成全球城市的重要功能性节点和战略平台。遵循创新、融合、集聚的产业发展特点，调整结构与提升能级相结合，引导高端制造业创新发展，顺应二、三产业融合发展特点，大力扶持掌握核心技术、有品牌特色的高新技术企业，努力占领智能制造、机器人、物联网、新材料、集成电路、航空航天等高附加值产业的制高点，打响“上海智造”的徐汇品牌。

（2）打造高科技产业园区。徐汇将服务上海建设科技创新中心的战略目标，充分发挥区域科技创新资源优势，积极融入全球创新网络，构建富有创新活力的区域科技创新体系。推进科技创新国际化，重点引进全球知名企业设立研发机构，引进国际知名科技园区运营团队经营“园中园”，吸引全球知名科学家开展学术活动，争取更多行业创新标杆机构落户徐汇。推进区域化协同创新，加强院地、区校、区企创新合作，强化漕河泾开发区与浦东张江科学城等多个科技园区的联动发展，做好重大科研项目的配套服务。加快

人工智能在经济发展、城市管理、公共服务等重点领域的深度应用。打响世界人工智能大会·西岸峰会品牌，搭建交流展示平台，汇聚全球高端智慧，引领行业发展风向，提升徐汇人工智能的国际影响力。发挥国家知识产权服务业集聚发展示范区优势，扶持专业服务机构，发展科技服务业，利用“云赛空间”等双创社区，建设高水平的孵化器、推进器和众创空间，完善创新创业服务链，营造良好的创新生态环境。

(3) 优化营商环境治理。徐汇区将按照国际惯例，坚持市场在资源配置中的决定性作用并更好发挥政府的作用，持续复制自贸试验区制度创新，不断深化商事登记制度改革，完善事中事后监管体系，不断提升智能化办事水准，着力营造法治化、国际化、便利化的营商环境。强化制度供给能力，推动制度创新与政策扶持相结合、精准服务与精准招商相结合，充分激发市场活力和社会创造力。加大知识产权保护力度，健全多元化商事纠纷解决机制，构筑依法保护市场主体合法权益的法治环境。同时探索道路，让没有资产或轻资产的企业可通过知识产权质押、信誉担保等方式得到贷款，以便在越来越完善的创新创业环境中，让一批创新创业团队和企业得到更快速的发展。

2. 人文徐汇：彰显文化独特魅力，打造全球城市的人文功能核心区

人文魅力是全球城市难以复制的核心竞争力。徐汇区在未来，将继续塑造“汇文化”城区精神品格，坚持保护与发展并重，在传承、创新、彰显海派文化的同时，让一批有全球影响力的文化主体、文化业态落户集聚，促进文化资源禀赋得到充分发挥，形成经典与现代交相辉映的“海派之源”新地标，建立起海派文化的徐汇品牌、全球城市文化的徐汇地标。

(1) 塑造海派文化新标杆。徐汇将用好区域红色文化、海派文化、江南文化资源，着力打造古今融合、中西合璧、雅俗兼容的海派文化之源。聚焦媒体、演艺、艺术品、数字内容等重点产业，整合区域内外资源，贯通产业上下游，实现链式发展，推进徐汇文化产业由“先导产业”向“主导产业”发展，用文化的发展来“反哺”城市，最终满足人们日益增长的精神追求。

不同的具体区域又有着不同的导向，对于衡复历史文化风貌区，要坚持整体保护、文雅利用的原则，有序推进成片里弄开发，打造海派文化的集中展示和体验区；为提升徐家汇地区历史文化魅力，则需要整合徐家汇历史文化资源，丰富“徐家汇源”文化品牌内涵；对龙华历史风貌区的建设，则体现为珍惜红色文化资源，积极发挥红色遗址的时代价值，推进龙华艺术中心、上海戏曲中心等重点项目建设，促进龙华形成中华传统文化集聚区，延续“千年龙华”的历史文脉。此外，还要加强非物质文化遗产的传承和利用。

（2）创新全球城市文化功能的典范。徐汇将面向国际，以超越“巴黎左岸”为目标，着力打造全球文化新地标——“上海西岸”。围绕世博－前滩－徐汇滨江文化功能核心区的未来发展，把徐汇的文化设施、文化活动、文艺创作带入世界，集聚若干具有国际影响力的文艺院团、文化场馆、文化活动，大力推动设计、演艺、艺术三大联盟落户，继续办好西岸文化艺术季、西岸音乐节、西岸艺博会等品牌文化活动，在打响上海文化品牌中发出西岸强音。发挥国家文化出口基地的集聚、引领和辐射作用，强化文化产业要素集聚和整合能力，积极培育“文化＋”产业，推动文化与科技、金融、旅游、体育等产业相融合，满足全球城市的多样化都市文化消费需求。结合上海沪剧院和上海越剧院迁建，以及宛平剧场、上海音乐学院歌剧院改建，整合形成区域文化场馆体系，将博物馆、图书馆、文化馆、剧院、音乐厅等融入徐汇城市基因。优化公共文化服务网络，培育优秀群众文艺团队和活动品牌，打造示范性文化体验中心，建成全球一流现代公共文化服务体系，逐步将徐汇打造成具有浓郁文化气息的品质城区。

3. 美丽徐汇：成为生态、绿色、宜居的典范

城区之美，美在兼容并蓄、美在低碳节能、美在智慧通达，未来城市的发展要始终围绕人的发展需求不断推进。为此，徐汇将把持续改善人居综合环境作为民生福祉和城市发展的核心要素，着力营造优雅的城区形态、优美的城市生态和安全便捷的生活空间，切实破解国际大都市核心区的环境难题。

（1）高品质提升形态功能。坚守建设用地、人口规模、生态环境、城市

安全的发展底线，进行城市有机更新，将旧区改造与城区形态、功能更新有机结合，拆、改、留、修并举，拓展公共开放空间，增建公共服务设施，为居民的高品质生活奠定基础。同时，加强交通组织管理，继续提升交通服务水平，杜绝电动车违法占道等少数不和谐现象。

（2）高质量改善生态环境。围绕水、大气、绿化环境的改善，持续加强环保计划的实施，打造市民满意的生态环境。全面提升市容环境整体水平，将“架空线入地”“公厕建设”等难点作为建造美丽徐汇的攻坚硬仗来打。推进水环境治理，完善雨污水收集处理系统，加大河道综合整治力度，确保河道生态环境优美、生活便捷。深化低碳发展实践区和示范区建设，推进节能减排，鼓励发展循环经济，推广生活垃圾分类减量，提高垃圾资源化利用能力。拆除违法建筑，拓展绿色生态空间，加快滨江公共绿地等大型绿地建设，推进河道生态景观建设，构建以河道和道路为骨架、以公园和绿地为支撑的自然生态系统，不断增加立体绿化和小型绿地面积，尽最大可能让徐汇融入智能安全便捷、天蓝地绿水清的城市环境。

4. 幸福徐汇：生活、居住、就业的模范区

实现中华民族伟大复兴的中国梦，就是要实现国家富强、民族振兴、人民幸福。徐汇将着眼人民群众对美好生活的向往，满足人民群众多样化需求，加强城市管理和社会治理，提升社会化、法治化、智能化、专业化水平，打造城市精细化管理示范区。

（1）提高公共服务水平，让发展成果更多更公平惠及人民群众。徐汇区全面落实“双高两全”战略，努力办好家门口的学校，深化教育综合改革，推动教育公平优质均衡发展，推进学区化、集团化办学，办好家门口每一所学校，推动教育高位优质均衡发展。把人民健康放在优先发展的战略地位，做实家庭医生制度，推进分级诊疗体系建设。加快建设亚洲医学中心的重要承载区和亚洲一流健康城市的引领示范区，扩大辐射效应。积极应对人口深度老龄化的社会现实，实施老年照护需求评估，扩大公办养老机构服务供给，推进居家养老“智慧管理”，形成以居家为基础、以社区为依托、以机

构为支撑、医养相结合的养老服务格局。全面打响“邻里汇”项目品牌，拓展功能内涵、盘活社区资源、搭建治理平台，打造共建共享共治的美好生活共同体。健全“四位一体”住房保障体系，推进旧住房综合改造，深入实施“美丽小区、幸福家园”住宅小区综合治理，优化物业管理综合服务，切实改善居民生活环境。深化国家体育产业示范基地建设，广泛开展全民健身运动，促进体育事业和产业协调发展。徐汇区正在将上海万体馆区域整体改造成开放式的徐家汇体育公园，使其成为不同肤色、不同语言、不同阶层传承体育精神、共享体育魅力的活力之地。

（2）创新基层社会治理。徐汇在成功示范的基础上，全面建成社区共治、居民区自治的整体制度体系和具体完善的运行机制，形成全区域统筹、多方面联动、各领域融合的城市基层党建工作格局，推进重点功能区党建和500米党建服务圈建设，以高水平党的建设引领高质量的社会治理。而“慧眼”“云脑”“邻里汇”全覆盖将成为徐汇现代城市治理、新型家国情怀的一张重要名片。

一座城市的“温度”，最终还是要落脚在人文关怀上。若是能够用上下一体、精细管理与服务的方式，让每位市民感受幸福感的基本环境一致，生活更加方便舒心美好，始终能够感受到这个城区的温度，无疑会令当地居民更加以生活在徐汇为荣，让来此创业或参与建设的外来人口产生认同感、归属感，不再是“梦里不知身是客，却把他乡作故乡”的无奈、辛酸，而是真的可以将这个远离故乡的他乡当作新家园，活得有尊严。这样才能形成凝聚力、向心力，更积极主动地参与到新时代的各项事业中。

如今，国家的长治久安得到了有力的保证，徐汇区领导班子正全力以赴，团结带领全区人民改革开放再出发，为实现人民群众对美好生活的向往和中华民族伟大复兴的“中国梦”，不断谱写新时代中国特色社会主义城市发展治理新篇章！

改革开放

与中国县域发展

GAIGEKAIFANG

上海嘉定

SHANGHAI JIADING

开放、创新、融合与高质量发展

社会科学文献出版社

导言　高质量发展的嘉定现象

习近平总书记强调，现阶段，我国经济发展的基本特征是由高速增长阶段转向高质量发展阶段。实现高质量发展，是保持经济社会持续健康发展的必然要求，是适应我国社会主要矛盾变化和全面建设社会主义现代化国家的必然要求。高质量发展，就是能够很好满足人民日益增长的美好生活需要的发展，是创新成为第一动力、协调成为内生特点、绿色成为普遍形态、开放成为必由之路、共享成为根本目的的，体现新发展理念的发展。高质量发展中，发展是第一要务，人才是第一资源，创新是第一动力，这三个关键点，也是判断一种发展是否高质量发展的重要维度。

我们所调查的嘉定属于上海市辖区，位于上海市西北部，东部与宝山、普陀两区接壤；西与江苏省昆山市毗连；南襟吴淞江，与闵行、长宁、青浦三区相望；北依浏河，与江苏省太仓市为邻，是长三角的节点。截至2017年末，嘉定全区辖安亭、嘉定新城（马陆）、南翔、江桥、徐行、外冈、华亭7个镇，嘉定镇、新成路、真新3个街道，以及嘉定工业区和菊园新区，总面积463.16平方公里。下设190个居委会，143个村委会，1790个村民小组。常住人口158.8万，户籍人口60万。

查阅相关数据，按照发展、创新、人才等维度，我们看到了嘉定发展中以下方面的现象。

发展水平　2017 年，嘉定全区实现增加值 2195.0 亿元，位居上海市各区第二，仅次于浦东，同比增长 8.8%，增速居上海市各区之首；完成财政总收入 927.8 亿元，其中一般公共预算收入 252.3 亿元，同比分别增长 9.5% 和 10.2%；完成规模以上工业产值 5919.9 亿元，也仅次于浦东，同比增长 11.3%。[①]与县域经济对比看，2017 年，嘉定区的增加值位列百强县第五，在昆山（3520.35 亿元）、江阴（3488.27 亿元）、张家港（2606.05 亿元）、常熟（2279.55 亿元）之后；单位面积产出 4.73 亿元，远超昆山（3.79 亿元）。[②]

产业结构　嘉定区现有上海大众、沃尔沃等整车和零部件工业企业 300 多家。2017 年，全区汽车产业规模以上工业产值超过 4300 亿元，同比增长 12.1%，2018 年上半年继续快速发展，实现产值 2324.5 亿元，同比增长 12.0%，占全区工业产值的比重为 74.8%。区内还拥有汽车产业的国家级公共服务平台 6 个、研发机构 100 多家、汽车专业人才 3 万多名，已经成为全国单体城市中汽车产业规模最大、产业链最完整、产业集聚最凸显的地区。2016 年，嘉定以 0.975 的综合竞争力指数在中国汽车产业基地竞争力排行榜上位居全国第一。[③]

2016 年以来，嘉定区以新能源汽车及汽车智能化等四大产业为主体的战略新兴产业持续领先上海市平均水平。2017 年，全区战略性新兴产业（制造业部分）实现工业总产值 943.1 亿元，同比增长 17.2%，占全区属地规模以上工业总产值的 25.7%，比重较上年同期提高 2.7 个百分点，占上海市比重为 9.0%。

科创能力　嘉定区 2016 年的研发强度（研发投入占 GDP 比重）达到

① 数据来源于上海嘉定区统计局。

② 根据各县域 2017 年公布数据计算得出。

③ 中国汽车产业基地协会、中国汽车技术研究中心编《中国汽车产业基地竞争力评价报告（2017）》，北京：北京理工大学出版社，2017。

5.3%，超过上海甚至许多发达国家的平均水平[①]。拥有可对外开放的国家级、省部级研发平台（重点实验室、工程技术研究中心）共计 93 个，各级企业技术中心（工程技术研究中心）305 家。

2017 年，嘉定区的专利申请量与授权量分别为 13157 件和 6622 件，同比增长 27% 和 19.8%，每万人发明专利拥有量达 31 件，远高于全国平均水平（9.8 件）。

人才基础 截至2017年底，嘉定区拥有两院院士54人，中央、上海“千人计划”人才 153 人，国家“万人计划”人才 31 人；享受国务院特殊津贴专家 207 人，上海市领军人才 102 人，“人才领先计划”人才 506 人，创新创业急需紧缺人才 916 人，青年领军人才 202 人。在 2017 年国家科学技术奖励大会上，嘉定区共获得 13 项奖励，占全市 58 项的 22.4%。

绿色低碳 2017 年嘉定区工业单位产值能耗为 0.043 吨标准煤 / 万元，低于上海市 0.053 吨标准煤 / 万元的平均水平。“十一五”以来，全区单位增加值能耗大幅下降，“十一五”累计下降 22.49%，“十二五”累计下降 22.99%，“十三五”前两年又继续累计下降 5.77%，产业经济绿色、低碳发展成效不断显现。

生活品质 嘉定区城乡统筹规划、新城建设卓有成效，公共服务和社会治理一体化发展，生活生产和生态协调发展。2017 年嘉定区居民可支配收入达 48944 元，年均递增 10.3%，而全国的这一数字是 25974 元，排名前三的省份为上海 58987.96 元、北京 57230 元、浙江 42045.69 元[②]，人民生活水平不断提高。

上述数据分别从地区发展、产业结构、科创能力、人才基础、绿色低碳、生活品质等方面展现了嘉定改革开放 40 年发展的成果，显示了高质量发展的现象。我们需要探索的问题是：嘉定这样一个撤县建区的城市，在 40

① 全球这一比例较高的经济体 2016 年的数字分别是以色列 (4.4%)、芬兰 (3.9%)、韩国 (3.7%)、瑞典 (3.4%)、日本 (3.3%)、美国 (2.8%)、德国 (2.8%) 等。

② 查阅国家统计局网站和嘉定统计数据得出。

年中经历了怎样的发展？有什么独特的经验？是否可以为其他地区提供镜鉴？在长三角一体化高质量发展的大背景下，嘉定先行先试的经验有没有借鉴意义？

一、嘉定的历史人文

从上海虹桥交通枢纽出发，沿着嘉闵高架路和始建于1984年、有着中国大陆第一条高速公路之称的沪嘉高速驱车北上，沿途经过南翔镇、马陆镇等，约30分钟便到了有着800年建县历史的嘉定古城。古城内河流密布，古迹众多，其中法华塔、州桥、秋霞圃建于宋代。嘉定孔庙，始建于南宋嘉定十二年（1219），称“文宣王庙”，“规制崇宏，甲于他邑”，有“吴中第一”之名。汇龙潭公园与孔庙沿横沥相望，因明万历十六年（1588）开凿的汇龙潭得名。潭由横沥河、新渠、野奴泾、唐家浜、南杨树浜五河交汇，犹如五条长龙蜿蜒伸展。

区内的南翔镇为千年古镇，因南朝梁天监四年（505）建成白鹤南翔寺而得名，后又建成五代砖塔双塔、南宋鹤槎山、明代古猗园与檀园等，历史上有“小小南翔赛苏城”之美誉。

嘉定区前身为嘉定县，秦代属会稽郡娄县，隋唐时属苏州昆山县。南宋嘉定十年十二月初九（1218年1月7日），析两浙路平江府昆山县东境的临江、平乐、安亭、醋塘、春申五乡建制，以年号为名，定名嘉定。嘉定亦有“疁城”“练川”“三侬之地”等别称。

嘉定境内盐铁塘、横沥、新槎浦纵贯南北，与吴淞江、浏河相连，属典型的江南水乡，素得舟楫之便。元明时期，离县治15公里的浏家港（即浏河）是江南出海通途要津，为当时嘉定县所辖的贸易港口和漕运基地，郑和下西洋也以此为始发港。境内干支流总长3263公里，均有通航灌溉之利。清光绪三十年（1904）就有火轮客运，翌年，沪宁铁路通车过境；民国17年（1928），境内第一条公路嘉罗公路筑成。之后，陆路运输渐兴。铁路大动脉沪宁线、沪杭线通过此处。四通八达的水路交通，使古今嘉定经济繁盛不衰。

嘉定，素为粮棉高产之地，是江南吴地重要的传统农业综合区。北宋时，境内耕田十之八九为稻田。北宋末，北方人口大量南迁，稻麦两熟种植逐渐普及，粮食产量大幅提高。进入明代，江河淤塞，耕田适于旱作，官府鼓励植棉织布，嘉定地区逐渐由种植稻谷为主变为种植棉花为主。至明代中叶，秋熟植棉面积占耕地 9/10，成为吴地重要棉作区和棉纺织区，境内布市兴旺，有“苏布名重四方”之称。清末民初，受洋纱洋布冲击，境内改棉种稻渐增，上海开埠后，毛巾、黄草编织等远销海外。

嘉定人文荟萃，代不乏人。明嘉靖年间，归有光徙居安亭讲学 20 年，人称“隆庆之后，天下文章萃于嘉定，归有光之真传也”。书法、绘画、竹刻等艺术，盛极一时。嘉定历史上英才辈出，文风深厚，拥有 192 名进士（其中 3 名状元）、500 多名举人、7000 多名秀才。近代以来有外交家之乡的美誉，也是诸多名人的故乡。职业外交家顾维钧、中共早期优秀活动家顾作霖、爱国实业家吴蕴初、中国民主建国会创建人之一胡厥文等都来自嘉定。

嘉定民风刚毅。明嘉靖年间，有“严家兵”抗击倭寇，清顺治年间有十万义兵抗击清兵，历史留名“扬州十日，嘉定三屠”；民国 17 年，有中共嘉定县委领导的抗租、抗债、抗粮、抗捐、抗税“五抗”斗争。

嘉定素来开放包容。嘉定本身没有住民，都为外地迁徙而来。明代嘉定成为棉花棉布生产中心和交易中心后，徽商往来交易。嘉定三屠后，人口急剧减少，迁入一批居民。嘉定古来属于苏州文化圈，为吴文化。1846 年上海开埠，嘉定人得风气之先，或学习研究新学，或出国留学。从清同治十一年（1872）“清政府首批留美幼童”牛尚周开始，至 1949 年，嘉定全县留学生已达 60 余名，在当时的江南一带十分引人注目，出现葛成慧、顾维钧、廖世功、童世亨等一批具有国际视野的优秀人才。嘉定也是天主教在中国传教最早的地方，明天启七年（1627），中国天主教历史上第一次代表会议，也是中国天主教历史上第一次国际学术研讨会，在此召开。

嘉定古往今来有交通之便利，形成开放、包容、求实、创新的传统，商业发达、教化深厚，有历史人文底蕴，拥有强烈的文化认同和民风韧性。嘉定面对历史巨变时所具有的从容不迫的定力便源于此。

二、新中国成立以来的嘉定发展

（一）上海卫星城（1958～1978年）：改革开放前史

1949年5月解放时，嘉定属于苏南行政区（1952年改为江苏省）松江专区。为了解决上海市城市空间狭小、副食品供应紧缺、沿海工业发展、工业布局和结构调整、市区人口过分集中等问题，1958年1月17日，国务院批准嘉定县由江苏省划归上海市管辖，嘉定成为上海市副食品以及蔬菜的重要供应基地。同年，上海市开始卫星城建设，嘉定县的嘉定镇、安亭镇和桃浦乡分别被辟为卫星城镇和工业区，嘉定镇成为科学卫星城，安亭镇成为汽车卫星城。

嘉定镇科学卫星城以科研为主，与教育、生产相结合，“城内生活、城外生产”，嘉定城河以内约3.2平方公里为上海科技大学校址和生活居住区，东北沿嘉罗路为科研单位和与科学研究有关的精密无害工业科研生产区，城西是轻纺工业区。嘉定古城进行了一定程度的现代化改造，逐步转向现代城市发展。中国科学院上海原子核研究所、上海光学精密机械研究所、上海硅酸盐研究所中试基地、华东计算技术研究所等一批中央部属和市属科研院校相继落户，嘉定的工业经济开始起步。

安亭卫星城，原先是人口仅有3000人、市政基础薄弱的乡村小镇，起初以机电工业为主。随着汽车发动机厂、上海阀门厂、上海汽车厂等12个工厂的陆续新建或迁入，转为以机电工业为基础的上海汽车卫星城。1958年“大跃进”时期，安亭镇上由“弄堂小厂”合并组建起来的上海汽车装配厂，试制成功第一辆凤凰牌轿车，为上海汽车工业的发展点燃星星之火。

嘉定工业在这段时期进一步发展，增加值从1959年的1亿元增加到

1978 年的 3.5 亿元，1978 年工业总产值为 4.1 亿元。1973 年，工业产值首次超过农业，三次产业结构由“一二三”转变为“二一三”，为走上工业强县打下了基础。其间，嘉定的城镇建设也取得较缓慢的进展，先后成立了嘉定镇、马陆乡、安亭乡等乡镇，但城市化率长期徘徊在 18%以下。

社办工厂在嘉定的发展一直没有停步，虽然 20 世纪 60 年代初上海市对社办工厂进行整顿，市郊公社的工厂企业绝大部分关闭，但马陆、徐行两地，因为是向外宾开放的窗口，工厂得以保留，并有所做大。马陆有一批五金加工、玩具等小型工厂继续发展着工业，并于 20 世纪 70 年代其他地方停产闹革命时，办起了电珠厂、化工厂等企业。

（二）县域经济振兴（1978～1992 年）：乡镇工业显活力

1978～1992 年，嘉定以改革为抓手，积极推进以家庭联产承包为主要形式的农业生产责任制，推动工业经营体制和商业流通体制改革，为县域经济恢复和发展奠定扎实基础。农业生产确定稳粮增值目标，逐步调整种养业结构，增加资金投入，推广优良品种，强化服务体系，促进农林牧副渔全面增长。工业生产一方面积极振兴县属工业，另一方面大力发展乡镇企业，鼓励兴办联营企业和外资企业，逐步形成“二三一”产业发展格局。商业流通改变“多环节、分配型、封闭式”的状况，逐步实现“少环节、多渠道、开放式”的格局，更好地为工农业发展和居民生活便利提供服务。

这段时间是新中国成立后嘉定县经济发展速度最快的 15 年。县级财政收入 1980 年突破 1 亿元，1989 年为 4.25 亿元，1990 年为 4.4 亿元，连续两年位列全国各县之首，拥有全国财政第一县的美誉。

1978 年，嘉定县基本上还是单一的公有制经济。农业总值中，集体经济占 99.9%，国有经济占 0.1%。到 1992 年，注册登记的工商企业 7661 家，注册资本 61.08 亿元，其中国有企业注册资本占 14.7%，集体企业占 24.4%，联营企业占 17.5%，外商投资企业占 42.4%，个体工商户占 0.3%，私营企业占 0.2%。

乡镇工业是嘉定县工业的主体，1991年，全县工业企业进入第二轮承包，1384家乡镇工业企业中，实行集体承包厂长负责制的占96.2%。1990年10月，上海嘉宝照明公司成立，1992年改制为上海嘉宝实业股份有限公司，县集体工业、乡镇企业开始向集团化、规模化方向发展。1992年底，全县共有10个企业集团。1991年，县和乡镇分别建立工业开发区，促使全县工业布局相对集中，加速农村工业化和城市化进程。

嘉定工业改革的一个重点是调整工业产业结构和产品结构，促使加工型工业尽快向产品型工业转化。到1992年，初步形成汽车配件、电光源、光纤通信及通信设备、新型包装材料、化工及精细化工、新材料6个支柱产业和10多个“拳头产品”。直接或间接生产出口产品的企业达1000多家，工业产品拨交额15.1亿元，占全县工业总产值的17.8%。

嘉定县依靠科学卫星城优势，实行科教兴县战略，推动全县经济发展。1984年，首家民营科技企业——嘉定疁城机电技术服务社创办。至1992年，全县共有民营科技企业34家，科研生产联合体16个，高新科技企业14家。与此同时，大量引进和培养科技人员。到1992年，全县共有各类科技人员2.15万人，其中高级科技人员206人，科技人员占总人口和职工的比例分别达到4.2%和10.4%。1992年，全县工业技术进步贡献率比1990年提高5个百分点，农业技术进步率提高7个百分点。

1992年，全县农村人均收入达1755元，城镇居民抽样家计调查人均收入3773元，农民居民生活全面达到国家统计局小康课题研究组提出的小康16项量化标准。

1985年3月，中德合资的上海大众汽车有限公司在安亭设立，它是全国第一家合资整车生产企业，带动了嘉定汽车产业的集聚和发展，给嘉定经济社会发展带来深远影响。

（三）产业结构调整（1993～2003年）：城市经济再出发

1990年，中共中央、国务院决定开发开放浦东，继而做出把上海建成国际经济、金融、贸易中心的战略决策，嘉定县被列为全市首批建设的新城区之一。1992 年 10 月，国务院批准撤销嘉定县，建立嘉定区。

1993 年初，嘉定 775 年的县制历史画上句号。从县到区，是乡村走向城市的一次新出发，也是其发展过程中的重要转折点和调整期。在区划调整中，税收最好的桃浦、长征、真如划归普陀区，上海齿轮厂收归市属，财政第一县申报项目受限，嘉定的发展受到影响。但城镇化进程明显加快，1993 年马陆撤乡建镇，1995 年分别成立真新街道、新成路街道办事处，2000 年嘉定镇街道设立。

撤县建区后，嘉定改革发展的重点在调整产业结构，加快区域经济发展。工业结构调整主要是，通过兴办市级、区级、乡镇级工业开发区，形成产业集聚和规模效应；加大招商引资力度，推进外向型经济发展；确定产业发展目标，逐步形成以轿车及其零部件、电子电器、金属制品、精细化工、通信电缆及设备、纺织服装为优势产业的“六大支柱产业”；组建上海嘉宝实业（集团）股份有限公司等一批企业集团，使工业生产进一步上规模、上能级。

1993 年 4 月，嘉定区出台《关于加快发展个体私营经济的若干意见》（嘉府〔1993〕73 号），这是国内第一个以地方政府名义制定的关于加快发展私营经济的红头文件。同年 7 月，全区第一家私营经济城——上海希望城成立，开启嘉定园区经济的时代。

1994 年，成立仅一年多的嘉定工业开发区，升级为市级工业区，园区面积从 8.4 平方公里扩大到 24.8 平方公里，再到后来的 78 平方公里，多元多样的园区经济蓬勃发展。

2001 年，上海国际汽车城被确定为全市四大产业基地之一，汽车整车和零部件制造、电子电器、机械设备、金属制品成为嘉定的四大支柱产业。2004 年，“小巨人”企业计划出台，进一步推动企业自主创新、内涵增长。

在第三产业发展上，一批上档次、上规模的商业新业态不断涌现；安亭汽车市场、上海轻纺市场、嘉定城中贸易市场等一批专业市场相继建立。现代物流、房地产业、旅游业、信息产业、金融保险等呈现较快发展态势。

（四）产城融合（2004～2012 年）：建设社会主义现代化新城

2004～2005 年，以上海市政府批复嘉定新城的城市功能定位为契机，嘉定适时启动新城建设，产城融合成为产业发展新特点。通过构建新型的城镇体系，嘉定将自身建设与上海国际汽车城建设融为一体，既把新城建设为具有鲜明特色的第三产业发展高地，又实现以汽车制造、汽车销售为主导的区域产业格局。通过加强新农村建设，推进城镇化进程，促进农村发展与区域目标实施相一致。通过推进基础设施建设，强化生态环境保护，既极大改善城乡面貌，又全面提升人居环境。与此同时，社会事业全面发展，劳动就业逐步完善，社会保障不断健全，全区人民进一步安居乐业。

嘉定新城，一半从厂房上崛起，另一半脱胎于农田，在建设伊始，就把可持续发展作为重要的思考点，避免因人气不足而沦为空城，避免因产业细胞的缺失而成为“睡城”，避免国内部分新城建成后出现的“卧城”甚至“鬼城”的情况。产城融合，开启了新型城市化道路。

“组团发展、产城融合、功能完善”是新城建设的出发点。以“一核两翼”的“组团发展”带动全区城市化进程的加快。嘉定新城主城区（一核）凸显多元复合、生态优美、宜居宜业的城市生活环境；安亭和南翔、江桥地区（两翼）围绕功能定位，加快城市形态提升，前者商业和公共服务等城市配套进一步完善，后者商务和居住功能进一步提升。以“产城融合”促进城市服务产业，以产业带动城市。以方舟时代广场、江桥万达、安亭嘉亭荟等为代表的一批市场化项目在老城和新城陆续规范建设，总建筑面积为 150 万平方米的总部商务集聚区内已有绿地集团、国北科技等区域性总部项目入驻。新城建设以“功能完善”引领城市品质不断提升。“四纵四横”等基础设施框架和“四大景观”等生态环境体系初步建成，上海交通大学附属高级中学、瑞金医院北院、保利大剧院等一批市级重点社会事业项目落户，轨道交通 11 号线跨省延伸项目启动建设，嘉闵高架开工建设。在老城区，州桥、西大街等历史风貌区保护性改造进展有序，嘉定传统的历史底蕴不断彰显。

以城带乡、以工业反哺农业极大地推动了嘉定城乡发展一体化的步伐。2011年以来，徐行、外冈、工业区北区（朱桥）新市镇的规划建设正有条不紊地展开。按照人口向城镇集中、产业向园区集中、土地向规模经营集中的目标，嘉定深入推进农民宅基地置换工作，大量分散居住的农民逐步向生活配套相对齐全的新市镇甚至新城集中，远香坊等地段好、房型好、质量好、环境好的“四好”动迁安置房极大提升了农民的居住水平，改善了农民的居住环境。在农村地区，嘉定一方面注重“输血”，下拨数亿元资金用于扶持薄弱村发展和各类项目运作；另一方面注重“造血”，通过自然村落保护改造和产业提升，培育了华亭毛桥村、马陆大裕村等一批“明星村”，打造了马陆葡萄、华亭哈密瓜、灯塔草莓等一批特色农产品，农民生产和生活环境得到了持续改善。

2005年以后，在嘉定新城建设的带动下，嘉定城市化进程明显加快，常住人口从2005年的103.4万人大幅上升至2012年的152.8万人，年均增长速度接近6%，本地非农业户籍人口也从2005年的40.6万人增加到2012年的48.1万人，嘉定从“工业郊区”开始向“综合性郊区新城”转变。

经过十多年的发展，嘉定区坚持经济发展和社会事业同步发展，不断推进产业和城市的融合发展。在产业集群方面，上海国际汽车城已经成为具有国际先进水平的综合性汽车产业基地。与汽车相关的产业高速发展，汽车制造业规模优势和辐射引领作用显现。

（五）创新驱动（2013年至今）：迈入高质量发展新时代

党的十八大以后，嘉定区以创新驱动发展战略为指引，提高自身的城市核心竞争力，将科创融入城市发展基因，完成由科学卫星城，到上海西北辅城，到现代化新城，再到科技创新活力之城的转型。紧紧围绕“自主创新产业化引领区、新兴产业发展示范区和宜业宜居现代化科技城”建设定位和总目标，嘉定区在创新驱动发展中已见初步成效。嘉定区在把握传统产业基础、功能配套、科技支撑、人才保障等优势的同时，集中优势资源，扩大有效供给，提高创新供给；在科创中心承载区的建设过程中，着力打造科技创新平台，逐步确立了四大产业集聚的主攻方向；承接和实施国家重大专项，不断夯实基础，提升创新高度；打造研发与转化功能型平台，主动融入长三角乃至全球创新网络。

嘉定将自身放在长三角格局中进行定位，走功能完善、城乡一体、社会和谐、内涵发展的新型城市化道路，全力打造具有独立功能的“大城市”；坚持高点定位、多点支撑、重点带动，推动产业结构战略性调整；坚持经济结构与收入结构同步优化、产业结构与就业结构协调提升、经济增长与普惠民生更趋一致，建设民生更为殷实、家园更加美好的幸福嘉定，不断增强群众的生活满足感、环境舒适感、社会安全感和城市归属感，让全体市民共建幸福城市家园、共享改革发展成果。

国家提出的九大战略性新兴产业、上海提出的高新技术产业化七个重点领域，嘉定区承接了四大新兴产业领域。嘉定形成了丰富的科技资源、广阔的产业发展空间以及完善的产业配套，推动经济精准转型和产业升级加速度，持续优化产业结构，增强科技创新能力，不断提升工业能级。2017 年，嘉定集成电路及物联网、新能源汽车及汽车智能化、高性能医疗设备及精准医疗、智能制造及机器人四大新兴产业规模以上产值达 372.7 亿元，占属地工业比重的 10.2%，增幅达 26.7%。

至 2017 年，嘉定区顺应时代发展，提出“两高四新”[①] 的产业发展规划，开启了嘉定区产业发展的新征程。汽车产业的转型调整，推动了世界级汽车产业中心核心区的建设，同时使汽车产业转型与区域产业转型创新相融相生。在汽车产业的带动下，嘉定三次产业结构日趋合理，综合实力逐渐增强，新动能加速培育与发展，城市功能格局优化更新，形成了与高质量发展

---

① “两高”即高端制造业和高科技产业；“四新”即集成电路及物联网、新能源汽车及汽车智能化、高性能医疗设备及精准医疗、智能制造及机器人四大新兴产业集群。

相匹配的高品质城市功能。

2017～2035年嘉定总体规划指出，至2035年，嘉定要基本建成产城全面融合的世界级汽车产业中心核心区、以高科技新兴产业为支撑的上海科创中心重要承载区、生态人文宜居的长三角综合性节点城市，形成“一核四区”的功能布局，即：嘉定新城核心功能区（包括新城及老城主要区域），承担嘉定区政治、经济、文化及社会服务等主要功能；北虹桥综合商务区，主动承接上海市中心城区的功能外溢，以文化、商贸、总部经济为主要导向，成为上海西部创新创业的先行区；科技城自主创新产业承载区，发挥国家级科研院所集聚和新型工业化产业示范优势，打造创新辐射能力强、开放度高的自主创新产业地区；国际汽车城产城融合示范区，以发展科技研发和高端制造为主的科创中心；嘉北生态涵养区，聚焦地区生态品质提升，形成服务嘉昆太地区的区域绿心，塑造嘉定的生态品牌。

三、改革开放以来嘉定高质量发展成就

（一）汽车嘉定：迈向世界级汽车产业中心核心区

改革开放以来，嘉定经济社会快速发展，城乡面貌发生历史性变化，一个重要原因便是与汽车产业结缘。从1958年上海第一辆“凤凰牌”轿车在嘉定诞生，到1984年上海大众有限公司落户嘉定安亭，再到21世纪国际汽车城落子嘉定，嘉定因车而兴、因车而名。作为嘉定区特强产业，汽车产业在嘉定经历了“从无到有、从小到大、从大到强”的三次跨越，汽车基因已深深根植于嘉定的发展脉络中。

1. 上海大众牵手嘉定，汽车产业迅速壮大，成为国内汽车产业发展高地

嘉定是中国汽车产业的发源地之一。1984年，嘉定抓住国内第一家中外合资轿车企业——上海大众有限公司落户安亭的历史机遇，主动融入和服务国家战略，推动汽车产业发展。围绕“提高桑塔纳国产化率”这一目标，

至 20 世纪 80 年代末，嘉定通过率先探索联营联建、推动国有企业改革改制等一系列举措，产生了一批规模大、技术新、效益好的“桑塔纳”国产化配套联营企业。

20 世纪 90 年代起，以“围绕整车、配套发展、加快集聚、形成特色”为指导方针，嘉定致力于将汽车零部件产业逐步打造成支柱产业、特色产业。《关于加快发展个体私营经济的若干意见》发布后，“希望经济城”“大众工业园”等经济小区和产业园区设立，嘉定的汽车零部件产业步入快速发展期，整车国产化率逐步提高。1993 年，上海大众年产轿车突破 10 万辆，占当时国内轿车产量半壁江山，国产化率达到 80% 以上。持续开放的步伐和良好的投资环境，吸引了一批国际知名的汽车零部件企业先后来到嘉定投资设厂，德尔福派克、大陆泰密克、博泽集团等龙头企业的集聚，使嘉定汽车产业能级迅速提升。

至 2000 年，嘉定已实现了从整车到发动机、变速箱、制动系统、电子电气、车座椅、内饰、各类钢制零件等最为完整的汽车制造功能以及专业、完善的零部件配套服务，成为国内汽车产业重要的生产基地。

2. 国际汽车城落子嘉定，推动产业向两端和高端延伸，形成汽车全产业链发展格局

进入 21 世纪，嘉定汽车产业面临“轿车进入家庭”和“中国加入WTO”的双重机遇与挑战。2000 年 6 月，时任中共中央政治局委员、上海市委书记黄菊率队到嘉定调研，首次提出建设“汽车城”的构想和“突出综合性和国际性”“打‘中华牌’‘万国牌’”等一系列要求。嘉定牢牢把握这一历史机遇，以“充分利用国际国内两种资源、两个市场配置生产要素”的发展思路，全力推进“上海国际汽车城”建设。通过创新开发机制和优化政府服务，嘉定区以市场化运作加快建设进程，强化招商引资夯实发展基础，面向全球、对标世界一流，高质量、高规格、全方位打造汽车城。

2005 年，上海市政府正式批复“汽车嘉定”的功能定位，将汽车城的概念和建设扩大到嘉定全域，“汽车嘉定”从此成为上海城市架构的重要一

环，更成为推动嘉定产城融合、经济社会全面发展的重要契机。

上海国际汽车城的建设与逐步推进，使嘉定汽车产业由大变强，实现了“三个转变”。一是由要素驱动向创新驱动转变。随着“国家级机动车检测中心”“国内唯一的全尺寸整车风洞实验室”“国内唯一的驾车专用试车场”等一批汽车研发类功能性项目的建成使用，上汽集团、沃尔沃、舍弗勒、天合等整车及零部件企业先后在嘉定设立研发中心，各类科研机构的集聚，推动嘉定汽车产业由嘉定制造向嘉定创造转变。二是由单一制造功能向全产业链转变。在雄厚、完备的汽车制造功能的基础上，围绕汽车贸易、汽车文化、汽车体育、汽车金融等高端服务业，嘉定不断拓展和丰富汽车产业发展的深度和广度，先后建立上海国际赛车场（2004）、汽车会展中心（2005）、汽车博物馆（2007）、国家级汽车及零部件出口基地（2008）、零部件全球采购中心等功能性项目，引进了盖世汽车网、中汽连锁、二手车等电子商务企业，并连续多年举办F1赛事、汽车文化节、进口汽车博览会、汽车论坛等活动。在国内30多个汽车产业基地中，嘉定汽车业态和汽车产业链最为丰富和完整。三是由被动跟跑向主动引领转变。2009年，嘉定率先进入汽车新兴领域，聚焦新能源汽车电池、电机、电控“三电”系统，引入35家行业龙头企业，建成上海新能源汽车及关键零部件基地。2011年，嘉定又成为国内唯一的“电动汽车国家示范城市”，以自主创新和原始创新为突破，在新能源汽车领域抢得先机。

3.汽车产业再出发，紧扣“四化”发展方向，迈向世界级汽车产业中心核心区

党的十八大以来，按照习近平总书记在上海工作时提出的“国际汽车城要建设成为全国汽车产业的制高点，在国际上有一席之地”的重要要求，嘉定紧紧抓住汽车产业“低碳化、智能化、网联化、共享化”变革窗口期，将新能源汽车和智能网联汽车作为重点发展领域，通过构建产业生态链、完善创新服务链、攀升价值链，推动产业集群集聚并向高端迈进，着力打造世界级汽车产业中心核心区，实现“弯道超车”。

首先，嘉定区聚焦自主创新，以增强汽车产业内生发展的动力和活力。2015 年，投资 15 亿元建成的“汽车·创新港”投入使用，聚集了“上汽－阿里”“宾尼法利纳”等近 100 家整车、零部件、纯电动车、智能网联关键技术研发企业和创业团队，聚焦新能源汽车和智能网联领域的自主创新和原始创新。

其次，嘉定区创新制度供给，引领汽车行业示范发展。2016 年，国家工信部批准的国内首个“智能网联汽车试点示范区”在嘉定正式开园，至今已为上汽、宝马汽车等国内外主机厂、供应商提供了 300 余天次的场地测试服务、300 余次商业对接，成为国内智能网联汽车技术水平最先进、影响力最大的窗口。在此基础上，嘉定与市相关部门一起，推动了《上海市智能网联汽车道路测试管理办法（试行）》的发布；2018 年 3 月，全国首张无人驾驶测试牌照在嘉定发出，嘉定还在安亭率先规划了安全性高、风险等级低的 5.6 公里道路，作为上海市第一阶段智能网联汽车开放测试道路，开创全国先例。

最后，嘉定区不断扩大要素供给，强化汽车产业对高质量发展的支持作用。嘉定区深入推进产业发展区域统筹，使更多的资本、资源、人才要素向汽车创新活动和产业升级集聚。

（二）科技嘉定：建设上海具有全球影响力科创中心重要承载区

嘉定是1958年被命名的“上海科学卫星城”，有着60年的科技发展沉淀。2014 年 5 月，习近平总书记在上海视察时提出上海要建设具有全球影响力的科技创新中心。在全市科创中心建设布局中，2015 年 5 月嘉定被确定为郊区唯一的科创中心重要承载区。自此，嘉定区立足上海全局，把率先建成科创中心重要承载区作为全区未来发展的一项重大战略来谋划推进，紧紧围绕“自主创新产业化引领区、新兴产业发展示范区和宜业宜居现代化科技城”建设定位和总目标，全面深化和落实重要承载区各项建设任务，创新驱动发展的积极效应初步显现。

1. 科研实力雄厚，创新资源内涵丰富

嘉定区已形成“十一所三中心二基地”的国家级科研院所和七所高校的集聚规模（详见表 1），在嘉定的高校、科研院所共有两院院士 54 名，研究员 527 名，副研究员 1036 名。丰富的人才资源和科技资源集聚有效地推动了嘉定科技产业的创新和发展，为区域自主创新发展提供强有力的科技支撑。

表 1　嘉定“十一所三中心二基地七高校”

<table>
<tr><td rowspan="11">十一所</td><td>中国科学院上海微系统与信息技术研究所</td><td rowspan="3">三中心</td><td>上海中科国家技术转移中心</td></tr>
<tr><td rowspan="2">中国科学院上海光学精密机械研究所</td><td>中国科学院电动汽车研发中心</td></tr>
<tr><td>中国科学院上海嘉定先进技术创新与育成中心</td></tr>
<tr><td>中国科学院上海硅酸盐研究所</td><td rowspan="2">二基地</td><td>中国科学院嘉定产业化基地</td></tr>
<tr><td>中国科学院上海技术物理研究所</td><td>中电科软件与信息服务产业园</td></tr>
<tr><td>中国科学院上海应用物理研究所</td><td rowspan="7">七高校</td><td>同济大学（嘉定分校）</td></tr>
<tr><td>中国科学院声学研究所东海研究站</td><td>上海大学（嘉定分校）</td></tr>
<tr><td>中国工程物理研究院上海激光等离子体研究所</td><td>上海师范大学天华学院</td></tr>
<tr><td>中国电子科技集团公司第三十二研究所</td><td>上海工艺美术职业学院</td></tr>
<tr><td>中国电子科技集团公司第五十一研究所</td><td>上海科技管理干部学院</td></tr>
<tr><td>中核集团核工业第八研究所</td><td>上海科学技术职业学院</td></tr>
<tr><td></td><td>上海空间电子设备研究所</td><td>上海工商职业技术学院</td></tr>
</table>

2. 重大创新工程集聚，创新产业项目抢占先机

嘉定是科研院所集聚区、中国唯一的国际电动车示范区、上海物联网中心，承载着一大批国家重点创新项目和创新产业项目，在新能源汽车、新能

源、新材料、高端医疗装备、新一代信息技术等领域抢占了发展先机。正重点打造半导体微技术、钠硫储存新能源、激光等若干个世界级、国家级创新中心；在新能源汽车方面，拥有上汽工程院、同济汽车风洞中心、电动汽车研发中心等100多家汽车研发机构和重点企业，在“电机、电动、电控”领域有重大突破；以联影医疗为核心的高端医疗器械自主研发制造，打破了国外垄断，10款产品获医疗器械注册证并开始产业化。依托科技和战略性新兴产业的领先优势，嘉定的经济发展不仅能级上领先，而且产业的科学含量也具有明显优势。嘉定区在产业规划中探索出了一条聚焦优势资源、创新供给的道路，吸引并培育创新性企业，在转型升级和产业新旧交替的大潮中，保持核心功能和优势，最终确定了四大产业发展方向，即集成电路及互联网、新能源汽车及汽车智能化、高性能医疗设备及精准医疗、智能制造及机器人。这些产业有的已经初具规模，每一个门类都有极高的附加值，一方面，它们对资本、人才等方面要素的集聚起到了关键性的作用；另一方面，对这些要素的需求也促使嘉定区采取相应的措施对全区创新创业生态环境进行优化调整。

3. 创新主体活力充沛，新兴产业发展迅猛

嘉定始终大力引导和支持企业自主创新发展，截至目前，全区有高新技术企业825家，总量占上海市的11%以上；2003年，嘉定区在全国首创科技小巨人计划，2005年上海市全面推广上海市科技小巨人工程。目前嘉定拥有上海市科技小巨人（培育）企业186家次，占全市的15%；建成了各级企业技术中心256家；企业专利申请和授权以每年15%～20%的速度增长；全区已有主板、创业板、中小板上市企业13家，新三板挂牌121家，约占上海市企业挂牌总数的12.7%，股交中心挂牌企业145家，占上海市企业挂牌总数的19.4%。全区战略性新兴产业实现工业产值943.1亿元，可比增长17.2%，占全区属地规模以上工业总产值的25.7%。2017年高新技术企业实现工业产值1919.1亿元，同比增长13.1%。全区四大新兴产业实现产值372.7亿元，同比增长26.7%，占全区属地规模以上工业产值的10.2%。

（三）教化嘉定：文化创新发展构筑城市竞争力新优势

嘉定是一座拥有深厚底蕴的江南历史文化名城，人文代起，弦诵不辍，风教之隆，冠甲江南，素有“教化嘉定”的美誉。近年来，嘉定区以习近平新时代中国特色社会主义思想为指导，着眼于解决人民日益增长的美好生活需要和不平衡不充分的发展之间的矛盾，全力响应“上海文化”品牌系列工程，提出“让传统文化滋养心灵、让公共文化触手可及、让产业文化‘点石成金’、让文明创建蔚然成风”的发展愿景，不断推进历史文化与现代文明融合发展，推动传统文化的创造性转化、创新性发展，建成与创新活力之城、上海文化强区定位相协调、相适应的文化创新发展体系，为“教化嘉定”涂抹上靓丽的底色。

1. 传统文化“滋养心灵”，涵育教化之风

嘉定区持续、深入挖掘传统文化资源，作为社会主义核心价值观培育践行的有力抓手，着力凸显嘉定“江南文化和海派文化相融合”的城市特色。一是挖掘提炼传统文化价值内涵。嘉定博物馆、韩天衡美术馆、陆俨少艺术院推出“匠心意造——当代竹刻名家精品邀请展”“凌云健笔意纵横——陆俨少艺术展”“八百年回眸——嘉定历史图片展”等活动，使人们从传统文化沃土中汲取丰富的精神养分，感受强烈的精神震撼。在嘉定孔庙建立“尚贤馆”，展示乡贤在教化乡民、反哺桑梓、泽被乡里方面的嘉言懿行与积极贡献，彰显嘉定的教化之德、礼乐之风。深化“孔庙活化”工作，与秋霞圃书院联动开展“孔子与国学文化”课题研究、祭孔典礼、国学普及教育等活动。二是推进传统文化创造性转化。2016年启动“中国唱诗班”系列动画短片项目，短片以优秀传统诗词为主旨、以民间故事传说为梗概，属国内首创，目前已推出6部，在全网引发热议。《相思》上线一周视频网站点击量超过1亿次，人民日报微信等70多家公众号转发，单篇阅读量一天内均突破10万次。汇编《嘉定家训·先贤遗音》《嘉定家训·时韵新声》《嘉定家庭礼仪读本》。选取“佳节、生命、母爱”主题创作《中华优秀传统诗词“诗乐启蒙”》唱片（荣获文化部“中国金唱片奖”），丰富中华优秀传统文化的

时代价值。三是建强传统文化传承弘扬平台载体。设立文化发展资金，扶持38家非国有博物馆（陈列馆、艺术馆），培育文化展示和传承的生力军。嘉定着力推进新型民间收藏博物馆、美术馆综合体“海上文博苑”建设，建成后有望成为上海乃至全国最大规模的民间文物收藏和艺术品展示殿堂。区文明办与保利大剧院合办“礼乐嘉定”保利修身讲堂，通过保利品牌牵线搭桥艺术名家，以高雅艺术涵育市民文化修养。2018年，嘉定荣获中国曲艺家协会颁发的“中国曲艺名城”称号。

2. 公共文化“触手可及”，满足文化需求

着力建成城乡一体、区域均衡、人群均等优质的现代公共文化服务体系，探索实践公共图书馆“全域”模式，全力创建国家公共文化服务体系示范区。一是提升公共文化服务设施能级。完善三级公共文化设施网络体系。依据区域发展水平、人口空间分布规律，合理布局公共文化设施，建成上海保利大剧院、区图书馆、区文化馆、嘉定博物馆、韩天衡美术馆、陆俨少艺术院等区级文化设施。完善以街镇和村居文化设施为基础的公共文化设施体系，同时推进“神经末梢”村居综合文化活动室等规范化、标准化建设。此外，2017年，上海市首个以政企合作模式运营的24小时图书馆延伸服务项目“我嘉书房”在嘉定投入运营，通过“公共项目＋社会运作”的模式，释放出社会主体的动能，预计到2018年底将在全区12个街镇建成30家。二是强化“文化嘉定云”品牌示范效应。2012年，在全国首创公共文化数字服务平台“文化嘉定云”，积极推进“互联网＋文化”模式，整合区内公共文化设施的线下资源，向市民提供一站式线上服务，形成富含嘉定元素的红色文化、海派文化、江南文化等文化资源大数据库。2016年12月，该项目获评“中国网络理政十大创新案例奖”。目前用户近16万人。三是完善公共文化服务标准体系。扎实推进基本公共文化服务国家级标准化试点工作，不断完善嘉定区公共文化服务标准体系，推进图书馆、文化馆总分馆体系建设，确保标准覆盖公共文化服务全领域、各环节，切实提高各项标准的宣传、贯彻与改进。2017年，嘉定区公共文化服务标准化成为上海市首个区

域公共文化服务标准体系。四是推动公共文化资源整合。实施“文教结合”，推动文教系统资源设施共享、人才共育、项目共建，让每个孩子“在幼儿园阶段初识图书馆，在小学生阶段参加图书阅读、艺术普及、文博艺术活动，在中学阶段按兴趣参与专业院团演出观摩和文化志愿服务”。“文化嘉定云”平台的“文化众筹”功能让社会资源成为公共文化服务的源头活水，有效打通文化供需两端。一年来，已接受由社会力量主导发起的书法、国画、花艺等 188 场文化活动。同时，鼓励、吸引社会组织认领承办公共文化服务项目。2017 年 7 月，在国家公共文化服务体系示范区文化部中期督查中，嘉定区在国家东部地区排名第一。

3. 产业文化“点石成金”，释放文化活力

嘉定在产业文化方面创新工作机制，积极完善产业政策，着力推动科技创新与产业转型升级融合互动，有力推动文化创意产业不断发展。一是持续优化政策保障。将文化创意产业作为全区重点经济发展方向和政策重点扶持对象，立足企业实际需求，研究制定扶持嘉定文创企业发展的一系列政策，在税收减免、股权投资、开办扶持、购房租房扶持、平台建设、人才引进、总部建设等方面加大扶持力度，特别注重培育广告会展、软件信息、动漫游戏、工业设计等嘉定优势产业领域。二是大力推动平台建设。积极举办各类行业论坛、创新创业大赛、展会、产融对接等活动，通过“走出去、请进来”的宣传推介，扩大嘉定文化创意产业发展的影响力和知名度，为文创企业搭建交流和孵化的众多平台。通过不断推进载体、平台建设，成功吸引大批优质企业入驻，带动产业有效集聚。三是着力打造产业集群。培育形成一批具有较强竞争力的产业链和产业集群。目前已经形成以京东、百度、小红书等为龙头的互联网信息服务及电子商务产业集群；以观池文化、中国元素在线等为龙头的广告创意产业集群；以游族、三七玩、莉莉丝等为龙头的游戏设计制作产业集群；以联影、震旦等为龙头的工业设计产业集群；等等。在影视艺术、网络文化方面，拥有极客文化、趣头条、东方头条融媒体孵化基地等行业知名企业。建成中广国际、南翔智地等 8 家具有市级以上文创园区资质

称号的园区。同时成功打造嘉源海、现厂、北虹桥时尚等一批新兴产业园区。

4. 文明创建蔚然成风，提升文化品位

2012 年，嘉定区全面启动全国文明城区创建工作，对标最高创城标准，抬升最严工作标杆，坚持全区共创、全域共建、全民共享，2017 年成功创建成为“全国文明城区”。一是敦风厉俗促进道德风尚养成。嘉定区广泛组织开展“中国好人”“嘉定好人·每月一星”“感动嘉定”“美丽人物”“十佳乡贤”等宣传教育和道德实践活动，引导市民践行文明理念。深化“邻里守望”志愿服务，全区从事邻里守望志愿服务的志愿者逾 8 万人，志愿服务团队 250 多个，项目达 100 多种，凝聚起“教化嘉定”的强大正能量。二是礼乐教化传承乡土嘉美人文。嘉定区连续多年实施“嘉定区市民文明礼仪培训工程”，编印下发《嘉定区市民礼仪读本》礼仪培训教材，组织实施“文明礼仪进家庭”系列培训，依托信息化手段全面提升市民文明素养。组织开展举办市民经典诵读大赛、中华传统文化公益道德论坛、区青少年才艺大赛等活动，组建市民经典吟诵团队近两百个，让群众在传统优秀文化的浸润中陶冶情操、启智明礼。三是以文化人精心描绘城区和美画卷。努力挖掘中华传统节日蕴含的丰富精神内涵，举办“我们的节日——上海嘉定中秋月”主题活动、上海孔子文化节等民俗文化展示、传统服饰展演、诗词歌赋征集等群众性活动。开展“修身讲堂”主题活动，弘扬传统美德，传播凡人善举，弘扬社会主义核心价值观，为“教化嘉定”建设凝聚力量，推动形成人人传承发展中华优秀传统文化的生动局面。

5. 党建引领睦邻建设，激发基层社会活力

改革开放以来，随着嘉定区经济社会的逐步发展，工业化、城镇化进程的不断加快，产业结构的转型升级，嘉定区的社会人口结构也发生了深刻的变化。一方面，外来人口和人才持续涌入和大量集聚，这些占嘉定常住人口 3/5 的“新嘉定人”渴望融入社区、融入嘉定；另一方面，大量动迁农业人口离土上楼，他们原有的生活方式、行为方式与市民存在较大差异，对城市生活和城市文化需要习惯和适应。

2007 年，针对社区居民提出的在自己家里设点开展邻里活动的需求，嘉定区政府精准对接并因势利导，从而催生出嘉定区独具特色的源自基层力量的社区治理载体——睦邻点。围绕地缘、趣缘、志缘、业缘关系，嘉定区积极引导睦邻文化建设，提出让陌生的邻居熟悉起来，让疏远的邻居亲近起来，让寂寞的楼道热闹起来，让困难的邻居幸福起来。从以点带面的大胆试点探索到全区普及的积极推广推进，在区、街镇和社区居委会的持续推动和引导下，嘉定睦邻活动日益丰富，以睦邻点为基础的社会自组织逐渐形成，“和睦相处、守望相助”的睦邻精神得以凝聚。2014 年，在总结和反思嘉定睦邻 7 年建设和探索经验的基础上，嘉定的基层社会治理迈入了社区共营实践阶段，坚持以百姓为核心，通过嵌入性党建引领，重塑居民区内的各类组织、个体的共同行动，通过政府引导多元主体的社会参与，借助现代社区治理的各种技术的在地化实践，整合多方面的社会资源，探索共同参与、共同营造、共同享有的基层社会治理模式，以认同感凝聚共识，以获得感激励参与，激发基层社会活力。

如今，“嘉定睦邻”已成为嘉定区有特色、成品牌的一张文化名片。据不完全统计，截至 2017 年，经过从嘉定睦邻到社区共营 10 年的培育发展，嘉定区的睦邻点已达到 1875 个，实现了全区 12 个街镇 227 个社区居委会的全覆盖；全区共有各类社区居民自组织 3346 个，平均每个社区 14 个；全区每天约有 3 万名居民走入睦邻点开展各类睦邻活动，享受和谐、幸福的嘉定睦邻文化。

（四）健康嘉定：构建活力乐居社会

“健康嘉定”是嘉定现代化新型城市建设的重要组成部分。1994 年，嘉定区被世界卫生组织认定为首批两个“中国健康城市项目”试点之一，率先提出了建设“健康环境、健康人群、健康社会”的理念，建构了一套健康城市评价指标体系，开始了健康城市的建设探索；2001 年，嘉定区在全国率先成立了健康促进委员会，统筹推进嘉定健康城市建设；2003 年始，嘉定区连续实施健康城区三年行动计划，拓展国家卫生城市内涵，围绕“建设健康环境、培育健康人群、营造健康社会”，深化健康社会建设；2012 年始，在实施健康城区三年行动计划的基础上，嘉定区采取项目化推进方式，将健康理念融入社会发展的各个领域；2016 年，嘉定区作为上海市唯一入选的城市（区）被确定为全国 38 个健康城市建设首批试点城市，全面推进健康城市建设。二十余年来，围绕“健康环境、健康人群、健康社会”的“全方位的健康”理念，嘉定区不断拓展“健康嘉定”的内涵和外延，始终坚持“政府主导、部门合作、社会动员、市民参与”的工作理念，努力构建以人为本、健康活力的乐居之城。

1. 以创建全国文明城区为契机，持续改善健康环境

2012 年，嘉定区全面启动创建全国文明城区，以“功能独立完善、创新创业创效、城乡一体发展、生态环境优美、社会文明有序、宜居宜业宜人”的现代化新型城市为目标，持续六年深入开展创城工作，至 2017 年成功获得“全国文明城区”荣誉称号。六年来，以创城为契机，嘉定区以“信念坚定、勇于担当、追求卓越、众志成城”的“创城精神”，通过实施两轮三年行动计划、200 天“登高”专项整治行动、“十清”顽症治理行动、靶点地图整改督查等工作，打破城市管理死角，持续改善城市健康环境，使市容面貌焕然一新。

健全社会保障体系，持续改善民生，提升人民福祉，也是嘉定区改善健康环境的重要组成部分。通过不断健全社会保障体系，嘉定区不断扩大城镇职工社会保险覆盖范围，持续提高各类人员的社会保障层次。2005 年，嘉定区城镇居民养老保险和失业保险的参保人数分别为 15 万人和 14.5 万人。截至 2016 年，嘉定区城镇居民养老保险和失业保险的参保人数均已提升至 60.5 万人，城乡居保人均养老金水平和征地养老人员人均发放养老生活费标准在上海市郊处于领先水平。嘉定实施“一口上下”社会救助机制，2017 年共发放救助金 2.9 亿元，惠及 32.7 万人（户）次。

通过完善社会治安防控体系，推动街面治安巡逻与联勤网格化对接，加强村居委群防群治力量建设，嘉定区持续改善治安环境。以创建国家食品

安全城市为目标，嘉定区推进食品安全视频监控系统建设，推行信息追溯管理，开展餐饮单位量化分级和监督公示工作。截至2016年年底，全区已有257家单位完成视频监控系统安装，433户餐饮单位网上注册溯源系统，2413家餐饮单位全部量化分级监督公示管理，优良率达到92%以上[①]。

2. 以公共服务体系改革为重点，日益完善健康服务

“医疗”问题是与百姓切身利益最为相关，也是百姓最为关切的问题。近年来，嘉定区政府坚持尽量而为、量力而行的原则，以公共服务体制改革为重点持续发力，切实解决焦点问题，推进公共服务的公平优质供给，日益完善健康服务。

嘉定区扎实推进医药卫生体制改革，不断完善医疗资源布局，提升医疗服务能级。一方面，通过引入优质的医疗资源，如上海交通大学附属瑞金医院北院、肿瘤质子中心、二军大第三附属医院、东方肝胆医院、市中医医院嘉定新院等，满足嘉定居民甚至是长三角其他城市居民享受高水平医疗服务的需求；另一方面，通过建立区内首个区域医联体——瑞金北院嘉定医疗联合体，不断落实分级诊疗制度、社区卫生服务综合改革和家庭医生签约服务，全面优化全区卫生资源布局，改善百姓的就医体验，全面保障居民健康。至2016年底，嘉定区共有各级卫生机构300家，实有床位5509张，在岗卫生技术人员7782人，总诊疗人数达11181019人次[②]；每千人口床位数3.49张，每千人口执业（助理）医师数1.94人、注册护士数2.13人[③]。

为应对人口老龄化的问题，嘉定区积极推进养老实事项目建设和养老设施建设，全面实施上海市长期护理保险试点工作，加大对养老服务设施运营补贴和扶持的力度，拓展社区养老服务，鼓励社区居民自组织参与相关养老、为老服务，提升养老服务水平，完善老年医疗护理体系。2017年，区级综合为老服务中心基本建成，区第一社会福利院二期项目主体工程、华亭

① 许文忠等：《健康嘉定的实践与体会（1994～2016）》，《上海预防医学》2017年第10期。

② 上海市嘉定区统计局编《2017嘉定统计年鉴》，第186～188页。

③ 许文忠等：《健康嘉定的实践与体会（1994～2016）》，《上海预防医学》2017年第10期。

敬老院三期和3家养老院扩建工程完工，共新增养老床位626张，基本实现全区规模养老院“医养结合”全覆盖。

发挥科技优势，助力医疗事业，也是“健康嘉定”的一大特色。总部位于嘉定区的上海联影医疗科技有限公司成立于2011年，是一家通过自主研发提供全线高端医疗影像设备和医疗信息化解决方案的高新技术民营企业。自成立至今，联影已成功研制并向市场推出具有自主知识产权的1.5T超导MR系统、16排CT系统、超高分辨率PET–CT系统、数字化DR机等中高端医学影像设备，产品性能已达国内一流水平，部分性能指标达国际领先水平。2014年5月24日，习近平总书记在上海考察调研时来到联影，看到企业掌握自主产权、在高端医疗影像设备领域初闯新路，他指出，医疗设备是现代医疗业发展的必备手段，现在一些高端医疗设备基层买不起、老百姓用不起，要加快高端医疗设备国产化进程，降低成本，推动民族品牌企业不断发展，你们的事业大有可为。

3. 以倡导健康生活方式为核心，积极培育健康人群

倡导健康的生活方式，积极培育健康人群，是“健康嘉定”的重要举措之一。一方面，嘉定区通过开展丰富的全民健身活动，全面提升居民的身体素质。目前，全区已构建起“1+2+5+12+X+N”的公共体育设施网络，即1个F1国际赛车场、2个区级体育中心、5个体育休闲公园、12个街镇全民健身活动中心、X个百姓家门口的小型多样的体育健身活动场所、扶持N个社会力量投资建设或运营的经营性体育场馆。2017年，嘉定区全年共组织开展各类文体活动2.55万场次，参与人数近215万人次；共完成17条市民健身步道、4个市民健身房、4片市民运动场、1个市民游泳池的建设。截至2017年底，全区共拥有各类体育场地2488个。在2012～2016年上海市全民健身发展指数评估中，嘉定区连续五年位居全市第一。

另一方面，嘉定区通过推广健康生活方式，倡导居民健康自我管理，全面提升居民的健康观念。嘉定区自2007年开始推进市民健康自我管理小组的建设，目前健康自我管理小组已覆盖全区各村居委。结合特有的睦邻点、

客堂汇、暖心屋等社区活动载体，嘉定区因地制宜地组织健康讲座和活动，传递健康自我管理的理念和知识，提高居民参与的积极性，构建健康和谐的邻里文化，保障居民身心健康的全面发展。

（五）美丽嘉定：建设绿色生态、宜居宜业魅力之城

高质量发展离不开人与环境的和谐、融合。历史上，嘉定是河汉密布的江南水乡。近年来，在经济高速发展的过程中，在环境保护、生态建设方面，嘉定走过一些弯路。但在发展中嘉定坚持不断自我革新，坚持产业持续的腾笼换鸟，以壮士断腕的决心，深入实施生态文明发展战略，在经济增长的同时，更把建设绿色低碳、健康节约、环境友好的“美丽家园”作为发展的目标。

1. 制度先行，建立生态环境保护长效机制

长效的制度保障是建设“美丽嘉定　宜居家园”的根本。嘉定通过突出源头严防、过程严管、后果严惩，贯彻落实大气、水、土壤等专项行动计划，实施最严格的环境保护、耕地保护和土地利用制度。深化土地全生命周期管理，加快构建生态功能保障基线、环境质量安全底线和自然资源利用上线“三大红线体系”，切实保障环境安全。

在政府层面强化环保责任落实，探索建立生态环境损害责任终身追究制和赔偿制度，严格追究环境污染者和生态破坏者的责任。持续深入开展区域生态环境综合整治，滚动实施农村地区和城乡接合部“十大问题”专项整治，形成由点及面、常态长效的治理机制。

2. 治理精细，着力优化水系生态环境

河流水系被喻为“城市的血脉”。近年来，嘉定通过精细化的治理，对嘉定水环境开展全方位的治理。

第一，坚持科学规划、系统治理、统筹施策，使全区水环境质量实现质的提升。调查先行，做优水环境。2015 年 8 月起，嘉定区开始黑臭水体和劣Ⅴ类水体调查摸底工作。实现河道管理养护市场化，完成已建污水厂提标

改造和南翔污水厂新建等工程，全面推进污水纳管建设。

第二，严格落实“河长制”，系统治理，综合施策，不断提升河道环境综合治理水平。2016年11月底，嘉定在上海市率先出台河长制实施方案，明确“基本消除黑臭水体、拆除违法建筑、提高河道管理水平”的河长制工作目标，明确设立区、镇、村居三级河长组织体系及各级河长的工作职责。2017年4月6日，嘉定率先公布第三批河长名单，包括村沟宅河在内的每一条河都有河长认领，形成了一张覆盖全区所有河道的河长名单；成立了区镇两级河长办公室，实现组织体系全覆盖。在落实“一河一河长”责任的同时，嘉定区大力加强基础工作，在全市率先建立河道基本情况数据库，对全区中小河流实施“一河一档案”；对黑臭水体的分布和成因进行摸排，根据河道具体问题和周边环境，因地制宜地制定整治“一河一对策”、管理“一河一办法”。

第三，提高标准，做强水安全。以陈行水库为主导水源、原墅沟水源地为备用水源，全力保障原水供应安全。积极配合推进太湖流域吴淞江工程（嘉定段），加快实施防汛基础设施建设，防汛除涝能力达二十年一遇标准，基本解决“暴雨看海”问题。

第四，统筹设计，做美水景观。发挥嘉定水网密布优势，以吴淞江滨江景观带和环城河绿带美化工程等项目为抓手，借水造景、依水建绿，系统建设一批水岸生活空间，让水与城市更和谐、与生活更亲近。

3. 全民参与，高品质推动绿色低碳发展

第一，产业调整、节能降耗。2011年以来嘉定共淘汰劣势企业1452家，实现节约标煤26万吨，腾出土地近1.6万亩，为推进产业结构调整，引入更符合产业发展导向、更优质高效的产业项目创造良好条件。比如，在马陆富士华地块引入了新时达机器人、在工业区的连盈螺丝厂引入了上海先进激光科创应用中心等。通过持续有效地推动产业升级，地区资源利用率明显提升，产业经济绿色、低碳发展成效不断显现。

第二，在城区加快大型生态项目建设，提升街心公园、街头绿地建设品

质，让人民真切感受和享受到身边的“盎然绿意”。全面实行能源消耗总量和强度“双控”制度，主要污染物减排完成国家和上海市下达目标。

第三，在全区范围内加强垃圾分类管理，生活垃圾无害化处理率达100%。大力发展循环经济，积极推行绿色消费和适度消费，引导促进全区居民生活向勤俭节约、绿色低碳、文明健康的方式转变。

第四，高标准建设美丽乡村。以转变农业发展方式、提高农业劳动生产率为核心，大力发展与现代化新型城市相适应的都市型现代农业，全面提升农业规模化、组织化、机械化水平，进一步扩大“万亩粮田”规模。更加注重运用市场化力量推动农业提质增效，在夯实农业基础生产能力的同时，加快休闲农业、精品农业发展，形成一批富有吸引力的特色休闲农产品和乡村旅游综合体。在沪郊的农业格局中，农田范围内多数是有自然村落的，即“田水路林村”相互交融、合为一体。在推进农业基础设施建设过程中，嘉定也重视改善村落环境，打造自然村落外的农田景观、水系景观、林地景观，提高村民生活质量。更加注重人居环境改善，综合推进美丽乡村建设，刷新乡村“颜值”，在风貌塑造上留住乡村的“形”，在文化传承上留住乡村的“魂”。

五个嘉定中，“汽车嘉定”体现产业实力，“科技嘉定”体现发展动力，“教化嘉定”体现文明魅力，“健康嘉定”体现城市活力，“美丽嘉定”体现生态亲和力，既是发展成就，也是发展源泉。

四、嘉定高质量发展的样本意义

（一）影响县区发展的五个维度

改革开放以来尤其是党的十八大以来嘉定发展所取得的成就，既有其历史文化的渊源：800 年建县历史，涵蕴了嘉定人开放创新、包容内敛、务实持重的社会氛围和做事节奏，展现了文明教化的魅力，体现了嘉定人在面对社会巨变时所拥有的定力。也有其地缘的优势：嘉定处于上海的西北部，又连通整个长三角的腹地，交通便利，建县以来一直有着丰富的商业经验和对外开放经历。更有着国家规划的影响：20世纪50年代卫星城的提前落子、汽车工业的基础、人才的聚集，为嘉定后续的发展埋下了伏笔。同时，嘉定作为上海的一个县区和卫星城市，上海在特大城市的整体发展中也会对其有资源配置、发展规划等，嘉定一直作为上海的卫星城、县域、辅城进行相关功能建设。因而，从历史发展、区域格局以及行政规划中，嘉定的五个维度，即嘉定自身的人文历史禀赋、嘉定所处上海市的行政区划、嘉定地处长三角的区域格局、嘉定身处的国家规划，以及嘉定置身的国际贸易节点，质言之，即嘉定的嘉定、上海的嘉定、长三角的嘉定、国家的嘉定、全球贸易节点上的嘉定，共同推动了嘉定的发展，赋予了现在的嘉定以这样的成就。

从嘉定的发展历程和取得的成就中，我们可以看到这五个方面或隐或显的影响，这些方面共同成就了嘉定地区的发展。事实上，在中国的发展格局中，任何一个县区都有这五个方面的因素影响其发展。因而，分析一个地域的发展，也必然要去分析或者洞察这些宏观的、行政的、历史人文的、自然禀赋的和全球化的影响因素。

这是嘉定发展给我们提示的县区发展所可能具有的相关优势的宏观视角。

（二）嘉定高质量发展的生态动力学机制

“到底是什么造就了现在的嘉定？”除了上述宏观背景、外在因素，我们还需要去探求嘉定发展的动力学机制。嘉定高质量发展的内在机制因应了创新发展理论的基本逻辑，具有学理上的参考价值。

自1912年经济学家熊彼特提出“创新”这一概念以来，关于创新理论的研究经历了由简单到复杂的演变过程。美国学者亨瑞·埃茨科瓦茨和勒特·雷德斯道夫于1995年将起源于DNA研究中的三螺旋模型用来分析科研机构－产业－政府之间关系的动力学，认为，以知识为基础的大学等科研机构以及产业和政府之间的相互作用是改善创新活动的关键所在，三者“交叠”并互相作用，推动创新螺旋式上升。根据该模型，区域内的创新主体由三个部门组成，三者的传统职能分别是知识创造、财富生产和政策协调，各部门之间的互动还衍生出一系列新的职能，最终孕育以知识为基础的创新型社会。

创新生态系统这一概念孕育于20世纪90年代，表现为由关注系统中要素的构成转向关注要素之间、系统与环境之间的动态过程。来自生态学中生态系统的类比，包括与创新活动相关的各类物种、种群、群落等要素及创新生态环境，其主要目的是在可持续发展的理念下促进创新持续涌现，实现高质量的经济增长①。

嘉定40年的发展历程，体现了这两种理论模式在实践中的自觉运用。首先，嘉定利用得天独厚的科技资源形成了创新驱动的产业发展；其次，在政府的强力推动下，形成了全域的创新发展生态，实现创新发展和创新生态的阶梯式、螺旋式上升，从而更进一步推动协调、开放、共享、绿色、和谐的高质量发展。

1. 汽车产业作为引擎，逐步升级形成全产业链条和产业生态，为高质量发展并实现区域创新不断演化提供动力

一个地区的发展，实体产业是基础。改革开放40年来，汽车产业的发展带动了嘉定经济综合实力的显著提高、三次产业结构的日趋合理，成为嘉定经济高质量发展的有力支撑；汽车产业本身不断向两端和高端延伸，形成汽车全产业链发展格局，创新了行业标准、管理制度和运营模式，吸引了更多的创新技术进入；“汽车嘉定”品牌的不断打造还推动着城市功能格局的优化更新，使嘉定形成与高质量发展相匹配的高品质城市生活和独树一帜的汽车文化，成为嘉定人生活的坚实基础；以汽车产业链为纽带，汽车产业的协同创新还加快了嘉定积极融入长三角区域一体化的步伐，成为嘉定未来发展的新起点。

2. 坚持科技创新为本，形成多元的创新驱动力，为高质量发展提供强大支撑

嘉定区内的科研机构以及科创中心重要承载区的定位，为区域发展网络

---

① 杜德斌、胡曙虹：《硅谷是如何炼成全球创新中心的》，https://www.sohu.com/a/110805800_465915。

输送大量人才、知识、创新理念，实现知识、信息、资源等在地域内部的流动和传递。产学研对接、“政产学研用”等各种要素的集合及其“创新性转化、创造性发展”，催生了集成电路及物联网、新能源汽车及汽车智能化、高性能医疗设备及精准医疗、智能制造及机器人等新兴产业，并对资本、人才等方面要素的集聚起到了关键性的作用，形成了良好的产业吸引人－人推动产业发展的格局。以科学技术为驱力、产业园区和城市发展为平台，形成广泛拓展和交叉的支柱产业，更加务实地集聚和使用人才。追踪科创中心发展路径，重视政策高地和科技产业平台高地建设，形成综合多要素的良性生态，是嘉定科创发展的核心所在。

3. 阶梯型产业转型和模式创新为高质量发展夯实基础

嘉定地域面积有限，在历史中不断创新产业模式，调整落后产业结构，淘汰落后产能，提质增效。从乡镇工业、园区经济到汽车城、产城融合、创意经济，嘉定都在不断调整转型，在转型中确立新的增长点和支柱产业，剔除不适宜嘉定发展的或者影响环境、生态等的产能，每一种模式的转变都带来产业的阶梯性变迁。

4. 奋发有为的政府为嘉定高质量发展提供引领和保障

中央政府、上海市政府以及嘉定区政府始终都在为地区发展提供各类理念引领、政策保障和各种服务。改革开放以来，上海及嘉定自觉坚持先行先试，敢于对标一流，勇于追求卓越，从卫星城的设计、上海大众成立并落子嘉定、上海国际汽车城的定位到科创中心重要承载区的建设、长三角一体化等，无不体现各级政府的有效作为。

嘉定区政府还通过直接或间接创新政策来确保产业、科创之间稳定的交流和相互作用，构建良好的院地合作体制机制，推动院所科技创新溢出，加速院所成果转化，打造有利于集聚国内外创新人才、创新环境、创新项目等核心要素的良好环境。

如经济政策方面发布《关于加强发展个体和私营经济的若干意见》，人才政策方面有《嘉定区金融扶持高层次人才创业实施办法》、《嘉定区关于鼓励社会力量引荐高层次人才的奖励办法（试行）》以及《嘉定区优秀人才购房货币化补贴实施办法》等。

资金方面发布《关于推进嘉定区科技创新中心重要承载区重大产业项目建设的实施方案》，推动重大产业项目建设，并优化政府科技创新资金管理，统筹各类财政专项资金，加大创新创业的支持力度，设立市场化运作的新兴产业投资基金，重点投资于四大产业集群及其他战略性新兴产业。

5. 优良的营商环境，充沛的市场和社会活力，有力推动经济活动的高效开展

嘉定一方面营造优良的硬件环境，便利产业落地，包括科创大厦、交通、园区建设等。另一方面营造软环境，以深化“放管服”改革为抓手，推动向“三个方向”深化：一是“能放则放”，让审批环节更精简；二是“应管尽管”，创造更加公平的市场环境；三是“精准服务”，让企业办事更方便，切实增强企业的获得感和满意度。

不断创新科技创新创业服务模式，强化创新创业服务职能集成，优化审批流程，大幅缩减科技企业设立审批时限，建立线上线下相结合、高效便捷的创新创业服务体系。积极拓展“科创直通车”服务，为科技企业提供人才保障、政策落实、公共服务平台对接、科研成果展示及转化、创业辅导、投融资等一站式全方位服务。

6. 多样的公共空间和平台建设为创新活动提供了网络支撑

公共文化空间、“我嘉书房”、文化嘉定云、图书馆等设施，各类行业论坛、创新创业大赛、展会、产融对接等活动，为企业之间的创新交流和孵化搭建了众多平台。通过不断推进载体、平台建设，大批优质企业入驻，带动产业有效集聚，形成了产业集群以及各类新型园区，提供了持续高质量发展的网络支撑和源源不断的创新活力。

7. 睦邻友好的居住环境和美丽宜居的生态环境形成了高质量发展的环境支持

高质量发展是绿色和谐共享的发展，必然要依托并且要推动和谐稳定的

社会环境、生态宜居的自然环境建设。共建、共治、共享的睦邻建设，激发了基层活力，打造了和谐安定的社区环境，为高质量发展提供了和谐人文社区保障。而美丽嘉定的建设为高质量发展提供了宜居宜业的自然环境支撑，人们的获得感切实得到提升，形成了高质量发展的社会心态。

综上，嘉定地区经过改革开放 40 年的努力，形成了高质量发展的体制机制、社会氛围、环境支持，以教化底蕴及其创造性转化为基、汽车产业为脉、科技创新为驱、人才集聚为本、市场机制为核的高质量发展生态体系基本构建形成，为发展社会主义的新型创新、活力城市探索了具有地区特色、富于产业特征的道路。

（三）嘉定高质量发展的启示

除了产业引领、创新驱动的高质量发展生态圈构建之外，改革开放 40 年嘉定的发展，为我们展现了较为落后地区向较为发达地区高质量发展的相关规律，形成了高水平治理、高品质生活的成效，为其他地区提供了可资借鉴的样本参照。

第一，始终秉持一以贯之的发展理念，坚持主题不变，不断调整，久久为功，一张蓝图绘到底。改革开放 40 年来，嘉定一直以已有的实体产业——工业为基础，既立足自身特点，又顺应时代大势，以世界眼光、战略思维和对标一流的气魄，确定经济发展的方向，制定经济发展的目标，前瞻性地进行产业布局。无论大的经济形势如何风云变幻，嘉定都能够保持发展的主题不变，坚持发展的大方向不动摇，以久久为功的韧劲和驰而不息的精神，最大限度地破解发展瓶颈，减少发展的成本和代价。在保持大方向正确、总体目标连续稳定的基础上不断与时俱进、变革求新、调整策略，优化产业结构，提升发展质量和效益，为下一阶段发展积蓄力量、抢占先机，从而赢取时间和主动权。改革开放 40 年来，嘉定发展汽车产业的导向始终未变，建设具有全球影响力汽车城的目标始终未变，放眼世界、对标一流的追求始终未变，不断优化和调整产业结构，不断前瞻性地进入新兴产业领域，不断自我否定式的发展理念未变。

第二，始终坚持改革不动摇，以改革的主动赢取发展的主动，以改革的跨越推动发展的跨越。改革开放40年来，嘉定始终坚持改革的基本理念，以改革提供增长动力，以改革扩大开放，着力破解体制性藩篱、发展中的深层问题和结构性矛盾。主动探索和实施引资、合资、联营联建和企业改制等一系列举措，大力发展国有、民营、外资等多种所有制经济，构筑多元化的市场经济发展体系。不断改革产业发展机制，创新园区经济、产城融合、创意经济、新兴产业，借助市场和社会的力量，盘活既有文化资源、空间资源和产业资源，使政府、社会和市场共担发展责任，共享发展红利。

第三，始终保持开放包容的格局和导向，坚定在开放中融合，在融合中进一步发展。明永乐年间，郑和下西洋从嘉定北浏家港出发；天启年间，孙元化师从徐光启学习西方先进科学技术，与利玛窦一起翻译了《几何原本》。上海开埠以后，嘉定人得风气之先，或学习研究新学，或出国留学。新中国成立之后，嘉定马陆镇作为中国对外开放的窗口备受瞩目。改革开放以来，嘉定的外向型经济发展不断加快，成为持续推动嘉定产业经济发展的重要力量。放眼世界的广阔视野和开放心态，给嘉定带来了先进的理念、技术和资金，推动嘉定经济不断发展；而海纳百川的包容大度和开放态度，则帮助嘉定形成合理的社会结构，使每一位“新嘉定人”在这里都获得了满满的归属感和认同感，成为嘉定社会活力的不竭源泉。改革开放以来，嘉定区的社会人口结构发生深刻变化，面对外来人口的大量涌入和聚集、离土农民的持续向城市转移上楼，嘉定始终以开放包容的姿态欢迎他们，以行之有效的方式引导他们，以脉脉温情的陪伴安慰他们，以触手可及的获得感激励他们，给予他们尽快融入社区、融入嘉定的力量与能力。嘉定的发展始终与国家战略和上海市发展的大背景、大格局相统一、相融合，与全球化贸易链相融合。目前，嘉定正又一次以开放的心态着眼长三角，积极融入长三角一体化的建设中，迎接又一次新的发展。

第四，始终坚持创新不断、不断创新的敢为人先精神，顺时代而动，引领经济社会的持续发展。明万历时期，嘉定已创新性地实现十田九棉的种植结构，形成当时极为罕见的农业经济中棉作压到稻麦的局面。为确保棉花、棉布的专业化、商品化生产，嘉定的有识之士又创新性地提出“折漕为银”这一具有深远历史意义的赋税改革倡议。改革开放40年中的每一个重要关口，嘉定人都以勇敢的创新迈向发展的新阶段，取得发展的新突破。嘉定产业的发展，处处体现着嘉定人勇于创新、敢为人先的追求与魄力。“凤凰牌”轿车的诞生、颁布国内首个以地方政府名义制定的关于发展私营经济的红头文件、设立“上海希望私营经济城”、产城融合、“腾笼换鸟”调整产业结构、科技小巨人计划、外向型经济、“国家级机动车检测中心”、“国内唯一的全尺寸整车风洞实验室”、“国内唯一的驾车专用试车场”、“汽车·创新港”、国内首个“智能网联汽车试点示范区”、全国首张无人驾驶测试牌照的发放地和上海市第一阶段智能网联汽车开放测试道路所在地等，都是嘉定创新不绝于缕的案例。创新，不但是一种勇往直前的魄力，还是一种精准判断的能力，更代表着一种坚定、自信的实力。

第五，始终坚持市场导向，发挥市场在资源配置中的决定性作用。着力构建市场机制有效、微观主体有活力、宏观调控有度的经济体制，推动国家治理体系和治理能力现代化。嘉定的外向型经济、汽车产业发展、产城融合发展、科技成果转化运用都以市场为导向，以最佳的比例和最快的速度实现技术创新的转化应用。

第六，始终坚持党的坚强领导和务实有为的政府工作作风，提供坚定的政治保障、组织保障和制度保障。嘉定改革开放40年来所取得的成绩，是党的基本理论、基本路线和基本方略正确指引的结果，是改革开放这个伟大的时代赋予嘉定的历史使命。“科学卫星城”“汽车卫星城”的建设，国内首家轿车合资企业带动汽车零部件产业的崛起，建设国际汽车城形成汽车全产业链的发展格局，科创中心重要承载区的定位，都是党的坚强领导和正确指引使嘉定的发展有了明确的方向。嘉定区委、区政府脚踏实地、勇于担当、奋发有为，能够按照中央、上海市委的要求，把握时代大势、抓牢历史机遇，主动谋划、顺势而为、乘势而上，在真抓实干中奋力前行，在深耕细作中厚积薄发，真正践行全国人大代表、嘉定区马陆镇北管村党支部书记沈彪提出的“不怕难、不怕烦、不怕累”的“三不怕”精神，真正做到“定了就干、干就干好”。只有坚持党的坚强领导、政府的务实高效，审时度势，迎难而上，积极作为，才能推动经济社会更高水平、更高质量地持续协调发展。

第七，始终坚持教化人民、集聚人才的人文发展底蕴和睦邻和谐的社会氛围。嘉定有着800年县制历史，素有“教化嘉定”的美称，历史文脉绵延不绝，人文荟萃代不乏人。崇文尚礼、敢为人先的人文传统，孕育出嘉定重教尚行、崇德向善的城市特质与睦邻和谐的社会氛围。嘉定的发展不仅经济结构合理、均衡、可持续，更突出体现以人民为中心，满足人民日益增长的对美好生活的追求和需要，是和谐、共享、具有活力的发展。“经济发展拉长板，社会发展补短板”，嘉定区深谙全面发展、协调发展的道理，在以汽车产业、科创产业引领高质量发展的同时，持续推进社会建设、民生保障和基层社会治理创新，稳步提升社会事业均等化与品质化水平，以认同感凝聚共识，以获得感激励参与，不断激发基层社会活力，从而实现政府治理和社会调节、居民自治的良性互动，以“共建、共营、共治、共享”的高水平治理为百姓营造出“美丽、宜居、幸福”的高品质生活。

五、结语和未来展望

改革开放40年来，尤其是党的十八大以来，在党和政府的坚强领导下，嘉定人民以教化底蕴为基、汽车产业为脉、科技创新为驱、人才集聚为本、市场机制为核，坚持世界眼光、品质为上、顺势而动，始终对标全球趋势、国家要求、上海规划，开放不停步、改革不停步、创新不停步、引领不停步、共享不停步、融合不停步，以不断自我否定的革新精神，优化和调整产业结构，前瞻性地进入新兴产业和领域，全面统筹“五位一体”建设，着力提升改革发展稳定的层次水平，满足人民日益增长的美好生活需要，闯出了县区高质量发展之路，形成了中国特色县区高质量发展的独特经验，树立了产城融合、美丽和谐、创新活力的社会主义现代化新城标杆。

经济发展高质量，社会治理高水平，人民生活高品质，这些是新时代高质量发展的共性表现。而作为一个沿海开放地区高质量发展的样本，上海嘉定的个性特征也相当明显：有一个一以贯之并逐步走向和引领世界级水平的主导产业——汽车产业，在汽车全产业链的“众星拱月”之下又分布着其他若干战略性新兴产业，而这种产业群落得益于科技和人才资源的富集，得益于市场、社会、政府对于创新创业生态的合力构建，进而，在发展这个第一要务运转良好的前提下，经济社会各方面发展都相应地提升了层次和水平。可以看到，共性寓于个性之中，而个性之中有共性，解剖呈现上海嘉定这个样本能够表明，坚定地遵循新时代的新发展理念，我们就可以无往不胜地走上高质量发展的探索之路。

调研及写作定稿过程中，我们也发现：

第一，嘉定地处长三角，连接昆山、太仓，三地地缘相邻、人文相亲，以市场为导向，社会、企业以及当地政府间有很多合作，有其内在动力，也探索多种机制，应借长三角一体化机遇，更进一步打破行政区划壁垒，设计更好的顶层规划，推动相互间在技术、人才、科研、空间、人文、治理等方面的合作。

第二，北虹桥商务区有可能成为上海新的经济引擎、长三角城市群中的一个中心，成长为长三角内需升级的驱动地，嘉定可以利用地理上的相邻以及原有商贸基础打造新一轮开放融合高地，更好地满足人民高品质、多层次的生活需要。

第三，高质量发展中，多层次人才聚集和使用是关键。要进一步破除体制壁垒，推动人才在体制内外的市场、社会和政府间流动，促进人才更高密度地聚集、更高效地利用。

第四，进一步扩大新兴产业的比重和规模，做强实体产业。在建设用地日趋紧张的情况下，打破与其他地域之间的隔阂，创新合作机制，共同推动高质量发展的持续性。

调研期间，也值长三角一体化如火如荼推动之际，嘉定－昆山－太仓协同创新核心圈签署协议，重点以科技创新领域的合作共赢为突破口，探索以“规划同圈”引导城市、产业、社会、生态等各个方面的合理布局；打造“科创同圈”“产业同圈”“交通同圈”“生态同圈”“民生同圈”“党建联建”，形成长三角更高质量一体化协同创新发展的示范区，随后昆山花桥－嘉定安亭“双城共建”领导小组和办公室成立。这表明，嘉定正在更深层次地融入长三角，利用汽车产业的核心优势，打造产业协同发展圈层；利用科创中心重要承载区的定位以及院所优势，做创新科技的策源地；利用成熟的市场机制和园区经济，做创新要素的集散地和创新成果的转化地，从而推动形成长三角区域发展一体化的螺旋式层级提升。

改革开放
与中国县域发展
GAIGEKAIFANG

江苏江阴

JIANGSU JIANGYIN

中国县域经济领跑者

中国社会科学院近代史研究所

江阴，顾名思义，长江南岸之地也。历经数百年风雨而依然屹立的黄山古炮台，镇锁着长江下游最窄处的江面，它向人们提示着古代江阴曾经拥有的战略地位。当20世纪后期的改革开放大潮涌来时，江阴人民抢抓机遇，强势崛起，令人惊叹。改革开放40年，江阴从传统的农业县华丽蜕变为发达工业强市，在中国县域经济发展中连续15年独占鳌头，位列中国工业百强县（市）之首，实现中国全面小康十大示范县（市）“十连冠”，获得“中国制造业第一县”之美誉。2008年被中央确定为改革开放30年全国18个典型地区之一。江阴先后荣获“国家卫生城市”“首批国家生态市”“中国最佳经济活力魅力城市”“全国文明城市”等近两百项国家级荣誉，成为全国县域高质量发展的领跑者。

2003年，时任浙江省委书记的习近平同志时隔20年再访江阴，对改革开放以来江阴的发展成就给予了高度肯定。15年过去了，今日之江阴，正以习近平新时代中国特色社会主义思想为指导，步入“强富美高”新境界。

江阴奇迹是如何发生的？在改革开放迎来四十周年的重大时刻，认真总结和深入剖析中国特色社会主义在江阴的生动经验和成功探索，对于未来江阴的高质量发展，对于促进中国其他县域的改革发展，必将具有深刻的启示作用。

一、江阴巨变：改革开放40年的发展历程与成就

江阴位于中国江苏省东南部，北枕长江，南濒太湖，是自上海溯江而上的第一座滨江港口城市，是连接大江南北的重要交通枢纽和江河湖海联运换装的天然良港。江阴辖区内水网密布，土地肥沃，是江南著名的“鱼米之乡”。1987年4月23日，江阴撤县建市。现今江阴下辖10个镇、7个街道、1个国家级高新区、2个省级经济开发区，总面积987平方公里，2017年常住人口165万人。

江阴古称暨阳，简称“澄”，素有“延陵古邑”“春申旧封”“忠义之邦”的称号，具有近2500年的文字记载史和1700多年的建县史。自宋元至明清再至民国，以棉纺织业为代表的江阴工商文明薪火相传、生生不息。江阴自古钟灵毓秀、人文昌盛、名人辈出，涌现出徐霞客、缪荃孙、盛宣怀、刘半农、刘天华等古今名人。新中国成立后，江阴为共和国输送了近百名大学校长和近20名两院院士。

党的十一届三中全会将中国带入改革开放的历史进程以来，江阴以敢为人先的胆识、善于争先的智慧、勇于领先的豪气，在改革开放的每一个重要历史节点都唱响了与时代共振的“江阴声音”：改革开放初期抢抓发展经济的机遇，在社队企业的基础上大力发展乡镇企业，实现了由农业县向工业市的跨越；20世纪90年代初期抢抓邓小平视察南方谈话发表的机遇，接轨浦东开发开放，民营经济、开放型经济快速发展，实现了由工业市向经济强市的跨越；进入新世纪以来抢抓中国加入WTO的机遇，全面融入经济全球化进程，县域经济发展领跑全国；党的十八大以来抢抓高质量发展的机遇，开启了全面建成小康社会、加快建设“强富美高”新江阴、奋力当好新时代高质量发展领跑者的新征程。

改革开放40年来，江阴的发展成就主要体现在以下六个方面。

（一）经济实力突飞猛进，连续多年称雄县域

改革开放 40 年来，江阴国民经济蓬勃发展，综合实力不断提高。2017 年，江阴地区生产总值由 1978 年的 4.33 亿元跃升到 3488.27 亿元，增长了 804.6 倍（参见图 1）。从地区生产总值的翻番速度看，改革开放以来，首次翻番用了 5 年，从 1985 年开始平均每 4 年翻一番。2016 年，江阴地区生产总值首度超越 3000 亿元高点。2017 年，江阴地区生产总值超过青海、西藏、宁夏三个省区，在经济大省的江苏省内超过淮安、连云港、宿迁三个地级市。

图 1　改革开放 40 年江阴地区生产总值总量变化

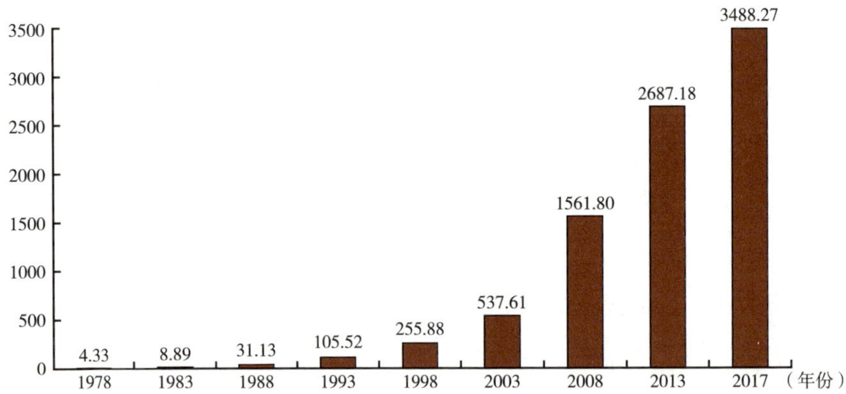

资料来源：江阴市统计局。

江阴人均地区生产总值同步实现了大跨越。按户籍人口计算，由 1978 年的 442 元增长到 2017 年的 27.9 万元，增长了 630 倍；按常住人口计算，超过 3 万美元，超过了世界银行制订的高收入国家（地区）水平。参照“赛迪顾问”发布的数据，2017 年中国百强县人均地区生产总值为 10.6 万元，江阴的领先优势极其明显。1978～2017 年，全社会固定资产投资额由 0.27 亿元增长到 1153.03 亿元，增长 4269.5 倍。财政收入从 1978 年的 0.88 亿元上升到 2017 年的 446.04 亿元，增长约 505.9 倍。尤为引人注目的是，江阴的村级集体经济持续领跑全国。2017 年，10 个村开票销售收入超百亿元，

其中华西村、长江村等 8 个村超 200 亿元。

（二）产业结构持续优化，发展动力转型升级

改革开放 40 年来，江阴的产业结构和层次发生了深刻变迁，完成了由“二、一、三”向“二、三、一”的转换，基本形成高效农业、先进制造业和现代服务业互动发展的产业新格局，发展动力显著提升。

图 2　改革开放 40 年江阴产业结构变动

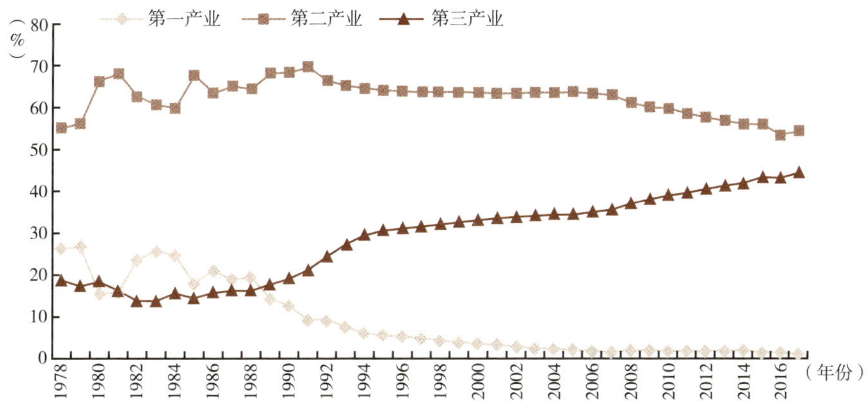

资料来源：江阴市统计局。

从图 2 可以看出，1978～2017 年，江阴第一、第二、第三产业增加值占 GDP 的比重由 26.3∶55.0∶18.7 调整为 1.2∶54.4∶44.4。第一产业在 GDP 中的占比虽然大幅下降，但绝对值由 1978 年的 1.14 亿元增长到 2017 年的 41.6 亿元，增长了 35.5 倍。与此同时，江阴的农业现代化长足发展，2017 年，江阴高效农业占比达 63.5%，农业适度规模经营比例达 87%，高标准农田比重达到 60.02%，农业信息化覆盖率达到 75%。第三产业迅猛发展，通过推动生产性服务业向专业化、高端化拓展，生活性服务业向精细化、高品质提升，现代金融、供应链物流、电子商务、文化旅游等新业态、新模式蓬勃发展，1978～2017 年，第三产业增加值从 0.81 亿元增长到 1548.79 亿元，增长了 1911 倍，第三产业占 GDP 比重从 18.7% 提高到 44.4%，提高了 25.7

个百分点。2017 年，江阴港口货物吞吐量达 1.6 亿吨，位列全国内河港第六，夯实了长三角地区江海联动区域性枢纽港地位。在第三产业突飞猛进的同时，江阴第二产业高速发展，牢牢占据着主导地位，集聚形成了冶金、纺织、金属制品、车船装备、化纤、机械六大支柱产业和电子信息、新能源、新材料、生物医药等新兴产业。2017 年，江阴共有企业 5.6 万家，其中从事制造业的企业达到 1.9 万家。高新技术产业产值占规模以上工业总产值的比重达到 35.9%。目前，已建成省示范智能车间 21 家，拥有纺织、冶金、新材料、车船及海工装备 4 个千亿级产业集群，新能源和金属制品 2 个 500 亿级产业集群。

（三）规模企业实力凸显，“江阴板块”独树一帜

改革开放 40 年来，江阴的本地规模企业快速壮大，构成江阴经济发展中的独特亮点。江阴本地企业突破自我、不断跨越的能力极为突出，它们善于抢占各类市场、善于集聚发展要素、善于优化治理结构、善于扩大品牌效应，强力激发企业的内生活力。截至 2017 年，江阴规模以上工业企业达 1356 家，资产总计突破 6500 亿元，主营业务收入达 5846.7 亿元，利润总额达 359.5 亿元，规模以上工业增加值达 1186.9 亿元，全市百强工业企业销售收入、利税总额分别占规模以上工业企业的 67.1% 和 77.6%。重点骨干企业数量持续增加，总数达到 375 家。2017 年，江阴有 9 家企业入围“中国企业 500 强”，12 家企业跻身“中国民营企业 500 强”，16 家企业位列“中国制造业企业 500 强”，4 家企业入选“中国服务业企业 500 强”，分别占江苏省入选企业的 19%、15%、34% 和 14%，数量领跑全国同类县市。江阴相继涌现出华西集团、海澜集团、兴澄特钢、扬子江船业、新长江集团、法尔胜集团、双良集团、阳光集团、三房巷集团等大企业集团，组成了江阴规模企业“航空母舰”集群，其中，海澜集团成为无锡首家、江苏省仅有的 6 家千亿级企业之一。

“江阴板块”在中国资本市场上独树一帜。1997 年 2 月，江阴诞生了第

一家上市公司兴澄股份，截至 2018 年 6 月，江阴累计拥有各类上市公司 47 家、新三板挂牌企业 53 家，上市公司总数位居全国县市第一。江阴上市公司数量在“上市大省”江苏省内超过了徐州、扬州、镇江等 7 个地级市，也超过了内蒙古、贵州、宁夏、青海、西藏 5 个省区，成为名副其实的“华夏 A 股第一县”。

（四）对外开放稳步扩大，外贸外资齐头并进

江阴具有通江达海之便利，对外开放是其经济发展的重要推动力量。改革开放 40 年来，江阴大力实施外向带动战略，开放型经济实现跨越式发展，形成了由封闭、半封闭经济形态转向全方位、多层次对外开放的新格局。对外贸易方面，江阴 1995 年被评为“全国乡镇企业出口创汇五强县（市）”。2011 年进出口总额首次突破 200 亿美元。2017 年，江阴实现进出口总额 211 亿美元，其中出口额 122.2 亿美元。利用外资方面，1984 年，江阴首家合资企业在周庄镇成立，这也是江苏省首家乡镇合资企业。至 2017 年，累计批准外资企业 3236 家，21 家世界 500 强企业落户江阴，累计实际利用外资 127.4 亿美元。境外投资方面，从 1992 年首次在境外建立 2 个非贸易企业以来，至 2017 年，江阴累计已在 46 个国家或地区兴办境外企业（机构）249 家，投资额 53.89 亿美元，累计中方协议投资额连续多年位列江苏省县级市第一。

（五）人民生活明显改善，人均收入县域领先

改革开放 40 年来，江阴人民的生活从温饱不足到实现总体小康，并向高水平全面小康迈进。1978～2017 年，江阴社会消费品零售总额由 1.47 亿元增长到 863.37 亿元，增长 586 倍；城乡居民人均储蓄存款余额由 18 元增长到 93391 元，增长 5187 倍；城区居民人均居住面积由 5.7 平方米增加到 55 平方米，农村居民人均住房面积由 15 平方米增加到 49 平方米。1978 年，全市农民人均纯收入为 199 元，2017 年，农村居民人均可支配收入为 30532

元，农民收入连续 18 年蝉联江苏省同类城市第一。城镇居民人均可支配收入由 1978 年的 341 元上升到 2017 年的 59165 元，增长 173 倍。2017 年，江阴全体居民人均可支配收入达到 50379 元，位列江苏省县（市）之首。

图 3　改革开放 40 年江阴城镇居民可支配收入发展

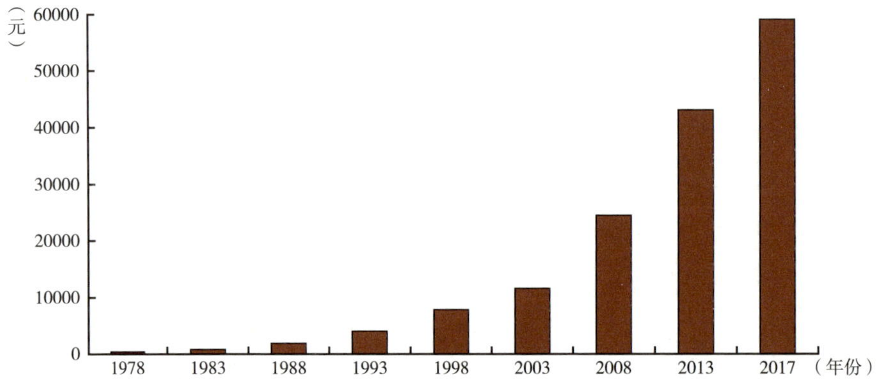

资料来源：江阴市统计局。

（六）生态江阴美丽宜居，人文精神培育名城

改革开放 40 年来，江阴的城市面貌日新月异，新发展理念的注入，使这个以制造业闻名的城市同时成为绿色生态的宜居之城，这是江阴发展的重要特色。1978 年，江阴是一个城区面积只有 6 平方公里的小小县城，今日主城区面积已达 170 平方公里。江阴不断加大城乡一体化建设，基本上实现了规划建设、公共交通、供水供气、污水处理、环卫保洁、社会保障、基础管理等方面的城乡一体化、全覆盖。2017 年，江阴城镇化率达 70%，农民集中居住率达 85% 以上。全市已经形成“五横八纵”干线骨架公路网，公路总里程达 2460.4 公里，路网密度达 2.49 公里 / 平方公里，达到中等发达国家水平。江阴的生态文明建设起步较早，近年来更是秉持“绿水青山就是金山银山”的理念，依托当地山水相依的自然环境，强力打造绿色之城、生态之城。全市建成区绿化覆盖率达 43%，人均公园绿地面积达

15.96 平方米，共创建国家级生态村 1 个、省级生态村 111 个、无锡市级生态村 95 个。与此同时，江阴依托其坚实的经济基础，推进科教文卫事业全面发展，尤其注重涵养城市的文化气息，使江阴成为书香之城、文明之城。2017 年，城乡居民每万人拥有公共文化设施面积 2057.5 平方米。江阴所举办的徐霞客国际旅游节、刘天华民族音乐节等业已成为具有相当影响的城市文化名片。

二、强县之路：江阴特色县域经济发展的经验与启示

虽然江阴地处经济富庶的苏南地区，有一定的区域优势，但江阴本身并没有特殊的资源禀赋，资源和市场两头在外，为什么会取得如此辉煌成就，连续 15 年领跑中国的县域经济呢？在连续多天走访了江阴的开发区、村镇、政府部门和企业之后，调研组认为：敢为人先、抢抓发展机遇；心无旁骛、专注发展制造业；政企同心，发挥政府、市场和企业的合力；创新驱动，注重高质量发展；共享发展，走共同富裕道路；上下协力，以党建统领社会治理，这六个方面是江阴改革开放 40 年，特别是党的十八大以来取得辉煌成就的典型经验和特色做法。

（一）敢为人先，抢抓发展机遇，始终保持领先地位

早在 1991 年，江阴就提炼出了高度概括的江阴精神——“人心齐，民性刚，敢攀登，创一流”，勇于攀登和创新的魄力跃然其中。在 40 年改革开放的历程中，江阴善于在关键时期抢先抓住发展机遇，实现超越。

1. 以开放的心态学人之长，创己之新

江阴人的心态是开放的，学习与创新始终贯穿于江阴发展过程之中。20 世纪 80 年代江阴人南下广东学习，90 年代，年年赴周边县市学习，虚心讨教。此后，又组织企业家赴上海、浙江、广东等地学习。在学习与对比中，认识自我，超越自我。

以五下广东为例。从1985年到2005年的20年中，江阴先后五次组织了规模较大的主题明确的考察团到广东去学习。1985年是为了解放思想，1991年是为了推动企业上规模、产品上档次、技改上水平、管理上效益、发展创后劲，1994年是为了加快开放型经济发展步伐，1997年是为了加快工业园区建设，2005年是为了实现科学发展、协调发展。江阴注重在学习中解决问题，突破发展瓶颈，开创新的发展模式。正是在这种反复的学习提高中，江阴县域经济逐步夯实了基础，成为全国县域经济的领跑者。

新世纪以来，江阴人每年都走出去向“中国500强”企业学习，开阔眼界。2006年起，江阴着力提升企业家素质，实施“百名企业家创新培训计划”，分五批组织企业家赴澳大利亚、美国、德国等国家或地区培训，从学习中不断提升。江阴市入围“中国企业500强”行列的企业数量，升位企业数和升位速度，在全国县域经济中均名列前茅，数量约占各类500强企业总数的五十分之一。这些从本土乡镇企业发展起来的民营大企业集团，大多集中在制造业领域，这也体现了江阴作为“中国制造业第一县”的产业特征和雄厚实力。

不仅要“走出去”，还要“引进来”。从2003年至今，江阴每年邀请国内著名经济专家前来为企业家举办执行力、领导力、绩效管理、财务管理等方面的培训，持续多年的每月一次“江阴企业大讲坛”也开阔了江阴企业家的视界。正是通过不断地学人之长，江阴才能够以广阔、高远的视野，始终站在时代的潮头。

2. 敢为人先，抢抓机遇，领先发展

江阴市委市政府敢为人先，在1995年就提出资产重组、资本经营的发展思路。1996年，江阴先人一步，组建了国内第一个县级上市工作指导小组，为塑造资本市场的“江阴板块”、成为“华夏A股第一县”抢得先机。

2001年，在“文件上没有、惯例上没有、领导讲话暂时没有”的“三没有”情况下，江阴开创性地与隔江相望的靖江市实施联动开发，创立了全国第一个跨行政区划的联动开发区——江阴经济开发区靖江园区。这一创新

性实践，为江苏经济的南北联动率先做出探索，在全国产生了积极的示范效应。江阴—靖江工业园区如今已成为重要的先进制造业基地，2004～2017年13年间，园区GDP增长了65倍，以扬子江船业为龙头的船舶产业等特色产业在国内居于领先地位。

临港经济开发区实施区镇街园“八个一体化”管理，探索产业和城市交相促进的“产城融合”新发展模式。临港经济开发区从2012年至今，经济总量在全省省级开发区中实现“六连冠”，超过了省内29个国家级开发区。

2011年，江阴高新技术开发区成为全国县级市中第二家国家级高新技术开发区，开发区内以兴澄特钢、法尔胜为龙头的特钢新材料及金属制品产业集群被列为国家重点扶持的特色产业集群培育试点。

不仅政府敢为人先，江阴的企业家也敢想敢干、爱拼敢赢。在调研组走访的江阴企业家中，他们多次表达了敢为人先、不甘人后的想法。正是企业家力争上游、一心要把企业做大做强的强烈愿望，使江阴的制造业异军突起、一枝独秀。同样，“江阴板块”的辉煌，也是江阴企业家的魄力所铸就的。江阴每一个上市企业的上市过程，无不体现出企业家勇立潮头、勇于创新的胆识、智慧和坚韧。在第一家上市公司兴澄股份上市后，江阴企业和企业家开启了一个上市热潮。1999年，华西股份成为全国第一家农村经济综合开发的上市公司；扬子江船业则创造条件，抢滩海外上市。进入新世纪后，江阴又有一批科技型企业抢滩资本市场。2004年，霞客环保成为江阴第一家登陆深交所中小企业板的上市公司。目前资本市场“江阴板块”的47家上市企业，市值约为3000亿元，募集资金超过794亿元，在上市企业数量与规模上位居全国县级城市第一位。

3. 在遇到困难时勇于担当、主动求变

苏南模式的乡镇企业在发展初期普遍存在产权模糊、政企不分、短期经营等瓶颈。1995年，江阴市委市政府出台《关于进一步深化企业改革的意见》等文件，启动产权制度改革。1997年，在党的十五大进一步明确深化产权制度改革的方向之后，江阴市委市政府出台《关于全面推进乡镇企业改革的意见》，以“抓大扶强，转中促优，放小搞活”为指导思想，进行产权制度改革的攻坚战，要求“大型企业集体控股上水平，中型企业多方参股增活力，小型企业拍卖转让搞民营”。到1999年，全市组建企业集团155家，其中销售超亿元企业71家，销售额占全市销售额比重达56%；对净资产1000万元以下的中小企业，则通过兼并、股份制和出售、拍卖等多种形式进行改革，把公有实物资本转换成货币资本，获得的资金用于发展优势企业。2001年，江阴近万家市属、集体企业改制完成。通过前后将近10年时间，江阴基本完成了企业产权制度改革，从而突破产权瓶颈，企业活力大幅增强。

（二）心无旁骛，专注发展制造业，做大做强实体经济

改革开放以来，江阴始终坚定走制造业立市、制造业强市之路。可以说，在发展制造业上始终保持定力，是江阴改革开放40年来最具特色的地方。

1. 审时度势，谋定而后动，确定了工业立市的总目标

江阴地处江南，近代以来已有一定的工业基础。在20世纪五六十年代，江阴开始创办了一些工业企业。改革开放之初，江阴的工业企业迎来了蓬勃发展的机遇。1978～1986年，江阴县工业投资额由0.25亿元增长到2.87亿元，增长10.5倍，工业总产值由6.36亿元增长到42.39亿元，增长5.7倍，第一、第二、第三产从业人员占比由64.5∶27.8∶7.7变化为4.7∶61.3∶34.0。由于工业发展迅猛，1987年，国务院批复同意江阴撤县设市，江阴完成了从农业县向工业市的跨越。这在全国，乃至经济发达的苏南都居于领先地位。1987年底，江阴第一次明确提出把江阴建成现代化工业港口城市的目标。1987～1991年的4年间，工业总产值增长1.5倍，工业利润增长1.4倍。至此，江阴发端于改革开放的工业立市格局正式确立。

2. 做大做强实体经济，从工业大市跃升到经济强市

在实体经济遇到困难时，江阴仍坚定秉持走实体经济的信念，专注于实体经济。用无锡市委常委、江阴市委书记陈金虎的话说，在发展实体经济上：“不心猿意马，不患得患失，坐得住冷板凳，下得了苦功夫。”从2008

年世界金融危机以来，江阴市进一步坚定产业强市、实体兴市的信念，防止经济脱实向虚。江阴每年召开千企大会，分别以转变发展方式、创新发展、转型提升发展、做强实体经济等不同主题，引导企业准确研判行业走势；坚持每年给全市重点骨干企业颁发“重点骨干企业奖”金牌，鼓励企业做大做强。江阴坚守实体经济，致力于把主业做强、特色做优、产品做精，从而赢得了市场竞争。近几年来，江阴上上下下更牢固树立了“实体经济强则江阴强，实体经济稳则江阴稳，实体经济兴则江阴兴”的发展理念，以深化供给侧结构性改革为主线，以智能化、绿色化、服务化、高端化、品牌化为引领，主动适应经济发展新常态，坚定不移做大做强实体经济。

江阴的企业，多年来一直专注于实体经济不动摇。兴澄特钢在发展过程中虽然遇到了很多困难，但几十年来一直坚持主业不动摇，专注于特钢的生产，行业竞争力在国内居于第一位。阳光集团在主业纺织业上也做到了极致，是中国毛纺织行业唯一获得“中国世界名牌”“中国质量奖”的纺织企业，并成为行业国际标准的制定者。

3. 精准发力，促进产业升级转型，以工业园区、产业集群提升工业化水平

2012 年，江阴人均 GDP 按常住人口计算达到 15.6 万元，按照钱纳里工业化进程阶段的划分，处于工业化后期阶段，一、二、三产比例为 1.8∶57.6∶40.6，也已经进入工业化后期阶段。江阴市委市政府因势利导，着力于促进江阴产业的转型升级，确定了建设具有一定国际竞争力的先进制造业基地和创新型经济高地目标，积极设立“四个 100 亿”产业发展基金，引导企业加快进行装备更新、新品开发、节能降耗和信息化改造。

红柳集团引进亚洲第一台数码印花机，就是典型的例子。红柳集团主业是纺织业，属于劳动密集型企业，近年来劳动力价格不断攀升，成本不断增加。市委市政府积极支持，给予资金奖励，引进数码印花机后，不仅降低了劳动力方面的支出，效率也提高了几十倍；在生产过程中产生的污水减少了近 70%，节电 50%，减少蒸汽 25%。同样获得政府奖励的还有远景能源。

远景能源生产的75台4.2兆瓦海上风机，是每台造价几千万元的高科技产品，虽然受市场欢迎，但总额高达4400万元的保费让海上风机用户打起退堂鼓。江阴市有关部门工作人员多次到企业讲解政策，使远景能源充分了解到政府对于重大设备首台套保费的奖励制度可以覆盖保费的80%以上，由此获得了3500万奖励，化解了公司生产高科技产品的后顾之忧。红柳集团和远景能源的事例只是江阴产业升级中的两个例子。通过政府的精准支持和引导，江阴的产业升级取得了良好的效果。

如果说，十八大之前，江阴主要以工业园区为抓手推进制造业集聚发展，那么十八大之后，江阴则顺应发展方式的变化，转向以促成产业集群推进制造业集聚发展。江阴大力发展六大产业集群：以特钢、石化、金属制品、石墨烯为主体的新材料产业集群；以汽车、船舶、机械制造、节能环保为主体的装备制造业集群；以高端面料、品牌连锁为主体的纺织服装产业集群；以风电、光伏为主体的新能源产业集群；以芯片的设计、制造、封测为主体的集成电路产业集群；以现代中药、新药研发、医疗器械为主体的生物医药产业集群。

（三）政企同心，发挥政府、市场和企业合力，保持经济发展长盛不衰

江阴精神特别强调“人心齐”这个因素，而江阴40年改革开放的发展历程，充分说明了政府和企业上下齐心的合力，对于江阴实体经济发展长盛不衰的重要性。调研组在调研过程中深刻体会到，江阴政府对企业发展的引导、支持力度之大，政企合作之密切，在县域经济发展中都极具代表意义。

1. 坚持不懈努力打造服务型政府

历届江阴市委市政府始终坚持“企业好则江阴好，企业强则江阴强，企业兴则江阴兴”的发展信条，当企业处于顺境时，政府当好“店小二”；当企业有困难时，政府急企业所急，甘当“急郎中”。

在改革开放的40年里，江阴一直以全天候、无条件、不打折扣为标准，坚持不懈地打造服务型政府。一是全程式服务。从20世纪80年代开始，江

阴各级党委政府就与企业一起跑项目、跑资金、跑资源、跑市场，使乡镇企业在与国有、集体企业的竞争中顽强生存下来。20 世纪 90 年代起，在实行政企分开的背景下，江阴市委市政府也积极转变观念，尽量减少对企业的行政干预，同时又全心全意地为企业服务，倡导“企业至上，服务至上”，成为本土企业的好帮手。二是一站式服务。为了进一步服务企业，江阴专门成立了行政审批局，将 80% 的审批项目全部集中在一起，优化审批流程，形成一条龙、一站式、一单制的审批服务超市。三是分类别服务。20 世纪末和本世纪初，协助企业上市成为江阴市政府的主要工作之一。早在 1996 年，江阴市就成立了 13 个部门组成的企业股份改制上市指导小组，不仅为企业提供个性化、一条龙服务，同时也加强政府部门对国家相关政策法规的研究，指导有潜力的企业用足用好政策，当好企业上市的“高参”。2003 年，江阴及时成立上市办，为企业提供分类别的服务。在坚持依法办事的原则下，上市办大力推行“急事急办，特事特办，一事一议，一企一策”的分类别特色服务，有针对性地及时解决企业上市过程中遇到的问题和障碍。

当企业处于逆境时，政府改变角色，甘当“急郎中”，为企业排忧解难。江阴贝瑞森生化技术有限公司，是国内首个贻贝粘蛋白生产企业，产品在市场上很畅销，但企业苦于资金不足，眼看着好项目要流产。江阴市政府了解情况后，不仅提供了 100 万元创业启动资金、300 万元政策性风险资金、银行融资担保和贴息贷款、技术融资等扶持，还安排专人协助公司申请高新技术企业资质，申请人才、科技项目经费，并对接上市筹备工作各项事务。当企业陷入困难时，江阴市政府一向急企业所急，通过国资担保为企业提供过桥资金，近三年共提供 21 亿元的资金担保。

近年来，江阴以集成改革为突破口，进一步提高政府服务水平和服务效率。江阴在集成改革方面走在全国前列。2017 年 7 月，江阴成为江苏省唯一的县级集成改革试点县市。江苏省把各地的试点政策都放到了江阴，希望把江阴建成服务效率高、发展环境优、创新活力强、人民群众获得感最多的改革发展示范区，为县域治理体系和治理能力现代化提供可推广的改革成果。

江阴首先在徐霞客镇实行“一窗式”政务服务改革试点，然后将改革推广到各镇街园区，全面构建便捷高效的政务服务新体系，从而使行政审批服务得以大提速，基本实现企业注册登记2个工作日、不动产登记4个工作日、工业建设施工许可40个工作日内完成的“2440”目标。截至2017年底，公布“不见面”“见一次面”审批服务项目清单1045项，90.6%以上事项实现最多“见一次面”办结。同时，基层治理实现“一张网”的网格化管理、“打通最后一公里”等新型管理方式和模式已在江阴全面推开。

2. 努力把政府推动、市场驱动和企业主动三者较好地结合起来

苏南模式中，政府力量是主导性的，这是优点，但有时政府大包大揽也会带来错位、越位问题，从而形成被动的局面。为了防止政府对企业的过度干预，江阴市委市政府尊重市场的主体地位，坚持“市场能解决的问题，市场来解决；市场暂时不能解决的问题，政府先引导；市场不能解决的问题，政府做到位”，主动转变职能，积极营造环境，由多年来单一依靠政府力量，转变为引入市场机制，引入各种社会力量来进行合作，实行多元化投入和多样化发展。

对于市场的培育，离不开市场主体的发育。截至2018年6月，江阴市各类市场主体总数达到165483户，其中企业58474户，个体工商户107009户，连续3年保持两位数增长。除培育一般的市场主体外，江阴市委市政府更全力支持大企业大集团发展，全力支持中小企业做大做强，引导中小企业专注主业，走“专精特新”的发展道路。

市场主体的发育，促进了市场机制的发育。江阴市政府在诸多方面都注重引入市场机制，希望在市场驱动下配置资源，完善政府、市场、企业三者之间的关系。在重塑“江阴板块”新优势的实践中，江阴坚持“政府引导、企业自主、市场运作”的原则。在积极探索工业反哺农业的过程中，也坚持通过政府牵线，市场运作，引导工商资本、民间资本、外商资本参与农业开发。在促进科技难题攻坚和成果转化上，也注重引入市场机制。一是积极探索建立以政府为主导、企业为主体，企业、政府、科研院所、科技人员和技术中介构成的开

放式技术创新体系。二是开展以科技信贷为重点的科技金融合作。2017年，建成江苏省科技企业融资路演服务中心江阴分中心，有效解决了科技型中小企业融资难、融资贵问题，总计发放澄科贷6亿元，惠及企业150家。

(四) 创新驱动，注重高质量发展，建设绿色生态

十八大以来，国际国内经济形势出现新的变化。从外部环境看，世界经济复苏乏力，经济格局持续调整，发达国家采取“再工业化战略”，中国传统的低成本、低价格竞争优势逐渐削弱；从内部要素看，经济增速从两位数高速增长逐步回落，传统产业面临冲击，劳动力、能源、土地、市场等资源禀赋发生重大变化，人民不断升级的消费需求亟待满足。在这种情况下，如何继续发展制造业，成为迫在眉睫的问题。江阴市委市政府在完成新旧动能的有序转换，继续保持县域经济的领先优势方面下足了功夫，不遗余力地全面推进江阴经济的高质量发展。

1. 逐步转变传统要素驱动模式，淘汰落后、低端产能，倒逼企业走绿色发展之路

在上个世纪末和本世纪初，江阴开始注意到产业结构偏于低端、发展模式偏于粗放、产品结构较为单一的弊端，从“十一五”后期开始进行调整和治理，“十二五”期间，江阴逐步转变传统要素驱动模式，坚持控增量与减存量并举，加大源头管控，推进绿色低碳发展，开展“三高两低”和“五小”企业专项治理行动，加快淘汰低端产业，坚决关停污染严重的企业，累计关停“三高两低”企业376家，淘汰燃煤锅炉782台，在江苏省率先推进热电企业整合整治；积极推进超低排放，累计完成29台机组超低排放改造，整合关停热电企业12家。仅华西村一个村，2003～2013年就主动关停普线、带钢、棒材等9家高耗能、低效益企业，钢铁去产能130万吨，相当于原有产能的三分之一，同时关掉了两个热电厂，每年减少原煤消耗21万吨。“十三五”以来，江阴关停“三高两低”企业120余家。

除了关停高污染企业，江阴还提高环保准入门槛，实行严格的环保审

批制度，坚决做到“三个一律不批”：凡是生态红线及水源地保护区范围内的项目一律不批；超出区域环境容量的项目一律不批；不符合国家产业和环保政策的项目一律不批。截至2017年底，共否决项目227个，完成306家企业清洁生产审核工作，列入生态环境部名单的重点企业均提前完成清洁生产审核任务。江阴还在江苏省内率先开展主要污染物排污权有偿使用和交易试点，“十二五”期间有185家企业参与交易，交易额达3115万元。江阴在全国率先开展环保信用评级试点，将企业按环保优劣分为“绿、蓝、黄、红、黑”五大类，分别实施由宽到紧再到禁的金融政策，同时对“红”、“黑”两类企业推行差别化价格政策，形成环保信用倒逼机制，有效倒逼企业走绿色发展之路。

在治理污染的同时，江阴着力从两个方面推进绿色发展。一是开展长江大保护。江阴以打造长江生态安全示范区为引领，加快生态环境的治理修复，将黄田港港区港口功能调整为城市生活功能，以壮士断腕的决心，取消原规划的4个万吨级化工泊位和4个万吨级散杂货泊位，将部分港口岸线调整为水源保护岸线和生态保护岸线。优化调整后，规划港口岸线17.48公里，比江苏省政府批复同意的23.4公里减少约5.9公里。二是打造循环经济链。江阴加快建设秦望山产业园，提高工业废物回收和循环利用能力，加大对生活垃圾的焚烧填埋处理力度。目前已扩建完成光大电厂三期，生活垃圾日处理能力达2200吨，未来目标是建成全国领先的循环经济示范基地。

2. 把高质量发展的突破点放在创新驱动上，全面推动动力变革

创新是引领发展的第一动力。十八大以来，江阴市委市政府把高质量发展的突破点放在创新上，把创新驱动作为核心战略，加大创新投入，着力搭建创新平台和培育创新主体，开启江阴制造的品牌品质时代。

在创新平台上，江阴瞄准世界最前沿的研究，先后创建诺贝尔奖得主研究院5家、国家级企业技术中心6家、省级以上工程技术中心146家、院士工作站45家；拥有国家集成电路封测产业技术创新战略联盟1个，高性能金属线材制品等省级产业技术创新战略联盟3个；建成节能环保、绿色船舶、

光电材料、智慧能源等市级产业技术研究院4家；相继建成苏南中关村科技成果转化促进中心、中德国际技术转移中心、中瑞国际技术转移中心。累计拥有国家特色产业基地7个、国家级科技企业孵化器3个、国家级科技企业加速器1个、国家级检验检测平台2个、省级科技产业园7个、省级科技企业孵化器5个、省级科技公共服务平台3个；建成各具特色的众创空间17家，其中国家级众创空间2家、省级众创空间8家。

在创新主体上，江阴现有省级高新技术企业330家，省民营科技企业1196家，科技型中小企业331家。引进诺贝尔奖得主7人，引育国家“千人计划”人才32人，江苏省“双创计划”人才58人。现有国家级博士后工作站16家、省级博士后科研创新基地15家、江阴市级博士后工作站14家。全市博士后科研工作站累计达45个，全市每万名劳动者中高技能人才达到850人。全市万人有效发明专利拥有量达到20.13件，全市研发经费支出占江阴GDP比重超3%。高新技术研究的勃兴、人才的大量储存和科研经费的高投入，为技术创新和高质量发展打下了坚实的基础。2016年，双良节能、法尔胜集团双双荣获有我国工业领域“奥斯卡”之称的“中国工业大奖”，这些都充分体现了江阴企业在创新发展上的实力和优势。

江阴市委市政府特别注重对高质量发展的政策引领和环境营造，先后出台产业强市30条、科技创新20条、知识产权12条、企业降本减负32条、暨阳英才计划23条、重塑江阴板块新优势29条、经济高质量发展30条等系列政策，在科技创新、人才引进、企业成本降低、上市公司竞争力提升等方面给予大力扶持。近两年来，江阴累计兑现政策性奖励资金41亿元，其中获得500万元奖励的重大技改项目达到12项之多，较好地提高了产业发展的技术含量。

在政府多年推动下，江阴企业在质量方面处于国内领先地位。2016年，江阴市的阳光集团、兴澄特钢集团一举拿下质量领域国际大奖“全球卓越绩效奖”，2017年，阳光集团获得质量领域最高荣誉“中国质量奖”，实现了江苏省在该奖项上零的突破。目前，江阴企业商标达到35570件，其中，世界名牌1件、中国名牌13件、江苏名牌129件；中国驰名商标52件、江苏省著名商标160件。“三名”商标数量位居全国县区市前列。

江阴企业不仅在产品质量上享有盛誉，尤为难得的是，他们还在产品行业标准的制定方面逐步取得发言权。全市117家企业成为457项国家标准、行业标准和地方标准的第一起草者，主持起草了12项国际标准。江阴还拥有两个行业的国际标准化委员会秘书处，即设在法尔胜集团的“国际标准化组织钢丝绳技术委员会秘书处”和设在阳光集团的“国际标准化组织纺织品技术委员会秘书处”，这两家企业也因此成为这两个行业的国际标准的重要制定者。

3. 加快从“江阴制造”向“江阴智造”飞跃，推动新旧动能的有序转换

2008年，江阴市委市政府提出“企业家+科学家+金融家=转型大赢家”的思路，重点扶持科技型、成长型创新企业。到2017年，新兴产业在全市工业中的比重提高到43.3%。江阴大力推动互联网、大数据、人工智能与实体经济的深度融合，提升江阴的工业制造水平，加快企业智能化改造。江阴鼓励重点骨干企业率先使用智能化设备，加快打造一批数字工厂、智能车间和智能企业，同时，全力打造战略性新兴产业强引擎，引导企业在新技术、新产业、新模式、新业态等方面进行探索。在我们调研走访的多家企业中，都能看到上述“四新”的影子。

一是生产制造向智能化转变。当前全国制造业智能化改造升级是一个大的趋势。2017年，江阴组织实施101个企业智能化改造项目，投入扶持资金1.33亿元。2018年1～3月份，全市21家省级智能车间示范企业合计完成工业产值50.1亿元，增长33.4%。二是产品供给向服务型转变。双良节能集团深化数字化转型，积极创新商业模式和业态，2017年，双良节能服务型制造方面的年业务额已超亿元，同时，获评首批国家级服务型制造示范企业。远景能源等6家企业获评省级服务型制造示范企业，服务型制造示范企业队伍不断壮大。三是经营管理向信息化转变。工业企业利用互联网、物联

网、云计算等新一代信息技术提升企业管理的意识越来越强，不断强化与移动、联通、电信三大运营商以及阿里云的合作，提升企业信息化管理水平。2018 年 1～3 月份，全市 75 家省两化融合试点企业合计完成工业产值 457.9 亿元，增长 18.2%。四是产业结构发展向高尖精新转变。新兴产业发展势头良好，保持两位数增长水平。2018 年，全市 49 个重点重大项目中，新兴产业项目有 42 个，计划总投资 380.15 亿元，主要以高端装备制造、集成电路、新能源和石墨烯新材料为主。

在江阴，转换发展动能，走高质量发展之路已经蔚然成风，不仅高新企业坚持走高质量发展之路，全市大多数企业都在自觉地进行动能转换。十八大以来，华西村逐渐从服务业转向高精尖的智能制造业，利用美国人才资源研发的半导体激光芯片和人工智能芯片，性能均远超同类产品。经过几十年的探索，华西村走出了一条传统工业向高新产业转变的高质量发展新路。长江村新长江集团近年来也致力于打造绿色循环经济产业链，建设国际一流的船舶拆解、废钢回收、炼钢轧制、船舶海工制造基地，实现废钢资源的高效循环利用，2017 年因此入选“中国循环经济年度最佳实践”。

（五）共享发展，走共同富裕道路，增强人民群众获得感

共享发展，既是中国特色社会主义的本质要求，又将为经济社会的持续与稳定发展提供源源不断的动力。快速发展的江阴走的是一条共享发展的道路，全市每年民生投入都占到财政总支出的 70% 以上，并在全国率先实现被征地农民基本生活保障制度，覆盖率 100%；率先建立农村医疗保障体系和农村社区卫生服务体系，以及包括各类保障房在内的住房保障体系，在普及从小学到高中 12 年教育的同时，全面保障符合条件的外来务工人员子女入学享受市民待遇，增强了全体民众对于改革开放成果的获得感。江阴在对口支援上也做了很多努力，对新疆霍城县、陕西延川县、江苏睢宁县开展了多渠道扶贫援助、经济合作和人才交流等工作，成效显著。在调研过程中，我们真真切切地感受到了江阴在共享发展方面所做的有益探索和取得的成就。

1.“个人富了不算富，集体富了才算富”

江阴经济是从乡镇企业起步的。带领企业发展的企业家是有能力做到“个人富”的，但事实上，他们没有这么做，而是投身于集体经济中，做大做强乡镇企业，致力于“集体富”，实现共享发展。

长江村在老书记李良宝带领下，经过40年的发展，成为经济总量超过500亿元、税收超10亿元、净资产超过200亿元的村级经济实体，入选中国企业500强。村级经济发展后，长江村特别注重以真金白银回报村民，共享共富。2005年，全村818户村民都免费住上了村里盖的别墅；村里每年分红接近4000元，2006年、2008年又分别给每个村民发了5万元的股金；此外，2006年每人发了10万元，2008年庆祝改革开放30周年，又发了10万元；2012年建厂40周年时又给每个村民发了金银各100克。长江村多方位完善村民保障体系和福利体系，村民过上了“家家住别墅、人人有股份、户户有存款、个个有金银、年年有保障”的小康生活。

卞兴才担任三房巷村书记51年，带领村民把三房巷集团打造成了中国500强企业。卞兴才始终牢记当初“强村富民”的承诺，上世纪80年代初，村里就出资为村民盖楼房、购彩电、装空调，成为全国第一个彩电村、第一个空调村。1998年，村里投入1.8亿元，为村民建起了398栋欧式别墅。从2000年起，村里给村民免费供应粮、油、煤气，将民本关爱渗透到生活的方方面面。2002年并村后，全体村民医疗保险金都由村里统一缴纳，60岁以上的老人享有养老金，每户家庭成员每年还享受700元福利金。

山泉村原先集体经济较弱，村级有负债。近年来，山泉村在书记李全兴的带领下彻底改变了面貌，村级收入从1750万元增长到6400万元，村民年人均纯收入达到46800元，目前村级净资产已达4.64亿元。山泉村经济发展后，建成161幢共27万平方米的山泉新村，成为“全国民主法治示范村”和“江苏省最美乡村”。

在江阴，长江村、三房巷村、山泉村并非个案，共享发展的观念早已深入人心，共同富裕的景象无处不在。

2.“一村富了不算富，全国富了才算富”

华西村闻名全国，人称“天下第一村”。从 2001 年开始，在老书记吴仁宝的带领下，华西村纳入周边 20 个村共同发展，组建了一个面积超过 35 平方公里，人口超过 2.5 万人的社会主义新农村——“大华西”，实行“一分五统”，“一分”是村企分开，“五统”是经济统一管理，劳动力在同等条件下统一安排，福利统一发放，村建统一规划，干部统一使用，逐步形成“南有工厂，北有粮仓，中间天堂”的新的别具特色的“村城”。40 年来，华西村人均收入从 1978 年的 220 元，增至 2017 年的 9.05 万元，增长了 410 倍。近 10 年来，华西村共为周边村投入 10.47 亿元建设资金，使周边村村民逐步获得“基本生活包，老残有依靠，优教不忘小，三守促勤劳，生活环境好，小康步步高”的实惠。近几年，华西村进一步完善对于周边村的共享发展措施，带动周边村加快发展，除每年投入 9600 万元发放粮食补贴、各项福利、养老金外，还直接解决周边村 4000 多村民在华西集团就业，带动就业达万人，周边村人均年收入，由并村时的 0.7 万多元提高到 3 万余元。

华西村对于外来务工者，也给予股权激励，允许他们购买华西村的现金股，进一步扩大了共享发展的受益群体，吸引更多外来人才加入，为华西村发展不断注入新鲜血液。目前华西村 39% 的企业高管、59% 的中层干部、92% 的员工都来自外地。

华西村的共享发展秉承了老书记吴仁宝的理念：“一村富了不算富，全国富了才算富。”华西村致力于支援全国的欠发展村庄，共同富裕。2006 年至今，华西村已经为全国 20 多个省、市、自治区培训基层干部 40 多万人次。近几年来，华西村每年对外帮扶资金达 1 亿多元，同时也把产业带到省外，在云南、重庆和湖北等省投资建设农贸市场等产业和基础设施，在“走出去”中共享发展。

3. 以城乡一体化促进共享发展

江阴市近年倾力推行城乡一体化战略，促进了共享发展。2011 年《江阴城市总体规划（2011—2030）》从规划层面对城乡一体化进行了高标准的界定，从协调发展出发，采行新型城镇化和新农村的双轮驱动，把全市17个镇街作为以城带乡的重要节点，通过国家新型城镇化试点镇、国家历史文化名镇、经济发达镇、行政管理体制改革试点镇的带动作用，以及特色小镇、美丽乡村的示范作用来推动城乡一体化建设。例如，新桥镇自2001年开始创新探索城乡一体化发展模式，全镇域实施“三集中”建设，镇区集中居住率超过90%。截至2018年5月，江阴全市3223个自然村全面完成环境综合治理，农民集中居住率超过85%，城区面积比1978年增长28倍。目前，江阴城镇化率达70%，比中国平均城镇化率57%高出13个百分点，已经接近发达国家的城市化水平。

（六）上下协力，以党建为统领，完善社会综合治理体系

党的领导是一切事业的核心。十八大以来，江阴市委通过中心组学习统一认识，集思广益，不断提高党的质量建设，持续完善社会综合治理体系，为江阴经济发展提供全方位的支撑和支持。

1. 加强党的建设，为江阴经济发展提供思想和组织上的保证

作为中国制造业第一县，江阴注重加强党在非公经济领域的影响力。经过多年努力，非公企业党组织从无到有，至2017年已经发展到1687个。以民营公司法尔胜集团为例，集团党委下设6个支部，党员931名。集团党委大力实施非公企业党组织“创造力凝聚力战斗力提升工程”，努力促使党组织真正成为党在企业中的坚强战斗堡垒。由于党建成绩突出，法尔胜集团党委多次获得省、市的各种荣誉，2011年被江苏省委组织部列为全省20个民营企业党组织省市双重管理单位之一。

江阴不断探索党建的新形式，2016年，成立了江阴第一个区域性党建联合体——上市公司党建联盟。党建联盟由11个党委建制的上市公司作为发起单位，有党组织的上市公司作为成员单位，目前有成员单位82个，通过党建工作联促、人才联育、特色品牌联创等新模式，有效提升非公企业党建水平，增强企业经营的联动性。

加强村级党组织建设也是江阴党建工作的一个突出特色。江阴的很多村本身即是一个大企业集团，村一级党组织又是企业集团的党组织，做好村级党建工作是江阴发展村级经济的法宝。华西村非常重视党建工作，村级党组织建设多年来一直富有特色。华西村实施党员联系户“1+10”制度，由1名骨干党员联系10户左右村民，全村共有95名党员组长为970名村民家庭提供服务，每周入户，每月集中传达、学习中央和地方各级组织精神，并以“拉拉家常、谈谈家事”的方式，倾听、讨论村民诉求，从而拉近干群距离，促进邻里和谐。党员联系户“1+10”制度对于华西村的经济社会文化各方面都发挥着不可替代的重要作用。华宏村党委也非常重视党建工作，村党委在华宏集团开展党员佩戴党徽上岗、党员示范岗活动，召开全村党员保持先进性承诺大会以及“近攻百亿、远谋百年”党员誓师大会，在经济的第一线培养和发展党员，把每一名党员都打造成生产建设的模范，发挥党组织在企业建设中的坚强堡垒作用。璜土村党委在发展村级经济的同时，也坚持抓党建促治理，创新性地推出三务公开“户户通”平台，广泛接受党员群众监督，走出一条以党建引领基层治理的新路子。

2. 加强社区建设和管理，为江阴经济发展营造良好环境

江阴注重加强社区管理，用高质量的管理和服务来推动高质量发展，以制度建设为保障，不断探索服务型社区管理运行机制。澄江街道城中社区通过党员中心户等新颖形式传播党的政策，传递良好社会风尚；同时，发动占社区居民总数四分之一共3315名志愿者成立包括治安、环保、文明劝导员等十余支志愿服务队伍，积极组织开展文明城市创建、关爱困难特殊人群、便民服务、生态环保等志愿服务活动，还创新开展“四点钟”青少年课外服务项目、“睦邻日”文化服务大篷车进小区活动。“四点钟”主要帮助居民解决双职工下午小学生放学后托管和教育问题，文化大篷车已成为社区文化宣传的一个重要手段。

绿园社区是新桥镇首个农村新型社区，是“全国妇联基层组织示范社区”。绿园社区秉持“管理、服务、发展”的宗旨，完备管理网络，夯实民

主管理基础，推动提升社区群众文化，广泛开展红色文化、廉政文化、节庆文化等活动，打造一个学习型、文化型社区，形成了独具特色的社区管理和服务品牌。

3. 实施网格化管理，构建新型管理和服务体系

江阴全域推行网格化管理。通过将市级部分行政处罚权力下放，全面构筑沉底到边的基层治理"一张网"新体系，全江阴划分为三级网格，其中一级网格 17 个，二级网格 271 个，三级网格 1558 个，将"人、地、物、事、组织"要素全部纳入网格，配齐包括网格长、网格员、督查员、信息员、联络员和巡查员在内的"一长五员"作为网格问题处理的基础单位，真正做到"上面千条线，下面一张网"。以徐霞客镇为例，该镇把城管、安监、环保、民政等 26 个部门的 1162 个管理服务事项全部放在一个网格化平台内运转，使各职能部门可以通过网格化平台共享数据，实时联动。徐霞客镇还设立了 3 个综合执法中队，统一行使涉及 14 个部门的 788 项行政处罚权。网格内的网格员和信息员，把实时发现、收集到的问题通过移动终端上报，将大多数违法违章行为遏制在萌芽状态。在执法中，执法队员依托智能化的巡查执法 APP，随时接收平台派单任务，并对问题进行处理和反馈。APP 实时记录执法队员的巡查里程、巡查时间和办案情况并上传平台，实现了日常巡查与执法的无缝对接，极大增强了执法的精准度。通过智能化的网格化管理所达到的精准精细、全域联动，江阴的社会综合治理取得了良好的效果。

三、新时代：迈向"强富美高"的新江阴

建设经济强、百姓富、环境美、社会文明程度高的新江苏，是习近平总书记 2014 年 12 月在江苏视察时，对江苏未来发展明确提出的新要求。① 在

① 《紧紧围绕"两个率先"光荣使命努力建设经济强百姓富环境美社会文明程度高的新江苏》，《新华日报》2014 年 12 月 16 日。

举国上下贯彻落实十九大精神开局之年的2018年，江阴发展也进入承上启下、继往开来、争当“强富美高”排头兵的重要历史关头。总结改革开放40年来江阴县域经济发展的成功经验，江阴市委、市政府对迈向“强富美高”新江阴又提出了新的发展目标和奋斗方向：以习近平新时代中国特色社会主义思想为指导，强化排头兵、先天下、利长远意识，推动创新性、探索性、引领性发展，加快建设“强富美高”新江阴，当好全国县域发展排头兵。

（一）加快实现“六个高质量”，奋力当好高质量发展领跑者

高质量发展是新时代中国经济发展的方向和必由之路，江阴市委市政府提出了“六个高质量”的发展目标，即加快实现经济发展高质量，坚持质量第一、效率优先，深入实施产业强市首要战略和创新驱动核心战略，不断完善实体经济、科技创新、现代金融、人力资源协同发展的自主可控的现代产业体系；加快实现改革开放高质量，坚持整体推进和重点突破并举，“引进来”和“走出去”并重，以改革开放的再出发再深化，为新一轮发展注入更强动力、赢得更广空间；加快实现城乡建设高质量，坚持精美规划、精心建设、精细管理，全力推进乡村振兴战略，全域推进城乡融合发展，全面推进“1310工程”，更好融入扬子江城市群建设和长三角一体化发展，让城市品质整体提升，城市功能更加完善，城市治理更加精细，城市服务更加精准；加快实现文化建设高质量，积极培育和践行社会主义核心价值观，大力弘扬“江阴精神”“华西经验”“炎黄风尚”，全面发展文化事业产业，让城市有根有魂、有个性有品位、有魅力有活力；加快实现生态环境高质量，紧紧围绕打造长江生态安全示范区目标，统筹山水林田湖草系统治理，全面优化产业结构、能源结构、生态治理结构，全面打赢蓝天、碧水、净土三大保卫战，实现经济与生态协调发展、人与自然和谐共生、人文与环境交相辉映；加快实现人民生活高质量，做到幼有善育、学有优教、劳有应得、病有良医、住有安居、老有颐养、弱有强扶，让江阴成为百姓获得感、幸福感、安全感最高的县市之一。

（二）全面打响“五大品牌”，探索新时代县域经济发展的成功模式

为实现新时代的高质量发展，江阴市委市政府立足自身特点，提出实施“五大品牌”的具体举措，即全力打响“集成改革”品牌，形成县级集成改革的“江阴样本”、县域治理体系的“江阴标准”，全面提升县域治理现代化水平；全力打响“制造业第一县”品牌，全面推动质量、效率、动力三大变革，统筹做好发展战略性新兴产业、改造提升传统产业、谋划布局未来产业三篇大文章，推动江阴制造向江阴创造转变、江阴速度向江阴质量转变、江阴产品向江阴品牌转变；全力打响“江阴板块”品牌，狠抓高质量“双百”上市后备梯队培育和最优秀上市公司群体打造，实现上市公司数量与质量的同步提升、产业资本与金融资本的比翼齐飞；全力打响“人文宜居”品牌，在城市发展中更多渗透人文精神、文化基因，在城乡建设中更好体现精明增长、绿色发展，持续展开大气精致的城市画卷，共建绿水青山的美丽家园，打造崇文厚德的文明风景；全力打响“民富村强”品牌，深入实施就业创业致富、社会保障共富、公共服务添富、精准帮扶助富、基层组织带富、实事工程增富、生态建设护富等“七富联动”，让富裕成为江阴村庄的生动写照，让富足成为江阴人民的日常生活。

改革开放 40 年来江阴的飞速发展，见证着中国特色社会主义道路从理论到实践的伟大创造。我们认为，经过改革开放 40 年大风大浪的洗礼，江阴在实体经济发展和高质量发展方面积累了很多宝贵的经验，这些经验是值得认真总结和推广的。为更好地贯彻习近平新时代中国特色社会主义思想，坚定不移推动高质量发展，发挥典型带动作用，使其他县（市、区）学有榜样、追有目标，我们建议将江阴市设立为“全国县域经济发展研究基地”，由政府出面，组织国内外专家学者、企业家群体，共同探讨县域经济可持续发展的未来之路，总结并推广江阴经验，为全国县域经济的共同发展和繁荣提供有益的借鉴。